Schwerpunktbereich   Bülow/Artz · Verbraucherprivatrecht

Schwerpunkte

Eine systematische Darstellung der wichtigsten Rechtsgebiete anhand von Fällen
Begründet von Professor Dr. Harry Westermann †

Verbraucherprivatrecht

von

Dr. Dr. h.c. Peter Bülow

Professor an der Universität Trier

und

Dr. Markus Artz

Professor an der Universität Bielefeld

unter Mitarbeit von

Dr. Jonas Brinkmann
Rechtsreferendar

und

Julia Ludwigkeit
Rechtsreferendarin

6., völlig neu bearbeitete und erweiterte Auflage

 C.F. Müller

Bibliografische Information der Deutschen Nationalbibliothek
Die Deutsche Nationalbibliothek verzeichnet diese Publikation in der Deutschen Nationalbibliografie; detaillierte bibliografische Daten sind im Internet über http://dnb.d-nb.de abrufbar.

ISBN 978-3-8114-9571-5

E-Mail: kundenservice@cfmueller.de
Telefon: +49 89 2183 7923
Telefax: +49 89 2183 7620

www.cfmueller.de
www.cfmueller-campus.de

© 2018 C.F. Müller GmbH, Waldhofer Straße 100, 69123 Heidelberg

Satz: Gottemeyer, Rot
Druck: CPI Clausen & Bosse, Leck

Vorwort

Kernbereiche des Verbraucherprivatrechts haben tiefgreifende Änderungen und Neuerungen erfahren: Die Reform der kaufrechtlichen Mängelhaftung hat die Regelungen über den Verbrauchsgüterkauf umgestaltet, und es ist mit dem Verbraucherbauvertrag ein neuer Typus eines Verbrauchervertrags geschaffen worden, der sich unter anderem auch auf die Grundlagen des Widerrufsrechts auswirkt. Deshalb war eine 6. Auflage des Lehrbuchs zu erarbeiten. Rechtsprechung und Literatur haben auch im Übrigen ihren Teil zum Fortschreiten der verbraucherprivatrechtlichen Materie beigetragen. Die Neuauflage verarbeitet all diese Entwicklungen.

Das Buch erörtert das geltende deutsche Verbraucherprivatrecht, also zum überwiegenden Teil transformiertes europäisches Sekundärrecht. Es ist für fortgeschrittene Studierende und zur Prüfungsvorbereitung für Examen und Schwerpunktbereich geschrieben. Aber es richtet sich auch an fertige Juristen, die sich mit neueren Rechtsentwicklungen vertraut machen möchten. Der Wissenschaft will es einen Diskussionsbeitrag leisten.

Es ist eine Selbstverständlichkeit, dass die Lektüre eines Lehrbuchs von einem aufgeschlagenen Gesetzestext begleitet sein sollte; in gleicher Weise sollten die europäischen Richtlinien, die durch das deutsche Recht umgesetzt wurden, hinzugezogen werden. Einschlägige Richtlinien können über das Internetportal EUR-lex abgerufen werden.

Wir haben die Arbeit in enger Abstimmung wie folgt aufgeteilt: Aus der Feder von *Peter Bülow* sind die §§ 1 bis 3, 6, 8, 12, 14 und 16. *Markus Artz* hat die §§ 4, 5, 7, 9, den neuen § 10 sowie die §§ 13 und 15 geschrieben. Rechtsprechung und Literatur sind auf dem veröffentlichten Stand von Februar 2018. *Julia Ludwigkeit* und *Jonas Brinkmann* haben sich intensiv mit der Aktualisierung der §§ 5, 7 und 17 befasst.

Unser Dank für vielfältige Unterstützung gilt allen weiteren Mitarbeiterinnen und Mitarbeitern am Bielefelder Lehrstuhl, namentlich *Jonathan Engstler, Dennis Pielsticker* und *Philipp Reimann* sowie *Julia Ellerbrok, Renate Engelmann, Krischan Brock, Kevin Göldner, Julian Kremer* und *Uwe Martin.*

Trier und Málaga, Anfang Februar 2018   *Peter Bülow*
(peterbuelow@t-online.de)

Markus Artz
(markus.artz@uni-bielefeld.de)

Inhaltsverzeichnis

Abkürzungsverzeichnis

aA	anderer Ansicht
aaO	am angegebenen Ort
abl.	ablehnend
ABlEG/ABlEU	Amtsblatt der Europäischen Gemeinschaften (Nummer, Seite und Datum) bis 2003; Amtsblatt der Europäischen Union, ab 2004
Abs.	Absatz
Abschn.	Abschnitt
abw.	abweichend
AbzG	Abzahlungsgesetz vom 16.5.1894 (RGBl 450), aufgehoben am 1.1.1991 durch Art. 10 des Gesetzes über Verbraucherkredite, zur Änderung der Zivilprozessordnung und anderer Gesetze vom 17.12.1990 (BGBl I, 2840)
AcP	Archiv für civilistische Praxis (Band [Jahrgang], Seite)
aE	am Ende
AEUV	Vertrag über die Arbeitsweise der Europäischen Union, konsolidierte Fassung vom 26.10.2012 (AblEU 2012, Nr. C 326, 1), zuvor EGV
aF	alte Fassung
AG	Amtsgericht; Aktiengesellschaft; Die Aktiengesellschaft (Jahr und Seite)
AGB	Allgemeine Geschäftsbedingungen
AGBG	Gesetz zur Regelung des Rechts der Allgemeinen Geschäftsbedingungen idF. vom 29.6.2000 (BGBl I, 946), aufgehoben am 1.1.2002 durch Art. 6 Nr. 4 SchRModG vom 26.11.2001 (BGBl I, 3187)
Alt.	Alternative
aM	anderer Meinung
Anh.	Anhang
Anm.	Anmerkung
arg.	argumentum
Art./Artt.	Artikel, Singular/Plural
Aufl.	Auflage
ausf.	ausführlich
Az.	Aktenzeichen
BAG	Bundesarbeitsgericht
BAnz	Bundesanzeiger (Jahr, Nr. und Seite)
BayObLG	Bayerisches Oberstes Landgericht (bis 2005)
BB	Der Betriebsberater (Jahr und Seite)
Bd.	Band
Beil.	Beilage
betr.	betreffend
BeurkG	Beurkundungsgesetz vom 28.8.1969 (BGBl I, 1513), zuletzt geändert am 18.7.2017 (BGBl I, 2745)
BGB	Bürgerliches Gesetzbuch vom 18.8.1896 (RGBl 195), idF der Bekanntmachung vom 2.1.2002 (BGBl I, 42), zuletzt geändert am 20.7.2017 (BGBl I, 2787)
BGB-InfoV	Verordnung über Informations- und Nachweispflichten nach bürgerlichem Recht (BGB-Informationspflichten-Verordnung), idF der Bekanntmachung vom 5.8.2002 (BGBl I, 3002), zuletzt geändert am 17.1.2011 (BGBl I, 34), aufgehoben zum 1.7.2018 durch Art. 7 Satz 2 des dritten Gesetzes zur Änderung reiserechtlicher Vorschriften vom 17.7.2017 (BGBl I 2394)

BGBl	Bundesgesetzblatt, Teil (Jahr und Seite)
BGH	Bundesgerichtshof
BGHZ	Entscheidungen des Bundesgerichtshofs in Zivilsachen (Band und Seite); amtliche Sammlung
BKR	Zeitschrift für Bank- und Kapitalmarktrecht (Jahr und Seite)
BörsG	Börsengesetz idF vom 16.7.2007 (BGBl I, 1351), zuletzt geändert am 23.6.2017 (BGBl I, 1693)
BR-Drucks.	Drucksache des deutschen Bundesrates (Nummer/Jahr, Seite)
Brüssel I-VO	Verordnung (EG) Nr. 44/2001 des Rates über die gerichtliche Zuständigkeit und die Anerkennung und Vollstreckung von Entscheidungen in Zivil- und Handelssachen vom 22.12.2000 (ABlEG 2001, Nr. L 12, 1), aufgehoben durch Art. 80 Brüssel Ia-VO
Brüssel Ia-VO	Verordnung (EU) Nr. 1215/2012 des Europäischen Parlaments und des Rates vom 12.12.2012 über die gerichtliche Zuständigkeit und die Anerkennung und Vollstreckung von Entscheidungen in Zivil- und Handelssachen (ABlEU 2012, Nr. L 351, 1), zuletzt geändert am 26.11.2014 (ABlEU L 54/1)
Bspr.	Besprechung
BStBl	Bundessteuerblatt, Teil (Jahr und Seite)
BT-Drucks.	Drucksache des deutschen Bundestages (Legislaturperiode/Nummer und Seite)
BuB	Bankrecht und Bankpraxis (Loseblattwerk)
BVerfG	Bundesverfassungsgericht
BVerfGE	Entscheidungen des Bundesverfassungsgerichts (Band und Seite)
BwNotZ	Zeitschrift für das Notariat in Baden-Württemberg (Jahr und Seite)
bzgl	bezüglich
bzw	beziehungsweise
cic	culpa in contrahendo
CISG	Convention on Contracts for the International Sale of Goods vom 11.4.1980, UN-Kaufrecht (BGBl II, 1989, 588)
CR	Computer und Recht (Jahr und Seite)
DB	Der Betrieb (Jahr und Seite)
ders.	derselbe
dies.	dieselbe(n)
diff.	differenzierend
DNotZ	Deutsche Notar-Zeitschrift (Jahr und Seite)
DStR	Deutsches Steuerrecht (Jahr und Seite)
DVBl	Deutsches Verwaltungsblatt (Jahr und Seite)
DZWIR	Deutsche Zeitschrift für Wirtschafts- und Insolvenzrecht (Jahr und Seite), früher DZWiR
ebda.	ebenda
ec	eurocheque/Euroscheck
EG	Europäische Gemeinschaft(en)
EGBGB	Einführungsgesetz zum Bürgerlichen Gesetzbuches idF der Bekanntmachung vom 21.9.1994 (BGBl I, 2494, ber. 1997 I, 1061), zuletzt geändert am 20.7.2017 (BGBl I, 2787)
EGV	Vertrag zur Gründung der Europäischen Gemeinschaft vom 25.3.1957 (BGBl II, 766), konsolidierte Fassung vom 24.12.2002 (ABlEG 2002, Nr. C 325, 33, jetzt AEUV
Einl.	Einleitung

Entw.	Entwurf
Erl.	Erläuterungen
et al.	et alii
EU	Europäische Union (ab 1.1.1993)
EuG	Gericht erster Instanz der Europäischen Gemeinschaften (Art. 254 AEUV)
EuGH	Gerichtshof der Europäischen Union
EuGVÜ	Übereinkommen vom 27.9.1968 der Europäischen Gemeinschaft über die gerichtliche Zuständigkeit und die Vollstreckung gerichtlicher Entscheidungen in Zivil- und Handelssachen vom 3.6.1971 (BGBl II 1972, 846) idF vom 29.11.1996 (BGBl II 1998, 1412), seit 1.3.2002 nur noch wirksam im Verhältnis zu Dänemark (s. EuGVO)
EuGVVO	s. Brüssel Ia-VO
EuZW	Europäische Zeitschrift für Wirtschaftsrecht (Jahr und Seite)
e.V.	eingetragener Verein
EWG	Europäische Wirtschaftsgemeinschaft (bis 1992, jetzt: EU)
EWiR	Entscheidungen zum Wirtschaftsrecht (kommentierte Entscheidungen), mit Kennziffer
EWR	Europäischer Wirtschaftsraum
EWS	Europäisches Wirtschafts- und Steuerrecht (Jahr und Seite)
FamFG	Gesetz über das Verfahren in Familiensachen und in den Angelegenheiten der freiwilligen Gerichtsbarkeit v. 17.12.2008 (BGBl I, 2586) zuletzt geändert am 20.7.2017 (BGBl I, 2780) – früher FGG
FernAbsG	Fernabsatzgesetz vom 27.6.2000 (BGBl I, 897), aufgehoben am 1.1.2002 durch Art. 6 Nr. 7 SchRModG vom 26.11.2001 (BGBl I, 3187)
FernUSG	Gesetz zum Schutz der Teilnehmer am Fernunterricht vom 4.12.2000 (BGBl I, 1670), zuletzt geändert am 29.3.2017 (BGBl I, 626)
Fn	Fußnote
FS	Festschrift
GenG	Gesetz betreffend die Erwerbs- und Wirtschaftsgenossenschaften idF der Bekanntmachung vom 19.8.1994 (BGBl I, 2202), zuletzt geändert am 17.7.2017 (BGBl I, 2541)
GG	Grundgesetz für die Bundesrepublik Deutschland vom 23.5.1949 (BGBl I, 1), zuletzt geändert am 13.7.2017 (BGBl I, 2347)
GmbH	Gesellschaft mit beschränkter Haftung
GPR	Zeitschrift für Gemeinschaftsprivatrecht (Jahr, Seite)
GWB	Gesetz über Wettbewerbsbeschränkungen idF vom 26.6.2013 (BGBl I, 1750, 3245), zuletzt geändert am 30.10.2017 (BGBl I, 3618)
HGB	Handelsgesetzbuch vom 10.5.1897 (RGBl I, 219), zuletzt geändert am 23.6.2017 (BGBl I, 1693)
HKK	Historisch Kritischer Kommentar, 2003
hL	herrschende Lehre
hM	herrschende Meinung
HS	Halbsatz
HWiG	Gesetz über den Widerruf von Haustürgeschäften und ähnlichen Geschäften idF vom 29.6.2000 (BGBl I, 955), aufgehoben am 1.1.2002 durch Art. 6 Nr. 5 SchRModG vom 26.11.2001 (BGBl I, 3187)
idF	in der Fassung

idS	in diesem Sinne
insb.	insbesondere
InvG	Investmentgesetz vom 15.12.2003 (BGBl I, 2676), aufgehoben am 22.7.2013 durch Art. 2a des Gesetzes zur Umsetzung der Richtlinie 2011/61/EU über die Verwalter alternativer Investmentfonds (AIFM-Umsetzungsgesetz – AIFM-UmsG) vom 4.7.2013 (BGBl I, 1981)
IPR	Internationales Privatrecht
IPrax	Praxis des Internationalen Privat- und Verfahrensrechts (Jahr und Seite)
iSd	im Sinne des/der
IStR	Internationales Steuerrecht (Jahr und Seite)
iSv	im Sinne von
iVm	in Verbindung mit
JR	Juristische Rundschau (Jahr und Seite)
Jura	Juristische Ausbildung (Jahr und Seite)
JuS	Juristische Schulung (Jahr und Seite)
JZ	Juristenzeitung (Jahr und Seite)
KAGB	Kapitalanlagegesetzbuch vom 4.7.2013 (BGBl I, 1981), zuletzt geändert am 17.7.2017 (BGBl I, 2394)
Kap.	Kapitel
KG	Kommanditgesellschaft; Kammergericht
Komm.	Kommentar
KWG	Gesetz über das Kreditwesen idF der Bekanntmachung vom 9.9.1998 (BGBl I, 2776), zuletzt geändert am 17.7.2017 (BGBl I, 2446)
l	Liter
LG	Landgericht
LM	Lindenmaier-Möhring, Nachschlagewerk des Bundesgerichtshofs in Zivilsachen (Paragraph und Nummer, bis 2002)
LMK	Kommentierte BGH-Rechtsprechung Lindenmaier-Möhring, ab 2003 (Jahr und Seite resp. Internetnummer)
m.a.W.	mit anderen Worten
MK	Münchener Kommentar
MMR	Multi Media & Recht (Jahr und Seite)
mwN	mit weiteren Nachweisen
nF	neue Fassung
NJW	Neue Juristische Wochenschrift (Jahr und Seite)
NJW-RR	NJW-Rechtsprechungsreport (Jahr und Seite)
NStZ	Neue Zeitschrift für Strafrecht
NZG	Neue Zeitschrift für Gesellschaftsrecht (Jahr und Seite)
NZM	Neue Zeitschrift für Mietrecht (Jahr und Seite)
OHG	Offene Handelsgesellschaft
OLG	Oberlandesgericht
OLG-NL	Entscheidungen der Oberlandesgerichte der neuen Länder (Jahr und Seite)
OLGVertrÄndG	Gesetz zur Änderung des Rechts der Vertretung durch Rechtsanwälte vor den Oberlandesgerichten vom 23.7.2002 (BGBl I, 2850)
p.a.	per annum

PAngVO	Preisangabeverordnung idF der Bekanntmachung vom 18.10.2002 (BGBl I, 4197), zuletzt geändert am 17.7.2017 (BGBl I, 2394)
ProdHaftG	Gesetz über die Haftung für fehlerhafte Produkte (Produkthaftungsgesetz) vom 15.12.1989 (BGBl I, 2198), zuletzt geändert am 17.7.2017 (BGBl I, 2421)
PWW	Prütting/Wegen/Weinreich, Kommentar zum BGB
RBerG	Rechtsberatungsgesetz v. 13.12.1935; außer Kraft durch RDG
RDG	Rechtsdienstleistungsgesetz v. 12.12.2007 (BGBl I, 2840), zuletzt geändert am 12.5.2017 (BGBl I, 1121)
RegE	Regierungsentwurf
resp.	respektive (beziehungsweise)
RIW	Recht der internationalen Wirtschaft (Jahr und Seite); Außenwirtschaftsdienst des Betriebsberaters (von 1958 bis 1975 AWD s. dort)
Rom-I-VO	Verordnung (EG) Nr. 539/2008 des Europäischen Parlaments und des Rates vom 17.6.2008 über das auf vertragliche Schuldverhältnisse anzuwendende Recht (Rom I), ABlEU 2008, Nr. L 177, 6, ber. ABlEU 2009, Nr. L 309, 87
Rom-II-VO	Verordnung (EG) Nr. 864/2007 des Europäischen Parlaments und des Rates vom 11.7.2007 über das auf außervertragliche Schuldverhältnisse anzuwendende Recht (Rom II), ABlEU 2007, Nr. L 199, 40
s.	siehe
ScheckG	Scheckgesetz vom 14.8.1933 (RGBl I, 597), zuletzt geändert am 31.8.2015 (BGBl I, 1474)
SchiffsRG	Gesetz über Rechte an eingetragenen Schiffen und Schiffsbauwerken idF vom 30.9.1992 (BGBl I, 1760), zuletzt geändert am 21.1.2013 (BGBl I, 91)
SchRModG	Schuldrechtsmodernisierungsgesetz vom 26.11.2001 (BGBl I, 3187)
scil.	scilicet (nämlich)
skept.	skeptisch
Sp.	Spalte
StGB	Strafgesetzbuch idF der Bekanntmachung vom 13.11.1998 (BGBl I, 3322), zuletzt geändert am 30.10.2017 (BGBl I, 3618)
TranspR	Transportrecht (Jahr und Seite)
Tz.	Textzahl
TzWrG	Gesetz über die Veräußerung von Teilzeitnutzungsrechten an Wohngebäuden (Teilzeit-Wohnrechtegesetz) idF vom 29.6.2000 (BGBl I, 957), aufgehoben am 1.1.2002 durch Art. 6 Nr. 6 SchRModG vom 26.11.2001 (BGBl I, 3187)
u.a.	unter anderem
UklaG	Gesetz über Unterlassungsklagen bei Verbraucherrechts- und anderen Verstößen (Unterlassungsklagengesetz) in der Fassung der Bekanntmachung vom 27.8.2002 (BGBl I, 3422), zuletzt geändert am 17.7.2017 (BGBl I, 2446)
UN-KaufR	s. CISG
UWG	Gesetz gegen den unlauteren Wettbewerb idF vom 1.9.2000 (BGBl I, 1414), zuletzt geändert am 17.2.2016 (BGBl I, 233)
VBSG	Verbraucherstreitbeilegungsgesetz vom 19.2.2016 (BGBl I, 254, 1039)
VerbrKrG	Gesetz über Verbraucherkredite zur Änderung der Zivilprozessordnung und anderer Gesetze idF vom 29.6.2000 (BGBl I, 940), aufgehoben am 1.1.2002 durch Art. 6 Nr. 3 SchRModG vom 26.11.2001 (BGBl I, 3187)
VerbrKrRiL	Richtlinie 2008/48/EG des Europäischen Parlaments und des Rates vom 23.4.2008 über Verbraucherkreditverträge und zur Aufhebung der Richtlinie 87/102/EWG des Rates (AblEU 2008, Nr. L 133, 66)

VerbrRechteRiL	Richtlinie 2011/83/EU des Europäischen Parlaments und des Rates vom 25.10.2011 über die Rechte der Verbraucher, zur Änderung der Richtlinie 93/13/EWG des Rates und der Richtlinie 1999/44/EG des Europäischen Parlaments und des Rates sowie zur Aufhebung der Richtlinie 85/577/EWG des Rates und der Richtlinie 97/7/EG des Europäischen Parlaments und des Rates (AblEU 2011, Nr. L 304, 64)
vgl	vergleiche
VKrRiLUG	Verbraucherkreditrichtlinie-Umsetzungsgesetz, Gesetz zur Umsetzung der Verbraucherkreditrichtlinie, des zivilrechtlichen Teils der Zahlungsdienstleistungsrichtlinie sowie zur Neuordnung der Vorschriften über das Widerrufs- und Rückgaberecht vom 29.7.2009 (BGBl I, 2355), in Kraft seit 11.6.2010 mit Änderungsgesetz vom 24.7.2010 (BGBl I, 977), in Kraft seit 30.7.2010
VO	Verordnung
Vor., Vorbem.	Vorbemerkung
vorst.	vorstehend
VuR	Verbraucher und Recht (Jahr und Seite)
VVG	Gesetz über den Versicherungsvertrag vom 23.11.2007 (BGBl I, 2631), zuletzt geändert am 17.8.2017 (BGBl I, 3214)
VVG-InfoVO	VO über Informationspflichten bei Versicherungsverträgen vom 18.12.2007 (BGBl I, 3004), zuletzt geändert am 1.4.2015 (BGBl I, 434)
WG	Wechselgesetz vom 21.6.1933 (RGBl I, 399), zuletzt geändert am 31.8.2015 (BGBl I, 1474)
WM	Wertpapiermitteilungen, Teil IV (Jahr und Seite)
WohnimmoRiL	Richtlinie 2014/17/EU des Europäischen Parlaments und des Rates vom 4. Februar 2014 über Wohnimmobilienkreditverträge für Verbraucher und zur Änderung der Richtlinien 2008/48/EG und 2013/36/EU und der Verordnung (EU) Nr. 1093/2010 (AblEU 2014, Nr. L 60, 34)
WpHG	Wertpapierhandelsgesetz idF vom 9.9.1998 (BGBl I, 2708), zuletzt geändert am 17.8.2017 (BGBl I, 3202)
WRP	Wettbewerb in Recht und Praxis (Jahr und Seite)
WuB	Wirtschafts- und Bankrecht (kommentierte Entscheidungen mit Kennziffer), ab 2015 Jahr und Seite
ZBB	Zeitschrift für Bankrecht und Bankwirtschaft (Jahr und Seite)
ZfIR	Zeitschrift für Immobilienrecht (Jahr und Seite)
ZfPW	Zeitschrift für Privatrechtswissenschaft (Jahr und Seite)
ZGR	Zeitschrift für Unternehmens- und Gesellschaftsrecht (Jahr und Seite)
ZGS	Zeitschrift für das gesamte Schuldrecht (Jahr und Seite, Online-Zeitschrift)
ZHR	Zeitschrift für das gesamte Handels- und Wirtschaftsrecht (Band, Jahr und Seite)
ZIP	Zeitschrift für Wirtschaftsrecht und Insolvenzpraxis (Jahr und Seite, Online-Zeitschrift)
ZJS	Zeitschrift für das Juristische Studium (Jahr und Seite)
ZKG	Zahlungskontengesetz vom 11.4.2016 (BGBl I, 720), zuletzt geändert am 17.7.2017 (BGBl I, 2446)
ZPO	Zivilprozessordnung vom 30.1.1877 idF vom 5.12.2005 (BGBl I, 3202), zuletzt geändert am 18.7.2017 (BGBl I, 2747)
ZRP	Zeitschrift für Rechtspolitik (Jahr und Seite)
zT	zum Teil
zust.	zustimmend
ZWE	Zeitschrift für Wohnungseigentumsrecht (Jahr und Seite)

Literaturverzeichnis

Alexander, Christian, Verbraucherschutzrecht (Studium und Praxis), 2015

Bamberger/Roth, Kommentar zum BGB, 3. Aufl. 2012, bearbeitet ua von *Ann, Faust, Grothe, Masuch, Möller, Schmidt-Räntsch* (siehe auch BeckOK BGB, Edition 44)

Bülow, Peter, Recht der Kreditsicherheiten, 9. Aufl. 2017

Bülow/Artz, Kommentar zum Verbraucherkreditrecht, 9. Aufl. 2016

Bülow/Artz, Kommentar zum Zahlungskontengesetz, 2017

Bülow/Artz (Hrsg.), Handbuch Verbraucherprivatrecht, 2005

Bülow/Artz, Handelsrecht, 7. Aufl. 2015

Brönneke/Tonner (Hrsg.), Das neue Schuldrecht – Verbraucherrechtsreform 2014

Dauner-Lieb/Heidel/Ring, Anwalts-(Nomos-)Kommentar, 3. Aufl. 2016, bearb. ua von *Büdenbender, Krämer/Müller, Ring* Sachenrecht, 4. Aufl. 2016

Dauses, Handbuch des EU-Wirtschaftsrecht (Loseblatt), 43. Aufl. 2017

Erman, Bürgerliches Gesetzbuch, Kommentar, 15 .Aufl. 2017, bearb. ua von *Grunewald, Saenger*

Handkommentar BGB, 9. Aufl. 2016, bearb. ua von *Schulze, Dörner, Saenger, Schulte-Nölke, Staudinger*

Grabitz/Hilf/Nettesheim, Das Recht der Europäischen Union, Kommentar, 62. Ergänzungslieferung 2017

Herdegen, Matthias, Europarecht, 19. Aufl. 2017

Jauernig, Bürgerliches Gesetzbuch, Kommentar, 16. Aufl. 2015, bearb. ua von *Berger, Mansel, Stadler*

Lwowski/Peters/Münscher, Verbraucherdarlehensrecht, 3. Aufl. 2008

Medicus, Dieter/Petersen, Jens, Allgemeiner Teil des BGB, 11. Aufl. 2016

Medicus, Dieter/Lorenz, Stephan, Schuldrecht I, Allgemeiner Teil, 21. Aufl. 2015, Schuldrecht II, Besonderer Teil, 18. Aufl. 2018

Münchener Kommentar zum Bürgerlichen Gesetzbuch, 7. Aufl. 2015 ff, bearb. ua von *Basedow, Berger, Finkenauer, Franzen, Fritsche, Habersack, Koch, Lorenz, Micklitz, Schürnbrand, Seiler, Wendehorst, Westermann, Wurmnest*

Oechsler, Jürgen, Vertragliche Schuldverhältnisse, 2. Aufl. 2017

Oetker/Maultzsch, Vertragliche Schuldverhältnisse, 4. Aufl. 2013

Palandt, Bürgerliches Gesetzbuch, Kommentar, 77. Aufl. 2018, bearb. ua von *Ellenberger, Grüneberg, Sprau, Thorn, Weidenkaff*

Reich/Micklitz, Europäisches Verbraucherrecht, 4. Aufl. 2003

Roder/Röthemeyer/Braun, Verbraucherstreitbeilegungsgesetz, 2017

Schürnbrand, Jan, Verbraucherschutzrecht (Examinatorium), 2. Aufl. 2014

Soergel, Kommentar zum Bürgerlichen Gesetzbuch, 13. Aufl. 2002, bearb. ua von *Pfeiffer, Seifert*

Staudinger, Kommentar zum Bürgerlichen Gesetzbuch, bandweise Bearbeitung 2012 ff, § 13 BGB *(Kannowski)*, §§ 312 ff *(Thüsing)*; §§ 346 ff *(Kaiser)*, §§ 355 ff *(Keiner)*, §§ 491 ff *(Kessal-Wulf)*, §§ 655a ff *(Herresthal)*

v. Hoffmann/Thorn, Internationales Privatrecht, 9. Aufl. 2007

1. Teil

Grundlagen eines Verbraucherprivatrechts

Was ist Verbraucherprivatrecht? Das Privatrecht, insbesondere das Schuldrecht des **1** BGB, enthält eine Reihe von Normen, die gegenüber den im Allgemeinen anwendbaren Regelungen Besonderheiten bestimmen für Fallkonstellationen, in denen ein Verbraucher (§ 13 BGB) und ein Unternehmer (§ 14) aufeinander treffen. Die Besonderheiten liegen darin, dass dieser – noch näher zu definierende – Verbraucher eine bessere Rechtsstellung erhält, als er sie bei Anwendung der allgemeinen Vorschriften erhielte, vice versa der Unternehmer eine schlechtere. Die Privilegierung des Verbrauchers erscheint aus rechtspolitischer Sicht geboten, um zur Wahrung von Privatautonomie Ausgleich da zu bewirken, wo Vertragsparität gestört erscheint. Solche Ungleichgewichtslagen können eben dann auftreten, wenn Verbraucher und Unternehmer, jener in privater Motivation und dieser mit Professionalität handelnd, rechtsgeschäftlich aufeinander treffen. Diese Grunderkenntnis ist seit 1975 Kern verbraucherpolitischer Programme der Europäischen Union, die ihren Niederschlag in zahlreichen Richtlinien gefunden haben. Vor allem hierauf baut die deutsche Rechtsordnung ihre Regelungen über Haustür-(Außergeschäftsraum-) und Fernabsatzgeschäfte, Verbraucherkredit- und ähnliche Geschäfte, über den Verbrauchsgüterkauf, teilweise über das Recht der Allgemeinen Geschäftsbedingungen, dazu des Bauvertragsrechts, des Wettbewerbsrechts, der Produkthaftung und weiterer Bereiche bis hin zum Internationalen Privatrecht und prozessualen Fragen auf, verknüpft mit gemeinsamen Grundlagen in Gestalt der Rechtsfiguren des Verbrauchers und des Unternehmers und in Gestalt des Widerrufsrechts und des verbundenen Geschäfts. Die Summe dieser Rechtsmaterien, die als Verbraucherprivatrecht bezeichnet werden mag, gehorcht gemeinsamen Prinzipien, die in die privatrechtliche Dogmatik eingebettet sind. Die richtige Handhabung der Vorschriften setzt das Verständnis ihrer Grundlegung und Grundlagen voraus, denen im Folgenden nachzugehen ist.

Schrifttum: *Adam Smith*, An inquiry into the nature and causes of the wealth of nations (Der Wohlstand der Nationen, Der Reichtum der Völker, deutsche Übersetzung der 5. Auflage 1789 von *Horst Claus Recktenwald*, 1974 sowie der Glasgow Edition von 1976 durch *Monika Streißler*, 2005); *Bruns*, Zivilrechtliche Rechtsschöpfung und Gewaltenteilung, JZ 2014, 162; *Bülow*, Der Grundsatz pacta sunt servanda im europäischen Sekundärrecht, FS für Söllner 2000, S. 189; *Busche*, Privatautonomie und Kontrahierungszwang, 1999; *Callies*, Grenzüberschreitende Verbraucherverträge, 2006; *Canaris*, Wandlungen des Schuldvertragsrechts – Tendenzen seiner „Materialisierung", AcP 200 (2000), 273; *Dauner-Lieb*, Verbraucherschutz durch Ausbildung eines Sonderprivatrechts für Verbraucher, 1983; *Drexl*, Die wirtschaftliche Selbstbestimmung des Verbrauchers, 1998; *Duve*, Verbraucherschutzrecht und Kodifikationsgedanke, Jura 2002, 793; *Eichenhofer*, Die sozialpolitische Inpflichtnahme von Privatrecht, JuS 1996, 857; *Engel/ Stark*, Verbraucherrecht ohne Verbraucher?, ZEuP 2015, 32; *Fleischer*, Informationsasymmetrie im Vertragsrecht, 2001; *Grundmann*, Privatautonomie im Binnenmarkt, JZ 2000, 1133; *Gsell/ Schellhase*, Vollharmonisiertes Verbraucherkreditrecht, JZ 2009, 20; *Heiderhoff*, Grundstrukturen des nationalen und europäischen Verbrauchervertragsrechts, 2004; *dies.*, Gemeinschaftsprivatrecht, 2005; *Hergenröder*, Richtlinienwidriges Gesetz und richterliche Rechtsfortbildung, FS Zöllner 1999, S. 1139; *Herresthal*, Die Grenzen der richterlichen Rechtsfortbildung im Kauf-

1

recht, WM 2007, 1354; *Hönn*, Kompensation gestörter Vertragsparität, 1982; *ders.*, Zum persönlichen Anwendungsbereich von Verbraucherschutznormen, Gedächtnischrift Dietrich Schultz, 187, S. 79; *ders.*, Europarechtlich gesteuerter Verbraucherschutz, FS für Ishikawa 2001, S. 199; *ders.*, Verbrauchervertrag – Verbraucherdelikt?, in: Entwicklungen im Verbraucherprivatrecht – Deutschland und Europa, Festgabe Symposion Bülow, 2007, S. 37; *Kant*, Die Metaphysik der Sitten, Erster Theil: Metaphysische Anfangsgründe der Rechtslehre, 1787; *Kümpel*, Verbraucherschutz im Bank- und Kapitalmarktrecht, WM 2005, 1; *Landau*, Pacta sunt servanda – Zu den kanonischen Grundlagen der Privatautonomie, FS für Nörr 2003, S. 457; *St. Lorenz*, Der Schutz vor dem unerwünschten Vertrag, 1997; *Medicus*, Abschied von der Privatautonomie im Privatrecht, Schriftenreihe der juristischen Gesellschaft Köln, Band 17, 1994; *ders.*, Wer ist ein Verbraucher?, FS für Kitawaga 1992, S. 471; *ders.*, Schutzbedürfnisse (insbesondere der Verbraucherschutz) und das Privatrecht, JuS 1996, 761; *Meller-Hannich*, Verbraucherschutz durch Schuldvertragsrecht, 2005; *Pfeiffer*, Die Integration von „Nebengesetzen" in das BGB, in: Ernst/Zimmermann, Zivilrechtswissenschaft und Schuldrechtsreform, 2001, S. 481; *ders.*, Der Verbraucher nach § 13 BGB, in: Schulze/Schulte-Nölke, Die Schuldrechtsreform vor dem Hintergrund des Gemeinschaftsrechts, 2001, S. 133; *ders.*, Verbraucherrecht mit vielen Säulen – Auf der Suche nach funktionsgerechten Konstruktionsprinzipien eines Rechtsgebiets, NJW 2012, 2609; *Pouliadis*, Die Bedeutung des Verbraucherschutzrechts im Kontext der Entwicklung eines europäischen Vertragsrechts, FS für Georgiades, Athen 2006, S. 889; *Rat der europäischen Gemeinschaft*, Erstes Programm für eine Politik zum Schutz und zur Unterrichtung der Verbraucher vom 14.4.1975, ABlEG C 92, S. 1 vom 25.4.1975; *ders.*, Zweites Programm vom 19.5.1981, ABlEG C 133, S. 1 vom 3.6.1981; *Reymann*, Das Sonderprivatrecht der Handels- und Verbraucherverträge, 2009; *W.H. Roth*, Europäisches Recht und nationales Recht, in: 50 Jahre Bundesgerichtshof, 2000, S. 847; *Rüthers,* Klartext zu den Grenzen des Richterrechts, NJW 2011, 1856; *Sedlmeier*, Rechtsgeschäftliche Selbstbestimmung im Verbrauchervertrag, 2012; *Seiler,* Verbraucherschutz auf elektronischen Märkten, 2006; *Staudinger*, Ausstrahlungen der Verbraucherschutzrichtlinien in das nationale Prozessrecht, in: Entwicklungen im Verbraucherprivatrecht – Deutschland und Europa, Festgabe Symposion Bülow, 2007, S. 11.

§ 1   Regelungsansätze

I.   Der rechtsgeschäftliche Ansatz

1.   Das Konzept der Kompensation gestörter Vertragsparität und sein Verhältnis zur Bindung an den Vertrag

2   „Der Mensch ist frei. Er darf tun und lassen, was die Rechte anderer nicht verletzt oder die verfassungsmäßige Ordnung des Gemeinwesens nicht beeinträchtigt", so stellt es voller Entschlossenheit und vorbildhaft Art. 2 der hessischen Verfassung fest, oder mit den Worten *Kants*[1]: „Das Recht ist also der Inbegriff der Bedingungen, unter denen die Willkür des einen mit der Willkür des anderen nach einem allgemeinen Gesetz der Freiheit zusammen vereinigt werden kann." Privatautonomie wahrt Freiheitsentfaltung in privatrechtlichem Handeln. Mit den Regelungen der Rechtsge-

---

1   Rechtslehre, Einleitung, § B, letzter Satz.

schäftslehre über Willenserklärungen, namentlich über Verträge wird erreicht, dass Freiheitsentfaltung durch privatautonomes Handeln im rechtlichen Alltag funktioniert. Ausgangspunkt ist, dass vor dem Recht die Freiheit des Menschen steht, auf der es beruht, und dass im Ausgangspunkt jeder mit seiner Freiheit anstellen kann, was er will. Die darin liegende formale Bestimmung der Handlungsfreiheit begründet im Allgemeinen Gerechtigkeit. Aber es gibt Konfliktlagen, in denen die Ausübung von Freiheit zu Unfreiheit führt, weil das Handeln nicht autonom, sondern fremdbestimmt ist, sich also Freiheit nur äußerlich entfaltet, aber innerlich unterdrückt bleibt; die formale Freiheitsentfaltung gründet sich nicht auf selbstbestimmtes Wollen. Sie ist in Wahrheit gar nicht Wahrnehmung von Privatautonomie.

Ein solches Fehlen materialer Freiheitsentfaltung trotz formaler Freiheitsausübung ist **3** festzustellen, wenn der Vertragsabschluss von der einen Vertragspartei der anderen Vertragspartei aufoktroyiert wird. Wo ein Wille unter Zwang zum Ausdruck gebracht wird, dh die Äußerung gegen den Willen des Äußernden unter *vis absoluta* geschieht, fehlt es von vornherein am Tatbestand einer Willenserklärung, weil es an privatautonomen Handeln fehlt; die unter arglistiger Täuschung oder Drohung abgegebene Willenserklärung ist durch Anfechtung mit Wirkung ex tunc vernichtbar, die Willenserklärung des wucherisch Ausgebeuteten ist ebenso wie diejenige des nicht hinreichend Einsichtsfähigen, weil Geschäftsunfähigen, nichtig. Aber die ökonomische Entwicklung hat gezeigt, dass Fremdbestimmung *vice versa* (unterdrückte Selbstbestimmung) auf subtilere Weise als durch Zwang, Drohung, Täuschung oder Ausbeutung herbeigeführt werden kann. Der Wohlstand der Nationen gründet sich auf marktwirtschaftliche, dh wettbewerbsbestimmte Ordnungen; aber dass die Ausübung von Wettbewerb gerade zur Aushebelung von Wettbewerb führen kann, ist eine Erkenntnis, die in Kartellgesetzen, namentlich in den Regelungen über den Marktbeherrschungsmissbrauch (§ 19 GWB), ihre Umsetzung gefunden hat. Die Marktwirtschaft ist eine spontane, dh gerade auch auf Privatautonomie gebaute Ordnung; im Kampf der Anbieter um den Vertragsabschluss mit den Abnehmern werden immer raffiniertere Marketingmethoden entwickelt, um diesen Kampf zu gewinnen. Wo der Abnehmer seinerseits ausgeklügelte Nachfragetaktiken entgegensetzen kann, ist Selbstbestimmung nicht angetastet; wo es der Abnehmer könnte, aber, und sei es aus Bequemlichkeit, unterlässt, liegt auch in diesem Unterlassen ein Stück Selbstbestimmung. Eine durch Marketingstrategien gekennzeichnete Marktwirtschaft bringt aber auch typische und oft ubiquitäre Vertragsabschlusslagen hervor, wo der Abnehmer der Marketingmacht nichts entgegen zu setzen hat, sondern ihr ausgeliefert ist, dann nämlich, wenn der Abnehmer und potentielle Vertragspartner nicht wie der Anbieter professionell, sondern aus privater Motivation am Markt auftritt, also auszieht, um privaten Bedarf zu decken. Gerade die Privatheit seines Auftretens, das auf das zu erwerbende Wirtschaftsgut, aber nicht auf den zu parierenden Kampf um den Vertragsabschluss gerichtete Interesse ist der Hebel für die professionelle Verhandlungsoptimierung des Anbieters. Das Zusammentreffen des professionellen Anbieters mit dem privaten Abnehmer ist der Ausgangspunkt für die Fragestellung, ob der Abnehmer privatautonom oder fremdbestimmt handelt und ob daraus Folgerungen für das Rechtsgeschäft zu ziehen sind. Folgerungen heißt, Regelungen der Rechtsgeschäftslehre, so wie sie im Allgemeinen gelten, im Besonderen bei rechtsgeschäftlichem

Zusammentreffen von professionellem Anbieter und privatem Abnehmer anders zu gestalten. Die nächste Frage ist, wie solche Änderungen aussehen sollen, zB ein Vertragslösungsrecht des privaten Abnehmers.

4 Da privatautonom auch handelt, wer es unterlässt, seinen eigenen Vertragsinteressen Nachdruck zu verleihen, mag der daraufhin abgeschlossene, aber im Nachhinein vom privaten Abnehmer nicht mehr gewünschte Vertrag als rechtlich irrelevante Einschätzung angesehen werden, die Bindung an den abgeschlossenen Vertrag dagegen als systemimmanent. Das wird dadurch gestützt, dass privates rechtliches Handeln auf einen Adressaten ausgerichtet ist und deshalb Freiheitsentfaltung durch privates Handeln notwendigerweise die Freiheit dieses Adressaten berührt, deren Entfaltung gleichermaßen durch das Recht gewährleistet sein muss. Privatautonomie funktioniert deshalb nur, wenn die auf ihrem Gebrauch beruhenden Handlungen, namentlich im Allgemeinen das bloße Versprechen, bindend sind; die rechtsgeschäftliche Verpflichtung ohne Bindung ist in Wahrheit keine Verpflichtung. Freiheitsentfaltung des einen würde zur Willkür gegenüber dem anderen werden. Deshalb ist **Funktionsbedingung** für Privatautonomie die Bindung an die eigene Willenserklärung, die Geltung der Maxime *pacta sunt servanda*[2]. Der Preis der Freiheit ist Verantwortung für die Ausübung dieser Freiheit. Warum sollte zugunsten des privaten Abnehmers, der der Professionalität des Anbieters nichts entgegensetzt, von diesem Grundsatz durch ein Vertragslösungsrecht abgewichen werden?

5 Der Antwort ist im Umfeld des Funktionszusammenhangs von Privatautonomie und der Bindung an das eigene Handeln nachzuspüren. Dieser Zusammenhang steht unter Grundvoraussetzungen, die ihn *a priori* überhaupt erst herstellen. Die Grundvoraussetzungen sind nicht nur, dass die Parteien überhaupt die Befähigung zur Freiheitsausübung haben, also **geschäftsfähig** sind, sondern auch, dass diese Befähigung in der Person beider Parteien einigermaßen **gleichgewichtig** vorhanden ist[3]. Der Funktionszusammenhang beruht also auf Vertragsparität. Die Störung von Vertragsparität ist Anlass für Überlegungen, dogmatische Ausgleichungen zur Überwindung der Störung anzustellen.

6 Die Überlegung anzustellen heißt nicht, paritätsgestörte Sachverhalte sogleich besonderen gesetzlichen Regelungen zu unterwerfen. Paritätsstörungen mögen als schwerwiegend oder aber als hinnehmbar zu bewerten sein; ihre Existenz mag als zweifelhaft, gar zu verneinen oder aber als sicher anzusehen sein. Die unterlegene Vertragspartei mag gehalten sein, der Störung selbst und aus eigener Anstrengung zu begegnen. Gesetzgeberischer Handlungsbedarf mag deshalb hier anzuerkennen, dort zu vernachlässigen zu sein. Über die richtige Antwort bleibt Streit nicht aus; die Ent-

---

2 Das *pactum,* das bloße Versprechen, begründete im römischen Recht als *pactum nudum* im Allgemeinen keine Klagbarkeit, sondern nur ein anerkannter Typus im Aktionensystem; *pacta sunt servanda* ist also keine Maxime des römischen Rechts, sondern Erkenntnis der kanonistischen Vertragslehre des 12. Jahrhunderts, *Landau* FS Nörr 2003, S. 457.

3 BGH WM 2014, 838 Tz. 31 zum zwingenden Charakter des AGB-Rechts (§§ 305 ff BGB) auch unter Unternehmern; siehe auch *Danwerth* WM 2015, 1604 (1611); *Hönn* Gedächtnisschrift Schultz, S. 79 (89).

scheidung ist politischer Natur, aber keine Frage der Rechtsanwendung[4]. Erst wo die Störung von Vertragsparität so massiv ist, dass ihre Ausnutzung als Verstoß gegen die guten Sitten anzusehen ist, muss Recht in Gestalt von § 138 angewandt werden. Im weiten Feld davor ist Störung von Vertragsparität aber für sich allein kein rechtlich relevantes Kriterium, also kein Tatbestandsmerkmal, das die Subsumtion des Privatautonomie gewährleistenden Rechts beeinflussen könnte. Erst das Gesetz, welches dogmatischen Ausgleich für die Störung von Vertragsparität schafft, begründet hierfür Tatbestandsmerkmale. Rechtliche Relevanz erlangt die **Kompensation gestörter Vertragsparität** erst durch die Anwendung eben diese berücksichtigender Gesetze. Damit ist der Grundstein gelegt für die Herausarbeitung eines darauf bezogenen Privatrechts. Das disparitätsausgleichende Gesetz fragt nicht, ob der in privater Motivation handelnde Nachfrager im konkreten Einzelfall des Vertragsschlusses unterlegen ist, sondern **typisiert**[5] Sachverhalte, deren Störungsgeneigtheit unterstellt, also unwiderleglich vermutet wird. Ausgangspunkt der Typisierung ist die Privatheit des Handelns in der Person des ausgleichsbedürftigen Vertragskontrahenten gegenüber dem professionell handelnden anderen. **Keinerlei Bedeutung** für den Begriff des privaten Abnehmers in der Situation gestörter Parität (des Verbrauchers) hat deshalb die Frage, ob dieser private Kontrahent **wirtschaftlich schwach, rechtsunkundig, geschäftsungewandt, intellektuell unterlegen** ist; vielmehr ist auch der vielleicht auf Verbraucherprivatrecht spezialisierte, versierte Rechtsanwalt Normadressat für störungsausgleichende Privilegierung, wenn er seines privaten Konsums wegen rechtsgeschäftlich auftritt: *„Consumers, by definition, include us all" (John F. Kennedy)*[6] Der in jedem Einzelfall festzustellende sozial Schwache ist, insbesondere als Darlehensnehmer eines Konsumentenkredits, Subsumtionssubjekt in ganz anderem Zusammenhang, nämlich bei der Bewertung als Verstoß gegen die guten Sitten nach § 138 Abs. 1 in der Kategorie des Ausbeutungsmissbrauchs (s. Rn 24). Dieser Bereich ist ein integraler Bestandteil der herkömmlichen Rechtsgeschäftslehre, aber nicht Regelungsgegenstand eines Verbraucherprivatrechts. Beide Bereiche dürfen nicht verwechselt und miteinander vermengt werden[7].

Auf der anderen Seite steht es einem Gesetzgeber frei, Normen gerade zum Schutz **6a** von Privatpersonen in prekären Verhältnissen zu schaffen, als Normadressaten aber Verbraucher nach § 13 zu nehmen, zu denken ist an Regelungen zum Verzug (Rn 335). Die schützenden Normen kommen dann auch demjenigen unverdientermaßen zugute, der, über die allgemeinen Normen des Privatrechts hinaus, nicht schutzbedürftig ist, zB dem Millionärssohn, der sich aufgrund seines ausschweifenden Lebenswandels (der ihm gegönnt sei) in eine Finanzklemme begeben hat. Der verbraucherprivatrechtliche Ansatz der Kompensation gestörter Vertragsparität nach § 13 erscheint für solche Regelungsbereiche nicht geeignet.

---

4   Vgl BVerfG NJW 2007, 286.
5   EuGH vom 3.9.2015 – C-110/14, Rn 21 – *Costea* –, ZIP 2015, 1882.
6   Zitiert nach *Engel/Stark* ZEuP 2015, 32.
7   So aber *Braun* JZ 2011, 703 (706): „... Sonderrecht zugunsten geschäftsungewandter Kreise" und auch *Schnauder* WM 2014, 783 (785): „... Verbraucher (als) eine neue Spezies Mensch ...".

2. Gesetzgeberische Reaktionen

a) Zusammentreffen von Verbraucher und Unternehmer; das rollenbezogene Modell

7 Kodifikatorischer Ausgangspunkt des Gesetzes, der zu Ausgleichsregelungen führt, ist der Begriff der in der Vertragsanbahnungs- bis zur Vertragsabschlussphase aufgrund der Privatheit ihres Handelns paritätsgestörten Vertragspartei, nämlich des Verbrauchers. Ihn bestimmt § 13 als jede natürliche Person, die ein Rechtsgeschäft zu Zwecken abschließt, die überwiegend[8] weder ihrer gewerblichen noch ihrer selbstständigen beruflichen Tätigkeit zugerechnet werden können. Diese **Legaldefinition des Verbrauchers** enthält zweierlei: Zunächst ist die Begriffsbestimmung eine negative; wer zu Zwecken kontrahiert, die weder gewerblichem noch selbstständigem beruflichen Bereich angehören, handelt zu privaten Zwecken oder im gegebenen Falle zu unselbstständig-beruflichen Zwecken, also in der Eigenschaft als Arbeitnehmer und in gleichgestellter Eigenschaft als arbeitnehmerähnliche Person. Sodann ist der Verbraucherbegriff an das Rechtsgeschäft geknüpft, dessen Zweck die Verbrauchereigenschaft bestimmt; bei privatem Zweck ist die Vertragspartei Verbraucher, bei anderem Zweck ist sie es nicht und folglich nicht Normadressat verbraucherprivatrechtlicher Regelungen. Es kommt also darauf an, welche **Rolle** die natürliche Person beim Rechtsgeschäft einnimmt. Daraus folgt wiederum zweierlei: Ein und dieselbe natürliche Person kann bei dem einen Rechtsgeschäft aufgrund der eingenommenen Rolle als privat Handelnder Verbraucher sein, beim nächsten Rechtsgeschäft nicht, weil der Zweck gewerblicher oder freiberuflicher Art ist. Man denke an die Rechtsanwältin[9], die heute für ihre Wohnung einkauft, morgen für ihre Kanzlei. Die andere Folgerung ist, dass es für den Verbraucherbegriff, wie ein Blick auf § 13 BGB erweist, **nicht** auf den **Status** der natürlichen Person etwa als sozial Schwacher (vorst. Rn 6) oder als Unternehmer oder Kaufmann ankommt[10] und nicht auf die Zugehörigkeit zu geschäftsungewandten Kreisen[11]; Maß gibt allein die Gefahr der Paritätsstörung, die in der Privatheit des Handelns ihren Ausgangspunkt hat. Statusbezogen ist lediglich die Eigenschaft als natürliche Person, wodurch juristische Personen vom Verbraucherbegriff ausgeschlossen sind (zur Gesellschaft bürgerlichen Rechts Rn 75).

8 Statusbezogen und deshalb nicht Gegenstand von Verbraucherprivatrecht ist auch die Rechtsfigur des Kleinanlegers im Kapitalmarktrecht (Privatkunde nach § 31a Abs. 3 WpHG), die sich an den Erfahrungen, Kenntnissen und dem Sachverstand in Bezug auf Finanzinstrumente misst; dieses Wissen begründet den kapitalmarktrechtlich relevanten Status (Rn 435).

---

8 Hier taucht ein Umsetzungsproblem auf: Betragen privater und unternehmerischer Anteil jeweils die Hälfte, ist die natürliche Person gemäß Erwägungsgrund 17 zur Verbraucherrechte-Richtlinie, 12 zur WohnimmoRiL Verbraucher, nach der Formulierung von § 13 BGB nicht, *Patrick Meier* JuS 2014, 777; *Bülow* FS Müller-Graff 2015, S. 170 (173).

9 EuGH v. 3.9.2015 – C-110/14, Rn 25 – *Costea* –, ZIP 2015, 1882.

10 So aber *Oechsler* Vertragliche Schuldverhältnisse, § 1 Rn 31, 34; zutr. dagegen *Duve* HKK, §§ 1 bis 14 BGB, Rn 81 sowie Jura 2002, 793 (795); Soergel/*Pfeiffer*, § 13 BGB Rn 19; *Heiderhoff* Gemeinschaftsprivatrecht, S. 84.

11 Wie *Braun* JZ 2011, 703 (796) fälschlich meint.

Die in der Rolle als Verbraucher auftretende natürliche Person hat für sich allein noch   **9**
keinerlei besondere privatrechtliche Relevanz. Diese kann überhaupt erst, muss aber
andererseits keineswegs, eintreten, wenn die andere Partei, mit der ein Rechtsgeschäft abgeschlossen wird, Unternehmer ist. Erst dieses Zusammentreffen kann geeignet sein, die Störung von Vertragsparität auszulösen (modisch-anglizistisch gewendet die B2C, businessman [oder nur: business?]-to-consumer-Situation[12]). Ob
dies wirklich der Fall ist bzw ob davon in typisierter Weise auszugehen ist, bestimmt
das Gesetz durch weitere Regelungen; das Zusammentreffen von Verbraucher und
Unternehmer ist also **notwendige Voraussetzung** für die Anwendung paritätsausgleichenden Verbraucherprivatrechts, aber **nicht ausreichende Voraussetzung**.

Unternehmer ist nach § 14 eine natürliche oder juristische Person oder eine rechtsfä-   **10**
hige Personengesellschaft, die bei Abschluss eines Rechtsgeschäfts in Ausübung ihrer
gewerblichen oder selbstständigen beruflichen Tätigkeit handelt. Unternehmer ist
also, wer die Rolle als **professionell auftretende Vertragspartei** des Geschäfts einnimmt, die wegen ihrer typisierten Abschlussüberlegenheit gegenüber dem Verbraucher die Störung von Vertragsparität auslösen könnte[13]. Der rollenbezogene Begriff
des Unternehmers steht im Gegensatz zum statusbezogenen Begriff des Kaufmanns,
der gem. § 1 HGB vom Betrieb eines Handelsgewerbes abhängt[14]. Das Rollenkonzept
verwirklicht sich gleichwohl auch im Handelsrecht, nämlich im kaufmännischen Vertragsrecht, wo der Begriff des Handelsgeschäfts gem. § 343 HGB an die Betriebszugehörigkeit knüpft[15]. Ein Kaufmann als natürliche Person ist Verbraucher nach § 13,
wenn er ein privates Rechtsgeschäft tätigt. In dieser Konstellation ist er seinem professionell auftretenden Unternehmerkollegen als Kontrahenten typisiert unterlegen.
Keinerlei verbraucherprivatrechtliche Relevanz hat folgerichtigerweise das rechtsgeschäftliche Zusammentreffen unter Verbrauchern[16] oder unter Unternehmern[17]; in
typisierter Sicht ist keiner der anderen Partei unterlegen.

b) Typisierung von Ungleichgewichtslagen

Treten Personen in ihrer Rolle als Verbraucher und Unternehmer in rechtsgeschäft-   **11**
lichen Kontakt, kann es zu einer Störung von Vertragsparität kommen. Ob diese Störung hinnehmbar ist oder ausgleichender, vom Konzept der unterstellten Existenz
von Privatautonomie abweichender Regelungen bedarf, ist eine Bewertung, die politischer Art (s. vorst. Rn 6) und der Bewertung durch den Rechtsanwender entzogen
ist. Das Gesetz muss also sprechen. Es spricht, wenn in typisierten Sachverhalten von
einer solchen **nicht hinnehmbaren Störung** auszugehen ist. Verbraucherprivatrecht

---

12 So beispielsweise *Lorenz/Riehm* Rn 586.
13 Hierbei kommt es auf das handelsrechtlich bedeutsame Kriterium der Gewinnerzielungsabsicht nicht
    an, BGH NJW 2006, 2250 mit Bspr. *Emmerich* JuS 2006, 930.
14 *Bülow* FS Nobbe 2009, S. 495; dies übersehen *Markgraf/Kießling* JuS 2010, 881 zu A.
15 *K. Schmidt* JuS 2006, 1 (3); die Vermutung der Betriebszugehörigkeit nach § 344 Abs. 1 HGB greift
    in restriktiver richtlinienkonformer Auslegung (Rn 48) nicht bei der Subsumtion des Verbraucherbe-
    griffs, *Pfeiffer* NJW 1999, 169 (173/174); *Bülow/Artz* Handelsrecht, Rn 349a.
16 Instruktiv EuGH v. 5.12.2013 – C-508/12 *(Vapenik)*, Tz. 33, NJW 2014, 841 zum internationalen
    Verbraucherprozessrecht (s. auch Rn 40).
17 Exemplarisch LG Frankfurt am Main WM 2015, 2045.

ist also nicht schon dann anwendbar, wenn Verbraucher und Unternehmer rechtsgeschäftlich zusammentreffen, sondern erst dann, wenn das **Gesetz Rechtsfolgen hieraus bestimmt**.

12 So geartete Rechtsfolgen bestimmt das Gesetz für die Vereinbarung von Allgemeinen Geschäftsbedingungen, für Außergeschäftsraum- (Haustür-) Geschäfte, für Fernabsatzgeschäfte, für bestimmte Kredit-, Finanz- und Vermittlungsgeschäfte sowie für Ratenlieferungsgeschäfte, für Teilzeitwohnrechte und gleichgestellte Sachverhalte, für bestimmte Kaufgeschäfte, für den Bauvertrag, für bestimmte Transportgeschäfte, am Rande auch für Pauschalreisen, für den Fernunterricht sowie für Versicherungsverträge, dazu im Internationalen Privatrecht und im nationalen und internationalen Zivilprozessrecht. Eher dem Wettbewerbsrecht (Rn 18) zuzurechnen ist eine noch vor der Vertragsanbahnung liegende Phase bei Erbringung unbestellter Leistungen sowie bei Gewinnzusagen.

13 Alle diese Sondervorschriften bilden ein gemeinsamen Grundsätzen folgendes Regelungswerk, das den wichtigsten Teil dessen ausmacht, was mit **„Verbraucherprivatrecht"** bezeichnet werden mag.

c) Resümee

14 Das von den allgemeinen Bestimmungen des Schuldrechts abweichende Verbraucherprivatrecht ist nur unter drei Voraussetzungen anwendbar, nämlich dass

 – Verbraucher und
 – Unternehmer zusammentreffen und
 – das Gesetz hieraus Folgerungen zieht.

II. Deliktsrechtlicher Ansatz

15 Die privat handelnde Person ist auch Adressat besonderer Normen im außer-rechtsgeschäftlichen, dh deliktischen Bereich in Gestalt des Produkthaftungsgesetzes (ProdHG), außerdem Normadressat der allgemeinen wettbewerbsrechtlichen Grundregelung der §§ 3, 2 Abs. 2 UWG sowie der besonderen Konstellation von §§ 241a und 661a (hierzu im Einzelnen Rn 629 ff).

1. Produkthaftung

16 Wo es nicht um Kompensation gestörter Vertragsparität geht, sondern um **Rechtsgutsverletzungen**, richtet sich die rechtspolitische Fragestellung auf die Zubilligung von Ausgleichs-, in erster Linie **Schadensersatzansprüchen für die Privatperson**, die sie nach allgemeinem Deliktsrecht nicht hat. Sie bekommt solche Ansprüche, wenn der Verletzer typischerweise, allerdings nicht notwendigerweise, **in Ausübung seiner gewerblichen Tätigkeit** handelt. Insoweit finden die Parteien des verbraucherprivatrechtlichen deliktischen Anspruchs ihre Entsprechung in Verbraucher und Unternehmer nach den Regelungen der §§ 13, 14, die nicht anwendbar sein können, weil sie durch den Zweck gerade rechtsgeschäftlichen Handelns definiert sind.

Sitz der Materie sind § 1 Abs. 1 Satz 2 und § 4 ProdHG. Die – im Gegensatz zu § 823 **17** Abs. 1 – **verschuldensunabhängige Haftung für Sachbeschädigungen** aufgrund der Fehlerhaftigkeit eines Produkts tritt nur ein, wenn die Sache für den privaten Ge- oder Verbrauch bestimmt war und hierfür auch tatsächlich, jedenfalls hauptsächlich, verwendet wurde. Schuldner des Schadensersatzanspruchs ist der Hersteller nach § 4 ProdHG, der in den allermeisten Fällen gewerblich handeln wird, aber seinerseits Privatperson sein kann, ohne dass die Haftungsausschlussvoraussetzungen von § 1 Abs. 2 Nr. 3 ProdHG erfüllt wären (näher Rn 657).

2. Unlauterer Wettbewerb

Im Recht des unlauteren Wettbewerbs kann der Verbraucher – insoweit, als er poten- **18** ziell rechtsgeschäftlich tätig werden könnte[18] – Adressat von Handlungen zu Zwecken des Wettbewerbs, namentlich der Adressat von Werbung sein. Die wettbewerbsrecht- liche Fragestellung richtet sich auf die Bewertung einer geschäftlichen Handlung (§ 2 Abs. 1 Nr. 1 UWG) als unlauter und unzulässig nach § 3 UWG beziehungsweise in der Form einer Irreführung nach § 5 UWG. Die Bewertung als unlauter kann davon abhängen, ob der Verbraucher als Werbungsadressat und potentieller Vertragspartner, zB nach § 4a Abs. 1 UWG, übervorteilt oder namentlich (§ 2 Abs. 1 Nr. 8, 9 UWG) in seiner Entscheidungsfindung beeinträchtigt wird. Dies hängt wiederum vom Ver- ständnishorizont des Verbrauchers als Werbungsadressaten ab; wo von Rechts wegen Erwartungen in ihn gesetzt werden, Werbeaussagen verständig zu würdigen, können Übervorteilung oder Irreführung eher verneint werden, als wenn zur Bestimmung der Unlauterkeit nach dem einfältigsten Verbraucher als Werbungsadressaten geforscht wird. Die normative Betrachtung des Verbrauchers führt demgemäß eher zum Er- laubtsein der Wettbewerbshandlung als eine empirische Betrachtung. Die der Recht- sprechung des EuGH entspringende und dem UWG von 2004/2015 zu Grunde ge- legte **normative Betrachtungsweise** hat mithin keinen zugunsten des Verbrauchers ausgleichenden Charakter, sondern entwirft im Gegenteil das Bild eines in der Wür- digung von Werbeaussagen ebenbürtigen Adressaten. Das Leitbild eines kritischen, situationsadäquat aufmerksamen, informierten, vernünftigen und verständigen Ver- brauchers[19] im deutschen und europäischen Wettbewerbsrecht ist als Folge dessen gerade nicht paritätsausgleichenden Charakters.

III. Der marktfunktionale Ansatz

Ein funktionierender Wettbewerb bietet an seiner Stelle Gewähr für selbstbestimmtes **19** Handeln der Marktbeteiligten, also auch dafür, dass formale Handlungsfreiheit ge- rechte Ergebnisse hervorbringt. Wettbewerb funktioniert, wenn sich die Marktbe- teiligten in **Verhandlungsgleichgewicht** gegenüber treten; der gestörte Wettbewerb kennzeichnet sich durch **Monopole und bestimmte Oligopole**, in denen Vertragsbe-

---

18 Deshalb nur entsprechende Anwendung von § 13 BGB gem. § 2 Abs. 2 UWG, BGH NJW 2011, 1237 Tz. 26; dies gilt *vice versa* auch für den Unternehmer nach § 14 BGB, *Köhler* FS Hopt 2010, S. 2824.
19 Hierzu pointiert *Heintschel v. Heinegg* WRP 2015, Heft 4 (Editorial).

dingungen aufoktroyiert werden (Rn 3). Die Marktstörung besteht auch dann, wenn der private Endabnehmer als Folge der Privatheit seines rechtsgeschäftlichen Handelns der Professionalität des Anbieters nicht genügendes Gewicht entgegensetzen kann, um die Vertragsbedingungen zu analysieren. Gestörte Vertragsparität erweist sich also zugleich als Marktstörung; Störungsbeseitigung kann angestrebt werden durch Kompensation in Gestalt von **Informationsverschaffung** für den privaten Endabnehmer, **Vertragslösungsrechte** in bestimmten Fällen und andere Instrumente.

20 Funktionierende Märkte sind Grundbedingung für einen europäischen Binnenmarkt, eines der Funktionselemente ist hierbei **das kompensatorische Modell**. Dieses Modell brachte der Rat der – seinerzeitigen – Europäischen Wirtschaftsgemeinschaft in seinem Ersten Programm für eine Politik zum Schutz und zur Unterrichtung der Verbraucher vom 14.4.1975 zum Ausdruck: Der Verbraucher als „Teil eines Massenmarktes und das Ziel von Werbekampagnen und Pressionen durch mächtige, gut organisierte Produktions- und Absatzsysteme" ist „nicht mehr voll in der Lage, als Marktteilnehmer seine Rolle eines Gleichgewichtselements zu spielen. In der Folge der Entwicklung der Marktbedingungen (besteht) eine Tendenz zur Störung dieses Gleichgewichts zwischen Lieferant und Verbraucher zugunsten der Lieferanten"[20]. Das Kompensationsmodell ist in zahlreiche europäische Richtlinien geflossen, die nach ihrer Transformation das deutsche Verbraucherprivatrecht wesentlich bestimmen (Rn 45 ff).

IV. Sonderprivatrecht

1. Begrifflichkeiten

21 Die Gesamtheit der verbraucherprivatrechtlichen Sondervorschriften ist ein Regelungswerk, das gemeinsamen Grundsätzen gehorcht. Ob man dieses Verbraucherprivatrecht als Sonderprivatrecht bezeichnen mag, ist umstritten; der Streit ist eher terminologischer Natur; Folgerungen für die Rechtsanwendung treten dadurch nicht ein. Eine klare Antwort wäre auffindbar, wenn Einigkeit über den Gehalt des Begriffs „Sonderprivatrecht" bestünde; das ist aber nicht ersichtlich[21].

a) Formale, inhaltliche, persönliche Abgrenzung

22 Eine äußerlich formale Abgrenzung könnte darin liegen, dass die im Allgemeinen anwendbaren Normen mit solchen in Beziehung gesetzt werden, die nur im Besonderen gelten. Mit einer solchen Abgrenzung wäre Verbraucherprivatrecht ein Sonderprivatrecht. Die allgemeinen Vorschriften, namentlich zum Rechtsgeschäft, werden durch besondere Vorschriften modifiziert für bestimmte Fälle, in denen Verbraucher und Unternehmer zusammentreffen. Eine inhaltliche materiale Abgrenzung fragt, ob

---

20 ABlEG C 92, S. 1 vom 25.4.1975, Tz. 6/7, auch Zweites Programm vom 19.5.1981 ABlEG C 122, S. 1 vom 3.6.1981, Tz. 28.1; *Meller-Hannich* Verbraucherschutz, S. 67 ff; *Pouliadis* FS Georgiades, S. 889 (890); *Riepl* Europäischer Verbraucherschutz in der Informationsgesellschaft, Wien 2002, S. 26.
21 Zutr. *K. Schmidt* BB 2005, 837.

Grundprinzipien des Privatrechts verändert werden; eben dies ist nicht der Fall, weil Grundprinzipien des Privatrechts gerade funktionsfähig gemacht werden sollen, nämlich Privatautonomie durch Kompensation von Ungleichgewichtslagen zu gewährleisten ist[22] (vorst. Rn 3). In einer personalen Abgrenzung wäre zu fragen, ob die Sonderregelungen für jedermann oder ausschließlich für bestimmte Personen gelten. Danach wäre daran zu denken, Verbraucherprivatrecht nicht als Sonderprivatrecht anzusehen, weil jedermann auch Privatperson ist und in die Lage kommt, Verbraucher iSv § 13 zu sein. Ebenso wenig wäre danach das Recht der Geschäftsunfähigen und beschränkt Geschäftsfähigen ein Sonderprivatrecht[23], weil jedermann in seinem Leben Kind oder Minderjähriger ist. Die personale Ausschließlichkeit, wie sie dem nur (jedenfalls fast nur[24]) für Kaufleute geltenden und an ihren Status (vgl § 1 Abs. 2 HGB) anknüpfenden Handelsrecht zukommt, das als klassisches Sonderprivatrecht angesehen wird[25], mag für Verbraucherprivatrecht auf der anderen Seite[26] unter dem Aspekt bejaht werden können, dass nicht der Verbraucher schlechthin Normadressat ist, sondern nur der mit einem Unternehmer zusammentreffende Verbraucher; die personale Verbindung macht das Besondere des verbraucherprivatrechtlichen Regelungsgefüges aus.

b) Befund

Jedenfalls stellt Verbraucherprivatrecht ein Normengefüge dar, das von der Dogmatik **23** der sonst allgemein geltenden privatrechtlichen Normen abweicht und ein eigenes Normengefüge mit filigranen Verästelungen bildet. In diesem zurückhaltenden Sinne kann Verbraucherprivatrecht als Sonderprivatrecht verstanden werden.

2. Systemimmanente Instrumente

Dagegen ist die Anwendung von § 138 Abs. 1 (Rn 6) als allgemeine privatrechtliche **24** Norm auf den wirtschaftlich Schwächeren, Rechtsunkundigen und Geschäftsungewandten, der gegenüber dem professionellen Anbieter nach Lage des Einzelfalls in eine Ausbeutungslage gerät (die durchaus zu einem ebenfalls filigranen und verästelten Gefüge, namentlich zum sittenwidrigen Konsumentenkredit[27] und zur Bürgschaft[28] nahestehender Personen geführt hat) kein Fall eines Sonderprivatrechts, sondern eben die Subsumtion unter den allgemeinen Begriff der guten Sitten; die Apostrophierung als „Sonderprivatrecht" in diesem Zusammenhang[29] war polemisch gemeint, nämlich die richtige Subsumtion in Frage stellend.

---

22 *Gärtner* BB 1995, 1753; *Pfeiffer* in: Ernst/Zimmermann, Schuldrechtsreform, S. 481, 494.
23 Vgl *Medicus* JuS 1996, 791.
24 Teilweise Anwendung auf nicht-kaufmännische Kleingewerbetreibende: §§ 383 Abs. 2, 407 Abs. 3 Satz 2, 452 Abs. 2, 466 Abs. 3, 84 Abs. 4, 93 Abs. 3 HGB, *Bülow/Artz* Handelsrecht, Rn 81–83.
25 *Weyer* WM 2005, 490; *K. Schmidt* BB 2005, 837 und JuS 2006, 1.
26 *Canaris* AcP 200 (2000), 273, 361.
27 Im Einzelnen *Bülow* Sittenwidriger Konsumentenkredit, 3. Aufl. 1997, Rn 16 ff.
28 Im Einzelnen *Bülow* Recht der Kreditsicherheiten, Rn 867 ff.
29 *Dauner-Lieb* Verbraucherschutz durch Ausbildung eines Sonderprivatrechts für Verbraucher, 1983, S. 109.

§ 2 Instrumentarium der Kompensation

25 Wo Autonomie privatrechtlichen Handelns in nicht hinnehmbarem Ausmaß gefährdet erscheint, weil eine ihrer Grundvoraussetzungen, nämlich **Vertragsparität**, gestört ist, liegt die gesetzgeberische Aufgabe in der Suche nach rechtlichen Regeln, welche Autonomie herstellen und, wenn dies nicht gelingen sollte, die Verbindlichkeit derjenigen Willenserklärung, die der Verbraucher abgibt, relativieren. Im Deliktsrecht sind die typischen Risiken, denen gerade private Nutzer fehlerhafter Produkte ausgesetzt sind, zu berücksichtigen (Rn 16). Die im Allgemeinen, dh ohne Rücksicht auf Beteiligung eines Verbrauchers oder allgemeiner einer Privatperson geltenden privatrechtlichen Regeln werden an ihrer Stelle modifiziert und bilden in ihrer Gesamtheit das verbraucherprivatrechtliche Regelungswerk.

26 In welchen geschäftlichen Bereichen aus gesetzgeberischer Erkenntnis die Störung von Vertragsparität nicht mehr hinnehmbar ist und Regelungsbedarf begründet, wurde schon vermerkt: Verwendung Allgemeiner Geschäftsbedingungen, Haustür- (Außergeschäftsraum-) und Fernabsatzgeschäfte sowie der elektronische Geschäftsverkehr, bestimmte Kredit-, Finanz- und Vermittlungsgeschäfte, bestimmte Kaufgeschäfte, bestimmte Transportgeschäfte sowie Verträge über die Teilzeitwohnrechte und gleichgestellte Geschäfte, teilweise auch Pauschalreisen, außerdem Fernunterricht und Versicherungsverträge, im deliktischen Bereich Teile der Produkthaftung.

I. Überblick

27 Wo die Störung von Vertragsparität in der Professionalität des unternehmerischen Handelns bei Vertragsabschluss gegenüber der auf den Privatbereich bezogenen Motivation des Verbrauchers begründet ist, liegt die Kompensation zuvörderst darin, dem Verbraucher ebenfalls Professionalität angedeihen zu lassen. Diese Professionalität ist erlangbar durch **Information**. Das kompensatorische Instrument liegt darin, dass der Unternehmer dem Verbraucher vertragsabschlussrelevante Informationen zu erteilen hat, die das Gesetz, auf den jeweiligen Geschäftsbereich zugeschnitten, genau vorschreibt. Wo trotz Information Defizite an Vertragsparität übrig zu bleiben drohen, kann das Gesetz dem Verbraucher das Recht einräumen, sich von dem im Nachhinein als unerwünscht empfundenen Vertrag wieder zu lösen. Die **Lösung vom Vertrag** relativiert die Bindung an die eigene Verpflichtungserklärung (*pacta sunt servanda*, Rn 4). Das privatrechtliche Instrument liegt im **Widerrufsrecht** des Verbrauchers. Ein dritter gesetzgeberischer Weg liegt darin, bestimmte Vereinbarungen nicht zuzulassen, also die **Unwirksamkeit** trotzdem abgeschlossener Vereinbarungen, namentlich durch Allgemeine Geschäftsbedingungen, durch das Gesetz anzuordnen. In Sonderfällen kann das einzelne, verbraucherprivatrechtlich erfasste Schuldverhältnis **besondere Ausgestaltungen** erfahren. Außerdem kann eine **Beschränkung der freien Rechtswahl**, wie sie Art. 3 Rom-I-VO eigentlich einräumt, geboten sein. In prozessualer Sicht ist an eine Regelung der **örtlichen und internationalen Zuständigkeit** durch einen Verbrauchergerichtsstand zu denken.

II. Information

1. Pflichtangaben

Das **Informationsmodell**[1], das dem Unternehmer Pflichtangaben auferlegt, gilt für **28** Haustür- und Fernabsatzgeschäfte nach § 312d iVm Art. 246a § 1 EGBGB mit Besonderheiten für Finanzdienstleistungen im Fernabsatz nach Art. 246b, für den elektronischen Geschäftsverkehr nach § 312j iVm Art. 246c EGBGB, für Verbraucherdarlehen vorvertraglich nach § 491a BGB, im Vertrag nach § 492 Abs. 1 und während des Vertragsverhältnisses gem. § 493 sowie § 496 Abs. 2, für Teilzahlungsgeschäfte und andere Finanzierungshilfen nach § 506 Abs. 1 iVm Art. 247 EGBGB, für Kreditvermittlungsverträge nach § 655a Abs. 2 und § 655b Abs. 1, Art. 247 §§ 13–13b EGBGB, für den Erwerb von Anteilen an Kapitalanlagegesellschaften nach § 303 KAGB, für den Erwerb von Teilzeitwohnrechten und gleichgestellten Geschäften nach § 482 iVm Art. 242 EGBGB, für die bei einem Verbrauchsgüterkauf übernommene Garantie nach § 479, für den Verbraucherbauvertrag nach § 650j BGB iVm Art. 249 §§ 1 und 2 EGBGB zur Baubeschreibung, § 3 zur Widerrufsbelehrung, für Pauschalreisen nach § 651a Abs. 3 iVm §§ 4–11 der Informationsverordnung und Art. 238 EGBGB, für den Fernunterricht nach § 3 Abs. 2 FernUSG iVm Art. 246a EGBGB, für Ratenlieferungsverträge (§ 510) und andere Verträge im stationären Handel nach § 312a Abs. 2 und Art. 246 Abs. 1 EGBGB und für Versicherungsverträge nach §§ 6 und 7, auch § 3 Abs. 4 VVG iVm der VVG-Informationsverordnung. Diese Informationen mögen geeignet sein, den Verbraucher zu einer privatautonomen Entscheidung in den Stand zu setzen. Dadurch besteht die Aussicht, Vertragsparität herzustellen. Wo der Verbraucher sich der Kenntnisnahme verschließt, unterlässt er es, seinem Eigeninteresse Nachdruck zu verleihen; auch das ist privatautonomes Handeln und bedarf im Allgemeinen keiner Kompensation (s. Rn 4). Auf der anderen Seite kann eine durch das Gesetz herbeigeführte Überflutung mit vorgeschriebenen Informationen kontraproduktiv wirken.

Bei Kredit-, Kreditvermittlungs-, Teilzeitwohnrechte- und Fernunterrichtsgeschäften **29** ist die Informationserteilung mit gesetzlicher **Schriftform** nach § 126, ersatzweise elektronischer Form (§§ 126 Abs. 3, 126a), verbunden, für Ratenlieferungsverträge wird sie nach § 510 Abs. 1 Satz 1 angeordnet, für den Verbraucherbauvertrag gilt gemäß § 650i Abs. 2 Textform (§ 125b BGB). Dadurch wird zugleich die Freiheit des Verbrauchers, sich in beliebiger Weise rechtsgeschäftlich zu äußern, beschränkt. Dem Unternehmer wird diese Freiheitsbeschränkung wegen seiner zu kompensierenden Überlegenheit zugemutet. Zudem ist er es, der die richtige Informationserteilung sicherzustellen hat.

Werden Verträge notariell beurkundet, zB im Fall des finanzierten Immobilienerwerbs (§§ 311b Abs. 1, 503), hat der Notar besondere Prüfungs- und Belehrungspflichten nach § 17 Abs. 2a BeurkG[2] (s. auch Rn 302). **30**

---

1 *Grundmann* JZ 2000, 1133, 1137; *ders.* BKR 2001, 66; *Merkt* ZHR 171 (2007), 490, 512.
2 Hierzu BGH NJW 2013, 1451 mit Bspr. *Terner* NJW 2013, 1404.

31 Schließlich sei die Regelung von § 286 Abs. 3 Satz 1, 2. HS erwähnt, nach welcher der **Verzugseintritt** durch Rechnungsstellung und Ablauf der Dreißigtagefrist von einem dementsprechenden Hinweis des Gläubigers abhängt[3]. Außerdem tritt die Abnahmefiktion beim Werkvertrag nach § 640 Abs. 2 Satz 2 BGB nur aufgrund entsprechenden Hinweises ein.

2. Beratung, verantwortungsvolle Kreditvergabe

31a Über die Information hinaus gesteigerte Beratungspflichten sieht das Gesetz für Verbraucherkredite vor gem. § 511 iVm Art. 247 § 18 EGBGB (Immobiliardarlehen), § 504a (Überziehung bei Dispositionskrediten) und Art. 247a EGBGB (Geschäftsbesorgung nach § 675a BGB). Bevor der Kreditvertrag abgeschlossen wird, hat der Kreditgeber die Kreditwürdigkeit des Verbrauchers nach Maßgabe von §§ 505a bis 505e zu prüfen, außerdem sind Kreditinstitute aufsichtsrechtlich gem. § 18a KWG hierzu verpflichtet.

III. Widerruf

32 Das Modell der Lösung vom Vertrag, das den Verbraucher zum Widerruf seiner Vertragserklärung nach Maßgabe von §§ 355 bis 356e (Rn 113 ff) befugt, gilt für Außergeschäftsraum- (Haustür-) und Fernabsatzgeschäfte nach § 312g Abs.1, Kredit- und Finanzgeschäfte nach §§ 495, 506 Abs. 1, 514 Abs. 2 BGB, § 305 KAGB, für den Erwerb von Teilzeitwohnrechten (und Ähnlichem) nach § 485, für Ratenlieferungsverträge nach § 510 Abs. 2, für den Verbraucherbauvertrag nach § 650l sowie für Fernunterrichtsverträge nach § 4 FernUSG; für Versicherungsverträge gilt das eigenständige Widerrufsrecht nach § 8 Abs. 1 VVG. Das Widerrufsrecht ist da angezeigt, wo das Informationsmodell wie im Falle von Haustürgeschäften aufgrund der Überrumpelungssituation nicht effektiv genug ist, wo wie beim Fernabsatz, aber auch bei Fernunterrichtsverträgen, die endgültige Entscheidung über den Bestand des Vertrags erst fallen kann, wenn der Vertragsgegenstand (Sache oder Dienstleistung) dem Verbraucher tatsächlich vorliegt oder wo trotz Informationen die Tragweite der vertraglichen Bindung noch einer Bedenkzeit bedarf wie bei Kredit- und Finanzgeschäften, dem Bauvertrag, bei Teilzeitwohnrechten, Versicherungsgeschäften und wiederum beim Fernunterricht. Kein Widerrufsrecht besteht für den Verbrauchsgüterkauf im stationären Handel, wohl aber beim Kauf im Fernabsatz oder bei Vertragsabschluss außerhalb von Geschäftsräumen und im Rahmen von Verbundgeschäften (Rn 35).

IV. Unwirksamkeit und Umgehungsverbot

33 Das Unwirksamkeitsmodell, das die Bindung an die abgegebene Willenserklärung hindert, gilt für die Klauselverbote der §§ 308 und 309 mit ergänzenden Modifika-

---

3 Beispielsfall BGH NJW 2008, 50 mit Anm. *Gsell*.

tionen nach § 310. Im Übrigen waltet das Unwirksamkeitsmodell da, wo Regelungen zwingend oder doch halbzwingend (Unwirksamkeit einer Abweichung nur zum Nachteil des Verbrauchers) ausgestaltet sind, so §§ 312k Abs. 1 Satz 1, 476 Abs. 1 Satz 1, 487 Satz 1, 512 Satz 1, 650o Satz 1, 655e Abs. 1 Satz 1 BGB, §§ 18, 67, 5 Abs. 4 VVG, §§ 449 Abs. 3, 451h Abs. 1, 475h HGB, teilweise verbunden mit Umgehungsverboten, so §§ 312k Abs. 1 Satz 2, 475 Abs. 1 Satz 2, 487 Satz 2, 512 Satz 2, 650o Satz 2, 655e Abs. 1 Satz 2 BGB, § 8 FernUSG. Wesensgemäß schränken zwingende Normen die Freiheit nicht nur des Unternehmers, sondern auch des Verbrauchers ein, privatautonom andere Gestaltungen zu wählen. Darin liegt der Preis für die Kompensation.

V. Besondere Ausgestaltungen

1. Einzelne Vertragsarten

Besondere Ausgestaltungen der verbraucherprivatrechtlich erfassten Schuldverhältnisse, die vom allgemein geregelten Fall abweichen, finden sich für den Verbrauchsgüterkauf, den Verbraucherkredit, den Verbraucherbauvertrag, das handelsrechtliche Lagergeschäft sowie für Reisevertrag und Fernunterrichtsvertrag. Dem Verbraucherkredit ist eine besondere Behandlung des Verbraucherverzugs, der Kündigung bzw des Rechts zur vorzeitigen Zahlung durch den Verbraucher eigen; der Darlehensvermittlungsvertrag (§§ 655a–655d) weist Besonderheiten gegenüber dem Maklervertrag auf. Im Lagervertrag (§ 467 HGB) wird der Pflichtenkatalog unter Lagerhalter und Einlagerer gem. § 468 HGB verändert, wenn Letzterer ein Verbraucher ist. Im Bauvertragsrecht ist der Anspruch des Bauunternehmers auf Abschlagszahlungen gem. §§ 632a Abs. 1, 650m Abs. 2, 3 BGB von einer Sicherheitsleistung für den Verbraucher als Besteller abhängig[4]. Eine Verselbstständigung des Werkvertrags stellt der Reisevertrag dar, der Fernunterrichtsvertrag eine solche des Dienstvertrags. **34**

2. Verbundene Verträge

Jenseits der einzelnen Vertragsarten kann Kompensationsbedarf dadurch entstehen, dass dem Verbraucher bei einem Geschäft nicht ein einziger Unternehmer, sondern zwei Unternehmer gegenübertreten und jeder von ihnen mit dem Verbraucher kontrahiert. Beispiel ist der finanzierte Abzahlungskauf, bei dem der Verbraucher im Ladengeschäft einen Kaufvertrag mit dem unternehmerischen Verkäufer und zur Finanzierung des Kaufpreises einen Darlehensvertrag mit einer Bank abschließt. Bei isolierter rechtlicher Behandlung beider Verträge würde der Widerruf des Darlehensvertrags nach § 495 nicht die Bindung an den unwiderruflichen Kaufvertrag beenden. Zudem kann der Verbraucher in die Lage kommen, das Darlehen in voller Höhe zurückzahlen zu müssen, obwohl die gekaufte Sache mangelhaft ist und der Verbraucher den vollen Kaufpreis nicht schuldet. In solche Gefahren kann der Verbraucher aus gestör- **35**

---

4   BGH NJW 2013, 219 zu § 632a Abs. 3 BGB aF.

ter Vertragsparität geraten, wenn die rechtlich isolierten Verträge eine wirtschaftliche Einheit iSv § 358 Abs. 3 bilden. Die Kompensation liegt darin, diese **rechtliche Isolierung aufzubrechen**.

VI. Einschränkung der freien Rechtswahl

36 Die Summe verbraucherprivatrechtlicher Normen, die gestörte Vertragsparität ausgleichen soll, ist Teil der nationalen Rechtsordnung. Der Ausgleich würde vereitelt, wenn die Parteien gem. Art. 3 Rom-I-VO eine andere Rechtsordnung wählen, der ein verbraucherprivatrechtliches Normengefüge fehlt. Im Falle von Verbraucherverträgen iSv Art. 6 Rom-I-VO ist die Wirkung einer Rechtswahl jedoch eingeschränkt (näher Rn 623). Trotz Wahl des Rechts eines Nicht-EU-Staats bleiben nach Maßgabe von Art. 46b EGBGB außerdem die Regelungen der AGB-Richtlinie, der Finanzdienstleistungen-Fernabsatzrichtlinie, der Verbrauchsgüterkaufrichtlinie und der Verbraucherkreditrichtlinie anwendbar.

VII. Produkthaftung

37 Im Deliktsrecht liegt das verbraucherprivatrechtliche Instrumentarium ganz einfach darin, dass Rechtsgutverletzungen, die nach allgemeinen Regeln, insbesondere nach § 823, nicht ausgleichbar wären, kraft Gesetzes ausgleichbar gemacht werden, wie im Falle der unverschuldeten Sachbeschädigung nach § 1 Abs. 1 Satz 2 ProdHaftG (Rn 17 und Rn 657).

VIII. Gerichtsstand

38 Rechtspositionen sind eine stumpfe Waffe, wenn sie nicht, notfalls durch Klage und Zwangsvollstreckung, durchgesetzt werden können. Die Durchsetzung kann faktisch scheitern, wenn das zuständige Gericht weit entfernt, vielleicht im Ausland, seinen Sitz hat. Abhilfe bietet die örtliche Zuständigkeit desjenigen Gerichts, das für den Wohnsitz des Verbrauchers entscheidet, im Übrigen das Verbot von Vereinbarungen, die ein anderes als das Wohnsitzgericht des Verbrauchers bestimmen.

39 Einen Verbrauchergerichtsstand bestimmt das Gesetz nur für Haustür- (Außergeschäftsraum-) Geschäfte nach § 29c ZPO (Rn 253), während für Teilzahlungsgeschäfte (§ 506 Abs. 3), im Gegensatz zur Altregelung von §§ 6a und 6b AbzG, keine Besonderheiten mehr gelten[5]. Der Wohnsitz eines Versicherungsnehmers ist Gerichtsstand für Klagen aus einem Versicherungsvertrag gem. § 215 VVG (Rn 429).

---

5 Krit. *Vollkommer/Vollkommer* FS Geimer 2002, S. 1367.

In grenzüberschreitenden Sachverhalten innerhalb der Europäischen Union ist die **40** Bestimmung des Gerichts eine Frage der internationalen Zuständigkeit. Sie wird beantwortet durch Art. 17, 18 der EG-ZuständigkeitsVO 1215/2012[6] (Brüssel Ia-VO, EuGVVO, u. Rn 598, 625 aE, 651 ff), wo ein Verbrauchergerichtsstand für Teilzahlungskäufe, finanzierte Käufe und Verträge bei bestimmter räumlicher Verknüpfung begründet wird[7] (für die Produkthaftung s. Rn 659).

Damit die örtliche Zuständigkeit des Gerichts, in dessen Bezirk der Verbraucher sei- **41** nen Wohnsitz hat, von Bestand ist, sind nach § 38 ZPO sowie Art. 25 EuGVVO Vereinbarungen mit Verbrauchern über den Gerichtsstand unwirksam[8]. Gleiches gilt gem. § 29 Abs. 2 ZPO für eine Vereinbarung über den Erfüllungsort[9].

Schiedsvereinbarungen unter Beteiligung eines Verbrauchers bedürfen gem. § 1031 **42** Abs. 5 ZPO zu ihrer Wirksamkeit[10] der schriftlichen oder elektronischen Form (§§ 126, 126a). Eine besondere Verbandszuständigkeit wird durch das Unterlassungsklagengesetz (UklaG) begründet. Außerhalb der Gerichte besteht die Möglichkeit der **alternativen Streitbeilegung** nach dem VSBG (Rn 660 ff).

§ 3 Die Entwicklung eines Verbraucherprivatrechts, insbesondere die Bedeutung des europäischen Sekundärrechts

I. Vom Abzahlungsgesetz zur Wohnimmobilien-Kreditvertragsrichtlinie

Erste Ansätze zur Kodifizierung eines Verbraucherprivatrechts liegen bereits im Ab- **43** zahlungsgesetz vom 16.5.1894, das in weiten Teilen durch das Verbraucherkreditgesetz vom 17.12.1990 und nunmehr durch §§ 506, 507 sowie 510 fortgeführt wurde. Die genaue Abgrenzung der Dogmatik eines Verbraucherprivatrechts, dessen Ausgangspunkt das Zusammentreffen von Verbraucher in der Definition von § 13 und Unternehmer nach § 14 ist, von dem eher vagen Begriff des Verbraucherschutzes unter Einbeziehung der Sittenwidrigkeitsproblematik, trat jedoch erst durch Richtlinien des europäischen Normgebers iSv **Art. 288 AEUV** ein, in denen der Verbraucher als

---

6 ABlEU L 351/1 v. 20.12.2015, anwendbar ab 10.1.2015.
7 Hierzu beispielhaft EuGH NJW 2012, 3225 mit Anm. *Staudinger/Steinrötter*: nicht notwendig Fernabsatzgeschäft, sowie EuGH v. 5.12.2013 – C-508/12 *(Vapenik)*, NJW 2014, 841; *Schäuble/Kaltenbach* JuS 2012, 131 (133).
8 Prorogationsverbot, OLG Köln WM 2004, 1325; *Fischer* in: Bülow/Artz, Handbuch Verbraucherprivatrecht, 13. Kap. Rn 63.
9 International: Art.5 Nr. 1 lit. b EuGVVO, BGH NJW 2010, 3452.
10 Nicht: vom Unternehmer vorformulierte Schiedsabrede, auf die sich Verbraucher beruft, BGH NJW 2011, 2976.

Normadressat in einer Gestalt auftritt, wie sie sich in § 13 wiederfindet. Sein Kontrahent ist derjenige, der in Ausübung seiner gewerblichen oder beruflichen Tätigkeit handelt und den Unternehmer iSv § 14 ausmacht. Die Relevanz dieses Zusammentreffens erklärt sich aus dem kompensatorischen Modell (Rn 5).

44 Verbraucherprivatrechtliche Richtlinien nahmen ihren Anfang in der Haustürgeschäfterichtlinie vom 16.1.1986 (Richtlinie betreffend den Verbraucherschutz im Falle von außerhalb von Geschäftsräumen geschlossenen Verträgen 85/577/EWG), gefolgt von der Verbraucherkreditrichtlinie 87/102/EWG vom 22.12.1986, der sog. Timesharing-Richtlinie 94/47/EWG vom 26.10.1999, der Fernabsatzrichtlinie 97/7/EG vom 4.7.1997. Diese Richtlinien sind inzwischen durch Nachfolgerichtlinien ersetzt, sodass sich der Bestand verbraucherprivatrechtlich relevanter Richtlinien wie folgt darstellt[1]:

– Richtlinie 2011/83/EU über die **Rechte der Verbraucher** vom 25.10.2011[2] (Rn 215 ff; ersetzt Haustürgeschäfte- und Fernabsatzrichtlinie);
– Richtlinie 2002/65/EU über den **Fernabsatz von Finanzdienstleistungen** vom 23.9.2002[3] (Rn 437);
– Richtlinie 93/13/EWG über missbräuchliche Klauseln in Verbraucherverträgen vom 5.4.1993[4] (**AGB-Richtlinie**, Rn 604);
– Richtlinie 1999/44/EG über den **Verbrauchsgüterkauf** und Garantien vom 25.4.1999[5], geändert durch VerbrRechteRiL (Rn 441);
– Richtlinie 2008/48/EG über **Verbraucherkredite** vom 23.4.2008[6] (Rn 296);
– Richtlinie 2014/17/EU über **Wohnimmobilien-Kreditverträge** vom 4.2.2014[7];
– Richtlinie 2008/122/EG über Teilnutzungsrechte und Ähnlichem vom 14.1.2009[8] (**Timesharing-Richtlinie**, Rn 564);
– Richtlinie 2000/31/EG über den **elektronischen Geschäftsverkehr** vom 8.6.2000;
– Richtlinie 2014/92/EU über **Zahlungskonten** vom 23.7.2014[9];
– Richtlinie 2013/11/EU über die **alternative Streitbeilegung** verbraucherrechtlicher Streitigkeiten vom 23.5.2013[10]

sowie die

– Richtlinie 85/374/EWG über die Haftung für fehlerhafte Produkte vom 25.7.1985[11] (**Produkthaftungsrichtlinie**, Rn 654);

---

1 Abzurufen und herunterzuladen unter *eur-lex.*
2 ABlEU L 304 v. 22.11.2011, S. 64.
3 ABlEG L 271 v. 9.10.2002, S. 16.
4 ABlEG L 95 v. 21.4.1993, S. 29.
5 ABlEG L 171 v. 7.7.1999, S. 12.
6 ABlEU L 133 v. 22.5.2008, S. 66.
7 ABlEU L 60 v. 28.2.2014, S. 14.
8 ABlEU L 33 v. 3.2.2009, S. 10.
9 ABlEU L 25 v. 28.8.2014, S. 214.
10 ABlEU L 165 v. 18.6.2013, S. 1.
11 ABlEG L 210 v. 7.8.1985, S. 29.

- Richtlinie 2005/29/EG über unlautere Geschäftspraktiken vom 11.5.2005[12] (**UGP-Richtlinie**, Rn 18) und die
- Richtlinie 90/314/EWG über **Pauschalreisen** vom 13.6.1990[13] (Rn 597); neue Richtlinie 2015/2302/EU vom 11.12.2015 (ab 1.7.2018).

II. Transformationsfragen

1. Harmonisierungsstandards

Diese Richtlinien waren in nationales deutsches Recht umzusetzen. Hierbei walteten   **45** unterschiedliche Strukturkonzepte der Richtlinien: Sie verfolgen teilweise das Konzept der **Mindestharmonisierung**, was bedeutet, dass den Mitgliedstaaten die Option eingeräumt wird, weitergehende Vorschriften zum Schutz der Verbraucher aufrechtzuerhalten oder zu erlassen, so zB Art. 8 der alten Haustürgeschäfterichtlinie; jüngere Richtlinien legen meist einen **Maximalstandard** fest (**Vollharmonisierung**), von dem in der nationalen Umsetzung nicht, auch nicht zugunsten von Verbrauchern, abgewichen werden darf, nämlich die neue Verbraucherkreditrichtlinie in ihrem Art. 22 sowie die Finanzdienstleistungen-Fernabsatzrichtlinie (Erwägungsgrund 13, Satz 2) und die Verbraucherrechterichtlinie, Art. 4; dagegen wendet die Wohnimmo-RiL wieder das Mindestharmonisierungprinzip an (Art. 2 Abs. 1).

Um die Bindung der nationalen Gesetzgeber an die Bestimmungen der Richtlinie   **46** auszuloten, muss feststehen, was die Richtlinie regelt; was jenseits dessen angesiedelt ist, unterliegt keiner Bindung. Folgerichtig formuliert Art. 22 Abs. 1 VerbrKrRiL das Abweichungsverbot insoweit, als die Richtlinie harmonisierte Vorschriften enthält; was nicht durch harmonisierte Vorschriften geregelt ist, beschränkt die Gesetzgebungsfreiheit der Mitgliedstaaten nicht. Es ist also der **harmonisierte Bereich** der Richtlinie zu ermitteln, der sich aus dieser selbst, notfalls durch Auslegung, ergibt[14]. Die Richtlinie kann zudem den Weg gehen, Alternativregelungen anzubieten, die den Mitgliedstaaten Optionen eröffnen, zB Art. 16 Abs. 4 VerbrKrRiL betreffend die Vorfälligkeitsentschädigung (§ 502, Rn 351). Beispiel einer richtlinienkonformen, den harmonisierten Bereich wahrenden nationalen Regelung ist § 13 BGB zum Verbraucherbegriff, der arbeitnehmerbezogenes rechtsgeschäftliches Handeln erfasst (Rn 67). Nach Art. 3 lit. a der vollharmonisierenden VerbrKrRiL und anderer Richtlinien ist Verbraucher, wer nicht zu beruflichem Zweck, also privatbestimmt, handelt. Alle privat handelnden natürlichen Personen sind durch § 13 erfasst, und folglich ist dem harmonisierten Bereich genügt. Über natürliche Personen, die zu arbeitnehmerbezogenem Zweck handeln, enthält die Richtlinie keine Regelungen, vielmehr beschränkt sich das Regelwerk auf privatbestimmt handelnde natürliche Personen. Deshalb steht

---

12 ABlEG L 149 v. 11.6.2005, S. 22.
13 ABlEG L 158 v. 23.6.1990, S. 59.
14 EuGH v. 12.7.2012 – C-602/10, Rn 40 – *Volksbank Romania* –, WM 2012, 2049; EuGH v. 9.11.2016 – C-42/15, Rn 55 – *Credit* –; *Bülow* WM 2006, 1513 und 2013, 245; *Riehm* JZ 2006, 1035; *Gsell/ Schellhase* JZ 2009, 20; *Artz* GPR 2009, 171; im Ergebnis zutr. BGH NJW 2011, 1237 Tz. 29.

§ 13 insoweit – und auch hinsichtlich Existenzgründern nach §§ 513, 655e[15] – jenseits des harmonisierten Bereichs[16]. Einem Mitgliedstaat steht es frei, Richtlinienbestimmungen auf Bereiche außerhalb des harmonisierten Bereichs in seinem Recht für anwendbar zu erklären[17], so im genannten Fall auf Arbeitnehmer und Existenzgründer. Jüngstes Beispiel einer Vereinnahmung von Richtlinienbestimmungen auf Sachverhalte jenseits des harmonisierten Bereichs ist die seit dem 1.1.2018 geänderte kaufrechtliche Mängelhaftung (im Einzelnen ausführlich unten Rn 495), wonach der unternehmerische Verkäufer dem Verbraucher als Käufer auch die Ein- und Ausbaukosten zu ersetzen hat (Rn 517). Diese Pflicht gründet sich auf Art. 3 der Verbrauchsgüterkaufrichtlinie 1999/44/EG, welche angewandt werden muss, wenn der Käufer ein Verbraucher ist. Durch § 439 Abs. 3 BGB ist dieses Regelungsgefüge in das allgemeine Kaufrecht übernommen worden, gilt also jenseits des harmonisierten Bereichs der Richtlinie auch im unternehmerischen Kaufrecht, sogar dann, wenn der Verkäufer in seiner Rolle als Verbraucher handelt[18].

47 Das Konzept der Mindestharmonisierung hat den Vorteil, dass sich nationale Rechtstraditionen und Grundüberzeugungen besser durchsetzen können, mit denen sich die Normadressaten besser identifizieren mögen und dass sich die Vorgaben einer solchen Richtlinie eher in die zivilrechtliche Dogmatik des Mitgliedstaats einfügen lassen. Es hat den Nachteil, dass die Rechtsharmonisierung im europäischen Binnenmarkt schwächer vorankommen könnte, wenn und weil sich durch optionale Bestimmungen in den einzelnen Mitgliedstaaten eine Fragmentierung herausbildet und der freie Waren-, Dienstleistungs- und Kapitalverkehr vor Barrieren steht. Diesen Nachteil gleicht das Konzept der Maximal- oder vollständigen Harmonisierung aus, muss dafür aber denkbare Akzeptanzprobleme bei den Normadressaten bewältigen[19].

2. Effet utile und richtlinienkonforme Auslegung

48 In jedem Falle ist das nationale Recht so zu gestalten, dass es den Vorgaben der Richtlinie, namentlich dem mit ihr verfolgten Ziel, entspricht, deren volle (nützliche) Wirksamkeit gewährleistet (sog. **effet utile**[20]). Wo im nationalen Recht Zweifel an der ordnungsgemäßen Übernahme bestehen, ist die nationale Norm wenn möglich so auszulegen, dass sie der Richtlinie nach deren Wortlaut und Zweck konform und

---

15 Deshalb wäre auch eine Regelung richtlinienkonform, die Kleingewerbetreibende einbezieht, so im britischen *consumer credit act*, *Bülow/Artz* WM 2005, 1153 Fn 13 und *Bülow/Artz* Verbraucherkreditrecht, Einf. Rn 33 Fn 71.

16 Dies verkennt völlig *Ring* AnwKomm (NK), § 13 BGB Rn 22, der die Lösung in Optionsklauseln, zB von Art. 8 der alten Haustürgeschäfte-Richtlinie sucht und nicht erklärt, wie nach der vollharmonisierenden VerbrKrRiL sowie auch der VerbrRechte-Richtlinie zu verfahren wäre; richtig aber in Anw/Komm(NK), § 312 BGB Rn 13.

17 *Bülow/Artz* VerbrKrR, Einf. Rn 33, 34; *Bülow* WM 2013, 245; Palandt/*Grüneberg* Einf. Rn 29, 44.

18 *Faust* ZfPW 2017, 250 (252).

19 Grünbuch der Europäischen Kommission v. 8.2.2007 – Die Überprüfung des gemeinschaftlichen Besitzstandes im Verbraucherschutz – Kom (2006) 744 endg, S. 12.

20 EuGH v. 6.10.1970 – C-9/70 – *Grad* – sowie NJW 2001, 2244 mit Bspr. *Streinz* JuS 2001, 1113 und Komm. *Reich* EWiR Art. 4 RL 93/13/EWG 1/01, 969; *Tichy* FS Müller-Graff 2015, S. 1112; *Wolf* FS Heinsius 1991, S. 967 (971).

nicht ihr widersprechend angewandt wird[21]. **Umsetzungsdefizite** sind in der Tat aufgetreten; namentlich eine Befristung des Widerrufrechts für Haustürgeschäfte, deren Gegenstand ein Immobiliardarlehensvertrag ist, entsprach nicht den Vorgaben der früheren Haustürgeschäfterichtlinie und hatte durch das Urteil des EuGH vom 13.12. 2001 *(Heininger)*[22] Aufsehen erregt, s. auch Rn 217; es war Anlass für ein Reparaturgesetz zur Schuldrechtsreform[23]. Beispielhaft zu nennen ist ein Umsetzungsdefizit in Bezug auf § 360 Abs. 2 Satz 2, wo es an der Einbeziehung des Einwendungsdurchgriffs fehlt, der nach Art. 15 Abs. 2, Art. 3 lit. n ii der Verbraucherkreditrichtlinie aber verbindlich ist (Rn 162). Wenn die nationale Bestimmung mehrere Deutungen zulässt, kann das Defizit durch **richtlinienkonforme Auslegung** aufgefangen werden. Eine solche Auslegung setzt das richtige Verständnis der Richtlinie voraus[24]; Zweifel sind im Wege der Vorlage des nationalen Gerichts an den EuGH im Vorabentscheidungsverfahren nach Art. 267 AEUV zu klären[25]. Wo das nationale Recht weiter als die Richtlinie geht (Rn 46), stellt sich die Frage, ob und wann auch der überschießende bzw erweiterte Teil richtlinienkonform auszulegen ist oder ob eine **gespaltene Auslegung** stattzufinden hat (näher Rn 217); dies ist dem gesetzgeberischen Willen des Mitgliedstaats, der die überschießende nationale Regelung erlässt, zu entnehmen[26].

3. Verbleibende Umsetzungsdefizite: Amtshaftung und richterliche Rechtsfortbildung

Sollte ein Umsetzungsdefizit nicht durch richtlinienkonforme Auslegung behebbar   **49**
sein (weil die nationale Vorschrift klar und eindeutig ist – was seinerseits Ergebnis einer Auslegung ist[27] –, also unterschiedliche Deutungen nicht möglich sind[28]), begründet die Richtlinie nach der – nicht unumstrittenen[29] – Doktrin des EuGH im

---

21 EuGH NJW 2006, 2465 – *Adeneler* –, Rn 108, 111; NJW 2004, 3547 – *Pfeiffer/DRK* –, Rn. 120 ff; EuGH NJW 2000, 2571 – *Océano* – mit Rezension *Borges* NJW 2001, 2061 und Anm. *Summ*, WuB IV F. – 1.01; EuGH NJW 1994, 921 – *Wagner Miret* –; *W.H. Roth* in: 50 Jahre Bundesgerichtshof, S. 847, 865; *Schäfers* JuS 2015, 875 (880); es gibt keinen Auslegungsgrundsatz „im Zweifel für den Verbraucher", *Riesenhuber* JZ 2005, 829, schon gar nicht „in dubio pro consumatore", so aber *Tonner* und *Rösler* JZ 2006, 400 – ein „consumator" ist dem lateinischen Wortschatz fremd (wenn schon, dann *consumptor*), und die in-dubio-Formel löst ein Beweis-, aber kein Auslegungsproblem, s. auch *M. Huber* JuS 2015, 596.
22 *C-481/99,* WM 2001, 2434.
23 OLGVertrÄndG vom 23.7.2002; dazu *Artz* BKR 2002, 603.
24 *Auer* NJW 2007, 1106.
25 *Kokott et al.* JZ 2006, 633; *Bülow* WM 2013, 245 (248); *Kühling/Drechsler* NJW 2017, 2950, die Zuständigkeit des EuGH vorausgesetzt: Sie fehlt, wenn das vorlegende Gericht um eine Auslegung außerhalb des Unionsrechts ersucht, zB über einen Werkvertrag nach der Verbrauchsgüterkaufrichtlinie, die nur für Kaufverträge gilt, EuGH NJW 2017, 3215 mit Anm. *Mankowski*.
26 Zutr. BGH v. 17.10.2012-VIII ZR 226/11, BGHZ 195, 135 = NJW 2013, 220, Rn 20 und v. 2.4.2014-VIII ZR 46/13, NJW 2014, 2183 mit Rez. *Witt* S. 2156 betr. § 439 Abs.1 BGB, Aus- und Einbau, Rn 517; Palandt/*Sprau* Einf. Rn 44; zust. *Bülow* WM 2013, 245 (249), *Mittwoch* JuS 2017, 296; aA *Nobbe* WM 2012, Sonderbeilage 2, S. 21 zu bb.
27 *Rüthers* NJW 2011, 1856; *Rüthers/Fischer/Birk* Rechtstheorie, Rn 733.
28 Beispielsfall BGH WM 2004, 2436 zu II. 3. b.; BGH NJW 2017, 3387 Rn 24.
29 ZB *Müller-Graff* NJW 1993, 13.

Allgemeinen auch keine Rechtsposition im Verhältnis unter Privatpersonen[30] (keine horizontale Drittwirkung)[31], trotz der Bedeutung, die Art. 169 AEUV dem Ziel des Verbraucherschutzes beimisst. Die Privatperson kann aber Amtshaftungsansprüche (Art. 34 GG/§ 839) gegen den säumigen Mitgliedstaat haben[32] und den gemeinschaftsrechtlichen Staatshaftungsanspruch[33], der sich auch gegen gerichtliche Entscheidungen – anders als § 839 Abs. 2 – richten kann[34], geltend machen. Ist eine privatrechtliche Norm, die den Zielen einer Richtlinie zuwiderläuft, allerdings zeitlich nach deren Erlass in Kraft getreten, darf sie nicht angewandt werden[35], sodass von negativer unmittelbarer Wirkung von Richtlinien unter Privaten gesprochen werden kann[36].

50 Freilich kann der Verbraucher nach der Rechtsprechung des BGH[37] unter den besonderen Voraussetzungen der richterlichen Rechtsfortbildung unmittelbare Ansprüche und Einwände im Horizontalverhältnis, also gegenüber dem Unternehmer, haben, die sogar zur Rechtsanwendung *contra legem* führen könnte (streitig)[38]. Voraussetzung ist demnach eine planwidrige Unvollständigkeit des Gesetzes. Eine solche kann sich daraus ergeben, dass der Gesetzgeber in der Gesetzesbegründung ausdrücklich seine Absicht bekundete, eine richtlinienkonforme Regelung zu schaffen, ihm dies aber misslang. Demgemäß war im Falle des Verbrauchsgüterkaufs trotz eindeutigem Gesetzeswortlaut[39] ein Anspruch des Unternehmers auf Nutzungsersatz ausgeschlossen (jetzt § 475 Abs. 3 Satz 1), nicht aber auf Staats- und Amtshaftungsansprüche zu verweisen[40]. Allerdings nimmt die Rechtsprechung auf diese Weise Gesetzgebungskompetenz für sich in Anspruch[41].

---

30 Dies übersieht *Scherer* NJW 2010, 1849 (1850 zu IV.).
31 EuGH NJW 2012, 509 Tz. 43 – *Domiguez* – mit Bspr. *Streinz* JuS 2012, 858; EuGH NJW 1996, 1401 – *El Corte Inglès* mit Komm. *Bülow* EWiR Art. 129a EGV 1/96, 599; EuGH NJW 1992, 165 – *Fankovich* mit Anm. *Tietje* NJW 2017, 3059; Kommission EuZW 2007, 545, im Besonderen aber EuGH EuZW 2001, 153 – *Unilever Italia* – mit Rezension *Gundel* EuZW 2001, 143; BGH WM 2004, 2436 zu II. 5.
32 EuGH NJW 2006, 3337 – *Traghetti del Mediterraneo* –; Staudinger Festgabe *Bülow*, S. 11, 27 ff; *Voßkuhle/Kaiser* JuS 2015, 1076.
33 EuGH NJW 1992, 165 und 1996, 3141; BGH WM 2016, 2255; *Schlick* NJW 2011, 3137 (3139).
34 BGHZ 178, 51 = NJW 2008, 3558.
35 EuGH NJW 2005, 3695 = EuZW 2006, 17 – *Mangold* – mit Anm. *Reich*; Vorlagebeschluss BGH NJW 2006, 3200 betr. § 439 Abs. 4 BGB.
36 *Kreße* ZGS 2007, 215.
37 NJW 2009, 427 – *Quelle* –; EuGH NJW 2008, 1433.
38 *Hergenröder* FS Zöllner 1999, S. 1039 (1154); krit. *Herresthal* WM 2007, 1354 und JuS 2014, 289 (292/293); keine *contra-legem*-Pflicht: EuGH NJW 2014, 2335, Rn 65 – *Kasler* –, NJW 2012, 509 Tz. 25 – *Domiguez* – Tz. 25; BGH NJW 2017, 3387 Rn 24; BGH NJW 2005, 2839 Tz. 44, 47 – *Pupino* –.
39 Eben hier liegt die Grenze der zulässigen richterlichen Rechtsfortbildung, BVerfG NJW 2007, 2977 Tz. 91; 2012, 669 Tz. 56.
40 Dies bevorzugend *Bülow/Artz* Verbraucherkreditrecht, Einf. Rn 31.
41 Hinzunehmen nach *Bruns* JZ 2014, 162 (170); zu respektieren nach *Herresthal* JuS 2014, 289 (291/292).

III. Stand des deutschen Rechts

Im Übrigen weitgehend richtlinienkonforme Transformationen in deutsches Recht   **51**
waren das Haustürgeschäftewiderrufsgesetz (HWiG) vom 16.1.1986, das Verbraucherkreditgesetz vom 17.12.1990 (VerbrKrG), das Teilzeitwohnrechtegesetz vom
20.12.1996 (TzWrG), das Fernabsatzgesetz vom 27.7.2000 (FernAbsG), die Änderung des AGBG vom 22.6.1998; die Richtlinie über den elektronischen Geschäftsverkehr wurde in ihren privatrechtlich relevanten Teilen im Zuge der Schuldrechtsmodernisierung von 2002 bzw durch das Gesetz über die Anpassung von Formvorschriften
bereits in das BGB transformiert, gleichermaßen die Verbrauchsgüterkaufrichtlinie
und die Richtlinie über den Fernabsatz von Finanzdienstleistungen. Die Pauschalreiserichtlinie ist nicht spezifisch verbraucherbezogen (§§ 651a ff, u. Rn 597). Aufgrund
der Schuldrechtsmodernisierung wurden die Sondergesetze in das BGB und das
EGBGB integriert[42] und erscheinen (aufgrund Umsetzung der VerbrRechteRiL zum
13.6.2014, Rn 44) als Außergeschäftsraum- (Haustür-)Geschäfte und als Fernabsatzgeschäfte in §§ 312b, 312c ff, als Verbrauchsgüterkauf in §§ 474 ff, als Teilzeitwohnrechtegeschäfte in §§ 481 ff, als Verbraucherkreditgeschäfte in §§ 491 ff, 506 ff.
Die Richtlinie über elektronischen Geschäftsverkehr ist berücksichtigt in § 312i und
§ 312j sowie durch §§ 126a, 126b BGB und passim. Kollisionsrechtliche Materien
finden sich in Art. 6 Rom-I-VO und Art. 46b EGBGB. Unentgeltliche Darlehen und
Finanzierungshilfen nach §§ 514, 515, Verbraucherbauvertrag nach § 650i, Fernun-
terrichtsschutzgesetz, relevante Teile des Versicherungsvertragsgesetzes, das Trans-
portrecht, außerdem weite Teile des AGB-Rechts sowie § 305 KAGB in ihrer geltenden Fassung beruhen nicht auf europäischem Sekundärrecht.

IV. Geltungszeiträume

Judikatur zu HWiG, VerbrKrG, sogar zum AbzG und zu anderen, aufgehobenen und   **52**
nunmehr in das BGB integrierten Normen ist vielfach auch jetzt noch einschlägig,
kann sich aber auch auf Regelungen und dogmatische Konstruktionen gründen (namentlich zum Konzept der schwebenden Unwirksamkeit beim Widerruf, vgl Rn 122),
die nicht mehr gelten. Deshalb bedarf es, wenn eine gerichtliche Entscheidung herangezogen wird, der Vergewisserung, auf welchen Stand der Geltung verbraucherprivatrechtlicher Vorschriften sich diese Entscheidung bezieht. Diese Geltungszeiträume
haben oft gewechselt und bestanden manchmal nur kurz[43]. Es beginnt mit dem AbzG,
das mit Wirkung vom 1.1.1991 durch das VerbrKrG (mit Änderungen 1993) abgelöst
wurde. Zugleich mit Inkrafttreten des FernAbsG am 1.10.2000 wurden das Widerrufsrecht und seine Folgen neu konzipiert. Es folgte das SchuldRModG mit Wirkung
vom 1.1.2002, welches bald, nämlich durch das OLGVertrÄndG, zu reparieren war,
teils mit Rückwirkung, teils mit Geltung ab 1.8.2002 und teils ab 1.11.2002 mit wich-

---

42 Zu dogmatischen Problemen der Integration *Artz* FS Müller-Graff 2015, S. 167.
43 Im Einzelnen *Bülow/Artz* Verbraucherkreditrecht, Einf. Rn 7–26.

tigen nochmaligen Neuerungen zum Widerrufsrecht[44]. Auf das Widerrufsrecht wirkte sich auch das Gesetz zur Umsetzung der Richtlinie über den Fernabsatz von Finanzdienstleistungen aus, das zudem auf Versicherungsverträge (§§ 48a–48e VVG aF, jetzt §§ 7 und 8 VVG) ausstrahlte. Es folgten Änderungen durch das Risikobegrenzungsgesetz vom 12.8.2008[45], das in Gestalt von §§ 493, 496 Abs. 2 gesetzgeberische Reaktion auf den Verkauf von Darlehensforderungen durch Banken an Finanzinvestoren war. Weit reichende Änderungen gründen sich auf die Umsetzung der Verbraucherkreditrichtlinie 2008/48/EG, mit der zugleich das Widerrufsrecht reformiert wurde und Detailregelungen in das EGBGB, Art. 247, mit Wirkung vom 11.6.2010 (teilweise später: 30.7.2010[46]) verlagert wurden; auch änderte sich teilweise die Paragraphenreihenfolge. Weit reichende Änderungen beruhen auf der Umsetzung der VerbrRechteRiL mit Geltung ab 13.6.2014 (dort Art. 28 Abs. 2), mit der das Recht der Haustür- und Fernabsatzgeschäfte umgestaltet und zusammengefasst (§§ 312b bis 312h), auch der stationäre Handel mit Regelungen bedacht wurde, das Widerrufsrecht eine dogmatische Zäsur erfuhr, nämlich vom Rücktrittsrecht (§§ 346 bis 354) entkoppelt wurde mit der Folge umfangreicher Einzelregelungen für die Ausübung des Widerrufsrechts und für die Rückabwicklung, verbunden mit neuen Art. 246, 246a bis 246c EGBGB. Auch wurde die Garantie im Verbrauchsgüterkaufrecht neu gestaltet. Es folgten umfangreiche Änderungen durch die Umsetzung der Wohnimmobilien-Verbraucherkreditvertragsrichtlinie 2014/7/EU zum 21.3.2016 und aufgrund der Einbeziehung unentgeltlicher Darlehen und Finanzierungshilfen (§§ 514, 515). Das jüngste Regelungswerk liegt in der Erfassung des Problems der Ein- und Ausbaukosten bei der kaufrechtlichen Mängelbeseitigung (Rn 517 ff) sowie des Bauvertrags als widerruflichem (§§ 650l, 356e, 357d BGB) Verbraucherbauvertrag (§ 650i). Vor der Tür steht eine europäische Richtlinie zum Online-Warenhandel[47]; dieser Vorschlag der Europäischen Kommission wurde durch die Veröffentlichung eines revidierten Vorschlags am 31.10.2017 auf jegliche Formen des grenzüberschreitenden Warenkaufs erweitert[48]; die Aufhebung der Verbrauchsgüterkaufrichtlinie 1999/44/EG wird dann folgen. Das ProdHG gilt seit dem 1.1.1990, davor das allgemeine Deliktsrecht.

53 Welche Gesetzeslage anwendbar ist, richtet sich nach dem Zeitpunkt des Vertragsabschlusses. Besteht unter den Parteien hierüber Streit, trägt nach allgemeiner Regel diejenige Partei die **Beweislast**, die den Geltungszeitraum behauptet, um daraus Rechtsfolgen zu ihren Gunsten abzuleiten[49].

---

44 Instruktiv BGH NJW 2006, 3349 mit Komm. *Volmer* EWiR Art. 229 § 9 EGBGB 1/07, 173 sowie ZIP 2006, 527 mit Komm. *Gsell* EWiR §§ 477 BGB aF 1/06, 647.
45 BGBl. I, 1666.
46 Hierzu *Bülow* NJW 2010, 1713.
47 Vorschlag der Europäischen Kommission für eine Richtlinie über bestimmte vertragsrechtliche Aspekte des Online-Warenhandels und anderer Formen des Fernabsatzes von Waren, COM (2015) 635 final v. 9.12.2015.
48 Geänderter Vorschlag für eine Richtlinie des Europäischen Parlaments und des Rates über bestimmte vertragliche Aspekte des Warenhandels, zur Änderung der VO (EG 2006/2004) und der RiL 2009/22/EG und zur Aufhebung der RiL 1999/44/EG, COM (2017), 637 v. 31.10.2017.
49 BGHZ 113, 222 = NJW 1991, 1052 mit Komm. *Pfeiffer* EWiR § 9 HWiG 1/91, 695 und Anm. *Buschbeck-Bülow* WuB IV E. – 1.91.

2. Teil

Allgemeine verbraucherprivatrechtliche Vorschriften

§ 4 Unternehmer und Verbraucher als Normadressaten

I. Einführung

Verbraucherprivatrechtliche Regelungen werden virulent, wenn Unternehmer und Verbraucher entweder in bestimmten gesetzlich definierten Situationen der Vertragsanbahnung aufeinander treffen oder Verträge miteinander abschließen, hinsichtlich derer das Gesetz die Geltung spezieller Reglements anordnet[1]. Beispiel für die erstgenannte Gruppe verbraucherprivatrechtlicher Fallgestaltungen geben das Haustürgeschäft, nun weiter gefasst als außerhalb von Geschäftsräumen geschlossener Vertrag (Rn 215 ff), oder der Fernabsatzvertrag (Rn 254 ff), für die zweite Gruppe seien exemplarisch das Verbraucherkredit- (Rn 294 ff) und das Verbrauchsgüterkaufrecht (Rn 441 ff) genannt. Seit der Umsetzung der Richtlinie über Verbraucherrechte existieren darüber hinaus allgemein zu wahrende Pflichten bei Verbraucherverträgen (eingehend Rn 83 ff). Zentrale Bedeutung kommt auf der Ebene der Instrumentarien, also der speziellen gesetzlichen Anordnungen, der Möglichkeit des Widerrufs der bereits wirksam gewordenen Willenserklärung zu, die dem Verbraucher zB in §§ 495, 312g und auch in § 514 eingeräumt wird und deren Rahmenbedingungen in §§ 355 ff geregelt sind (ausführlich Rn 113 ff). Die Zuordnung einer natürlichen Person zu einem der beiden Personenkreise erfolgt insoweit nicht starr. Eine bestimmte natürliche Person ist nicht per se Verbraucher oder Unternehmer. Man kann ihr nicht, so treffend *Karsten Schmidt*, einem Fußballer als Mitglied einer Mannschaft gleich, die Bezeichnung als Unternehmer oder Verbraucher auf den Rücken schreiben[2]. Maß gibt, anders als bei der Qualifikation eines Rechtsgenossen als natürliche oder juristische Person oder auch als Kaufmann, nicht ein persönlicher Status, sondern vielmehr der objektiv zu bestimmende Zweck des jeweils abzuschließenden Rechtsgeschäfts[3]. Nach dem Konzept der Kompensation gestörter Vertragsparität genießt ein Mensch den Schutz verbraucherprivatrechtlicher Regelungen, wenn er einen konkreten Vertrag als Verbraucher mit einem Unternehmer abschließt und nach der gesetzlichen Anordnung entweder die Besonderheiten des Vertragsgegenstandes oder die Umstände des Vertragsabschlusses ein kompensatorisches Eingreifen zur Sicherstellung materieller Vertragsfreiheit gebieten. Entscheidend ist somit allein die Zweckbestimmung des konkreten Geschäfts. Daher kann ein und dieselbe natürliche Person am selben Tag

54

---

1 *Herresthal* JZ 2006, 695 (696).
2 JuS 2006, 1.
3 BGH NJW 2008, 435 Tz. 6; *Herresthal* JZ 2006, 695 (697); *K. Schmidt* JuS 2006, 1; ausdr. offengelassen in BGH NJW 2009, 3780 Tz. 9.

Verträge als Unternehmer und als Verbraucher abschließen. Es geht, wie *Medicus* treffend formuliert hat, „um die Rolle, in der ein Mensch gerade auftritt"[4]. Dies ist die Folge der typisierenden Betrachtungsweise des verbraucherprivatrechtlichen Regelungskonzeptes. Will man es auf die Spitze treiben, so kommt in dem Fall, dass ein selbständiger Rechtsanwalt in einem Zuge in einem Geschäftslokal zwei baugleiche Laptops kauft, von denen ein Exemplar in der Kanzlei genutzt und das andere der Tochter zu Weihnachten geschenkt werden soll, einmal Verbrauchsgüterkaufrecht zur Anwendung, einmal hingegen nicht. Unbeachtlich ist ferner der intellektuelle und ökonomische Status des Menschen: Der Verbraucherbegriff des § 13 ist frei von personenbezogenen bzw rollensoziologischen Elementen und schafft keine personenbezogene bzw gesellschaftlich abzugrenzende Personengruppe[5]. Unzutreffend ist es daher, wenn *Oechsler* behauptet, der Verbraucherschutz im BGB folge einem personalisierten, rollenbezogenen Konzept und Angehörige einer bestimmten sozialen Schicht erschienen nun erstmals als *solche* schützenswert[6].

55 Ob die natürliche Person als Verbraucher handelt, hängt ausschließlich von der objektiven Zweckbestimmung des Rechtsgeschäfts ab[7]. Dabei ist es, anders als etwa bei der Beurteilung eines Sittenverstoßes nach § 138, unerheblich, ob der gegenüberstehende Vertragspartner, der Unternehmer, den Zweck des Handelns kannte oder kennen musste. Ebenso wenig wirken sich spezifische rechtliche Kenntnisse des Verbrauchers, zB hinsichtlich der Widerruflichkeit des Vertrags, oder das Vorhandensein oder Fehlen geschäftlicher Erfahrung auf den Verbraucherstatus einer natürlichen Person aus[8]. Individuelles Schutzbedürfnis ist nach dem Konzept irrelevant. Auch der Experte, der den Vertrag im Bewusstsein der späteren Lösungsmöglichkeit in einer Haustürsituation abschließt, verfügt über das Widerrufsrecht, ohne dass die Gefahr der tatsächlichen Überrumpelung besteht, soweit er nur privat handelt[9]. Der Grundsatz der Effektivität verbraucherprivatrechtlicher Regelungen verlangt es, dass nationale Gerichte, soweit entsprechende rechtliche und tatsächliche Anhaltspunkte vorliegen, von Amts wegen prüfen, ob eine Partei, etwa ein Käufer oder Kreditnehmer, als Verbraucher eingestuft werden kann. Dazu ist es nicht notwendig, dass sich die Person ausdrücklich auf die Verbrauchereigenschaft beruft[10].

---

4 Allgemeiner Teil des BGB Rn 15a, 1037a; s. auch *Bülow/Artz* Verbraucherkreditrecht, § 491 BGB Rn 39; *Bork* Allg. Teil, Rn 169; Soergel/*Pfeiffer* § 13 BGB Rn 17 ff; s. auch oben Rn 7 ff; kritisch dazu *Engel/Stark* ZEuP 2015, 32.

5 Völlig zutreffend *Duve* Jura 2002, 793 (794 f), s. dort auch zur Entwicklungsgeschichte des heute geltenden Verbraucherbegriffs; ebenso *Drexl* JZ 1998, 1046 (1050); *K. Schmidt* JuS 2006, 1; *ders.* FS Konzen, S. 863 (871); s. auch BGH NJW 2006, 431 Tz. 16: *„Auch geschäftskundige Verbraucher, …, genießen, …, den Schutz des Verbraucherkreditgesetzes".*

6 *Oechsler* Vertragliche Schuldverhältnisse, Rn 34.

7 BGH v. 27.9.2017, VIII ZR 271/16 Tz. 41; *Herresthal* JZ 2006, 695 (698).

8 Ausdr. EuGH v. 3.9.2015 – Costea –, ZIP 2015, 1882, Tz. 21 mit Bspr. *Schürnbrand* GPR 2016, 19 zur Klauselrichtlinie; BGH NJW 2008, 435 Tz. 6.

9 *Canaris* AcP 200 (2000), 273 (348); stimmig daher BGH-VIII ZR 146/15 v. 16.3.2016.

10 EuGH v. 4.6.2015 – Faber –, NJW 2015 2237, Tz. 46.

Besonderheiten gelten für den Fall, dass ein objektiv privat Handelnder zurechenbar   **56**
den Anschein erweckt, Unternehmer zu sein, sog. **Scheinunternehmer**[11]. Zielführend kann die Frage der Anwendbarkeit verbraucherprivatrechtlicher Vorschriften auf den Scheinunternehmer durch die von *Carsten Herresthal* vorgenommene Differenzierung gelöst werden. Handelt es sich bei der betreffenden natürlichen Person um einen potentiellen Unternehmer, gibt es also eine gewerbliche oder selbstständig berufliche Tätigkeit, der das Geschäft zugeordnet werden kann, so büßt die Person in Folge des professionellen Auftretens den Schutz des Verbraucherprivatrechts ein. Bestellt also besagter selbstständiger Rechtsanwalt auf seinem Kanzleibogen einen Computer, den er in Wahrheit seinem Sohn schenken möchte, so muss er sich als Unternehmer behandeln lassen und kann keinen Verbraucherschutz für das an sich privat motivierte Rechtsgeschäft beanspruchen. Anders gestaltet sich die Rechtslage beim Verbraucher, der stets als solcher handelt, also beispielsweise dem Schüler oder Studierenden. Ihm ist es verwehrt, auf zwingenden Verbraucherschutz zu verzichten. Insoweit geht mit verbraucherprivatrechtlichem Schutz ein Stück weit Entmündigung einher. Man kann sich daher auch nicht mit Erfolg als Unternehmer gerieren, sondern bleibt Verbraucher nach § 13. Hier kann sich allein die Frage des Rechtsmissbrauchs stellen[12].

Im Zuge der Umsetzung der Fernabsatzrichtlinie[13] hielt der Begriff des **Verbrau-**   **57**
chers Einzug in das BGB. Nach § 13 ist Verbraucher jede natürliche Person, die ein Rechtsgeschäft zu einem Zwecke abschließt, der weder ihrer gewerblichen noch ihrer selbstständigen beruflichen Tätigkeit zugeordnet werden kann. Damit lehnt sich § 13 stark dem Verbraucherbegriff an, der in den einzelnen europäischen Richtlinien, die den verbraucherprivatrechtlichen Reglements zu Grunde liegen, verwendet wird. Die sprachliche Formulierung des § 13 ist misslungen: Nähme man den Wortlaut der Vorschrift ernst, fiele gerade der typischerweise betroffene Personenkreis aus dem Anwendungsbereich verbraucherprivatrechtlicher Vorschriften heraus. § 13 spricht nämlich von „ihrer" gewerblichen oder selbstständig-beruflichen Tätigkeit. Besitzt eine natürliche Person eine solche aber nicht, etwa ein Student, eine Hausfrau oder ein Angestellter, und handelt sie somit regelmäßig als Verbraucher, wäre sie an sich nicht unter § 13 zu subsumieren[14].

Durch die Umsetzung der Richtlinie über Verbraucherrechte hat § 13 eine geringfügi-   **58**
ge Änderung erfahren. Klargestellt ist nun nach nationalem Recht, dass ein Vertrag mit gemischtem Verwendungszweck dann im Ganzen als Verbrauchergeschäft anzusehen ist, wenn es **nicht überwiegend** einer selbstständigen beruflichen oder gewerblichen Tätigkeit dient[15].

Unternehmer ist nach Maßgabe von § 14 eine natürliche oder juristische Person bzw   **59**
rechtsfähige Personengesellschaft, die ein Rechtsgeschäft in Ausübung ihrer gewerb-

---

11 OLG Düsseldorf NJ 2015, 427; eingehend zu dieser Problematik *Herresthal* JZ 2006, 695: *„Scheinunternehmer und Scheinverbraucher"*; aA *Schürnbrand* JZ 2009, 133.
12 BGH NJW 2005, 1045; *Herresthal* JZ 2006, 695 (703 f).
13 Gesetz vom 27.6.2000, BGBl I, S. 897, s. dazu *Bülow/Artz* NJW 2000, 2049.
14 Sehr kritisch zur Formulierung des § 13 BGB daher *Flume* ZIP 2000, 1427.
15 Dazu *Bülow* WM 2014, 1.

lichen oder selbstständig beruflichen Tätigkeit ausübt. Da Bezugspunkt des § 14 neben der natürlichen auch die juristische Person ist, erscheint der Standort im ersten Titel des BGB, der die natürliche Person zum Gegenstand hat, verfehlt[16]. Bereits hier sei darauf hingewiesen, dass ein Unternehmer auch dann Adressat des Verbraucherprivatrechts ist, wenn er außerhalb des Kernbereichs seiner gewerblichen oder selbstständig beruflichen Tätigkeit handelt, jedoch ein Bezug zu dem Unternehmen besteht (iE Rn 80).

60 An den spezifischen Stellen, die verbraucherprivatrechtlich Relevanz haben, nimmt das Gesetz Bezug auf die Definitionen der §§ 13, 14. Hier kommt es zu weiteren systematischen Brüchen[17]. Verbraucherprivatrechtliche Sondervorschriften finden, abgesehen von den allgemein geltenden Pflichten aus § 312, nur Anwendung, wenn Unternehmer und Verbraucher in bestimmten Situationen aufeinander treffen bzw gesetzlich ausgewählte Verträge abschließen. Nicht immer lässt sich jedoch aus der gesetzlichen Regelung erkennen, welche Rolle die Vertragsparteien unterschiedlichen Typs jeweils einzunehmen haben. Eine eindeutige Regelung treffen dahingehend etwa § 491 Abs. 2 für den Allgemein-Verbraucherdarlehensvertrag und § 491 Abs. 3 für den Immobiliar-Verbraucherdarlehensvertrag. Das Verbraucherdarlehensrecht kommt zur Anwendung, wenn der **Unternehmer** als **Darlehensgeber** und der **Verbraucher** als **Darlehensnehmer** auftritt (Rn 298). Unproblematisch ist auch die Zuordnung in § 506 Abs. 1, wo ein Unternehmer einem Verbraucher einen Zahlungsaufschub gewähren muss (s. Rn 358). Auch beim Verbrauchsgüterkauf nach § 474 Abs. 1 stellt das Gesetz klar, dass der Vertrag durch den **Verbraucher** als **Käufer** und den **Unternehmer** als **Verkäufer** abgeschlossen werden muss (Rn 441, 491). Anders gestaltet sich die Rechtslage aber etwa in § 310 Abs. 3 Nr. 2. Hinsichtlich der Verwendung von **Allgemeinen Geschäftsbedingungen** spricht das Gesetz allein von Verträgen zwischen einem Unternehmer und einem Verbraucher (Rn 607). Der Wortlaut ließe daher auch die Anwendung verbraucherprivatrechtlicher Vorschriften zu, wenn der Verbraucher dem Unternehmer eine Sache verkauft und dem Vertrag vorformulierte Bedingungen zu Grunde legt (zB ADAC-Mustervertrag) oder es dem Verbraucher als Käufer gelingt, seine Einkaufsbedingungen zum Gegenstand des Vertrags zu machen. Hier wird man jedoch eine teleologische Reduktion insofern vorzunehmen haben, dass die Vorschrift den Verbraucher als Adressaten Allgemeiner Geschäftsbedingungen schützen möchte. Die Neuregelung der §§ 312 ff hat insofern zu einer Änderung der Rechtslage bei Haustürgeschäften geführt (Rn 251). Sprach das Gesetz vormals schlicht von einem Vertrag zwischen einem Unternehmer und einem Verbraucher, bestimmt § 312 in seiner neuen Fassung nun, dass es sich um einen Vertrag handeln muss, der eine **entgeltliche Leistung des Unternehmers zum Gegenstand** hat. Auf das so genannte umgekehrte Verbrauchergeschäft, bei dem der Verbraucher die vertragstypische Leistung erbringt, indem er dem Unternehmer eine Ware verkauft, dürfte das Reglement nun – trotz fortbestehender Schutzbedürftigkeit des Verbrauchers – nicht mehr anwendbar sein (ausführlich Rn 84 ff)[18]. Auch im

---

16 *Bork* Allg. Teil, Rn 167; *Duve* Jura 2002, 793 (795).
17 Dazu auch *K. Schmidt* JuS 2006, 1 (3).
18 Dezidiert aA *Maume* NJW 2016, 1041.

Fernabsatzrecht (Rn 256) hat nun der Unternehmer die entgeltliche Leistung zu erbringen[19]. Darüber hinaus bedarf es eines Vertragsschlusses im Rahmen eines für den Fernabsatz organisierten Vertriebs- oder Dienstleistungssystems, das nur dem Unternehmer zur Verfügung stehen kann. Der Verkauf antiquarischer Bücher durch einen Verbraucher an einen Händler unter Nutzung des Internets ist daher kein Fernabsatzvertrag im Sinne des Gesetzes.

Schließlich kommt es zu Verwerfungen durch die Bezugnahme unlauterkeitsrechtlicher Vorschriften auf die §§ 13 und 14. Sowohl §§ 241a und 661a, als auch § 2 Abs. 2 UWG verweisen auf die Definition von Unternehmer und Verbraucher im Allgemeinen Teil des BGB, obwohl in den betreffenden Fällen regelmäßig kein Rechtsgeschäft vorliegt und der wettbewerbsrechtliche Begriff des Verbrauchers ein völlig anderer ist. Im UWG wird die Wirkung einer Wettbewerbshandlung, zB einer Werbung, auf die Gruppe der Verbraucher einer Prüfung unterzogen[20], so dass eine Bezugnahme auf § 13, der das einzelne Rechtsgeschäft betrifft, eher in die Irre führt (ausf. Rn 631 f). Auch das neue UWG vom 3.3.2010 hält an dem Verweis auf § 13 fest: „§ 2 Abs. 2: Für den Verbraucherbegriff gilt § 13 des BGB entsprechend". **61**

II. Verbraucher nach § 13 BGB

1. Private Zweckbestimmung

a) Privater Zweck und Beweislast

Nach § 13 gibt der Zweck des von einer natürlichen Person abgeschlossenen Rechtsgeschäfts Maß, der weder ihrer gewerblichen noch ihrer selbständigen beruflichen Tätigkeit zugerechnet werden kann. Es ist zu unterscheiden, ob die natürliche Person als Vertragspartei neben ihrem privaten Tätigkeitsbereich auch gewerblich oder freiberuflich tätig ist[21]. Gibt es einen solchen gewerblichen/freiberuflichen Bereich nicht, trägt die natürliche Person, die verbraucherprivatrechtlich modifizierte Ansprüche gegen den Unternehmer geltend macht (zB aus der Rückabwicklung nach Widerruf auf Rückgewähr des bereits geleisteten Kaufpreises, § 355 Abs. 3) oder sich gegen Ansprüche des Unternehmers mit dem Widerruf nach § 355 Abs. 1 verteidigt, nach allgemeinen Regeln die objektive Beweislast dafür, dass sie den Vertrag zu privatem Zweck abgeschlossen hat, was im Allgemeinen keine Schwierigkeiten bereiten dürfte. Zweifel können aber nach Lage des Einzelfalls auftreten. Im Urteil des BGH vom 11.7.2007[22] ging es um eine Katzenhalterin, die mit einem gewerblichen Unternehmer einen Kaufvertrag über einen Kater abschloss, welcher sich als krank herausstellte. Die Katzenhalterin verkaufte über Jahre die Würfe ihrer Tiere; für die Frage, ob der Verkauf der kleinen Katzen privates Handeln war oder schon gewerblichen Charakter angenommen hatte, trägt die natürliche Person, hier die Katzenhalterin, die **62**

---

19 Mit dem selben Ergebnis zum früheren Recht BGH NJW 2015, 1009.
20 *K. Schmidt* JuS 2006, 1.
21 *Bülow* Gedächtnisschrift Wolf 2010, S. 3 (6).
22 NJW 2007, 2619 Tz. 13.

Beweislast; sie hat die Privatheit ihrer Tätigkeit zu beweisen. Dagegen hat der gewerbliche Käufer des Katers nicht etwa zu beweisen, dass die Tätigkeit unternehmerisch war. Entsprechendes gilt, wenn die natürliche Person einen arbeitnehmerbezogenen Vertrag abgeschlossen hat. Hat die natürliche Person als Vertragspartei dagegen einen gewerblichen/freiberuflichen Tätigkeitsbereich, ist sie zB selbständige Rechtsanwältin, ist der Formulierung von § 13 eine Beweislastregelung zu entnehmen[23]. Wenn nämlich die Zuordnung zum privaten oder zum gewerblichen/freiberuflichen Tätigkeitsbereich nicht festgestellt werden kann, also in dieser Frage ein *non liquet* entsteht, bedeutet die fehlende Feststellbarkeit nichts anderes, als dass der Zweck des Rechtsgeschäfts der unternehmerischen Tätigkeit nicht zugerechnet werden kann; dies wäre nur der Fall, wenn die Zurechnung unstreitig oder bewiesen wäre, also positiv feststünde. Kauft also eine selbständige Rechtsanwältin, wie im Urteil des BGH vom 30.9.2009[24] Lampen und kann nicht festgestellt werden, ob die Lampen für ihre Privatwohnung oder für ihre Kanzlei bestimmt waren, geht der Zweifel, also das *non liquet*, zu Lasten des Verkäufers als Unternehmer, der als Prozesspartei in diesem Punkt unterliegt. Die natürliche Person (die Anwältin) ist als Verbraucherin anzusehen. Der Unternehmer kann nur gewinnen, wenn er den Beweis des Gegenteils (§ 292 ZPO) als Hauptbeweis (und nicht als Gegenbeweis) führt, also Tatsachen darlegt und beweist, aus denen sich die Zuordnung zum unternehmerischen Tätigkeitsbereich der natürlichen Person – als Rechtsfrage – ergibt, und auf diese Weise die Überzeugung des Gerichts nach § 286 Abs. 1 Satz 1 ZPO herbeiführt. Steht allerdings außer Zweifel, dass die natürliche Person *auch* zu Zwecken handelte, die ihrem unternehmerischen Tätigkeitsbereich zuzurechnen sind, ist aber streitig, ob diese Zwecke **überwiegen**, ergibt sich das Gleiche: Bei einem *non liquet* kann die überwiegende Zurechnung nicht festgestellt werden, sodass die natürliche Person als Verbraucher zu betrachten ist (vgl Erwägungsgrund 17 zur VerbrRechteRiL 2011/83/EU) und der Unternehmer in diesem Punkt wiederum unterliegt. Streitig kann auch sein, ob die natürliche Person neben ihrem privaten überhaupt einen unternehmerischen Tätigkeitsbereich hat, dem das Rechtsgeschäft zugerechnet werden könnte. Das ist aber Voraussetzung für einen Vertrag mit doppeltem Zweck und für die Anwendung des Tatbestandsmerkmals „überwiegend". Betreibt die natürliche Person beispielsweise als Hobby eine Katzenzucht, auf die sich das Rechtgeschäft bezieht[25], ist sie nicht Verbraucher, wenn das Hobby unternehmerischen Charakter angenommen hat und als Folge dessen ein unternehmerischer Tätigkeitsbereich besteht. In dieser Frage enthält § 13 über die Normentheorie hinaus keine Beweislastregelung. Leitet die natürliche Person ihren Anspruch oder ihre Verteidigung aus verbraucherprivatrechtlichen Normen ab, trägt sie deshalb die Beweislast dafür, dass sie keinen unternehmerischen Tätigkeitsbereich hat, sondern lediglich ein privates Hobby betreibt. Bei einem *non liquet* kann die Privatheit des Hobbys nicht festgestellt werden, sodass die natürliche Person in diesem Punkt unterliegt. Nicht etwa hat der Unterneh-

---

23 Zur Zurechnung des jeweiligen Handelns *Purnhagen* VuR 2015, 3.
24 NJW 2009, 3780 Tz. 11 mit Anm. *Artz* ZJS 2009, 719, *Pfeiffer* LMK 2010, 296 275, *Buchmann* K&R 2010, 37, Bespr. *Faust* JuS 2010, 254, *Piekenbrock/Ludwig* GPR 2010, 114 und Komm. *Böttcher* EWiR § 13 BGB 1/10, 107.
25 So in BGH NJW 2007, 2619.

mer als gegnerische Prozesspartei zu beweisen, dass die natürliche Person unternehmerisch handelte[26].

Von § 13 erfasst sind jedenfalls rein private Zwecke. Unzweifelhaft fällt daher der **63** Kauf eines Fahrrades, das zur Unternehmung sommerlicher Radtouren an der Mosel benutzt werden soll, unter § 13. Ebenso sind konsumtive, private Zwecke betroffen: Der Einkauf von Lebensmitteln im Supermarkt oder der Erwerb von Kosmetika an der Haustür. Ebenso liegt ein Verbrauchergeschäft vor, wenn jemand eine Dienstleistung zu privaten Zwecken in Anspruch nimmt. Zu denken ist die Reparatur eines Privatwagens, die Bereitstellung eines häuslichen Internetanschlusses oder die Inanspruchnahme eines Unternehmens zur Durchführung eines Wohnungsumzugs. Auch der Abschluss eines Wohnungsmietvertrags ist auf Seiten des Mieters ein Verbrauchergeschäft. Ob jedoch verbraucherprivatrechtliche Besonderheiten gelten, hängt gerade bei der Wohnraummiete in der Regel davon ab, dass der Vermieter die persönlichen Voraussetzungen des § 14 erfüllt, also Unternehmer ist. Nicht jeder Wohnraumvermieter ist Unternehmer (dazu Rn 79).

b) Einschaltung Dritter

aa) Stellvertretung. Wird auf Seiten des Verbrauchers ein **Stellvertreter** tätig, **64** kommt es hinsichtlich des abzuschließenden Geschäfts auf die persönlichen Voraussetzungen des Vertretenen an[27]. Hingegen ist bezüglich der situativen Voraussetzungen des Widerrufsrechts beim Haustürgeschäft nicht auf den Vertretenen, sondern unter Rückgriff auf den Rechtsgedanken des § 166 Abs. 1 auf die Person des Stellvertreters abzustellen. Nur bei ihm kann es zur Überrumpelung kommen[28]. Gleichwohl muss der Stellvertreter auch in diesem Fall nicht die persönlichen Voraussetzungen des § 13 erfüllen, sondern kann auch Unternehmer sein[29]. Im Ergebnis ist daher bezüglich der persönlichen Voraussetzungen des Verbraucherprivatrechts auf den Vertragspartner und hinsichtlich der Haustürsituation, also der sachlichen Anknüpfung, auf den Stellvertreter abzustellen. Darüber hinaus kann auch die Vollmachterteilung als solche als verbraucherprivatrechtlich relevantes Geschäft in Betracht kommen[30]. Handelt der Vertreter ohne Vertretungsmacht und genehmigt der Vertretene nicht, so ist die Erklärung des Vertreters widerruflich, wenn er Verbraucher ist[31].

bb) Agenturgeschäft. Beim **Agenturgeschäft**, das vornehmlich im Gebraucht- **65** wagen- und Kunsthandel anzutreffen ist, kommt es hinsichtlich der persönlichen Voraussetzungen des Verbraucherprivatrechts grundsätzlich auf die Personen der Vertragsparteien an. Lässt ein Privatmann einen PKW durch einen Händler an einen

---

26 BGH NJW 2007, 2619 Tz. 13; *Bülow* WM 2011, 1349 (1350).
27 S. *Bülow/Artz* Verbraucherkreditrecht, § 491 BGB Rn 41; MK/*Schürnbrand* § 491 BGB Rn 13; eingehend *Schreindorfer* Verbraucherschutz und Stellvertretung, 2012.
28 BGH NJW 2000, 2268.
29 AA *Masuch* BB 2003, Beilage 6, 16 (19 f): Doppelte Verbrauchereigenschaft; wie hier Langenbucher/ *Herresthal* Europarechtliche Bezüge des Privatrechts § 2 Rn 127.
30 Soergel/*Pfeiffer* § 13 BGB Rn 51; Langenbucher/*Herresthal* Europarechtliche Bezüge des Privatrechts, § 2 Rn 127.
31 LG Fulda VuR 2013, 303.

Verbraucher verkaufen, so handelt es sich, ohne dass besondere Umstände hinzutreten, um einen Vertrag zwischen Verbrauchern, für den verbraucherprivatrechtliche Besonderheiten keine Rolle spielen[32]. Es gelten unter Privatleuten die allgemeinen Regeln des BGB. Die Rolle des Händlers geht nicht über die Stellvertretung hinaus. Dies muss im Grundsatz auch für den Fall gelten, dass der private Immobilienbesitzer ein Teilzeitwohnrecht durch einen Makler bzw Abschlussvertreter verschaffen lässt. Der Eigentümer bleibt Verbraucher und es kommt zu einem Vertrag zwischen zwei Verbrauchern, der verbraucherprivatrechtlich nicht relevant ist. Anders ist der Fall aber zu beurteilen, wenn sich bei einer insofern gebotenen **wirtschaftlichen Betrachtungsweise** herausstellt, dass nicht der verkaufende bzw verschaffende Verbraucher, sondern der dazwischen geschaltete Händler im Ergebnis das Risiko des Geschäfts trägt. Indiz dafür kann etwa sein, dass der Händler, der einen Gebrauchtwagen in Zahlung nimmt, dem Neuwagenkäufer hinsichtlich des gebrauchten Wagens einen Mindestverkaufspreis garantiert. In einem solchen Fall liegt nach zutreffender, aber nicht einhelliger Auffassung ein Umgehungsgeschäft, insbesondere der §§ 474 ff, vor[33]. Vorausgesetzt ist freilich stets, dass es sich bei dem Käufer des Gebrauchtwagens um einen Verbraucher handelt.

66 Umstritten und bislang nicht wirklich geklärt ist, welche Konsequenzen aus dieser wirtschaftlichen Betrachtungsweise zu ziehen sind. Im Ergebnis wird es darauf hinauszulaufen haben, dass der Käufer Gewährleistungsrechte gegenüber dem Unternehmer, also dem Autohändler, geltend machen kann[34]. Der BGH zieht in seinen jüngeren Entscheidungen zum Agenturgeschäft zwei Lösungswege in Betracht, ohne im Ergebnis Stellung zu nehmen. Zum einen kann man den vorgeschobenen Kaufvertrag zwischen den beiden Verbrauchern als unwirksames Scheingeschäft ansehen und davon ausgehen, dass allein ein Verbrauchsgüterkaufvertrag zwischen dem Autohändler als Unternehmer und dem Käufer als Verbraucher besteht[35]. Allerdings ist der Händler selbst nicht in der Lage, das Eigentum an dem Fahrzeug zu übertragen. Die Konstruktion eines Scheingeschäfts vermag auch deshalb nicht zu tragen, da die mit dem Kaufvertrag verbundenen Rechtsfolgen von beiden Parteien stets gewollt sein werden[36]. In Fortführung der bisherigen Rechtsprechung des BGH, wonach ausschließlich der Unternehmer Gegner der Mängelrechte ist[37], weist *Beckmann* auf das, bei Wirksamkeit des zwischen den Verbrauchern geschlossenen Vertrages, sonderbare Ergebnis hin, dass Vertragspartner und Gewährleistungsgegner auseinanderfallen[38].

---

32 MK/*St. Lorenz* § 475 BGB Rn 31.
33 BGH NJW 2007, 759 Tz. 16; NJW 2006, 1066 Tz. 13; grdl. NJW 2005, 1039 mit Bspr. *Maultzsch* ZGS 2005, 175; *Reinel* Jura 2005, 850; OLG Stuttgart NJW 2004, 2169 mit insoweit zust. Rez. *Katzenmeier* NJW 2004, 2632; dazu auch *Hofmann* JuS 2005; Bamberger/Roth/*Faust* § 474 BGB Rn 9; ausf. zu der Problematik auch *Müller* NJW 2003, 1975; kategorisch ein Umgehungsgeschäft ablehnend *Jauernig/Chr. Berger* § 475 BGB Rn 6; auf „Extremfälle" begrenzend Erman/*Grunewald* § 475 BGB Rn 7.
34 AA MK/*St. Lorenz* § 475 BGB Rn 40.
35 S. auch OLG Saarbrücken MDR 2006, 383; OLG Celle ZGS 2007, 79; *Bruns* NJW 2007, 761; aA *Looschelders* JR 2008, 45 (46).
36 BGH NJW-RR 2013, 687 (688).
37 BGH NJW 2007, 759.
38 Staudinger/*Beckmann* § 433 Rn 63.

Notwendig ist es daher, vom Bestehen zweier Verträge auszugehen. Der Voreigentümer verkauft und übereignet an den Händler und der Händler an den Abkäufer[39], so dass in dem zweiten Kaufvertrag die Regeln des Verbraucherprivatrechts wirken können. Jedoch fällt die rechtliche Konstruktion nicht leicht, insbesondere weil man mit Hilfe der §§ 474 ff die notwendigen Willenserklärungen nicht fingieren kann. Alternativ wird daher mit guten Argumenten vorgeschlagen, den Vertrag zwischen den Verbrauchern unangetastet zu lassen und aus § 475 Abs. 1 Satz 2 eine zusätzliche **Eigenhaftung des Händlers** herzuleiten[40]. *Looschelders* plädiert für eine **Verdopplung** der Anspruchsgegner auf der Grundlage des § 242[41]. Es wird auch in Erwägung gezogen, den hinter dem Händler stehenden Verbraucher, in dessen Namen die Willenserklärung abgegeben wird, als Unternehmer im Sinne des § 14 zu qualifizieren, was dessen Position jedoch sehr beeinträchtigte[42]. Daher rekurriert man auf eine Schutzpflichtverletzung des Unternehmers, der gegenüber dem Abkäufer zur Aufklärung verpflichtet sei. Auch *Stephan Lorenz* möchte den zwischen den Verbrauchern geschlossenen Vertrag unangetastet lassen und dem Verkäufer die Unternehmereigenschaft des Agenten zurechnen, den verkaufenden Verbraucher also im Rahmen der §§ 474 ff als Unternehmer ansehen[43]. Doch erscheint es sehr fragwürdig, den objektiv als Verbraucher handelnden Verkäufer auf diesem Wege mit den Lasten des Verbraucherschutzes zu belegen.

c) Grenzfälle der privaten Zweckbestimmung

aa) Arbeitnehmer als Verbraucher. Die berufliche Zweckbestimmung eines Vertrags schließt die Qualifizierung des Vertragspartners als Verbraucher nur aus, wenn dieser den Beruf selbstständig ausübt, also das Geschäft für sein freiberufliches Unternehmen verwendet. Der unselbstständig-berufliche Zweck, den die natürliche Person etwa mit der Aufnahme eines Kredits verfolgt, begründet deshalb die Verbrauchereigenschaft nach § 13, so dass ein Arbeitnehmer bei einem Rechtsgeschäft, das seiner unselbstständigen beruflichen Tätigkeit zuzurechnen ist, in seiner Rolle als Verbraucher nach § 13 handelt. Insoweit geht das deutsche Recht über den Begriff des Verbrauchers in den zu Grunde liegenden gemeinschaftsrechtlichen Richtlinien hinaus. Dies ist richtlinienkonform, weil jedenfalls der Normadressatenkreis der Richtlinie durch das deutsche Recht vollständig erfasst ist[44], so dass eine Optionsklausel, wie sie etwa das Verbraucherkreditrecht in Art. 15 der Richtlinie kennt, nicht zu bemühen ist und auch der Vollharmonisierungsansatz dieser Sicht der Dinge nicht entgegen steht[45]. Der erweiterte Verbraucherbegriff hält vielmehr auch einem Maxi-

67

---

39 OLG Stuttgart NJW 2004, 2169; *Müller* NJW 2003, 1975 (1980).
40 *Reinking/Eggert* Rn 47; Bamberger/Roth/*Faust* § 474 BGB Rn 9.
41 JR 2008, 45 (47).
42 *Oetker/Maultsch* S. 200.
43 MK/*St. Lorenz* § 475 BGB Rn 40; ebenso *Looschelders* JR 2008, 45 (46 f).
44 *Bülow* WM 2006, 1513; *Bülow/Artz* WM 2005, 1153 (1154); Langenbucher/*Herresthal* Europarechtliche Bezüge des Privatrechts, § 2 Rn 100.
45 *Bülow* WM 2013, 245; *R. Koch* JZ 2014, 758 (759); zu den Besonderheiten im europäischen Zahlungsverkehr *Bülow* WM 2017, 457.

malharmonisierungskonzept stand[46]. Der angestellte Rechtsanwalt, der sich zur Förderung seiner Arbeit die neueste Auflage des *Staudinger* online bestellt (Fernabsatzgeschäft) oder jede Teillieferung bezahlt (§ 510 Abs. 1 Nr. 1), ist nach deutschem Recht Verbraucher, ebenso der Soldat, der seine Gala-Uniform in Raten abzahlt oder ein Bankangestellter, der ein Darlehen aufnimmt, um mit dem Geld einen Motorroller zu erwerben, mit dem er täglich zum Dienst fährt. Auch der Arbeitnehmer, der im Fachhandel einen neuen Computer zum Zwecke der Heimarbeit kauft, kann sich beim Auftreten von Mängeln auf die Beweislastregelung des § 476 berufen. Einem abhängig-beruflichen steht ein arbeitnehmerähnlicher bzw scheinselbstständiger Zweck gleich[47].

68   Der Arbeitnehmer handelt in seiner Rolle als Verbraucher nicht nur bei berufsbezogenen Geschäften mit Dritten, sondern auch bei Rechtsgeschäften mit seinem Arbeitgeber, also nicht nur im betriebsexternen[48], sondern auch im betriebsinternen Rechtsverkehr. Das gilt etwa für Arbeitgeberdarlehen nach § 491 Abs. 2 Satz 2 Nr. 4.

69   **bb) GmbH-Geschäftsführer.** Ein weiterer Grenzfall verbraucherprivatrechtlicher Klassifizierung liegt beim Handeln des **Geschäftsführers und Alleingesellschafters einer Einmann-GmbH** vor. Die typischerweise anzutreffende Fallkonstellation zeichnet sich dadurch aus, dass sich die GmbH einen Kredit gewähren lässt und der Geschäftsführer der Rückzahlungsverpflichtung zur Absicherung beitritt. Das private Vermögen des Gesellschafters haftet für die Verbindlichkeit gegen die GmbH. Geklärt ist mittlerweile, dass verbraucherkreditrechtliche Sondervorschriften auch auf den Schuldbeitritt analog anzuwenden sind und es hinsichtlich der Verbraucherqualifikation nach der sog. **Einzelbetrachtung** allein auf die Person des Beitretenden, nicht jedoch auf die des Kreditnehmers ankommt (u. Rn 241). Folgerichtig ist auch der Beitritt des privat handelnden Sicherungsgebers zu einem gewerblich motivierten Kreditvertrag grundsätzlich ein Verbrauchergeschäft[49]. Nach diesen Grundsätzen erstreckt der BGH in ständiger Rechtsprechung den Schutz des Verbraucherkreditrechts auch auf den Beitritt eines GmbH-Geschäftsführers zur Verbindlichkeit der eigenen Gesellschaft[50]. Hier mag man jedenfalls die Frage stellen, ob das Handeln des alleinigen Gesellschafters tatsächlich noch als privat motiviert einzuordnen ist oder nicht vielmehr durch die Interzession der Zugriff auf das private Vermögen gewerblich motiviert ermöglicht werden soll[51].

---

46   Völlig zutreffend *Riehm* JZ 2006, 1035; *Bülow* WM 2006, 1513; *Schwab/Hromek* JZ 2014, 271 (272); aA *J. Hoffmann* WM 2006, 560.
47   Eingehend *Bülow* in: FS Derleder, S. 27 ff; *Bülow/Artz* Verbraucherkreditrecht, § 491 BGB Rn 69 ff; auch *K. Schmidt* JuS 2006, 1, 3.
48   *Mankowski* Beseitigungsrechte, S. 259.
49   BGHZ 133, 71; 133, 220; 155, 240; 163, 43; BGH NJW 2006, 431 Tz. 13 für den Fall, dass ein zu Grunde liegender Existenzgründungskredit die Schwelle von 50 000 €/100 000 DM überschreitet (nun 75 000 €).
50   BGHZ 165, 43 (47 ff); BGH NJW 2006, 431 Tz. 16 ff; NJW-RR 2007, 1674 Tz. 21, zu Unrecht auf Art. 15 der Verbraucherkreditrichtlinie abstellend.
51   Ausf. *Bülow/Artz* Verbraucherkreditrecht, § 491 BGB Rn 68; s. auch *Mülbert* FS Hadding, S. 575; krit. auch MK/*Schürnbrand* § 491 BGB Rn 37.

cc) Private Vermögensanlage. Probleme wirft die Einordnung der privaten Vermö- **70**
gensanlage auf. Es fragt sich, ob und wieweit etwa der Erwerb von Wertpapieren oder
Immobilien zur gewinnbringenden Anlage von Vermögen als privater Zweck eingeordnet werden kann. Einigkeit herrscht wohl darüber, dass die Vermögensanlage
nicht grundsätzlich aus dem Anwendungsbereich verbraucherprivatrechtlicher Regelungen herausfällt[52]. Erwirbt ein Pensionär ein Zweifamilienhaus um Erspartes
anzulegen, so wird er durch die Vermietung der beiden Wohnungen nicht zum Unternehmer. Anders dürfte der Betrieb einer Wohnanlage mit einer Vielzahl von Wohn-
einheiten zu bewerten sein. Es fällt schwer, eine Rechtsicherheit gewährende Grenze
festzulegen. Ausgeschlossen ist diesbezüglich die Orientierung an der Höhe der In-
vestitionen. Auch der Erwerb eines Segelflugzeugs oder einer Luxusjacht, die der
Käufer ausschließlich zum Freizeitvergnügen nutzen möchte, dient weder einem
selbstständig-beruflichen noch einem gewerblichen Zweck. Anzusetzen ist im Ergebnis bei dem Kriterium des organisatorischen und zeitlichen Aufwandes, den die Verwaltung des Vermögens erfordert[53]. Kommt es zur Einstellung von Angestellten, etwa
eines Hausverwalters, oder richtet der Kreditnehmer resp. Käufer einen Büroraum
zur Vermögensverwaltung ein, spricht einiges für eine selbstständig-beruflich betriebene Vermögensverwaltung. Entscheidend ist somit, ob die Verwaltung des Vermögens das Bild eines planmäßigen Geschäftsbetriebs vermittelt[54]. Es geht um den
Umfang der mit der Vermögensverwaltung verbundenen Geschäfte[55].

dd) Mischfälle. Schwierig gestaltete sich bislang die Einordnung von uneinheitli- **71**
chen Zweckbestimmungen, sogenannten **Mischfällen.** Diese treten häufig im sachlichen Anwendungsbereich des Verbraucherkreditrechts auf. Ein (selbständiger) Rechtsanwalt lässt sich von einer Bank ein Darlehen in Höhe von 50 000 € gewähren,
erwirbt für 10 000 € eine neue Küche für seine Privatwohnung und investiert den
Restbetrag in Möbel und eine Computeranlage für seine Kanzlei. Auch denkbar ist
die Mischnutzung einer kreditfinanziert angeschafften Ware. Jener selbstständige
Anwalt kauft einen Pkw, mit dem er sowohl zu Gericht als auch in Urlaub fährt und
seine Kinder zum Kindergarten bringt. Während nach früherem Recht vorrangig die
Teilbarkeit eines solchen Vertrags in Betracht zu ziehen, war, trifft § 13 nach neuer
Fassung nun eine Klarstellung. Der Vertrag ist als ganzer als Verbrauchergeschäft
einzuordnen, solange nicht der gewerbliche bzw selbstständig berufliche Zweck
überwiegt[56].

ee) Existenzgründungskredit. Eine erweiterte Anwendung verbraucherprivatrecht- **72**
licher Sondervorschriften ist im Verbraucherkreditrecht angezeigt. Neben der Kreditaufnahme zu privaten Zwecken erfasst § 513 auch den Vertragsabschluss zum
Zwecke der Aufnahme einer gewerblichen oder selbstständig-beruflichen Tätigkeit
(Existenzgründungskredit). Anwendung finden nach Maßgabe von § 655e Abs. 2

---

52 Soergel/*Pfeiffer* § 13 BGB Rn 32.
53 BGH NJW 2002, 368 mit Anm. *Artz* JZ 2002, 457.
54 Zum Ganzen *Bülow/Artz* Verbraucherkreditrecht, § 491 BGB Rn 65 f.
55 OLG Dresden WM 2017, 371.
56 *Bülow* WM 2014, 1; *Schwab/Hromek* JZ 2014, 271 (272).

auch die Regelungen über die Kreditvermittlung. Zweifelhaft ist mangels gesetzlichen Verweises, ob Existenzgründer bei unentgeltlichen Darlehen bzw Finanzierungshilfen, §§ 514 und 515, Verbraucherschutz genießen. Entschließt sich beispielsweise der angestellte Automechaniker dazu, sich selbständig zu machen, so genießt er bei der Aufnahme eines Darlehens bis zu einer Höhe von 75 000 €, soweit er Werkzeug für seine zukünftig betriebene Werkstatt kaufen möchte, den Schutz der verbraucherprivatrechtlicher Vorschriften. Seit der Modernisierung des Schuldrechts trägt auch der Existenzgründer die Beweislast dafür, dass er die persönlichen Voraussetzungen erfüllt[57]. Ob die Phase der Existenzgründung beendet ist und damit Verbraucherkreditrecht nicht mehr zur Anwendung kommt, ist Frage des Einzelfalls. Abzustellen ist auf erste Vertragsabschlüsse, die nicht mehr der Vorbereitung der Geschäftsaufnahme, sondern dem Betrieb des Gewerbes zuzuordnen sind, zB Warenverkäufe oder Mandatsübernahmen. Indizwirkung kommt auch der Eröffnung eines Geschäftslokals, der Freischaltung einer Angebotsseite im Internet oder der Veröffentlichung von Werbung zu. Auch auf die wiederholte bzw erneute Gründung einer selbständigen wirtschaftlichen Existenz findet § 513 Anwendung[58].

73 Die Ausdehnung des Verbraucherschutzes auf den Existenzgründer beschränkt sich auf den sachlichen Anwendungsbereich des Verbraucherkreditrechts und bringt keinen allgemeinen Rechtsgedanken zum Ausdruck, was sich bereits aus der systematischen Stellung des § 513 als Ausnahmeregelung ergibt[59]. Der Existenzgründer ist nicht Verbraucher im Sinne des § 13. Es finden lediglich die Vorschriften des Verbraucherkreditrechts und nach allgemeiner Auffassung diejenigen des verbundenen Geschäfts (§§ 358, 359) entsprechende Anwendung[60]. In anderen Bereichen des Verbraucherprivatrechts, im Übrigen auch beim unentgeltlichen Kredit gem. §§ 514, 515, wird der Existenzgründer als Unternehmer im Sinne des § 14 eingeordnet, da das Geschäft einer aufzunehmenden gewerblichen oder selbstständig beruflichen Tätigkeit dient[61]. Indizwirkung kommt im Einzelfall insoweit dem Verzicht auf die Befreiung von der Umsatzsteuer zu[62]. Allgemeinen verbraucherprivatrechtlichen Schutz genießen hingegen Tätigkeiten, die nicht bereits der Existenzgründung, sondern deren Vorbereitung zuzurechnen sind. Beispielhaft sei die steuerrechtliche bzw betriebswirtschaftliche Beratung von Privatleuten in der Überlegungsphase, sich selbstständig zu machen, genannt[63].

---

57 *Bülow/Artz* Verbraucherkreditrecht, § 513 BGB Rn 9.
58 Zu den Einzelheiten *Bülow/Artz* Verbraucherkreditrecht, § 513 BGB Rn 7.
59 BGH NJW 2005, 1273 (1274) mit Anm. *Artz* LMK 2005, 82; bestätigt in BGH NJW 2008, 435 Tz. 6; zust. auch *K. Schmidt* JuS 2006, 1 (5).
60 Soergel/*Pfeiffer* § 13 BGB Rn 35; Staudinger/*Kannowski* § 13 BGB Rn 59; Staudinger/*Habermann* § 14 BGB Rn 50; insb. zur Anwendbarkeit der §§ 358, 359 BGB: *Bülow/Artz* Verbraucherkreditrecht, § 513 BGB Rn 3a; Staudinger/*Kessal-Wulf* § 512 BGB Rn 1 aE; MK/*Schürnbrand* § 512 BGB Rn 2.
61 BGH NJW 2008, 435 Tz. 6 mit Bspr. *Grädler/Marquart* ZGS 2008, 250.
62 BGH WM 2016, 1758.
63 BGH NJW 2008, 435 Tz. 7.

2. Natürliche Person als Normadressat

a) Natürliche Person und Personenmehrheit

Nach Maßgabe von § 13 kommt als Verbraucher nur eine natürliche Person in Be-   74
tracht, so dass juristische Personen als Normadressaten per se ausscheiden, was der
EuGH hinsichtlich der Klauselrichtlinie für das Gemeinschaftsrecht und nun auch
der BGH betreffend § 13 ausdrücklich festgestellt haben[64]. Davon ist auch in Fällen
keine Ausnahme zu machen, in denen die Schutzbedürftigkeit einer juristischen Person rechtspolitisch geboten erscheinen mag. Zu denken ist etwa an einen kleinen
Idealverein oder an eine Pfarrgemeinde[65]. Einbezogen in den persönlichen Anwendungsbereich sind indes **Personenmehrheiten**, die beim Abschluss eines Rechtsgeschäfts einen privaten Zweck verfolgen. Erwerben drei Mitglieder einer Rock-Band
gemeinsam einen Kleinbus und haften für den Kaufpreis gesamtschuldnerisch, so
sind sie Verbraucher[66]. Sind diesen gegenüber Informationspflichten zu wahren oder
bedarf es der Unterrichtung über das Bestehen eines Widerrufsrechts, so ist jeder einzelne Gesamtschuldner zu belehren[67] und jeder von ihnen kann – jedenfalls als Darlehensnehmer – seine auf den Abschluss des Vertrags bezogene Willenserklärung
einzeln widerrufen[68] (s. unten Rn 126). Ist eine einzelne Person wegen der Zweckbestimmung oder als juristische Person nicht Verbraucher, beeinträchtigt dies die
Verbrauchereigenschaft der anderen nicht (sog. **Einzelbetrachtung**). Eine gesamt-
händerische Bindung in Form einer ehelichen Gütergemeinschaft oder Erbengemein-
schaft hindert die Anwendung von § 13 nicht.

b) Gesellschaft bürgerlichen Rechts, Personenhandelsgesellschaft und Wohnungseigentümergemeinschaft

Auch die rechts- und parteifähige **Gesellschaft bürgerlichen Rechts** kommt neben   75
der „biologischen natürlichen Person"[69] als Normadressat des Verbraucherprivatrechts in Betracht[70]. Dagegen spricht nicht, dass § 13, anders als § 14, die rechtsfähige Personengesellschaft nicht erwähnt[71]. Der Einbeziehung der Gesellschaft bürgerlichen Rechts in den Adressatenkreis verbraucherprivatrechtlicher Regelungen steht
auch die bereits vorstehend erwähnte Entscheidung des EuGH[72] nicht entgegen. Darin stellt der EuGH fest, dass eine andere als eine natürliche Person nicht als Verbraucher iS des Art. 2 der Klauselrichtlinie in Betracht komme. Jedoch ist die Gesellschaft bürgerlichen Rechts nach deutschem Verständnis keine juristische Person und

---

64 EuGH NJW 2002, 205; BGH WM 2010, 647 mit Komm. *Bülow* LMK 2010, 302506.
65 *Bork* Allg. Teil, Rn 167 aE: Und würde § 13 nicht den Verbraucherbegriff auf natürliche Personen
     beschränken, könnte er auch von juristischen Personen erfüllt werden.
66 Ausdrücklich und ausführlich BGH NJW 2017, 243 = JuS 2017, 461 *(Schwab)* mit Anm. *Bülow* LMK
     2016, 384748.
67 AA OLG Hamm WM 2017, 1301.
68 BGH NJW 2017, 243.
69 Begrifflichkeit von *Mülbert* WM 2004, 905, 909.
70 BGH NJW 2002, 368 mit Anm. *Artz* JZ 2002, 457; MK/*Schürnbrand* § 491 BGB Rn 25.
71 So aber *Reiff* FS Schirmer, S. 501; *Elßner/Schirmbacher* VuR 2003, 247, 252 und *Fehrenbacher/Herr*
     BB 2002, 1006, 1009; ausf. dazu *Bülow/Artz* Verbraucherkreditrecht, § 491 BGB Rn 55a.
72 NJW 2002, 205.

ist es dem nationalen Gesetzgeber unbenommen, den Verbraucherschutz über die Vorgaben der Richtlinie hinaus auszudehnen[73].

76 Entscheidend hängt die Anwendung verbraucherprivatrechtlicher Vorschriften auf ein durch die Gesellschaft bürgerlichen Rechts geschlossenes Rechtsgeschäft von der Qualifikation des Gesellschaftszwecks ab[74]. Verfolgt die GbR einen nicht-kommerziellen Zweck, so schließt sie Verträge als Verbraucherin. Zu denken ist etwa an einen Abiturjahrgang als GbR[75]. Nach Auffassung des VII. Zivilsenats des BGH soll dies allerdings anders sein, wenn der GbR nur eine juristische Person als Gesellschafterin angehört. Dies schließe die Parallele zur natürlichen Person als Normadressat aus[76] (ganz anders übrigens der VIII. Senat hins. der WEG, s. Rn 78). Da die Gesellschaft vermöge ihrer Rechtsfähigkeit selbst Vertragspartner wird, sind ihr gegenüber die etwaig bestehenden Informationspflichten zu wahren, und die GbR wird Inhaberin des Widerrufsrechts bzgl der Willenserklärung, die in ihrem Namen abgegeben wird. Umstritten ist, ob darüber hinaus auch den einzelnen Gesellschaftern gegenüber Informationspflichten zu wahren sind, oder sich etwa eine darlehensgebende Bank oder ein Fernabsatzverkäufer damit begnügen kann, die Gesellschaft als Vertragspartner zu belehren. Angezeigt ist es hier, eine Belehrungspflicht auch den Gesellschaftern gegenüber zu fordern, da es andernfalls zur umfassenden persönlichen Haftung des nicht informierten Verbrauchers kommt[77]. In diesem Zusammenhang wird mit guten Gründen gefordert, die strenge akzessorische Gesellschafterhaftung des § 128 HGB nicht auf ideelle Gesellschaften bürgerlichen Rechts zu erstrecken, sondern hier an der sog. Doppelverpflichtungslehre festzuhalten[78].

77 Da eine **Personenhandelsgesellschaft** (OHG/KG) in aller Regel einen kaufmännischen Zweck verfolgt, kommt sie von vornherein nicht als Verbraucher in Betracht. In Erwägung zu ziehen ist allenfalls, einer Personenhandelsgesellschaft, die kein Gewerbe betreibt, § 105 Abs. 2, 2. Alt. HGB, den Schutz des Verbraucherprivatrechts zukommen zu lassen[79]. Jedoch bietet trotz der Ähnlichkeit der Schutzbedürftigkeit im Einzelfall der konstitutiv wirkende Entschluss, sich in das Handelsregister eintragen zu lassen, eine Rechtsicherheit vermittelnde Schnittstelle zwischen Verbraucher- und Unternehmereigenschaft. Sämtliche Personenhandelsgesellschaften erfüllen somit die Voraussetzungen des Verbraucherbegriffs aus § 13 nicht.

---

73 AA *Jauernig* § 13 BGB Rn 2, der die Verbrauchereigenschaft der „hinkend" rechtsfähigen GbR ablehnt, da sie kein Mensch sei; s. auch *Staudinger* IPRax 2001, 183 (184 ff).
74 *Mülbert* WM 2004, 905 (911).
75 So in LG Detmold NJW 2015, 3176.
76 BGH WM 2017, 868 = NJW 2017, 2752, dazu *Beck* VuR 2017, 370.
77 *Artz* JZ 2002, 457; krit. dazu Palandt/*Sprau* § 714 BGB Rn 12; ausführlich zur Mehrheit von Verbrauchern und GbR als Verbraucher *Bülow/Artz* Verbraucherkreditrecht, § 491 BGB Rn 53 ff; s. zur Mitverpflichtung Dritter Rn 325.
78 *Reiff* ZGR 2003, 550 (571 ff); *K. Schmidt* NJW 2003, 1897 (1904); *Bülow/Artz* Verbraucherkreditrecht, § 491 BGB Rn 56.
79 Dazu Erman/*Saenger* § 13 BGB Rn 6 aE; *Mülbert* WM 2004, 905 (912).

Es war umstritten, ob auf die nach § 10 Abs. 6 WEG rechtsfähige Wohnungseigen- **78**
tümergemeinschaft[80] § 13 analoge Anwendung finden kann[81]. In einer ausführlich
begründeten Entscheidung hat sich der BGH nun mit der Problematik auseinandergesetzt und festgestellt, dass die WEG einem Verbraucher gleichzustellen ist, wenn ihr
wenigstens eine natürliche Person als Verbraucher angehört und sie keinen gewerblichen oder selbständig beruflichen Zweck verfolgt.[82] Dabei ist das rechtsgeschäftliche Handeln der Wohnungseigentümergemeinschaft gegenüber Dritten in der Regel
der privaten Vermögensverwaltung ihrer Mitglieder zuzuordnen. Das einzelne Mitglied der WEG verliert seine Schutzbedürftigkeit als Verbraucher nicht dadurch, dass
es Mitglied des rechtsfähigen Verbands wird.[83]

III. Unternehmer nach § 14

Dem Verbraucher muss stets ein Unternehmer im Sinne des § 14 gegenüberstehen, **79**
damit verbraucherprivatrechtliche Sondervorschriften zur Anwendung kommen. § 14
Abs. 1 definiert den Unternehmer als natürliche oder juristische Person bzw. rechtsfähige Personengesellschaft, die bei Abschluss eines Rechtsgeschäfts in Ausübung
ihrer gewerblichen oder selbstständig beruflichen Tätigkeit handelt. Die Abgrenzung
des als Unternehmer in Betracht kommenden Personenkreises fällt zunächst leichter
als der des Verbrauchers. Unternehmer ist, wer selbstständig planmäßig und dauerhaft Leistungen gegen Entgelt am Markt anbietet[84]. Es kommt hingegen nicht darauf
an, dass die Tätigkeit mit einer **Gewinnerzielungsabsicht** verfolgt wird[85]. Ein professionell handelnder Verkäufer ist auch dann Unternehmer im Sinne des § 14 und
somit Adressat des Verbraucherprivatrechts, wenn er nicht Gewinne erzielen, sondern
Verluste machen möchte[86]. Andererseits ist in Anknüpfung an die Überlegungen zur
privaten Vermögensanlage ein gewisses Maß an Professionalität zu fordern, um eine
Person als Unternehmer anzusehen, so dass ein Wohnungsvermieter nicht per se unter § 14 zu subsumieren ist. Es gibt entgegen teilweise vertretener Auffassung auch
den privaten Wohnungsvermieter, der nicht Unternehmer, sondern vielmehr Verbraucher ist. Sowohl ein Einzelkaufmann oder Freiberufler als natürliche Person, eine
Kapitalgesellschaft, etwa AG oder GmbH als juristische Person sowie eine Personenhandelsgesellschaft, OHG bzw KG, kommen als Unternehmer im Sinne des § 14 in
Betracht. Ebenso kann die Gesellschaft bürgerlichen Rechts mit gewerblicher, nicht
aber kaufmännischer Zweckbestimmung, Unternehmer sein. Streng voneinander zu

---

80 BGHZ 163, 154.
81 OLG München NZM 2008, 894 (zum AGB-Recht); *Elzer* NZM 2009, 57 (60); *ders.* MietRB 2009,
    308; *Gottschalg* NZM 2009, 217 (219); *Armbrüster* ZWE 2007, 290; aA LG Rostock NZM 2007,
    370; *Hügel/Elzer* NZM 2009, 457 (458 f).
82 BGH NJW 2015, 3228 mit Bspr. *Hogenschurz* ZfIR 2017, 96.
83 Zur Kreditaufnahme durch die WEG BGH NJW 2015, 3651; zur Widerruflichkeit des Verwaltervertrags *Becker* NZM 2016, 249.
84 BGH NJW 2006, 2250 Tz. 14; *K. Schmidt* Handelsrecht, § 9 IV.
85 BGH v. 18.10.17, VIII ZR 32/16 Tz. 30; BGH v. 27.9.2017, VIII ZR 271/16 Tz. 40.
86 Ausf. BGH NJW 2006, 2250 Tz. 16 ff; dazu v. *Westphalen* ZGS 2006, 416; s. auch BGH NJW 2003,
    2742 zum Verbraucherkreditrecht; LG Mainz NJW 2006, 783 („eBay-Powerseller").

trennen sind die Begriffe des Unternehmers und des Kaufmanns. Die Ausübung jeglicher selbstständig-beruflicher oder gewerblicher Tätigkeit lässt eine Person zum Unternehmer werden. Kaufmann wird sie aber erst, wenn sie ein Gewerbe betreibt, das in das Handelsregister eingetragen wurde (§ 2 HGB) oder nach Maßgabe von § 1 HGB einen kaufmännisch eingerichteten Gewerbebetrieb erfordert. Anders gewendet ist jeder Kaufmann Unternehmer, nicht aber jeder Unternehmer Kaufmann. Auch öffentlich-rechtliche Einrichtungen sind Unternehmer im Sinne des § 14, wenn sie ihre Leistungen privatrechtlich anbieten[87].

80   Das hinsichtlich eines einzelnen Rechtsgeschäfts zu beurteilende Handeln des Unternehmers muss zur Aktivierung verbraucherprivatrechtlicher Sonderregeln weder den eigentlichen Gegenstand dieser Tätigkeit darstellen noch regelmäßig ausgeübt werden, sondern kann auch nur gelegentlich erfolgen, sofern nur ein sachlicher Zusammenhang damit besteht[88]. Auch **branchenfremde Nebentätigkeiten** sind als unternehmerisches Handeln im Sinne des § 14 einzuordnen[89]. Deshalb ist etwa das Verbraucherkreditrecht auch auf entgeltliche Zahlungserleichterungen hinsichtlich Honorarforderungen von Anwälten oder Ärzten oder Stundungen von Werklohnforderungen anwendbar. Ebenso kommen die besonderen Regelungen des Verbrauchsgüterkaufrechts zur Anwendung, wenn ein Architekturbüro nach einer Neubestückung der Mitarbeiterplätze seine hochwertigen Computer aus dem Vorjahr an einen Verbraucher verkauft. Allerdings ist eine natürliche Person nur dann als Unternehmer einzustufen, wenn sich der Abschluss des Vertrags unzweideutig als gewerblich bzw selbstständig beruflich motiviert einordnen lässt[90]. So wurde ein professioneller Reitlehrer und Pferdeausbilder, der sein bislang privat genutztes Pferd veräußerte, nicht als Unternehmer eingestuft[91]. Eine § 344 HGB vergleichbare Vermutung besteht außerhalb dessen Anwendungsbereichs nicht.

81   Grenzfälle der Unternehmereigenschaft treten bei natürlichen Personen zu Tage, die in erheblichem Maße Waren in Internetauktionen anbieten, auf die das Widerrufsrecht aus § 312g grundsätzlich Anwendung finden kann[92] und bei denen gewerblich tätige Anbieter Informationspflichten aus dem Fernabsatzrecht zu wahren haben (Rn 288). Es stellt sich zB regelmäßig die Frage, wann ein **eBay-Verkäufer** als Unternehmer einzustufen ist. Grundsätzlich kommen hier die allgemeinen Regeln der Abgrenzung zur Anwendung[93]. Indizwirkung kann dem Warenumsatz, der Angebotspalette und Ähnlichem zukommen. Auch die Einstufung als sog. „Powerseller" mag dafür sprechen, dass es sich um einen Unternehmer nach § 14 handelt[94]. Freilich steht

---

87 Bsp.: Schwimmbad, Stadtbibliothek.
88 BGH WM 2009, 262 Tz. 14, 19.
89 BGH NJW 2011, 3435 Tz. 18 ff; NJW 2013, 2107 Tz. 18; **offenbar andere Konstellation** in BGH v. 18.10.17, VIII ZR 32/16 Tz. 37.
90 BGH NJW 2013, 2107 Tz. 18.
91 BGH v. 18.10.17, VIII ZR 32/16 Tz. 36.
92 BGH NJW 2005, 53.
93 LG München I MMR 2009, 504; LG Leipzig WRP 2006, 617; AG Bad Kissingen NJW 2005, 2463; *Schmittmann* VuR 2006, 223.
94 Anschaulich zu den einzelnen Indizien und gerichtlich entschiedenen Einzelfällen *Szczesny/Holthusen* NJW 2007, 2586.

es dem privatrechtlichen Unternehmen eBay nicht zu, die gesetzliche Qualifikation einer Person als Unternehmer durch die Zertifizierung als Powerseller vorzunehmen. Dies richtet sich allein nach dem Gesetz. Streit besteht darüber, welches Gewicht im Rechtsstreit der Teilnahme eines Verkäufers an dem Powersellerprogramm beweisrechtlich einzuräumen ist. Einerseits wird vorgeschlagen, die Grundsätze des Anscheinsbeweises anzuwenden[95], andererseits geht man soweit, eine Beweislastumkehr vorzunehmen[96]. Letzteres scheint der unternehmensinternen Klassifizierung jedoch allzu hohe Bedeutung zukommen zu lassen.

Der seitens des Vertragspartners verfolgte Zweck muss ein gewerblicher oder selbst- **82** ständig beruflicher sein. Schaltet der Vertragspartner einen **Stellvertreter** ein, so kommt es auch hier, wie im Falle des Verbrauchers, auf die persönlichen Voraussetzungen des Vertretenen an. Dem unternehmerischen Handeln ist es zum einen zuzuordnen, wenn die betreffende Person im Kernbereich ihrer Tätigkeit handelt. Schließt der Inhaber eines Möbelhauses einen Kaufvertrag über einen Kleiderschrank ab, so handelt er unternehmerisch. Gleichfalls der Architekt, der ein Haus für eine Familie plant. Die typisierende Betrachtungsweise gebietet es aber, den Gewerbetreibenden auch dann als Unternehmer anzusehen, wenn er, zwar im Rahmen seines Gewerbebetriebs, aber fachfremd handelt, also einen ungewöhnlichen Vertrag abschließt (s. Rn 80)[97].

§ 5 Anwendungsbereich des Verbraucherprivatrechts, allgemeine Pflichten und Grundsätze sowie elektronischer Geschäftsverkehr

I. Neukonzeption eines Allgemeinen Teils durch Umsetzung der Richtlinie über Verbraucherrechte

Mit der Umsetzung der Richtlinie über Verbraucherrechte hat das Allgemeine Schuld- **83** recht des BGB einen kleinen Allgemeinen Teil des Verbraucherprivatrechts erhalten[1]. Zu finden sind die einschlägigen Vorschriften in zwei Paragraphen, den neuen §§ 312 und 312a. Die erste Regelung widmet sich dem Anwendungsbereich der nachfolgenden Vorschriften über die Allgemeinen verbrauchervertragsrechtlichen Grundsätze und die Besonderen Vertriebsformen. Die zweite statuiert Allgemeine Pflichten und Grundsätze bei Verbraucherverträgen, die unabhängig davon zu wahren sind, ob der Vertrag in einer der besonderen Vertriebsformen oder klassisch im Ladenlokal ge-

---

95 LG Mainz NJW 2006, 783.
96 OLG Koblenz NJW 2006, 1438.
97 So auch *Oetker/Maultzsch* Vertragliche Schuldverhältnisse, S. 178; Soergel/*Pfeiffer* § 13 BGB Rn 36.
 1 Vgl *Förster* JA 2014, 721 (722); *Fischer* ZAP 2015, 611 (612).

schlossen wurde und enthält Regelungen zu entgeltlichen Nebenleistungen. Ergänzt wird das allgemeine Reglement durch §§ 13 und 14 (Rn 54 ff), die den persönlichen Anwendungsbereich des Verbraucherprivatrechts zum Gegenstand haben.

II. Anwendungsbereich

84 In Umsetzung von Art. 3 Abs. 1 der VerbrRechteRiL bestimmt § 312 Abs. 1 den Anwendungsbereich der Vorschriften über Besondere Vertriebsformen zunächst positiv, um dann in Abs. 2 einen Art. 3 Abs. 3 der Richtlinie entsprechenden komplexen und differenzierten Ausnahmekatalog zu statuieren. Daraus ergibt sich für den Einstieg in die Materie je nach Vertragstyp ein komplizierter gestaffelter Anwendungsbereich (Rn 87)[2]. Gem. § 312 Abs. 1 finden die allgemeinen verbrauchervertragsrechtlichen Vorschriften grundsätzlich ihre volle Anwendung auf Verbraucherverträge iSv § 310, die eine **entgeltliche Leistung** des Unternehmers zum Gegenstand haben.

1. Bezugnahme auf § 310 Abs. 3

85 Zur Bezeichnung des Anwendungsbereichs nimmt § 312 die schon hinlänglich bekannte Legaldefinition aus dem Recht der Allgemeinen Geschäftsbedingungen in Bezug, § 310 Abs. 3. Dabei muss es sich schlicht um einen Verbrauchervertrag handeln, der sich wiederum dadurch auszeichnet, dass er zwischen Unternehmer und Verbraucher geschlossen wird.

2. Entgeltliche Leistung des Unternehmers

86 Wenn die VerbrRechteRiL in Art. 3 Abs. 1 davon spricht, sie finde Anwendung auf „jegliche Verträge", die zwischen einem Verbraucher und einem Unternehmer geschlossen werden, ist dies stets unter dem Vorbehalt zu sehen, dass der Vertragsbegriff nur „unter den Bedingungen und in dem Umfang, wie sie in ihren *(der Richtlinie)* Bestimmungen festgelegt sind" gilt[3]. Schaut man in diese Begriffsbestimmungen, so unterscheidet die Richtlinie zwischen Kauf- und Dienstleistungsverträgen. Danach sind Kaufverträge (Art. 2 Nr. 5) solche, bei denen der Unternehmer dem Verbraucher Eigentum überträgt oder zu verschaffen verspricht und der Verbraucher den hierfür vereinbarten Preis zahlt. Nach Art. 2 Nr. 6 sind Dienstleistungsverträge jegliche andere Verträge, die kein Kaufvertrag sind, bei denen aber der Unternehmer die Dienstleistung für den Verbraucher erbringt und der Verbraucher den hierfür vereinbarten Preis zahlt. Der europäische Begriff des Dienstleistungsvertrags ist demnach bedeutend weiter zu verstehen als derjenige nach deutschem Verständnis. Wesentlich für den Anwendungsbereich der Vorschriften über die Besonderen Vertriebsformen ist

---

2 MK/*Wendehorst* § 312 BGB Rn 10 ff; *Artz/Brinkmann/Ludwigkeit* jM 2014, 222.
3 Wie hier *v. Loewenich* WM 2015, 113 (115); unter Verweis auf die historische Entwicklung der Norm *v. Loewenich* WM 2016, 2011 (2013 f); aA *Schürnbrand* WM 2014, 1157 (1159); *Schärtl* JuS 2014, 577 (578); *Hoffmann* ZIP 2015, 1365 (1367); *Schwab/Hromek* JZ 2015, 271 (273 f).

insoweit, dass nach europäischem Verständnis der Unternehmer die **vertragstypische Leistung** zu erbringen hat[4]. Das bestätigen auch die Motive der Widerrufsrechte und die Schutzrichtung der weiteren Richtlinienbestimmungen. Wesentliche Aspekte, wie die umfangreichen Informationspflichten, erscheinen nur dann sinnvoll, wenn der Unternehmer sie gegenüber dem Verbraucher erbringen muss und nicht umgekehrt[5]. Die Gegenleistung des Verbrauchers wird häufig in der Zahlung eines Geldbetrags liegen, dies muss aber nicht der Fall sein. Der Begriff des Entgelts ist weit zu verstehen[6]. Die Gegenleistung kann auch durch Übertragung von Gutscheinen oder etwa „Treuepunkten" erbracht werden[7]. Es können auch Daten des Verbrauchers zur Verfügung gestellt werden, die für den Unternehmer und dessen Vertriebsstrategie von großem Wert sein mögen[8]. Die Vertragsdefinitionen der Richtlinie hat der deutsche Gesetzgeber in dem Kriterium der **entgeltlichen Leistung** des Unternehmers umgesetzt[9]. Die Beschränkung des Anwendungsbereichs hat zur Folge, dass in einigen Fallkonstellationen vormals widerrufliche Verträge nun unmittelbar bindend für den Verbraucher sind[10]. Auswirkungen sind in erster Linie im Bereich der außerhalb von Geschäftsräumen geschlossenen Verträge festzustellen. Hier war der Verbraucher früher auch im sog. **umgekehrten Verbrauchergeschäft** vor der Gefahr der Überrumpelung geschützt. Solche Verträge zeichnen sich dadurch aus, dass der Verbraucher als Verkäufer oder etwa als Vermieter auftritt. Zu denken ist zB an den Fall, dass der Gebrauchtwagenhändler einen in der Garageneinfahrt des Verbrauchers geparkten Wagen entdeckt, an der Haustür klingelt und dem dort wohnhaften Verbraucher anbietet, sein Auto zu kaufen. Vorstellbar sind ebenfalls Pacht- und Mietverträge, bei denen der Verbraucher dem Unternehmer Flächen zur Nutzung zur Verfügung stellt (zB Verpachtung einer Gartenfläche zum Bau von Windrädern, Vermietung einer Hauswand als Werbefläche). Schon nach früherem Recht war insbesondere die Frage umstritten, ob auch die Übernahme einer **Bürgschaft** durch den Verbraucher eine entgeltliche Leistung im Sinne des § 312 aF darstellte. Diese Problematik wird nun erneut diskutiert (Rn 223 ff). Dass die Gefahr der Überrumpelung des Verbrauchers mit Händen zu greifen ist, wird man nicht bezweifeln können[11]. Dennoch umfasst der

---

4 So auch BGH NJW 2015, 1009; *Förster* JA 2014, 721 (722); *ders.* ZIP 2014, 1569; *v. Loewenich* WM 2015, 113; *Strobl* NJW 2015, 721; MK/*Wendehorst* § 312 BGB Rn 21; großzügiger HK-BGB/ *Schulte-Nölke* § 312 BGB Rn 4; *Brennecke* ZJS 2014, 236 (238); aA *Maume* NJW 2016, 1041 (1043).

5 So auch *v. Loewenich* WM 2015, 113 (114); *Schinkels* WM 2017, 113 (115); aA *Meier* ZIP 2015, 1156 (1160); *Maume* NJW 2016, 1041.

6 BGH NJW 2017, 2823 (2824).

7 Vgl die Leitlinien der Europäischen Kommission zur VerbrRechteRiL, abrufbar unter http://ec.europa. eu/justice/consumer-marketing/files/crd_guidance_de.pdf; S. 8.

8 *Brönnecke/Schmidt* VuR 2014, 3; *Förster* JA 2014, 721, 722; differenzierend *Buchmann* KuR 2014, 369; *Schmidt-Kessel* KuR 2014, 475, 479; kritisch *Wendelstein/Zander* Jura 2014, 1191 (1193); sehr großzügig hingegen *Schwab/Hromek* JZ 2015, 271 (274).

9 *Hoffmann* ZIP 2015, 1365 (1369) und *Meier* ZIP 2015, 1156 (1161) sehen hierin als Konsequenz der Bejahung eines weiten sachlichen Anwendungsbereichs der Richtlinie hingegen ein Umsetzungsdefizit.

10 MK/*Wendehorst* § 312 BGB Rn 21 und *Schinkels* WM 2017, 113 (120) erwägen die analoge Anwendung einiger Vorschriften, in denen ein effektiver Verbraucherschutz dieses verlangt.

11 So auch HK-BGB/*Schulte-Nölke* § 312 BGB Rn 4.

Wortlaut des § 312 diese Fälle nicht, sodass auch § 312g **nicht anwendbar** ist[12]. Obwohl nach europäischen Vorgaben Vollharmonisierung erreicht werden soll, hätte der deutsche Gesetzgeber an dieser Stelle den sachlichen Anwendungsbereich durchaus ausweiten können, hat davon aber abgesehen[13].

3. Ausnahmekatalog des § 312 Abs. 2

87 Einen umfangreichen, recht unübersichtlichen und von nationalen und Lobbyinteressen geprägten Ausnahmekatalog enthält § 312 Abs. 2. Daneben erfolgen in § 312g Ausnahmen vom Widerrufsrecht (s. Rn 286 ff). Die Unzugänglichkeit der Vorschriften entsteht vor allem dadurch, dass die Regelungen nicht etwa bestimmte Vertragstypen insgesamt von der Anwendung der allgemeinen verbrauchervertraglichen Bestimmungen oder der Regelungen der Besonderen Vertriebsformen ausnehmen, sondern ein kompliziertes Gebilde von vollständigen, teilweisen und Rück-Ausnahmen konstruieren.[14] Es werden zwar die §§ 312b ff komplett ausgeschlossen, aus § 312a hingegen die Absätze 2 und 5 nicht angewendet. Positiv gewendet sind auf die ausgenommenen Verträge die materiell rechtlichen Regelungen zum Telefonanruf beim Verbraucher (§ 312a Abs. 1), zur Entgeltvereinbarung (§ 312a Abs. 3), zur Nutzung von Zahlungsmitteln (§ 312a Abs. 4) und zur Wirksamkeit des Vertrags im Falle unwirksamer Entgeltvereinbarungen (§ 312a Abs. 6) anwendbar. Im Folgenden sollen einige wichtige ausgenommene Bereiche kurz angesprochen werden.

a) Notarielle Verträge, Abs. 2 Nr. 1

88 Abgesehen von den vorstehend genannten Vorschriften sind notariell beurkundete Verträge unter bestimmten Bedingungen vom Anwendungsbereich des Verbraucherprivatrechts ausgenommen. Dabei handelt sich um eine Ausnahmevorschrift von erheblicher praktischer Relevanz. Zunächst sind notariell beurkundete Verträge über Finanzdienstleistungen ausgeschlossen (a). Weiterhin finden §§ 312a ff überwiegend keine Anwendung auf Verträge, die notariell beurkundet wurden, unabhängig davon, ob eine Beurkundungspflicht bestand (b). Damit bestehen bei notariell beurkundeten Verträgen weder umfangreiche gesetzliche Informationspflichten noch das Widerrufsrecht aus § 312g, was in § 312g Abs. 2 Nr. 13 noch einmal klargestellt wird. Das Widerrufsrecht aus § 312g könnte ansonsten in der Tat oftmals einschlägig sein, weil es sich bei dem Beurkundungszimmer des Notars nicht um einen Geschäftsraum des Unternehmers handelt (s. Rn 232)[15]. Der Notar hat den Verbraucher allerdings darauf hinzuweisen, dass solche Informationspflichten wegen der Beurkundung entfallen[16].

---

12 v. *Loewenich* WM 2015, 113 (117); *Artz/Brinkmann/Ludwigkeit* DAR 2015, 507 (508); aA ausf. *Maume* NJW 2016, 1041; HK-BGB/*Schulte-Nölke* § 312 BGB Rn 4.

13 Die Argumente für und gegen eine erweiternde Umsetzung abwägend *Schinkels* WM 2017, 113 (118 ff); s. auch v. *Loewenich* WM 2016, 2011 (2015).

14 Art. 3 Abs. 3 der Verbraucherrechterichtlinie sieht hingegen einen vollständigen Ausschluss vor. Es handelt sich insoweit um eine erweiternde Umsetzung.

15 Zutreffend HK-BGB/*Schulte-Nölke* § 312 BGB Rn 9; zu Geschäftsräumen Dritter *Brinkmann/Ludwigkeit* NJW 2014, 3270.

16 Kritisch dazu *Wendehorst* NJW 2014, 577 (580).

Eine gewisse Kompensation für das fehlende Widerrufsrecht bieten die Prüfungs- und Belehrungspflichten des Notars aus § 17 Abs. 2a BeurkG[17].

b) Beförderung, Abs. 2 Nr. 5

Eine weitere wichtige Gruppe von Ausnahmen betrifft Verträge über die Beförderung 89 von Personen. Da die Ausnahme allein Beförderungsverträge betrifft, ist die Automiete nicht vom Anwendungsbereich ausgeschlossen[18]. Mit Wirkung zum 1.7.2018 gilt für Pauschalreiseverträge die neu geschaffene Sonderregelung des § 312 Abs. 7 (dazu nachf. Rn 93a).

c) Bagatellgeschäfte, Abs. 2 Nr. 12

Werden bei einem Haustürgeschäft die Leistungen von Unternehmer und Verbraucher 90 unmittelbar erbracht und übersteigt das vom Verbraucher zu zahlende Entgelt 40 € nicht, fallen das Widerrufsrecht und die umfangreichen Informationspflichten weg.

4. Ausnahmekatalog des § 312 Abs. 3

Nach Abs. 3 finden bei Verträgen über soziale Dienstleistungen die Informations- 91 pflichten des Verbraucherprivatrechts keine Anwendung.[19] Allerdings steht dem Verbraucher auch hier, soweit die situativen Voraussetzungen vorliegen, das Widerrufsrecht aus § 312g zu. Diesbezüglich ist der Verbraucher auch zu informieren.

5. Wohnraummietverhältnisse nach § 312 Abs. 4

Die erhebliche Ausweitung des sachlichen Anwendungsbereichs beim Widerrufsrecht 92 von Haustürgeschäften (s. Rn 219) hätte dazu geführt, dass Wohnraummietverträge in erheblichem Maß widerruflich gewesen wären. Das Gesetz bestimmt nun eine Ausnahme für den Fall, dass der Verbraucher die Wohnung vorher besichtigt hat. Ist dies der Fall, besteht das Widerrufsrecht nach § 312g nicht[20]. Die Ausnahme betrifft den Abschluss von Mietverträgen, spätere Änderungsverträge bleiben grundsätzlich widerruflich (vgl Rn 222).

6. Finanzdienstleistungen und Versicherungsverträge

Die Regelung von § 312 Abs. 5 enthält die wichtige Legaldefinition des Begriffs der 93 Finanzdienstleistung, auf die das Gesetz an verschiedenen Stellen Bezug nimmt[21].

---

17 *Brönneke/Schmidt* VuR 2014, 3 (5); *Förster* JA 2014, 721 (723); s. auch BGH NJW 2013, 1451 mit Bespr. *Terner* NJW 2013, 1404.
18 Zutreffend HK-BGB/*Schulte-Nölke* § 312 BGB Rn 18; zum früheren Recht EuGH NJW 2005, 3055 (EasyCar).
19 Zu Abgrenzungsschwierigkeiten dieser Ausnahme *Brönneke/Schmidt* VuR 2014, 3 (6).
20 Zum Wohnraummietrecht als Verbraucherrecht *Gsell* WuM 2014, 375 (383 zum Widerrufsrecht bei Mietverträgen).
21 *Ehmann/Forster* GWR 2014, 163 (165); ausführlich *v. Loewenich* NJW 2014, 1409.

Inhaltlich stellt Abs. 5 darüber hinaus vor allem fest, dass die Regelungen der §§ 312 ff nur auf die erstmalige Vereinbarung anzuwenden sind. Schließlich ordnet Abs. 6 der Vorschrift den weitgehenden Vorrang des Versicherungsvertragsgesetzes an.

7. Pauschalreisen

93a Mit Wirkung zum 1.7.2018 wird das Verhältnis von verbraucherprivatrechtlichen und reiserechtlichen Vorschriften neu austariert. Der neue § 312 Abs. 7 BGB hat folgenden Wortlaut:

„Auf Pauschalreiseverträge nach den §§ 651a und 651c sind von den Vorschriften dieses Untertitels nur § 312a Abs. 3 bis 6, die §§ 312i, 312j Abs. 2 bis 5 und § 312k anzuwenden; diese Vorschriften finden auch Anwendung, wenn der Reisende kein Verbraucher ist. Ist der Reisende ein Verbraucher, ist auf Pauschalreiseverträge nach § 651a, die außerhalb von Geschäftsräumen geschlossen worden sind, auch § 312g Abs. 1 anzuwenden, es sei denn, die mündlichen Verhandlungen, auf denen der Vertragsschluss beruht, sind auf vorhergehende Bestellung des Verbrauchers geführt worden.“

93b Dadurch werden zunächst die bislang geltenden Bereichsausnahmen zu Verträgen über Reiseleistungen nach § 651a in § 312 Abs. 2 Nr. 4 aufgehoben. Dies wurde notwendig, da nach Art. 27 Abs. 2 der neuen Pauschalreiserichtlinie (2015/ 2302/EU) die Art. 6 Abs. 7, Art. 8 Abs. 2 und 6, Art. 19 sowie Art. 21 und 22 der Verbraucherrechterichtlinie (2011/83/EU) für Pauschalreisen entsprechend gelten sollen.

93c Der neu eingeführte § 312 Abs. 7 regelt in Satz 1 zusammenfassend, welche Vorschriften des Untertitels auf Pauschalreiseverträge nach §§ 651a und 651c anzuwenden sind. Es kommt nun nicht mehr darauf an, dass der Vertrag im Rahmen Besonderer Vertriebsformen geschlossen worden ist.

93d Anwendung finden somit die Regelungen zum elektronischen Geschäftsverkehr (§§ 312i und j, nachf. Rn 107 ff) und die Vorschriften aus § 312a, in denen es um Entgeltvereinbarungen geht (nachf. Rn 101 ff). Diese Vorschriften gelten auch dann, wenn der Reisende kein Verbraucher ist.

93e Pauschalreisenden als Verbraucher steht darüber hinaus bei Haustürgeschäften das Widerrufsrecht aus § 312g zu, soweit die mündlichen Verhandlungen, auf denen der Vertragsschluss beruht, nicht auf vorhergehende Bestellung des Verbrauchers geführt worden sind.

III. Allgemeine Pflichten und Grundsätze

1. Einführung

Der durch die Umsetzung der VerbrRechteRiL eingeführte § 312a enthält einzelne   **94**
Pflichten, die der Unternehmer gegenüber dem Verbraucher zu beachten hat. Bei
näherer Betrachtung wird deutlich, dass es sich nicht etwa um grundlegende, „allgemeine" vertragsrechtliche Regelungen handelt, sondern um eine Zusammenstellung
unterschiedlicher punktueller Aspekte im Zusammenhang mit dem Vertragsschluss.
Normiert werden Pflichten und Grundsätze für sämtliche Verbraucherverträge, unabhängig von dem Absatz von Waren oder Dienstleistungen unter Nutzung Besonderer
Vertriebsformen[22]. IdS ist der Begriff „Allgemein" zu verstehen.

2. Offenlegung bei Telefongespräch, § 312a Abs. 1

Die Regelung des § 312a Abs. 1 legt dem Unternehmer Verhaltenspflichten für den   **95**
Fall auf, dass er den Verbraucher anruft oder anrufen lässt, um mit diesem einen Vertrag zu schließen, bzw einen Vertragsschluss vorzubereiten. Dasselbe gilt, wenn der
Verbraucher den Anruf des Unternehmers verpasst und diesen dann zurückruft[23]. Der
Unternehmer hat sich in einer solchen Situation sofort zu erkennen zu geben und den
geschäftlichen Zweck des Anrufs zu offenbaren. Durch die Vorschrift wird dem Unternehmer nicht etwa ein Recht eingeräumt, den Verbraucher unaufgefordert anzuru-
fen, was in aller Regel als wettbewerbswidrig anzusehen sein dürfte. Vielmehr wird
ein solches Recht, etwa im Rahmen von Vertragsverhandlungen zum Abschluss eines
Fernabsatzvertrags, von § 312a Abs. 1 vorausgesetzt. Kommt der Unternehmer der
Offenlegungspflicht nicht nach, macht er sich uU schadensersatzpflichtig (§ 280) und
kann auf Unterlassung sowohl nach UWG als auch aus dem UKlaG in Anspruch genommen werden[24]. Zwar ist der Anwendungsbereich dieser Norm nun nicht mehr auf
den Fernabsatz beschränkt, er wird dennoch ihr hauptsächlicher Anwendungsbereich
bleiben.

3. Allgemeine Informationspflicht nach § 312a Abs. 2

Allgemeine gesetzlich formulierte Informationspflichten kannte man im stationären   **96**
Handel vormals nicht. Man mag sich auch fragen, ob es einer entsprechenden Regelung bedarf. In Umsetzung der VerbrRechteRiL hatte der deutsche Gesetzgeber eine
solche Regelung allerdings einzuführen. Hinzuweisen ist aber bereits hier auf die
wichtige Ausnahme des Art. 246 Abs. 2 EGBGB: Bei Geschäften des täglichen
Lebens, die bei Vertragsschluss sofort erfüllt werden, bestehen keine Informationspflichten (dazu Rn 98). Durch § 312a Abs. 2 Satz 3 wird klargestellt, dass für Verträge, die unter Verwendung Besonderer Vertriebsformen geschlossen oder angebahnt

---

22 *Förster* JA 2014, 721 (724).
23 MK/Wendehorst § 312a BGB Rn 3.
24 HK-BGB/*Schulte-Nölke* § 312a BGB Rn 2.

werden, allein die dort geregelten speziellen Informationspflichten gelten (§ 312d). § 312a Abs. 2 betrifft somit in erster Linie den stationären Handel. Die einzelnen Informationen, die der Unternehmer dem Verbraucher zu erteilen hat, finden sich in Art. 246 Abs. 1 EGBGB. Eine Erteilung kann aber entbehrlich sein, wenn sich die Informationen bereits aus den Umständen ergeben, etwa aus Informationen, die auf der Verpackung der ausliegenden Ware aufgedruckt sind[25]. Unterlässt der Unternehmer die ansonsten gebotene Information, macht er sich schadensersatzpflichtig gem. §§ 280, 241 Abs. 2. Eine besondere Rechtsfolge besteht hinsichtlich Liefer- und ähnlicher Kosten (s. Rn 100).

a) Einzelne Pflichten

97 Die Informationspflichten betreffen sowohl die angebotenen Waren oder Dienstleistungen als auch die Identität und Kontaktdaten des Unternehmers[26]. Ebenso ist der Verbraucher über Zahlungs- und Lieferbedingungen sowie entsprechende besondere Umstände zu informieren. Um sich einen Überblick zu den nun gesetzlich geregelten Informationspflichten zu verschaffen, empfiehlt sich ein Blick in die einzelnen Ziffern des Art. 246 Abs. 1 EGBGB[27]. Von gewisser praktischer Relevanz ist die Informationspflicht aus Nr. 5. Danach hat der Unternehmer den Verbraucher ausdrücklich über das Mangelgewährleistungsrecht und etwaige Kundendienstleistungen und gewährte Garantien aufzuklären. Hier stellt sich die Frage, ob der Verbraucher nach Ablauf der kaufrechtlichen Gewährleistungsfrist von zwei Jahren noch einwenden kann, der Unternehmer habe gegen die Informationspflicht aus Nr. 5 verstoßen[28]. Hinsichtlich digitaler Inhalte hat der Verbraucher nach Maßgabe von Nr. 7 Anspruch auf verständliche Information über deren Funktionsweise und etwaige Datenschutzprogramme.

b) Art. 246 Abs. 2 EGBGB: Geschäfte des täglichen Lebens

98 Eine praktisch außerordentlich wichtige Einschränkung der Allgemeinen Informationspflichten ist, ein wenig versteckt, in Art. 246 Abs. 2 EGBGB zu finden. Danach bedarf es entsprechender Informationen nicht, wenn es sich um Verträge handelt, die Geschäfte des täglichen Lebens zum Gegenstand haben. Der Begriff soll im Gleichlauf zu § 105a verstanden werden[29]. Zu denken ist an den klassischen Handkauf, etwa der Kauf von Lebensmitteln oder anderen geringwertigen kurzlebigen Verbrauchsgütern. Wegen der beträchtlichen Bedeutung der Ausnahmeregelung hätte es sich durchaus angeboten, die Vorschrift nicht im EGBGB sondern unmittelbar sichtbar in § 312a zu verorten[30].

---

25 Vgl *Tamm* VuR 2014, 9 (10); *Koch* JZ 2014, 758 (762); *Strobl* NJW 2015, 721 (723).
26 *Strobl* NJW 2015, 721 (723) verweist insofern auf die essentialia negotii des Vertrags.
27 Kritisch bzgl. der Unübersichtlichkeit, die sich aus dem „Hin- und Herspringen" zwischen den Gesetzen ergibt *Neumann* jM 2015, 316 (317); *Fischer* ZAP 2015, 611 (620).
28 *Wendehorst* NJW 2014, 577 (579).
29 BT- Drucks. 17/12637, S. 74.
30 So auch *Wendehorst* NJW 2014, 577 (578).

c) Art. 246 Abs. 3 EGBGB: Widerrufsrecht

Steht dem Verbraucher ein Widerrufsrecht zu und besteht keine spezielle Vorschrift, **99**
die die Pflicht zur Widerrufsinformation für das jeweilige Widerrufsrecht zum Gegenstand hat, zB § 312d Abs. 1 in Verbindung mit Art. 246a § 1 Abs. 2 EGBGB für
das Widerrufsrecht aus § 312g bei Haustürgeschäften oder Fernabsatzverträgen, hat
die Information gem. Art. 246 Abs. 3 EGBGB zu erfolgen. Einschlägig ist die Vorschrift etwa beim **Ratenlieferungsvertrag** nach § 510.

d) Art. 246 Abs. 1 Nr. 3 EGBGB: Kosten im Zusammenhang mit dem Vertrag

Art. 246 EGBGB verpflichtet den Unternehmer, den Verbraucher über etwaig anfal- **100**
lende Kosten im Zusammenhang mit dem Vertrag klar und verständlich zu informieren. Zu nennen sind hier etwa Fracht-, Liefer- und Versandkosten nach Abs. 1 Nr. 3.
§ 312a Abs. 2 Satz 2 ordnet diesbezüglich die besondere Rechtsfolge an, dass dem
Unternehmer ein Anspruch auf Erstattung entsprechender Kosten nur zusteht, wenn
der Verbraucher vorab ordnungsgemäß über die Kosten informiert wurde[31].

4. Nebenentgelte

Verbraucherschutz wird virulent, wenn der Verbraucher mit Zahlungspflichten belas- **101**
tet wird, die über die Vergütung der ihm angebotenen Hauptleistung hinausgehen.
Gefahren lauern, wenn eine entsprechende Zahlungspflicht für Nebenleistungen entsteht, ohne dass sich der Verbraucher ausdrücklich damit einverstanden erklärt hat[32].
Es geht um Fälle, in denen etwa für Versicherungen in Zusammenhang mit der eigentlich begehrten Leistung vorab „Kästchen" angekreuzt werden und der Verbraucher genötigt wird, die Buchung der Nebenleistung aktiv zu stornieren, um der Belastung mit den Kosten zu entkommen. § 312a Abs. 3 gewährt dem Verbraucher in
diesem Zusammenhang Schutz auf zwei Ebenen. Zum einen wird bestimmt, dass
Vereinbarungen über entgeltliche Nebenleistungen nur ausdrücklich getroffen werden können. Hier wird man verlangen können, dass sich der Verbraucher tatsächlich
ausdrücklich für die Inanspruchnahme der entgeltlichen Nebenleistung entscheidet
und diese nicht nur beiläufig akzeptiert[33]. Er muss den rechtsgeschäftlichen Willen
ausdrücklich äußern, mit den über die Gegenleistung für die Hauptleistung hinausgehenden Zahlungspflichten einverstanden zu sein. Dies führt wohl dazu, dass entsprechende Vereinbarungen nicht schlicht in den vom Unternehmer gestellten AGB
enthalten sein können[34]. Zum anderen darf der Unternehmer die Belastung des Verbrauchers mit entgeltlichen Nebenleistungen im **elektronischen Geschäftsverkehr**
nicht durch eine Voreinstellung herbeiführen, die der Verbraucher zur Befreiung von
der Kostenlast dann initiativ beseitigen müsste. Gemeint sind die Fälle, in denen auf

---

31 *Schomburg* VuR 2014, 18.
32 Zu den Besonderheiten bei konkludenten Vertragsschlüssen am Beispiel des Beförderungsvertrags
    Rodi VuR 2015, 14.
33 *Wendehorst* NJW 2014, 577 (579).
34 *Schomburg* VuR 2014, 18 (19); *Wendehorst* NJW 2014, 577 (579); großzügiger *T. Ehmann/Forster*
    GWR 2014, 163 (166).

der Internetseite des Unternehmers das Kreuz oder Häkchen für die Zusatzleistung bereits gesetzt ist. Hier genügt das deutsche Recht den Vorgaben der Verbraucherrechterichtlinie nicht, da der Anwendungsbereich von Art. 22 nicht auf den elektronischen Geschäftsverkehr beschränkt ist. Auch auf Papier darf keine entsprechende Voreinstellung geschehen[35]. Verstößt die Vereinbarung gegen die Vorgaben von Abs. 3, ist die Erbringung der Zusatzleistung nicht Vertragsbestandteil geworden. Etwaig erfolgte Zahlungen kann der Verbraucher kondizieren.

5. Kosten für die Verwendung bestimmter Zahlungsmittel

102 Der Unternehmer kann von dem Verbraucher nur unter zwei Voraussetzungen ein Entgelt dafür verlangen, dass zur Zahlung ein bestimmtes Zahlungsmittel verwendet wird. Diese Voraussetzungen bestehen nach § 312a Abs. 4 darin, dass dem Verbraucher neben der zahlungspflichtigen Variante eine gängige und zumutbare unentgeltliche Zahlungsmöglichkeit eingeräumt[36] und er nur mit den Kosten belastet wird, die dem Unternehmer durch die Nutzung des Zahlungsmittels tatsächlich entstehen[37]. Auch hier steht dem Verbraucher ggf. ein Anspruch aus § 812 zu.

6. Kosten für die Nutzung einer „Hotline"

103 Unternehmer verweisen Verbraucher oftmals darauf, Fragen zu einem geschlossen Vertrag über die Nutzung einer sog. Hotline beantworten zu lassen. Diesbezüglich dürfen dem Verbraucher nach Maßgabe von § 312a Abs. 5 nur diejenigen Kosten auferlegt werden, die auf die Nutzung des Telekommunikationssystems entfallen[38]. Darunter sind lediglich diejenigen Kosten zu verstehen, die durch die Nutzung einer sog. geografischen Festnetznummer oder einer Mobilfunknummer entstehen[39]. Kosten einer sog. Servicenummer, etwa einer 0180er-Nummer, die die Kosten einer geografischen Festnetznummer oder einer Mobilfunknummer übersteigen, sind vom Verbraucher nicht zu erstatten. Beansprucht der Unternehmer einen über die Nutzungskosten hinausgehenden Betrag, wird der Verbraucher völlig frei und der Unternehmer hat die Leistung des Telekommunikationsunternehmens zu vergüten[40]. Vom Verbraucher geleistete Zahlungen können wiederum kondiziert werden. Nicht erfasst sind solche telefonischen Dienstleistungen, die gerade die Hauptleistung des Unternehmers darstellen. § 312a Abs. 5 erfasst lediglich die telefonische Beratung zu einem anderen bereits geschlossenen Vertrag[41].

---

35 So auch *Wendehorst* NJW 2014, 577 (579) und HK-BGB/*Schulte-Nölke* § 312a BGB Rn 5.
36 Die Option „Sofortüberweisung" reicht nicht aus, wenn sie die einzige alternative Zahlungsart darstellt, vgl BGH NJW 2017, 3289; zur aktuellen Rechtsprechung: *Föhlisch/Löwer* VuR 2016, 443 (447).
37 Ausführlich dazu *Schomburg* VuR 2014, 18 (20 f); *Omlor* NJW 2014, 1703.
38 S. dazu den Vorlagebeschluss des LG Stuttgart an den EuGH, WRP 2016, 129.
39 EuGH EuZW 2017, 386 m. Anm. *Ring*, zur Auslegung des Begriffs „Grundtarif" in Art. 21 VerbrRechteRiL.
40 Eingehend dazu *Schomburg* VuR 2014, 18 (23); *Schirmbacher/Freytag* ITRB 2014, 144.
41 *Förster* JA 2014, 721 (725); *Clausnitzer/Delfs* ZVertriebsR 2015, 3 (7).

7. Vertragswirksamkeit trotz Informationspflichtverstoßes

Den Abschluss der neu gefassten Regelung des § 312a bildet Abs. 6, in dem klargestellt wird, dass der Vertrag, obwohl Vereinbarungen nach Abs. 3 bis 5 unwirksam oder nicht Vertragsbestandteil geworden sind, im Übrigen wirksam bleibt. Der Verbraucher behält seinen Leistungsanspruch, kann sich aber auch nicht unter Verweis auf das Informationsdefizit von dem Vertrag lösen[42]. **104**

IV. Kündigung und Vollmacht zur Kündigung

Die Vorschrift des § 312h ist nicht durch die Umsetzung der Richtlinie über Verbraucherrechte neu eingeführt worden sondern entspricht dem ehemaligen § 312h. Besonderer Schutz wird dem Verbraucher gewährt im Hinblick auf **unseriöse Geschäftspraktiken** bei Dauerschuldverhältnissen. Der Verbraucher soll durch die Wahrung der Textform davor gewarnt werden, ein bestehendes Dauerschuldverhältnis, beispielsweise einen Mobilfunkvertrag, kurzerhand und voreilig zu kündigen. Es besteht die Gefahr, dass der Verbraucher, selbst wenn er sich von dem neu abgeschlossenen Vertrag durch Ausübung des Widerrufsrechts wieder lösen kann, vertragslos dasteht, da der neue „Anbieter" dem Verbraucher zur Hand ging, den alten Dauerschuldvertrag zu kündigen. Dies führt zum einen zu einer Pause der Belieferung mit womöglich wichtigen Waren oder Dienstleitungen, zB Internetzugang, zum anderen dazu, dass sich der Verbraucher hinsichtlich des neu abgeschlossenen Vertrags dazu veranlasst sehen könnte, zähneknirschend auf die Ausübung des ihm zustehenden Widerrufsrechts zu verzichten. Die Kündigung resp. die Bevollmächtigung zu dieser bedürfen daher der Textform. **105**

V. Zwingendes Recht, Umgehungsverbot, Beweislastumkehr bei Wahrung von Informationspflichten

Verbraucherprivatrechtliche Schutzvorschriften wirken nur effektiv, wenn sie zwingend zur Anwendung kommen. § 312k Abs. 1 ordnet die halbzwingende Wirkung der Regelungen der §§ 312 ff an. Zu Gunsten des Verbrauchers ist freilich eine Abweichung zulässig und möglich. Ebenso ist in Abs. 1 ein Umgehungsverbot statuiert. Angesichts der Fülle an Informationspflichten dürfte sich praktisch als nicht ganz unerheblich für den Verbraucher herausstellen, dass nicht er, sondern der Unternehmer im Zweifelsfall zu beweisen hat, sämtliche Informationen erteilt zu haben. **106**

---

42 Siehe auch HK-BGB/*Schulte-Nölke* § 312a BGB Rn 10.

VI. Pflichten im elektronischen Geschäftsverkehr

107 Ergänzt bzw überlagert werden die vorvertraglichen Informationspflichten, die der Unternehmer im Fernabsatzrecht nach § 312d zu wahren hat (Rn 269 ff), durch diejenigen der §§ 312i und 312j. Die Vorschriften dienen der Umsetzung von Artt. 10 und 11 der Richtlinie über den elektronischen Geschäftsverkehr sowie Artt. 8 Abs. 3 und 25 der VerbrRechteRiL. Sie haben die besonderen Pflichten im elektronischen Geschäftsverkehr zum Gegenstand. Weder der sachliche noch der persönliche Anwendungsbereich der §§ 312i und 312j sind deckungsgleich mit dem des Fernabsatzvertrags. § 312i hat im Kern keinen Bezug zum Verbraucherprivatrecht, sondern gilt für jeden Vertrag, zu dessen Abschluss sich ein Unternehmer Telemedien bedient. Nicht erfasst sind Verträge zwischen Verbrauchern. § 312j ist hingegen Verbraucherschutzrecht.

1. Sachlicher Anwendungsbereich

108 Die §§ 312i, 312j finden Anwendung auf Verträge, die im elektronischen Geschäftsverkehr abgeschlossen werden, was bereits immer der Fall ist, wenn sich ein **Unternehmer** zum Abschluss eines Vertrages eines Tele- oder Mediendienstes bedient. Damit sind solche elektronischen Dienste gemeint, die zur individuellen Abgabe einer Bestellung in Anspruch genommen werden können. In Betracht kommt insbesondere das Internet[43]. § 312i dient nicht dem Schutz des Verbrauchers, sondern stellt die rechtlichen Rahmenbedingungen für den elektronischen Geschäftsverkehr sicher. Notwendig ist, dass der Vertrag unter Nutzung **elektronischer Kommunikationsmittel**, geschlossen wird, sodass der traditionelle Versandhandel, den das Fernabsatzrecht grundsätzlich erfasst (Rn 257), von §§ 312i, 312j nicht betroffen ist. Wie beim Fernabsatzvertrag muss nur der Vertrag als Distanzgeschäft, hier als elektronisches, geschlossen werden. Die Art und Weise der Erbringung der vertraglich geschuldeten Leistung, also der Vertragserfüllung, ist auch in diesem Fall irrelevant. Unerheblich ist im Rahmen der §§ 312i, 312j ob der Vertrag **ausschließlich** durch den Einsatz von Fernkommunikationsmitteln geschlossen wurde. Ebenso wenig erfassen §§ 312i, 312j nur Unternehmer, die über ein für den Fernabsatz organisiertes Vertriebs- oder Dienstleistungssystem verfügen. Es bedarf allein des Vertragsschlusses im elektronischen Geschäftsverkehr, wobei §§ 312i, 312j eine bestimmte Konstellation vorschwebt und daher wiederum nicht sämtliche Vertragsabschlüsse, die im Internet vollzogen werden, erfasst sind. Die Vorschriften beziehen sich nur auf die Situation, dass ein elektronisch verfügbares Angebot individuell aufgerufen und alsdann eine Bestellung abgegeben wird. In dem Fall, dass ein Fernabsatzvertrag iSd § 312c auch ein Vertrag im elektronischen Geschäftsverkehr iSv § 312j ist, sind die Vorschriften nebeneinander anzuwenden[44]. Findet ein Vertragsschluss jedoch ausschließlich durch individuelle elektronische Kommunikation statt, etwa indem die

---

43 Zu den Besonderheiten bei Bestellungen über sog. „Dash Buttons" vgl *Rauschenbach* K&R 2017, 221; *Hergenröder* VuR 2017, 174; *Leeb* MMR 2017, 89.
44 *Tamm* VuR 2014, 9 (16).

Parteien Vertragsverhandlungen per E-Mail führen, so ist der Unternehmer, da er die Kommunikation nicht dominiert, von den Informationspflichten aus § 312i Abs. 1 Satz 1 Nr. 1 bis 3 und § 312j Abs. 1–3 freigestellt, was sich aus § 312i Abs. 2 Satz 1 bzw § 312j Abs. 5 Satz 1 ergibt. § 312j Abs. 2–4 sind zudem nur anwendbar, sofern der Vertrag eine entgeltliche Leistung des Unternehmers zum Gegenstand hat (dazu Rn 86). Vom Anwendungsbereich der § 312j Abs. 2–4 ausgenommen sind darüber hinaus Verträge über Finanzdienstleistungen und solche Webseiten die derartige Verträge betreffen, wie sich aus § 312j Abs. 5 Satz 2 ergibt.

2. Persönlicher Anwendungsbereich

Der persönliche Anwendungsbereich des § 312i ist eröffnet, wenn auf Anbieterseite **109** ein Unternehmer im Sinne des § 14 steht. Anders als die §§ 312–312h gilt § 312i daher auch für den Vertragsschluss zwischen Unternehmern, da der zukünftige Vertragspartner nicht zwingend Verbraucher sein muss, sondern als **Kunde** bezeichnet wird. Einem Unternehmer gegenüber sind die Informationspflichten jedoch nach Maßgabe von § 312i Abs. 2 Satz 2 nicht zwingend zu wahren[45]. § 312j ist hingegen ausschließlich auf solche Verträge anwendbar, in denen der Vertragspartner des Unternehmers Verbraucher im Sinne des § 13 ist, was den allgemeinen Grundsätzen des Verbraucherprivatrechts entspricht.

3. Informationspflichten

Vorvertraglich, und zwar bereits sobald der Unternehmer eine Bestellmöglichkeit **110** eröffnet, sind dem Kunden als zukünftigem Vertragspartner technische Möglichkeiten zur Verfügung zu stellen, mittels derer dieser Eingabefehler vor Abgabe seiner Bestellung erkennen und berichtigen kann[46]. Weiterhin hat der Unternehmer die Informationspflichten des Art. 246c EGBGB zu wahren[47] und den Zugang der Bestellung des Kunden unverzüglich zu bestätigen. Dem Kunden sind darüber hinaus die Allgemeinen Geschäftsbedingungen so zur Verfügung zu stellen, dass er sie bei Vertragsschluss abrufen und in wiedergabefähiger Form speichern kann. Für die wirksame Einbeziehung der AGB gibt auch hier § 305 Maß[48]. Während zwischen Unternehmern von den Informationspflichten abgewichen werden kann (§ 312i Abs. 2 S. 2)[49], gelten beim elektronischen Geschäftsverkehr mit **Verbrauchern noch weitergehende Informationspflichten**. So muss der Unternehmer hier nach § 312j Abs. 1 spätestens bei Beginn des Bestellvorgangs zusätzlich klar und deutlich auf Lieferbeschränkungen und akzeptierte Zahlungsmittel hinweisen. Hat der Vertrag

---

45 Will ein Unternehmer sein Onlineangebot auf unternehmerische Kunden beschränken, muss dies auf der Website deutlich erkennbar sein. Anderenfalls kann eine unzulässige Umgehung verbraucherschützender Vorschriften vorliegen, so LG Dortmund K&R 2016, 433; OLG Hamm ZVertriebsR 2017, 107, dazu auch *Föhlisch/Löwer* VuR 2016, 443.
46 Dazu *Dörner* AcP 202 (2002), 363 (380 ff), zB Irrtumsanfechtung; *Klimke* CR 2005, 582.
47 S. zu den einzelnen Informationspflichten *Grigoleit* NJW 2002, 1151 (1157 f).
48 Palandt/*Grüneberg* § 312c BGB Rn 8; *Artz* JuS 2002, 528 (534); *Grigoleit* NJW 2002, 1151 (1157).
49 *Meyer* DB 2004, 2739; *Boente/Riehm* Jura 2002, 222 (227).

eine entgeltliche Leistung des Unternehmers zum Gegenstand, ist der Unternehmer zudem verpflichtet, bestimmte Informationen vor Vertragsschluss nicht nur klar und verständlich sondern auch in „hervorgehobener Form" zu erteilen[50]. Darüber hinaus muss der Unternehmer den Verbraucher auf die Möglichkeit der **online Streitbeilegung** in Verbrauchersachen aus Art. 14 der ODR-VO hinweisen (vgl dazu Rn 670).

4. Zugang von Willenserklärungen und Wirksamkeit von Verträgen

111 § 312i enthält Regelungen betreffend den Zugang von Erklärungen im elektronischen Geschäftsverkehr. Der Unternehmer ist nach Maßgabe von § 312i Abs. 1 Satz 1 Nr. 3 verpflichtet, den Zugang der Bestellung des Kunden unverzüglich auf elektronischem Weg zu bestätigen[51]. § 312i Abs. 1 Satz 2 enthält weiterhin eine Zugangsfiktion bzgl elektronisch übermittelter Erklärungen. Die Bestellung des Kunden sowie die Empfangsbestätigung des Unternehmers gelten als zugegangen, wenn sie die Parteien unter gewöhnlichen Umständen abrufen können. Damit wurden allgemeine Grundsätze der Rechtsgeschäftslehre, die auf die Bestellung und Empfangsbestätigung als geschäftsähnliche Handlungen unzweifelhaft Anwendung finden, in das BGB eingefügt. Dies wird man zum einen als überflüssig, zum anderen als systematisch verfehlt einstufen müssen, da die Regelung allenfalls der Materie des Allgemeinen Teils des BGB zuzuordnen wäre. Liegen die Voraussetzungen des § 312i Abs. 1 Satz 2 vor, so ist die Erklärung zugegangen und es bedarf keiner Fiktion mehr[52].

5. „Button-Lösung"

112 § 312j Abs. 3, 4 bestimmt schließlich, dass Verträge über entgeltliche Leistungen eines Unternehmers mit einem Verbraucher im elektronischen Geschäftsverkehr nur wirksam werden, wenn der Unternehmer bei einer Bestellung des Verbrauchers sicherstellt, dass der Verbraucher seine Zahlungsverpflichtung **ausdrücklich** bestätigt[53]. Unter dem Begriff der „Bestellung" ist jeder tatsächliche Lebensvorgang zu verstehen, der über den Weg der online-Kommunikation zu einer vertraglichen Bindung führen soll[54]. Es sind daher sowohl Kauf-, als auch Dienstleistungsverträge erfasst[55]. § 312j Abs. 3 Satz 2 präzisiert die Gestaltungspflicht des Unternehmers dahingehend, dass sofern der Bestellvorgang über eine Schaltfläche erfolgt, diese gut lesbar und ausschließlich mit den Wörtern „zahlungspflichtig bestellen" oder einer ähnlich

50 Bamberger/Roth/*Maume* § 312j BGB Rn 15 sieht hingegen in der Anforderung des Hervorhebens keine über das allgemeine Transparenzgebot hinausgehende Anforderung; s. aber OLG Köln VuR 2016, 318; zur zeitlichen Komponente *Föhlisch* MMR 2017, 447.
51 S. dazu *Dörner* AcP 202 (2002), 363 (377 ff).
52 Sehr deutlich Palandt/*Grüneberg* § 312i BGB Rn 7, krit. bereits *Artz* JuS 2002, 528 (535).
53 Zu Fragen des Zeitpunkts des Vertragsschlusses *Föhlisch/Stariradeff* NJW 2016, 353.
54 *Alexander* NJW 2012, 1985 (1988); *Lindner* ZfIR 2016, 773 (778).
55 Vgl BT-Drucks. 17/7745, S. 10.

eindeutigen Formulierung beschriftet sein muss[56]. Diese Regelung, die als **„Button-Lösung"** bezeichnet wird, dient dazu, **versteckte Kostenfallen im Internet**, bei denen Verbrauchern die Entgeltlichkeit von angebotenen Leistungen bis zum Vertragsschluss gezielt verschleiert wird, zu unterbinden. Mit Schaltfläche sind hier graphische Bedienelemente gemeint, die es dem Anwender erlauben eine Aktion in Gang zu setzten oder dem System eine Rückmeldung zu geben[57]. Eine Verpflichtung des Unternehmers zur Verwendung einer Schaltfläche besteht allerdings nicht – vielmehr steht es ihm frei, dem Verbraucher die Bestellung auf andere Weise zu ermöglichen; hierbei gilt dann die generelle Pflicht zur Sicherstellung der ausdrücklichen Bestätigung der Zahlungsverpflichtung durch den Verbraucher nach § 312j Abs. 3 Satz 1.

Kommt der Unternehmer seiner Verpflichtung aus § 312j Abs. 3 Satz 1 und 2 nicht nach – fehlt es also an einer ausdrücklichen Bestätigung der Zahlungsverpflichtung durch den Verbraucher bzw enthält die verwendete Schaltfläche nicht ausschließlich eine ausreichend deutliche Formulierung, kommt der **Vertrag** nach § 312j Abs. 4 **nicht wirksam** zustande. Der Verweis bezieht sich auf die in Abs. 2 genannten Verträge. Das heißt, es kommt kein Vertrag über eine entgeltliche Leistung des Unternehmers zustande. Da Art. 8 Abs. 2, Unterabs. 2 der VerbrRechteRiL anordnet, der Verbraucher sei in entsprechenden Situationen nicht gebunden, wird die Unionsrechtswidrigkeit der deutschen Umsetzung diskutiert[58]. Um den Verbraucher angemessen zu schützen ist der Abschluss jedenfalls eines **unentgeltlichen Vertrags** anzunehmen, sofern es sich um einen klassischen Fall versteckter Kostenfallen handelt. Darunter ist die Situation zu verstehen, in der der Unternehmer den Verbraucher glauben macht, der Vertrag sei unentgeltlich, die Erklärung des Verbrauchers durch versteckte Informationen oder Hinweise, die der Verbraucher unbewusst mit anklickt, dann aber auf den Abschluss eines entgeltlichen Vertrags ausdehnen möchte[59]. Ist sich der Verbraucher hingegen von Anfang an bewusst, dass er einen entgeltlichen Vertrag abschließt, erfüllt der Bestellbutton jedoch nicht die gesetzlichen Anforderungen, mag es zum Teil wenig Sinn machen, den von beiden Seiten gewollten entgeltlichen Vertrag für unwirksam zu erklären. Der Wortlaut des § 312j Abs. 4 ist jedoch eindeutig[60].

112a

---

56 Nicht ausreichend: „Zum Bestellen und Kaufen fehlt nur eine Bestellmail", AG Köln VuR 2015, 26; „Bestellung abschicken", OLG Hamm MMR 2014, 534; „Jetzt gratis testen – danach kostenpflichtig", OLG Köln VuR 2016, 318, wenn die Zahlungspflicht nur durch eine rechtzeitige Kündigung des Verbrauchers während des Gratiszeitraums verhindert wird, Anm. *Vogt* ITRB 2017, 56; vgl im Einzelnen: *Boos/Bartsch/Volkamer* CR 2014, 119 (121 f); eine in der Tendenz positive Evaluation der „Button-Lösung" aus Unternehmer- und Verbraucherperspektive stellen *Spindler/Thorun/Blom* MMR 2015, 3 vor.

57 RegE BT-Drucks. 17/7745 S. 13; diese Voraussetzungen werden vom sog „Dash Button" nicht erfüllt, sodass dieser keine entsprechende Beschriftung haben muss; vgl *Rauschenbach* K&R 2017, 221 (226); *Hergenröder* VuR 2017, 174 (177).

58 *Alexander* NJW 2012, 1985; *Wendehorst* NJW 2014, 577 (578); *Bergt* NJW 2012, 3541; *Roth* VuR 2012, 477; *Kirschbaum* MMR 2012, 8; einen Überblick gibt *Fervers* NJW 2016, 2289.

59 Ausführlich *Fervers* NJW 2016, 2289.

60 MK/*Wendehorst* § 312j BGB Rn 33; *Fervers* NJW 2016, 2289 (2293).

§ 6 Loslösung vom Vertrag: Widerrufsrecht des Verbrauchers; verbundenes Geschäft

113 Der rechtsgeschäftliche Ansatz zur Modifizierung privatrechtlicher Dogmatik liegt in der Kompensation gestörter Vertragsparität, deren Instrument neben dem Informationsmodell (Rn 28) die Relativierung der Bindung an die eigene Willenserklärung ist, indem der Verbraucher das Recht erhält, sich von dem mit dem Unternehmer abgeschlossenen Vertrag wieder zu lösen (ebda. Rn 32). Dieses Recht zur Lösung vom Vertrag tritt in Gestalt des Widerrufsrechts nach § 355 Abs. 1 auf, in besonderer Ausprägung bei Finanzierung eines Verbrauchergeschäfts durch Darlehen als verbundenes Geschäft nach §§ 358, 359 sowie als zusammenhängender Vertrag nach § 360.

I. Grundlagen

1. Anwendungsvoraussetzungen

114 Die Vorschrift über das Widerrufsrecht nach § 355 BGB ist eine Blankett- oder Verweisungsnorm, die für sich allein keinerlei Recht des Verbrauchers zur Lösung vom Vertrag begründet. Der verbraucherprivatrechtlichen Systematik entsprechend sind Modifizierungen zum im Allgemeinen geltenden Privatrecht erst durch die Kumulation rechtlich bedeutsamer Umstände anwendbar: Zunächst bewirkt das rechtsgeschäftliche Handeln eines Verbrauchers für sich allein keinerlei rechtliche Besonderheiten, sondern erst das Zusammentreffen mit einem Unternehmer nach § 14 (Rn 7 ff). Auch ein solches rechtsgeschäftliches Zusammentreffen ist für sich allein verbraucherprivatrechtlich bedeutungslos; bedeutsam wird es erst, wenn das Gesetz bestimmt, dass aus diesem Zusammentreffen verbraucherprivatrechtliche Folgerungen zu ziehen sind. Solche Folgerungen bestimmt das Gesetz nicht schlechthin, sondern in rechtspolitischem Vollzug nur für bestimmte Fälle der Vertragsabschlusssituation, bestimmte Fälle der Vertragsgestaltung, bestimmte Fälle der Vertragsart. Ohne eine solche Norm, welche die Anwendung verbraucherprivatrechtlicher Besonderheiten anordnet, bleibt es bei der Geltung des im Allgemeinen anwendbaren Privatrechts, insbesondere der Bindung an den Vertrag, für einen Verbraucher wie für jeden anderen. Die Regelungen über das Widerrufsrecht in §§ 355 ff sind also nur anwendbar, wenn das Gesetz deren Anwendbarkeit bestimmt. Erst durch eine solche ausfüllende Bestimmung wird die Blankettnorm aus § 355 Abs. 1 zur störungsausgleichenden Norm. Vorschriften, welche die Anwendung von § 355 über das Widerrufsrecht bestimmen, also einen Widerrufsgrund bilden, sind § 312g Abs. 1 (Außergeschäftsraum- und Fernabsatzgeschäfte), § 485 (Teilzeitwohnrechtegeschäfte), § 495 (Verbraucherdarlehen), § 506 Abs. 1 (Finanzierungshilfen), § 650l (Verbraucherbauvertrag), § 510 (Ratenlieferungsgeschäfte) und § 4 FernUSG (Fernunterrichtsgeschäfte). Eigene, nicht auf § 355 verweisende Vertragslösungsmodelle enthalten § 8 Abs. 1 VVG und § 305 KAGB bei Erwerb von Anteilen an Investmentfonds. Verbrauchsgüterkauf, Kreditvermittlung, elektronischer Geschäftsverkehr, Reisevertrag, begründen

56

für sich allein kein Widerrufsrecht; als verbundene Geschäfte nach § 358 oder als zusammenhängender Vertrag nach § 360 können sie allerdings an Lösungsrechten teilhaben (näher Rn 159 ff).

2. Europäische Richtlinien

Die Vorschriften, welche die Anwendung von § 355 anordnen und dadurch die Blankettnormen mit einem Widerrufsgrund ausfüllen, haben ihre Grundlage teilweise im europäischen Sekundärrecht, zum anderen Teil sind sie Besonderheiten des deutschen Rechts. **115**

Für Außergeschäftsraumgeschäfte (*pars pro toto*: Haustürgeschäfte) und für Fernabsatzgeschäfte im Allgemeinen schreibt Art. 9 Abs. 1 der Verbraucherrechte-Richtlinie 2011/83/EU ein Widerrufsrecht vor, für Geschäfte über den Fernabsatz von Finanzdienstleistungen im Besonderen Art. 6 der Richtlinie über den Fernabsatz von Finanzdienstleistungen 2002/65/EG, für Darlehen und Finanzierungshilfen Art. 14 Verbraucherkreditrichtlinie 2008/48/EG, ergänzt durch Art. 15 über verbundene Geschäfte einschließlich Einwendungsdurchgriff und Art. 14 Abs. 4 über zusammenhängende Verträge, gleichermaßen Art. 6 Abs. 7 Satz 2 Fernabsatz-Finanzdienstleistungen-Richtlinie und Art. 15 Verbraucherrechte-Richtlinie. Für den Fall eines Immobiliarkredits überlässt es die Wohnimmobilien-Verbraucherkreditvertragsrichtlinie den Mitgliedstaaten, ob sie ein Widerrufsrecht oder eine Bedenkzeit (Rn 333) oder beides festlegen (Art. 14 Abs. 6); für Letzteres hat sich der deutsche Gesetzgeber entschieden. Hinzu kommt das Widerrufsrecht für Teilzeitwohnrechte- und gleichgestellte Geschäfte nach Art. 6 mit Erstreckung auf zusammenhängende Verträge nach Art. 11 der Richtlinie 2008/133/EG. Die Richtlinien verfolgen bis auf die WohnimmoRiL (Art. 2) das Vollharmonisierungskonzept (Rn 45 und Art. 4 Verbraucherrechte-Richtlinie, Erwägungsgrund 13 Satz 2 Fernabsatz-Finanzdienstleistungen-Richtlinie, Erwägungsgrund 3 Satz 3 Teilzeitwohnrechte-Richtlinie, Art. 22 Abs. 1 Verbraucherkreditrichtlinie). Die anderen Widerrufsrechte, nämlich nach §§ 514 Abs. 2 über unentgeltliche Darlehen und Finanzierungshilfen (Rn 134), 650l (Verbraucherbauvertrag), 4 FernUSG, 8 VVG und 305 KAGB, außerdem § 510, haben keinen sekundärrechtlichen Ausgangspunkt. Die kodifikatorische Aufgabe und Herausforderung bei der Konzipierung der ab dem 13.6.2014 geltenden Normen im deutschen Recht (Einf. Rn 44) lag darin, die sekundärrechtlichen Vorschriften aus den vorgenannten fünf Richtlinien in Einklang zu bringen. **116**

II. Rechtsnatur

1. Schwebende Wirksamkeit und gesetzliches Rücktrittsrecht

Nach § 355 Abs. 1 Satz 1 sind der Verbraucher und mit ihm der Unternehmer an ihre auf den Abschluss des Vertrags gerichteten Willenserklärungen nicht mehr gebunden, wenn der Verbraucher seine Willenserklärung fristgerecht widerrufen hat. Ohne **117**

Bindung endet der Vertrag in seiner ursprünglichen Form; der Widerruf beseitigt die vertraglichen Verpflichtungen und verwandelt den Vertrag in ein Rückabwicklungsverhältnis nach §§ 355 Abs. 3, 357 bis 357d um. Hatte der Verbraucher ein Vertragsangebot nach § 145 abgegeben, das der Unternehmer noch nicht angenommen hatte, endet die Bindung an diesen Antrag (während das Vertragsangebot, das dem Unternehmer noch nicht zugegangen war, jenseits von § 355 nach der allgemeinen Regel von § 130 Abs. 1 Satz 2 widerrufen werden kann). Das Widerrufsrecht entsteht in demjenigen Zeitpunkt, in dem die Willenserklärung des Verbrauchers wirksam geworden ist. Solange die Frist für den Widerruf noch nicht abgelaufen ist, steht folglich noch nicht fest, ob der Vertrag Bestand haben oder endgültig zustande kommen wird; seine Wirksamkeit befindet sich, bildlich gesprochen, in der Schwebe. In den Gesetzesmaterialen wird dieser rechtliche Zustand als „schwebende Wirksamkeit" bezeichnet[1] und er entspricht dem Modell der auflösenden Bedingung nach § 158 Abs. 2 mit dem Unterschied, dass der Vertrag nicht wegfällt, sondern sich als Abwicklungsverhältnis fortsetzt. Indem die Rechtsbedingung von der Willkür einer der Vertragsparteien, nämlich des Verbrauchers, abhängt, ist dessen Verhalten als gesetzliche Potestativ-(Wollens-)bedingung und zugleich als **auflösende Rechtsbedingung** zu charakterisieren, wie dies auch für den insoweit vergleichbaren Kauf auf Probe (§ 454 Abs. 1 Satz 2) gilt. Demgemäß tritt die **Wirkung des Widerrufs ex nunc**, nicht ex tunc ein; bis zur Ausübung des Widerrufsrechts besteht ein wirksamer und verbindlicher Vertrag. Die **Nichtausübung** des Widerrufsrechts bis zum Fristende entspricht dem Ausfall der auflösenden Rechtsbedingung, sodass der Vertrag endgültig wirksam bleibt.

118 Nach der in den Materialien zum Ausdruck gekommenen gesetzgeberischen Vorstellung steht der Zustand der schwebenden Wirksamkeit im Gegensatz einer Rücktrittslage. Dem ist nicht zu folgen. Hinter der bildlichen Beschreibung als schwebende Wirksamkeit mag die Vorstellung stehen, dass durch den Widerruf der Vertrag beseitigt wird und das daraufhin entstehende Rückabwicklungsschuldverhältnis mangels Vertrags seinem Wesen nach ein Bereicherungsverhältnis ist, auf das zwar die Vorschriften von §§ 812 ff nicht anwendbar sind, sondern besondere Vorschriften, die aber in ihrem Kern ebenfalls Kondiktionsvorschriften sind. Durch den Rücktritt wird nach gängiger Doktrin der Vertrag dagegen nicht aufgehoben, sondern bleibt, lediglich umgestaltet in ein Abwicklungsschuldverhältnis, bestehen[2]; nach alter Lehre und Rechtsprechung war aber auch das durch Rücktritt entstehende Rückabwicklungsverhältnis als ein besonders ausgestaltetes Bereicherungsverhältnis angesehen worden[3]. Wie das Abwicklungsverhältnis auch zu qualifizieren ist, die Grundnorm über die Rückgewährpflicht nach § 355 Abs. 3 entspricht derjenigen für den Rücktritt nach § 346 Abs. 1. Jenseits dieser Frage steht fest, wie sich der Rücktritt auf die Lieferungs- und Leistungs- sowie Zahlungspflichten, soweit sie noch nicht erfüllt worden waren, auswirkt: Beide Parteien werden durch den Rücktritt von ihren Vertragspflichten befreit, der Rücktritt hat Befreiungswirkung; man spricht von der dinglichen Wir-

---

1 BT-Drucks. 14/2658, S. 47 zur Schuldrechtsmodernisierung.
2 Staudinger/*Kaiser* Vor § 346 BGB Rn 53; BT-Drucks. 14/6040, S. 191.
3 RGZ 50, 255 (266); 75, 199 (201); *Enneccerus/Nipperdey* AT, § 194 III 2, S. 1189.

kung des Rücktritts[4]. Verglichen mit dem Widerruf zeigt sich, dass auch dieser Befreiungswirkung hat, indem die Bindung der Parteien entfällt und der Unternehmer schon aus dem Grunde nicht zu leisten braucht, als er das gerade Geleistete sogleich wieder zurückfordern könnte. Es zeigt sich, dass die Umschreibung der Widerrufslage mit schwebender Wirksamkeit auch auf eine Rücktrittslage zutrifft. Als Folge dessen ist der Widerruf richtigerweise nicht als eigenständiges Vertragslösungsinstrument, sondern als in Voraussetzungen und Wirkungen besonders ausgestaltetes gesetzliches Rücktrittsrecht anzusehen[5].

2. Rechtliche Folgerungen

a) Auswirkung auf den Vertrag

Der Widerruf verändert die bestehende Rechtslage, indem er die rechtsgeschäftliche Bindung des Verbrauchers beseitigt und beide Parteien von bereits entstandenen Leistungspflichten befreit. Bereits erbrachte Leistungen sind vom jeweiligen Empfänger zurückzugewähren (§§ 346 Abs. 1, 355 Abs. 3 Satz 1). Befreiungswirkung und Rückgewährpflichten werden durch einseitige empfangsbedürftige Erklärung des Verbrauchers ausgelöst, sodass sich das Widerrufsrecht ebenso wie das Rücktrittsrecht (§ 346) als **Gestaltungsrecht** darstellt. Die Widerrufserklärung ist fristgebunden; nach Fristablauf wird der nur schwebend wirksam gewesene Vertrag endgültig wirksam. Erfüllungsansprüche entstehen nach allgemeinen Regeln mit Vertragsabschluss, freilich kann sich der Unternehmer, wie aus § 308 Nr. 1, 2. HS folgt namentlich auch durch AGB, ausbedingen, dass er erst nach Ablauf der Widerrufsfrist zu leisten braucht (das funktioniert wiederum nicht bei Außergeschäftsraum- und Fernabsatzgeschäften, wo die Widerrufsfrist gem. § 356 Abs. 2 Nr. 1 lit. a überhaupt erst mit der Erfüllung durch den Unternehmer, nämlich mit Warenlieferung, beginnen kann, ebenso § 4 Satz 2 FernUSG). Wird der Beitritt zu einer Gesellschaft widerrufen, zB zu einer Kapitalanlagezwecken dienenden Gesellschaft bürgerlichen Rechts (§ 705, Fonds), bleibt der Verbraucher nach den Grundsätzen zur **fehlerhaften Gesellschaft** zwar Gesellschafter, kann aber kündigen und Auseinandersetzung (§ 736) verlangen[6] (s. auch Rn 209). **119**

b) Subsumtionszusammenhang

Der wirksam ausgeübte Widerruf begründet – ebenso wie der Rücktritt – eine rechtsvernichtende Einwendung des Verbrauchers gegenüber dem Anspruch des Unternehmers, die von Amts wegen zu berücksichtigen ist. Begehrt der Unternehmer beispielsweise vom Verbraucher Kaufpreiszahlung nach § 433 Abs. 2 oder Darlehensrückzahlung und Zinsen nach § 488 Abs. 1 Satz 2, ist zu subsumieren, ob die anspruchsbegründenden Voraussetzungen erfüllt sind. Wenn dies zu bejahen ist, **120**

---

4 *Ehmann/Sutschet* Schuldrecht, S. 135.
5 *Bülow/Artz* NJW 2000, 2049.
6 BGH NJW 2003, 2821 mit Anm. *Bülow* LMK 2003, 221; BGH NJW 2011, 2198; Vereinbarkeit mit europäischem Sekundärrecht: EuGH NJW 2010, 1511 mit Anm. *Habersack* ZIP 2010, 775 und Bspr *K. Gernhuber*.

schließt sich die Subsumtion von Einwänden des Verbrauchers an. In dieser Einwendungsstation ist der Widerruf angesiedelt. Einwendungsvoraussetzungen sind ua die Verbrauchereigenschaft nach § 13 und die Wirksamkeit des Widerrufs, insbesondere die Fristwahrung. Die Darlegungs- und Beweislast für die diejenigen Tatsachen, welche die Einwendung des Widerrufs begründen, trägt der Verbraucher; nur die Beweislast für den Fristbeginn ist gem. § 361 Abs. 3 umgekehrt (Rn 147). Der Unternehmer trägt die Beweislast für diejenigen Tatsachen, die seinen Anspruch begründen. Bei Verträgen mit doppeltem Zweck (Rn 62, 309 aE) trägt allerdings der Unternehmer die Beweislast dafür, dass der Zweck des Geschäfts überwiegend der unternehmerischen Tätigkeit zuzurechnen ist.

121 Gläubiger kann auch der Verbraucher sein, der vom Unternehmer Rückgewähr bereits erbrachter Leistungen, zB einer Anzahlung, nach § 355 Abs. 3 Satz 1 aufgrund seines Widerrufs verlangt. Die Verbrauchereigenschaft und die Wirksamkeit des Widerrufs gehören zu den anspruchsbegründenden Tatsachen, für die der Verbraucher die Darlegungs- und Beweislast trägt, mit Umkehr nur hinsichtlich des Fristbeginns.

c)   Insbesondere: Präklusion nach § 767 Abs. 2 ZPO

122 Fraglich ist, ob der Verbraucher die Vollstreckungsabwehrklage aus § 767 bzw § 796 ZPO auf einen nach Schluss der mündlichen Verhandlung erklärten Widerruf stützen kann, was bei fehlender Widerrufsbelehrung (§ 356 Abs. 3, Rn 146) praktische Bedeutung gewinnen mag. An der Qualität des Widerrufsrechts als Gestaltungsrecht besteht, da seine Ausübung den Zustand schwebender Wirksamkeit in denjenigen endgültiger Unwirksamkeit verwandelt, kein Zweifel[7]. Es bleibt nur noch zu fragen, ob der Widerruf schon in der letzten mündlichen Verhandlung hätte erklärt werden sollen, da das Widerrufsrecht schon mit Vertragsabschluss entstanden war (Rn 117). Die Antwort hat sich an dem besonderen disparitätsausgleichenden Zweck des Widerrufsrechts zu messen, welcher ua auch darin liegt, eine zeitliche Ausschöpfung der Widerrufsfrist zu gewährleisten[8] bzw das Widerrufsrecht zu wahren, wo der Verbraucher über sein Widerrufsrecht nicht belehrt worden war. Richtigerweise[9] und anders als im sonst vergleichbaren Fall der Aufrechnung[10], aber ebenso wie im Falle der arglistigen Täuschung[11] scheitert die Vollstreckungsabwehrklage jedenfalls bei fehlender Kenntnis des Verbrauchers von seinem Widerrufsrecht mangels Widerrufsbelehrung deshalb nicht. Der Verbraucher ist nicht auf die rechtskraftdurchbrechende Klage nach § 826[12] angewiesen.

---

7   Anders nach dem bis 2000 geltenden Konzept der schwebenden *Un*wirksamkeit nach BGHZ 131, 82 = NJW 1996, 57, abl. *Gernhuber* WM 1998, 1797; *Fuchs* AcP 196 (1996), 312 (350).

8   OLG Karlsruhe WM 1990, 1723; aA *Boemke* AcP 197 (1997), 161, 185.

9   Gl. A. *K. Schmidt* JuS 2000, 1096; *Rohlfing* NJW 2010, 1787.

10 BGHZ 24, 27; BGH NJW 2009, 1671 mit Anm. *Kaiser* und Bspr. *K. Schmidt* JuS 2009, 967; BGH NJW 2014, 2045 mit Bspr. *K.Schmidt* JuS 2015, 173 (175); *Schröcker* NJW 2004, 2203 zu IV.

11 *Ernst* NJW 1986, 401.

12 BGHZ 101, 380; 112, 54; *Bülow* Sittenwidriger Konsumentenkredit, 3. Aufl. 1997, Rn 373 ff.

III. Modalitäten der Ausübung des Widerrufsrechts im allgemeinen Fall

Ausgangsfall ist, dass der Verbraucher als Vertragspartei oder als den Vertragsab- **123** schluss Antragender (§ 145, Rn 117) vom Widerrufsrecht Gebrauch macht. Im Besonderen kann der Widerruf von einem Mithaftenden oder einem Rechtsnachfolger erklärt werden; Besonderes gilt auch für die Stellvertretung. Eigenständige Regularien gelten für den Widerruf im verbundenen Geschäft nach § 358 und für zusammenhängende Verträge nach § 360. Sitz der Materie ist die Grundnorm von § 355 Abs. 1 und 2, modifiziert und ergänzt durch die Vorschriften von §§ 356–356e, die Besonderheiten für Haustür-(Außergeschäftsraum-) und Fernabsatzgeschäfte (§ 356), für Teilzeitwohnrechtegeschäfte (§ 356a), für Kreditgeschäfte (§ 356b), für Ratenlieferungsgeschäfte (§ 356c), für unentgeltliche Darlehen und Finanzierungshilfen (§ 356d) und für Verbraucherbauverträge (§ 356e) enthalten, wobei Einzelheiten im EGBGB zu finden sind, nämlich in Art. 246a EGBGB für Haustür- und Fernabsatzgeschäfte im Allgemeinen und in Art. 246b EGBGB für Haustür- und Fernabsatzgeschäfte über Finanzdienstleitungen, sodann in Art. 247 EGBGB für Kreditgeschäfte, in Art. 242 EGBGB für Teilzeitwohnrechtegeschäfte, in Art. 249 EGBGB über Verbraucherbauverträge und schließlich in Art. 246 EGBGB für bestimmte Fälle von Verbraucherverträgen, zB für unentgeltliche Darlehen und Finanzierungshilfen sowie für Ratenlieferungsverträge nach § 510. Man erkennt die kodifikatorische Systematik: Vorschriften über den Widerruf finden sich in §§ 356 bis 356e; Vorschriften über die Rückabwicklung sind §§ 357 bis 357d zu entnehmen. Im EGBGB steht Art. 246 für Verträge, die nicht auf europäischem Sekundärrecht beruhen, Art. 246a für Haustür- und Fernabsatzverträge im Allgemeinen, Art. 246b für solche über Finanzdienstleistungen, Art. 247 für Verbraucherkreditverträge und Art. 249 für Verbraucherbauverträge; hinzu kommt Art. 247a bei bestimmten Standardgeschäften nach § 675a BGB.

1. Erklärung

Der Widerruf als Gestaltungsrecht (Rn 119) wird durch einseitige empfangsbedürfti- **124** ge Willenserklärung des Verbrauchers ausgeübt. Der Widerruf beseitigt die Bindung an die Vertragserklärungen der Parteien, ohne dass der Vertrag schon zustande gekommen sein müsste, also auch wenn der Unternehmer seine Erklärung noch nicht abgegeben hatte (vgl zB § 148, Rn 117). Selbst die Nichtigkeit des Vertrags nach §§ 134 oder 138 hindert die Widerruflichkeit nicht[13]. Der Widerruf beseitigt die Bindung auch dann, wenn der Vertrag formnichtig gewesen, aber gem. § 494 Abs. 2, 4–6 oder § 507 Abs. 2 durch Leistungserbringung geheilt worden war. Empfänger ist gem. § 355 Abs. 1 Satz 2 der Unternehmer, der hierfür einen Empfangsboten oder Empfangsvertreter bestellen kann (vgl Art. 246 Abs. 3 Nr. 3, Art. 246b § 1 Abs. 1

---

13 Doppelwirkung: *Kipp* FS Martitz 1911, S. 211 (222, 226); Verstoß gegen SchwarzarbeitG: BGHZ 198, 141 = NJW 2013, 3167 mit Anm. *Voit* NJW 2017, 3093; BGH NJW 2014, 1809; *Bülow/Artz* VerbrKreditR, § 495 Rn 30.

Nr. 12 EGBGB). Aufgrund der Gestaltungswirkung ist der Widerruf nach allgemeinen Grundsätzen bedingungsfeindlich, unteilbar und seinerseits unwiderruflich; der Verbraucher kann den Widerruf zB nicht auf einen Teil des erhaltenen Verbraucherdarlehens beschränken. Nach allgemeinen Grundsätzen kann der Widerruf ausdrücklich oder konkludent erklärt werden; er braucht die Formulierung „Widerruf" nicht notwendig zu enthalten[14]. Eine Variante der konkludenten Erklärung ist die Rücksendung derjenigen Sache, die Vertragsgegenstand gewesen war, aber verbunden mit einer Erklärung des Verbrauchers, aus der sein Entschluss zum Widerruf eindeutig hervorgeht (so Art. 11 Abs. 1 lit. b VerbrRechteRiL, § 355 Abs. 1 Satz 3). Die Wirksamkeit des Widerrufs hängt von seinem **Zugang** beim Unternehmer oder seiner Empfangsperson ab. Geht die zurückgeschickte Sache auf dem Transport verloren, fehlt es am Zugang; der Verbraucher müsste seine Widerrufserklärung wiederholen, wobei davon auszugehen sein dürfte, dass die fristwahrende Rücksendung der Sache (§ 355 Abs. 2 Satz 1, Rn 130) auch die Frist für die nachgereichte Widerrufserklärung wahrt. Die Gefahrtragungsregelung von § 355 Abs. 3 Satz 4 (Rn 187) setzt einen wirksamen Widerruf voraus, befasst sich mit dem Widerruf durch Rücksendung also nicht.

125 Die Erklärung ist nicht formgebunden (Ausnahme: § 356a Abs. 1 für Teilzeitwohnrechte: Textform), kann also auch mündlich[15], schriftlich oder etwa in Textform nach § 126b Satz 1 abgegeben werden, mittels Telefax oder elektronischem Dokument (zB E-Mail, E-Postbrief der Deutschen Post AG). Für Außergeschäftsraum- und Fernabsatzgeschäfte wurde ein **Muster für das Widerrufsformular** entwickelt (Anlage 2 zum EGBGB), das zu verwenden der Verbraucher die Wahl hat. Es kann in angepasster Weise auch für andere Geschäftsarten verwendet werden, wenn es Eindeutigkeit gewährleistet. Die Ausübung steht im freien Belieben des Verbrauchers, einer Begründung bedarf es nicht (§ 355 Abs. 1 Satz 4[16]).

126 Die Widerrufserklärung ist abzugeben von derjenigen Vertragspartei, die in ihrer Rolle als Verbraucher gehandelt hatte. Im Falle einer gleichgründigen, paritätischen **Gesamtschuld**, zB bei einem Ehegattendarlehen, hat jeder Verbraucher für sich allein das Widerrufsrecht[17] (anders beim Rücktritt gemäß § 351); ob der Vertrag mit dem anderen Gesamtschuldner, der nicht widerrief, Bestand hat, richtet sich nach der Auslegungsregel von § 139 (Teilnichtigkeit). Bei einem **Sicherungs-Schuldbeitritt** kann der Beitretende, wenn er Verbraucher ist, seinen Beitritt widerrufen (vgl auch Rn 325), auch der gem. § 1357 mithaftende **Ehegatte** seine Mitverpflichtung. Handelt für den Verbraucher ein **Vertreter**, hat der Verbraucher als Vollmachtgeber das Widerrufsrecht, gegebenenfalls der *falsus procurator*. Ist der Verbraucher **minderjährig**, scheitert der Vertrag bei verweigerter Genehmigung der gesetzlichen Vertreter (§ 1629) bereits gemäß § 108. Genehmigen die gesetzlichen Vertreter den Vertrag, tritt der Minderjährige in die sich aus § 355 Abs. 1 ergebende schwebende Wirksam-

---

14 BGH NJW 2017, 2337.
15 *Wendehorst* NJW 2014, 577 (583); skept. *Hilbig-Lugani* ZJS 2013, 441 (535).
16 BGH NJW 2016, 1951 Rn 16, 20.
17 BGH NJW 2017, 243 mit Anm. *Bülow* LMK 2016, 384748 und Bspr. *Schwab* JuS 2017, 461; *Bülow/Artz* VerbrKrR, § 495 BGB Rn 62 ff; *Knops* WM 2015, 2025; aA OLG Karlsruhe ZIP 2016, 460.

keit ein. Der Minderjährige als Vertragspartei hat das Widerrufsrecht bei vorheriger Zustimmung (Einwilligung) der gesetzlichen Vertreter; die nachträgliche Zustimmung (Genehmigung) führt gem. § 111 nicht zur Wirksamkeit des Widerrufs. Aber die gesetzlichen Vertreter haben selbst das Widerrufsrecht; die Widerrufsfrist beginnt mit der Belehrung ihnen gegenüber[18] (Rn 143).

2. Fristen

Der Schwebezustand, der durch das Widerrufsrecht entsteht, bedarf eines Endes. Deshalb ist die Erklärung des Widerrufs fristgebunden. Bis zum Ende dieser Überlegungsfrist hat der Verbraucher die Möglichkeit, die Verpflichtungen aus dem Vertrag und seine Tragweite noch einmal zu überdenken und mit sich selbst ins Reine zu kommen, ob er den zu erwerbenden Gegenstand wirklich will. Dadurch wird die Voraussetzung für eine selbstverantwortliche Entscheidung getroffen[19]. Verstreicht die Frist ohne Widerruf, wird die Vertragserklärung des Verbrauchers endgültig verbindlich. Wird der Widerruf erklärt, sind die Parteien an ihre Erklärungen nicht mehr gebunden, sodass der Vertrag gescheitert ist. In beiden Fällen endet der Schwebezustand (Rn 117).
127

a) Fristbeginn und Entstehung des Widerrufsrechts

Um das Ende der Widerrufsfrist berechnen zu können, muss ihr Beginn festgestellt werden (Rn 131), zB durch eine Widerrufsbelehrung. Der Fristbeginn ist zu unterscheiden von dem Zeitpunkt, in welchem das Widerrufsrecht entsteht. Das Widerrufsrecht kann schon vor Fristbeginn entstehen, nämlich mit Abgabe des Vertragsangebots durch den Verbraucher, auch wenn die Widerrufsbelehrung noch nicht mitgeteilt worden war. In einem solchen Fall kann sich der Verbraucher sein Vorgehen länger als 14 Tage überlegen.
128

b) Berechnung

Die Frist beträgt gem. § 355 Abs. 2 Satz 1 vierzehn Tage (im gegebenen Falle einen Monat, § 356b Abs. 2 Satz 2, Rn 319, gegebenenfalls sogar ein Jahr und 14 Tage, näher Rn 146); um die Einhaltung der Frist bestimmen zu können, müssen Beginn und Ende berechnet werden.
129

Das **Fristende** richtet sich nach der allgemeinen Vorschrift von § 188 Abs. 1: Wenn die Frist beispielsweise an einem Dienstag beginnt, endet sie am übernächsten Dienstag um 24:00 Uhr; ist dieser Dienstag ein Feiertag, endet die Frist gem. § 193 am Mittwoch. Im Allgemeinen bedeutet Fristwahrung Zugang der Willenserklärung; für den Widerruf genügt jedoch gem. § 355 Abs. 1 Satz 5 die rechtzeitige Absendung, sodass die Frist trotz späterem Zugang gewahrt sein kann.
130

---

18 *Windel* JuS 1996, 812 (815/816).
19 *Fuchs* AcP 196 (1996), 313 (351); Richtlinie 85/577/EWG, 5. Erwägungsgrund und o. Rn 5.

131 Der **Fristbeginn** ist durch mehrere Umstände markiert, die sich nach der Art des Verbrauchervertrags richten. Ausgangspunkt ist die Vorschrift von § 355 Abs. 2 Satz 2, nach der Voraussetzung für den Fristbeginn der Vertragsschluss ist. Weitere Umstände sind für Außergeschäftsraum- (Haustür-) und Fernabsatzgeschäfte gem. § 356 Abs. 2 und 3, für Teilzeitwohnrechtegeschäfte gem. § 356a, für Verbraucherdarlehen und Finanzierungshilfen gem. §§ 356b, 506 Abs. 1, für Ratenlieferungsgeschäfte (§ 510) gemäß § 356c, für unentgeltliche Verträge (§§ 514, 515) gemäß § 356d und für Verbraucherbauverträge (§ 650i) gemäß § 356e bestimmt. Diese Umstände liegen in der Erteilung von Informationen durch den Unternehmer, nämlich der Unterrichtung über das Widerrufsrecht, in der Übermittlung einer Vertragsurkunde sowie in der Lieferung der bestellten Waren. Im Einzelnen gilt:

132 Gemeinsam ist allen Vertragsarten, dass der Verbraucher vom Unternehmer über sein Widerrufsrecht in Kenntnis gesetzt wird. Hierfür walten **zwei Systeme**. Das eine System verpflichtet den Unternehmer, den Verbraucher über das Widerrufsrecht zu informieren, nämlich eine Widerrufsbelehrung zu erteilen, die neben den Vertragsschluss tritt, also nicht dessen Bestandteil ist; folglich kommt der Vertrag auch ohne Widerrufsbelehrung wirksam zustande. Aber die Widerrufsfrist beginnt in diesem Fall nicht. Das andere System liegt darin, dass die Information über das Widerrufsrecht eine Pflichtangabe im Vertrag darstellt, ohne die der Vertrag nicht zustande kommt, nämlich formnichtig ist. Dieses System ist an die Formbedürftigkeit des Vertrags gebunden (Rn 138). Es gilt für Verbraucherkreditgeschäfte, während das System der Widerrufsbelehrung außerhalb des Vertragsschlusses für alle anderen widerrufsbewehrten Verbraucherverträge gilt, nämlich für Außergeschäftsraum- und Fernabsatzgeschäfte, für Teilzeitwohnrechtegeschäfte, für unentgeltliche Kreditgeschäfte, für Verbraucherbauverträge, für Ratenlieferungsgeschäfte und auch für Fernunterrichtsgeschäfte, Versicherungsgeschäfte und für den Erwerb von Investmentanteilen.

133 Im **System der Widerrufsbelehrung** sind deren Einzelheiten unterschiedlich geregelt. Für Außergeschäftsraum- und Fernabsatzgeschäfte im Allgemeinen ist Art. 246a § 1 Abs. 2 Nr. 1 bis 3 EGBGB Sitz der Materie. Nach Nr. 1 ist über die Bedingungen, die Fristen und über das Verfahren für die Ausübung des Widerrufsrechts iSv § 355 Abs. 1 zu informieren (zB Eindeutigkeit – Rn 124 –, Entbehrlichkeit einer Begründung, Fristwahrung durch Absendung – Rn 130 –, Voraussetzungen für den Fristbeginn). Jedoch schreibt Nr. 1 nicht vor, dass auch über die Rechtsfolgen des Widerrufs nach §§ 355 Abs. 3, 356 informiert werden müsste (aber natürlich dürfte). Keinen Einfluss auf den Beginn der Widerrufsfrist haben die weiteren Informationspflichten: Nach Nr. 2 ist bei Kaufverträgen über Transportkosten zu informieren und nach Nr. 3 bei Dienstleistungen und gleichgestellten Leistungen über eine bestimmte Rechtsfolge, nämlich für den Fall, dass der Unternehmer mit der Leistung schon vor Ablauf der Widerrufsfrist beginnt (Rn 194), sowie über das Erlöschen nach § 356 Abs. 4, Art. 246a Abs. 3 Nr. 2 EGBGB. Für Außergeschäftsraum- und Fernabsatzgeschäfte über Finanzdienstleistungen (§ 312 Abs. 5 Satz 1 BGB) ist Art. 246b § 1 Abs. 1 Nr. 12 EGBGB Sitz der Materie. Danach ist auch über die Rechtsfolgen des Widerrufs, also gem. §§ 355 Abs. 3, 357a, zu informieren und im Besonderen der Betrag auszurechnen, den der Verbraucher als Wertersatz gem. § 357a Abs. 2 schuldet (ist die Finanzdienstleistung aber ein Darlehen oder eine Finanzierungshilfe, richtet sich das Widerrufsrecht gem. § 312g Abs. 3 nach Art. 247 § 6 Abs. 2, § 12 EGBGB, Rn 329 ff, 371 f).

Für Fernunterrichtsverträge ist gem. § 3 Abs. 2 FernUSG nach Maßgabe von Art. 246a **134** EGBGB zu verfahren (Rn 133), Vergleichbares gilt für Versicherungsverträge gem. § 8 Abs. 2 Nr. 2 VVG. Bei Teilzeitwohnrechteverträgen ist gem. Art. 242 § 2 EGBGB ein Formblatt zu verwenden, das der Timesharing-Richtlinie, Anhang V, zu entnehmen ist. Auf Ratenlieferungsverträge (§ 510) ist § 356c iVm Art. 246 Abs. 3 EGBGB anzuwenden, auf unentgeltliche Darlehen und Finanzierungshilfen (§§ 514 Abs. 2, 515) gem. § 356d gleichermaßen (Rn 297a). Die dort genannten Angaben nach Nr. 1–3 entsprechen im Kern denjenigen aus Art. 246a § 1 Abs. 2 EGBGB. Ein Unterschied besteht für die Art und Weise der Information. Während sich nämlich Art. 246a § 4 Abs. 1 EGBGB und Art. 246b § 1 Abs. 1, Eingangssatz EGBGB, auf eine klare und verständliche Darstellung beschränken, schreibt Art. 246 Abs. 3 EGBGB außerdem eine deutliche Gestaltung vor, womit eine drucktechnische Hervorhebung gegenüber dem sonstigen Text durch Schriftart, Farbe oder Größe gemeint ist[20]. Das gilt nach Art. 246a und 246b EGBGB nicht, wo die Widerrufsbelehrung nur eine Information im Katalog der weiteren Informationen ist. Auf Art. 246 Abs. 3 EGBGB verweist auch § 305 Abs. 2 Satz 2 KAGB für den Kauf von Investmentanteilen (Rn 433).

Im **System der Pflichtangaben im Vertrag**, also bei Verbraucherkreditverträgen **135** (Darlehen, Finanzierungshilfen, nicht aber bei Unentgeltlichkeit, Rn 134) ist Art. 247 § 6 Abs. 2, § 12 EGBGB Sitz der Materie: Angaben zur Frist und zu anderen Umständen für die Erklärung des Widerrufs, Hinweis auf die Pflicht des Verbrauchers zur Darlehensrückzahlung, Angabe des pro Tag zu zahlenden Zinsbetrags (näher Rn 329 sowie 371).

Neben dem Vertragsschluss ist die Information über das Widerrufsrecht der zweite **136** Umstand für den Beginn der Widerrufsfrist.

Ein dritter Umstand liegt in der Erteilung weiterer vorgeschriebener **Informationen**. **137** Dies gilt im System der Widerrufsbelehrung für Außergeschäftsraum- und Fernabsatzgeschäfte – es ist zu unterscheiden: Handelt es sich um ein Geschäft über **Finanzdienstleistungen**, ist gemäß § 356 Abs. 3 Satz 1 die Vorschrift von Art. 246b § 2 Abs. 1 BGB anwendbar. Nach Nr. 2 dieser Vorschrift markiert der gesamte Informationskatalog von § 1 Abs. 1 den Fristbeginn, wozu noch eine umfassende Widerrufsbelehrung gehört (dort Nr. 12). Bei Außergeschäftsraum- und Fernabsatzgeschäften **im Allgemeinen** beschränkt sich der Fristbeginn gem. § 356 Abs. 3 Satz 1 dagegen auf die Informationen nach Art. 246a § 1 Abs. 2 Nr. 1 EGBGB, also auf die eigentliche Widerrufsbelehrung. Die weiteren Informationen nach Nr. 2 und 3 von Art. 246a § 1 Abs. 2 EGBGB und die Informationen im Katalog von § 1 Abs. 1 haben für den Fristbeginn dagegen keine Bedeutung (Rn 283). Gleiches gilt bei Ratenlieferungsver-

---

20 BGH NJW 1987, 125; WM 2001, 1683; die Widerrufsbelehrung darf keine anderen Erklärungen enthalten: BGH NJW 2009, 3572 mit Anm. *Bülow* LMK 2009, 284233.

trägen (§ 510) für die Informationen aus Art. 246 Abs. 1 EGBGB, bei Fernunter-richtsverträgen gem. § 4 Satz 2 FernUSG für die Informationen aus Art. 246a § 1 Abs. 1 EGBGB, § 356 Abs. 3 Satz 1. Bei Teilzeitwohnrechtegeschäften wiederum sind die vollständigen Informationen Voraussetzung für den Fristbeginn gem. § 356a Abs. 2 und 3.

138 Bei Verbraucherkreditverträgen sind die vorgeschriebenen Informationen Teil des Vertragsabschlusstatbestands nach § 492 Abs. 2 iVm Art. 247 §§ 6 resp. 12 EGBGB. Die Widerrufsfrist beginnt gemäß § 356b Abs. 1 nur, wenn der Verbraucher eine Vertragsurkunde mit allen Informationen erhält.

139 Handelt es sich bei dem Verbrauchervertrag, der außerhalb von Geschäftsräumen oder im Fernabsatz abgeschlossen worden war, um einen Verbrauchsgüterkauf nach § 474, ist zusätzliche Voraussetzung für den Fristbeginn der Wareneingang in den Modalitäten von § 356 Abs. 1 Nr. 1 lit. a-d. Dieses Erfordernis gilt gem. § 4 Satz 2 FernUSG auch in Bezug auf das Lehrmaterial.

140 Schließlich gibt es Verbraucherverträge, die der Schriftform bedürfen und bei denen der Fristbeginn neben Vertragsschluss und Unterrichtung über das Widerrufsrecht auch von der Überlassung einer Vertragsurkunde für den Verbraucher abhängt. Formgebunden sind zunächst der Teilzeitwohnrechtevertrag (und gleichgestellte Verträge) gem. § 484 und der Ratenlieferungsvertrag gem. § 510 Abs. 1 Satz 1, während der Verbraucherbauvertrag gemäß § 650i Abs. 2 nur der Textform (§ 126b BGB) bedarf. Bei Teilzeitwohnrechteverträgen ist der Beginn der Widerrufsfrist gem. § 356a Abs. 1 Satz 2 von der Überlassung einer Vertragsurkunde abhängig, nicht jedoch bei Ratenlieferungs-verträgen, wo es gem. § 356c lediglich auf die Widerrufsbelehrung ankommt, gleicher-maßen beim Verbraucherbauvertrag gemäß § 356e Satz 1 BGB, Art. 249 § 3 EGBGB. Auch der Fernunterrichtsvertrag ist gem. § 3 Abs. 1 FernUSG schriftformgebunden, wenn auch nur bezüglich der Willenserklärung des Teilnehmers am Fernunterricht. Der Beginn der Widerrufsfrist hängt jedoch nicht von der Überlassung einer Vertragsur-kunde ab, vielmehr ist gem. § 4 Satz 2 FernUSG die Vorschrift von § 356 anwendbar, sodass es auf die Überlassung des Lehrmaterials (§ 356 Abs. 2, § 2 Abs. 1 FernUSG) ankommt.

141 Formgebunden sind auch Verbraucherkreditverträge nach §§ 492 Abs. 1, 506 Abs. 1, die jedoch dem System der Pflichtangaben im Vertrag folgen (Rn 132). Schriftlicher Vertrag und Widerrufsinformation fallen bei diesen Verträgen zusammen; zusätzlich ist der Fristbeginn gem. § 356b Abs. 1 durch die Überlassung der Vertragsurkunde markiert (mit Sonderkonstellationen bei unvollständiger Urkunde, § 356b Abs. 2, und bei Heilung eines formnichtigen Kreditvertrags, § 356b Abs. 3, Rn 329). Vergleich-bar mit der Abhängigkeit des Fristbeginns von einer Vertragsurkunde ist das Wider-rufsrecht für Versicherungsverträge (welches als Teil des versicherungsrechtlichen Sonderprivatrechts nicht auf § 355 BGB Bezug nimmt), wo gem. § 8 Abs. 2 Nr. 1 VVG auf Versicherungsschein und Vertragsbestimmungen verwiesen wird (Rn 424) sowie das Widerrufsrecht für den Kauf von Investmentanteilen, wo gem. § 305 Abs. 2 Satz 2 KAGB die Durchschrift des Antrags auf Vertragsabschluss oder auf die Durch-schrift der Kaufabrechnung mit Widerrufsbelehrung Maß gibt (Rn 432).

Zusammengefasst ergibt sich folgendes Bild:

Für **alle widerruflichen Verbraucherverträge** ist Voraussetzung für den Fristbeginn der Vertragsschluss, außerdem die Unterrichtung des Verbrauchers über sein Widerrufsrecht.

Für **Außergeschäftsraum- und Fernabsatzgeschäfte im Allgemeinen** (außerdem für Fernunterrichtsverträge) finden sich die Modalitäten einer Widerrufsbelehrung in Art. 246a § 1 Abs. 2 EGBGB, für **Außergeschäftsraum- und Fernabsatzgeschäfte über Finanzdienstleistungen** in Art. 246b § 1 Abs. 1 Nr. 12 EGBGB: auch Unterrichtung über die Widerrufsfolgen. Für Verbraucherbauverträge ist Art. 249 § 3 EGBGB Sitz der Materie.

Für **Teilzeitwohnrechtegeschäfte** ist ein Formblatt zu verwenden.

Für **unentgeltliche** Darlehen und Finanzierungshifen und für **Ratenlieferungsgeschäfte** ist Sitz der Materie Art. 246 Abs. 3 EGBGB (ebenso nach § 305 Abs. 2 KAGB).

Die **umfassende Informationserteilung** ist Voraussetzung für den Fristbeginn bei Außergeschäftsraum- und Fernabsatzgeschäften über **Finanzdienstleistungen** nach Art. 246b § 2 Abs. 1 EGBGB, § 356 Abs. 3 Satz 1 BGB, bei Verbraucherkreditgeschäften aufgrund von § 492 Abs. 2, Art. 247 §§ 6 und 12 EGBGB und § 356b Abs. 1, bei Teilzeitwohnrechtegeschäften gem. § 356a Abs. 2. Bei Verbraucherbauverträgen ist gemäß § 650j BGB, Art. 249 §§ 1 und 2 EGBGB eine Baubeschreibung zur Verfügung zu stellen, die aber nicht Voraussetzung für den Fristbeginn ist.

Bei Verbrauchsgüterkaufverträgen außerhalb von Geschäftsräumen und im Fernabsatz sowie bei Fernunterrichtsverträgen ist zusätzliche Voraussetzung für den Fristbeginn gem. § 356 Abs. 2 die **Warenlieferung** iVm § 4 Satz 2 FernUSG.

Weitere Voraussetzung bei **schriftformgebundenen Verträgen** ist die Überlassung einer Vertragsurkunde, im Fall von **Teilzeitwohnrechten** nach § 356a Abs. 1, aber nicht bei Ratenlieferungen, Fernunterricht und Verbraucherbauverträgen.

Für den **Verbraucherkredit** gilt § 356b Abs. 1 (Vertragsurkunde). Vergleichbare Regeln finden sich in § 8 Abs. 2 Nr. 1 VVG und in § 305 Abs. 2 Satz 2 KAGB).

142

c) Widerrufsbelehrung

aa) Geschäftsähnliche Handlung. Die Widerrufsbelehrung, die bei Haustür-, Fernabsatz-, Verbraucherbau-, Teilzeitwohnrechte-, Ratenlieferungs-, Investment- und Fernunterrichtsgeschäften hinzutritt, ist eine Mitteilung des Unternehmers an den Verbraucher über das gesetzliche Widerrufsrecht, der Unternehmer **klärt den Verbraucher über die Rechtslage auf.** Daraus folgt, dass die Widerrufsbelehrung nicht Teil des Vertragsabschlusstatbestands und keine Äußerung rechtsgeschäftlichen Willens ist. Daher begründet eine (vorsorgliche) Belehrung, ohne dass die gesetzlichen Voraussetzungen eines Widerrufsrechts vorliegen, auch nicht ohne Weiteres die Einräumung eines vertraglichen, voraussetzungslosen Widerrufsrechts[21]. Vielmehr kommt der Vertrag unabhängig von der Belehrung, wenn auch nur schwebend wirksam, zustande. Sie ist eine zusätzliche Mitteilung, die als geschäftsähnliche Handlung neben den Vertragsabschluss tritt. Sie begründet auch nicht die Entstehung des Widerrufsrechts, die im Vertragsschluss liegt; sie beeinflusst nur sein Erlöschen, in-

143

---

[21] Offen gelassen in BGH NJW 2012, 1066; dazu *Kolbe* JZ 2013, 441; wie hier OLG Schleswig NJOZ 2014, 511.

dem von ihrer Mitteilung die Fristberechnung abhängt. Der Vertrag ist also auch ohne Belehrung wirksam, sie kann zusammen mit diesem oder später erteilt werden, was allerdings wiederum die Fristberechnung beeinflusst. Nur bei Verbraucherkreditgeschäften gehört die Unterrichtung über das Widerrufsrecht zum Vertragstatbestand (Rn 132), sodass ihr Fehlen zur Formnichtigkeit nach § 494 Abs. 1 führt (Rn 329). Der Unternehmer hat die Rechtspflicht, den Verbraucher schon vor Abgabe von dessen Vertragserklärung über dessen Widerrufsrecht ordnungsgemäß in Kenntnis zu setzen (Art. 246a § 1 Abs. 2 Satz 1, Art. 246b § 1 Abs. 1 EGBGB: der Unternehmer ist verpflichtet ...), ihn trifft nicht lediglich eine Obliegenheit. Deshalb kann sich der Unternehmer im gegebenen Falle gem. §§ 311 Abs. 2, 280 Abs. 1 schadensersatzpflichtig machen[22], wobei er gemäß § 312k Abs. 2 die Beweislast für die Erfüllung seiner Informationspflichten trägt[23]. Im Fall von Artt. 246a und 246b EGBGB ist die Widerrufsbelehrung schon vor Abgabe der Vertragserklärung des Verbrauchers zu erteilen.

144 Mit der Erteilung der Widerrufsbelehrung nebst Vertragsschluss und gegebenenfalls weiteren Umständen (Rn 133 ff) beginnt eine Frist von 14 Tagen, mit deren ungenutztem Ablauf der Schwebezustand endet, indem der Vertrag endgültig wirksam wird. Ohne Widerrufsbelehrung beginnt die Frist nicht, sodass der Schwebezustand bestehen bleibt und – vorbehaltlich eines Erlöschenstatbestands (Rn 146) – nicht endet. Der Unternehmer hat jedoch jederzeit die Möglichkeit, die Widerrufsbelehrung nachzureichen (**Nachbelehrung**) und auf diese Weise die Frist doch noch in Gang zu setzen. Dies gelingt allerdings nur, wenn die Nachbelehrung die Anforderungen erfüllt, die das Gesetz aufstellt[24].

145 **bb) ordnungsgemäß.** Nur eine ordnungsgemäße Belehrung wahrt die Frist; eine insuffiziente hat keine bessere Wirkung als eine überhaupt nicht erteilte. Was ordnungsgemäß ist, bestimmen die für die einzelnen Arten von Verbraucherverträgen geltenden Vorschriften (Rn 133 ff):

Für Außergeschäftsraum- und Fernabsatzgeschäfte im Allgemeinen (sowie für Fernunterrichtsgeschäfte, § 3 Abs. 2 FernUSG) gibt Art. 246a § 4 EGBGB Maß; ist Gegenstand des Geschäfts eine Finanzdienstleistung, gibt Art. 246b § 1 Nr. 12 EGBGB Auskunft. Danach sind die vorgeschriebenen Informationen, zu denen auch die Widerrufsbelehrung gehört, **klar und verständlich** zu erteilen; für Ratenlieferungsverträge (§ 510) sowie für den Erwerb von Investmentanteilen (§ 305 Abs. 2 Satz 2 KAGB) kommt gem. Art. 246 Abs. 3 EGBGB das Erfordernis der **deutlichen Gestaltung** hinzu, also der äußerlichen Hervorhebung (Rn 134). Nicht ausreichend ist zB die Formulierung: „*... die Frist beginnt frühestens mit Erhalt dieser Beleh-*

---

22 Vgl. EuGH WM 2005, 2079 Tz. 100 und 2086, Tz. 49 *(Badenia, Crailsheimer Volksbank)*; BGHZ 168, 1 = NJW 2006, Tz. 38; BGHZ 168, 110 = NJW 2007, 357 Tz. 41.
23 EuGH v. 18.12.2014 – C-449/13, ZIP 2015, 65 – *Consumer Finance* – mit krit. Komm. *Herresthal* EWiR 2015, 97.
24 BGH WM 2011, 23 mit Anm. *Bülow* LMK 2011, 313356; BGH v. 15.2.2011-XI ZR 148/10, BeckRS 2011, 06776 mit Anm. *Bülow* LMK 2011, 318836.

rung ... "[25] oder eine Nachbelehrung, die nicht klar macht, auf welchen von mehreren abgeschlossenen Verträgen sie sich bezieht. Bei verbundenen Geschäften kann auf die Widerrufserstreckung nach § 358 Abs. 1 hinzuweisen sein (Rn 164). All dies kann auch einen gutwilligen[26] Unternehmer überfordern, sodass er Gefahr läuft, im Schwebezustand zu bleiben. Der Normgeber hilft ihm in Gestalt von **Muster-Widerrufsbelehrungen** nach Anlage 1 (für die Fälle von Art. 246a EGBGB) und Anlage 3 (für die Fälle von Art. 246b EGBGB) zum EGBGB. Diese Muster muss der Unternehmer nicht verwenden, aber er kann der Ordnungsgemäßheit seiner Belehrung sicher sein, wenn er es tut, so bestimmen es Art. 246a § 1 Abs. 2 Satz 2 und Art. 246b § 2 Abs. 2 EGBGB: Durch die Verwendung der Muster erfüllt der Unternehmer seine Informationspflichten, wahrt also das Gesetz; man spricht von **Gesetzlichkeitsfiktion**[27], die verloren geht, wenn der Unternehmer den Text der Musterbelehrung auch nur geringfügig bearbeitet resp. erweitert[28]. Die vorgeschriebenen Informationen einschließlich der Widerrufsbelehrung sind auf einem dauerhaften Datenträger (§ 126b Satz 2) zur Verfügung zu stellen, der Unterschrift des Verbrauchers bedarf es nicht. Die bloße Abrufbarkeit der Belehrung auf einer Internetseite genügt nicht[29]. Bei Teilzeitwohnrechteverträgen ist gem. Art. 242 § 2 EGBGB ein vorgeschriebenes Formblatt zu verwenden. Kein Muster gibt es im Fall von Ratenlieferungsverträgen nach Art. 246 Abs. 3 EGBGB, wohl aber für unentgeltliche Darlehen und Finanzierungshilfen (Rn 297a) gem. Anlage 9 zum EGBGB. Für die Pflichtangaben über das Widerrufsrecht in Verbraucherkreditverträgen (Rn 138) können die Musterinformationen nach Anlage 7 (Allgemein-Verbraucherkreditverträge) oder 8 (Immobiliar-Verbraucherkreditverträge) zum EGBGB verwendet werden, die ebenfalls mit Gesetzlichkeitsfiktion gem. Art. 247 § 6 Abs. 2 Satz 3 EGBGB ausgestattet sind.

d) Fehlende Widerrufsbelehrung und Informationen

Ohne Widerrufsbelehrung beginnt die Widerrufsfrist nicht. Daraus zieht das Gesetz   **146**
– Art. 14 VerbrKrRiL und Art. 6 Abs. 1 Fernabsatz-Finanzdienstleistungen-Richtlinie und dem Urteil des EuGH vom 13.12.2001[30] folgend – den Schluss, dass die Frist auch nicht ende und ein so apostrophiertes **ewiges Widerrufsrecht** entstehen könne. Das Schweigen der beiden genannten Richtlinien[31] über das Fristende dürfte richtigerweise aber bedeuten, dass europäisch-sekundärrechtlich keine Regelung getroffen

---

25 BGH NJW 2012, 3428 Tz. 13 mit Anm. *Bülow* LMK 2012, 338473, obwohl diese Formulierung der früheren Vorschrift von § 14 BGB-InfoVO entnommen war, BGH NJW 2014, 2022 Tz. 16 mit Anm. *Ring* LMK 2014, 358902.
26 ... den „in jeder Hinsicht rechtstreuen", so BT-Drucks. 14/9266, S. 45, rechte Spalte.
27 BGHZ 194, 238 = NJW 2012, 3298 mit Anm. *Witt* S. 3300; MK/*Schürnbrand* § 492 BGB Rn 239. Ob die Widerrufsbelehrung ordnungsgemäß oder fehlerhaft ist, richtet sich nach Art. 246 bis 247 EGBGB, nicht nach dem Muster; die Fiktion verwirklicht sich nur, wenn das Muster seinerseits fehlerhaft sein sollte (so im Fall BGH WM 2012, 1668 mit Anm. *Bülow* LMK 2012, 338473; richtig OLG München WM 2016, 123 mit Anm. *Bülow* WuB 2016 [Heft 4]).
28 BGH NJW 2014, 2022.
29 BGH DB 2014, 1367.
30 EuGH C-481/99 Rn 44-48 – *Heininger* – zur alten Haustürgeschäfte-Richtlinie 85/577/EWG.
31 Erwägungsgründe 23 Finanz-Fernabsatz und 34 VerbrKredit; Materialien KOM – 1998 – 468 = BR-Drucks. 987/98, Auschüsse BR-Drucks.987/1/98, S. 4; KOM – 1999 – 385, S. 6, 7, AblEG C 177 E/2000.

wurde und die Mitgliedstaaten nicht gehindert sind, ein Fristende zu bestimmen[32]. Eine solche Regelung würde sich außerhalb der harmonisierten Bereiche beider Richtlinien befinden (Rn 46). Davon hat das deutsche Recht aber keinen Gebrauch gemacht, sondern sich in der Pflicht gesehen, es im gegebenen Falle zu einem „ewigen Widerrufsrecht" kommen zu lassen. Jenseits dessen und der vorgenannten Richtlinienbestimmungen gibt es jedoch Widerrufsrechte, die unabhängig von solchen Fristenläufen erlöschen. Dies ist der Fall bei Außergeschäftsraum- und Fernabsatzgeschäften im Allgemeinen sowie bei Fernunterrichtsverträgen (§ 4 FernUSG) gemäß § 356 Abs. 3 Satz 2 (Art. 10 Abs. 2 VerbrRechteRiL), bei Teilzeitwohnrechten nach § 356a Abs. 3 Satz 2, bei Ratenlieferungsverträgen nach § 356c Abs. 2 Satz 2, bei unentgeltlichen Darlehen und Finanzierungshilfen gemäß § 356d Satz 2 und bei Verbraucherbauverträgen gemäß § 356e Satz 2. Das Erlöschen tritt ein nach einem Jahr zuzüglich der Widerrufsfrist von 14 Tagen (im Sonderfall von Teilzeitwohnrechten nach drei Monaten und 14 Tagen, § 356a Abs. 2 Satz 2), gerechnet vom Vertragsschluss (§ 355 Abs. 2 Satz 2) resp. der Warenlieferung (§ 356 Abs. 2 Nr. 1). Kein Erlöschen gibt es für Außergeschäftsraum- und Fernabsatzgeschäfte über **Finanzdienstleistungen**, wie § 356 Abs. 3 Satz 3 zu entnehmen ist und für den Erwerb von Investmentanteilen gem. § 305 KAGB. Für Verbraucherkreditgeschäfte kommt es auf die Vertragsart an (Rn 299): Das Widerrufsrecht für **Allgemein-Verbraucherkeditverträge** erlischt nicht (§ 356b Abs. 2 Satz 1), wohl aber dasjenige für **Immobiliar-Verbraucherkreditverträge** (§ 356b Abs. 2 Satz 4) und auch das Widerrufsrecht für unentgeltliche Darlehen und Finanzierungshilfen (Rn 297a) gem. § 356d Satz 2. Aber die Widerrufsbelehrung nach Art. 246b § 1 Abs. 1 Nr. 12 EGBGB kann ebenso wie die weiteren Informationen nachträglich erteilt werden und für Verbraucherkreditverträge kann das besondere Verfahren der Nachholung nach § 492 Abs. 6 gewählt werden (Rn 319). Davon abgesehen entsteht ein unbefristetes, ewiges Widerrufsrecht, das – allenfalls bis zur Grenze der Verwirkung (§ 242 BGB)[33], welche im Allgemeinen aber nicht erreichbar ist[34] – zu beliebigem Zeitpunkt ausgeübt werden kann, zB erst im Prozess.

146a Das Widerrufsrecht für Fernabsatz- und Haustürgeschäfte nach § 312g BGB erlischt, wenn Gegenstand des Vertrags Dienstleistungen sind, nach näherer Maßgabe von § 356 Abs. 4 auch bei vollständiger Leistungserbringung, bei digitalen Inhalten[35] gemäß § 356 Abs. 5 mit Beginn der Ausführung des Verrags.

e) Beweislast

147 Es kann vorkommen, dass über den Fristbeginn unter den Parteien Unklarheit besteht, beide zB gegensätzliche Behauptungen über den Zeitpunkt der Aushändigung

---

32 Rechtsausschuss des Deutschen Bundestages v. 14.10.2015, Stellungnahme Sachverständiger *Bülow* http://webarchiv.bundestag.de; *Bülow* WuB 2016, 207 (211).

33 *Habersack/Schürnbrand* ZIP 2014, 749; zu weit gehend *Kropf* WM 2013, 2250 (2254); OLG Düsseldorf NJW 2014, 1599 (fünf Jahre); vgl auch BGH WM 2014, 905, LG Ulm VuR 2014, 314.

34 BGH v. 16.3.2016 – VIII ZR 146/15, NJW 2016, 1951 Rn 16, 20; *Bülow* WM 2015, 1829; *Gsell* FS für Müller-Graff 2015, S. 173.

35 Hierzu OLG München v. 30.6.2016 – 6 U 732/16, BeckRS 2016, 16429; LG Karlsruhe CR 2016, 603 mit Komm. *Mankowski* EWiR 2016, 775.

der Vertragsurkunde (§§ 356a Abs. 1, 356b Abs. 1, Rn 140) vortragen. Es stellt sich die Frage der Beweislast. Ausgangspunkt ist, dass der widerrufende Verbraucher die Beweislast für alle diejenigen Tatsachen trägt, welche die Wirksamkeit seines Widerrufs stützen, wozu nicht nur seine eigene Verbrauchereigenschaft nach § 13 BGB (hierzu näher Rn 309) und die Unternehmereigenschaft des Empfängers nach § 14 gehören (Rn 120), sondern beispielsweise auch der Zugang des Widerrufs beim Unternehmer zählt, aber eben an sich auch Tatsachen, aus denen sich die Fristwahrung ergibt. Dazu gehört auch der Fristbeginn. Nach § 361 Abs. 3 ist die Beweislast jedoch umgekehrt, sodass den Unternehmer die Beweislast trifft, dass er beispielsweise die Vertragsurkunde zu einem früheren, zur Verfristung des Widerrufs führenden Zeitpunkt zur Verfügung gestellt hatte. Ein *non liquet* geht zu seinen Lasten, sodass von der Fristwahrung auszugehen wäre.

IV. Modalitäten der Ausübung des Widerrufsrechts und ihrer Unterlassung im Fall des verbundenen Geschäfts nach § 358 und des zusammenhängenden Vertrags nach § 360

1. Gefahr der Paritätsstörung durch Drittfinanzierung

Ausgangslage des Widerrufsrechts ist, dass ein bilaterales Vertragsverhältnis zwischen Verbraucher und Unternehmer entsteht und kraft verbraucherprivatrechtlicher Sondervorschriften dieser Vertrag mit einem Widerrufsrecht des Verbrauchers bewehrt ist. Es kann aber auch sein, dass eine dritte Person mit diesem Vertrag in Berührung kommt, indem sie ihrerseits mit dem Verbraucher einen Vertrag abschließt. Paradigmatischer Fall ist der finanzierte Abzahlungskauf, bei dem der Verbraucher beim Unternehmer eine Sache kauft, sich das Geld für den Kaufpreis aber bei einer Bank beschafft, indem er einen Darlehensvertrag mit ihr abschließt. Typischerweise wird der Darlehensvertrag mit der Maßgabe abgeschlossen, dass die Bank den Kaufpreis, die Darlehensvaluta, nicht an ihren Darlehensnehmer, den Verbraucher, auszahlt, sondern unmittelbar an den Verkäufer und auf diese Weise, durch Leistung an einen Dritten, den Geldbetrag nach § 488 Abs. 1 Satz 1 zur Verfügung stellt. Angenommen, der Verbraucher beschafft sich das Geld für den Kaufpreis durch den Darlehensvertrag auf eigene Faust, ergibt sich folgende Rechtslage: Der Kaufvertrag, im stationären Handel abgeschlossen, ist nicht widerruflich, sondern nur der Darlehensvertrag nach § 495. Widerruft der Verbraucher den Darlehensvertrag, muss er gem. §§ 355 Abs. 3, 357a Abs. 1 BGB die Valuta an die Bank zurückzahlen, bekommt sie aber natürlich nicht vom Verkäufer, dessen Kaufpreisanspruch der Verbraucher durch die Leistung der Bank (§§ 362 Abs. 2, 185) erfüllt hatte. Der Verbraucher müsste sich die zurückzuerstattende Valuta also anderswo besorgen; der Widerruf des Darlehensvertrags nutzt ihm im Hinblick auf die Bindung an den Kaufvertrag nichts. Widerruft der Verbraucher den Darlehensvertrag auf der anderen Seite nicht, kann der Fall eintreten, dass die gekaufte Sache mangelhaft ist und der Verbraucher vielleicht nach Maßgabe von §§ 437 Nr. 2, 441 mindern kann. Das nützt ihm wenig, wenn er das Darlehen ungemindert an die Bank zurückzahlen muss (§ 488 Abs. 1 Satz 2). Der

148

isolierte Abschluss des Kaufvertrags als finanziertes Geschäft und des Darlehensvertrags als Finanzierungsgeschäft kann für den Verbraucher also gefährlich werden. Eine Störung von Vertragsparität zwischen Verbraucher und Verkäufer ist im Hinblick auf die Finanzierung des Kaufpreises dennoch nicht ersichtlich; wenn sich der Verbraucher den Kaufpreis auf eigene Faust beschafft, gibt es hierfür gerade kein Vertragsverhältnis mit dem Verkäufer. Die verbraucherprivatrechtliche Erfassung des Darlehensvertrages durch §§ 491 ff ergreift aber nicht den Kaufvertrag. Es verwirklicht sich ein hinzunehmendes Risiko aus der Teilnahme am Rechtsverkehr. Eine Ungleichgewichtslage, deren Ausgleich das Gesetz herbeiführt, kann jedoch dann eintreten, wenn der Verbraucher nicht aus eigenem Antrieb finanzierten Vertrag und Finanzierungsvertrag isoliert abschließt, sondern wenn Verkäufer und Bank in der Weise zusammenwirken, dass die Verträge aus der Sicht des Verbrauchers nicht isoliert, sondern als wirtschaftliche Einheit erscheinen. Die Finanzierung des Kaufpreises durch einen einheitlichen und einzigen Vertrag ist ganz einfach dadurch erreichbar, dass der Verkäufer den Kaufpreis stundet, vielleicht auf mehrere Fälligkeitszeitpunkte verteilt, und für die Stundung ein Entgelt verlangt, also nichts anderes als Zinsen für die hinausgeschobene Fälligkeit. Ein so gestalteter Kaufvertrag gegen Raten-(Teil-)zahlungen ist ein Teilzahlungsgeschäft nach § 506 Abs. 3, das umfassenden verbraucherprivatrechtlichen Sonderregelungen unterliegt (Rn 357 ff), also der Gefahr nicht hinnehmbarer Störung von Vertragsparität ausgesetzt und durch Information und Widerrufsrecht mit Kompensationsinstrumentarien bewehrt ist. Diese Kompensation versagt, wenn finanzierter Vertrag und Finanzierungsvertrag isoliert in **rechtlich selbstständige Verträge** aufgespalten werden. Bilden die beiden aufgespaltenen Verträge aber eine **wirtschaftliche Einheit**, werden sie insoweit auch als rechtliche Einheit behandelt, wie es zur Kompensation erforderlich erscheint. Erforderlich ist eine Befreiung des Verbrauchers von dem **Risiko**, das in der **Aufspaltung** liegt. Diese weitergehende Kompensation ist Gegenstand der besonderen Regelungen über verbundene Geschäfte nach §§ 358, 359.

149   Das Kompensationsmodell führt zu dem Ziel, dass Veränderungen des einen Vertrags auch den anderen Vertrag ergreifen. Die Veränderungen können darin liegen, dass einer der beiden Verträge widerrufen wird und dadurch auch die Bindung an den anderen Vertrag endet (**Widerrufsdurchgriff**) oder dass gegen den finanzierten Vertrag, zB den Kaufvertrag, Einwände entstanden sind, die auch gegenüber dem Finanzierungsvertrag, dem Darlehensvertrag, erheblich sind (**Einwendungsdurchgriff**). Die wechselseitigen Wirkungen treten ein, wenn beide Verträge miteinander **verbunden** sind.

150   Den Widerrufsdurchgriff regeln § 358 Abs. 1 und Abs. 2. Die Voraussetzungen der Verbundenheit, namentlich die wirtschaftliche Einheit, sind in Abs. 3 niedergelegt, während Abs. 4 die Rückabwicklung im Fall des Widerrufs regelt (Rn 205–214). Der Einwendungsdurchgriff ist durch § 359 Abs. 1 erfasst. Teilweise ist das Verbundreglement auf zusammenhängende Verträge (§ 360) anwendbar (Rn 159).

2. Voraussetzungen der Verbundenheit

Der Widerruf des einen Vertrags ergreift auch den anderen Vertrag, und es findet ein **151** Einwendungsdurchgriff von dem einen auf den anderen Vertrag statt, wenn beide miteinander verbunden sind. Die Voraussetzungen dafür sind in § 358 Abs. 3 niedergelegt. Die Verbindung steht ihrerseits unter zwei Voraussetzungen. Voraussetzung ist zunächst die **Abhängigkeit** des einen von dem anderen Vertrag, die darin liegt, dass das Darlehen der Finanzierung des anderen Vertrags dient, das Darlehen also zweckgebunden ist, anders gewendet: Dass beide Verträge im Verhältnis von finanziertem Vertrag und Finanzierungsvertrag stehen. Die zweite Voraussetzung liegt in der **wirtschaftlichen Einheit** beider Verträge.

a) Zweckbindung

Das Tatbestandsmerkmal der Zweckbindung setzt keine Vereinbarung der Parteien **152** hierüber voraus, vielmehr reicht die tatsächliche Zweckbestimmung. Notwendige Voraussetzung ist auch nicht, dass der Darlehensbetrag, die Valuta, von der Bank unmittelbar an den Verkäufer ausgezahlt wird[36]. Die Finanzierung muss nur wirtschaftlicher Grund für den Abschluss des Darlehensvertrags sein[37]. Der Zweckbindung steht nicht entgegen, wenn das Darlehen nur teilweise für den zu finanzierenden Vertrag, zB den Kaufvertrag, verwendet wird, der andere Teil für den Verbraucher also frei verfügbar ist; der Widerruf des Darlehensvertrags ist aber auch dann unteilbar (Rn 124, s. aber die Sonderkonstellation Rn 156).

b) Wirtschaftliche Einheit

Das Tatbestandsmerkmal der wirtschaftlichen Einheit hat seinen Ausgangspunkt in **153** der rechtlichen Trennung von Darlehensvertrag und finanziertem Vertrag, die dem Verbraucher aber nicht deutlich wird, sich ihm der Darlehensvertrag vielmehr als Teilstück eines einheitlichen Geschäfts darstellt. Dies hängt von der konkreten Ausgestaltung im Einzelfall ab, von einer hinreichenden Anzahl von Verbindungselementen[38], einer miteinander verknüpften Kette von Leistungspflichten[39], davon, dass beide Verträge derart innerlich miteinander verbunden sind, dass keiner ohne den anderen abgeschlossen worden wäre[40]. Maß der Beurteilung des Einzelfalls ist der Verständnishorizont eines vernünftigen typischen Verbrauchers, nicht die Auffassungsgabe gerade desjenigen Verbrauchers, der die Verträge abschloss. Die wertende Gesamtbetrachtung durch den vernünftigen Durchschnittsverbraucher ergibt den Begriff der wirtschaftlichen Einheit. In diese Gesamtbetrachtung mag einfließen, ob eine Zweckabrede (Rn 152) getroffen wurde, die Valuta direkt an den Verkäufer geflossen ist, die gekaufte Sache der Bank zur Sicherheit übereignet worden war[41]

---

36 So aber *Heermann* AcP 200 (2000), 1, 36; wie hier MK/*Habersack* § 358 BGB Rn 49.
37 So schon BGH NJW 1983, 2250.
38 BGH NJW 1989, 163.
39 *Heermann* AcP 200 (2000), 1 (36).
40 BGHZ 184, 1 = NJW 2010, 531 Tz. 30 mit Rez. *Schürnbrand* ZBB 2010, 123 und Anm. *Bülow* LMK 200, 298835; BGH NJW 1996, 344.
41 BGH WM 1980, 159.

u.v.m.[42]. Das Gesetz nennt in § 358 Abs. 3 Satz 2 zwei Fälle, in denen die wirtschaftliche Einheit unwiderleglich vermutet wird[43]. Ein Fall ist, dass sich die Bank bei Vorbereitung oder Abschluss des Darlehensvertrags der Mitwirkung des Verkäufers bedient, etwa in der Weise, dass dem Verbraucher zusammen mit dem Kaufvertragsformular zugleich das Darlehensvertragsformular der Bank vorgelegt wird. Gleiches gilt, wenn der Verkäufer einen Darlehensvermittler (Rn 396) einschaltet und die Bank dies weiß[44]. Der andere Fall ist, dass es der Verkäufer selbst ist, der außer dem Kaufvertrag auch den Darlehensvertrag mit dem Verbraucher abschließt (vgl Rn 154). Restriktive Voraussetzungen[45] für die wirtschaftliche Einheit bestimmt das Gesetz durch § 358 Abs. 3 Satz 3 für den Fall, dass finanziertes Geschäft ein **Grundstückserwerb** ist (wobei der Darlehensvertrag zwar meist zugleich ein **Immobiliendarlehensvertrag** nach § 491 Abs. 3 Satz 1 BGB ist, aber nicht zwingend zu sein braucht, Rn 301).

c) Drei- und Zweipersonenverhältnis

154   Im klassischen Fall des verbundenen Geschäfts sind drei Personen beteiligt, nämlich Verbraucher, Verkäufer und Bank. Aber auch und erst recht, wenn der Verkäufer selbst das Darlehen zur Finanzierung des Kaufpreises gewährt und demgemäß zwei isolierte Verträge mit dem Verbraucher abschließt, ist die Verbindung der beiden isolierten Verträge gegeben, wie § 358 Abs. 3 Satz 2 klarstellt (hierzu auch Rn 180).

3. Widerrufserstreckung

a) Finanzierung durch Darlehen

155   Ist der Darlehensvertrag in dieser Weise (Rn 151) mit dem zu finanzierenden Vertrag im Valutaverhältnis, der nicht nur Kauf-, sondern auch Werk-, Dienst-, Geschäftsbesorgungs-, Darlehensvermittlungs- (Rn 396) oder anderer schuldrechtlicher Austauschvertrag sowie in erweiternder Auslegung[46] Gesellschaftsvertrag (Fondsbeitritt) sein kann, verbunden, gestaltet sich die Ausübung des Widerrufsrechts unterschiedlich. Ausgangspunkt ist, dass der finanzierende Verbraucherdarlehensvertrag in der Regel nach § 495 widerruflich ist (s. aber Rn 157). Der zu finanzierende Vertrag kann entweder selbst ebenfalls zu den widerruflichen Verträgen gehören oder aber nach allgemeiner Regel verbindlich, also unwiderruflich sein (Rn 4). Ist beispielsweise der finanzierte Kauf zugleich ein Fernabsatzgeschäft iSv § 312c, unterliegt dieser Fernkauf dem Widerrufsrecht nach § 312g Abs. 1. Ziel des Verbundreglements ist es, die Verbindlichkeit des gesamten, wirtschaftlich einheitlichen Geschäfts durch einen einzigen Widerruf des Verbrauchers zu beenden, also auf die rechtlich getrennten Verträ-

---

42 Kasuistik bei *Bülow/Artz* Verbraucherkreditrecht, § 495 BGB Rn 233 ff.
43 BGHZ 167, 252 = NJW 2006, 1788; BGHZ 156, 46 = NJW 2003, 2821 zu II. 1. b. mit Anm. *Bülow* LMK 2003, 221.
44 BGH NJW 2007, 3200.
45 Im Einzelnen *Bülow/Artz* Verbraucherkreditrecht, § 495 BGB Rn 242–260.
46 BGH NJW 2011, 2198 Tz. 12, 13, 22, jedoch nur, wenn der Vertrag Steuer- oder Kapitalanlagezwecken dient, *Bülow/Artz* Verbraucherkreditrecht, § 495 BGB Rn 309 f.

ge zu erstrecken und sie einheitlich abzuwickeln, m.a.W. den **Widerrufsdurchgriff zu bewirken**. Dies geschieht durch § 358 Abs. 1 und Abs. 2. Der wirksame Widerruf des finanzierten Geschäfts, hier des Fernabsatzvertrags, beseitigt nicht nur dessen Bindung, sondern erstreckt sich gem. § 358 Abs. 1 auch auf das Finanzierungsgeschäft, den Darlehensvertrag (außerdem auf zusammenhängende Verträge nach § 360, Rn 159). Dadurch wird das wirtschaftlich einheitliche Geschäft einheitlich beendet und gem. §§ 358 Abs. 4, 355 Abs. 3, 357 ff abgewickelt (Rn 205 ff). Der Verbraucher kann nach seiner Wahl[47] aber auch anders vorgehen, nämlich den Darlehensvertrag widerrufen mit der Folge, dass gem. § 358 Abs. 2 die Bindung an den finanzierten Vertrag endet. Der Verbraucher kann sich also aussuchen, gegen welchen Vertrag er den Widerruf richtet; der jeweils andere Vertrag im Verbund wird vom Widerruf ebenfalls erfasst. Dieses Wahlrecht gewinnt dann Bedeutung, wenn die Widerrufsfrist bei beiden Verträgen nicht am selben Tag beginnt und deshalb bei einem der Verträge Verfristung eingetreten ist. Auf der anderen Seite kann der Fall auftreten, dass der Widerruf des Darlehensvertrags unbefristet wirksam ist und die Bindung an den finanzierten Vertrag beendet, weil die gemäß § 356b Abs. 1 zur Verfügung zu stellende Vertragsurkunde mit den Pflichtangaben insuffizient ist (Rn 146 bei Allgemein-Verbraucherdarlehensverträgen). Das gilt auch dann, wenn das Widerrufsrecht für den finanzierten Vertrag erloschen ist, zB gemäß § 356e Satz 2 für einen Verbraucherbauvertrag.

Wenn das Darlehen höher war als die finanzierte Leistung (zB eine Versicherungsprämie und Widerruf nach § 8 VVG, Rn 426), endet die Bindung an den Darlehensvertrag gem. § 358 Abs. 1 insoweit, als er den Versicherungsvertrag finanziert. Nur insoweit ist der Darlehensvertrag nämlich mit dem widerrufenen Vertrag verbunden[48]. Der Darlehensvertrag bleibt also wegen des Restes verbindlich, wenn der Verbraucher nicht auch den Widerruf des Darlehensvertrages erklärt[49] (für den Fall, dass ein Verbund zu verneinen, aber ein zusammenhängender Vertrag anzunehmen ist, s. Rn 159).   **156**

Der Widerruf des finanzierten Vertrags erstreckt sich, wie § 358 Abs. 1 formuliert, auf den verbundenen Darlehensvertrag. Es braucht sich also nicht um einen Verbraucherdarlehensvertrag zu handeln, was in den Ausnahmetatbeständen von § 491 Abs. 2 Satz 2 der Fall ist (Rn 302b). Auch ein Bagatelldarlehensvertrag nach § 491 Abs. 2 Satz 2 Nr. 1 verliert also seine Verbindlichkeit bei Widerruf des finanzierten Vertrags, ebenso ein unentgeltlicher Darlehensvertrag[50] nach § 514. Auch die Widerrufserstreckung nach § 358 Abs. 2 findet im letzten Fall statt, weil der Darlehensvertrag gemäß § 514 Abs. 2 widerruflich ist.   **157**

Der finanzierte Vertrag braucht selbst nicht widerruflich zu sein, zB ein Kaufvertrag im stationären Handel. Für diesen Fall bleibt es bei § 358 Abs. 2, wonach der Wi-   **158**

---

47   Zust. Staudinger/Herresthal § 358 BGB Rn 168.
48   *Schürnbrand* BKR 2011, 309 (312); MK/*Habersack* § 358 BGB Rn 75.
49   BGH NJW 2011, 1063 Rn 27 betr. § 358 Abs. 4 Satz 4: Zinsen und Kosten sind nur insoweit ausgeschlossen, als ein Verbund besteht, Rn 208.
50   BGH WM 2014, 2091 mit Anm. *Bülow* WuB 2015, 7.

derruf des Verbraucherdarlehensvertrags nach § 495 zugleich die Bindung an den Kauf- (oder anderen finanzierten) Vertrag beseitigt und beide abzuwickeln sind. Die Widerruflichkeit des Verbraucherdarlehensvertrags bestimmt in diesen Fällen das Verbundgeschäft. Der Widerruf ergreift den gesamten Darlehensvertrag, gleich, in welchem Umfang er den anderen Vertrag finanziert (vorst. Rn 156).

158a Keine Widerrufserstreckung findet gemäß § 358 Abs. 5 statt, wenn das Darlehen der Finanzierung von Finanzinstrumenten dient (wie auch der Einwendungsdurchgriff gemäß § 359 Abs. 2 ausgeschlossen ist, Rn 178): Der Verbraucher soll nicht auf Kosten der Bank spekulieren dürfen.

b) Zusammenhängende Verträge (§ 360)

159 Nach § 360 Abs. 1 Satz 1 findet eine Widerrufserstreckung unabhängig von einem Verbund statt. Macht der Verbraucher von einem gesetzlichen Widerrufsrecht Gebrauch, zB für einen Fernabsatzvertrag nach § 312g Abs. 1, erstreckt sich der Widerruf auf einen zusammenhängenden Vertrag, indem auch die Bindung an diesen Vertrag endet. Das gilt unabhängig davon, ob der zusammenhängende Vertrag (in der Terminologie von Art. 15 VerbrRechte-Richtlinie: der akzessorische Vertrag) seinerseits widerruflich ist, zB nach § 8 Abs. 1 VVG.

159a Mit mit einem Verbraucherdarlehensvertrag zusammenhängende Verträge sind Versicherungs-, insbesondere Restschuldversicherungsverträge[51], ein Kontoführungsvertrag, ein Vertrag über eine Zahlungskarte, ein Wartungsvertrag gemeint, die zugleich Verträge über Zusatzleistungen nach Art. 247 § 8 EGBGB sein können. Werden die Leistungen aus solchen Verträgen durch das Darlehen mitfinanziert, ist im Allgemeinen ein Verbund nach § 358 Abs. 3 Satz 1 gegeben (Rn 151). Es kann aber vorkommen, dass eine solche Mitfinanzierung nicht stattfindet, sondern insofern ein Bargeschäft vereinbart wird (der Verbraucher zahlt die Versicherungsprämie aus eigenen Mitteln). In diesem Fall scheidet mangels Finanzierung ein Verbundgeschäft aus, gleichermaßen, wenn nach Lage des Einzelfalls eine wirtschaftliche Einheit nach § 358 Abs. 3 Satz 1 zu verneinen ist. Trotzdem findet bei Widerruf des Darlehensvertrags nach § 495 eine Widerrufserstreckung gem. § 360 Abs. 1 Satz 1 in gleicher Weise wie nach § 358 Abs. 2 (sowie Abwicklung nach § 360 Abs. 1 Satz 2 in gleicher Weise wie nach § 358 Abs. 4, Rn 205 ff) statt. Eine gleiche Rechtslage kann sich auch ohne Darlehensvertrag ergeben, etwa bei einem Fernabsatzsatzgeschäft nebst Wartungsvertrag. Nicht anwendbar ist § 359 Abs. 1 über den Einwendungsdurchgriff (hierzu Rn 162). Dagegen lässt ein Widerruf des zusammenhängenden Vertrags, zB nach § 8 VVG, den Darlehensvertrag unberührt; anders aber, wenn ein Verbraucherdarlehensvertrag selbst zusammenhängender Vertrag nach Maßgabe von § 360 Abs. 2 Satz 2 ist (Rn 161). Auch ohne Darlehensvertrag kann der Tatbestand eines zusammenhängenden Vertrags gegeben sein, zB bei einem Wartungsvertrag, der mit einem Fernabsatzvertrag verbunden ist.

---

51 Sie fangen das Risiko auf, dass der Darlehensnehmer, zB wegen Arbeitslosigkeit oder Krankheit, das Darlehen nicht zurückzahlen kann, BGHZ 184, 1 = NJW 2010, 531 Tz. 22.

Was ein **zusammenhängender Vertrag** ist, folgt aus der Legaldefinition von § 360 **160** Abs. 2 Satz 1. Voraussetzungen sind

– ein Bezug zu dem widerrufenen Vertrag,
– der Verbraucher als Partei des zusammenhängenden Vertrags[52] und
– Leistung durch
  – den Unternehmer des widerrufenen Vertrags (Darlehensgeber) oder
  – einen Dritten aufgrund Vereinbarung mit dem Unternehmer des widerrufenen Vertrags.

Der Bezug zum widerrufenen Vertrag, insbesondere als Nebenleistung zum Darlehensvertrag iSv Art. 14 Abs. 4 VerbrKredit-Richtlinie, setzt eine kausale Verknüpfung mit diesem voraus, ohne dass der Darlehensgeber den Vertragsabschluss, wie gem. Art. 247 § 8 Abs. 1 EGBGB, verlangen müsste[53]. Der zusammenhängende Vertrag, zB in Gestalt eines Girovertrags (Zahlungsdienstrahmenvertrag § 675f Abs. 2), kann unter Verbraucher und Darlehensgeber abgeschlossen werden. Partei kann aber auch ein Dritter sein, zB ein Versicherer, der mit dem Verbraucher eine Restschuldversicherung abschließt. Der Tatbestand eines zusammenhängenden Vertrags nach § 360 Abs. 2 Satz 1 ist dadurch allein aber noch nicht erfüllt. Vielmehr ist eine weitere diesbezügliche Vereinbarung zwischen Darlehensgeber und dem Dritten, hier dem Versicherer, Voraussetzung für den Zusammenhang, zB ein Rahmenvertrag. Ohne eine derartige Vereinbarung bleibt es bei der Bindung an den Vertrag zwischen Verbraucher und Drittem, wobei offen bleibt, wie der Verbraucher von dem Rahmenvertrag Kenntnis erlangt.

Der Verbraucherdarlehensvertrag kann der widerrufene Vertrag, aber er kann auch der **161** zusammenhängende Vertrag sein, der seine Verbindlichkeit verliert. Voraussetzung ist gemäß § 360 Abs. 2 Satz 2 zunächst, dass der Darlehensvertrag (auch wenn er gemäß § 491 Abs. 2 Satz 2 BGB kein Verbraucherdarlehenvertrag ist) ausschließlich[54] der Finanzierung des widerrufenen Vertrags dient, der beispielsweise ein Fernabsatzvertrag über Waren oder ein Versicherungsvertrag sein kann. Im Falle des Verbundes tritt diese Rechtsfolge nach § 358 Abs. 1 ein. Ohne Verbund, in § 360 Abs. 1 Satz 1 vorausgesetzt, wird der Darlehensvertrag nur dann zum zusammenhängenden Vertrag, wenn in ihm die zu finanzierende Leistung aus dem widerrufenen Vertrag **genau angegeben** ist, Art. 3 lit. n ii) VerbrKrRiL entsprechend. Weitere Voraussetzung ist auch hier eine Rahmenvereinbarung zwischen dem Unternehmer des widerrufenen Vertrags und dem Darlehensgeber (Rn 160); andernfalls bleibt der Verbraucherdarlehensvertrag verbindlich, wenn die Widerrufsfrist nach §§ 355 Abs. 2, 495 verstrichen ist (für den Fall eines Verbundes Rn 155 aE). Einwendungen gegen den finanzierten Vertrag kann der Verbraucher gegen den zusammenhängenden Darlehensvertrag nicht geltend machen, da ein Einwendungsdurchgriff nicht stattfindet (Rn 159).

---

52 Also nicht zum Beispiel Versicherungsvertrag zwischen Unternehmer und Versicherer (zugunsten des Verbrauchers), OLG Karlsruhe WM 2014, 2162 zu II.1.a.
53 Deshalb sind zB obligatorische wie fakultative Restschuldversicherungsverträge erfasst, Staudinger/ *Herresthal* § 360 BGB Rn 14 a.E.
54 Zweckbindung ganz oder auch teilweise, *Bülow/Artz* VerbrKrR, § 495 BGB Rn 343, 267; Staudinger/ *Herresthal* § 360 BGB Rn 22.

162 In der Nichtanwendbarkeit von § 359 liegt ein Konformitätsproblem. § 360 Abs. 2 Satz 2 stellt nämlich die Umsetzung der – vollharmonisierenden (Rn 45) – VerbrKrRiL dar. Dort (Art. 3 lit. n ii) ist der Tatbestand der Angabe des Verkaufsgegenstands als unwiderlegliche Vermutung der wirtschaftlichen Einheit nach dem Vorbild von § 358 Abs. 3 Satz 2 ausgestaltet, sodass die Regelung über verbundene Geschäfte nach Art. 15 der Richtlinie vorgegeben ist. Diese enthält in Abs. 2 aber den Einwendungs- durchgriff[55]. Zu denken wäre – mit Skepsis (Rn 50)[56] – an eine richterliche Rechtsfort- bildung, die § 359 Abs. 1 mit einbezieht.

c) Finanzierung durch Teilzahlungsabrede

163 Jenseits von § 358 kann eine weitere Problematik entstehen, die sich aus der Anwen- dung zweier unterschiedlicher Widerrufsrechte ergibt. § 358 Abs. 1 befasst sich mit der mehrfachen Widerruflichkeit zweier rechtlich – aber nicht wirtschaftlich – iso- lierter Verträge. Die Frage, welches Widerrufsrecht gilt, kann sich aber auch dann stellen, wenn nur ein einziger Vertrag abgeschlossen wurde, zB die Vergütung für Bauleistungen nach §§ 631 Abs. 1, 650i, oder der Kaufpreis für eine im Fernabsatz gekaufte Sache in Teilzahlungen erbracht werden kann oder der Preis für den Erwerb eines Teilzeitwohnrechts oder der Preis für eine außerhalb von Geschäftsräumen ge- kaufte Sache. Aufgrund der Teilzahlungsabrede sind die Verträge nicht nur Verbrau- cherbau-, Fernabsatz-, Teilzeitwohnrechte- oder Haustür- (Außergeschäftsraum-)ge- schäfte, sondern zugleich Teilzahlungsgeschäfte nach § 506 Abs. 3 (Rn 357). Gilt das Widerrufsrecht nach §§ 506 Abs. 1, 495 oder nach § 312g Abs. 1 oder nach § 650l oder nach § 485? Für Außergeschäftsraum- und Fernabsatzgeschäfte, außerdem für den Erwerb von Investmentanteilen nach § 305 KAGB (Rn 433) bestimmt § 312g Abs. 3 den Vorrang des teilzahlungsrechtlichen resp. investment-rechtlichen Wider- rufsrechts. Für Verbraucherbauverträge resp. für Teilzeitwohnrechte schweigt das Ge- setz, es dürfte von Gleichrangigkeit des verbraucherkreditrechtlichen und des bau- rechtlichen resp. des teilzeitwohnrechtlichen Widerrufsrechts auszugehen sein, was bedeutet, dass die Voraussetzungen beider Widerrufsrechte nach § 650l resp. §§ 356a Abs. 1 und 2 und 356b Abs. 1 erfüllt sein müssen[57], damit die Widerrufsfrist beginnt. Was ihr Ende betrifft, schließen sich das ewige Widerrufsrecht nach § 356b Abs. 2 Satz 1 und das befristete nach § 356e Satz 2 resp. § 356a Abs. 3 Satz 2 oder Abs. 4 Satz 2 BGB gegenseitig aus. Da sich das deutsche Recht aber in der unionsrechtli- chen Pflicht aufgrund Artt. 14 VerbrKr-Ril und 6 Abs. 1 Fernabsatz-Finanzdienstleis- tungen-RiL sieht (Rn 146), es im gegebenen Falle zu einem ewigen Widerrufsrecht kommen zu lassen, ist *de lege lata* vom Vorrang der Ewigkeitskonstruktion auszu- gehen, sodass – ebenso im Falle der Widerrufserstreckung nach § 358 Abs. 2 (Rn 155 aE) – bei Insuffizienz der Unterrichtung über das Widerrufsrecht unbefristet widerrufen werden kann, bis zur Grenze der Verwirkung oder bis zur Nachholung nach § 492 Abs. 6 (Rn 319).

---

55 Die Gesetzesverfasser haben das Problem erkannt, halten die Regelung von Art. 3 lit. n ii aber für eine Art Redaktionsversehen, BT-Drucks. 17/12637, S. 125.
56 Staudinger/*Herresthal* § 360 BGB Rn 35.
57 *Bülow/Artz* Verbraucherkreditrecht, § 495 BGB Rn 44.

d) Widerrufsbelehrung

Bei verbundenen Geschäften ist der Verbraucher umso mehr auf eine informative **164** Widerrufsbelehrung angewiesen. Im Fall von § 358 Abs. 1 (Widerruflichkeit des finanzierten Geschäfts) ist die Widerrufsbelehrung vom **Unternehmer des finanzierten Geschäfts**, zB des Verkäufers, zu erteilen. Sie richtet sich nach Art. 246a § 1 Abs. 2 EGBGB (Außergeschäftsraum- und Fernabsatzgeschäfte im Allgemeinen sowie Fernunterrichtsgeschäfte), nach Art. 246b § 1 Nr. 12 EGBGB (Finanzdienstleistungen), nach Art. 246 Abs. 3 EGBGB (Ratenlieferung, Investmentanteile) oder nach Art. 249 § 3 EGBGB mit Anlage 10 (Verbraucherbauvertrag). Nur im Fall von Finanzdienstleistungen erstreckt sich die Belehrungspflicht auch auf den Verbund (Anlage 3 zum EGBGB, Gestaltungshinweis 6), diese Information ist im Übrigen also fakultativ. Die Widerrufsbelehrung könnte dahin formuliert werden, dass bei Widerruf des Kaufvertrags auch der verbundene Darlehensvertrag unverbindlich wird[58]. Zusätzlich hat der **Darlehensgeber** als Pflichtangabe im Darlehensvertrag (Rn 132) gem. Art. 247 § 6 Abs. 2 EGBGB über das Widerrufsrecht zu unterrichten und außerdem gem. Art. 247 § 12 Abs. 1 Nr. 2 lit. b EGBGB über die sich aus §§ 358 und 359 oder 360 (Einwendungsdurchgriff, Rn 166, zusammenhängender Vertrag, Rn 159) ergebenden Rechte sowie über die Bedingungen der Ausübung dieser Rechte zu informieren. Hierfür kann die Musterinformation nach Anlage 7 zum EGBGB (Allgemein-Verbraucherdarlehensverträge) oder Anlage 8 (Immobiliar-Verbraucherdarlehensverträge, Rn 299) verwendet werden (Rn 145). Im Falle des verbundenen Geschäfts in der Variante von § 358 Abs. 1 sind also beide, Unternehmer des finanzierten Geschäfts und Darlehensgeber, zur Belehrung verpflichtet[59].

Ist der finanzierte Vertrag nicht widerruflich, greift die Widerrufserstreckung nach **165** § 358 Abs. 2 ein (Rn 158), sodass den Unternehmer des finanzierten Geschäfts keine Belehrungspflichten bezüglich des Verbundes treffen (die Information über das Nichtbestehen eines Widerrufsrechts nach Art. 246a § 1 Abs. 3 EGBGB bezieht sich nur auf den finanzierten Vertrag, nicht auf den Verbund), während der Darlehensgeber nach Maßgabe von Art. 247 § 6 Abs. 2, § 12 Abs. 1 Nr. 2 lit. b EGBGB im Darlehensvertrag als Pflichtangabe über den Verbund zu unterrichten hat (Rn 329).

4. Einwendungsdurchgriff (§ 359)

a) Ausgangslage

Im verbundenen Geschäft braucht es nicht zum Widerruf zu kommen, sodass die Ver- **166** träge endgültig wirksam werden. Aber der Verbraucher kann gem. § 359 Abs. 1 die Rückzahlung des Darlehens verweigern, soweit er gegenüber dem Gläubiger aus dem finanzierten Vertrag, zB einem Kaufvertrag, zur Leistungsverweigerung berechtigt wäre. Einwände gegen den finanzierten Vertrag greifen also auf den Finanzierungsvertrag, den Darlehensvertrag, durch, obwohl gegen diesen Vertrag unmittelbar keine

---

58 BGH NJW 2008, 1728.
59 Anders nach früherer Rechtslage, BGH NJW 2009, 3020 Tz. 23: keine „Pflichtenteilung".

Einwände bestehen. Auf diese Weise wird der Verbraucher davor geschützt, das Darlehen in voller Höhe zurückzahlen zu müssen, obwohl er den Preis für die Leistung des Unternehmers aus dem finanzierten Vertrag nicht oder doch nicht voll zu erbringen hätte, namentlich bei Mängeln der erworbenen Sache oder der empfangenen Leistung, einschließlich Aliud- oder Mindermengenlieferung (§ 434 Abs. 4). Neben Mängelansprüchen aus dem finanzierten Vertrag (Rücktritt, Minderung, Schadensersatz, Nacherfüllung, Aufwendungsersatz, §§ 437, 634) kommen Einwände wegen Nichterfüllung durch den Unternehmer (§ 320) oder von diesem zu vertretende Unmöglichkeit (§§ 275, 283) oder wegen Verletzung von Nebenpflichten wie Aufklärungspflichten (§ 280) oder des Integritätsinteresses (§ 241 Abs. 2), aber auch rechtshindernde Einwendungen, zB nach § 138, in Betracht (Rn 168). Der Darlehensgeber kann gegenüber dem Verbraucher allerdings replizieren, dieser müsse zunächst die Durchsetzung seiner Rechte beim Unternehmer des finanzierten Vertrags versuchen, diese zumindest geltend machen; der Subsidiaritätsgrundsatz gilt nicht nur in den Fällen von § 359 Abs. 1 Satz 3 (Rn 167 aE sowie Rn 181). Er kann auch replizieren, Mängelansprüche gegen den Verkäufer seien gem. §§ 438, 634a verjährt.

b) Wirkungsweise

167 Der Einwand gegen den finanzierten Vertrag wird zur **Einrede** gegen den Finanzierungsvertrag, deren **Erhebung im Belieben des Verbrauchers** steht. Erhebt der Verbraucher die Einrede gegenüber dem Darlehensgeber nicht, ist er zur ungeschmälerten Rückzahlung des Darlehens verpflichtet; der Einwendungsdurchgriff ist also nicht von Amts wegen zu berücksichtigten. Die Einrede ist jedenfalls dann erheblich, wenn alle Voraussetzungen erfüllt sind, die den Verbraucher gegenüber dem Unternehmer des finanzierten Vertrags zur Verweigerung seiner Leistung berechtigen würden. Die Gesetzesformulierung im Konditional erklärt sich daraus, dass die Verweigerung der Leistung gegenüber dem Unternehmer obsolet geworden ist, sobald diese Leistung durch die Bank erbracht worden war, es also nichts mehr zu verweigern gibt. Aber die Rückzahlung des Darlehens steht noch aus; diese kann der Verbraucher verweigern, soweit die Einwendung gegenüber dem Unternehmer gereicht hätte. Gründet sich also der Einwand auf ein Gestaltungsrecht, wozu auch die Einrede gehört[60], ist der Einwendungsdurchgriff eröffnet worden, wenn der Verbraucher diese Einrede auch gegenüber dem Unternehmer des finanzierten Vertrags erhoben (zB Mängelansprüche geltend gemacht) oder ein sonstiges Gestaltungsrecht, zB den Rücktritt, gegenüber dem Unternehmer erklärt hatte (§ 349). Die bloße Gestaltungslage, zB durch die Anfechtbarkeit ohne Anfechtungserklärung (§ 143), begründet den Einwendungsdurchgriff im Verhältnis zum Darlehensgeber noch nicht; es soll zunächst eine Problemlösung im Verhältnis Verbraucher-Unternehmer gesucht werden. Die entgegenstehende frühere Rechtsprechung des II. (für das Gesellschaftsrecht zuständigen) Zivilsenats des BGH[61] ist nicht mehr richtlinienkonform, nämlich nicht mit Art. 15 Abs. 2 Satz 1 VerbrKrRiL 2008/48/EG vereinbar, wonach der Verbraucher zunächst versuchen muss, seine Rechte gegenüber dem Unternehmer des finan-

---

60 *Jahr* JuS 1964, 125.
61 BGHZ 156, 46 = NJW 2003, 2821 zu II.2.c.cc. mit Anm. *Bülow* LMK 2003, 221.

zierten Geschäfts durchzusetzen, in welcher Form und Art und Weise auch immer. Demgegenüber ist der Einwendungsdurchgriff also **subsidiär**[62].

Die Einwendung gegen den finanzierten Vertrag kann rechtshindernder Art sein, näm- **168** lich bei Nichtigkeit dieses Vertrages, zB wegen Anfechtung, Sitten- oder Gesetzesverstoß (§§ 142 Abs. 1, 138, 134 BGB)[63], sodass zwischen Verbraucher und Unternehmer des finanzierten Vertrags ein bereicherungsrechtliches Abwicklungsverhältnis gem. § 812 Abs.1 Satz 1, 1. Var. (Leistungskondiktion) entsteht. In diesem Fall bedeutet Einwendungsdurchgriff, dass der Verbraucher seine bereicherungsrechtlichen Ansprüche gegen den Unternehmer des finanzierten Vertrags (nachdem er sie diesem gegenüber geltend gemacht hatte) dem Darlehensrückzahlungsanspruch des Darlehensgebers zurückbehaltend nach § 273 entgegensetzen kann (zur Rückabwicklung in diesem Fall s. Rn 172, 212). Im Falle einer Naturalobligation kann die fehlende Durchsetzbarkeit dem Darlehensrückzahlungsanspruch entgegengesetzt werden, zB bei finanzierten Partnerschaftsvermittlungsverträgen (§ 656 Abs. 1). Handelt für den Verbraucher ein *falsus procurator* (§ 177 BGB) beim finanzierten Vertrag, kann der Verbraucher dem Darlehensgeber die fehlende Vertragwirksamkeit nach Maßgabe von § 177 Abs. 1 entgegensetzen.

c) Paritätische Gesamtschuld mit asymmetrischer Zweckbindung

Besondere Betrachtung lohnt sich für eine Gesamtschuldkonstellation: **169**

Partei des Darlehensvertrags als Darlehensnehmer kann eine Mehrheit von Verbrauchern, zB Ehegatten, sein (Rn 126). Die Darlehensnehmer sind gleichgründige, paritätische Gesamtschuldner und zugleich Gläubiger des Darlehensgebers (anders als im Falle der Sicherungsgesamtschuld, wo der beitretende Verbraucher nur haftet, Rn 325). Es kann vorkommen, dass die Valuta der Finanzierung eines anderen Geschäfts, zB eines Verbrauchsgüterkaufs im Fernabsatz, dient, dass aber nur einer der Darlehensnehmer zugleich Partei des finanzierten Geschäfts ist und deshalb allein das Widerrufsrecht aus § 312g Abs. 1 hat. Übt er es aus, endet seine Bindung an den Darlehensvertrag gem. § 358 Abs. 1 (Rn 155). Der andere gesamtschuldnerische Darlehensnehmer könnte bei Verfristung seines eigenen, darlehensbezogenen Widerrufsrechts Tilgungs- und Zinsleistungen gegenüber dem Darlehensgeber nach § 359 Abs. 1 verweigern. Allerdings wirken gemäß § 425 Abs. 1 Tatsachen wie der Widerruf des finanzierten Geschäfts nur für und gegen denjenigen Gesamtschuldner, in dessen Person sie eintreten, also die Partei des finanzierten Geschäfts, hier der erste widerrufende Verbraucher. Diese Auslegungsregel gilt jedoch nur, soweit sich aus dem Schuldverhältnis nicht ein anderes ergibt. Eben dies ist aber der Fall, wenn der gesamtschuldnerische Darlehensnehmer ein Verbraucher nach § 13 BGB ist[64]. Er kann gegen den Darlehensrückzahlungs- und Zinsanspruch der Bank aus § 488

---

62 *Bülow/Artz* Verbraucherkreditrecht, § 495 Rn 408; *Bülow* Gedächtnisschrift Wolf 2010, S. 3 (9).
63 BGH NJW 2010, 610 (Vertrag über Radarwarngerät); NJW 1980, 1155.
64 In Fortführung von BGHZ 91, 37 (44 f) zum AbzahlungsG; gl.A. MK/*Habersack* § 359 BGB Rn 54; Staudinger/*Herresthal* § 359 BGB Rn 29; anders aber bei fehlender Verbrauchereigenschaft, OLG Köln NJW-RR 1989, 49; *Bülow* Recht der Kreditsicherheiten, Rn 1600.

Abs. 1 Satz 2 also gem. § 359 Abs. 1 die Unwirksamkeit des finanzierten Vertrags einwenden.

d) Kein Forderungsdurchgriff, aber bereicherungsrechtliche Rückforderung

170 **aa) Ansprüche gegen den Unternehmer.** Sind die Voraussetzungen der Leistungsverweigerung im Verhältnis zwischen Verbraucher und Unternehmer des finanzierten Vertrags (Verkäufer, Leistungserbringer) erfüllt, kann der Verbraucher auch im Verhältnis zum Darlehensgeber und im selben Umfang die Darlehensrückzahlung (§ 488 Abs. 1 Satz 2) verweigern. Darin liegt der Einwendungsdurchgriff.

171 Umstritten ist gewesen, ob der Verbraucher gegenüber dem Darlehensgeber darüber hinaus die Erfüllung von Forderungen verlangen kann, die er gegenüber dem Unternehmer aus dem finanzierten Geschäft hat, zB nach mängelbedingtem Rücktritt gem. §§ 437 Nr. 2, 634 Nr. 3 auf Rückgewähr einer Anzahlung auf den vereinbarten Preis oder auf Schadensersatzansprüche, zB bei finanzierten Kapitalanlagen wegen Verschuldens bei Vertragsverhandlungen durch deren Initiatoren. Die Frage ist also, ob neben den Einwendungsdurchgriff ein Forderungsdurchgriff treten kann. Hierüber hatten sich Kontroversen zwischen II. und XI. Zivilsenat des BGH entwickelt, welche die juristische Fachwelt namentlich aufgrund einer Entscheidungsserie im Jahre 2004 in Atem hielt[65]; die Kontroversen wurden im April 2006 beigelegt[66] und die alleinige Entscheidungskompetenz hierüber dem XI. Zivilsenat als Bankrechtssenat zugeführt, der seinerseits in einer Entscheidungsserie den endgültigen Stand der höchstrichterlichen Rechtsprechung bestimmte[67]. Danach findet ein **Forderungsdurchgriff nicht statt**[68]; anders als im Falle des Widerrufs nach § 358 Abs. 4 Satz 5 (Rn 209) entsteht kein Abwicklungsverhältnis mit dem Darlehensgeber.

172 Das schließt auf der anderen Seite aber nicht aus, dass der Verbraucher nach allgemeinen Regeln Rückforderungsansprüche gegen den Darlehensgeber aus Bereicherungsrecht haben kann, nämlich aus der **condictio indebiti** nach § 813 Abs. 1 Satz 1. Danach kann der Verbraucher das zum Zwecke der Erfüllung des Darlehensvertrags Geleistete vom Darlehensgeber zurückfordern, wenn dem Darlehensrückzahlungsanspruch eine **peremptorische Einrede** entgegenstand. Eine derartige peremptorische Einrede kann aufgrund des verbraucherkreditrechtlichen Einwendungsdurchgriffs begründet sein. Es ist also zu fragen, ob dem Verbraucher aufgrund seines Rechtsverhältnisses mit dem Unternehmer des finanzierten Vertrags das Recht zustand, die Darlehensrückzahlung auf Dauer zu verweigern. Ist diese Frage zu bejahen, kann der Verbraucher vom Darlehensgeber gemäß § 813 Abs. 1 Satz 1 BGB Leistungen zurückfordern, die er trotz der peremtorischen Einrede erbracht hatte[69]. Die peremtori-

---

65 BGH – II. ZS – NJW 2004, 2731, 2736, 2742, 3332.
66 „Das Ende eines Schismas", *Derleder* NZM 2006, 449.
67 BGH – XI. ZS – BGHZ 167, 223 = NJW 2006, 1952 sowie 1955 (= BGHZ 167, 239), 1957, 2099 und NJW 2007, 357, 361, 364.
68 BGH NJW 2006, 1955, Rn Tz. 28; NJW 2007, 2407; WM 2008, 244 Tz. 30.
69 BGH NJW 2010, 596 Tz. 49 ff; WM 2008, 244 Tz. 31; OLG Dresden WM 2001, 136; OLG Stuttgart WM 2001, 1667; offen BGH WM 2000, 1685.

sche Einrede besteht, wenn der finanzierte Vertrag zwischen Verbraucher und Unternehmer (Verkäufer) nichtig war, diesem Vertrag zB die rechtshindernde Einwendung nach § 138 (Sittenverstoß) entgegenstand (Rn 168). Erbrachte der Verbraucher trotz der Nichtigkeit des finanzierten Vertrags Tilgungs- und Zinsleistungen auf das Darlehen, hatte dieser Leistung die aufgrund von § 359 Abs. 1 Satz 1 zu erhebende Einrede entgegengestanden, die peremptorisch ist, nämlich Ansprüche aus dem Darlehensvertrag dauernd ausschloss. Deshalb sind diese Leistungen gem. § 813 Abs. 1 Satz 1 beim Darlehensgeber kondizierbar, sodass die Nichtigkeit des finanzierten Vertrags einen Zahlungsanspruch aus dem Finanzierungsvertrag begründet. Im Gegenzug hat der Darlehensgeber Anspruch gegen den Verbraucher auf Abtretung von Bereicherungsansprüchen im Umfang des Darlehens[70], die der Verbraucher gegen den Unternehmer des finanzierten Vertrags hat; andernfalls könnte der Verbraucher doppelt liquidieren (Rn 212).

Der Sittenverstoß kann sich gegen die Wirksamkeit eines **Beitritts** des Verbrauchers **173** zu einer **Gesellschaft** richten, die Kapitalanlage- oder Steuerzwecken dient (Rn 155). Wird der Beitritt in Vollzug gesetzt, bleibt der Verbraucher nach dem Konstrukt der fehlerhaften Gesellschaft trotz Sittenverstoß Gesellschafter, hat aber ein außerordentliches Kündigungsrecht. Die Kündigung wirkt **ex nunc**. Bis dahin geleistete Zahlungen des Verbrauchers an den Darlehensgeber wurden deshalb **cum causa** erbracht, weil die peremptorische Einrede in diesem Zeitpunkt noch nicht bestand, sondern erst später mit Wirksamkeit der Kündigung des Verbrauchers gegenüber der Gesellschaft. Deshalb ist § 813 in dieser Konstellation nicht anwendbar[71].

Im Übrigen ist die Rückforderung nach § 813 ausgeschlossen, wenn der Verbraucher **174** gegen den Unternehmer des finanzierten Vertrags nur **dilatorische Einreden** hatte, zB wegen nichterfüllten Vertrages nach § 320, wegen Mangelhaftigkeit der verkauften Sache (§ 433 Abs. 1 Satz 2) oder des Werks (§ 633 Abs. 1) oder aufgrund anderweitiger zeitweiliger Zurückbehaltung nach § 273. Tritt der Verbraucher vom finanzierten Vertrag nach §§ 437 Nr. 2, 634 Nr. 3 zurück, hat er zwar gegen den Unternehmer des finanzierten Vertrags gem. § 346 Abs. 1 Anspruch auf Rückgewähr der empfangenen Leistungen, aber dieser Anspruch ist an die Rechtsgestaltung gebunden, die in der Erklärung des Rücktritts liegt. Vorher bestand nur eine dilatorische (§ 273), aber keine peremptorische Einrede. Tilgungsleistungen, die der Verbraucher vor der Erklärung des Rücktritts an den Darlehensgeber erbracht hatte, waren deshalb nicht mit einer dauernden Einrede behaftet gewesen. Als Folge dessen besteht ein Rückforderungsanspruch zunächst nur, wenn der Verbraucher noch nach der Rücktrittserklärung Tilgungsleistungen an den Darlehensgeber erbringt; allerdings kann dieser Rückforderungsanspruch nach § 814 – Leistung trotz Wissen um die fehlende

---

70 Natürlich nicht zum Beispiel in Bezug auf eine Anzahlung, die der Verbraucher aus eigenen Mitteln an den Unternehmer (Verkäufer) geleistet hatte, s. auch Rn 212: insoweit Direktkondiktion beim Unternehmer, MK/*Habersack* § 359 BGB Rn 58 oder § 358 Abs. 4 Satz 5 analog, *Bülow/Artz* Verbraucherkreditrecht, § 495 BGB Rn 398.
71 BGH WM 2011, 261 Tz. 24; EuGH WM 2010, 882 Tz. 35 ff, 50; *Bülow/Artz* Verbraucherkreditrecht, § 495 BGB Rn 457.

Verpflichtung zur Leistung[72] – ausgeschlossen sein. Man wird den Rückforderungsanspruch aber auch auf die Zeit vor der Rücktrittserklärung erstrecken können, in welcher der Mangel, der den späteren Rücktritt begründet hatte, vom Verbraucher entdeckt worden war[73]. Hat der Verbraucher gegen den Unternehmer des finanzierten Vertrags unter dem Gesichtspunkt der **culpa in contrahendo** (§ 311 Abs. 2 Nr. 1), zB wegen Verletzung von Aufklärungspflichten durch den Unternehmer des finanzierten Vertrags, Anspruch auf Vertragsaufhebung, tritt Rückwirkung ein, sodass Leistungen des Verbrauchers nach § 813 kondizierbar sind[74].

175 **bb) Unmittelbare Ansprüche gegen den Darlehensgeber.** Unberührt bleiben unmittelbare Ansprüche des Verbrauchers gegen den Darlehensgeber, die nach Lage des Einzelfalls bestehen können. Wird beispielsweise eine Kapitalanlage durch Darlehen finanziert und werden von Vermittlern[75] der Kapitalanlage vorsätzlich[76] falsche Angaben gemacht, kann das darin liegende Verschulden bei den Vertragsverhandlungen oder gar die arglistige Täuschung aufgrund der Verbundenheit der Geschäfte der Bank zurechenbar sein[77]. Der daraus folgende Schadensersatzanspruch gegen die Bank ist durch Naturalrestitution (§ 249) im Allgemeinen so zu liquidieren, dass der Verbraucher seine erworbene Kapitalanlage der Bank zur Verfügung stellt. Dafür braucht der Verbraucher das Darlehen nicht mehr zurückzuzahlen, hat vielmehr Anspruch auf Erstattung bereits erbrachter Tilgungs- und Zinsleistungen[78]. Aber dies ist keine Frage eines Forderungsdurchgriffs, also der Durchsetzung von Ansprüchen beim Darlehensgeber, die gegen den Unternehmer des finanzierten Geschäfts bestehen.

176 Unmittelbare Ansprüche zwischen Darlehensgeber und Verbraucher können sich nach Lage des Einzelfalls auch aus der **Verletzung von Aufklärungspflichten** (§ 280 Abs. 1) ergeben. Zwar hat die Bank im Allgemeinen keine Pflicht zur Aufklärung über das zu finanzierende Objekt, wohl aber im Besonderen dann, wenn sie einen konkreten Wissensvorsprung hat. Dieser Wissensvorsprung wird – widerleglich – vermutet bei, wie es der BGH bezeichnet[79], **institutionalisiertem Zusammenwirken**

---

72 Hierzu BGH WM 2014, 1325 Tz. 109.
73 So *Larenz/Canaris* Schuldrecht II/2, 13. Aufl. 1994, § 68, I 5 a, S. 157.
74 *Füller* ZBB 2001, 157 (169); vgl BGH NJW 1998, 302 zu II. 2 a, bb., IV.
75 Ist eine Vermittlungsgesellschaft eingeschaltet, die vorsätzlich (zumindest bedingt) falsche Angaben an ihre – insoweit redlichen – Untervermittler als Verhandlungspartner des Verbrauchers weitergibt, findet ebenfalls eine Zurechnung auf die Bank statt, BGH WM 2009, 1274 Tz. 14; NJW 2010, 596 Tz. 30; NJW 2010, 602 Tz. 22–24.
76 BGH v. 19.10.2010-XI ZR 376/09, NJW-RR 2011, 263 Rn 17.
77 Die Zurechnungsbeschränkung aus § 123 Abs. 2 Satz 1 (Kenntnis des Erklärungsempfängers, der Bank, von der Täuschung) ist im verbundenen Geschäft idR nicht anwendbar, sodass ein Vermittler des finanzierten Geschäfts nicht Dritter ist und dessen Arglist zur Anfechtung des Darlehensvertrags durch den Verbraucher berechtigt, BGH WM 2008, 1596; NJW 2006, 1955; OLG Brandenburg WM 2010, 115 zu II.3.c.
78 BGH NJW 2006, 1955 zu II. 5., Tz. 30; BGH NJW 2011, 2198 Rn 18; Staudinger/*Herresthal* § 358 BGB Rn 248–250.
79 XI. ZS, BGHZ 168, 1 = NJW 2006, 2099 mit Rezension *Oechsler* NJW 2006, 2451, Bspr. *Emmerich* JuS 2006, 841 und Anm. *Bülow* WuB I.G.5,–6.06; BGH WM 2007, 200 und 440, Tz. 29; NJW 2007, 357 (361 und 3272), NJW 2008, 1585, Tz. 40; *Mayen* FS Nobbe 2009, S. 399; *Schnauder* JZ 2007, 1009; *V. Lang* WM 2007, 1728; *Bülow/Artz* VerbrKreditrecht, § 495 BGB Rn 424 ff.

zwischen Bank und Verkäufer oder Initiator des Objekts. Ein solches Zusammenwirken ist beispielsweise anzunehmen, wenn die Bank dem Verkäufer, ebenso wie im Fall von § 358 Abs. 3 Satz 2 (Rn 153), Darlehensvertragsformulare überlässt, die dieser beim Verkauf einsetzt. In dieser Lage kann ein unmittelbarer Anspruch zwischen Verbraucher und Darlehensgeber entstehen, nicht aber ein Rückforderungsdurchgriff (Rn 171).

e) Ausnahmen

Der Einwendungsdurchgriff versagt in den Fällen von §§ 359 Abs. 1 Sätze 2 und 3, **177** Abs. 2, teils gänzlich, teils nur zeitweilig.

aa) Völliger Ausschluss   178

(1) Bagatellen, Finanzinstrumente. Der Verbraucher kann die Rückzahlung des Darlehens trotz Einwand gegen den finanzierten Vertrag nach § 359 Abs. 2, 2. Alt. nicht verweigern, wenn das finanzierte Entgelt weniger als 200 € beträgt. Finanziertes Entgelt ist der Barzahlungspreis (vgl Art. 247 § 12 Abs. 1 Nr. 2 lit. a EGBGB) bzw Werk- oder Dienstlohn zuzüglich mitfinanzierter Einmalkosten wie zB Bearbeitungsgebühren (sog. Nennbetrag, vgl § 498 Abs. 1 Nr. 1, Rn 344). Maß eines solchen Bagatellfalls ist also nicht der Darlehensvertrag, sondern der finanzierte Vertrag. **Kein Einwendungsdurchgriff** findet auch statt, wenn das Darlehen den Zweck hat, Finanzinstrumente (§ 1 Abs. 11 KWG) zu finanzieren (§ 359 Abs. 2, 1. Alt.). Damit soll vermieden werden, dass der Verbraucher als Anleger letztendlich auf Kosten der Bank spekulieren könnte (Rn 158a).

(2) Nachträgliche Änderung des finanzierten Vertrags. Der Verbraucher kann gem. **179** § 359 Abs. 1 Satz 2 auch solche Einwände nicht erheben, die auf einer nachträglichen Änderung des finanzierten Vertrags beruhen. Vereinbaren Unternehmer des finanzierten Vertrags und Verbraucher beispielsweise nachträglich eine Kaufpreisreduzierung, muss der Verbraucher doch die vollen Raten an den Darlehensgeber zahlen und vom Verkäufer Rückzahlung der Kaufpreisdifferenz verlangen. Dadurch billigt das Gesetz dem Darlehensgeber zu, das Kreditrisiko abschätzen zu können, soweit es durch die Einwendungslage gestaltet wird. Deshalb braucht sich der Darlehensgeber Einwendungen nur so weit gefallen zu lassen, wie sie dem Inhalt des Kauf- oder Leistungsvertrags in demjenigen Zeitpunkt entsprechen, in dem der Darlehensvertrag abgeschlossen wurde (vgl auch § 767 Abs. 1 Sätze 2 und 3 zur Bürgschaft: Vermeidung einer Fremddisposition); auf den Zeitpunkt der Auszahlung kommt es also nicht an. Keine Vertragsänderung stellt eine Änderung dar, die ihren Grund im finanzierten Vertrag nach seinem ursprünglichen Inhalt hat, nämlich die Minderung gem. §§ 437 Nr. 2, 634 Nr. 3, weil sie auf Fehlern beruht, deren Beurteilung sich nach dem ursprünglichen Vertragsinhalt richtet. Treffen die Parteien aber nach Abschluss des finanzierten Kaufvertrags eine weitergehende Beschaffenheitsvereinbarung gem. § 434 Abs. 1 Satz 1, die Mängelansprüche auslöst, ist der Ausnahmetatbestand erfüllt, eine Einwendung aus fehlender Beschaffenheit der vereinbarten Art also gegenüber dem Darlehensgeber unerheblich. Sofern der Unternehmer des finanzierten Vertrags nachträglich ein Anerkenntnis im Hinblick auf Gewährleistungsansprüche abgibt, zB durch wiederholte Nachbesserungsversuche[80], ist der Darlehensgeber nur insoweit gebunden, als wirklich Gewährleistungsansprüche aufgrund des ursprünglichen Vertragsinhalts bestehen; der Verbraucher trägt gegenüber dem Darlehensgeber trotz des Anerkenntnisses also die Beweislast.

180 Der Ausnahmetatbestand gilt auch für den Fall, dass der Unternehmer des finanzierten Vertrags zugleich der Darlehensgeber ist (**Unternehmeridentität**, Rn 154). Die nachträgliche Vertragsänderung durch den Unternehmer in seiner Eigenschaft als Partei des finanzierten Vertrags bewahrt ihn also vor dem Einwendungsdurchgriff in seiner Eigenschaft als Darlehensgeber. Der Gerechtigkeitsgehalt dieser Variante ist freilich nicht erkennbar[81], eine teleologische Reduktion des Ausnahmetatbestands geboten.

181 **bb) Zeitweiliger Ausschluss (Subsidiarität).** Gründet sich der Einwand gegen den finanzierten Vertrag auf Mängelgewährleistung oder Schlechtleistung und hat der Verbraucher aufgrund dessen Anspruch auf Nacherfüllung[82] nach §§ 437 Nr. 1, 439 bzw §§ 634 Nr. 1, 635, 281 Abs. 1 Satz 1, muss er gem. § 359 Abs. 1 Satz 3 diesen Anspruch beim Unternehmer des finanzierten Vertrags zunächst durchzusetzen versuchen und kann dem Darlehensrückzahlungsanspruch diesem Gewährleistungsanspruch noch nicht entgegensetzen. Erst wenn die Nacherfüllung fehlgeschlagen ist, steht dem Verbraucher der Einwendungsdurchgriff zu; dieser ist gegenüber der Nacherfüllung also subsidiär. Dadurch kann der Fall eintreten, dass der Verbraucher das Darlehen schon zurückgezahlt hat, ehe ihm die Einwendung gegen den Darlehensgeber aufgrund des Fehlschlagens erwächst; der Einwendungsdurchgriff geht in diesem Fall also ins Leere.

182 Die Subsidiarität des Einwendungsdurchgriffs besteht auch dann, wenn der Verbraucher neben der Nacherfüllung noch andere Gewährleistungsrechte hat. Die Gewährleistungsvorschriften sind dispositiv, auch im Kaufrecht, soweit die Abweichung dem Verbraucher zum Vorteil gereicht, wie § 476 Abs. 1 zu entnehmen ist. Dadurch kann der Verbraucher vertraglich befugt sein, zurückzutreten oder Schadensersatz zu verlangen, ohne zuvor Nacherfüllung geltend gemacht zu haben; auch § 281 Abs. 1 Satz 1 ist dispositiv. Ist dem Verbraucher demgemäß ein Wahlrecht unter mehreren Gewährleistungsansprüchen eingeräumt, ist er doch imstande, auch Nacherfüllung zu verlangen. Bereits dies begründet die Subsidiarität des Einwendungsdurchgriffs, die erst endet, wenn die Nacherfüllung fehlgeschlagen ist.

183 Der Begriff des Fehlschlagens ist derselbe wie in §§ 440, 636, 309 Nr. 8b bb: Unmöglichkeit der Nachbesserung[83], ihre ernsthafte und endgültige Verweigerung durch den

---

80 BGH NJW-RR 1994, 373.
81 Zutr. *Habersack* BKR 2001, 72 (76/77); MK/*Habersack* § 359 BGB Rn 45; Staudinger/*Herresthal* § 359 BGB Rn 33.
82 Erfüllungsort der Nacherfüllung (letztlich Wohnsitz/Niederlassung des Verkäufers): BGH NJW 2011, 2278 mit Rez. *Staudinger/Artz* NJW 2011, 3121; *Ludwig* ZGS 2011, 544; *Runge* NJW 2012, 3393.
83 BGH NJW 2016, 153 Rn 20 mit Anm. *Mankowski*; BGH NJW 1981, 1501; Beweislast beim Käufer: BGH NJW 2009, 1341.

Verkäufer oder vergeblicher Versuch des Verbrauchers, unzumutbare Verzögerung[84], dh wenn eine angemessene Frist verstrichen ist. Auf eine Fristsetzung durch den Verbraucher wie gem. § 323 Abs. 1 kommt es aber nicht an. Vorbehaltlich anderer Beurteilung des Einzelfalls ist es dem Verbraucher zumutbar, dem Unternehmer zwei Nachbesserungsversuche (bzw Lieferung einer mangelfreien Sache) zu gestatten[85].

V. Rechtsfolgen des Widerrufs

1. Rückgewährschuldverhältnis unter Verbraucher und Unternehmer

Das Widerrufsrecht ist ein besonders ausgestaltetes gesetzliches Rücktrittsrecht **184** (Rn 117). Widerruf und Rücktritt verwandeln das Schuldverhältnis, das auf den Austausch der versprochenen Leistungen ausgerichtet war, in ein Rückabwicklungsverhältnis, durch das die Leistungspflichten erlöschen und bereits ausgetauschte Leistungen zurückzugewähren sind, wie § 355 Abs. 3 Satz 1 ebenso wie § 346 Abs. 1 bestimmen. Weitere Rechtsfolgen sind für den Rücktritt in §§ 346 Abs. 2–4, 347– 354, für den Widerruf in §§ 357–357d, für verbundene Geschäfte in § 358 Abs. 4 geregelt.

Grundnorm und **Anspruchsgrundlage** für alle Arten von widerruflichen Verbrau- **185** cherverträgen und verbundene Geschäfte ist § 355 Abs. 3. Weitergehende Ansprüche, zB auf Wertersatz, Nutzungsersatz, Rücksendung und Rücksendungskosten, richten sich nach der Art des Verbrauchervertrags. Sitz der Materie für Außergeschäftsraum- und Fernabsatzgeschäfte im Allgemeinen ist § 357, im Besonderen für Finanzdienstleistungen § 357a Abs. 1 und 2, für Verbraucherkreditgeschäfte § 357a Abs. 1 und 3, für Teilzeitwohnrechte- und ähnliche Geschäfte § 357b, für Ratenlieferungsgeschäfte (§ 510) § 357c und für Fernunterrichtsverträge (Rn 410) ebenfalls § 357, wie § 4 Satz 2 FernUSG bestimmt, und für Verbraucherbauverträge § 357d.

Ist der Vertrag nicht nach Maßgabe von § 358 Abs. 3 mit einem Darlehensvertrag **186** verbunden, richtet sich die Rückabwicklung nach § 355 Abs. 3 und §§ 357–357d.

a) Grundnorm § 355 Abs. 3

Die empfangenen Leistungen sind gemäß § 355 Abs. 3 Satz 1 unverzüglich (vgl **187** § 121) zurückzugewähren. Jedoch werden für einzelne Arten von Verbraucherverträgen Höchstfristen bestimmt: 14 Tage nach § 357 Abs. 1 sowie § 357c Satz 1, 30 Tage nach § 357a Abs. 1; bei der Unverzüglichkeit bleibt es nur aufgrund von § 357b und von § 357d. Die Höchstfristen bedürfen genauer Berechnung, um feststellen zu können, ob der jeweilige Rückgewährschuldner (Verbraucher oder Unternehmer) in Verzug gerät, wobei es gem. § 286 Abs. 2 Nr. 1 keiner Mahnung bedarf (während § 286

---

84 BGHZ 93, 62.
85 BGH NJW 1998, 677 zu II. 2. b. cc. und 679 zu II. 2. a; 2007, 504, Tz. 15; OLG Koblenz ZGS 2010, 378.

Abs. 3 nicht anwendbar ist, weil keine Entgeltforderung vorliegt[86]). Die Höchstfrist von 14 resp. 30 Tagen beginnt für den Unternehmer gem. § 355 Abs. 3 Satz 2 mit dem Zugang der Widerrufserklärung, durch den er über den Widerruf in Kenntnis gesetzt wird und sich auf die damit verbundenen Rechtsfolgen einstellen kann. Für den Verbraucher beginnt die Höchstfrist früher, nämlich mit der Abgabe seiner Widerrufserklärung, weil er bereits hierdurch weiß, was auf ihn zukommt. War Gegenstand des Vertrags eine Warenlieferung, wahrt der Verbraucher die Frist durch rechtzeitige Absendung der Waren, also auch am letzten Tag; der Verbraucher gerät nicht in Verzug, wenn die Ware beim Unternehmer nach Fristablauf zugeht (Satz 3). Geht die Ware beim Transport verloren, ohne dass Verbraucher oder Unternehmer dies zu vertreten hätten, bestimmt Satz 4 ähnlich § 447 (Versendungskauf), wer das Verlustrisiko trägt: Es ist der Unternehmer, der den bereits erhaltenen Kaufpreis an den Verbraucher zu erstatten hat, obwohl er seine Ware nicht zurückbekommt. Im Übrigen sind die beiderseitigen Leistungen nicht – anders als gem. § 348 Satz 1 beim Rücktritt – Zug um Zug zu erfüllen; das ist erst dann der Fall, wenn die Einrede des Zurückbehaltungsrechts gemäß § 273 erhoben wird[87]. Die Einrede besteht nicht und ist unerheblich bei Vorleistungspflicht, zB gem. § 357 Abs. 4 (Rn 188 aE).

b) Besonderheiten für Außergeschäftsraum- (Haustür-) und Fernabsatzgeschäfte, außer über Finanzdienstleistungen, gem. § 357

188   Der **Verbraucher** ist grundsätzlich verpflichtet,

– die empfangenen Waren an den Unternehmer zurückzusenden (Abs. 5),
– die Kosten der Rücksendung zu tragen (Abs. 6),
– Wertersatz für einen Wertverlust der Ware (Abs. 7) und
– Wertersatz für erbrachte Dienstleistungen des Unternehmers (Abs. 8) zu leisten.

Der **Unternehmer** ist grundsätzlich verpflichtet, auch die Hinsendekosten zu tragen (Abs. 2 Satz 1) sowie Zahlungen des Verbrauchers zu erstatten (Abs. 2, 3) und im Falle eines Verbrauchsgüterkaufs (§ 474) berechtigt, die Rückzahlung zu verweigern, bis er die Ware vom Verbraucher zurückerhalten hat (Abs. 4); der Verbraucher ist insoweit also vorleistungspflichtig[88].

189   Die **Rücksendungsverpflichtung des Verbrauchers** folgt aus der negativen Formulierung von Abs. 5: Wenn der Unternehmer angeboten hatte, die Waren nach erklärtem Widerruf abzuholen, braucht sie der Verbraucher – selbstverständlich – nicht zurückzusenden. Er ist dazu auch nicht bei einem Haustürgeschäft verpflichtet unter den Voraussetzungen von Abs. 6 Satz 3: **Lieferung** zuvor in die Wohnung des Verbrauchers und **fehlende Postversandfähigkeit** der Ware, etwa eines Kühlschranks. Der Unternehmer muss abholen und dadurch entstehende Kosten tragen.

---

86 BGH NJW 2010, 1872 Rn 22.
87 In diesem Fall entsteht die Abwendungsbefugnis nach § 273 Abs. 3 BGB, *Bülow/Artz* Verbraucherkreditrecht, § 495 BGB Rn 191.
88 MK/*Fritzsche* § 357 BGB Rn 15.

In anderen Fällen trägt der Verbraucher auch die **Kosten der Rücksendung** (aber   **190**
wiederum nicht, wenn sich der Unternehmer dazu bereiterklärt hatte, Abs. 6 Satz 2).
Diese Pflicht entsteht aber nur, wenn der Unternehmer den Verbraucher im Rahmen
der Informationspflichten nach § 312d Abs. 1 hierüber unterrichtet hatte, nämlich
gem. Art. 246a § 1 Abs. 2 Nr. 2 EGBGB, näher Anlage 1 zum EGBGB, Gestaltungshinweis 5.

Der Verbraucher schuldet **Wertersatz für einen Wertverlust** der Ware, auch wenn   **191**
sie völlig unbeschädigt ist und von ihm pfleglich behandelt worden war, ihm also
keinerlei Pflichtverletzung vorgeworfen werden kann. Der Wertverlust kann eintreten, weil der Marktwert der Ware bereits dadurch geschmälert ist, dass die Ware
nicht mehr neu, sondern gebraucht ist, man spricht von merkantilem Minderwert. Im
Fall des Rücktritts trägt der Rückgewährgläubiger, hier der Unternehmer, gem. § 346
Abs. 2 Nr. 3 den Wertverlust, der durch die bestimmungsgemäße Ingebrauchnahme
entsteht, im Fall des Widerrufs dagegen der Verbraucher, aber mit einer Ausnahme:
Soweit der Wertverlust bereits dadurch eintrat, dass sich die Ingebrauchnahme auf
die **Prüfung** der Ware beschränkte, schuldet der Verbraucher keinen Wertersatz, wie
Abs. 7 Nr. 1 zu entnehmen ist. Der Verbraucher muss die Ware risikolos prüfen dürfen, um überhaupt Entschluss fassen zu können, ob er widerruft oder am Vertrag
festhält. Ist die Sache beispielsweise ein Auto, darf der Verbraucher sanktionslos eine
Probefahrt machen, gegebenenfalls mit rotem Nummernschild, aber nicht die Erstzulassung auf sich selbst bewirken; das Kleidungsstück darf er aus der Verpackung
nehmen und anprobieren, aber nicht für einige Zeit anziehen; das Buch aufschlagen
und durchblättern, aber nicht durchlesen[89]. Die Notwendigkeit der Prüfung ergibt
sich unabhängig von der Frage, wie hoch der dadurch und den Unternehmer treffende
Wertverlust ist. Ein Wasserbett zum Beispiel darf zum Zwecke der Prüfung vom Verbraucher mit Wasser befüllt werden, auch wenn eine solche Befüllung das Wasserbett
unverkäuflich macht[90]. Geht der Umgang des Verbrauchers mit der Ware aber über
eine notwendige Prüfung hinaus (zB Einbau eines Katalysators ins Auto und Probefahrt[91]), schuldet er dem Unternehmer Wertersatz, allerdings nur unter der Voraussetzung, dass er gemäß Art. 246a § 1 Abs. 2 Nr. 1 EGBGB über sein Widerrufsrecht
(Rn 137) unterrichtet worden war, hierzu Gestaltunghinweis 5c zu Anlage 1 EGBGB.
Die **Beweislast** für die bloße Erprobung trägt der Verbraucher, für den Hinweis der
Unternehmer[92]. Wenn Gegenstand des Vertrags digitale Inhalte sind (**download, streaming**[93]), schuldet der Verbraucher gem. § 357 Abs. 9 keinen Wertersatz (für verbundene Geschäfte s. Rn 206).

Die durch Widerruf ausgelöste Pflicht zur Rückgewähr begründet zugleich die imma-   **192**
nente Pflicht, den **Gebrauch der Sache einzustellen**[94]. Innerhalb der Höchstfrist von
14 resp. 30 Tagen nach §§ 357 Abs. 1, 357a Abs. 1 (Rn 187) hat der Verbraucher mit

---

89 So BT-Drucks. 14/6040, S. 200.
90 BGHZ 187, 268 = NJW 2011, 56.
91 BGH NJW 2017, 878 Rn 24 ff und Bspr. *M. Schwab* JuS 2017, 881.
92 *Bülow/Artz* Verbraucherkreditrecht, § 495 BGB Rn 203, Staudinger/*Kaiser* § 357 BGB Rn 65.
93 *Leier* VuR 2013, 457 (461, 463).
94 Staudinger/*Kaiser* § 346 BGB Rn 28 und § 357 Rn 55, 43.

der Sache sorgsam umzugehen, um sie unversehrt zurückgeben zu können, gegebenenfalls Sicherungsmaßnahmen zu treffen (zB gegen Korrosion[95], ein Pferd bewegen). Gerade auch den bestimmungsgemäßen Gebrauch (Rn 191) hat er einzustellen. Deshalb begründet ein durch Missachtung dessen eintretender merkantiler Minderwert nach Maßgabe von § 280 Abs. 1 einen Schadensersatzanspruch (und nicht nur einen Wertersatzanspruch) des Unternehmers. Dem Verbraucher ist geraten, mit der Ware nur so umzugehen und sie in Augenschein zu nehmen, wie er das in einem Laden dürfte, so Erwägungsgrund 47, Satz 3, zur VerbrRechte-Richtlinie[96].

193   Auf der anderen Seite schuldet der Rücktrittsschuldner gem. § 346 Abs. 1 Herausgabe der gezogenen Nutzungen, zu denen gem. § 100 auch die Vorteile gehören, welche der Gebrauch der Sache gewährt. Der Verbraucher als Schuldner auf Rückgewähr nach erklärtem Widerruf schuldet **Nutzungsersatz** dagegen **nicht** (nur ausnahmsweise bei Widerruf eines Verbraucherdarlehensvertrags gem. § 357a Abs. 3 Satz 1: Sollzins bis zur Rückzahlung des Darlehens, Rn 332).

194   Wertersatz für **erbrachte Dienstleistungen** (zB Handwerkerleistung aufgrund Werkvertrags, sowie für die Lieferung von Wasser, Gas oder Strom in unbestimmter Menge resp. Volumen oder von Fernwärme) schuldet der Verbraucher nur in begrenztem Umfang und nur unter besonderen Voraussetzungen. Ausgangsüberlegung ist, dass der Dienstleistungsunternehmer, zB der Handwerker, auf eigenes Risiko handelt, wenn er mit der Arbeit beginnt, obwohl die Widerrufsfrist noch nicht abgelaufen ist und der Vertrag sich noch in der Schwebe befindet (Rn 118); arbeitet er trotz Widerruf weiter, wird ihm hierfür nichts vergütet. Verlangt der Verbraucher vom Unternehmer jedoch ausdrücklich, schon vor Ablauf der Widerrufsfrist mit der Dienstleistung zu beginnen, bestimmt § 357 Abs. 8 Satz 1 einen Wertersatzanspruch des Unternehmers gegen den Verbraucher für die bis zum Widerruf erbrachte Leistung, jedoch nur unter der weiteren Voraussetzung von Satz 2: Der Verbraucher muss vor Abgabe seiner Vertragserklärung vom Unternehmer in der Widerrufsbelehrung nach Art. 246a § 1 Abs. 2 Nr. 1 und 3, § 4 Abs. 1 EGBGB über diese Wertersatzpflicht unterrichtet worden sein. Andernfalls hatte der Unternehmer umsonst gearbeitet. Die Berechnung des anteiligen Wertersatzes für die relevante Zeit nimmt gem. Satz 4 den vereinbarten Gesamtpreis zum Ausgangspunkt. Ist dieser Preis allerdings unverhältnismäßig hoch, gibt statt seiner der Marktpreis Maß. Für die Frage, ob der vereinbarte Preis überhöht ist, kann die Rechtsprechung des BGH herangezogen werden, nach welcher die Überschreitung des Marktpreises als objektivem Wert zugleich die Überhöhung darstellt. Der vereinbarte Preis gibt demgemäß nur Maß, wenn er unter dem Marktpreis liegt, dieser bildet bei dieser Sicht die Obergrenze[97].

---

95   BGH NJW-RR 1993, 626 zu II.4.
96   *Leier* VuR 2013, 457 (459).
97   BGH NJW 2012, 3428 Tz. 22 mit Anm. *Bülow* LMK 2012, 338473; BGH NJW-RR 2013, 885 Tz. 15; *Bülow/Artz* Verbraucherkreditrecht, § 495 BGB Rn 226, 224.

c) Besonderheiten für Verträge über Finanzdienstleistungen gem. § 357a

Der Begriff der Finanzdienstleistung ist durch das Gesetz in § 312 Abs. 5 Satz 1 defi- **195** niert (Rn 437); hierzu gehören auch Verbraucherdarlehen und Finanzierungshilfen nach §§ 491, 506 (Rn 298, 355). Wird ein Vertrag über eine Finanzdienstleistung außerhalb von Geschäftsräumen oder im Fernabsatz geschlossen und gem. § 312g Abs. 1 widerrufen, ist die Rückabwicklung in § 357a Abs. 2 geregelt. Handelt es sich bei der Finanzdienstleistung um Verbraucherdarlehen oder Finanzierungshilfe, ist allein § 357a Abs. 3 Sitz der Materie, auf dem verbraucherkreditrechtlichen Widerrufsrecht nach § 495 beruhend (Rn 329). Beide Widerrufsrechte schließen sich gegenseitig aus, wie aus § 312g Abs. 3 hervorgeht: Wenn dem Verbraucher das Widerrufsrecht aus § 495 zusteht, besteht dasjenige aus § 312g Abs. 1 nicht. § 357a Abs. 3 ist also auch dann anwendbar, wenn ein Verbraucherdarlehensvertrag im Fernabsatz oder außerhalb von Geschäftsräumen abgeschlossen worden war. Wenn es sich bei dem Darlehensvertrag aber um einen solchen in den Ausnahmetatbeständen von § 491 Abs. 2 Satz 2 handelt (zB Bagatelldarlehen, Rn 302b und Rn 201), gibt es kein Widerrufsrecht nach § 495, sodass es bei § 312g Abs. 1 und bei § 357a Abs. 2 bleibt.

aa) Außergeschäftsraum- und Fernabsatzgeschäfte (§ 357a Abs. 2).
Das Gesetz **196** regelt drei Fallgruppen, nämlich

– Wertersatz für die Finanzdienstleistung (Satz 1),
– Wertersatz für Finanzierungshilfen ohne Widerrufsrecht nach § 495 (Satz 2) und
– Wertersatz bei digitalen Inhalten (Satz 3).

Liegt die Finanzdienstleistung beispielsweise in der Verschaffung einer für den Ver- **197** braucher günstigen Geldanlage und beginnt der Anbieter mit der Arbeit, bevor die Widerrufsfrist nach § 312g Abs. 1 endet, schuldet der Verbraucher – ähnlich der Regelung von § 357 Abs. 8 (Rn 194) – Wertersatz für die bis dahin erbrachte Dienstleistung unter zwei Voraussetzungen: Der Anbieter muss den Verbraucher vor Abgabe von dessen Vertragserklärung auf diese Rechtsfolge hingewiesen haben (Nr. 1) und der Verbraucher muss ausdrücklich zugestimmt haben, dass der Anbieter mit der Ausführung der Dienstleistung beginnt (Nr. 2).

Finanzierungshilfen nach § 506 Abs. 1, zB eine entgeltliche Teilzahlungsabrede über **198** die Provision des Anbieters im vorgenannten Beispiel, sind im Allgemeinen nach § 495 widerruflich, sodass § 312g Abs. 3 anwendbar ist (Rn 195). In den Fällen von § 506 Abs. 4 Satz 1, zB einer Bagatell-Provision von weniger als 200 € nach § 491 Abs. 2 Nr. 1, ist Verbraucherkreditrecht und folglich § 495 jedoch nicht anwendbar. Deshalb greift auch der Ausschluss von § 312g Abs. 3 nicht ein. Als Finanzdienstleistung im Fernabsatz oder außerhalb von Geschäftsräumen ist die Teilzahlungsabrede aber gemäß § 312g Abs. 1 widerruflich; die hier waltende Fernabsatz-Finanzdienstleistungen-Richtlinie kennt keine Bagatellgrenze. Für die Rechtsfolgen verweist § 357a Abs. 2 Satz 2 auf die Vorschriften über Außergeschäftsraum- und Fernabsatzgeschäfte nach § 357 Abs. 5–8. Finanzdienstleistung ist auch ein Teilzahlungsgeschäft, welches gleichzeitig ein Verbrauchsgüterkauf ist und im Fernabsatz oder außerhalb von Geschäftsräumen zustande kam; anwendbar sind § 357 Abs. 5–7

(Rn 189–191), im Falle einer Dienstleistung, die zugleich Teilzahlungsgeschäft ist, gilt § 357 Abs. 8 (Rn 194).

199 Ist das Entgelt für die Lieferung **digitaler Inhalte** zugleich ein Teilzahlungsgeschäft, gilt gem. § 357a Abs. 2 Satz 3 eine Regelung, die Satz 1 entspricht[98].

200 Für die Berechnung des Wertersatzes ist gem. § 357a Abs. 2 Satz 4 die Gegenleistung, also der vereinbarte Preis, zugrundezulegen, in gleicher Weise wie im Fall von § 357 Abs. 8 Sätze 4 und 5 (Rn 194).

201 **bb) Verbraucherkredit (§ 357a Abs. 3).** Für Verbraucherdarlehensverträge bestimmt § 357a Abs. 3 Satz 1 die Rückabwicklungsfolge. Was ein Verbraucherdarlehensvertrag ist, folgt aus § 491 Abs. 1 Satz 1 (Rn 298). Kein Verbraucherdarlehensvertrag ist ein Darlehensvertrag in den Ausnahmetatbeständen von § 491 Abs. 2 Satz 2 (Rn 302b), wo demgemäß auch kein Widerrufsrecht nach § 495 besteht, wohl aber dasjenige aus § 312g Abs. 1 (Rn 195). Im Falle eines Verbraucherdarlehensvertrags schuldet der Verbraucher für die Zeit, in der die Darlehensvaluta bei ihm sind, den wirksam vereinbarten Sollzins (§ 489 Abs. 5), gleich wie hoch dieser ist, vielleicht über dem Marktzins liegt (vgl Rn 194 aE). Die Kapitalnutzungsmöglichkeit, die ein Darlehen ausmacht, hat der Verbraucher trotz Widerruf. Bei Immobiliardarlehen nach § 491 Abs. 3 Satz 1 kann der Verbraucher gem. § 357a Abs. 3 Sätze 2 und 3 allerdings erreichen, dass er weniger als den vereinbarten Sollzins schuldet (näher Rn 332 aE). Der Begriff des Verbraucherkredits umfasst nicht nur Verbraucherdarlehen, sondern auch Finanzierungshilfen nach § 506 mit Widerrufsrecht nach § 495. In den Ausnahmetatbeständen von § 506 Abs. 4 Satz 1 (Rn 198), zB einer Bagatell-Finanzierungshilfe, besteht es aber nicht, vielmehr ist § 357a Abs. 2 anwendbar, wenn die Finanzierungshilfe zugleich Haustür- oder Fernabsatzgeschäft ist. Bei Finanzierungshilfen *mit* Widerrufsrecht nach § 495 verweist nun § 357a Abs. 3 Satz 4 auf Abs. 2. Folglich gestaltet sich die Widerrufsabwicklung bei Finanzierungshilfen in gleicher Weise, beruhe der Widerruf auf § 495 oder auf § 312g Abs. 1. Die Unterrichtung über das Widerrufsrecht richtet sich bei Anwendbarkeit von § 495 nicht nach Art. 246b Abs. 1 Nr. 12 EGBGB (Rn 145), sondern nach der verbraucherkreditrechtlichen Regelung (Rn 132) von Art. 247 §§ 12 Abs. 1, 6 Abs. 2 EGBGB (Rn 329, 332, 371). Außerdem hat der Unternehmer einen gemäß § 357a Abs. 3 Satz 5 begrenzten Aufwendungsersatzanspruch (Rn 332).

d) Besonderheiten für Verträge über Teilzeitwohnrechte und Ähnliches (§ 357b), für Ratenlieferungsverträge (§ 357c) und für Verbraucherbauverträge (§ 357d)

202 Der Verbraucher wird gem. § 357b Abs. 1 von Kosten und Wertersatz für geleistete Dienste freigestellt, gem. Abs. 2 von einem Wertverlust, der auf bestimmungsgemäßer Nutzung der Unterkunft (§ 481) beruht.

---

98 *Leier* VuR 2013, 457 (461).

Für Ratenlieferungsverträge (§ 510) verweist § 357c Satz 1 auf Vorschriften für Au- **203** ßergeschäftsraum- und Fernabsatzgeschäfte im Allgemeinen nach § 357 Abs. 1–5. Wegen der Informationen über die Rücksendekosten (Rn 190) ist Art. 246 Abs. 3 EGBGB einschlägig.

Bei Verbraucherbauverträgen nach § 650i schuldet der Verbraucher Wertersatz, wie **203a** § 357d Satz 1 Maß gibt. Für die Berechnung des Wertersatzes folgen § 357d Sätze 2 und 3 dem Konzept von § 357 Abs. 7 Sätze 4 und 5 über die Verbindlichkeit von ver- einbarter Vergütung resp. Marktwert (Rn 194 aE sowie Rn 200).

e) Abschließende Regelung (§ 361 Abs. 1)

Nach § 361 Abs. 1 bestehen keine weiteren Ansprüche gegen den *Verbraucher* in- **204** folge des Widerrufs als die vorstehend erörterten. Weitere Ansprüche gegen den *Unternehmer* bleiben also unberührt, zB aus Pflichtverletzung nach § 280 Abs. 1 we- gen unterbliebener Widerrufsbelehrung[99]. Gegenüber dem Verbraucher bleiben auch Ansprüche unberührt, die sich aus dem Rückabwicklungsschuldverhältnis selbst er- geben, nämlich wegen Verletzung von Rückgewährpflichten, zB bei Verzug (vgl Rn 187) oder bei Gebrauch der Sache trotz erklärtem Widerruf (Rn 192). Der Aus- schluss bezieht sich nur auf Ansprüche infolge des Widerrufs; Ansprüche jenseits davon kann der Unternehmer geltend machen, zB wegen Verletzung von Schutz- pflichten gegenüber dem Unternehmer[100]. Ausgeschlossen sind Bereicherungs- und deliktische Ansprüche, die auf dem Widerruf beruhen würden oder etwa auf Ersatz von Gebrauchsvorteilen nach § 100 oder eines entgangenen Unternehmergewinns.

2. Rückabwicklung verbundener und zusammenhängender Verträge

Besonderer Regelungen bedarf die Abwicklung nach Widerruf eines im Verbund ste- **205** henden Vertrages nach § 358 Abs. 1 oder Abs. 2. Art und Umfang der Ansprüche richten sich nach §§ 357–357c, wie § 358 Abs. 4 zu entnehmen ist. Sind die Voraus- setzungen für einen Verbund nach § 358 Abs. 3 (Rn 151 ff) nach Lage des Einzelfalls nicht erfüllt, wohl aber diejenigen für einen zusammenhängenden Vertrag nach § 360 Abs. 2 Satz 1 (Rn 160), richtet sich die Abwicklung ebenfalls nach §§ 357–357c, wie § 360 Abs. 1 Satz 2 bestimmt.

a) Entsprechende Anwendung der Widerrufsfolgenvorschriften von §§ 357–357c

Die Abwicklung der verbundenen Verträge hängt davon ab, ob sich die Widerrufser- **206** streckung nach § 358 Abs. 1 oder nach Abs. 2 richtet (Rn 155). Widerruft der Ver- braucher den finanzierten und mit dem Darlehensvertrag verbundenen Vertrag nach **Absatz 1**, zB den Kaufvertrag im Fernabsatz nach § 312g, endet auch die Bindung an den Finanzierungsvertrag, also den Darlehensvertrag. Dieser Finanzierungsvertrag kann die Voraussetzungen eines Verbraucherdarlehensvertrags nach § 491 BGB er-

---

99 S. EuGH WM 2005, 2079, Tz. 100 und 2086, Tz. 49.
100 So Gesetzesbegründung, BR-Drucks. 817/12, S. 105.

füllen. Die Widerrufserstreckung findet aber auch dann statt, wenn es sich nicht um einen Verbraucherdarlehensvertrag handelt, also um einen Ausnahmefall nach § 491 Abs. 2 Satz 2 oder um einen unentgeltlichen Darlehensvertrag nach § 514. Bei einem Verbraucherdarlehensvertrag richtet sich die Rückabwicklung nach § 357a Abs. 3, gleichermaßen, aber in entsprechender Anwendung gemäß § 357 Abs. 4 Satz 1 bei einem sonstigen Darlehensvertrag. Die Abwicklung des widerrufenen Vertrags richtet sich unmittelbar nach den dafür geltenden Vorschriften, im Fall des widerrufenen Kaufvertrags im Fernabsatz also nach § 357 oder im Fall des widerrufenen Versicherungsvertrags nach §§ 8, 9 VVG[101].

206a Widerruft der Verbraucher den Verbraucherdarlehensvertrag nach § 495 oder den unentgeltlichen Darlehensvertrag nach § 514 Abs. 2 (Rn 297a), richtet sich die Widerrufserstreckung nach § 358 **Absatz 2**. Wie der finanzierte Vertrag abgewickelt wird, bestimmt sich in dieser Variante nach seiner Art, aber, wie es in § 358 Abs. 4 Satz 1 heißt, unabhängig von der Vertriebsform. Damit ist gemeint, dass bei einem Verbrauchervertrag über Waren § 357 entsprechend anwendbar ist, auch wenn der Kaufvertrag als Verbrauchsgüterkauf (§ 474) im stationären Handel stattfand und nicht im Fernabsatz oder außerhalb von Geschäftsräumen. Demgemäß besteht beispielsweise die Rücksendepflicht des Verbrauchers nach § 357 Abs. 5 (Rn 189), die er auch dadurch erfüllen kann, dass er die Ware selbst zurückbringt. Wird eine Finanzdienstleistung durch Darlehen finanziert (Rn 197), zB die Provision eines Anlageberaters, und kam der Finanzdienstleistungsvertrag im Büro des Beraters zustande, ist auf die Rückabwicklung § 357a Abs. 2 entsprechend anwendbar. Bei einem finanzierten Teilzeitwohnrechtevertrag gibt § 357b Maß. Im Fall von digitalen Inhalten (**download, streaming**) folgt aus § 358 Abs. 4 Satz 2, dass der Verbraucher entgegen § 357 Abs. 9 (Rn 191 aE) zum Wertersatz verpflichtet sein kann. Bei Ratenlieferungsverträgen ergibt sich aus § 358 Abs. 4 Satz 3 allerdings eine Abhängigkeit von der Vertriebsform. Wenn der finanzierte Vertrag selbst zu den widerruflichen Verträgen gehört, richtet sich dessen Abwicklung – selbstverständlich[102] – nach den dafür geltenden Vorschriften, zB bei einem finanzierten Verbraucherbauvertrag (§ 650i) gemäß § 357d auf Wertersatz.

207 § 358 Abs. 4 Sätze 1–3 ist auch auf einen zusammenhängenden Vertrag nach § 360 Abs. 1 Satz 2 anzuwenden. Handelt es sich zB um einen Vertrag über die Lieferung von Zubehör, also einer Ware, ist § 357 Sitz der Materie für die Abwicklung, das Zubehör ist gem. § 357 Abs. 5 zurückzusenden.

b) Finanzierungskosten

208 Für den Fall, dass der finanzierte Vertrag, zB als Fernabsatzvertrag, widerruflich ist und der Widerruf auch die Bindung an den Darlehensvertrag beendet, sind gem. § 358 Abs. 4 Satz 4 Ansprüche auf Zahlung von Zinsen und Kosten aus der Rückabwicklung des Darlehensvertrags ausgeschlossen. Der Darlehensvertrag ist also ent-

---

101 BGH NJW 2010, 531 für den Fall der mitfinanzierten Restschuldversicherung.
102 Vgl. MK/*Habersack* § 358 BGB Rn 78 aE.

schädigungsfrei aufzulösen. Bezieht sich der Verbund nur auf einen Teil des Darlehensvertrags, während der Rest frei verfügbar ist, gilt der Ausschluss nur für den verbundenen Teil[103] (Rn 156). Entsprechendes gilt für einen Vertrag, der mit einem Teilzeitwohnrechtevertrag (oder gleichgestellt) zusammenhängt, § 360 Abs. 1 Satz 3.

c) Parteien des Rückgewährschuldverhältnisses

Regelungsbedürftig bleibt noch die Frage, mit wem der Verbraucher die Rückabwicklung durchzuführen hat. Abzuwickeln sind der Darlehensvertrag und der Vertrag über das finanzierte Geschäft, zB ein Kaufvertrag. In Frage kommt, dass sich der Verbraucher sowohl mit dem Darlehensgeber wie mit dem Unternehmer des finanzierten Vertrags auseinandersetzt. So ist in der Tat zu verfahren, wenn die Darlehensvaluta noch nicht an den Verkäufer oder statt an diesen an den Verbraucher ausgezahlt worden war. Hatte der Darlehensgeber die Valuta aber – ganz oder teilweise[104] – vereinbarungsgemäß an den Verkäufer geleistet, findet die Abwicklung gem. § 358 Abs. 4 Satz 5 in anderer Weise statt. Der Zufluss des Geldes bei Wirksamwerden des Widerrufs führt nämlich zur Konzentration der Abwicklung des gesamten Verbundgeschäfts auf den Darlehensgeber. Er tritt kraft Gesetzes in die Rechte und Pflichten des Unternehmers aus dem verbundenen Vertrag ein und wird auch insoweit Partei. Als Folge dessen hat es der Verbraucher nur mit einer einzigen Abwicklungspartei zu tun. Der Darlehensgeber, die Bank, ist anstelle des Verkäufers Gläubiger des Anspruchs auf die gekaufte Sache gem. § 355 Abs. 3 Satz 1 oder auf Wertersatz nach § 357 Abs. 7 oder Schuldner auf Rückzahlung einer vom Verbraucher an den Verkäufer geleisteten Anzahlung (Abgrenzung zu Rn 171). Der Anspruch des Verbrauchers auf Kaufpreisrückzahlung gestaltet sich in der Weise, dass dem Verbraucher bereits geleistete Tilgungs- und Zinsraten auf das Darlehen zurückzuerstatten sind. Wie sich die Bank anschließend mit dem Verkäufer als Unternehmer auseinandersetzt, regelt § 358 nicht; beide sind auf vertragliche Ansprüche, zB aus einer Rahmenvereinbarung, angewiesen, bei deren Fehlen auf Ansprüche aus ungerechtfertigter Bereicherung oder aus Geschäftsführung ohne Auftrag[105]. Besonderheiten gelten bei **Anlagegeschäften** des Verbrauchers (Immobilienerwerb, Fondsbeteiligung): Der Darlehensgeber hat gegen den Verbraucher Anspruch auf Übertragung des Anlagegegenstands, zB des Fondsanteils; diesen Anspruch kann die Bank zurückbehaltend nach Maßgabe von § 273 dem Anspruch des Verbrauchers auf Rückzahlung von Tilgungsraten und Zinsen entgegensetzen; im Übrigen ist die Bank darauf verwiesen, beim Geschäftspartner des Verbrauchers aus dem finanzierten Geschäft zu kondizieren[106]. Liegt die Anlage des Verbrauchers in der Beteiligung an einem geschlossenen Fonds in der Form einer Personengesellschaft und entsteht durch den Widerruf eine **fehlerhafte Gesellschaft** (näher Rn 119), beschränkt sich der Anspruch gegen den Verbraucher auf die Abtretung seiner Auseinandersetzungsansprüche gegen die Ge-

209

---

103 BGH NJW 2011, 1063 Rn 27.
104 MK/*Habersack* § 358 BGB Rn 82; Staudinger/*Herresthal* § 358 BGB Rn 193.
105 Im Einzelnen *Bülow/Artz* Verbraucherkreditrecht, § 495 BGB Rn 299 ff; MK/*Habersack* § 358 BGB Rn 89 ff.
106 BGH WM 2008, 1596; BGHZ 133, 254 = NJW 1996, 3414.

sellschaft an den Kreditgeber[107]. Kehrt allerdings der Darlehensgeber die Valuta an den Unternehmer des finanzierten Geschäfts aus, nachdem der Widerruf bereits wirksam geworden war, ist für Anwendung der Verbundregelung von § 358 Abs. 4 Satz 5 kein Raum: Durch den Widerruf erlöschen die Vertragspflichten gem. § 355 Abs. 1 Satz 1, sodass die Leistung des Darlehensgebers **sine causa** (§ 812 Abs. 1 Satz 1) stattfand und die Kondiktion im Verhältnis Darlehensgeber/Unternehmer auslöst. Die Abwicklung findet im Übrigen zwischen Verbraucher und Unternehmer statt.

210   Bei Leistung des Darlehensgebers vor Wirksamwerden des Widerrufs ist fraglich, ob der Verbraucher **die Wahl** hat, mit wem er sich auseinandersetzt, ob er sich also trotz Valutazufluss auch an den Verkäufer halten kann. Das wäre zu verneinen, wenn in der Regelung von § 358 Abs. 4 Satz 5 eine privative gesetzliche Schuldübernahme iSv § 414 zu sehen wäre[108]. Die Gesetzesformulierung, nach welcher der Darlehensgeber in die Rechte und Pflichten des Unternehmers aus dem finanzierten Vertrag eintritt, deckt aber auch eine kumulative Schuldübernahme, durch die ein Gesamtschuldverhältnis zwischen Darlehensgeber und Unternehmer begründet wird. Dem wird der Zweck der Regelung, den Verbraucher vor der Aufspaltung des Rückabwicklungsverhältnisses gegenüber verschiedenen Personen zu bewahren, besser gerecht, gleicht insbesondere die Unsicherheit aus, die in der Person des Verbrauchers über die Frage entstehen kann, ob die Valuta an den Verkäufer tatsächlich geflossen oder noch nicht geflossen ist; diese Frage beantwortet sich oft nur aufgrund bankinterner Vorgänge, in die der Verbraucher keinen Einblick zu haben braucht[109].

211   Geht es um die Abwicklung eines **zusammenhängenden Vertrags**, sind Parteien der Unternehmer des widerrufenen Hauptvertrags und der Verbraucher, nicht aber ein Darlehensgeber, auch nicht im Fall von § 360 Abs. 2 Satz 2 (Rn 161). § 358 Abs. 4 Satz 5 ist nicht anwendbar.

d) Nichtigkeit im Verbund

212   Es kann vorkommen, dass einer der beiden miteinander verbundenen Verträge oder auch beide nichtig sind. In solchen Fällen ergibt sich Folgendes: Sind sowohl Darlehensvertrag (§ 138) wie finanzierter Vertrag (§ 134) nichtig, ist ein **Doppelmangel** gegeben, der im Allgemeinen zur Kondiktion im jeweiligen Rechtsverhältnis führt. Demgemäß könnte der Verbraucher beim Unternehmer, zB einem Verkäufer, wegen des gezahlten Kaufpreises kondizieren, die Bank beim Verbraucher wegen der an den Verkäufer geflossenen Valuta. Dem steht aber die Verbundenheit der Geschäfte entgegen: Danach kann die Bank den Verbraucher nur insoweit in Anspruch nehmen, als dieser selbst Bereicherungsansprüche gegen den Unternehmer (zB Verkäufer) hat. Der Verkäufer hatte den vom Verbraucher – vermeintlich – geschuldeten Kaufpreis in

---

107 BGH NJW 2006, 1788 Tz. 19; BGHZ 159, 280 (287) = NJW 2004, 2731; europarechtskonform: EuGH NJW 2010, 1511 mit Bspr. *K. Schmidt* JuS 2010, 642, Vollzug durch BGH ZIP 2010, 1540; bei negativem Kapitalkonto: BGH NJW 2010, 3096; *Bülow/Artz* Verbraucherkreditrecht, § 495 BGB Rn 310.

108 So BGHZ 131, 66 (73) = NJW 1995, 3386 mit abl. Anm. *Bülow* JZ 1996, 495.

109 Näher *Bülow/Artz* Verbraucherkreditrecht, § 495 BGB Rn 381 ff; **abl.** BGH NJW 2017, 2675 Rn 18; Staudinger/*Herresthal* § 358 BGB Rn 191; offen BGH noch WM 2008, 244 Tz. 39–41.

Gestalt des Valutazuflusses erhalten, den der Verbraucher kondizieren könnte. Diesen Bereicherungsanspruch tritt er an den Darlehensgeber, die Bank, ab, die darauf Anspruch hat und sich als Zessionarin mit dem Verkäufer auseinandersetzt[110]. Gegen den Verbraucher hat sie keine Bereicherungsansprüche, dieser kann von ihr dagegen bereits geleistete Tilgungs- und Zinszahlungen kondizieren. Der Verkäufer kann vom Verbraucher die gelieferte Ware herausverlangen und diesen Anspruch zurückbehaltend gem. §§ 404, 273 der Bank entgegensetzen. Sofern der Verbraucher an den Verkäufer eine Anzahlung aus eigenen Mitteln geleistet und nur den Restkaufpreis durch das Darlehen finanziert hatte, besteht natürlich kein Anspruch der Bank gegen den Verbraucher auf Abtretung (Rn 172), vielmehr ist daran zu denken, dass der Verbraucher von der Bank in analoger Anwendung von § 358 Abs. 4 Satz 5 die Erstattung der Anzahlung verlangen kann[111]. Wahlweise kann er beim Unternehmer nach § 812 Abs. 1 Satz 1 kondizieren.

Ist nur der Kaufvertrag als **finanzierter Vertrag** nichtig, zB nach § 134 bei Kauf eines Radarwarngeräts[112], der Darlehensvertrag aber wirksam, schuldet der Verbraucher den Kaufpreis nicht. Daraus erwächst ihm eine rechtshindernde Einwendung, die er in unmittelbarer Anwendung von § 359 (Rn 168) der Bank entgegensetzen kann. Rückzahlungsraten, die der Verbraucher bereits an die Bank geleistet hatte, kann er gem. § 813 Abs. 1 Satz 1 (Erfüllung, obwohl peremptorische Einrede besteht) trotz Wirksamkeit des Darlehensvertrags kondizieren[113] (vgl Rn 172). Dem gegenüber hat die Bank gegen den Verbraucher auch hier Anspruch auf Abtretung des Bereicherungsanspruchs gegen den Verkäufer im Hinblick auf den vereinnahmten Kaufpreis, den Valutazufluss. Der Verkäufer als Schuldner des abgetretenen Anspruchs hat wiederum seinerseits Anspruch auf Rückgabe der Sache[114], den er Ansprüchen der Bank gem. § 404 zurückbehaltend entgegensetzen kann[115]. Bei Anwendung des Rechtsgedankens von § 139 kann sich ergeben, dass auch der Darlehensvertrag unwirksam ist und zu einem Doppelmangel (Rn 212) führt. Sind Widerrufsfristen noch nicht verstrichen, kann der Verbraucher den Darlehensvertrag widerrufen, sodass sich die Abwicklung unmittelbar nach § 358 Abs. 4 Satz 5 richtet. **213**

Der Darlehensvertrag als **Finanzierungsvertrag** kann vor allem unter dem Gesichtspunkt der sittenwidrigen, wucherischen Ausbeutung gem. § 138 Abs. 1 nichtig sein, auch wegen Gesetzesverstoßes nach § 134, oder mangels wirksamer Vertretung scheitern (§ 177), ohne dass die Wirksamkeit des finanzierten Vertrags davon berührt sein müsste. Aufgrund der Nichtigkeit des Darlehensvertrags schuldet der Verbrau- **214**

---

110 Kondiktion der Kondiktion, BGHZ 71, 358 = NJW 1978, 1970 zu III.1. *(obiter)*; 1980, 1155 zu 7.; *Canaris* FS Larenz 1973, S. 799 (840).

111 Streitig, aA MK/*Habersack* § 359 BGB Rn 58.

112 BGH NJW 2005, 1490 zu II.2.; Nichtigkeit bei Verstoß gegen SchwarzarbeitG: BGHZ 198, 141 = NJW 2013, 3167 mit Anm. *Voit* NJW 2017, 3093; BGH NJW 2014, 1805; *Bülow/Artz* Verbraucherkreditrecht, § 495 BGB Rn 30.

113 MK/*Habersack* § 359 BGB Rn 66 und vorst. Rn 172.

114 Nicht jedoch, wenn die Sache der Bank zur Sicherung ihres Darlehensrückzahlungs- und Zinsanspruch übereignet worden war, BGH NJW 2008, 845 Tz. 41.

115 MK/*Habersack* § 359 BGB Rn 67; *Bülow/Artz* Verbraucherkreditrecht, § 495 Rn 358a; offen BGH NJW 2008, 845 Tz. 39.

cher nur die Rückzahlung des Darlehenskapitals an die Bank, aber nicht Zinsen und sonstige Finanzierungskosten. Dieses Kapital entspricht dem Kaufpreis als Barzahlungspreis (Rn 363), den der Verkäufer durch den Valutazufluss erhalten hatte; wiederum wurde der Verbraucher von seiner Kaufpreisschuld befreit. Unabhängig von der Anwendbarkeit von § 817 Satz 2[116] folgt aus der Verbundenheit der Geschäfte, dass der Verbraucher die sich daraus ergebende Bereicherungsschuld gegenüber dem Darlehensgeber, der an den Unternehmer des finanzierten Vertrags geleistet hatte, in der Abfolge des in nichtiger Weise vereinbarten Tilgungsplans erbringen darf, wahlweise mit entsprechend niedrigeren Raten oder mit gleich hohen, aber entsprechend weniger Raten (da keine Zinsen geschuldet sind, scheidet die Berücksichtigung eines Zinsinteresses der Bank aus, anders Rn 318). Soweit der Verbraucher aus dem wirksamen Kaufvertrag als finanziertem Vertrag Gewährleistungsansprüche hat, ist auch bei Nichtigkeit des Darlehensvertrags § 359 (Einwendungsdurchgriff gegenüber der Bank, bezogen auf deren Bereicherungsansprüche) anwendbar (Rn 166).

---

[116] Kondiktionsausschluss bei Sittenverstoß BGH WM 1986, 1017; NJW 2014, 1805 Tz. 18, 20 ff (Gesetzesverstoß); BGHZ 91, 55 (58).

3. Teil

Einzelne verbraucherprivatrechtliche Schuldverhältnisse

§ 7 Besondere Vertriebsformen

I. Außergeschäftsraumverträge

1. Von der Haustürgeschäfte- zur Verbraucherrechterichtlinie: Sekundärrechtlicher Hintergrund

Sowohl die frühere Haustürgeschäfterichtlinie als auch die neue Verbraucherrechte- **215** richtlinie sehen im Direktvertrieb von Waren und Dienstleistungen eines Unternehmers an einen Verbraucher außerhalb der Geschäftsräume des Unternehmers die Gefahr des übereilten Vertragsschlusses. Aufgrund der Tatsache, dass der Verbraucher an einem solchen Ort nicht mit dem Abschluss von Rechtsgeschäften rechnet, laufe er Gefahr Verträge zu schließen, die er bei ruhiger Überlegung womöglich nicht abgeschlossen hätte[1]. Einem Verbraucher, der einen Vertrag in einer solchen, einen übereilten Entschluss typisiert nahe legenden Situation abschließt, soll die Möglichkeit eingeräumt werden, die vertragliche Bindung an den Unternehmer noch einmal gründlich und in Ruhe zu überdenken und sich gegebenenfalls wieder von dem Vertrag zu lösen[2]. Verbraucherprivatrechtliche Instrumente dazu sind die angemessene Information des Verbrauchers und das Recht, gem. § 312g iVm § 355 seine Vertragserklärung frei widerrufen zu können (vgl Rn 27 ff). Grund dieses Widerrufsrechts ist somit, anders als etwa beim Verbraucherkreditvertrag, ein rein situativer: Der Vertragsschluss in einer **Überrumpelungssituation**. Entschließt sich der Verbraucher aber trotz Überrumpelung an dem Vertrag festzuhalten, so ist ihm dies freilich unbenommen[3].

2. Entwicklungen des richtlinienrechtlichen Begriffs des Haustürgeschäfts

Die Haustürgeschäfterichtlinie führte in Art. 1 Situationen auf, die typischerweise **216** eine Überrumpelung hervorrufen können: Die Teilnahme an einem **Ausflug**, den der Gewerbetreibende organisiert, sowie ein Besuch des Gewerbetreibenden in der Wohnung des Verbrauchers oder der **Privatwohnung** eines anderen Verbrauchers bzw am **Arbeitsplatz** des Verbrauchers, der nicht aufgrund des ausdrücklichen Wunschs des

---

1 Vgl dazu Erwägungsgrund 4 der Richtlinie 85/577/EWG und Erwägungsgrund 21 der Richtlinie 2011/83/EU.
2 BGH WM 2010, 980 Tz. 13 mit Komm. *G. Schulze* LMK 2010, 304280.
3 Zu den Vorzügen dieser Regelung gegenüber Alternativen, etwa §§ 134, 138 oder cic: *Canaris* AcP 200 (2000), 273 (346).

Verbrauchers erfolgt. Die Richtlinie bestimmte, dass vom Bestehen der Überrumpelungssituation auszugehen ist, wenn der Vertrag an einem solchen Ort geschlossen wurde.

217 Das deutsche Recht wich in den Umsetzungsnormen des § 1 HWiG und später § 312 aF in mehrfacher Hinsicht von den Vorgaben der Richtlinie ab. Die Normen sahen weitere typisierte Situationen der Überrumpelung vor und begnügten sich schon damit, dass der Verbraucher in der Haustürsituation zum Vertragsabschluss bestimmt wurde. Der Abschluss des konkreten Vertrags in dieser Situation war nicht notwendig, um die Einräumung des Widerrufsrechts zu begründen[4]. Infolge des weiterreichenden sachlichen Anwendungsbereichs des § 312 a.F. stellte sich die Frage, ob auch der überschießende Teil des Gesetzes richtlinienkonform auszulegen sei[5]. Der XI. Zivilsenat des BGH hat in seiner zweiten *„Heininger"*-Entscheidung vom 9.4.2002[6] festgestellt, dass eine gespaltene Auslegung der Vorschriften des HWiG, in dessen zeitlichen Anwendungsbereich die Entscheidung fiel, nicht in Betracht komme[7]. Auch der über die Vorgaben der Haustürgeschäfterichtlinie hinausgehende Teil des § 312 aF unterlag damit der richtlinienkonformen Auslegung[8].

218 Ging die deutsche Umsetzung einerseits über die Vorgaben der Richtlinie hinaus, vermittelte der Wortlaut des § 312 aF durch das Erfordernis der Bestimmung des Verbrauchers zum Vertragsschluss in der Haustürsituation andererseits den Eindruck, den Anwendungsbereich der Richtlinie einzuengen. Dies legte ein Umsetzungsdefizit nahe. Daraus wurde zwar teilweise der Schluss gezogen, dass es einer tatsächlichen Beeinflussung durch den Unternehmer bzw einer **Kausalität** zwischen Unternehmerverhalten in der Haustürsituation und Entschluss des Verbrauchers, den Vertrag abzuschließen, bedürfte. Der BGH legte die Norm jedoch richtlinienkonform dahingehend aus, dass keine echte Kausalität verlangt wurde, die Haustürsituation aber jedenfalls mitursächlich für die Abgabe der auf den Vertragsschluss gerichteten Willenserklärung sein musste[9].

219 Die nun geltende Definition des Haustürgeschäfts in Art. 2 Nr. 8 der Verbraucherrechterichtlinie ist im Vergleich zur bisherigen Definition stark erweitert. Sie enthält nicht mehr einzelne konkrete Situationen, in denen die Gefahr einer Überrumpelung typisiert angenommen wird, sondern geht davon aus, dass jedem Vertrag, der nicht in den Geschäftsräumen des Unternehmers geschlossen wird, ein Überraschungsmoment innewohnt, das den Verbraucher zu unüberlegten Vertragsschlüssen verleiten könnte. Ihm soll daher eine Überlegungsphase zugesprochen werden, während derer

---

4 Ausführlich dazu Langenbucher/*Herresthal* Europarechtliche Bezüge des Privatrechts § 2 Rn 121 ff; zur Frage des Bestimmens zum Vertragsschluss *Fischer/Miedl* EuZW 2009, 526.

5 Für eine gespaltene Auslegung: *Habersack* WM 2000, 981 (991); *ders./Mayer* WM 2002, 253 (257).

6 NJW 2002, 1881; s. auch Rn 48.

7 Siehe zur „gespaltenen Auslegung" im Verbrauchsgüterkaufrecht nun auch BGH NJW 2013, 220; grundlegend *Kuhn* EuR 2015, 216.

8 Dazu *Staudinger* JuS 2002, 953 (954); Gebauer/*Wiedmann* Zivilrecht unter europäischem Einfluss Kap. 6 Rn 28.

9 BGH NJW 2010, 2868 Tz. 11; NJW-RR 2009, 1275 Tz. 17; NJW-RR 2008, 643 Tz. 20; NJW 2007, 1947 Tz. 16; NJW 2006, 497 Tz. 15; NJW-RR 2005, 180; ebenso Jauernig/*Stadler* § 312 BGB Rn 1; aA eine Kausalität fordernd *Bork* Allg. Teil, Rn 1800; offenbar auch BGH NJW 2009, 431 (II. Senat).

er die eingegangene vertragliche Bindung überdenken und sich im Zweifel durch die Ausübung des Widerrufsrechts aus ihr lösen kann. Dem Außergeschäftsraumrecht liegt daher trotz des allgemeiner gefassten situativen Anwendungsbereichs noch immer das Motiv der Überrumpelungsgefahr zugrunde[10]. Anstelle von Haustürgeschäften hat sich schnell der Begriff des „Außergeschäftsraumvertrags" oder des „außerhalb von Geschäftsräumen geschlossenen Vertrags" etabliert[11]. Da jedoch schon bisher der Begriff des **Haustürgeschäfts** verwendet wurde, obwohl er streng genommen nur einen Teil des tatsächlichen sachlichen Anwendungsbereichs der Richtlinie „betreffend den Verbraucherschutz im Falle von außerhalb von Geschäftsräumen geschlossenen Verträgen" umfasste, spricht inhaltlich nichts dagegen, ihn auch weiterhin zu benutzen[12].

3. Sachlicher Anwendungsbereich

a) Vertragsgegenstand: Die entgeltliche Leistung des Unternehmers

Die Legaldefinition des Haustürgeschäfts in § 312b legt ihren Fokus auf das situative Element: den Vertragsschluss bzw seine Anbahnung außerhalb des beweglichen oder unbeweglichen Geschäftsraums. Eine Einschränkung bzgl des Vertragsgegenstands erfolgt in der Norm nicht. Sie spricht nur allgemein vom Vertrag. Einschränkungen ergeben sich jedoch aus § 312 Abs. 1. Dort wird festgelegt, dass die einschlägigen Vorschriften nur auf **Verbraucherverträge** iSd § 310 Abs. 3 anwendbar sind, die eine **entgeltliche Leistung des Unternehmers** zum Gegenstand haben (s. Rn 86). **220**

aa) Vertragstypen. Die **VerbRechteRiL** 2011/83/EU unterscheidet im Rahmen der Begriffsbestimmungen von Art. 2 Kaufverträge und Dienstleistungsverträge voneinander. Danach sind Kaufverträge solche, bei denen der Unternehmer sich verpflichtet, dem Verbraucher Eigentum an Waren zu übertragen (Art. 2 Nr. 5). Alle anderen Verträge, die keine Kaufverträge sind und bei denen sich der Unternehmer verpflichtet, dem Verbraucher gegenüber eine Dienstleistung zu erbringen, sind Dienstleistungsverträge iSd Art. 2 Nr. 6 der Richtlinie[13]. Typische entgeltliche Verträge stellen nach deutschem Verständnis synallagmatische Verträge wie Kauf-, Werk- oder Dienstverträge dar. Hier erbringt die eine Partei, in diesem Fall der Unternehmer, eine Sachleistung, die andere Partei erbringt als Gegenleistung ein Entgelt. Dieses Entgelt muss nicht zwingend in der Zahlung eines Geldbetrags liegen, jedoch ist es die erstgenannte Sachleistung, die dem Vertrag sein charakteristisches Gepräge gibt (Rn 86). Auch außergewöhnliche Vertragstypen, wie die Partnerschaftsvermittlung[14] oder ein Franchisevertrag können nach den Vorschriften der Außergeschäfts- **221**

---

10 So auch *Förster* ZIP 2014, 1569 (1571); *Fischer* ZAP 2015, 611 (613); kritisch bzgl. der Entfernung des Gesetzes von diesem Motiv *Schwab/Hromek* JZ 2015, 271 (276).
11 *Bittner* ZVertriebsR 2014, 3; *Möller* BB 2014, 1411; *Schärtl* JuS 2014, 577.
12 *Artz/Brinkmann/Ludwigkeit* JM 2014, 222 (223); aA *Wendehorst* NJW 2014, 577 (581); *Brönneke/Schmidt* VuR 2014, 3 (7).
13 Eine Bedeutung dieser Definition für den Anwendungsbereich der Regelungen zu den besonderen Vertriebsformen verneinend *Schürnbrand* WM 2014, 1157 (1159).
14 BGH NJW 2010, 2868 mit Anm. *Gutzeit*.

raumverträge widerruflich sein; ebenso der Maklervertrag[15]. Die den Vertrag charakterisierende Leistung wird jeweils vom Unternehmer erbracht. Ebenso stellt die Veräußerung von durch einen Treuhänder verwalteten Anteilen an einer Gesellschaft bürgerlichen Rechts eine entgeltliche Leistung des Unternehmers dar, wenn der Verbraucher, vorrangig zu Kapitalanlagezwecken, ein Entgelt für die Gesellschaftsanteile erbringt[16].

222   Auch bei Verträgen über die Begründung eines **Wohnraummietverhältnisses** steht dem Verbraucher gegenüber dem gewerblichen Vermieter ein Widerrufsrecht zu, wenn er die Wohnung vor Vertragsschluss nicht besichtigt hat (§ 312 Abs. 4)[17]. Bei Änderungs- und Aufhebungsverträgen bleibt es bei der bisherigen Widerruflichkeit gem. § 312g, ohne dass es darauf ankäme, dass die Wohnung vor Vertragsschluss nicht besichtigt worden ist[18]. Virulent wird dies insbesondere in Fällen der einvernehmlichen Mieterhöhung bei Wohnraummietverträgen, zu deren Vereinbarung der Vermieter den Mieter in dessen Wohnung aufsucht. Es kommt hinsichtlich der situativen Anforderungen allein auf den Abschluss des Änderungsvertrags an, der zu Grunde liegende, geänderte Mietvertrag bleibt außer Betracht. Der ausgeübte Widerruf richtet sich daher auch ausschließlich auf den Änderungsvertrag und lässt den ursprünglichen Mietvertrag unberührt[19]. Weiterhin kann eine den Mietvertrag betreffende Modernisierungsvereinbarung iSd § 555f als Haustürgeschäft widerruflich sein[20]. Auch Immobiliarpachtverträge können dem Außergeschäftsraumwiderrufsrecht unterliegen[21].

223   **bb) Sicherungsgeschäfte, insbesondere die Bürgschaft als Haustürgeschäft.** Schon nach früherem Recht war in Rechtsprechung und Literatur, sowie zwischen einzelnen Senaten des BGH (IX. und XI. Zivilsenat) die Frage heftig umstritten, ob die Übernahme einer **Bürgschaft** durch den Verbraucher eine entgeltliche Leistung im Sinne des § 312 aF darstellte. Der IX. Senat lehnte die Widerruflichkeit eines Bürgschaftsvertrags mit dem Argument ab, die Bürgschaft sei kein Vertag über eine entgeltliche Leistung, sondern allein eine vom Bürgen übernommene, eigene, einseitig verpflichtende Verbindlichkeit. Das Entstehen der Bürgschaftsverpflichtung sei im Hinblick auf die Entgeltlichkeit nicht mit dem Kreditgeschäft, das zwischen Gläubiger, im Zweifel einer Bank, und dem Hauptschuldner besteht, verknüpft[22]. Dem trat der XI. Senat entschieden entgegen, indem er es ausreichen ließ, dass der Bürgschafts-

---

15 Dazu *Mesch* VuR 2015, 251; *Lindner* ZfIR 2016, 773.
16 Vgl EuGH NJW 2010, 1511 mit Anm. *Kindler* NZG 2010, 603; BGH WM 2010, 1492 *(Friz II)* Tz. 11; *Armbrüster* EuZW 2010, 614; BGH NJW 2001, 2718 mit Anm. *C. Schäfer* JZ 2002, 249 insb. zum Verhältnis des Verbraucherwiderrufs zu den Grundsätzen der Lehre von der fehlerhaften Gesellschaft; *Mörsdorf* ZIP 2012, 845; *Maume* VuR 2012, 87; *Schwintowski* VuR 2011, 73.
17 Dazu *Artz/Brinkmann/Pielsticker* ZAP 2015, 189; *Mediger* NZM 2015, 185; *Streyl* NZM 2015, 433; *Hau* NZM 2015, 435; *Lindner* ZMR 2015, 261; *Rolfs/Möller* NJW 2017, 3275.
18 BGH NJW 2017, 2823 (2824); AG Freiburg WuM 2013, 728; *Franz* JR 2007, 89 und JuS 2007, 14.
19 OLG Koblenz NJW 1994, 1994; MK/*Artz* § 557 BGB Rn 33 ff; Erman/*Saenger* § 312 BGB aF Rn 19, 21; Staudinger/*Weitemeyer* § 557 BGB Rn 40 ff.
20 BGH NJW 2017, 2823, hins. der Rechtsfolgen des Widerrufs allerdings zum früheren Recht.
21 OLG Brandenburg NJOZ 2014, 1004.
22 BGHZ 113, 287 (288).

vertrag mittelbar auf eine entgeltliche Leistung gerichtet ist, die darin besteht, dass der Bürge sich bereit erklärt, für die entgeltliche Hauptverbindlichkeit, die Darlehensschuld, einzustehen. Zu berücksichtigen sei insbesondere, dass die zu Grunde liegende gemeinschaftsrechtliche Richtlinie einseitige Verpflichtungserklärungen ausdrücklich einbeziehe[23]. Der **EuGH** stellte auf Vorlage des IX. Senats[24] in seiner berühmten *„Dietzinger"*-Entscheidung fest, dass die Übernahme einer Bürgschaft durch einen Verbraucher in den Anwendungsbereich der Haustürgeschäfterichtlinie fällt. Jedoch beschränkte er seine Entscheidung auf die Fallkonstellation, dass erstens sowohl Kreditnehmer als auch Bürge Verbraucher sind und zweitens die Hauptverbindlichkeit in einer Haustürsituation begründet wurde. Daraufhin stellte der IX. Senat des BGH fest, dass die Widerruflichkeit einer Bürgschaft als Haustürgeschäft nur in Frage komme, wenn beide Verträge, also sowohl zu Grunde liegender Kreditvertrag als auch der Bürgschaftsvertrag, Verbrauchergeschäfte sind und darüber hinaus beide Verträge in einer Haustürsituation abgeschlossen werden[25]. Der mittlerweile ausschließlich für das Bürgschaftsrecht zuständige XI. Zivilsenat trat dieser Ansicht jedoch entgegen[26]: Die Schutzbedürftigkeit des Verbrauchers vor Überrumpelung, die gerade bei der Übernahme einer einseitigen Verpflichtung in Form einer Bürgschaft außer Frage steht, sogar im Zweifel größer ist als im Falle des Abschlusses eines gegenseitig verpflichtenden Vertrags, kann nicht davon abhängen, in welcher Situation der zu sichernde Vertrag abgeschlossen wurde. Ebenso wenig kann es hinsichtlich der abstrakten Schutzbedürftigkeit des privaten Bürgen darauf ankommen, dass auch der Hauptschuldner Verbraucher ist. Die persönliche Qualifikation des Kreditnehmers berührt die verbraucherprivatrechtliche Stellung des Bürgen nicht. Es war daher richtigerweise allein darauf abzustellen, ob erstens der Bürgschaftsvertrag in einer Haustürsituation abgeschlossen wurde, zweitens der Bürge die persönlichen Vorausssetzungen des § 13 erfüllt und schließlich der Gläubiger Unternehmer nach § 14 ist. Lagen diese Voraussetzungen vor, stand dem Bürgen ein **eigenes haustürgeschäftliches Widerrufsrecht** zu. All dies war entgegen der Auffassung des EuGH keine Frage der Akzessorietät der Bürgschaft. Dies mag auch deutlich daran werden, dass für den Schuldbeitritt nichts anderes galt. Die sog. **Einzelbetrachtung** hatte zur Folge, dass auch in dem Fall, dass das zu sichernde Geschäft etwa von einer GmbH geschlossen wurde, § 312 aF auf die Verbraucherbürgschaft Anwendung fand. Der Rechtslage bei der Bürgschaft entsprechend ist auch die in einer Haustürsituation mit einem Verbraucher getroffene Sicherungsabrede über die Bestellung eines Grund- oder Faustpfandrechts unabhängig von der Qualität des zu sichernden Geschäfts als widerruflich einzustufen gewesen[27].

Durch die veränderte sekundärrechtliche Grundlage des Außergeschäftsraumvertrags **224** wurde der Streit um die Bürgschaft als Haustürgeschäft nun wiederbelebt. Zwar kann der Begriff der **Entgeltlichkeit** weiterhin weit verstanden werden, sodass die Idee der

---

23 BGH NJW 1993, 1594 (1595).
24 Vorabentscheidungsersuchen vom 11.1.1996, NJW 1996, 930; dazu *Pfeiffer* NJW 1996, 3297.
25 BGH NJW 1998, 2356 (2357).
26 BGH NJW 2006, 845; 2007, 2106.
27 BGH NJW 2006, 845.

Auszahlung des zu sichernden Darlehens als Entgelt für die Abgabe der Bürgschafts-
erklärung erhalten bleiben könnte[28]. Da nun § 312b iVm § 312 Abs.
1 jedoch den
Vertragsgegenstand dahingehend konkretisiert, dass der Unternehmer die entgeltliche
Leistung zu erbringen hat (Rn 86, 221), kann die Bürgschaft dem Außergeschäftsraumvertrag nicht mehr subsumiert werden[29]. Hier ist es eindeutig der Bürge, der die
vertragscharakterisierende Leistung erbringt. Nur dann also, wenn der Unternehmer
der Bürge wäre, könnte ein Bürgschaftsvertrag einen Dienstvertrag iSd Art. 2 Nr. 6
darstellen, dem auf europäischer Ebene eine Art Auffangfunktion zukommt[30]. Dienst-
leistungsvertrag ist danach jeder Vertrag, der kein Kaufvertrag ist und bei dem der
Unternehmer dem Verbraucher eine entgeltliche Leistung erbringt. Unionsrechtlich
ist der Schutz des Bürgen in der Haustürsituation demnach nicht mehr geboten[31]. Da
der deutsche Gesetzgeber trotz der evidenten Schutzbedürftigkeit des Verbrauchers
nicht über die Richtlinie hinausgegangen ist und in erweiternder Umsetzung auch
sog. umgekehrte Verbraucherverträge erfasst hat (vgl Rn 86), ergibt sich die paradoxe
Situation, dass der Verbraucher, der eine Gegenleistung erhält besser gestellt ist als
derjenige, der sich nur einseitig verpflichtet[32]. Man mag daher angesichts der evidenten Schutzbedürftigkeit des Verbrauchers eine analoge Anwendung der Vorschriften
in Betracht ziehen[33]. Ob jedoch eine planwidrige Regelungslücke besteht ist fraglich,
da der Gesetzgeber das Merkmal der entgeltlichen Leistung des Unternehmers ganz
bewusst und unter Verweis auf die VerbrRechteRiL in das BGB eingefügt hatte[34].

b) Außergeschäftsraumsituation

225 Die Vorschrift des § 312b enthält die Regelungen zu den situativen Umständen, die
einen Vertragsschluss zwischen Unternehmer und Verbraucher zu einem Außergeschäftsraumvertrag machen. Nach neuem Recht enthält die Norm keinen abschlie-
ßenden Katalog von Situationen mehr, in denen typischerweise eine Überrumpelung
des Verbrauchers zu befürchten ist. Vielmehr wird grundsätzlich jedem Vertrag, der
nicht in den Geschäftsräumen des Unternehmers geschlossen wird, das Risiko der
Überrumpelung des Verbrauchers zugeschrieben[35]. Maßgebliches Abgrenzungskrite-

---

28 So MK/*Wendehorst* § 312 BGB Rn 18 und Ermann/*Koch* § 312 BGB Rn 6.
29 So auch *Meier* ZIP 2015, 1156 (1157); *Schinkels* WM 2017, 113 (118); gleiches gilt für die vormals
    diskutierten Fälle des Schuldbeitritts, dazu BGH NJOZ 2017, 10; aA *Hoffmann* ZIP 2015, 1365
    (1370); *Jost* jM 2016, 94 (97).
30 In der Folge wäre dann über die Frage nachzudenken, ob die Verbraucherbürgschaft eine Finanz-
    dienstleistung iSv Art. 3 Abs. 3 lit. d VerbrRechteRiL darstellt und damit von ihrem Anwendungsbe-
    reich ausgeschlossen ist, dazu *Schinkels* WM 2017, 113 (115 f).
31 Ähnlich *v. Loewnich* WM 2015, 113; aA *Schwab/Hromek* JZ 2015, 271 (274); *Hoffmann* ZIP 2015,
    1365 (1367); *Meier* ZIP 2015, 1156 (1160).
32 Vgl *Meier* ZIP 2015, 1156 (1157).
33 So auch MK/*Wendehorst* § 312 BGB Rn 21; *Meier* ZIP 2015, 1156 (1161 ff); auch der Streit um die
    analoge Anwendung der darlehensrechtlichen Vorschriften auf die Bürgschaft wurde in diesem Zu-
    sammenhang wiederbelebt, dazu *Schwab/Hromek* JZ 2015, 271 (274); *Meier* ZIP 2015, 1156 (1158);
    Schwab in: Riesenhuber/Nishitani (Hrsg.), Wandelungen oder Erosion der Privatautonomie?, S. 149
    (152 ff).
34 Vgl BT-Drucks. 17/12637, S. 45; dazu *v. Loewnich* WM 2015, 113 (117).
35 Die Abschaffung bisher bestehender Schutzlücken betonend *Möller* BB 2014, 1411 (1414), kritisch
    Artz/Brinkmann/Ludwigkeit jM 2014, 222 (223).

rium ist daher nunmehr der Begriff des Geschäftsraums. Von seiner positiv definierten Reichweite, hängt negativ das Vorliegen einer Außergeschäftsraumsituation ab.

aa) Definition des Geschäftsraums in § 312b Abs. 2. Das Gesetz enthält in § 312b **226** Abs. 2 eine Legaldefinition des Geschäftsraums[36]. Geschäftsräume sind demnach einerseits unbewegliche Gewerberäume, in denen der Unternehmer seine Tätigkeit dauerhaft ausübt und andererseits bewegliche Gewerberäume, in denen der Unternehmer seine Tätigkeit für gewöhnlich ausübt.

Die Definition des **unbeweglichen Geschäftsraums** enthält somit zwei Komponen- **227** ten. Zum einen muss es sich bei den Räumlichkeiten um **Gewerberäume** handeln. Zum anderen kommt es auf die **Tätigkeit** an, der der Unternehmer in diesen Räumen **dauerhaft nachgeht**. Es muss sich dabei um die dauerhafte Ausübung seiner unternehmerischen Tätigkeit handeln. Übliche unbewegliche Geschäftsräume sind etwa das Ladenlokal oder die Ausstellungsräume des Unternehmers. Verbraucherprivatrechtliche Schutzbedürftigkeit wird dadurch ausgelöst, dass der Vertragsschluss außerhalb der Räumlichkeiten stattfindet oder initiiert wird, in denen der Verbraucher üblicherweise mit dem Abschluss derartiger Verträge rechnet[37]. Nicht ganz klar wird aus dem Gesetzeswortlaut das Zusammenspiel der Merkmale des Gewerberaums und der Tätigkeit des Unternehmers[38]. Eine Definition des Gewerberaums enthält § 312b nicht. Zu Grunde liegt Art. 2 Nr. 9 der Verbraucherrechtrichtlinie. Im deutschen Recht definiert sich ein Gewerberaum klassischerweise nicht allein dadurch, dass in ihm regelmäßig ein Gewerbe ausgeübt wird. Im Mietrecht etwa ist für die Bewertung eines Raums als Gewerberaum entscheidend, welcher Nutzungszweck im Mietvertrag vereinbart wurde, nicht wofür die Räumlichkeit tatsächlich genutzt wird[39]. Eine Nutzung zu gewerblichen Zwecken ändert grundsätzlich nichts an der vertraglichen Qualifizierung von Räumlichkeiten als Wohnraum[40]. Legt man hingegen die nach dem Wortlaut identische Richtlinienbestimmung unter Berücksichtigung von Erwägungsgrund 22 aus, ergibt sich ein weites Verständnis. Danach werden „alle Arten von Räumlichkeiten" einbezogen, in denen eine regelmäßige Ausübung des Gewerbes stattfindet. Die Kategorisierung als Gewerberaum iSd Richtlinie scheint sich also allein nach der tatsächlichen Nutzung zu bestimmen. Ein solches Verständnis des Gewerberaums geht über das klassische nationale Verständnis hinaus. Auf eine sonstige Zweckbestimmung der Räumlichkeit kommt es dann nicht mehr an.

Zum Tragen kommt die Differenzierung etwa dann, wenn es um einen Vertrags- **228** schluss in der **Privatwohnung des Unternehmers** geht, in der dieser zwar wohnt, aber dennoch regelmäßig seiner unternehmerischen Tätigkeit nachgeht, etwa in einem innerhalb der Wohnung befindlichen Büroraum. Unter Berücksichtigung der Richtlinie handelt es sich um eine Räumlichkeit, in der der Unternehmer regelmäßig

---

36 Ausführlich *Brinkmann/Ludwigkeit* NJW 2014, 3270.
37 Diese subjektive Perspektive betonend *Schärtl* JuS 2014, 577 (579); zur objektiven Bestimmung des Geschäftsraumbegriffs s. Rn 231.
38 Vgl *Brinkmann/Ludwigkeit* NJW 2014, 3270.
39 Schmidt-Futterer/*Blank* Vor § 535 Rn 102.
40 OLG Celle ZMR 1999, 470.

seine gewerbliche Tätigkeit ausübt. Der Vertragsschluss erfolgt also innerhalb eines Geschäftsraums und ist aus diesem Grund nicht widerruflich. Zwar bestimmt Erwägungsgrund 22, dass Privatwohnungen keine Geschäftsräume sein sollten, im Zusammenhang mit Erwägungsgrund 21, ergibt sich jedoch, dass damit die Wohnung des Verbrauchers gemeint ist.

229 Nach bisherigem Recht stellte sich das Problem des Vertragsabschlusses in der Privatwohnung des Unternehmers unter dem Gesichtspunkt, dass § 312 Abs. 1 Nr. 1 schlicht vom Bereich „einer Privatwohnung" sprach, bei der es sich grundsätzlich auch um diejenige des Unternehmers handeln konnte. Der BGH hatte dazu entschieden, dass es sich bei einem Vertragsschluss in der Privatwohnung des Unternehmers nicht um ein Haustürgeschäft handelt, wenn der Verbraucher die Wohnung schon in der Absicht aufsuchte, einen Vertrag abzuschließen[41]. Vertragsverhandlungen und -abschlüsse in der Wohnung des Unternehmers, ohne dass der Verbraucher diese in entsprechender Absicht aufsuchte, sollten allerdings als Haustürgeschäfte gelten. Diese Wertung fortführend, lässt sich vertreten, auf die tatsächliche Nutzung des Raumes zu gewerblichen Zwecken sowie die Erkennbarkeit dieser Nutzung aus Verbrauchersicht abzustellen[42].

230 Auch **mobile Gewerberäume** können Geschäftsräume darstellen, wenn der Unternehmer in ihnen regelmäßig seiner gewerblichen Tätigkeit nachkommt. Im Unterschied zu den immobilen Räumen kommt es hier nur auf eine gewöhnliche, also regelmäßige, nicht auf eine dauerhafte Tätigkeit an. Grund dafür ist die typische flexible Nutzung des mobilen Raums, den der Unternehmer an verschiedenen Orten und zu verschiedenen Zeiten zum Einsatz bringen kann. Gemeint sind etwa Markt- und Messestände iSv §§ 64, 65 GewO, Verkaufswagen oder saisonale Einrichtungen zB an Stränden oder Skiorten während der Fremdenverkehrssaison[43] oder während zeitlich begrenzt stattfindender Festivitäten. Nicht erfasst sind jedoch fliegende Händler oder sog. „Bauchläden" mit denen der Unternehmer sich im öffentlichen Raum bewegt[44].

231 Insbesondere für **Markt- und Messestände** soll laut der Begründung des Umsetzungsgesetzes jedoch die Einschränkung gelten, dass Angebote, die auf der konkreten Veranstaltung fachfremd und daher überraschend sind, keine gewöhnliche Ausübung darstellen und somit eine Außergeschäftsraumsituation vorliegt[45]. Die VerbrRechte-RiL enthält eine solche Beschränkung nicht[46]. Nähme man an, die deutsche Umsetzung erweitere auf diese Art den sachlichen Anwendungsbereichs der Richtlinie,

---

41 BGH NJW 2000, 3498; NJW 2006, 845 Tz. 17.
42 So MK/*Wendehorst* § 312 BGB Rn 17 f.
43 Vgl BT- Drucks. 17/12637, S. 49 f; kritisch bzgl. sog. „Pop-up-Stores" *Clausnitzer/Delfs* ZVertriebsR 2014, 343 (345).
44 So auch *Brönneke/Schmidt* in: Brönneke/Tonner, Das neue Schuldrecht, S. 62.
45 Vgl BT-Drucks. 17/12637, S. 50; bereits zum früheren Recht stellte der BGH darauf ab, ob die Messesituation unbedachte Vertragsschlüsse provozierte, vgl BGH NJW 2002, 3100; bestätigt durch den X. Senat in NJW 2004, 362 *(SIVA)*; aA OLG Dresden NJW-RR 1997, 1346 *(Mittelsachsenschau Riesa 1994)*; vgl auch *Brinkmann/Ludwigkeit* NJW 2014, 3270 (3721 f).
46 Die Richtlinienkonformität anzweifelnd auch *Bittner/Clausnitzer/Föhlisch* Das neue Verbraucher-Vertragsrecht, Rn 73.

stellt eine solche Beschränkung des Geschäftsraumbegriffs grundsätzlich keine Richtlinienwidrigkeit dar. Da die Beurteilung der Gewöhnlichkeit anhand des Umfelds den Verbraucher nicht nur generell vor dem unüberlegten Abschluss irgendeines Vertrags, sondern weitergehend vor dem Abschluss ganz konkreter, nämlich branchenfremder, Verträge schützt, kann man auch eine Intensivierung des Schutzes annehmen. Damit verstieße die deutsche Regelung gegen die vollharmonisierende Richtlinie. Jedenfalls der dogmatische Ansatzpunkt der Ausnahme ist fraglich. Der Gesetzgeber sieht durch die Fachfremdheit der Tätigkeit innerhalb des Umfelds auf dem Markt oder der Messe die **„Gewöhnlichkeit"** der Tätigkeit nicht gegeben. Ob die angebotene Ware oder Dienstleistung innerhalb des Umfelds gewöhnlich oder überraschend ist, hat aber keinen Einfluss darauf, ob der Unternehmer für gewöhnlich seine Tätigkeit an einem Marktstand ausübt[47]. Es werden zwei verschiedene Perspektiven vermischt. Zwar spricht die Idee der Überrumpelung des Verbrauchers dafür, ihn vor überraschenden Angeboten zu schützen. Das Interesse des Unternehmers an Rechtssicherheit spricht jedoch dagegen. Er müsste vor jeder Messe- oder Marktveranstaltung abklären, ob er in das fachspezifische Umfeld passt oder nicht, um sich darauf einstellen zu können, ob und in welchem Umfang er verbraucherprivatrechtliche Informationen bereithalten muss und ob die geschlossenen Verträge dem Widerrufsrecht unterliegen oder nicht. Das Kriterium der gewöhnlichen Ausübung kann daher nur objektiv verstanden werden, nicht allein maßgeblich kann die subjektive Sicht des Verbrauchers sein[48]. Um dennoch einen angemessenen Schutz des Verbrauchers vor überraschenden Vertragsschlüssen zu gewährleisten, sollte eine teleologische Beschränkung des Geschäftsraumbegriffs in den Fällen vorgenommen werden, in denen der Verbraucher mit dem Abschluss bestimmter Verträge nicht rechnen musste[49]. Die Frage wie die gewöhnliche Tätigkeit und der Umfang des zu gewährenden Schutzes aus der VerbrRechteRiL zu verstehen ist, hat der BGH nun dem EuGH zur Klärung vorgelegt[50].

§ 312b Abs. 1 spricht grundsätzlich von den Geschäftsräumen des Unternehmers. **232** Daraus ergibt sich die Frage, ob ein Vertrag, der zwischen Unternehmer und Verbraucher in einem Geschäftsraum geschlossen wird, der nicht derjenige des vertragschließenden Unternehmers ist, unter die Definition des Direktvertriebs fällt. Es geht um die **Geschäftsräume Dritter**[51]. Gem. § 312b Abs. 2 S. 2 stehen jedenfalls solche Geschäftsräume, in denen ein Dritter, der im Namen oder Auftrag des Unternehmers handelt dauerhaft oder für gewöhnlich seine Tätigkeit ausübt, den Geschäftsräumen des Unternehmers gleich. Bei einem Vertragsschluss in diesen Räumlichkeiten steht dem Verbraucher daher kein Widerrufsrecht zu. Möglich ist auch die Nutzung von Flächen durch einen Unternehmer innerhalb der Geschäftsräume eines anderen Un-

---

47 Kritisch auch *Strobl* NJW 2015, 721 (722); aA AG Bad Oeynhausen BeckRS 2016, 119194.
48 So in anderem Zusammenhang auch *Brönneke/Schmidt* Das neue Schuldrecht, S. 62, *Unger* ZEuP 2012, 270 (279); kritisch auch HK/*Schulte-Nölke* § 312b BGB Rn 2; aA *Schärtl* JuS 2014, 577 (579); *Förster* JA 2014, 721 (726); LG Freiburg BB 2015, 2900.
49 So etwa AG Pinneberg BeckRS 2016, 02899; MK/*Wendehorst* § 312 BGB Rn 14.
50 BGH GRUR 2017, 934.
51 Kritisch bzgl. der Einbeziehung von Vertragsschlüssen „auf neutralem Boden" *Wendehorst* NJW 2014, 577 (581); *Schärtl* JuS 2014, 577 (579).

ternehmers, etwa der Verkauf von Küchenmessern im Eingangsbereich eines Super-marktes. Sofern nicht der Verkaufsstand ohnehin Geschäftsraumqualität erlangt, stellt sich die Frage, ob man ein Haustürgeschäft annimmt, weil der Messerverkäufer sich nicht in den Räumen aufhält, in denen er persönlich seine Tätigkeit dauerhaft oder jedenfalls gewöhnlich ausübt. Die Definition des Haustürgeschäfts legt dies nahe, da sie von den Geschäftsräumen des (vertragschließenden) Unternehmers, nicht irgend-eines Unternehmers spricht. Dennoch mag der Situation das für den Widerruf maß-gebliche Merkmal der Überraschung fehlen, weil der Verbraucher sich in einem gewerblichen Umfeld befindet, in dem er mit Vertragsschlüssen rechnet. Der Norm-wortlaut ist jedoch eindeutig: außer in den in § 312b Abs. 2 S. 2 genannten Fällen, stellen Vertragsschlüsse in den Geschäftsräumen Dritter Haustürgeschäfte dar[52].

233   **bb) Negativdefinition des § 312b Abs. 1 Nr. 1.**   Nach der gesetzlichen Wertung wohnt sämtlichen Verträgen, die bei gleichzeitiger körperlicher Anwesenheit der Par-teien an einem Ort geschlossen werden, der kein Geschäftsraum des Unternehmers ist, ein das Widerrufsrecht des Verbrauchers rechtfertigendes **Überraschungsmo-ment** inne[53]. Die Definition des Haustürgeschäfts ist daher eine negative, die sich durch die Abgrenzung vom Vertragsschluss in den Geschäftsräumen des Unterneh-mers auszeichnet[54]. Der europäische Gesetzgeber fasst sie unter dem Oberbegriff des **„Direktvertriebs"** zusammen[55]. Die Beweislast dafür, dass der Vertrag tatsächlich in einer Außergeschäftsraumsituation geschlossen wurde, trägt nach den allgemeinen Grundsätzen der Verbraucher[56].

234   Typisches Beispiel des Direktvertriebs sind sog. **Party-Verkäufe**, (zB „Tupperpar-ties", deren Konzept sich mittlerweile auf viele Bereiche, wie etwa Kerzen, Putzmit-tel oder Schmuck ausgedehnt hat). In unbeschwerter freizeitlicher Stimmung stellt der Unternehmer den Verbrauchern in der Wohnung eines der anwesenden Verbrau-cher verschiedene Produkte vor, die am Ende der Vorstellung bestellt werden können. Die Wohnung dieses Verbrauchers ist nicht der Ort, an dem der Unternehmer dauer-haft seine Tätigkeit ausübt. Auch wenn der Unternehmer darauf spezialisiert ist, seine Produkte im Direktvertrieb zu vermarkten und gewöhnlicher Weise derartige „Ver-kaufs- Parties" nutzt, kommt es darauf an, dass jedenfalls diese konkrete Wohnung keinen Gewerberaum des Unternehmers darstellt, in dem er seine Leistungen regel-mäßig erbringt. Es handelt sich, selbst bei regelmäßiger Durchführung der Veranstal-tungen noch immer um die Wohnung eines Verbrauchers, die er dem Unternehmer nur vorübergehend zur Feilbietung seiner Leistungen öffnet. Grundsätzlich macht es keinen Unterschied, ob der Vertragsschluss außerhalb der Geschäftsräume aufgrund einer Bestellung des Besuchs durch den Verbraucher stattgefunden hat, etwa weil der Gastgeber der „Tupper- Party" den Unternehmer zu sich nach Hause eingeladen hat,

---

52   So auch HK/*Schulte-Nölke* § 312b BGB Rn 5; *Brinkmann/Ludwigkeit* NJW 2014, 3270 (3272).
53   Die systematische und teleologische Rechtfertigung dieser Erweiterung bezweifelnd *Grundmann* JZ 2013, 53 (56).
54   *Möller* BB 2014, 1411 (1414); *Bierekoven/Crone* MMR 2013, 687 (688).
55   Vgl Erwägungsgrund 5.
56   *BGH* NJW 2009, 431; NJW 2010, 2868.

um die Verkaufsveranstaltung durchzuführen[57]. Ob der Verbraucher auch dann der Gefahr eines übereilten Vertragsschlusses ausgesetzt ist, wenn er sich im Vorfeld dazu entschieden hat, den Besuch des Unternehmers zuzulassen, mag bezweifelt werden. Die Richtlinie sieht jedoch auch im Falle der Herbeiführung des Besuchs durch den Verbraucher die Gefahr psychischen Drucks allein aufgrund der rechtsgeschäftlichen Tätigkeit außerhalb des sonst dafür typischen Umfelds des Geschäftsraums des Unternehmers[58]. Der Anlass des Besuchs des Unternehmers ist grundsätzlich nicht von Bedeutung[59].

Auch dass den späteren Vertragsverhandlungen in der Privatwohnung des Verbrauchers ein Erstkontakt der Parteien in den Geschäftsräumen des Unternehmers vorausgegangen ist, schließt die Anwendung des § 312b betreffend die zweite Situation nicht aus[60]. **235**

Lediglich dann, wenn die Bestellung zum Zwecke der **Durchführung dringender Reparatur- und Instandhaltungsarbeiten** erfolgt, besteht gem. § 312g Abs. 2 Nr. 11 kein Widerrufsrecht des Verbrauchers[61]. Dies gilt jedoch nur für diejenigen Dienstleistungen und Ersatzteile, die der Verbraucher ausdrücklich bestellt hat und die zur Reparatur und Instandhaltung unbedingt nötig sind. **236**

Nicht von dem Begriff der Haustürsituation erfasst werden Fallgestaltungen, in denen der Unternehmer den Verbraucher in seiner Wohnung besucht, um ohne vertragliche Verpflichtungen zu begründen Maße zu nehmen oder Schätzungen vorzunehmen, um dann im Anschluss in den Geschäftsräumen des Unternehmers oder im Fernabsatz einen Vertrag zu schließen[62]. Beispiele sind etwa das Ausmessen zum späteren Einbau einer Küche. **237**

Eine Besonderheit kann sich in Bezug auf den **Arbeitsplatz** des Verbrauchers ergeben. Dieser kann sich in den Geschäftsräumen des Unternehmers befinden, wenn der vertragschließende Unternehmer etwa der Arbeitgeber des Verbrauchers ist. Wegen des den Arbeitnehmer einschließenden erweiterten deutschen Verbraucherbegriffs in § 13, ergibt sich daraus ein möglicher Widerspruch. Sofern der Vertrag eine entgeltliche Leistung des Arbeitgebers zum Gegenstand hat, stünde dem Verbraucher grundsätzlich kein Widerrufsrecht zu, wenn der Vertrag in den Geschäftsräumen des Unternehmers geschlossen wird. So wurden zwar schon früher solche Verträge vom Anwendungsbereich ausgenommen, die sich auf das Arbeitsverhältnis beziehen oder in sachlichem Zusammenhang zu diesem stehen[63]. Das entspricht auch Erwägungsgrund 8 der VerbrRechteRiL, der nationale Vorschriften über Arbeitsverträge unberührt lassen will. Für Verträge, die einen solchen vertragsgegenständlichen Bezug nicht aufweisen ergibt sich jedoch das Problem, dass die Richtlinie im eigentlichen **238**

---

57 Vgl Erwägungsgrund 21; *Bierekoven/Crone* MMR 2013, 687 (689); zur früheren Ausnahme des § 312 Abs. 3 Nr. 1 aF: BGH NJW 2010, 2868.
58 Ausführlich *Unger* ZEuP 2012, 270 (279); *Schwab/Giesemann* EuZW 2012, 253 (254).
59 BGH WM 2012, 1474.
60 So bereits zum früheren Recht OLG Dresden WM 2007, 1065.
61 Anschaulich LG Münster BeckRS 2016, 05178.
62 Vgl Erwägungsgrund 21.
63 BAG NJW 2004, 2401 (2403); NJW 2006, 938 (941).

Richtlinientext nur auf die Negativdefinition abstellt, also eine Situation außerhalb des Geschäftsraums des Unternehmers fordert, in Erwägungsgrund 21 jedoch den Arbeitsplatz ausdrücklich als situatives Beispiel nennt. Sind die Erwägungsgründe dem Grunde nach nur Auslegungshilfe zur Ermittlung der Bedeutung des Richtlinientextes, sollte ihnen in diesem Fall jedoch zusammen mit der Frage nach dem Überrumpelungspotential der Situation besondere Bedeutung beigemessen werden. Der Arbeitsplatz des Verbrauchers ist auch dann als Haustürsituation anzusehen, wenn er sich innerhalb der Geschäftsräume des Unternehmers befindet[64]. Die Einschränkung hinsichtlich der arbeitsrechtlichen Vertragsinhalte und auch das Kriterium der Entgeltlichkeit bietet genügend Möglichkeiten, eine ausufernde Anwendung des Haustürgeschäfterechts zu verhindern.

239 Um den Direktvertrieb vom Fernabsatz zu differenzieren, ist wichtiges Merkmal der Außergeschäftsraumsituation die gleichzeitige körperliche Anwesenheit beider Vertragsparteien[65]. Hierbei steht gem. § 312 Abs. 1 S. 2 die Person, die im Namen oder Auftrag des Unternehmers handelt, diesem gleich (vgl Rn 243).

240 **cc) Ausflüge, die der Unternehmer organisiert, um für den Verkauf von Waren oder die Erbringung von Dienstleistungen zu werben und Verträge zu schließen.** Die vormals in § 312 Abs. 1 S. 1 Nr. 2 aF über die Vorgaben der Hautürgeschäfterichtlinie hinausgehend geregelte Freizeitveranstaltung, die zumindest auch im Interesse des Unternehmers durchgeführt wurde, ist nun in ähnlicher Form sekundärrechtlich vorgesehen. Eine Außergeschäftsraumsituation soll gem. Art. 2 Nr. 8 lit. d VerbrRechteRiL und dem ihrer Umsetzung dienenden § 312b Abs. 1 S. 1 Nr. 4 auch dann vorliegen, wenn der Vertrag auf einem Ausflug geschlossen wird, den der Unternehmer selbst oder jedenfalls mitorganisiert hat und der ihm als Werbe- und Absatzmöglichkeit für seine Waren und Dienstleistungen dient. Grundsätzlich sind derartige Ausflüge bereits in der Negativdefinition des § 312b Abs. 1 S. 1 Nr. 1 enthalten, sofern sie außerhalb der Geschäftsräume des Unternehmers stattfinden. Sie zeichnen sich dadurch aus, dass die Unterhaltung der Teilnehmer mit einem Verkaufsangebot verknüpft wird[66]. Zu denken ist hier insbesondere an die klassische Kaffeefahrt, aber auch an eine kostenlose Weinprobe, die nicht im Geschäftslokal des Unternehmers stattfindet oder an eine Modenschau, bei deren Gelegenheit andere Waren, zB Urlaubsreisen, Zeitschriftenabonnements oder Wein, verkauft werden.

241 War früher umstritten, ob auch eine Freizeitveranstaltung im Geschäftslokal des Unternehmers in den Anwendungsbereich des § 312 aF fallen kann[67], so ist dies gerade die Situation, in der § 312b Abs. 1 S. 1 Nr. 4 eigenständige Bedeutung zukommt, zB bei einem Ausflug zu einem Teppichbasar während einer Pauschalreise[68]. Trotz des

---

64 AA *Schwab/Hromek* JZ 2015, 271 (273); *Kamanabrou* NZA 2016, 919.

65 Vgl auch *Unger* ZEuP 2012, 270 (280); *Schärtl* JuS 2014, 577 (579); zu dennoch möglichen Überschneidungen s. Rn 249.

66 Ähnlich *Brönneke/Schmidt* in: Brönneke/Tonner, Das neue Schuldrecht, S. 63.

67 Abl. HK-BGB/*Schulte-Nölke* § 312 BGB aF Rn 8; zust. BGH NJW-RR 1991, 1524; *LG Tübingen* NJW 2005, 1513 (1515); HK-VertriebsR/*Tonner* § 312 BGB aF Rn 41.

68 *Brönneke/Schmidt* in: Brönneke/Tonner, Das neue Schuldrecht, S. 63; dazu ausführlich *Schärtl* Grundfall 11, JuS-Extra 2014, 12 (22); HK-BGB/*Schulte-Nölke* § 312b BGB Rn 8.

Vertragsschlusses in den Geschäftsräumen des Unternehmers, besteht aufgrund der freizeitlich unbeschwerten Stimmung die Gefahr unüberlegter Vertragsschlüsse.

c) Vertragsschluss zwischen Unternehmer und Verbraucher

Grundfall der Haustürsituation und damit des verbraucherprivatrechtlichen Widerrufsrechts ist der Abschluss eines Vertrags zwischen Unternehmer und Verbraucher in der Haustürsituation. Das Bestimmtwerden in dieser Situation ist, abgesehen von § 312b Abs. 1 Nr. 3, nicht mehr vom Anwendungsbereich erfasst[69]. Die unter dem psychischen Druck der Überrumpelung entstandene vertragliche Bindung des Verbrauchers soll noch einmal in Ruhe überdacht werden können. **242**

Gem. § 312 Abs. 1 S. 2 stehen Personen, die im Namen oder Auftrag des Unternehmers handeln, diesem gleich. Auftrag dürfte hierbei untechnisch zu verstehen seien (s. Rn 258), sodass nicht nur Stellvertreter iSd §§ 164 ff erfasst werden, sondern auch sonstige Vermittler und Dritte[70]. Typische Dritte sind etwa Makler, „Partyverkäufer" oder Handelsvertreter. Es kann sich aber auch um Personen handeln, die in sonstiger Weise für den Unternehmer tätig sind, selbst wenn sie dem Verbraucher nahe stehen, zB Nachbarn, Freunde oder Arbeitskollegen[71]. **243**

aa) Stellvertretung auf Seiten des Verbrauchers.
Probleme wirft die Fallkonstellation auf, in der ein **Stellvertreter für den Verbraucher** handelt. Es stellt sich zunächst die Frage, auf welche Person bzw wessen Willenserklärung hinsichtlich des Bestehens einer Haustürsituation abzustellen ist. Der XI. Zivilsenat des BGH hat unter Rückgriff auf den Sinn und Zweck des Widerrufsrechts und unter Zuhilfenahme des Rechtsgedankens von § 166 Abs. 1 entschieden, dass grundsätzlich auf die Person des Vertreters abzustellen sei[72]. Völlig zutreffend führt er aus, dass die besonderen Umstände des Vertragsschlusses in der Haustürsituation maßgeblich sind. Hier besteht die Möglichkeit der unangemessenen Einflussnahme durch den Unternehmer als Vertragspartner. Handelt ein Stellvertreter, so ist lediglich dieser bei der Abgabe der eigenen Willenserklärung den besonderen Gefahren ausgesetzt, die eine Haustürsituation mit sich bringt. Daher kommt es grundsätzlich, wie es das Gesetz auch für den Fall der Irrtumsanfechtung in § 166 Abs. 1 regelt, auf die Person des Stellvertreters und nicht auf die des Vertretenen an. Das Widerrufsrecht steht dem durch den Vertrag verpflichteten Verbraucher – und nur diesem[73] – daher zu, wenn der Stellvertreter, auf dessen Verbrauchereigenschaft es im Übrigen wiederum nicht ankommt, den Vertrag in einer Haustürsituation abschließt. Ausnahmsweise kann jedoch auch auf den Verbraucher als Vertragspartner und Vertretenen abzustellen sein. Dann nämlich, wenn die Vollmachterteilung in einer Haustürsituation erfolgt ist und der Vertretene dem Stellvertreter daraufhin konkrete Weisungen erteilt hat, so dass sich die in **244**

---

69 HK-BGB/*Schulte-Nölke* § 312b BGB Rn 9.
70 EuGH NJW 2005, 3555; BGH NJW 2006, 497 Tz. 18; NJW 2006, 2099 Tz. 19; NJW 2007, 357 Tz. 27; *Brinkmann/Ludwigkeit* NJW 2014, 3270 (3275).
71 Palandt/*Grüneberg* § 312b Rn 9.
72 BGH NJW 2000, 2268; NJW 2005, 664; OLG München NJW-RR 2002, 1489.
73 Erman/*Saenger* § 312 BGB aF Rn 8 ff.

der Haustürsituation getroffene Entscheidung auf die durch den Stellvertreter abgegebene Willenserklärung übertragen hat[74]. Eine andere Frage ist die der Widruflichkeit der Vollmachterteilung, welche die Rechtsprechung bislang ausdrücklich offen gelassen hat[75].

245   Handelt der **Vertreter ohne Vertretungsmacht** und erteilt der Vertretene die Genehmigung gem. § 177 Abs. 1, so gilt das Vorstehende entsprechend. Es kommt hinsichtlich der persönlichen Voraussetzungen auf den Vertretenen und hinsichtlich der Haustürsituation auf die Person des Vertreters (ohne Vertretungsmacht) an[76]. Verweigert der Vertretene aber die Genehmigung, so stellt sich die Frage, ob die Willenserklärung des vollmachtlosen Vertreters widerruflich ist, wenn diese in einer Haustürsituation abgegeben wurde. Die Widruflichkeit der durch den Vertreter ohne Vertretungsmacht abgegebenen Willenserklärung wird man unabhängig davon bejahen müssen, ob das Geschäft für den scheinbar Vertretenen ein Verbrauchervertrag gewesen wäre. Es ist hinsichtlich der persönlichen Voraussetzungen auf den nun verpflichteten Erklärenden, also den falsus procurator abzustellen[77].

246   **bb) Herbeiführung der Haustürsituation durch Dritte.**   § 312b Abs. 1 Satz 2 stellt Personen, die im Auftrag oder im Namen des Unternehmers handeln diesem gleich. Auch wenn dem Verbraucher in der Außergeschäftsraumsituation nicht der Unternehmer selbst gegenübersteht, kann diese dem Unternehmer zugerechnet werden. Dies hatte schon nach früherer Rechtslage vor allem in den sog. „Schrottimmobilien-Fällen" für Diskussion gesorgt. Dort wurde häufig die seitens einer Bank geleistete Finanzierung eines Immobilienkaufvertrags über einen Mitarbeiter einer Wirtschafts- und Unternehmensberatung, einen Immobilienmakler oder einen Bauträger vermittelt, der wiederum die Haustürsituation erzeugte. Der BGH hatte derartige Fälle zunächst unter Zuhilfenahme des Rechtsgedankens von § 123 Abs. 2 gelöst[78]. In Folge der Rechtsprechung des EuGH[79] in dem Verfahren *Crailsheimer Volksbank* stand jedoch fest, dass allein objektiv eine Haustürsituation bestanden haben muss, in der der Vertrag abgeschlossen bzw angebahnt wurde, seien die situativen Voraussetzungen auch von einem Dritten und nicht dem Unternehmer als Vertragspartner herbeigeführt worden[80]. Der Großteil solcher Fälle dürfte bei einem weiten Verständnis des Auftragsbegriffs nach jetzigem Recht von § 312b Abs. 1 Satz 2 erfasst sein[81]. Der Auftragsbegriff ist hier der VerbrRechteRiL entnommen und ist daher nicht rein national iSd § 662 zu verstehen, sondern autonom auszulegen[82]. Es ist davon auszugehen, dass

---

74 Jauernig/*Stadler* § 312 BGB aF Rn 4 für eine Analogie zu § 166 Abs. 2 BGB.
75 S. etwa BGH NJW 2000, 2268 (2269).
76 Erman/*Saenger* § 312 BGB aF Rn 11 f.
77 Ausführlich Erman/*Saenger* § 312 BGB aF Rn 11–16; aA auch ein Widerrufsrecht des Vertreters ohne Vertretungsmacht als Unternehmer befürwortend *Masuch* BB 2003, Beil. 6, S. 16 (22).
78 So zB in BGH NJW 2003, 424; NJW-RR 2004, 1126; BGHZ 159, 280 (285); NJW-RR 2005, 635; NJW 2005, 2545; krit. dazu *Weiler* BB 2003, 1397.
79 NJW 2005, 3555; dazu *Mörsdorf* ZIP 2012, 845.
80 BGH NJW 2006, 497 Tz. 18; NJW 2006, 2099 Tz. 19; NJW 2007, 357 Tz. 27.
81 AA *Schwab/Hromek* JZ 2015, 271 (275).
82 *Brinkmann/Ludwigkeit* NJW 2014, 3270 (3275).

jegliche Autorisierung, entgeltlich oder unentgeltlich, erfasst ist. Dass ein Handeln des Dritten „im Namen" des Unternehmers ausreicht, lässt es zu, weiterhin allein das objektive Vorliegen einer Haustürsituation genügen zu lassen[83]. Da die Frage nur virulent wird, wenn zwischen Unternehmer und Verbraucher ein Vertrag geschlossen wurde, der Unternehmer das Handeln des Dritten also ohnehin nachträglich autorisiert hat, ergeben sich keine Gefahren einer zu umfangreichen Zurechnung.

d) Angebotsabgabe durch den Verbraucher außerhalb von Geschäftsräumen

Für die Eröffnung des Anwendungsbereichs der haustürgeschäftlichen Regelungen reicht es aus, wenn der Verbraucher in einer Haustürsituation ein Angebot auf Abschluss eines Vertrags über eine entgeltliche Leistung des Unternehmers abgibt. § 312b Abs. 1 Satz 1 Nr. 2 schützt den Verbraucher schon dann, wenn er sich in einer typisierten Überrumpelungssituation allein durch die Angebotsabgabe iSd § 145 vertraglich bindet. Wann und wo der Unternehmer das Vertragsangebot annimmt ist dann nicht von Bedeutung[84].

247

e) Vertragsschluss unmittelbar nach persönlicher Kontaktaufnahme

Wird der Verbraucher in einer Situation vom Unternehmer werbemäßig angesprochen, in der er hiermit nicht rechnet, zB auf der Straße oder vor dem Geschäft des Unternehmers, und schließt er im unmittelbaren Anschluss daran einen Vertrag über eine entgeltliche Leistung des Unternehmers ab, erfasst § 312 Abs. 1 S. 1 Nr. 3 den Vertragsschluss selbst dann noch als Haustürgeschäft, wenn der Vertragsschluss im Fernabsatz oder in den Geschäftsräumen des Unternehmers stattfindet. Die Norm erfordert als Kriterium die unmittelbare Aufeinanderfolge des Ansprechens und des Vertragsschlusses[85]. Diesbezüglich bestehen keine strikten zeitlichen Anforderungen. Der Begriff der Unmittelbarkeit ist grundsätzlich flexibel, eingrenzendes Merkmal ist jedoch, dass die Überrumpelungssituation des Ansprechens bis zum Vertragsschluss fortwirkt[86]. Es ist daher eine Art Kausalzusammenhang zwischen dem Angesprochen werden und dem zeitlich unmittelbar folgenden Vertragsschluss zu fordern. Hat der Verbraucher hingegen zwischen dem Angesprochen werden und dem daraufhin erfolgenden Vertragsschluss noch Zeit, sich über den Vertrag Gedanken zu machen, so ist von einem Auswirken der Drucksituation auf die vertragliche Bindung nicht mehr zu sprechen und eine Möglichkeit, sich vom Vertrag durch Widerruf zu lösen nicht ge-

248

---

83 So auch *Hoffmann* ZIP 2015, 1365 (1371 ff); *Schwab/Hromek* JZ 2015, 271 (275) halten dies für eine erweiternde Umsetzung der Richtlinie, da diese ein Handeln des Unternehmers „durch" den Dritten und damit eine Autorisierung erfordere.

84 Palandt/*Grüneberg* § 312b BGB Rn 5.

85 *Clausnitzer/Delfs* ZVertriebsR 2014, 343 (346); *Gsell* Staudinger-Eckpfeiler des Zivilrechts, L. Verbraucherschutz, Rn 42; die frühere Rechtsprechung, die der zeitlichen Komponente keine eigenständige Bedeutung im Rahmen des § 312 Abs. 1 S. 1 Nr. 3 aF zugestehen wollte, kann nicht mehr aufrecht erhalten werden; vgl zur früheren Rechtslage BGH NJW-RR 2009, 1275 Tz. 17; NJW 2007, 3272 Tz. 11; OLG Frankfurt BeckRS 2010, 01864 (neg.).

86 Palandt/*Grüneberg* § 312b BGB Rn 6.

rechtfertigt[87]. Es handelt sich stets um eine Frage, die die Würdigung des Einzelfalls erforderlich macht[88].

249 Durch den erweiterten Anwendungsbereich kann es dazu kommen, dass ein Vertrag sowohl die Voraussetzungen des Haustürgeschäfts nach § 312b Abs. 1 S. 1 Nr. 3, als auch diejenigen des Fernabsatzgeschäfts iSd § 312c Abs. 1 erfüllt[89]. § 312c Abs. 1 verlangt zwar, dass nicht nur der Vertragsschluss, sondern auch die vorgelagerten Vertragsverhandlungen im Fernabsatz erfolgen müssen, das bloße werbemäßige Ansprechen auf der Straße ist jedoch nicht zwingend bereits eine Verhandlung über den Inhalt des Vertrags[90]. Das Gesetz enthält keine Konkurrenzregel für diesen Fall. Zwar sind die Vorschriften zum Widerrufsrecht für beide Vertriebsformen in § 312g zusammengefasst, Unterschiede ergeben sich jedoch bei den vorvertraglichen Informationspflichten gem. § 312d iVm Art. 246a EGBGB und den Abschriften und Bestätigungen des Vertrags iSd § 312f (vgl Rn 267 ff). Im für den Unternehmer ungünstigsten Fall erfüllt er die Informationspflicht über das Widerrufsrecht entsprechend der formellen Anforderungen des Fernabsatzrechts in einer dem Fernkommunikationsmittel angepassten Weise, etwa per Mail, der Verbraucher macht aber später geltend, dass er sein Widerrufsrecht auf die Außergeschäftsraumsituation gestützt habe und daher die Information auf Papier hätte erhalten müssen. Die Widerrufsfrist kann sich dann gem. § 355 Abs. 3 S. 2 auf ein Jahr und 14 Tage verlängern.

250 Der Unternehmer, der den Vertrag mit dem zuvor angesprochenen Verbraucher schließt kennt erst bei Zustandekommen des Vertrags im Fernabsatz die Identität des Verbrauchers und weiß im Zweifel gerade aufgrund der Kommunikation ohne gleichzeitige körperliche Anwesenheit der Parteien bei Vertragsschluss nicht, dass es sich um die Person handelt, die er zuvor zB auf der Straße angesprochen hat. Dennoch kann er diese Unsicherheit vermeiden, indem er etwa für die im Direktvertrieb angebahnten Verträge eigene fernabsatzrechtliche Kommunikationskanäle öffnet, zB eine gesonderte Email-Adresse einrichtet. Bei bewusster Nutzung beider Besonderen Vertriebsformen kann dieser Aufwand dem Unternehmer durchaus zugemutet werden. Im Zweifel muss er sich daher auf die strengeren Anforderungen des Haustürgeschäfts einstellen[91].

---

87 Vgl Erwägungsgrund 21 der Verbraucherrechterichtlinie; *Schärtl* JuS 2014, 577 (579); *Schärtl* Grundfall 12, JuS-Extra 2014, 12; HK-BGB/*Schulte-Nölke* § 312b BGB Rn 7 verneint die Unmittelbarkeit, wenn bei Abwesenheit des Unternehmers mehr als einige Minuten, insbes. mehr als eine Stunde vergangen ist.
88 Zu § 312 Abs. 1 S. 1 Nr. 3 aF BGH NJW-RR 2009, 1275 Tz. 17; Palandt/*Grüneberg* § 312b BGB Rn 6.
89 So auch *Unger* ZEuP 2012, 270 (280), dazu auch *Schirmbacher/Schmidt* CR 2014, 107 (108); *Grundmann* JZ 2013, 53 (56); *Brinkmann/Ludwigkeit* NJW 2014, 3270 (3274 f).
90 Selbst das vorherige Erkundigen im Ladenlokal soll einem danach durch Fernkommunikationsmittel erfolgenden Vertragsschluss nicht das Merkmal des Fernabsatzes nehmen, vgl dazu Rn 263.
91 So auch *Brinkmann/Ludwigkeit* NJW 2014, 3270 (3276).

4. Persönlicher Anwendungsbereich und Besonderheiten des Widerrufsrechts

Über die Verweisungskette von § 312b über § 312 und § 310 Abs. 3 (vgl Rn 220) er- **251** gibt sich in personeller Hinsicht das Erfordernis des Vertragsschlusses zwischen dem Unternehmer, oder einer ihm gem. § 312b Abs. 1 Satz 2 gleichgestellten Person, als Leistungs- und dem Verbraucher als Entgelterbringer. Damit sind die allgemeinen Definitionen des Verbrauchers aus § 13 und des Unternehmers aus § 14 anwendbar.

Die besonderen Regelungen zu den Modalitäten des Widerrufsrechts bei Haustür- **252** geschäften finden sich nun gebündelt in § 356 (s. Rn 123 ff, 289 ff).

5. Gerichtsstand

Für Verbrauchersachen folgt im Anwendungsbereich der europäischen Verordnung **253** über die gerichtliche Zuständigkeit und die Anerkennung und Vollstreckung von Entscheidungen in Zivil- und Handelssachen[92] (Brüssel-Ia-VO) die **internationale Zuständigkeit** der Gerichte des Mitgliedstaates, in dem der Verbraucher seinen Wohnsitz hat aus Art. 17, 18[93]. Der Verbraucher hat grundsätzlich gem. Art. 18 Abs. 1 EuGVVO die Möglichkeit, in seinem Wohnsitzstaat oder dem Wohnsitzstaat seines Vertragspartners zu klagen. Die Klage gegen den Verbraucher kann gem. Art. 18 Abs. 2 EuGVVO hingegen ausschließlich im Wohnsitzstaat des Verbrauchers erhoben werden.

Wird der Verbraucher aus einem Außergeschäftsraumvertrag verklagt, genießt er im Falle der Zuständigkeit deutscher Gerichte nach § 29c Abs. 1 Satz 2 ZPO den ausschließlichen **örtlichen Gerichtsstand** seines Wohnsitzes. Der Unternehmer kann somit einen Anspruch aus einem Außergeschäftsraumvertrag nur am Wohnsitz des Verbrauchers geltend machen[94]. Auf der anderen Seite hat der Verbraucher bei einer Klage gegen den Unternehmer nach § 35 ZPO die Wahl zwischen dem besonderen Gerichtsstand des § 29c Abs. 1 Satz 1 ZPO und weiteren in Frage kommenden, etwa dem allgemeinen Gerichtsstand oder dem Gerichtsstand des Erfüllungsorts aus § 29 ZPO[95]. Der Gerichtsstand ist folglich nur für den Unternehmer ein ausschließlicher[96]. Von § 29c ZPO werden nicht nur die spezifisch verbraucherrechtlichen Ansprüche aus der Widerruflichkeit des Vertrags erfasst. Der BGH hat den verbraucherspezifischen Gerichtsstand auch auf Schadensersatzansprüche erstreckt, die der Verbraucher im Zusammenhang mit einem Haustürgeschäft wegen Verschuldens bei Vertragsschluss oder einer unerlaubten Handlung geltend macht[97]. Der Verbraucher

---

92 Verordnung (EU) Nr. 1215/2012 vom 12.12.2012, ABl. 2012 L 51, 1; dazu im Überblick *Staudinger/ Steinrötter* JuS 2015, 1.
93 Ausführlich *Barta* NJOZ 2011, 1033.
94 Zur Doppelfunktionalität des § 29c ZPO bzgl. der internationalen Zuständigkeit s. LG Tübingen NJW 2005, 1513; MK/*Patzina* § 29c ZPO Rn 26 ff.
95 Dazu BGH NJW 2015, 169; *Thomas/Putzo* § 29c ZPO; *Boente/Riehm* Jura 2002, 222 (224); *Friesen* jM 2016, 398.
96 Vgl. *Friesen* jM 2016, 398.
97 BGH NJW 2003, 1190 mit Bspr. *Mankowski* JZ 2003, 1122.

kann sich selbst dann auf den ausschließlichen Gerichtsstand berufen, wenn die Vorschriften zum Haustürgeschäft im Übrigen im Wege der Konkurrenz nach § 312g Abs. 3 zurücktreten[98]. Durch eine Gerichtsstandsvereinbarung können die Parteien nur ausnahmsweise von § 29c Abs. 1 ZPO abweichen, wenn der Verbraucher nach Vertragsschluss seinen Wohnsitz oder gewöhnlichen Aufenthalt ins Ausland verlegt oder sein Wohnsitz oder gewöhnlicher Aufenthalt im Zeitpunkt der Klageerhebung unbekannt ist. Dies gilt sowohl für Klagen des Verbrauchers als auch für Klagen gegen ihn[99]. Bzgl. der zweiten Alternative handelt es sich daher um eine Ausnahme von § 40 Abs. 1 Satz 1 Nr. 2 ZPO.

II. Fernabsatzverträge

254 Hintergrund der Regelungen zum Fernabsatz ist der Schutz des Verbrauchers beim Abschluss von Distanzgeschäften. Der Tatbestand des Vertragsschlusses im Fernabsatz zeichnet sich grundsätzlich dadurch aus, dass es weder zu einem unmittelbaren persönlichen Kontakt zwischen den Vertragspartnern kommt, noch die Ware durch den Verbraucher vor Vertragsschluss in Augenschein genommen werden kann. Die durch das Fernabsatzrecht zu behebenden typischen Defizite eines Distanzgeschäfts fasst der BGH folgendermaßen zusammen: „Der Verbraucher kann vor Abschluss des Vertrags die Ware oder die Dienstleistung nicht prüfen und er kann sich an keine natürliche Person wenden, um weitere Informationen zu erlangen"[100]. Das dem Verbraucher durch die VerbrRechteRiL für den Fernabsatzvertrag zugebilligte Widerrufsrecht und die dem Unternehmer aufgebürdeten Informationspflichten begründen sich dementsprechend in dem Umstand einer gesteigerten Anonymität,[101] deren regelmäßige Folgen eine bloß eingeschränkte Beratung sowie Schwierigkeiten bei der Einschätzung der Seriosität des Anbieters sind[102]. Die Schutzbedürftigkeit des Verbrauchers als Fernabsatzkunde wird nicht dadurch geschmälert, dass sich der (Kauf-) Vertrag auf eine neue Sache bezieht, die problemlos bei einem Händler vor Ort in Augenschein genommen werden kann. Das Fernabsatzrecht billigt dem Verbraucher vielmehr ein Prüfungsrecht hinsichtlich der konkret bestellten Ware zu, so dass die Vorschriften uneingeschränkt auch auf den Kauf von „Massenware" Anwendung finden[103]. Wie im Falle des Haustürgeschäfts (s. Rn 215) stellt das Widerrufsrecht des Fernabsatzvertrags damit ein situativ begründetes Gestaltungsrecht des Verbrauchers dar, was die Zusammenfassung der beiden Regelungsmaterien unter der Überschrift „Besondere Vertriebsformen" durchaus sinnvoll erscheinen lässt[104].

---

98   Dazu *Artz* JuS 2002, 528 (534); zum früheren Recht BGH NJW 2002, 2029 mit Anm. *Bülow/Artz* WuB IV D – § 7 HWiG 1.02; s. zum Verbrauchergerichtsstand o. Rn 34 ff.
99   BGH NJW 2015, 169; aA noch die Vorinstanz KG Berlin BKR 2014, 390.
100 BGH NJW 2004, 3699 (3700).
101 Vgl OLG Hamburg WM 2014, 1538.
102 *Lütcke* Fernabsatzrecht, Einleitung, Rn 1 ff; kritisch zur umfassenden Regulierung *Buchmann* K&R 2013, 535.
103 Zutreffend OLG Düsseldorf 16 U 168/08; indes sind die Motive des Verbrauchers für den Widerruf ohne Belang, sodass der Widerruf seine Ursache nicht im Ergebnis der Prüfung der Ware haben muss, vgl BGH NJW 2016, 1951.
104 Vgl dazu *Artz* JuS 2002, 528 (534).

Zentrale verbraucherprivatrechtliche Instrumente des Fernabsatzrechts sind die Ein- **255** räumung eines Widerrufsrechts zu Gunsten des Verbrauchers (§ 312g) und die Belastung des Unternehmers mit Informationspflichten (§ 312d)[105].

Ein Fernabsatzvertrag im Sinne des § 312c Abs. 1 Satz 1 wird im Wesentlichen durch **256** drei Tatbestandsmerkmale gekennzeichnet: Erstens muss es sich um einen Verbrauchervertrag handeln, der eine entgeltliche Leistung des Unternehmers zum Gegenstand hat (§ 312 Abs. 1, s. hierzu ausführlich Rn 84 ff), zweitens hat der Vertragsschluss unter ausschließlicher Verwendung von Fernkommunikationsmitteln zu erfolgen (Rn 257 ff), und drittens muss der Unternehmer schließlich über ein für den Fernabsatz organisiertes Vertriebs- oder Dienstleistungssystem verfügen, in dessen Rahmen der Vertrag abgeschlossen wird (Rn 265 f).

1. Vertragsgegenstand

Nach der Definition des Fernabsatzvertrags in § 312b aF waren Fernabsatzverträge **257** auf Verträge über die Lieferung von Waren und die Erbringung von Dienstleistungen beschränkt.[106] Eine solche Beschränkung besteht seit der Neufassung der Begriffsbestimmung in § 312c nicht mehr, sodass potentiell alle Vertragstypen erfasst sind[107]. Der Inhalt des Vertrags ist dementsprechend nicht mehr entscheidend, sondern die Anknüpfung erfolgt ausschließlich nach der Art des Vertragsschlusses[108]. Die einzige Einschränkung, die insoweit noch besteht, ergibt sich aus § 312, wonach der Anwendungsbereich der Regeln über Verbraucherverträge auf Fälle beschränkt ist, die eine entgeltliche Leistung des Unternehmers zum Gegenstand haben (Rn 86).

2. Vertragsverhandlung und -schluss mittels Fernkommunikationsmitteln

a) Distanzgeschäft

Der Vertrag muss unter Verwendung von Fernkommunikationsmitteln verhandelt und **258** geschlossen werden. Was unter einem Fernkommunikationsmittel zu verstehen ist, erläutert § 312c Abs. 2. Nicht nur der Vertrieb über moderne Medien, insbesondere das **Internet**[109], dessen zunehmende Verbreitung und Nutzung durch Verbraucher Anlass für die Sonderregelungen im Fernabsatz gab, sondern auch der **traditionelle**

---

105 „Klassische Mittel des gemeinschaftsrechtlichen Verbraucherschutzes", Palandt/*Grüneberg* § 312c BGB Rn 1.
106 Die Beschränkung hinsichtlich der für den Fernabsatzvertrag in Betracht kommenden Vertragstypen hat zu einigen Unsicherheiten geführt. So war etwa umstritten, ob ein Maklervertrag als Vertrag über eine Dienstleistung iSv § 312b aF einzuordnen war (vgl hierzu OLG Düsseldorf MMR 2015, 310); nach nunmehr geltender Rechtslage ist die Frage eindeutig zugunsten der Anwendbarkeit der Vorschriften über den Fernabsatz auf Maklerverträge beantwortet, vgl *Lange/Werneburg* NJW 2015, 193.
107 S. auch *Föhlisch/Dyakova* MMR 2013, 3; damit ist auch die umstrittene und unterdessen vom BGH bejahte (BGH NJW 2017, 1012; NJW-RR 2017, 368) Frage, ob es sich bei einem Maklervertrag um einen Dienstvertrag iSd § 312b BGB aF handelt, obsolet, vgl *Meier* ZfIR 2017, 313 (320).
108 Palandt/*Grüneberg* § 312b BGB Rn 2.
109 Zum Internethandel im Anwendungsbereich der Richtlinie *Hörmann* Der Internethandel und die neue Richtlinie über die Rechte der Verbraucher, 2014.

Versandhandel, etwa über Kataloge, wird von den Vorschriften über Fernabsatzverträge erfasst. Gemeinsam ist den einschlägigen Kommunikationsmitteln, dass die Vertragspartner einander nicht körperlich gegenüberstehen müssen. Gleichwohl ist das Fehlen der gleichzeitigen körperlichen Anwesenheit nach dem Wortlaut des § 312c nicht Voraussetzung für einen Fernabsatzvertrag. Hierin unterscheidet sich die Formulierung von derjenigen in Art. 2 Nr. 7 der VerbrRechteRiL[110]. Das Gesetz nennt neben dem Kataloghandel, dem Vertragsschluss per E-Mail oder SMS zum Beispiel den Brief oder einen Telefonanruf[111].

259 Auch beim Einsatz eines Boten stehen sich die beiden Vertragspartner nicht körperlich gegenüber. Allerdings lässt sich dem § 312c Abs. 1 entnehmen, dass derjenige, der im Namen oder Auftrag des Unternehmers handelt, diesem gleichzustellen ist[112]. Im Umkehrschluss daraus folgt, dass Vertragsschlüsse zwischen dem Verbraucher und einem vom Unternehmer beauftragten bzw in seinem Namen handelnden Dritten ohne ausschließliche Verwendung von (anderen) Fernkommunikationsmitteln keine Fernabsatzverträge darstellen[113]. Der Auftragsbegriff ist dabei autonom zu interpretieren (Rn 246) und umfasst auch die Geschäftsbesorgung und die Gefälligkeit, sodass Boten des Unternehmers grundsätzlich als beauftragt im Sinne des § 312c anzusehen sind. Der Bote ist also nicht etwa selbst das Fernkommunikationsmittel, sodass es grds. nur zur Anwendung des Fernabsatzrechts kommt, sofern der Bote den Vertrag mit dem Verbraucher unter ausschließlicher Verwendung von Fernkommunikationsmitteln schließt.[114] Jedoch wird man unter Berücksichtigung von Sinn und Zweck des Fernabsatzrechts annehmen dürfen, dass auch der Bote des Unternehmers jedenfalls dann ein Fernkommunikationsmittel im Sinne der Regelung darstellt, wenn er nicht dazu in der Lage ist, näher Auskunft über das Produkt zu geben[115]. Handelt es sich also bei dem Boten, der die Ware in Folge einer Bestellung unter Zuhilfenahme eines Fernkommunikationsmittels liefert und damit die Annahme erklärt, um eine Person, die dem Verbraucher weder über Vertragsinhalt noch Leistungsgegenstand Informationen erteilen kann, liegt jedenfalls ein Fernabsatzgeschäft vor[116]. Entscheidend soll diesbezüglich die Qualität des persönlichen Kontakts vor dem Vertragsschluss sein[117].

260 Bezugspunkt des Fernabsatzrechts ist die Verhandlung und der Abschluss des Vertrags[118]. Dass die versprochene Leistung später unter körperlicher Anwesenheit der Parteien erbracht wird, beeinflusst die Qualifikation als Distanzgeschäft grundsätzlich nicht[119]. Bestellt der Verbraucher also Ware per Internet oder Post bei einem Händler und holt sie später persönlich ab, liegt unzweifelhaft ein Fernabsatzgeschäft vor; ebenso in dem Fall, dass unter Nutzung eines Fernkommunikationsmittels eine

110 Kritisch auch *Grundmann* JZ 2013, 54 (56).
111 Zu den in Frage kommenden Kommunikationsmitteln s. MK/*Wendehorst* § 312b BGB aF Rn 47 f.
112 Grundlegend *Purnhagen* ZRP 2012, 36 (37 f).
113 S. auch *Schirmbacher/Schmidt* CR 2014, 107 (108); *Föhlisch/Dyakova* MMR 2013, 3 (4).
114 Vgl OLG Saarbrücken NJW-RR 2014, 1521.
115 Palandt/*Grüneberg* § 312c BGB Rn 4; HK-BGB/*Schulte-Nölke* § 312c BGB Rn 4.
116 BGH NJW 2004, 3699 *(Postident 2-Verfahren)*.
117 *Föhlisch* in: Bittner/Clausnitzer/Föhlisch, Das neue Verbrauchervertragsrecht, Rn 80.
118 Vgl BGH NJW-RR 2017, 368 Rn 55.
119 BGH NJW-RR 2017, 368 Rn 55; *Bülow/Artz* NJW 2000, 2049 (2053).

Dienstleistung geordert wird, die später vor Ort erbracht wird, zB die Reinigung einer Hausfassade, die Reparatur bzw das Abschleppen eines Autos oder der Überraschungsauftritt eines Künstlers auf einer Hochzeitsfeier. Ein Fernabsatzvertrag soll allerdings nicht allein dadurch zustande kommen, dass der Verbraucher zuvor lediglich eine Reservierung bei einem Dienstleister via Fernkommunikationsmittel vornimmt.[120] Problematisch sind indes die Fälle, in denen die Erbringung der vertraglich vereinbarten Dienstleistung gerade durch den persönlichen Kontakt zwischen den Parteien geprägt ist, gleichwohl eine vorherige verbindliche Vereinbarung durch Fernkommunikationsmittel vorliegt. Insoweit wurde mit Blick auf die alte Rechtslage erwogen, die Qualifikation des Fernabsatzgeschäfts in Ausnahmefällen auch leistungsbezogen, und nicht allein an den Umständen des Vertragsschlusses orientiert erfolgen zu lassen[121]. Gerade in Anbetracht der Frage, ob eine vertragliche Bindung mittels Widerrufs noch einmal zu lösen ist, bedarf es bei der Entscheidung darüber, ob verbraucherprivatrechtliche Sonderregeln anwendbar sind, eines hohen Maßes an Rechtssicherheit. Daher kann die Lösung der hier aufgeworfenen Frage nicht darin zu finden sein, die Bedeutung des persönlichen Kontakts zwischen Verbraucher und Unternehmer einzuschätzen. Zum einen würde die Widerruflichkeit der Willenserklärung von einer subjektiven Erwägungen gehorchenden Einzelfallentscheidung abhängen. Zum anderen schieden eine Vielzahl von Dienstleistungen, wie Anwaltsverträge[122], aber auch Heilbehandlung bzw Massage und Handwerksleistungen aus dem sachlichen Anwendungsbereich des Fernabsatzrechts aus, was nicht mit den Vorgaben der Verbraucherrechterichtlinie in Einklang zu bringen wäre[123]. Daher ist daran festzuhalten, dass nicht der Vertragsgegenstand bzw die Art der Leistungserbringung, sondern alleine die Phase bis zum Vertragsabschluss Maß gibt[124]. Ein Rechtssicherheit bietendes Korrektiv ist indes in dem Begriff des für den Fernabsatz organisierten Dienstleistungssystems zu finden. Sowohl Anwaltsverträge als auch andere Verträge über die Erbringung von Dienstleistungen unterfallen dem Fernabsatzrecht nur, wenn der Unternehmer den Vertragsabschluss durch Fernkommunikationsmittel anbietet[125]. Allein das Vorhandensein eines Telefonanschlusses, einer E-Mail-Adresse bzw eines Postbriefkastens genügt dem nicht (s. Rn 264).

b) Vertragsschluss

Auf einen Vertragsschluss mittels elektronischer Übertragung der Willenserklärung finden die allgemeinen Vorschriften Anwendung[126]. Grundsätzlich ist davon auszuge-   **261**

---

120 Erwägungsgrund 20 der VerbrRechteRiL.
121 Dazu MK/*Wendehorst* § 312b BGB aF Rn 57.
122 Hierzu auch *Härting* NJW 2016, 2937.
123 Vgl auch BGH NJW-RR 2017, 368 Rn 41 f.
124 In diesem Sinne auch *Härting* NJW 2016, 2937.
125 So auch *Ernst* NJW 2014, 817; Zur Qualifikation eines auf eine Internetanzeige eines Maklers per E-Mail, Telefax und/oder Telefon geschlossenen Maklervertrags zwischen einem Unternehmer und einem Verbraucher als Fernabsatzvertrag OLG Düsseldorf MDR 2014, 1067.
126 S. dazu eingehend BGH NJW 2002, 363 (364) *(ricardo.de)*; Vorinstanz: OLG Hamm NJW 2001, 1142; grundlegend *Dörner* AcP 202 (2002), 363; zur Anwendung der Grundsätze zum Handeln unter fremdem Namen BGH NJW 2011, 2421; *Heyers* JR 2014, 227; zur modifizierten Anwendung der Grundsätze des wucherähnlichen Geschäfts iSd § 138 Abs. 2 BGB BGH NJW 2012, 2723; zu den

hen, dass sowohl im klassischen Versandhandel als auch beim Vertrieb via Internet das Angebot von Waren seitens des Unternehmens keinen bindenden Antrag iSd § 145, sondern lediglich eine invitatio ad offerendum darstellt, so dass kein Unterschied zu einer Schaufensterauslage oder einer Zeitungsannonce besteht[127]. Ausnahmsweise kann jedoch auch die Anpreisung eines Kaufgegenstandes im Internet als bindendes Angebot zu verstehen sein[128]. Die Willenserklärung per Mausklick ist eine solche gegenüber Abwesenden und geht dem Empfänger nach Maßgabe von § 130 Abs. 1 zu, wenn sie so in dessen Machtbereich gelangt ist, dass nach den Gepflogenheiten des Verkehrs unter normalen Umständen eine Kenntnisnahme möglich und mit ihr auch zu rechnen ist[129]. Bei einer elektronisch übertragenen Willenserklärung ist dies der Fall, wenn sie für den Empfänger abrufbar gespeichert wurde. Dies kann in seiner eigenen Datenverarbeitungsanlage erfolgen oder in einem elektronischen Briefkasten, den der Empfänger auf einem Mailserver eines Providers hat[130]. Für die Annahme der Willenserklärung gilt grundsätzlich § 147 Abs. 2[131]. Unter Umständen kann die Erklärung der Annahme gegenüber dem Antragenden jedoch auch nach § 151 entbehrlich sein, was insbesondere für den Versandhandel angenommen wird[132]. In diesen Fällen käme es dann mit Blick auf die oben beschriebene Problematik bei Lieferung der Ware durch einen Boten (vgl Rn 258) nicht mehr auf die Fähigkeit des Boten zur Auskunft über Vertragsinhalt und Leistungsgegenstand an. Ob die Entbehrlichkeit der Annahmeerklärung gegenüber dem Besteller im Online-Versandhandel der Verkehrssitte entspricht, darf allerdings bezweifelt werden, denn hier ist eine umgehende Annahmeerklärung des Unternehmers üblich. Nach einem viel beachteten Urteil des VIII. Zivilsenats des BGH steht dem Verbraucher auch in dem Fall ein fernabsatzrechtliches Widerrufsrecht zu, dass der Vertrag nichtig ist, etwa wegen eines beiden Vertragspartnern vorzuwerfenden Sittenwidrigkeitsverstoßes (Radarwarngerät)[133]. Dem Rückforderungsanspruch des Verbrauchers betreffend den bereits gezahlten Kaufpreis aus §§ 355 Abs. 3, 357 steht dann § 817 nicht entgegen.

262 Es stellt sich die Frage, ob allein die Existenz einer E-Mail-Adresse dazu führt, dass dessen Inhaber Willenserklärungen auf elektronischem Weg nach allgemeinen Grundsätzen der Rechtsgeschäftslehre zugehen. Im unternehmerischen Verkehr ist anzunehmen, dass ein Gewerbetreibender, der im Rechtsverkehr mit seiner E-Mail-Adresse auftritt, sie also auf seinem Briefkopf oder seiner Visitenkarte führt oder

---

Besonderheiten des Abschlusses eines Maklervertrags über einen Onlinemarktplatz, vgl BGH NJW 2017, 1024 Rn 19 ff.

127 AG Butzbach NJW-RR 2003, 54; vgl auch BGH NJW 2017, 1024 Rn 15.
128 S. dazu BGH NJW 2002, 363 und nachf. Rn 288 insb. zur Internetauktion; zu den Besonderheiten beim sog. curated shopping vgl *Rockenbach/Schaff* VuR 2014, 376.
129 *Medicus* Allgemeiner Teil des BGB, Rn 274.
130 Ausführlich zum Zugang von elektronischen Willenserklärungen und zum Vertragsabschluss im elektronischen Geschäftsverkehr *Dörner* AcP 202 (2002), 363 (365 ff; 374 ff); *Taupitz/Kritter* JuS 1999, 839; *Sutschet* NJW 2014, 1041; s. auch *Petersen* Jura 2002, 387 (388); *Ultsch* NJW 1997, 3007; *Schneider* K & R, 2001, 344 (346).
131 Teilweise wird erwogen die Annahmefristen für Versandhändler zu beschränken, dazu *Buchmann* K&R 2012, 549 (551).
132 BeckOK/*Eckert* § 151 BGB Rn 9.
133 BGH NJW 2010, 610; JuS 2010, 442 *(Faust)*; Anm. *Petersen* JZ 2010, 315; *Klinck* ZJS 2010, 246.

etwa auf einen Lieferwagen hat schreiben lassen, dadurch einen elektronischen Briefkasten eröffnet, für dessen Pflege er Verantwortung übernimmt[134]. Anders ist dies jedoch bei einem Verbraucher zu beurteilen. Allein die Einrichtung einer E-Mail-Adresse verpflichtet den Verbraucher nicht dazu, seine elektronische Post täglich abzurufen, also seinen elektronischen Briefkasten so zu behandeln, wie den postalischen. Eine derartige allgemein gültige Verkehrssitte besteht (noch) nicht[135]. Vielmehr bedarf es einer konkreten, individuellen Vereinbarung zwischen dem Verbraucher und dem Geschäftspartner darüber, dass rechtserheblich auch per E-Mail kommuniziert werden kann. Liegt eine solche vor, finden die allgemeinen Grundsätze der Rechtsgeschäftslehre auf den elektronischen Geschäftsverkehr Anwendung. Fehlt es jedoch an einer derartigen Vereinbarung, so ist auf die Vernehmungstheorie zurückzugreifen. Der Verbraucher erhält die Willenserklärung des Geschäftspartners erst, wenn er tatsächlich von dieser Kenntnis erlangt[136].

c) Reines Fernabsatzgeschäft

Der Vertrag muss als reines Distanzgeschäft geschlossen werden. Das Gesetz spricht **263** von der **ausschließlichen** Verwendung von Fernkommunikationsmitteln für die Vertragsverhandlungen und den Vertragsschluss.[137] Unschädlich ist dabei, dass es sich um unterschiedliche Medien handelt. Bietet der Unternehmer eine Ware per E-Mail an und greift der Verbraucher daraufhin zum Telefon, um das Angebot anzunehmen, so ist die Voraussetzung des reinen Distanzgeschäfts im Sinne des § 312c erfüllt[138]. Hinreichend ist auch, dass der Unternehmer das per Brief eingehende Angebot des Verbrauchers konkludent dadurch annimmt, dass er ihm die Ware zusendet[139].

Nach dem alten Recht war die Behandlung von sog. **Mischfällen**, in denen zwar im **264** Vorfeld des Vertragsschlusses ein persönlicher Kontakt zwischen den Parteien stattgefunden hat, der Vertrag selbst aber ausschließlich als Distanzgeschäft abgeschlossen wurde, umstritten. Die neue Formulierung, bei der auf die Vertragsverhandlungen und den Vertragsschluss abgestellt wird, soll klarstellen, dass Fernabsatzgeschäfte auch dann vorliegen, wenn der Verbraucher die Geschäftsräume des Unternehmers lediglich zum Zwecke der Information über die Waren oder Dienstleistungen aufsucht und anschließend den Vertrag aus der Ferne verhandelt und abschließt[140]. Schwierigkeiten bereitet nunmehr jedoch die Frage wie die bloße Information über die Ware bzw Dienstleistung von der Vertragsverhandlung abzugrenzen ist[141]. In Konstellationen, in denen der Verbraucher nach einer Online-Bestellung die Ware bei der

---

134 Palandt/*Ellenberger* § 130 BGB Rn 7a.
135 AA BeckOK/*Wendtland* § 130 Rn 15.
136 Überzeugend *Dörner* AcP 202 (2002), 363 (368); *Taupitz/Kritter* JuS 1999, 839 (841).
137 Anders als die VerbrRechteRiL sieht § 312c BGB jedoch nicht vor, dass der Vertragsschluss „ohne gleichzeitige körperliche Anwesenheit" erfolgt, vgl hierzu *Förster* JA 2014, 721.
138 Ebenso *Meub* DB 2002, 359 (360); *Lütcke* Fernabsatzrecht, § 312b BGB Rn 59.
139 Palandt/*Grüneberg* § 312c BGB Rn 4; OLG Schleswig NJW 2004, 231.
140 Vgl Erwägungsgrund 20 der Richtlinie; dazu *Schirmbacher/Schmidt* CR 2014, 107 (108); HK-BGB/*Schulte-Nölke* § 312c BGB Rn 5; so bereits zur vorherigen Rechtslage AG Frankfurt/M. MMR 2011, 804.
141 So auch *Schärtl* JuS 2014, 577 (580); OLG Hamburg WM 2014, 1538.

Lieferung an der Haustür ganz oder teilweise ablehnen kann, ist eine ausschließliche Verwendung von Fernkommunikationsmitteln jedoch zu verneinen, da der Vertragsschluss hier erst vor Ort erfolgt[142]. In Bezug auf die ausschließliche Verwendung von Fernkommuniktionsmitteln trägt der Verbraucher die Darlegungs- und Beweislast[143].

3. Organisiertes Vertriebs- und Dienstleistungssystem

265 Nicht schon der Abschluss des Vertrags mittels ausschließlicher Verwendung von Fernkommunikationsmitteln lässt diesen zu einem Fernabsatzvertrag im Sinne des § 312c Abs. 1 werden. Darüber hinaus muss es zum Vertragsabschluss im Rahmen eines für den Fernabsatz organisierten Vertriebs- und Dienstleistungssystems gekommen sein[144]. Diesbezüglich ist mitunter fraglich, ob ein vom Unternehmer eingesetztes technisches Hilfsmittel überhaupt die Voraussetzungen eines Vertriebs- oder Dienstleistungssystems erfüllt. Man denke etwa an den Fall einer Immobiliengesellschaft, die Serienbriefe mit Angeboten bzgl. einer Vereinbarung über Modernisierungsmaßnahmen iSd § 555f per Post an ihre privaten Mieter verschickt und diese Serienbriefe unter Verwendung von EDV erstellt wurden, die der internen Vertragsverwaltung dient. Handelt es sich bei der Modernisierungsvereinbarung um einen Fernabsatzvertrag im Sinne des § 312c, sofern der Mieter seinerseits via Fernkommunikationsmittel zustimmt? Insofern ist unstreitig, dass auch Vertragsänderungen, die sich derart auf entgeltliche Verträge beziehen, eine entgeltliche Leistung des Unternehmers zum Gegenstand haben[145]. Zweifel können einem allenfalls in Hinblick auf die Frage kommen, ob es sich bei der zur Erstellung der Serienbriefe eingesetzten EDV um ein für den Fernabsatz organisiertes Vertriebs- oder Dienstleistungssystem handelt. Teilweise wird ein Vertriebs- bzw Dienstleistungssystem mit dem Hinweis auf die Gesetzesmaterialien, nach denen an das Vorliegen eines solchen Systems keine hohen Anforderungen zu stellen sind, auch für derartige Konstellationen bejaht[146]. Dauerschuldverhältnisse und erst recht Anpassungskonstellationen hatte der Gesetzgeber bei den Regelungen über Fernabsatzverträge jedoch nicht im Blick[147], sodass insoweit fraglich ist, wie weit der Hinweis auf die Gesetzesmaterialien hier zu tragen vermag. Geht man von den Fällen aus, die der Gesetzgeber im Blick hatte – nämlich Konstellationen, in denen der Unternehmer dem Verbraucher die Möglichkeit eröffnet, Vertragsschlussangebote bequem per Fernkommunikationsmittel abzugeben, die der Unternehmer seinerseits via Fernkommunikationsmittel annimmt – wird deutlich, dass der Gesetzgeber die Vertriebs- und Dienstleistungssysteme als auf Dauer angelegte Organisationsformen des Unternehmers zur Steigerung des Absatzes der eigenen Leistungen verstanden hat[148]. EDV-Systeme zur internen Verwaltung bestehender

---

142 Vgl OLG Köln NJW-RR 2014, 673; zust. *Buchmann* K&R 2015, 615 (616).
143 Vgl BGH WM 2016, 968.
144 Im Laufe des Gesetzgebungsverfahrens war erwogen worden, dieses Merkmal aus der Fernabsatzdefinition der Richtlinie zu streichen, dazu *Artz/Brinkmann/Ludwigkeit* jM 2014, 222 (223); *Janal* WM 2012, 2314 (2315) mwN; *Unger* ZEuP 2012, 270 (277).
145 *Artz/Brinkmann/Pielsticker* ZAP 2015, 189 (194).
146 *Hau* NZM 2014, 435 (439).
147 *Hau* NZM 2014, 435 (439).
148 *Bülow/Artz* NJW 2000, 2049 (2053); *Artz/Brinkmann/Pielsticker* ZAP 2015, 189 (195).

Verträge, wie im zuvor genannten Beispiel, sind insoweit nach zutreffender Ansicht also nicht erfasst[149].

Von Bedeutung zur Beurteilung, ob ein für den Fernabsatz organisiertes Vertriebs- oder Dienstleistungssystem vorliegt, ist auch der Umfang, in dem der Unternehmer das Fernkommunikationsmittel benutzt. Der Unternehmer soll nur mit den umfangreichen Informationspflichten und der Widerrufbarkeit des Vertrags belastet werden, wenn er nicht nur gelegentlich und ausnahmsweise einen Vertrag als Distanzgeschäft schließt[150]. Betreibt ein Unternehmer zum Beispiel eine kleine Buchhandlung, in der er Bücher üblicherweise den in sein Ladengeschäft kommenden Kunden veräußert, und verkauft dieser Händler hin und wieder ein Buch an einen Interessenten, der telefonisch Kontakt zu ihm aufnimmt, so steht dem Käufer kein Widerrufsrecht zu[151]. Hat der Buchhändler indes eine Internet-Seite erstellen lassen, auf der er seine Ware anbietet und über die Bücher per E-Mail bestellt werden können, obliegen dem Unternehmer die Informationspflichten des Fernabsatzrechts. Dass er daneben auch ein Ladengeschäft betreibt, privilegiert den Buchhändler keinesfalls. Es bedarf nicht etwa der ausschließlichen Beschränkung des Angebots auf den Fernabsatz[152]. Freilich bereitet die Abgrenzung zwischen dem professionell organisierten Vertriebssystem und dem nur gelegentlich erfolgenden Distanzvertrieb Schwierigkeiten[153]. Unerheblich ist die Selbsteinschätzung des Unternehmers; es sind objektive Kriterien heranzuziehen[154]. Für die Bejahung eines entsprechenden Vertriebs- oder Dienstleistungssystems sind keine hohen Anforderungen zu stellen[155]. Danach ist die Einrichtung eines aufwendigen Vertriebssystems nicht notwendige Voraussetzung für die Annahme eines Fernabsatzgeschäfts. Es sollen nur die Unternehmer freigestellt werden, die nicht die Möglichkeit des Distanzgeschäfts gezielt eröffnen, sondern bei welchen ein Vertrag allein durch die Nutzung des Kommunikationsmittels, über das der Unternehmer geradezu selbstverständlich verfügt, etwa den Briefkasten, das Telefon oder Telefax, zu Stande kommt. Bietet der Unternehmer seine Ware indes im Rahmen der Werbung zum Distanzkauf an, so genügt allein dies, ihn den Regelungen des Fernabsatzrechts zu unterwerfen[156]. Das Vorliegen der Voraussetzungen der Ausnahme (also das Fehlen eines für den Fernabsatz organisierten Vertriebs- oder Dienstleistungssystem) hat der Unternehmer zu beweisen, was sich aus der Formulierung „es sei denn" ergibt[157].

266

---

149 *Artz/Brinkmann/Pielsticker* ZAP 2015, 189 (195); *Mediger* NZM 2015, 185 (190); aA LG Berlin BeckRS 2017, 107301 zur Mieterhöhung nach § 558.
150 BGH NJW-RR 2017, 368 Rn 51.
151 Vgl BGH NJW-RR 2017, 368 Rn 51.
152 Vgl auch *St. Lorenz* JuS 2000, 833 (838).
153 Vgl BGH NJW-RR 2017, 368 Rn 50.
154 *Wilmer/Hahn* Fernabsatzrecht, § 312b BGB aF Rn 17.
155 BT-Drucks. 17/12637.
156 Zutreffend *Riehm* Jura 2000, 505 (510); MK/*Wendehorst* § 312b BGB aF Rn 61; *dies.* DStR 2000, 1311 (1314); ähnlich auch *Kamanabrou* WM 2000, 1417 (1421); *Wilmer/Hahn* Fernabsatzrecht, § 312b BGB Rn 18; *Lütcke* Fernabsatzrecht, § 312b BGB aF Rn 75: Eigener Vertriebskanal über Fernkommunikationsmittel.
157 Vgl auch BGH WM 2016, 968; aA *Hilbig-Lugani* ZJS 2013, 441 (447).

III. Informationspflichten

267 Damit der Verbraucher in die Lage versetzt wird aufgeklärt und informiert den Entschluss über die Abgabe seiner Willenserklärung zu treffen, ist der Unternehmer verpflichtet[158], ihn über die wesentlichen Umstände des Vertrags zu informieren[159]. Den Vorschriften zur Information des Verbrauchers kommt daher auch lauterkeitsrechtlicher Charakter zu[160]. Als *lex specialis* zu den allgemein für Verbraucherverträge geltenden Informationspflichten aus § 312a iVm Art. 246 EGBGB (vgl Rn 96 ff) sieht § 312d Abs. 1 iVm Art. 246a ff EGBGB für Außergeschäftsraum- und Fernabsatzverträge einheitlich geregelte[161], besonders detaillierte Informationspflichten vor, die der Unternehmer bereits vor Abschluss des Vertrags mit dem Verbraucher erfüllen muss. § 312f greift diese Informationen erneut bzgl. der nach erfolgtem Vertragsschluss zu erteilenden Bestätigung bzw Abschrift des Vertrags auf. Die **Beweislast** hinsichtlich der Erfüllung der Informationspflichten trägt gem. § 312k Abs. 2 der Unternehmer.

1. Vorvertragliche Informationspflichten

268 Bevor es zum Abschluss eines konkreten Vertrags kommt, in dessen Rahmen der Unternehmer den vertragschließenden Verbraucher über die Umstände eben dieses Vertrags informieren kann, muss der Unternehmer bereits an die Allgemeinheit gerichtete Informationen bzgl. potentiell abzuschließender Verträge vorhalten.

a) Außergeschäftsraum- und Fernabsatzverträge mit Ausnahme von Verträgen über Finanzdienstleistungen

269 **aa) Inhalt der Informationspflichten.** Der Unternehmer ist gem. § 312d Abs. 1 iVm Art. 246a § 1 EGBGB verpflichtet, dem Verbraucher die aufgeführten Informationen[162] über seine Identität[163], die wesentlichen Eigenschaften,[164] (Gesamt-) Preise und Bedingungen der Ware oder Dienstleistung[165], Möglichkeiten der Kontaktaufnahme[166], die Modalitäten der Vertragsdurchführung und vor allem gem. Abs. 2 über das

---

158 Hierbei soll es maßgeblich darauf ankommen, dass die Widerrufsbelehrung unmittelbar vom Unternehmer selbst erfolgt, sodass in Fällen, in denen der Vertragsschluss über eine Internetplattform wie etwa Amazon Marketplace zustande kommt, eine Widerrufsbelehrung des Plattformbetreibers nicht ausreiche, AG Mettmann, MMR 2014, 812.
159 Vgl HK-BGB/*Schulte-Nölke* § 312b BGB Rn 1.
160 So schon *Härting* MDR 2002, 61; *Fuchs* ZIP 2000, 1273 (1280).
161 Zur Ausweitung der fernabsatzrechtlichen Informationspflichten auf Haustürgeschäft *Schwab/Giesemann* EuZW 2012, 253 (254); kritisch *Janal* WM 2012, 2314 (2316); *Föhlisch/Dyakova* MMR 2013, 3 (6).
162 *Schirmbacher/Schmidt* CR 2014, 107 (110); *Clausnitzer/Delfs* ZVertriebsR 2014, 343 (347 ff); zu möglichen Problemen der Praxis *Hoeren/Föhlisch* CR 2014, 242.
163 Zur Angabe der Rechtsform *Beurskens* NJW 2017, 1265.
164 Die Bestimmung der wesentlichen Merkmale der Ware bedarf dabei einer wertenden Betrachtung im Einzelfall, vgl OLG Hamburg MMR 2014, 818 zu den wesentlichen Merkmalen eines Sonnenschirms.
165 Vgl *Klocke* VuR 2015, 293; bzgl. digitaler Inhalte *Schirmbacher/Creutz* ITRB 2014, 44 (46).
166 OLG Köln K&R 2016, 760.

Widerrufsrecht des Verbrauchers und das Bestehen eines fakultativ nutzbaren Muster- Widerrufsformulars[167] (vgl Rn 125) zu erteilen. Die Belehrung über das Widerrufsrecht stellt eine echte Rechtspflicht des Unternehmers dar (s. Rn 143)[168]. Auch über das Nichtbestehen eines Widerrufsrechts muss gem. Art. 246a § 1 Abs. 3 EGBGB informiert werden[169]. Auf diese Weise erhält der Verbraucher zum einen alle für seine Vertragsentscheidung wesentlichen Informationen über den Gegenstand des Vertrags und wird zum anderen in die Lage versetzt mit dem Unternehmer einfach und effektiv zu kommunizieren[170].

Diese Anforderungen gelten nun nicht mehr nur für das Fernabsatzrecht bei dem man schon bisher eine dem Fernkommunikationsmittel inhärente Anonymität und die fehlende Überprüfungsmöglichkeit der Ware ausgleichen wollte[171]. Auch bei Außergeschäftsraumverträgen treffen den Unternehmer nun die umfangreichen Informationspflichten des Art. 246a EGBGB[172].   **270**

Zwar ist die Erteilung der vorvertraglichen Informationen kein Teil des Vertragsabschlusstatbestands (vgl Rn 132), sodass auch bei ihrem Fehlen der Vertrag (schwebend) wirksam zustande kommt. Gem. § 312d Abs. 1 S. 2 werden sie jedoch Inhalt des Vertrags, sofern die Parteien nicht ausdrücklich etwas anderes vereinbaren[173]. Auf entgegenstehende AGB kann sich der Unternehmer nicht berufen[174].   **271**

Inhaltliche Erleichterungen bzgl. des Umfangs der Informationen sehen §§ 2 und 3 des Art. 246a EGBGB vor.[175] Im Falle von Reparatur- und Instandhaltungsarbeiten, die auf Verlangen des Verbrauchers sofort durchgeführt werden und einen Wert von 200 € nicht übersteigen, muss der Unternehmer nur über seine Identität, die wesentlichen Eigenschaften der Ware oder Dienstleistung, ein etwaig bestehendes Widerrufsrecht und die zu erwartenden Kosten der Arbeit informieren[176]. Bei Fernkommunikationsmitteln mit begrenzter Darstellungsmöglichkeit, zB einem Fernsehwerbespot mit begrenzter Sendezeit, sind die Informationspflichten ebenfalls verringert[177].   **272**

bb) Formelle Anforderungen.   Gemäß Art. 246a § 4 Abs. 1 EGBGB muss die Information dem Verbraucher vor Abgabe seiner Vertragserklärung in klarer und ver-   **273**

---

167 *Schirmbacher/Grasmück* ITRB 2014, 20 (21); *Bierekoven* MMR 2014, 283 (284); *Koch* JZ 2014, 758 (760).
168 *Alexander* WRP 2014, 501 (508); *Bittner* ZVertriebsR 2014, 3 (7); *Schwab/Hromek* JZ 2015, 271 (278).
169 Vgl hierzu auch LG Oldenburg VuR 2016, 38.
170 *Tamm* in Brönneke/Tonner, Das neue Schuldrecht, S. 104.
171 Dazu *Lehmann* CR 2012, 261 (263).
172 Dazu *Bittner* ZVertriebsR 2014, 3 (5).
173 Kritisch in Bezug auf ein Aufweichen der Trennung zwischen vertraglichen Vereinbarungen und gesetzlichen Pflichten *Buchmann* K&R 2014, 221 (223); vgl auch *Kramme* NJW 2015, 279.
174 Vgl BT- Drucks. 17/12637, S. 54; *Förster* JA 2014, 721 (726); detailliert *Kramme* NJW 2015, 279 (280 ff).
175 *Tamm* VuR 2014, 9 (14) kritisiert die Schaffung eines unübersichtlichen „Kaskadensystems" durch die zahlreichen Ausnahmen.
176 Vgl *Möller* BB 2014, 1411 (1415).
177 Ausführlich *Schirmbacher/Engelbrecht* ITRB 2014, 89; kritisch *Föhlisch/Dyakova* MMR 2013, 3 (7).

ständlicher Weise zur Verfügung gestellt werden. Es gilt das **Transparenzgebot**[178]. Dieses bezieht sich nicht nur auf den Inhalt der Widerrufsbelehrung, sondern auch auf ihren Standort[179]. Der Verbraucher muss die Möglichkeit haben, die ihm gegebenen Informationen zur Kenntnis zu nehmen[180] und sie in seine Überlegungen bzgl. des Vertragsschlusses einzubeziehen[181]. Insbesondere in der den Verbraucher überraschenden Außergeschäftsraumsituation muss ihm die tatsächliche Möglichkeit bleiben, die Informationen inhaltlich zu begreifen. Eine unmittelbar vor Abgabe der Vertragserklärung überreichte Information ohne Möglichkeit der inhaltlichen Kenntnisnahme stellt keine effektive Erkenntnisquelle für den überraschten Verbraucher dar.

274   Gerade das Distanzgeschäft zeichnet sich aber oftmals durch seine besondere zeitliche Flexibilität und Schnelligkeit aus. Dem Kunden bleibt es erspart, das Ladengeschäft eines oder mehrerer Anbieter aufzusuchen. Ihm wird zB die Möglichkeit eingeräumt, mittels seines Computers via Internet verschiedene Angebote anzuschauen und das ausgewählte sofort zu bestellen. Hinreichend muss es daher sein, dass der Verbraucher, etwa auf der Internet-Seite des Unternehmers oder auf Seiten eines Warenkatalogs, die durch das Gesetz geforderten Informationen zur Kenntnis nehmen kann und nicht dadurch unter Druck gesetzt wird, dass ein bestimmtes Angebot nur innerhalb sehr kurzer Zeit angenommen werden kann. Vorstellbar ist, dass ein Unternehmer einen Verbraucher per E-Mail auf eine Internetseite hinweist, die besondere Kaufangebote enthält, auf die jedoch nur in einem Zeitraum von wenigen Minuten nach Empfang der E-Mail zugegriffen werden kann. Hier fehlte es an der rechtzeitigen Information[182]. Sichtet der Verbraucher aber das Warensortiment eines Unternehmers, sei es online oder in einem Katalog, aus freien Stücken, so genügt der Unternehmer seinen vorvertraglichen Informationspflichten, wenn er dem Verbraucher die Möglichkeit gibt, zum Beispiel durch Anklicken eines Links auf der Internetseite, auf die erforderlichen Angaben zuzugreifen. Wie lange sich der einzelne Verbraucher alsdann mit den Informationen beschäftigt, liegt in seinem Verantwortungsbereich und wird im Zweifel von der Komplexität des Rechtsgeschäft, der konkreten Situation, in der sich der Verbraucher befindet sowie dem jeweils genutzten Kommunikationsmittel beeinflusst werden[183]. Übertrieben ist die Forderung, den Verbraucher zum Aufruf der vorvertraglichen Informationen zu zwingen[184]. Jedenfalls bzgl. der Entgeltpflichtigkeit der bestellten Ware oder Dienstleistung muss der Verbraucher jedoch gem. § 312j Abs. 2, 3 ausdrücklich bestätigen, dass er sich zu einer Zahlung verpflichtet. Insoweit soll seine Kenntnis der Entgeltlichkeit in jedem Fall sichergestellt

---

178   Zur Konkretisierung *BGH* NJW 2006, 211; auch *Föhlisch/Dyakova* MMR 2013, 3 (6).
179   *Buchmann* K&R 2016, 645.
180   Daran fehlt es etwa bei einem hochkant in weiß auf hellblauem Grund gedruckten Text, LG Dortmund BeckRS 2016, 06525.
181   Vgl *Bittner* ZVertriebsR 2014, 3 (7); *Buchmann* K&R 2012, 549 (550); *Grundmann* JZ 2013, 53 (57).
182   Ebenso *Fuchs* ZIP 2000, 1273 (1277).
183   *Riehm* Jura 2000, 505 (510); *Fuchs* ZIP 2000, 1273 (1277).
184   So aber OLG Frankfurt DB 2001, 1610; mit abl. Anm. *Vehslage* CR 2001, 783; dagegen auch *Steins* WM 2002, 53 (56); Palandt/*Grüneberg* § 312c BGB Rn 7; HK-BGB/*Schulte-Nölke* § 312d BGB Rn 2.

werden (ausführlich Rn 112 f). Die Einbeziehung von Allgemeinen Geschäftsbedingungen in einen Fernabsatzvertrag erfolgt nach Maßgabe der allgemeinen Regeln, § 305[185]. Auch die **vorvertragliche** Information über das Bestehen eines Widerrufsrechts (§ 312d Abs. 1, Art. 246a § 1 Abs. 2 EGBGB) kann im Rahmen von AGB erfolgen[186]. Besondere Anforderungen bzgl. der Hervorhebung dieser Information aus den übrigen AGB bestehen nicht mehr. Aufgrund des doppelten Transparenzgebots aus § 312d und § 307 ist der Verbraucher jedoch hinreichend geschützt[187].

Die formalen Anforderungen unterscheiden sich je nach der vorliegenden besonderen Vertriebsform[188]. Bei Außergeschäftsraumverträgen muss der Unternehmer dem Verbraucher die Informationen grundsätzlich auf Papier erteilen. Die Erteilung auf einem anderen dauerhaften Datenträger ist nur mit Zustimmung des Verbrauchers möglich (Art. 246a § 4 Abs. 2 EGBGB). **275**

Bei Fernabsatzverträgen verlangt Art. 246a § 4 Abs. 3 EGBGB hingegen das Zurverfügungstellen der Information in einer den benutzten Fernkommunikationsmitteln angepassten Weise. Gemeint ist damit etwa der begrenzte Platz in einer Online- oder Kataloganzeige oder einer Fernsehwerbung[189]. Die Übermittlung der Information auf einem dauerhaften Datenträger ist bei Fernabsatzverträgen nicht zwingend notwendig, sodass die Belehrung auf einer Website ausreichend ist[190]. Soweit ein solcher genutzt wird, muss er lesbar sein. **276**

Jedenfalls für die Information über das Widerrufsrecht iSd Art. 246a § 1 Abs. 2 EGBGB kann der Unternehmer die Musterbelehrung im Anhang 1 verwenden und sich den Vorteil der Gesetzlichkeitsfiktion zu Nutze zu machen (vgl Rn 145)[191]. Dies gilt jedoch nur solange der Unternehmer das Muster nicht eigenständig individuell verändert[192]. Die Beschränkung der Gesetzlichkeitsfiktion auf Fälle, in denen der Unternehmer das Muster nicht eigenständig individuell verändert kann den Unternehmer in bestimmten, nicht vom Gesetzgeber bedachten Konstellationen vor Probleme stellen. Dies betrifft etwa die Tatsache, dass die Gestaltungshinweise nur die alternative Verwendung bestimmter Textbausteine vorsieht[193], was in Fällen, in denen ver- **277**

---

185 HK-BGB/*Schulte-Nölke* § 312d BGB Rn 4; zu möglichen Konflikten *Janal* WM 2012, 2314 (2317).
186 KG NJW 2006, 3215; *Vander* MMR 2015, 75 (77); aA LG Berlin VuR 2016, 318.
187 *Föhlisch/Dyakova* MMR 2013, 3 (8); kritisch *Buchmann* K&R 2013, 535 (538).
188 Dazu *Unger* ZEuP 2012, 270 (282 f).
189 Ausführlich *Schirmbacher/Engelbrecht* ITRB 2014, 89; nicht einschlägig ist die Vorschrift hingegen in Bezug auf Werbeprospekte, da deren Umfang das Ergebnis einer unternehmerischen Entscheidung sei und es ein Unternehmer andernfalls selbst in der Hand hätte, zu entscheiden, ob genug Platz für die Pflichtinformationen zur Verfügung steht, OLG Düsseldorf K&R 2016, 354 – der BGH hat das Revisionsverfahren allerdings ausgesetzt und die Frage zur Klärung dem EuGH vorgelegt, vgl BGH GRUR 2017, 930.
190 So auch *Schwab/Hromek* JZ 2015, 271 (279); zur Platzierung auf der Website OLG Köln MMR 2015, 652.
191 *Heinig* MDR 2012, 323 (324); *Buchmann* K&R 2014, 221 (222); *Wendehorst* NJW 2014, 577 (578); *Klocke* VuR 2015, 293 (294 f); kritisch *Vander* MMR 2015, 75.
192 BGH NJW 2014, 2022; *Buchmann* K&R 2013, 535 (539).
193 Jedenfalls eine bloße Übernahme aller entsprechenden Gestaltungshinweise in der Widerrufsbelehrung erfüllt die Voraussetzungen nicht, sofern hierdurch der (unzutreffende) Eindruck erweckt wird, dass mehr als eine der genannten Alternativen einschlägig sein kann, LG Frankfurt aM VuR 2016, 38.

schiedene Textbausteine wegen der Besonderheiten des Vertrags (zB einmalige Warenlieferung in Kombination mit einem Abonnement) kombiniert werden müssten, Rechtsunsicherheiten auf Seiten des Unternehmers verursachen kann[194]. Es besteht jedoch keine Verpflichtung, das Muster zu nutzen[195].

b) Außergeschäftsraum- und Fernabsatzverträge über Finanzdienstleistungen

278 § 312d Abs. 2 iVm Art. 246b EGBGB statuiert spezielle Informationspflichten für solche Außergeschäftsraum- und Fernabsatzverträge, die die Erbringung von Finanzdienstleistungen zum Inhalt haben. Aufgrund der besonderen Anforderungen, die die Fernabsatz-Finanzdienstleistunge-Richtlinie[196] an die Informationspflichten des Unternehmers stellt, stehen diese nicht im allgemeineren Katalog des Art. 246a EGBGB, sondern sind gesondert in Art. 246b EGBGB geregelt. Durch die Besonderheiten des komplexen Vertragsinhalts bestehen umfangreichere Informationsbedürfnisse des Verbrauchers.

279 In formaler Hinsicht muss der Unternehmer dem Verbraucher die Informationen in jedem Fall auf einem dauerhaften Datenträger mitteilen. Dies muss rechtzeitig vor der Abgabe der Vertragserklärung des Verbrauchers erfolgen. Im Gegensatz zu Art. 246a § 4 EGBGB wird in Art. 246b § 2 EGBGB ausdrücklich die Rechtzeitigkeit der Information verlangt. Zum Ausdruck gebracht werden soll hiermit aber lediglich, dass der Verbraucher die Möglichkeit haben muss, die ihm zur Verfügung gestellte Information tatsächlich als Grundlage für seine abzugebende Vertragserklärung zu nutzen (vgl Rn 267).

c) Sanktionierung der Verletzung von Informationspflichten

280 Unterlässt der Unternehmer die Information des Verbrauchers oder ist die Information unrichtig, hat der Verbraucher zunächst einen Anspruch auf die Nachholung bzw Richtigstellung. Die weiteren Konsequenzen variieren, je nachdem, welche Information fehlt bzw unrichtig ist.

281 Die fehlende Information über das Widerrufsrecht gem. Art. 246a und b § 1 Abs. 2 EGBGB verhindert den Beginn der regulären Widerrufsfrist (vgl Rn 146). Es wird stattdessen die Höchstfrist des § 356 Abs. 3 Satz 2 in Gang gesetzt, es sei denn, Vertragsgegenstand sind Finanzdienstleistungen (vgl § 356 Abs. 3 Satz 3) bei denen auch die weiteren Informationen relevant sind. Das Fehlen sonstiger Informationen hat abgesehen davon keinen Einfluss auf den Lauf der Widerrufsfrist mehr[197].

282 Fehlende oder fehlerhafte Informationen über sonstige Kosten führen gem. § 312e dazu, dass diese dem Verbraucher grundsätzlich nicht auferlegt werden können, sondern vom Unternehmer zu tragen sind (vgl Rn 100 ff)[198].

---

194 Vgl ausführlich *Böse/Herrmeyer* MDR 2014, 1125; *Hossenfelder/Schilde* CR 2014, 456.
195 BT- Drucks. 17/12637, S. 75.
196 Richtlinie 2002/65/EG des Europäischen Parlaments und des Rates vom 23. September 2002 über den Fernabsatz von Finanzdienstleistungen an Verbraucher.
197 Vgl HK-BGB/*Schulte-Nölke* § 312d BGB Rn 9; *Tamm* VuR 2014, 9 (17).
198 *Föhlisch/Dyakova* MMR 2013, 3 (9); *Möller* BB 2014, 1411 (1415).

Bzgl. der sonstigen Informationen existiert keine besondere Sanktion.[199] Ihr Fehlen **283** kann in Ausnahmefällen eine Schadensersatzpflicht des Unternehmers nach § 280 (iVm §§ 311 Abs. 2, 241 Abs. 2) oder Unterlassungsansprüche gem. § 2 UKlaG und § 8 UWG begründen[200]. Aufgrund der Tatsache, dass die gegebenen Informationen gem. § 312d Abs. 1 Satz 2 Vertragsbestandteil werden (s. Rn 271), können fehlerhafte Informationen evtl. dazu führen, dass der Unternehmer durch sie gebunden wird. Gerade dann, wenn sie dem Verbraucher günstig sind.

2. Abschriften und Bestätigungen

Nach Abschluss des Vertrags muss der Unternehmer dem Verbraucher gem. § 312f **284** eine Abschrift des unterschriebenen Vertragsdokuments bzw eine Bestätigung des formlos geschlossenen Vertrags inklusive aller betreffenden Informationen aus dem EGBGB auf einem dauerhaften Datenträger[201] (§ 126b), also etwa auf Papier, als Email, CD-ROM oder USB-Stick, zur Verfügung stellen. Dieses Erfordernis statuiert keine allgemeine Formanforderung an den Vertragsschluss selbst, sondern betrifft die nachvertragliche Situation. Der Außergeschäftsraum- bzw Fernabsatzvertrag kann weiterhin formlos geschlossen werden[202]. Lediglich dann, wenn der Unternehmer dem Verbraucher bereits die vorvertraglichen Informationen iSd § 312d auf einem dauerhaften Datenträger zur Verfügung gestellt hat, muss die nachträgliche Bestätigung bzw Abschrift diese nicht mehr enthalten.

Bei Außergeschäftsraumverträgen ist grundsätzliches Medium der Abschrift bzw Be- **285** stätigung gem. § 312f Papier. Nur mit Zustimmung des Verbrauchers kann ein anderer dauerhafter Datenträger benutzt werden. Bei Fernabsatzverträgen kommt hingegen jede Art von dauerhaften Datenträgern, wie etwa Emails, in Betracht.[203] Auch im Falle der erleichterten vorvertraglichen Informationspflichten bei Instandhaltungs- und Reparaturarbeiten, muss die spätere Abschrift bzw Bestätigung des Vertrags gem. Art. 246a § 2 Abs. 3 EGBGB alle Informationspflichten aus § 1 enthalten. In zeitlicher Hinsicht muss der Verbraucher die Abschrift bzw Bestätigung zeitnah nach dem Vertragsschluss erhalten. § 312f Abs. 1 spricht von „alsbald", Abs. 2 von einer „angemessenen Frist" nach dem Vertragsschluss[204].

---

199 Kritisch *Neumann* jM 2015, 316 (319).
200 So auch *Gsell* Staudinger-Eckpfeiler des Zivilrechts, L. Verbraucherschutz, Rn 41, 53; *Tamm* VuR 2014, 9 (17); zum Verhältnis der Informationspflichten aus VerbrRechteRiL und UGP-RiL *Clausnitzer/Delfs* ZVertriebsR 2014, 343 (347).
201 Zum Begriff BGH NJW 2010, 3566; EuGH NJW 2012, 2637; *Grundmann* JZ 2013, 53 (58); *Oelschlägel* MDR 2013, 1317 (1319); *Buchmann* K&R 2014, 221 (223).
202 *Bittner* ZVertriebsR 2014, 3 (7); zu den Besonderheiten bei Verträgen über digitale Inhalte iSv Abs. 3 *Schmidt-Kessel* KuR 2014, 475.
203 Eine bloße Abrufbarkeit von Widerrufsbelehrungen auf gewöhnlichen Webseiten genügt dem jedenfalls nicht, BGH NJW 2014, 2857 mit zust. Anm. *Vogt* ITRB 2014, 199.
204 *Buchmann* K&R 2014, 221 (223) hält in diesem Zusammenhang eine Bestätigung innerhalb der Gewährleistungsfrist noch für ausreichend.

IV. Ausschluss des Widerrufsrechts

286 Trotz der grundsätzlichen Anwendbarkeit der Vorschriften zu besonderen Vertriebsformen verfügt der Verbraucher nach § 312g Abs. 2 Nr. 1–13 bei bestimmten Vertrags- bzw Warentypen nicht über ein Widerrufsrecht, da dieses aus ganz unterschiedlichen Gründen unpassend wäre[205]. Der Katalog des § 312g Abs. 2 gilt für beide besonderen Vertriebsformen, auch wenn es sich bei den Ausnahmen teilweise um Tatbestände handelt, die bei ihrer erstmaligen Regelung nur auf eine der Vertriebsformen bezogen waren.

287 Das Widerrufsrecht ist etwa ausgeschlossen bei einem Kauf- oder Werkvertrag über einen Gegenstand, den der Unternehmer nach den individuellen Wünschen des Verbrauchers fertigt (Nr. 1)[206]. Auch Verträge über den Kauf schnell verderblicher Ware und versiegelter Waren, die aus Gründen des Gesundheitsschutzes oder der Hygiene nicht zur Rückgabe geeignet sind, sind unwiderruflich (Nr. 3)[207]. Der VIII. Zivilsenat des BGH hat dem EuGH im November 2017 die Frage vorgelegt, ob zu solchen Waren auch solche gehören, wie etwa Matratzen, die zwar bei bestimmungsgemäßem Gebrauch direkt mit dem menschlichen Körper in Kontakt kommen können, aber durch geeignete (Reinigungs-)Maßnahmen des Unternehmers wieder verkehrsfähig gemacht werden können[208].

287a Ebenso nicht widerrufen werden können Kaufverträge über Software bzw eine Musik-CD, wenn der Verbraucher die Ware entsiegelt hat (Nr. 6),[209] Verträge zur Lieferung von Zeitungen, Zeitschriften oder Illustrierten mit Ausnahme von Abonnement-Verträgen (Nr. 7) oder. Verträge über Dienstleistungen im Zusammenhang mit Freizeitbetätigungen, zB Buchungen eines Hotelzimmers oder Theaterkarten (Nr. 9)[210], weil der Unternehmer hier mit bestimmten Kontingenten planen muss und

---

205 *Koch* JZ 2014, 758 (761) sieht den Grund der Ausnahmen in dem wirtschaftlichen Totalverlust, den der Unternehmer im Falle des Widerrufs erleiden würde; ausführlich zu den verschiedenen Ausnahmetatbeständen *Artz/Brinkmann/Ludwigkeit* jM 2014, 222 (223); *Schirmbacher/Schmidt* CR 2014, 107 (112); *Bierekoven* MMR 2014, 283; *Hoeren/Föhlisch* CR 2014, 242 (244); *Föhlisch/Dyakova* MMR 2013, 3; HK-BGB/*Schulte-Nölke* § 312g BGB Rn 4 ff; zu Online-Kursen vgl LG Bielefeld MMR 2012, 737.

206 Dazu *Clausnitzer/Delfs* ZVertriebsR 2015, 3; nach BGH NJW 2003, 1665 **nicht** bei Sonderanfertigung eines Computers (built-to-order); zur Übertragbarkeit der Rspr. auf die neue Rechtslage *Hilbig-Lugani* ZJS 2013, 441 (451); keine built-to-order Konstellation liegt nach dem LG Düsseldorf allerdings dann vor, wenn die Anfertigung der gewünschten Teile erst nach der Bestellung erfolgt, ITRB 2014, 104; ebenso wenig beim Kauf von Kfz-Komletträdern, AG Marienberg VuR 2014, 322 oder vom Kunden aus einzelnen Bestandteilen konfigurierten Boxspringbetten, LG Arnsberg VuR 2016, 158; Anfertigung nach Kundenspezifikation auch bei 100 Kompositionsmöglichkeiten zur Herstellung eines Sofas, AG Siegburg WRP 2014, 1505.

207 ZB Kosmetikartikel oder Medizinprodukte, dazu AG Köln VuR 2014, 273; ausführlich *Clausnitzer/Delfs* ZVertriebsR 2015, 3 f.

208 BGH Vorlagebeschluss v. 15.11.2017, VIII ZR 194/16; zu dieser Thematik bejahend bereits etwa *Buchmann* K&R 2016, 644 (647) mit Verweis auf die Leitlinien der Kommission zur Auslegung der Verbraucherrechterichtlinie; dagegen etwa AG Bremen VuR 2016, 318 und LG Mainz VuR 2017, 435.

209 Welche Anforderung eine derartige Versiegelung erfüllen muss, ist umstritten, vgl hierzu *Peintinger* MMR 2016, 3 (4).

210 Dazu *Ernst* VuR 2015, 337.

darüber hinaus reiserechtliche Rechtsbehelfe oftmals sachgerechter sind[211]. Erfüllt das Fernabsatzgeschäft zugleich die Voraussetzungen eines Ratenlieferungsvertrages und ist das fernabsatzrechtliche Widerrufsrecht gem. § 312g Abs. 3 ausgeschlossen, so verfügt der Verbraucher über das Widerrufsrecht aus § 510. Virulent kann dies insbesondere bei Zeitungsabonnements werden. Zu beachten ist aber, dass die Bagatellgrenze von 200 € (§ 491 Abs. 2 Nr. 1) nun auch für Ratenlieferungsverträge gilt[212].

Besonders die Ausnahme von Verträgen, die durch Internet-Auktionen geschlossen **288** werden und von Verträgen, die geschlossen werden, nachdem der Verbraucher den Unternehmer zu sich nach Hause bestellt hat, hatte lange Zeit für Diskussionen gesorgt. Ersteres Problem hat sich durch eine klarere Gesetzesformulierung in § 312g Abs. 2 Nr. 10 entschieden. Die Vorschrift nimmt nicht mehr auf die Versteigerung iSd § 156 Bezug, was Raum für Spekulationen ließ, ob darunter Internet-Auktionen fallen[213]. Unabhängig davon, dass auch bei Internet-Auktionen der Vertrag durch übereinstimmende Willenserklärungen und nicht durch Zuschlag zustande kommt und damit die allgemeinen Regeln der Rechtsgeschäftslehre gelten (s. Rn 260), ist die Ausnahme von durch Versteigerungen geschlossene Verträge nun derart umformuliert worden, dass deutlich wird, dass keine Online-Auktionen gemeint sind[214]. Nach der neuen Formulierung kommt ein Ausschluss nur bei einer sog. öffentlich zugänglichen Versteigerung in Betracht, zu deren Voraussetzungen unter anderem gehört, dass der Verbraucher persönlich anwesend ist oder zumindest die Möglichkeit dazu hat. Eine vorhergehende Bestellung des Verbrauchers schließt sein Widerrufsrecht gem. § 312g Abs. 2 Nr. 11 nur noch dann aus, wenn die Bestellung zur Durchführung dringender Reparatur- und Instandhaltungsarbeiten erfolgte und bezieht sich auch nur auf diese[215]. Obwohl der Verbraucher bei einer vorhergehenden Anforderung eines Besuchs des Unternehmers nicht mehr derart überrascht sein dürfte, wie er es bei einem unerwarteten Anklingeln des Unternehmers an der Haustür oder dem plötzlichen Ansprechen sein wird[216], sieht der Richtliniengeber einen psychischen Druck, dem der Verbraucher bei einem Besuch des Unternehmers in seiner Wohnung ausgesetzt sei[217]. Dieser rechtfertige die Aufrechterhaltung des Widerrufsrechts. Geht es jedoch um dringende Reparaturarbeiten des Unternehmers stellt der Verbraucher selbst einen zeitlichen Druck her, der sich nicht mit der Überlegungsfrist des Widerrufsrechts vereinbaren lässt[218].

---

211 Vgl *Förster* JA 2014 721 (729).
212 S. dazu *Peukert* VuR 2002, 347; *Bülow/Artz* Verbraucherkreditrecht, § 510 BGB Rn 13, 30 f.
213 S. insb. BGH NJW 2005, 53 *(eBay)* sowie NJW 2002, 363 *(ricardo.de)*; auch eine analoge Anwendung des § 156 BGB wird vom BGH ausdrücklich abgelehnt, vgl BGH NJW 2017, 468 (470); Überblick bei *Sosnitza* VuR 2007, 143 (172); insb. zur Wirkung der AGB des Auktionators auf die Kaufverträge zwischen den Nutzern *Heiderhoff* ZIP 2006, 793.
214 *Schmidt/Brönneke* VuR 2013, 448 (450); *Schirmbacher/Schmidt* CR 2014, 107 (113).
215 Vgl auch *Förster* JA 2014, 721 (729).
216 Kritisch auch *Unger* ZEuP 2012, 270 (279); zum Problem der durch den Unternehmer provozierten Bestellung *Schwab/Hromek* JZ 2015, 271 (276 f).
217 Vgl Erwägungsgrund 21 der VerbrRechteRiL.
218 *Förster* JA 2014, 721 (729); *Schwab/Hromek* JZ 2015, 271 (276).

V. Besonderheiten des Widerrufsrechts bei besonderen Vertriebsformen

289 Hinsichtlich des Widerrufsrechts bei besonderen Vertriebsformen konnte die gesetz-geberisch angestrebte Vereinheitlichung der Rahmenbedingungen einzelner verbrau-cherprivatrechtlicher Widerrufsrechte nicht uneingeschränkt durchgehalten werden. Zunächst kann die Widerrufsfrist des Verbrauchers nicht allein vom Zeitpunkt des Vertragsschlusses, sondern muss unter Berücksichtigung weiterer Umstände begin-nen. So ist der Beginn des Widerrufsrechts nach § 356 Abs. 3 Satz 1 auch von der Belehrung des Verbrauchers abhängig. Bevor der Unternehmer den Verbraucher nicht ordnungsgemäß über das Widerrufsrecht belehrt hat, beginnt die 14tägige Widerrufs-frist nicht zu laufen.[219] Jedoch erlischt das Widerrufsrecht auch ohne eine Belehrung gem. § 356 Abs. 3 Satz 2 – außer bei Verträgen über Finanzdienstleistungen (§ 356 Abs. 3 Satz 3) nach zwölf Monaten und 14 Tagen (s. Rn 146).

290 Neben der Information ist nach § 356 Abs. 2 Nr. 1 lit. a) insbes. der **Eingang der Ware** Voraussetzung für das Ingangsetzen der Widerrufsfrist[220]. Bei **Sukzessivliefe-rungsverträgen** gibt der Eingang der ersten Teillieferung Maß, wie sich aus § 356 Abs. 2 Nr. 1 lit. d) ergibt.

291 Bei der Erbringung von Dienstleistungen kann das Widerrufsrecht unter Umständen vorzeitig erlöschen. In diesem Zusammenhang ist zunächst zwischen der Lieferung von nicht auf einem körperlichen Datenträger befindlichen Inhalten und (sonstigen) Dienstleistungen zu unterscheiden. Soweit es Verträge über die Lieferung von nicht auf einem körperlichen Datenträger befindlichen digitalen Inhalten betrifft, bestimmt § 356 Abs. 5, dass das Widerrufsrecht mit Beginn der Vertragsausführung erlischt, sofern der Verbraucher der Vertragsausführung vor Ablauf der Widerrufsfrist aus-drücklich zugestimmt und zudem seine Kenntnis vom Verlust des Widerrufsrechts-rechts bestätigt hat[221]. Für die übrigen Dienstleistungen bestimmt § 356 Abs. 4 Satz 1, dass das Widerrufsrecht nur dann vorzeitig erlischt, wenn die Vertragserfüllung voll-ständig ausgeführt wurde und der Verbraucher darüber hinaus der Vertragsausführung vor ihrem Beginn ausdrücklich zugestimmt hat, sowie seine Kenntnis vom Verlust des Widerrufsrechts bei vollständiger Vertragsausführung bestätigt hat. Durch die Notwendigkeit der besonderen Bestätigung der Kenntnis über den Verlust des Wider-rufsrechts wird nunmehr in beiden Fällen gewährleistet, dass der Verbraucher sein Widerrufsrecht nicht mehr verlieren kann ohne überhaupt Kenntnis davon erlangt zu haben. Ob der Verbraucher von seinem Widerrufsrecht durch die entsprechende In-formation des Unternehmers erfahren hat, oder anderweitig hiervon Kenntnis erlangt hat, ist in diesem Zusammenhang allerdings irrelevant[222]. Zur Ausübung des Wi-

---

219 Auf die Erteilung von weiteren Informationen kommt es, anders als nach der alten Rechtslage, für den Beginn der Widerrufsfrist hingegen – mit Ausnahme von Finanzdienstleistungen – nicht mehr an, vgl *Förster* JA 2014, 801.

220 Zum besonderen Fall der Nichtannahme der Ware durch den Verbraucher als treuwidrige Verhinde-rung des Beginns der Widerrufsfrist, vgl AG Dieburg VuR 2016, 120.

221 Vgl *Schirmbacher/Creutz* ITRB 2014, 44 (45); die Zustimmung muss künftig auf einem dauerhaften Datenträger erfolgen, vgl BT-Drucks. 18/7584, S. 5.

222 AA *Buchmann* K&R 2014, 562 (564).

derrufsrechts steht dem Verbraucher ein Musterwiderrufsformular nach Anlage 2 zu Art. 246a EGBGB zur Verfügung. Die Nutzung ist jedoch nicht verpflichtend.

Flankiert wird § 356 Abs. 5 durch § 357 Abs. 9. Demnach sind Ansprüche des Unter- **292** nehmers gegen den Verbraucher auf Wertersatz beim Widerruf von Verträgen über nicht auf einem körperlichen Datenträger befindlichen digitalen Inhalten ausgeschlossen.

Besondere Vorschriften bestehen für Verträge über Finanzdienstleistungen. Was unter **293** einer Finanzdienstleistung im Sinne des Gesetzes zu verstehen ist, definiert § 312 Abs. 5 Satz 1 (s. Rn 437 ff). Genannt seien an dieser Stelle der Verbraucherdarlehensvertrag, der Girovertrag, der Überziehungskredit und sämtliche sonstige Bank- und Finanzdienstleistungen nach dem KWG. Erfolgte der Vertragsschluss über die Finanzdienstleistung im Rahmen von Besonderen Vertriebsformen, gelten Besonderheiten zum einen hinsichtlich des Umfang der zu erteilenden Informationen (§ 312d Abs. 2 iVm Art. 246b EGBGB, s. Rn 278 f). Zum anderen gelten nach § 357a Besonderheiten hinsichtlich der Rechtsfolgen des Widerrufs (s. Rn 195 ff). Kommt es im Rahmen des Finanzdienstleistungsvertrags zu aufeinander folgenden Vorgängen oder zu getrennten, in einem zeitlichen Zusammenhang stehenden Vorgängen gleicher Art, gelten die §§ 312 ff allerdings nach § 312 Abs. 5 Satz 1 grundsätzlich nur für die erste Vereinbarung. Hierdurch sollen unangemessene Sanktionen vermieden werden[223].

§ 8 Finanz-, insbesondere Kreditgeschäfte und ähnliche Geschäfte sowie Versicherungsgeschäfte

Ungleichgewichtslagen können in der Kompliziertheit der Vertragsmaterie begründet **294** sein, die der professionelle Anbieter mühelos beherrscht, der private Nachfrager aber nur schwer durchschaut. Hiervon geht das Gesetz für Finanz-, insbesondere Kreditgeschäfte und kreditähnliche Geschäfte aus; man denke nur an die unterschiedliche Aussagekraft von Vertragszins und Effektivzins (Rn 309) und an die meist längere Dauer des eingegangenen Schuldverhältnisses. Zum Ausgleich walten das Informationsmodell (Rn 28), das Modell der Lösung vom Vertrag (Rn 32) und der besonderen Ausgestaltungen des Schuldverhältnisses, namentlich auch im verbundenen Geschäft (Rn 35).

Die größte Regelungsdichte weisen Kreditgeschäfte auf, die als Verbraucherdarle- **295** hensvertrag in §§ 491–505e (sowie als unentgeltliche Kreditverträge nach §§ 514, 515) und als andere Finanzierungshilfen, insbesondere als Teilzahlungs- und Finan-

---

223 Bittner/Clausnitzer/Föhlisch/*Föhlisch* Das neue Verbrauchervertragsrecht, Rn 36.

zierungsleasinggeschäfte (§§ 506–508) auftreten. Die Kreditvermittlung unterliegt Besonderheiten nach §§ 655a–655e. Der private Kapitalanleger, den der Erwerb von Anteilen an einem offenen Investmentvermögen einer Kapitalanlagegesellschaft reut, kann sich vom Vertrag nach § 305 KAGB lösen. Ähnliche Gefahren wie in Kreditgeschäften können wegen ihrer Längerfristigkeit in Ratenlieferungsverträgen (§ 510), Fernunterrichtsgeschäften (FernUSG) und Versicherungsgeschäften (§ 8 VVG) liegen. Groß ist die Gefahr vorschnellen Vertragsabschlusses im Falle von Finanzdienstleistungen, die im Fernabsatz angeboten werden.

I. Der Begriff des Kredits

295a Kreditverträge werden zwischen Unternehmer und Verbraucher, Kreditgeber und Kreditnehmer, geschlossen, sind folglich Verbraucherverträge iSv. § 310 Abs. 3, wenn sie eine entgeltliche (Rn 298) Leistung des Kreditgebers zum Gegenstand haben. Deshalb sind gemäß § 312 Abs. 1 die Vorschriften von §§ 312 Abs. 2 ff, 312a anwendbar, insbesondere § 312 Abs. 5 über Finanzdienstleistungen (Rn 93, 439).

296 Europäisch-sekundärrechtliche Grundlagen der Kreditgeschäfte sind die Verbraucherkreditrichtlinie 2008/48/EG vom 23.4.2008[1], in Kraft seit dem 11.6.2010 (UmsetzungsG vom 29.7.2010 – VKrRiLUG –, in Kraft seit dem 11.6.2010 mit später am 30.7.2010 in Kraft getretenem Änderungsgesetz[2]) und die Wohnimmobilienkreditrichtlinie 2014/17/EU[3], in Kraft seit dem 21.3.2016 (UmsetzungsG vom 16.3.2016, BGBl I, 396). Kredit ist nach Art. 3 lit. c der VerbrKrRiL und Art. 4 Nr. 3 der WohnimmoRiL eine Finanzierungshilfe in der Form eines Zahlungsaufschubs, eines Darlehens oder in sonstiger ähnlicher Form. Der Begriff „Kredit" meint also nicht lediglich das Darlehen, das vielmehr Unterbegriff des Kredits neben Zahlungsaufschub und sonstiger Finanzierungshilfe ist. Der Zahlungsaufschub kennzeichnet das Teilzahlungsgeschäft (Abzahlungskauf), sonstige Finanzierungshilfen sind Finanzierungsleasinggeschäfte. Im BGB wurde der Begriff „Kredit" – im Gegensatz zum vorangegangenen Verbraucherkreditgesetz – aufgegeben, vielmehr werden nur die Unterbegriffe Verbraucherdarlehen (§ 491) und Finanzierungshilfen (§ 506) verwendet, deren dogmatischer Ausgangspunkt gleichwohl der sekundärrechtliche Begriff des Kredits ist.

296a Der Begriff des Kredits und seiner Unterkategorien ist noch in weiterer Hinsicht zu unterteilen. Aufgrund der WohnimmoRiL sind die Kategorien von Kredit mit Immobilienbezug und solche ohne diesen Bezug entstanden, welche im deutschen Recht gemäß § 491 Abs. 3 und Abs. 1 Satz 2 als **Immobiliar-Verbraucherkredite** und **Allgemein-Verbraucherkredite** erscheinen. Letztere haben ihre sekundärrechtliche Grundlage in der Verbraucherkreditrichtlinie, erstere in der WohnimmoRiL; beide Richtlinien sind auf einander abgestimmt (Erwägungsgrund 19, 20 WohnimmoRiL).

---

1 ABlEU 2008 L 133 vom 22.5.2008, S. 66.
2 BT-Drucks. 16/11643, BGBl 2009 I, 2355; BR-Drucks. 157/10, BGBl 2010 I, 977.
3 ABlEU L 60, vom 28.2.2014, S. 34.

Ein Verbraucherdarlehen kann also Allgemein-Verbraucherdarlehen (§ 491 Abs. 2 Satz 1) oder Immobiliar-Verbraucherdarlehen (§ 491 Abs. 3 Satz 1) sein, eine Finanzierungshilfe Allgemein- oder Immobiliar-Finanzierungshilfe (§ 506 Abs. 1 Satz 2). Einige verbraucherkreditrechtliche Vorschriften gelten für alle Arten von Verbraucherkrediten, zB über das Widerrufsrecht nach § 495 Abs. 1, andere Vorschriften nur für Allgemein-Verbraucherdarlehen, zB über die Begrenzung einer Vorfälligkeitsentschädigung nach § 502 Abs. 3 und weitere nur für Immobiliar-Verbraucherdarlehen, zB §§ 492a und 492b über Koppelungsgeschäfte oder § 503 über Fremdwährungsdarlehen.

Die Verbraucherkreditrichtlinie folgt – anders als die Vorgängerrichtlinie 87/102/ **297** EWG – dem Prinzip der Vollharmonisierung, dh nach Art. 22 Abs. 1 dürfen die Mitgliedstaaten keine Bestimmungen in ihrem innerstaatlichen Recht aufrechterhalten oder einführen, die von den Bestimmungen der Richtlinie abweichen, allerdings nur, soweit die Richtlinie harmonisierte Vorschriften enthält. Jenseits dieses harmonisierten Bereichs, der im Einzelnen durch Art. 2 Abs. 2 lit. a bis l der VerbrKrRiL umgrenzt wird, sind die Mitgliedstaaten nicht gebunden (Rn 45). Eine über den harmonisierten Bereich der VerbrKrRiL hinausgehende Erweiterung liegt im deutschen Recht unter anderem darin, dass Normadressaten von Verbraucherkreditgeschäften nicht nur Verbraucher nach § 13, sondern auch **Existenzgründer** iSv § 513 sind (Rn 72), gleichermaßen von Ratenlieferungsverträgen (Rn 406) und Kreditvermittlungsverträgen (§ 655e Abs. 2, Rn 396), und dass **arbeitnehmerbezogene** Geschäfte erfasst sind (Rn 67 ff). Die WohnimmoRiL ist gem. Art. 2 Abs. 1 zum Mindestharmonisierungsprinzip zurückgekehrt; außerhalb ihres harmonisierten Bereichs liegt ein Bezug auf Grundstücke, die keine Wohnimmobilien sind (Rn 301), oder das Erlöschen des Widerrufsrechts trotz insuffizienter Widerrufsinformation (Rn 146).

Kein Verbraucherkredit im Rechtssinne sind auch das **unentgeltliche** (also zinslose) **297a** Darlehen und die unentgeltliche Finanzierungshilfe (Rn 302b), die als „Null-Prozent-Finanzierung" angepriesen zu werden pflegen[4]. Sie befinden sich außerhalb des harmonisierten Bereichs der Richtlinien, weil diese die Entgeltlichkeit voraussetzen (Rn 298, s. aber Rn 385b). Gem. §§ 514 Abs. 1, 515 sind §§ 497, 498 über den Verzug (Rn 335 ff) und §§ 505a bis 505d über die Kreditwürdigkeitsprüfung (Rn 307) aber entsprechend anwendbar. Außerdem sind sie gem. § 514 Abs. 2 mit einem Widerrufsrecht nach §§ 514 Abs. 2, 355, 356d ausgestattet. Dient das unentgeltliche Darlehen der Finanzierung eines Geschäfts im Verbund, findet die Widerrufserstreckung nach § 358 Abs. 1 statt (Rn 157), der Widerruf nach § 514 Abs. 2 bringt gemäß § 358 Abs. 2 das finanzierte Geschäft zu Fall (Rn 155). Aber im Übrigen sind die Vorschriften über Verbraucherkreditgeschäfte auf unentgeltliche Darlehen und Finanzierunghilfen (Rn 355) nicht anwendbar. Gleichwohl handelt es sich um Verbraucherverträge iSv. § 310 Abs. 3 (Rn 85), aber jenseits von §§ 312, 312a (Rn 86).

---

4 *Schürnbrand* WM 2016, 1105; *Bülow/Artz* ZIP 2016, 1204; *dies.* VerbrKrR § 514 Rn 3.

II. Kredit in Gestalt eines Darlehens (Verbraucherdarlehensvertrag)

1. Anwendungsbereich und Ausnahmen

298 Die vertragstypischen Pflichten aus einem Darlehensvertrag sind der allgemeinen Vorschrift von § 488 zu entnehmen: Der Darlehensgeber wird verpflichtet, dem Darlehensnehmer den vereinbarten Geldbetrag zur Verfügung zu stellen, zB zu überweisen, bar auszuzahlen oder vereinbarungsgemäß an einen von den Parteien bestimmten Dritten zu leisten, und ihm auf diese Weise die **Nutzung des Kapitals** zu ermöglichen[5]. Der Darlehensnehmer ist, wenn vereinbart, zur Zahlung von Zinsen sowie zur Rückzahlung des Darlehens bei Fälligkeit verpflichtet. Sind Parteien des Darlehensvertrags ein Unternehmer als Darlehensgeber und ein Verbraucher als Darlehensnehmer und ist ein Entgelt für die Kapitalnutzung (Zinsen) vereinbart, ist der Vertrag, vorbehaltlich der Ausnahmefälle (Rn 302a-302c), ein Verbraucherdarlehensvertrag, für den die verbraucherprivatrechtlichen Sondervorschriften von §§ 491–505e, differenziert nach Allgemein- und Immobiliar-Verbraucherdarlehensverträgen (Rn 296a), dazu §§ 355, 356b, 357a sowie Art. 247 EGBGB (Rn 113 ff) gelten. Unternehmer wird meist ein Kreditinstitut (private Bank, Sparkasse, Kreditgenossenschaft) sein, aber die Sondervorschriften gelten für jeglichen unternehmerischen Darlehensgeber[6], zB einen Arbeitgeber. Kein Verbraucherdarlehen ist das zinslose, also unentgeltliche Darlehen nach § 514 (vgl Rn 297a, 157).

a) Allgemein- und Immobiliar-Verbraucherdarlehensverträge

299 Verbraucherdarlehensverträge können Allgemein- oder Immobiliar-Verbraucherdarlehensverträge sein. Grundfall ist der Allgemein-Verbraucherdarlehensvertrag, der sich gem. § 491 Abs. 2 Satz 1 dadurch kennzeichnet, dass Parteien ein Unternehmer nach § 14 als Darlehensgeber und ein Verbraucher nach § 13 als Darlehensnehmer sind und dass die Kapitalnutzung entgeltlich ist[7]. Immobiliar-Verbraucherdarlehensverträge kennzeichnen sich gem. § 491 Abs. 3 Satz 1 darüber hinaus durch einen Grundstücksbezug, nämlich entweder nach Nr. 1 durch Grundpfandrechts- oder Reallastbesicherung oder nach Nr. 2 durch den Zweck des Darlehens, der im Erwerb oder der Erhaltung des Eigentums am Grundstück oder gleichgestellten Objekten liegt. Allgemein-Verbraucherdarlehensverträge können jeglichem privaten, also nichtunternehmerischen Zweck dienen (Rn 7, 54).

300 Von der Kategorisierung als Allgemein- oder Immobiliardarlehen hängt die Anwendbarkeit verbraucherdarlehensrechtlicher Bestimmungen ab. Für Verbraucherdarlehen schlechthin, also sowohl für Allgemein- wie für Immobiliardarlehen, gelten § 491

---

5 BGH WM 2013, 1314, Tz. 21, mit Anm. *Bülow* LMK 2013, 350116.
6 BGH WM 2009, 262 mit Anm. *Bülow* LMK 2009, 276605.
7 Kein Verbraucherdarlehensvertrag, sondern schlichter Darlehensvertrag bei „Null-Prozent-Finanzierung", vorst. Rn 297a, BGH NJW 2014, 3719, Rn 10 mit Rez. *Schürnbrand* ZIP 2015, 249, *Gerd Müller* WM 2015, 617, *Riehm* NJW 2014, 3692, Anm. *Bülow* WuB 2015, 7 und Komm. *Wolters* EWiR 2014, 733.

Abs. 4 (gerichtliches Protokoll), § 491a Abs. 1 bis 3 Sätze 1 und 2 (vorvertragliche Information), § 492 (Schriftform, Vertragsinhalt) § 493 Abs. 1 bis 3, 5, 6 (Informationen während des Vertragsverhältnisses), § 494 bis auf Abs. 6 Satz 2, 2. HS, Satz 3 (Nichtigkeit und Heilung), § 495 Abs. 1, 2 (Widerrufsrecht), § 496 (Einwendungsverzicht, Wechsel und Scheck), § 497 Abs. 1 bis 3 (Verzug), § 498 Abs. 1 (Gesamtfälligkeit), § 499 Abs. 3 (Kündigung), § 500 Abs. 1, 2 Satz 1 (Kündigung), § 501 (Kostenermäßigung), § 502 Abs. 1, 2 (Vorfälligkeitsentschädigung), § 504 Abs. 1 (Überziehung), § 504a (Beratungspflicht), § 505 Abs. 1, 2 (geduldete Überziehung), §§ 505a, 505b Abs. 3, 5 (Kreditwürdigkeitsprüfung); hinzu kommen Vorschriften aus Art. 247 EGBGB, soweit sie sich nicht auf Allgemein- oder Immobiliarkredite beschränken, sowie § 356b Abs. 1, Abs. 2 Satz 3, Abs. 3 (Widerrufsrecht). **Nur für Allgemein-Verbraucherkredite** gelten § 491 Abs. 2, § 494 Abs. 6 Satz 2, 2. HS (Heilung), § 499 Abs. 1, 2 (Kündigung), § 502 Abs. 3 (Vorfälligkeitsentschädigung), § 504 Abs. 2 (Überziehung), § 505 Abs. 4 (geduldete Überziehung), § 505b Abs. 1 (Kreditwürdigkeit). **Nur für Immobiliar-Verbraucherkredite** gelten § 491 Abs. 3, § 491a Abs. 2 Satz 3, Abs. 3 Satz 3, Abs. 4 (vorvertragliche Information), §§ 492a, 492b (Koppelungsgeschäfte), § 493 Abs. 4 (Fremdwährung), § 494 Abs. 6 Satz 3 (Umwandlungsrecht), § 495 Abs. 3 (Bedenkzeit), § 497 Abs. 4 (Verzug), § 498 Abs. 2 (Gesamtfälligkeit), § 500 Abs. 2 Satz 2 (vorzeitige Zahlung), § 503 (Fremdwährungskredit), § 505b Abs. 2 bis 4 (Kreditwürdigkeit), Art. 247 § 1 und weitere Vorschriften sowie § 356b Abs. 2 Satz 2 und 4 (Widerruf) und § 357a Abs. 3 Satz 2 (Abwicklung nach Widerruf); hinzu kommt § 358 Abs. 3 Satz 3 (verbundenes Geschäft bei Grundstücken) sowie § 675a BGB mit Art. 247a EGBGB (Geschäftsbesorgung).

b) Grundpfandrechte und Reallast (§ 491 Abs. 3 Nr. 1)

Grundpfandrechte nach Nr. 1 sind Hypotheken (§ 1113), Grundschulden (§ 1191) **301** und Rentenschulden (§ 1199), wobei die Grundschuld in der Praxis am häufigsten vorkommt. Das belastete Grundstück braucht keine Wohnimmobilie, sondern kann auch Gewerbeimmobilie oder unbebaut sein; an dieser Stelle verlässt die Vorschrift den harmonisierten Bereich der WohnimmoRiL[8]. Wie aus § 506 Abs. 1 Satz 3 hervorgeht, liegt ein Immobiliar-Verbraucherdarlehensvertrag auch darin, dass der Darlehensrückzahlungsanspruch aus § 488 Abs. 1 Satz 2 gestundet, prolongiert wird und hierfür die bisherigen Konditionen fortgelten, insoweit also kein Entgelt vereinbart wird, aber nur dann, wenn die Prolongation durch ein Grundpfandrecht oder eine Reallast besichert wird. Die Reallast (Recht an Wohnimmobilien iSv. Art. 3 Abs. 1 lit. a WohnimmoRiL) ist die dingliche, nicht-akzessorische Belastung eines Grundstücks gem. § 1105 Abs. 1 mit dem Inhalt, dass wiederkehrende Leistungen aus dem Grundstück an den Begünstigten zu entrichten sind. Rechtlicher Grund des gem. § 873 begründeten dinglichen Rechts kann ein Altenteils- oder Leibrentenvertrag (§ 759) sein, aber auch ein Sicherungsvertrag in Bezug auf einen Darlehensvertrag, namentlich auf einen Ratenkredit. Hierfür eignet sich die Reallast gut, der Kreditge-

---

8 *Bülow* WM 2015, 1309 (1311).

ber kann die Raten notfalls im Wege der Immobiliarzwangsvollstreckung (§§ 864 ff ZPO) durchsetzen. Für die einzelnen Leistungen haftet der Grundstückseigentümer (der nicht mit dem Verbraucher als Darlehensnehmer identisch zu sein braucht – Interzession[9]), gem. § 1108 – abdingbar – auch persönlich mit seinem gesamten Vermögen. Wird das Grundstück veräußert, haftet auch der Erwerber für offene Raten, die gegenüber dem Veräußerer entstanden waren[10]. Beide haften als Gesamtschuldner (§§ 421 ff[11]). Wegen dieser Haftung kann ein Minderjähriger das belastete Grundstück aufgrund von § 107 nicht erwerben[12]. Unberührt bleibt die persönliche Haftung des Verbrauchers als Darlehensnehmer. Die Reallast ist gem. § 873 auf einen neuen Gläubiger (zB den Zessionar des Darlehensrückzahlungsanspruchs aus § 488 Abs. 1 Satz 2) übertragbar. Wenn dem Grundstückseigentümer gegen den Zedenten aus dem Sicherungsvertrag Einreden zustehen (zB Stundung), liegt die analoge Anwendung von § 1192 Abs. 1a[13] nahe, wonach der gutgläubig-einredefreie Erwerb (s. § 1157 Satz 2) ausgeschlossen wäre[14].

c) Verwendungzweck (§ 491 Abs. 3 Nr. 2)

302 Der Darlehenszweck nach Nr. 2 liegt im Eigentumserwerb oder in der Erhaltung des Eigentums in Bezug auf Grundstücke, Gebäude (zB auch: Fertighaus) oder grundstücksgleiche Rechte (zB Erbbaurecht nach der ErbBauVO), wobei im Zeitpunkt des Vertragsabschlusses über das Darlehen noch nicht feststehen muss, welches Grundstück erworben werden soll. Erhaltung meint nicht etwa den Werterhalt des Grundstücks (sodass Renovierungsdarlehen, soweit sie nicht grundpfandrechtlich besichert werden, keine Immobiliar-Darlehen, sondern Allgemein-Darlehen sind[15]), sondern die Abwendung des Eigentumsverlusts durch Zwangsversteigerung (§ 90 ZVG), der das Darlehen dient.

d) Ausnahmen

302a aa) Verbraucherdarlehensverträge. Nach § 491 Abs. 4 sind verbraucherkreditrechtliche Sondervorschriften nur teilweise anwendbar, nämlich bei Protokollen im Rahmen eines Zivilprozesses, namentlich durch gerichtlichen Vergleich. Verbraucherschutz findet bereits nach den Vorschriften der ZPO statt. Das Verbundreglement aus §§ 358 Abs. 2 und 359 Abs. 2 (Rn 178) gilt gem. § 358 Abs. 5 nicht für einen Darlehensvertrag, mit dem der Verbraucher den Erwerb von Wertpapieren und anderen Finanzinstrumenten (§ 1 Abs. 11 KWG) finanziert. Der Verbraucher bleibt also an den Erwerb gebunden, auch wenn er den Darlehensvertrag als Finanzierungsvertrag widerruft; er soll nicht auf Kosten der Bank spekulieren können.

---

9 *Bülow* Recht der Kreditsicherheiten, Rn 14, 207 ff.
10 BGH NJW 1990, 2380 zu 2; *P. Becker* JA 2013, 171.
11 AnwKomm (NK)/*Reetz* § 1105 BGB Rn 69.
12 *Stürner* AcP 173 (1973), 402 (430).
13 Näher *Bülow* Recht der Kreditsicherheiten, Rn 306d ff.
14 AA OLG Frankfurt NJOZ 2013, 1402.
15 BT-Drucks. 18/5922 (RegE), S. 81.

bb) Allgemein-Verbraucherdarlehensverträge. Entgeltliche Darlehensverträge zwi- **302b**
schen Unternehmer und Verbraucher sind ausnahmsweise keine Allgemein-Verbraucherdarlehensverträge und die Sondervorschriften nicht anwendbar, nämlich in den
Fällen von § 491 Abs. 2 Satz 2 (in Umsetzung von Art. 2 Abs. 2 der VerbrKrRiL)

– bei Bagatelldarlehen (Nettodarlehensbetrag – zum Begriff Rn 309 – weniger
   als 200 €, Nr. 1); andererseits gilt nicht die Höchstgrenze von Art. 2 Abs. 2 lit. c
   VerbrKrRiL (75 000 €), sodass größere Darlehen nicht im harmonisierten Bereich
   liegen,
– bei Pfanddarlehen (Nr. 2),
– bei kurzfristigen Darlehen (drei Monate) und geringen Kosten (Nr. 3),
– bei zinsgünstigen Arbeitgeberdarlehen (Nr. 4) und
– bei bestimmten Darlehen im öffentlichen Interesse (Förderdarlehen, Nr. 5).

cc) Immobiliar-Verbraucherdarlehensverträge. Nach § 491 Abs. 3 Satz 3 sind be- **302c**
stimmte Arbeitgeberdarlehen (ebenso wie gem. § 491 Abs. 2 Satz 2 Nr. 4) freigestellt. Das gilt auch weitgehend für Förderdarlehen, auf die nur § 491a Abs. 4 über
die vorvertraglichen Informationen, insbesondere in Gestalt des ESIS-Merkblatts, zu
unterrichten ist. Keine Immobiliar-Verbraucherdarlehensverträge sind die in § 491
Abs. 3 Satz 4 beschriebenen (in Deutschland kaum praktizierten) Immoblienverzehr-
kredite[16].

2. Verbraucherprivatrechtliche Instrumente

Die verbraucherprivatrechtlichen Sondervorschriften, soweit sie danach anwendbar **303**
sind, verwirklichen das Informationsmodell durch die Vorschriften von §§ 491a–493
sowie § 496 Abs. 2, das Widerrufsrecht durch § 495, die besondere Gestaltung des
Schuldverhältnisses durch §§ 496 bis 505 und durch die Maxime der verantwortungs-
vollen Kreditvergabe nach §§ 505a bis 505e.

3. Information

Das Informationsmodell waltet bereits vor der Anbahnung eines Vertrags zwischen **304**
Verbraucher und Unternehmer, nämlich in der Werbephase, sodann in der vorvertraglichen Phase, im Vertrag selbst und schließlich im laufenden Vertragsverhältnis.

a) Werbephase

Vorschriften für die Werbung stellen §§ 6a, 6b und 6c PrAngVO auf. Wird in einer **305**
Werbeanzeige, einem Internetauftritt, einem Fernsehspot mit Zinsen und Kosten ge-
worben, sind Sollzinssatz, Nettodarlehensbetrag und effektiver Jahreszins (vgl Rn 309)
anzugeben und weitere Angaben zu machen in Umsetzung von Art. 4 VerbrKrRiL.

---

16 Näher *Freitag/Allstadt* WM 2017, 1877.

b) Vorvertragliche Phase

306 **aa) Standardisierte Informationen.** Ist es zu einer Kontaktaufnahme zwischen Verbraucher und Unternehmer gekommen, an deren Ende möglicherweise der Abschluss des Darlehensvertrags, eines Teilzahlungsgeschäfts oder eines Vertrags über eine sonstige Finanzierungshilfe (§ 506 Abs. 1) steht, ist der Verbraucher vom Unternehmer gem. § 491a Abs. 1 in Textform (§ 126b Satz 1, Art. 247 § 1 Abs. 2 Satz 1, § 2 Abs. 1 Satz 2 EGBGB) mit Informationen zu versorgen. Welche Informationen dies sind, richtet sich nach der Art des Verbraucherkreditvertrags. **Bei Allgemein-Verbraucherkreditverträgen** nach §§ 491 Abs. 2 Satz 1, 506 Abs. 1 Satz 1 ist Art. 247 § 2 Abs. 1 und 2, insbesondere iVm § 3 sowie § 12 EGBGB anwendbar und das standardisierte Muster gem. Anlage 4 zu verwenden. Verfährt der Unternehmer in dieser Weise, hat er seine Unterrichtungspflicht nach Art. 247 § 2 Abs. 4 EGBGB erfüllt, Art. 5 Abs. 1 Satz 2 VerbrKrRiL, Art. 14 Abs. 2 WohnimmoRiL entsprechend (gem. Art. 247 § 2 Abs. 3 fakultativ das Munster nach Anlage 5 in Sonderfällen). **Bei Immobiliar-Verbraucherkreditverträgen** nach §§ 491 Abs. 3 Satz 1, 506 Abs. 1 Satz 2 ist Art. 247 § 1 Abs. 2 EGBGB anwendbar und das ESIS-Merkblatt *(European Standardised Information Sheet)* gem. Anlage 6 zum EGBGB zu verwenden. Für die Erfüllung seiner Informationspflichten trägt der Unternehmer die Beweislast[17], obwohl es typischerweise der Verbraucher ist, der aus der mangelnden Erfüllung Ansprüche gegen den Unternehmer herleitet.

307 **bb) Kreditwürdigkeitsprüfung, Beratung.** Außerdem hat der Darlehensgeber die Kreditwürdigkeit des Verbrauchers zu dessen Schutz[18] als potentiellem Darlehensnehmer in Vollzug der Rücksichtnahmepflicht nach § 241 Abs. 2 BGB zu prüfen, um der Gefahr von Überschuldung und „modernem Schuldturm" (Rn 335, 341) vorzubeugen, aber auch, um die Finanzstabilität zu bewahren, deren Vernachlässigung durch sog. *sub-prime*-Hypotheken zur weltweiten Finanzkrise von 2008 geführt hatte (Erwägungsgrund 3 und Art. 7 Abs. 1 WohnimmoRiL). Die aufsichtsrechtliche Prüfungspflicht wird gem. § 18a KWG Kreditinstituten auferlegt. Zivilrechtlich ist der Kreditgeber, auch wenn er nicht Kreditinstitut ist, zur Kreditwürdigkeitsprüfung nach §§ 505a bis 505e verpflichtet, die eine verantwortungsvolle Kreditvergabe fördert. Die Kreditwürdigkeitsprüfung ist gem. §§ 514 Abs. 1, 515 auch bei unentgeltlichen Darlehen und Finanzierungshilfen („Null-Prozent-Finanzierung", Rn 297a) durchzuführen.

307a Ist die Vergabe eines Immobiliar-Darlehens mit **Beratungsleistungen** über Geschäfte verbunden, die in Zusammenhang mit dem Darlehen stehen, hat sich der Berater, der nicht notwendigerweise zugleich der Immobiliar-Darlehensgeber sein muss[19], zunächst selbst ein Bild über die Lage des Verbrauchers gemäß § 511 Abs. 2 zu machen und ihm erst aufgrund dessen gemäß Abs. 3 geeignete Finanzprodukte zu empfehlen

---

17 EuGH ZIP 2015, 65 mit krit. Komm *Herresthal* EWiR 2015, 97.
18 EuGH NJW 2014, 1941, Rn 42 – *Kalhan* – mit Rez. *Barta/Braune* BKR 2014, 330 und Anm. *Bartlitz* S. 1944; *Buck-Heeb* NJW 2016, 2065.
19 BT-Drucks. 18/5922 (RegE), S. 111.

oder auch von vornherein davon abzusehen. Vorher hat er den Verbraucher nach Maßgabe von Art. 247 § 18 EGBGB zu informieren. Entsprechendes gilt für Beratungsleistungen des Kreditvermittlers nach § 655a Abs. 3 (Rn 397).

c) Unterrichtung im Vertrag

aa) Schriftform und Angabepflicht. Die Verwirklichung des Informationsmodells   **308**
im Vertrag selbst wird erreicht durch Formzwang und Pflichtangaben gem. § 492
BGB, Art. 247 § 6 Abs. 1 EGBGB. Dadurch wird gewährleistet, dass der Vertrag
ohne Information nicht wirksam zustande kommt (§§ 125, 494 Abs. 1, s. Rn 315).
Neben der darin liegenden **Informationsfunktion** hat die Form **Warnfunktion**, die
sich auf die Kompliziertheit der Vertragsmaterie und die Längerfristigkeit der Bindung gründet. Die vorgeschriebene Form ist, Art. 10 der Verbraucherkreditrichtlinie
entsprechend, die Schriftform nach § 126 Abs. 1 oder die elektronische Form nach
§ 126a (nicht: der E-Postbrief der Deutschen Post oder etwa ein Schreibtablett[20]),
wobei der Verbraucher gemäß § 151 auf den Zugang der Annahmeerklärung des Darlehensgebers verzichten kann[21]. Aus Gründen der Praktikabilität sehen § 492 Abs. 1
Sätze 2 und 3 Modifizierungen im Vergleich zu § 126 Abs. 2 vor, im Übrigen ist
Formwahrung durch Briefwechsel möglich[22] und damit zugleich der Vertragsabschluss im Fernabsatz über eine Finanzdienstleistung (§ 312c Abs. 1, Rn 440). Nicht
zuletzt damit der Verbraucher seinen Entschluss über den Widerruf nach § 495 treffen
kann, hat ihm der Darlehensgeber gem. § 492 Abs. 3 Satz 1 eine Abschrift der Vertragserklärungen zur Verfügung zu stellen. Die Aushändigung der Vertragsurkunde
gehört nicht mehr zum Vertragsabschlusstatbestand, der durch Unterschrift des Verbrauchers und Erklärung des Darlehensgebers vollzogen ist, beeinflusst aber den
Lauf der Widerrufsfrist nach §§ 355 Abs. 2 Satz 2, 356b Abs. 1 (Rn 131, 329).

bb) Die Pflichtangaben. Die verbraucherdarlehensrechtlichen Informationen, die in   **309**
den Pflichtangaben liegen, sollen den Verbraucher in den Stand versetzen, an den
Vertrag mit vergleichbarer Professionalität wie der unternehmerische Darlehensgeber heranzugehen (Rn 27). Die Pflichtangaben sind gemäß § 492 Abs. 2 der Vorschrift von Art. 247 §§ 6–13 EGBGB zu entnehmen. Ausgangspunkt ist nach Art. 247
§ 6 Abs. 1 Satz 1 EGBGB, dass die für die vorvertragliche Information vorgeschriebenen Angaben im Katalog von § 3 Abs. 1 Nr. 1–14 und Abs. 4 zu wiederholen sind,
in eingeschränktem Umfang bei Immobiliar-Verbraucherdarlehensverträgen gem. § 6
Abs. 1 Satz 2, wobei dem Verbraucher das ESIS-Merkblatt gem. Anlage 6 und
Art. 247 § 1 Abs. 2 EGBGB schon vorliegt (Rn 306). Zu den Pflichtangaben gehört
nach Art. 247 § 6 Abs. 2 EGBGB auch die umfassende Unterrichtung über das Widerrufsrecht, die anders als eine Widerrufsbelehrung (Rn 143) Teil des Vertragsabschlusstatbestands ist (Rn 132, 329). Die wichtigsten Pflichtangaben aus dem Katalog von Art. 247 § 3 Abs. 1 EGBGB sind folgende:

---

20 OLG München NJW 2012, 1766 mit Anm. *Rossnagel* S. 3586.
21 BGH WM 2004, 1381 mit Anm. *Bülow* LMK 2004, 161 sowie BGH NJW 2006, 681.
22 § 126 Abs. 2 Satz 2, vgl *Medicus* AT BGB, Rn 680.

Das vom Verbraucher zurückzuzahlende Darlehen besteht aus dem an ihn – resp. vereinbarungsgemäß an einen Dritten – ausgezahlten Betrag sowie aus Zinsen und Kosten, sodass sich der **Nettodarlehensbetrag** (Art. 247 § 3 Abs. 1 Nr. 4, Abs. 2 EGBGB) und der **Gesamtbetrag** (§ 3 Abs. 1 Nr. 8, Abs. 2 Satz 1 EGBGB) gegenüberstehen; durch den Vergleich beider Beträge kann der Verbraucher die von ihm zu erbringende Gegenleistung ausrechnen und richtig einschätzen. Oft ist Gegenstand von Verbraucherdarlehen ein in **Raten** zurückzuzahlender Kredit und nicht ein Festkredit; hierüber und über die Regelung Kündigung sowie zum Recht auf vorzeitige Rückzahlung nach § 500 Abs. 2 sind gem. § 3 Abs. 1 Nr. 7 und 14, § 6 Abs. 1 Nr. 5 EGBGB Angaben zu machen. Sodann ist gem. Art. 247 § 3 Abs. 1 Nr. 5 EGBGB der **vereinbarte Zinssatz** (Sollzins, § 489 Abs. 5 als Vertragszins) anzugeben; bezieht sich die Zinsvereinbarung nur auf Zeitabschnitte und nicht auf die gesamte Laufzeit, ist der Verbraucher nach näherer Maßgabe von § 493 zu unterrichten (Rn 312). Anzugeben sind außerdem alle sonstigen Kosten des Darlehens (§ 3 Abs. 1 Nr. 10 EGBGB), namentlich sog. **Einmalkosten** wie Antrags- oder Bearbeitungsgebühren[23], die ebenso wie die Zinsen nichts anderes als die vom Verbraucher zu erbringende Gegenleistung für die Kapitalüberlassung durch den Darlehensgeber sind. Diejenige finanzmathematische Größe, welche auch derartige Einmalkosten in der Form eines Zinssatzes ausdrückt, ist der **effektive Jahreszins** nach Art. 247 § 3 Abs. 1 Nr. 3 EGBGB iVm § 6 PreisangabenVO nebst Anlage. Erst dieser effektive Jahreszins ist eine aussagekräftige Vergleichsgrundlage im Hinblick auf Darlehensangebote anderer Banken und den am Markt für Darlehen der gewünschten Art üblicherweise vereinbarten Zinsen, dem Marktzins (nachzulesen in den Monatsberichten der Deutschen Bundesbank, Statistischer Teil zu VI. 5., Rubrik „Kredite an private Haushalte"). Sodann sind bei Allgemein-Verbraucherdarlehensverträgen nach Art. 247 § 7 Abs. 1 Nr. 2 EGBGB Versicherungen zu nennen und Sicherheiten, die der Verbraucher zu stellen hat, zB eine Bürgschaft oder eine Grundschuld; es handelt sich hierbei um nichts anderes als um den obligatorischen Sicherungsvertrag, durch den diese Verpflichtung begründet wird[24]. Bei Immobiliar-Verbraucherdarlehensverträgen sind gem. § 7 Abs. 2 Angaben zur Vorfälligkeitsentschädigung (Rn 351 aE) und im gegebenen Fall zur Fremdwährung nach § 503 (Rn 354b) zu machen.

309a **Nicht anzugeben** ist der Verwendungszweck des Darlehens (abgesehen von Abschnitt 3 des ESIS-Merkblatts: Kreditart, im Hinblick auf § 491 Abs. 3 Nr. 2), der Motiv des Vertragsschlusses ist und von dem gemäß § 13 BGB abhängt, ob der Darlehensnehmer überhaupt Verbraucher ist und die Sondervorschriften über Verbraucherdarlehen anwendbar sind. Schwierig ist die Antwort auf die Frage der **Beweislast** für den Verwendungszweck. Es ist zu unterscheiden, ob die natürliche Person neben ihrem privaten Bereich ein gewerbliches/freiberufliches Unternehmen betreibt oder nicht. Wenn nicht, trägt sie die **objektive Beweislast** dafür, dass ihre Willenserklä-

---

23 Hierzu BGH WM 2004, 2309 und umfassend *Casper/C. Möller* BKR 2014, 59; zur Anwendung von § 307 bei Vereinbarung durch AGB: BGH NJW 2014, 2420 und WM 2014, 1325.

24 *Bülow* FS Lindacher 2017, S. 43 (49); *Chr. Wilhelm* Die rechtsgeschäftliche Treuhand in Deutschland und Frankreich, 2017, S. 199, aA *Kath. Jost* Die Dogmatik des Sicherungsvertrags, 2012, S. 69 ff, (88).

rung privater und nicht doch im konkreten Fall gewerblicher/freiberuflicher Art war[25] (was ihr im Allgemeinen nicht schwer fallen wird). Betreibt sie ein Unternehmen, kann streitig sein, ob das Rechtsgeschäft diesem Unternehmen oder dem privaten Bereich zuzurechnen ist. Kann nach der Überzeugung des Gerichts (§ 286 Abs. 1 Satz 1 ZPO) nicht festgestellt werden, welchem Bereich das Rechtsgeschäft überwiegend[26] (Rn 62) zuzurechnen ist, hat sich ein **non liquet** ergeben. Wie der Formulierung von § 13 BGB zu entnehmen ist, wird die natürliche Person in diesem Fall als Verbraucher angesehen, weil das Rechtsgeschäft der unternehmerischen Tätigkeit nicht zugerechnet werden kann. Der Unternehmer trägt also die Beweislast für diese Zurechnung[27], nicht aber die natürliche Person für die Zurechnung zum privaten Bereich; in diesem Punkt ist die Beweislast umgekehrt[28].

Fernabsatzrechtliche Informationen sind anzugeben, wenn ein Verbraucherdarlehensvertrag durch Briefwechsel (§ 312c Abs. 2) zustandekommt, wodurch die Schriftform gem. § 126 Abs. 2 gewahrt werden (Rn 308) und zugleich ein Fernabsatzgeschäft, nämlich über eine Finanzdienstleistung (Rn 437), abgeschlossen werden kann. Daraus folgt über die Pflichtangaben nach § 492 Abs. 2, Art. 247 EGBGB hinaus die Unterrichtungspflicht nach § 312d Abs. 2, Art. 246b § 2 Abs. 1 EGBGB. Keine Finanzdienstleistung ist eine Bürgschaft oder ein Schuldbeitritt (Rn 325), in welchem der Verbraucher Interzessionar ist (Rn 439). **310**

cc) Darlehen auf laufendem Konto (Überziehungskredit). Aus Praktikabilitätsgründen braucht die Schriftform nicht eingehalten zu werden im Falle von Überziehungskrediten auf laufendem Konto (Girokonto, Dispositionskredit); hier sind nach näherer Maßgabe von § 504/Art. 247 § 16 EGBGB und in Übereinstimmung mit Art. 12 VerbrKreditrichtlinie weniger Angaben und teilweise (§ 504 Abs. 2 Satz 2) nur auf einem dauerhaften Datenträger nach § 126b, zB auf einem Kontoauszug, zu machen. Fakultativ ist die Verwendung der Standardinformation nach Anlage 5, wie Art. 247 § 2 Abs. 3 Satz 1 EGBGB zu entnehmen ist. **311**

d) Unterrichtung und Beratung während des Vertragsverhältnisses (§§ 493, 496 Abs. 2, 504a, 505 Abs. 2 Satz 2)

Durch den Darlehensvertrag entsteht ein Dauerschuldverhältnis. Bestimmte Veränderungen des Vertragsverhältnisses lösen Informationspflichten des Darlehensgebers aus. Die vertraglich vereinbarten Zinsen (Sollzinsen § 489 Abs. 5) können für die gesamte Vertragslaufzeit, aber auch nur für bestimmte Zeitabschnitte festgelegt werden. Im Fall einer solchen Abschnittsfinanzierung ist der Verbraucher gem. § 493 Abs. 1 vor Abschnittsende über die Konditionen eines neuen Abschnitts, bei variab- **312**

---

25 BGH NJW 2007, 2619 Tz. 13: Katzenzucht, die unternehmerischen Zuschnitt erreicht hatte; *Bülow* WM 2011, 1349.
26 Hierzu näher *Bülow* WM 2014, 1; *Patrick Meier* JuS 2014, 777; Erwägungsgrund 17 zur VerbrRechte-RiL und 12 zur Immobiliarverbraucherkreditvertragsrichtlinie.
27 Undeutlich BGH NJW 2009, 3780 Tz. 11.
28 *Bülow* Gedächtnisschrift M.Wolf 2010, S. 3 (6).

len Sollzinsen gem. § 493 Abs. 3 über Anpassungen zu unterrichten. Endet die Vertragslaufzeit, unterrichtet der Darlehensgeber gem. § 493 Abs. 2 über seine Bereitschaft zur Fortführung des Darlehensverhältnisses.

313 Der Zins- und Darlehensrückzahlungsanspruch der Bank aus § 488 Abs. 1 Satz 2 ist abtretbar und auf diese Weise Refinanzierungsinstrument der Bank. Für die Wirksamkeit der Abtretung sind Mitwirkung oder auch nur Unterrichtung des Schuldners der abgetretenen Forderung, hier des Verbrauchers, nicht erforderlich (**stille Zession**). Nach § 496 Abs. 2 ist der Verbraucher aber über die Abtretung zu unterrichten, was auf ihre Wirksamkeit keinen Einfluss hat. Den Zessionar treffen die Unterrichtungspflichten nach § 493, wie dessen Abs. 6 zu entnehmen ist.

313a Im Falle von Überziehungskrediten auf einem Zahlungskonto (§ 1 Abs. 17 ZAG – ZahlungsdiensteaufsichtsG), sei es mit eingeräumter Überziehungsmöglichkeit nach § 504 oder geduldeter nach § 505 (auch möglich bei einem Basiskonto – sog. Konto für jedermann, § 39 Satz 2 ZKG[29]), kann die Überziehung nach Dauer und Betrag einen Umfang einnehmen, der nicht mehr dem Zweck der Überbrückung finanzieller Engpässe für einen kurzen Zeitraum dient, sondern vielleicht auf sorglosem Konsumverhalten oder ernsten finanziellen Problemen beruht, die sich noch vergrößern, weil Überziehungskredite eine besonders teure Art der Kapitalnutzung darstellen. Deshalb ist der Darlehensgeber gem. § 504a resp. § 505 Abs. 2 Satz 2 verpflichtet, dem Verbraucher eine Beratung anzubieten, durch die die Ursachen aufgedeckt und alternative Finanzierungsarten benannt werden.

e) Rechtsfolgen

314 **aa) Schadensersatz und Unterlassung.** Die Missachtung der Angabepflichten in der Werbephase nach §§ 6a bis 6c PrAngVO (Rn 305) begründet keine Ansprüche des einzelnen Verbrauchers, sondern nur der in § 8 Abs. 3 UWG genannten Personen und Verbände (§ 3a UWG, Art. 3 Abs. 4 UGP-Richtlinie). Außerdem sind Verfahren auf Unterlassung nach §§ 2 Abs. 2 Nr. 1, 3 UKlaG statthaft. Die Missachtung der vor- und nachvertraglichen Unterrichtungspflichten nach §§ 491a, 493, 496 Abs. 2 (Rn 306, 312 und 313) sowie im gegebenen Falle nach § 312d Abs. 2 (Rn 310) löst Schadensersatzansprüche des Verbrauchers aus Pflichtverletzung (§ 280) vorvertraglich nach § 311 Abs. 2 Nr. 1 (cic) resp. nach § 311 Abs. 1 aufgrund Vertrags aus, wobei es meist an bezifferbarem Schaden des Verbrauchers fehlen dürfte (§ 287 ZPO)[30].

315 **bb) Nichtigkeit.** Wird die Schriftform missachtet, ist das Rechtsgeschäft nach § 125 nichtig. Die Pflichtangaben brauchen vom rechtsgeschäftlichen Willen aber gar nicht umfasst zu sein, wie typischerweise der effektive Jahreszins, der ungeachtet seiner Bedeutung als Vergleichsgrundlage nur eine Rechengröße ist, die sich aus Soll-(Vertrags-)zins und Kosten ergibt. Die fehlende Angabe hindert trotzdem die Wirksamkeit des Vertrags, wie § 494 Abs. 1 bestimmt. Die Nichtigkeit ist vollständig, sodass eine teilweise Aufrechterhaltung des Vertrags nach Maßgabe von § 139 nicht in

---

29 *Bülow/Artz* ZahlungskontenG, § 39 Rn 4; Kontrahierungszwang § 31 ZKG.
30 Fehlen greifbarer Anknüpfungstatsachen, instruktiv BAG NJW 2013, 331.

Frage kommt[31]. Der Vertrag bleibt aber wirksam, wenn die Angaben nach Art. 247 §§ 7 oder 8 EGBGB fehlen, zB gem. § 7 Abs. 1 Nr. 2 betreffend zu bestellende Sicherheiten (s. auch Rn 319); mangels wirksamen Sicherungsvertrags (vgl Rn 309) hat der Darlehensgeber aber keinen Anspruch auf Sicherheitenbestellung, wie § 494 Abs. 6 Satz 2 zu entnehmen ist. Bei größeren Allgemein-Darlehen, nämlich bei einem Nettodarlehensbetrag von mehr als 75 000 € (vgl Rn 302b), genügt aber ein mündlicher oder auch konkludenter Sicherungsvertrag, während es bei Immobiliardarlehen auch dann beim nichtigen Sicherungsvertrag bleibt[32]. Wird die Sicherheit bestellt, obwohl es an einem wirksamen Sicherungsvertrag fehlte, hatte der Darlehensgeber die Sicherheit **sine causa** erlangt, sodass sie richtigerweise der Leistungskondiktion des Darlehensnehmers nach § 812 unterliegt[33].

Nur die fehlende Angabe führt zur Nichtigkeit nach § 494 Abs. 1, nicht jedoch eine falsche Angabe[34]; denkbar sind in diesem Fall Ersatzansprüche aus Pflichtverletzung[35]. Fehlerhafte Angaben verhindern aber gem. § 356b Abs. 2 den Beginn der Widerrufsfrist (Rn 329).   **316**

cc) Heilung. Im Verbraucherkreditrecht ist die Formnichtigkeit nicht notwendig eine endgültige, vielmehr enthält § 494 Abs. 2 Satz 1 (gleichermaßen § 507 Abs. 2 Satz 2 für Teilzahlungsgeschäfte, Rn 367) ohne Vorgabe in der VerbrKr-Richtlinie[36] einen Heilungstatbestand, aber verbunden mit einer Minderung der Ansprüche des Darlehensgebers, worin die Sanktion dafür liegt, dass dieser die Formwahrung nicht bewerkstelligt hatte. Auf der anderen Seite bleibt dem Verbraucher eine Kondiktionslage erspart, die bei endgültiger Nichtigkeit des Darlehensvertrags gem. § 812 mit sofortiger Fälligkeit (Rückzahlung der Darlehensvaluta) eintreten würde. Der Heilungstatbestand liegt darin, dass der Verbraucher das Darlehen empfängt[37] oder in Anspruch nimmt (Auszahlungsverlangen durch den Verbraucher); dadurch wird der Vertrag ex nunc, also ohne Rückbezug, wirksam. Diese Wirksamkeit ist eine schwebende, weil auch der geheilte Vertrag gem. § 495 (Rn 329) widerruflich ist. Die Widerrufsfrist kann durch Nachholung fehlender oder fehlerhafter Angaben in Gang gesetzt werden (Rn 319).   **317**

Die Minderung des Anspruchsumfangs richtet sich nach der Insuffizienz von Form- und Pflichtangaben. Fehlen Angaben zum Sollzinssatz, zum effektiven Jahreszins oder zum Gesamtbetrag, schuldet der Verbraucher nach § 494 Abs. 2 Satz 2 höchstens den gesetzlichen Zinssatz gem. § 246 von 4% für das Jahr (*per annum*, p.a.). Fehlt die Angabe der Kosten, hat der Darlehensgeber darauf gem. § 492 Abs. 4 Satz 1   **318**

---

31 HKK/*Dorn* § 139 BGB Rn 12.
32 *Bülow/Artz* Verbraucherkreditrecht, § 494 BGB Rn 18a.
33 *Bülow/Artz* Verbraucherkreditrecht, § 494 BGB Rn 77; MK/*Schürnbrand* § 494 BGB Rn 34; offen BGH WM 2002, 380, **aA** OLG Dresden WM 2001, 1854 und *Jost* Sicherungsvertrag, 2012, S. 88.
34 BGH WM 2004, 417; NJW 2003, 2328; 2006, 1955.
35 *Bülow/Artz* Verbraucherkreditrecht, § 494 BGB Rn 49.
36 Aspekte des Vertragsrechts, die die Wirksamkeit von Kreditverträgen betreffen, liegen außerhalb des harmonisierten Bereichs, wie Erwägungsgrund 30 feststellt, oben Rn 45.
37 Auszahlung mit Einverständnis des Verbrauchers, auch vereinbarungsgemäß an einen Dritten, BGH NJW 2006, 1788 und 1955 mit Bsp. *Stadler* JA 2006, 734.

keinen Anspruch. Da der Verbraucher weniger schuldet, vermindern sich auch die Darlehensraten, die gem. § 494 Abs. 5 neu zu berechnen sind (gleiche Anzahl bei geringerer Ratenhöhe ohne Wahlrecht des Verbrauchers auf dieselbe Ratenhöhe bei geringerer Anzahl der Raten[38], vgl Rn 214). Bei variablen Konditionen ist gem. Art. 247 § 3 Abs. 4 EGBGB auch anzugeben, unter welchen Voraussetzungen die Anpassung eintreten darf (vgl § 315). Fehlt diese Angabe, dürfen die Konditionen gem. § 494 Abs. 4 Satz 2 nicht zum Nachteil des Verbrauchers geändert werden, auch wenn sich die Marktverhältnisse ändern und sich der Darlehensgeber vielleicht nur unter Verlust refinanzieren kann[39]. Gem. Art. 247 § 3 Abs. 1 Nr. 6, § 6 Abs. 1 Satz 1 Nr. 5 EGBGB sind Angaben zu Laufzeit und Kündigung zu machen; bei Fehlen ist der Verbraucher jederzeit zur Kündigung berechtigt, § 494 Abs. 6 Satz 1. Entsprechendes gilt bei Immobiliar-Fremdwährungsdarlehen hinsichtlich des Umwandlungsrechts (näher Rn 354b). Diese Sanktionen können kumulieren. Sie treten namentlich allesamt dann ein, wenn der Darlehensvertrag nur mündlich abgeschlossen worden war (andererseits nicht, wenn der Vertrag zwar schriftlich, aber nicht den Anforderungen an die Schriftform nach § 126 abgefasst wurde – zB fehlende Unterschrift des Verbrauchers[40]). Der Verbraucher hat gem. § 494 Abs. 7 Anspruch auf eine Vertragsabschrift, welche die Änderungen auf Grund der Heilung berücksichtigt (zur Unterrichtung über das Widerrufsrecht Rn 329). Keine Anspruchsminderung tritt ein, wenn die Angaben des Nettodarlehensbetrags, zum Tilgungsplan oder zu Auszahlungsbedingungen fehlten[41].

319 **dd) Nachholung.** Wird der Vertrag durch Heilung wirksam, ist die Wirksamkeit nur eine schwebende, weil der geheilte Vertrag seinerseits widerruflich ist (Rn 317 aE). Problematisch ist, wie die Widerrufsfrist von 14 Tagen aus § 355 Abs. 2 Satz 1 in Gang gesetzt werden kann, wobei zwischen Allgemein- und Immobiliar-Verbraucherdarlehensverträgen zu unterscheiden ist. Bei **Allgemein-Verbraucherdarlehensverträgen** ist die Vertragsurkunde, durch die gem. § 356b Abs. 1 der Fristbeginn eintreten kann, für den Fristbeginn untauglich, weil deren Unvollständigkeit und damit Insuffizienz gerade vorausgesetzt ist. Aber die fehlenden Pflichtangaben, gleichermaßen fehlerhafte, können im Verfahren § 492 Abs. 6 nachgeholt werden. Zwei sich überlagernde Konstellationen sind zu unterscheiden: Neben der Heilung des nach § 492 Abs. 2 Satz 1 nichtigen Vertrags kann die Wirksamkeit des Kreditvertrags auch unberührt geblieben sein, weil lediglich Pflichtangaben nach Art. 247 §§ 7 oder 8 EGBGB fehlten (Rn 315). Sodann kann im Nichtigkeitsfall eine Minderung der Kreditgeberansprüche eintreten oder ausbleiben (Rn 318). Tritt eine Minderung und damit eine Änderung der Vertragsbedingungen ein, hat der Verbraucher gem. § 494 Abs. 7 Anspruch auf eine diesen entsprechende Vertragsabschrift. Erst wenn er diese Abschrift erhält, beginnt gem. §§ 492 Abs. 6 Satz 2 iVm § 356b Abs. 3 die Widerrufsfrist, die sich gem. § 356b Abs. 2 Satz 3 auf **einen Monat** verlängert, worauf der

---

38 BGH NJW 2009, 2046 wegen berechtigter Zinserwartung der Bank; vglA OLG Stuttgart EWiR § 6 VerbrKrG 2/07, 761 *(Bellut)*; aA *MK/Schürnbrand* § 494 BGB Rn 32.
39 Kein Negativzins: *Binder/Ettensberger* WM 2015, 2069 (2071).
40 BGH NJW 2006, 681: Es gilt nach Heilung das Schriftliche.
41 MK/*Schürnbrand* § 494 BGB Rn 27.

Verbraucher gem. § 492 Abs. 6 Satz 4 hinzuweisen ist. Tritt keine Änderung ein (zB fehlende Angabe des Nettodarlehensbetrags, Art. 247 § 3 Abs. 2 Satz 2 EGBGB), braucht keine neue Abschrift nach § 494 Abs. 7 zur Verfügung gestellt zu werden. Die fehlende Angabe ist vielmehr auf einem dauerhaften Datenträger (§ 126b Satz 2) nachzureichen, wie § 492 Abs. 6 Satz 1 bestimmt, während die übrigen Angaben in der Vertragsurkunde nach § 356b Abs. 1 enthalten sind (Rn 140). Wenn der Verbraucher beides hat, Urkunde und im gegebenen Falle nachgeholte Angaben auf einem dauerhaften Datenträger, beginnt die Widerrufsfrist von einem Monat (§ 492 Abs. 6 Satz 3). Ist der Vertrag formnichtig und tritt keine Heilung ein, gibt es keine Nachholung. Bei **Immobiliar-Verbraucherdarlehensverträgen** kommt es gem. § 356b Abs. 2 Satz 2 auf die Art der Insuffizienz an. Ist die Unterrichtung über das Widerrufsrecht nach Art. 247 § 6 Abs. 2 EGBGB ordnungsgemäß, wird die Widerrufsfrist bereits dann in Gang gesetzt, wenn der Heilungstatbestand erfüllt ist und nicht erst durch die Vertragsabschrift nach § 494 Abs. 7. War aber die Widerrufsinformation insuffizient, beginnt die Widerrufsfrist in gleicher Weise wie bei Allgemeindarlehensverträgen.

In den Fällen fehlender Angaben nach Art. 247 §§ 7 oder 8 EGBGB ist der Kreditvertrag wirksam (Rn 315). Art. 247 § 8 EGBGB befasst sich mit Zusatzleistungen, zB einem Kontoführungsvertrag; fehlt die Angabe, heißt das nichts anderes, als dass es hierzu keine formgerechte Vereinbarung gibt und deshalb eine Nachholung ausgeschlossen ist[42]. Das Gleiche gilt bei Allgemein-Verbraucherdarlehensverträgen für Sicherheiten und Versicherungen (§ 7 Abs. 1 Nr. 2 EGBGB): Es besteht gem. § 494 Abs. 6 Satz 2, 1. HS kein Anspruch, sodass nichts nachzuholen ist, ebenso wenig hinsichtlich einer Vorfälligkeitsentschädigung (Art. 247 § 7 Abs. 1 Nr. 3, resp. § 7 Abs. 2 Nr. 1 EGBGB, § 502 Abs. 2 Nr. 2, vgl Rn 351). Nachholbar dagegen sind die Angaben nach § 7 Abs. 1 Nr. 1 EGBGB (Notarkosten) und Nr. 4 (außergerichtliche Verfahren), § 492 Abs. 6 Satz 3 ist anwendbar: Die Monatsfrist beginnt mit Erhalt der Vertragsurkunde nebst nachgeholter Angaben auf einem dauerhaften Datenträger.

320

ee) Falsch angegebener effektiver Jahreszins. Besonders unangenehme Folgen hat es für den Darlehensgeber nach § 494 Abs. 3, wenn der effektive Jahreszins zwar angeben worden war, aber falsch, nämlich zu niedrig. Dadurch erscheint das vertraglich vereinbarte Darlehen im Marktvergleich günstiger als es ist, während die Vertragswirksamkeit nicht gehindert ist, da die Angabe nicht fehlt, sondern eben falsch ist (Rn 316). Folge der Falschangabe ist, dass der von den Parteien vereinbarte Zins (Soll-, Vertragszins) um die Differenz zwischen richtigem und falschem Effektivzinssatz vermindert wird, also nicht lediglich um die relative Abweichung. Wird also zB der effektive Jahreszins versehentlich statt mit 18,5% mit 8,5% angegeben, ist der Sollzinssatz um 10% zu vermindern, zB von 11,5% auf 1,5%, dh unterhalb des Zinssatzes von 4% nach § 246[43], ja, es könnte sich nach Lage des Einzelfalls sogar ein Negativzins ergeben. Man mag sich fragen, ob das vom Gesetzgeber Gesagte und

321

---

42   BR-Drucks. 157/10, S. 21.
43   Berechnungsbeispiele bei *Brinkmann* BB 1991, 1947.

das von ihm Gewollte in Einklang stehen[44] und das Gesetz vielleicht gegen seinen Wortlaut anzuwenden ist[45].

f) Vollmacht und Blankoerklärung

322 Das Informationsmodell funktioniert nur, wenn es der Verbraucher als Vertragspartei selbst ist, der die Informationen erhält. Das wäre nicht der Fall, wenn der Verbraucher formlos Vollmacht erteilen könnte und die Informationen nur an den Vertreter flössen. Eben dies aber folgt aus § 167 Abs. 2, wonach die Erteilung der Vollmacht nicht der Form des abzuschließenden Geschäfts, hier des Verbraucherdarlehensvertrags nach § 492, bedarf. Allerdings erscheint zur Wahrung des Informationsmodells eine restriktive Anwendung von § 167 Abs. 2 geboten, wie es ähnlich auch im Falle von Vollmachten für Grundstücksgeschäfte waltet (Anwendung von § 311b Abs. 1 – notarielle Beurkundung – auf bestimmte Fälle der Vollmachtserteilung[46]). Diesen Weg war der BGH für Verbrauchervollmachten jedoch nicht gegangen[47], sodass im Zuge der Schuldrechtsmodernisierung die Diskussion durch den in § 492 Abs. 4 liegenden Federstrich des Gesetzgebers beendet wurde: Die Vollmacht unterliegt vollständig der Form für den Verbraucherdarlehensvertrag. Bei Missachtung dieser Form ist der Vertreter in Wahrheit **falsus procurator iSv § 177**. Empfängt der Verbraucher aber trotz Unwirksamkeit des Darlehensvertrags aufgrund formwidriger Vollmacht das Darlehen selbst, tritt Heilung nach § 494 Abs. 2 (Rn 317) ein. Darin ist im Allgemeinen keine Genehmigung nach § 177 Abs. 1 zu sehen[48], die zur Wirksamkeit in vollem Umfang und nicht nur nach Maßgabe von § 494 Abs. 2 Sätze 2 bis 5 führen würde. Auf Finanzierungshilfen ist § 492 Abs. 4 nicht anwendbar, wie § 506 Abs. 1 Satz 1 bestimmt (Rn 370).

323 Jenseits des Formverstoßes nach § 492 Abs. 4 kann sich die Nichtigkeit der Vollmacht aus anderen Gründen ergeben. Im Zuge von finanzierten Kapitalanlagen kommt es vor, dass ein Verbraucher mit dem Initiator und Betreiber einen umfassenden Geschäftsbesorgungsvertrag nach § 675 Abs. 1 abschließt und im Verlauf dessen auch Vollmacht ua zum Abschluss des Finanzierungsvertrags erteilt[49]. Oft liegt in der Geschäftsbesorgung zugleich eine Rechtsdienstleistung, zu welcher der Betreiber nicht befugt ist, sodass der Geschäftsbesorgungsvertrag gegen § 3 RDG verstößt und gem. § 134 nichtig ist[50]. Die Nichtigkeit ergreift auch die Vollmacht mit der Folge, dass der Betreiber **falsus procurator** ist und der Verbraucher nicht Partei des dennoch abgeschlossenen Verbraucherdarlehensvertrags wird. Er kann gem. § 177 genehmigen, wobei richtiger-, aber umstrittenerweise auch diese Genehmigung trotz

---

44 Verneinend *Rüßmann* in: FS Jahr 1993, S. 367.
45 Abl. *Bülow/Artz* Verbraucherkreditrecht, § 494 BGB Rn 88 und *Danwerth* WM 2015, 1604 (1610).
46 BGH NJW 1979, 2306.
47 BGHZ 147, 262 = NJW 2001, 1931 mit Bspr. *Emmerich* JuS 2001, 916; BGH NJW 2001, 3479, auch nicht im Falle der Zustimmung, § 182 Abs. 2 BGB, NJW 1998, 1484.
48 So allerdings BT-Drucks. 14/7052, S. 202.
49 Nach *Schreindorfer* Verbraucherschutz und Stellvertretung, 2011, S. 298 (308) setzt die Anwendung verbraucherdarlehensrechtlicher Vorschriften allerdings auch die Verbrauchereigenschaft des Vertreters voraus, sodass der Verbraucher als Darlehensnehmer nicht in den Genuss dieser Vorschriften kommt.
50 Abgrenzung BGH NJW 2006, 2980 und NJW-RR 2006, 1182.

der Vorschrift von § 182 Abs. 2 BGB formbedürftig ist. Wird dem Darlehensgeber allerdings eine Vollmachtsurkunde vorgelegt, kommt eine Rechtsscheinzurechnung auf den Verbraucher nach § 172 in Betracht, wenn der Darlehensgeber nach Maßgabe von § 173 redlich ist[51]. Dagegen scheidet eine Heilung nach § 494 Abs. 2 aus, weil sich die Nichtigkeit nicht aus einem verbraucherkreditrechtlichen Formverstoß, sondern aus Gesetzwidrigkeit ergibt.

Das Informationsmodell würde auch versagen, wenn zwar die Form nach §§ 126, 492 Abs. 1 Satz 1–4 gewahrt ist, der Verbraucher seine Unterschrift aber unter ein leeres Blatt Papier gesetzt hatte und der Vertragstext nachträglich vom Unternehmer ergänzt wurde. Eine derartige **Blankounterschrift** wahrt zwar im Allgemeinen die Form, aber nicht im Besonderen, wo die Form Warn- und Informationsfunktion hat[52]: Der mittels Blankounterschrift des Verbrauchers errichtete Verbraucherdarlehensvertrag ist gem. §§ 125, 494 Abs. 1 nichtig. **324**

g) Sicherungsgeschäfte

aa) Schuldbeitritt. Problematisch ist, ob das Informationsmodell, gleichermaßen das Vertragslösungsmodell, auch auf Sicherungsgeschäfte anwendbar ist, mit denen sich ein Verbraucher für die Erfüllung der Ansprüche aus dem Darlehensvertrag nach § 488 Abs. 1 Satz 2 einzustehen verpflichtet, zB durch einen Schuldbeitritt, eine Bürgschaft oder einen obligatorischen Sicherungsvertrag zur Bestellung einer Hypothek oder Grundschuld (Rn 326). Der Verbraucher als Sicherungsgeber ist den Risiken des Geschäfts vollständig und ebenso wie der Darlehensnehmer selbst ausgesetzt, ohne aber in den Genuss der Vorteile zu kommen; die Ungleichgewichtslage dürfte noch eher der Typik entsprechen als beim darlehensnehmenden Verbraucher. Deshalb fragt sich, ob die verbraucherprivatrechtlichen Sondervorschriften auf ein Sicherungsgeschäft entsprechend anzuwenden sind. Diese Frage dürfte für ein in einer **Haustür- (Außergeschäftsraum-) Situation** zustande gekommenes Sicherungsgeschäft bejaht und ein Widerrufsrecht nach § 312g Abs. 1 angenommen werden können[53], wenngleich es sich nicht um eine entgeltliche Leistung des Unternehmers iSv. § 312 Abs. 1 (Rn 86), sondern umgekehrt um eine Leistung des Verbrauchers als Interzessionar handelt. Jedoch liegt diese Problematik außerhalb des harmonisierten Bereichs der VerbrRechteRiL (näher Rn 224 sowie 439). Dies gilt richtigerweise auch dann, wenn nur der Sicherungsgeber und nicht auch der Darlehensnehmer Verbraucher ist[54]. Die Anwendbarkeit **verbraucherkreditrechtlicher** Vorschriften ist nach **325**

---

51 BGH NJW 2006, 1957 Tz. 30; NJW 2008, 1585 Tz. 29.
52 BGH WM 1996, 762 für Blankobürgschaft nach § 766 BGB.
53 EuGH NJW 1998, 1295 „*Dietzinger*"; die entgeltliche Leistung ist diejenige an den Hauptschuldner, die sich mittelbar beim Interzessionar auswirkt – diese Konstellation befindet sich außerhalb des harmonisierten Bereichs (o. Rn 46) der VerbrRechteRiL, was *v. Loewenich* NJW 2014, 1409 (1411) verkennt; wie hier *Schürnbrand* WM 2014, 1157 (1160 f), MK/*Wendehorst* § 312 BGB Rn. 22, im Kern auch *Maume* NJW 2016, 1041.
54 **Einzelbetrachtung**, BGHZ 133, 71 = NJW 1996, 2156 und NJW 2006, 845 Tz. 13 mit Anm. *Bülow* LMK 2006, 171869 – XI. Zivilsenat –, insoweit aA IX. Zivilsenat, BGHZ 139, 21 und OLG Frankfurt ZGS 2006, 398: **Gesamtbetrachtung**; BGH NJW 1996, 55 für Verpflichtung zur Grundschuldbestellung, s. auch Rn 224.

höchstrichterlicher Rechtsprechung dagegen von der Art des Sicherungsgeschäfts abhängig. Der Tradition des Abzahlungsgesetzes als Vorgängerregelung zum Verbraucherkreditrecht folgend wird eine entsprechende Anwendung für einen Schuldbeitritt des Verbrauchers bejaht, durch den eine Sicherungsgesamtschuld begründet wird. Dadurch übernimmt der Verbraucher als Sicherungsgeber die zwischen dem Darlehensgeber und dem Darlehensnehmer bestehende Schuld kumulativ und gesamtschuldnerisch nach § 421 neben dem Darlehensnehmer im Valutaverhältnis, falls der Darlehensnehmer nicht leistet; der Verpflichtungstatbestand hierfür findet unter Darlehensgeber und Sicherungsgeber im Außenverhältnis statt, in welchem ein Schuldbeitrittsvertrag abgeschlossen wird. Dieser **Schuldbeitrittsvertrag** ist form- und informationsgebunden und richtiger-, aber umstrittenerweise entsprechend §§ 495, 355 durch den Sicherungsgeber, wenn er zugleich Verbraucher ist, widerruflich[55]. Entsprechendes gilt für den gesetzlichen Schuldbeitritt kraft Schlüsselgewalt nach § 1357[56].

326   **bb) Bürgschaft und Sicherungsvertrag.**   Umstritten ist, ob auch die Bürgschaft eines Verbrauchers für ein Darlehen des Hauptschuldners ebenso wie ein Schuldbeitritt zugleich Verbraucherkreditgeschäft ist. Beide Personalsicherheiten weisen unterschiedliche dogmatische Strukturen auf, da der Bürge eine eigene, mit der Hauptverbindlichkeit akzessorisch verknüpfte Schuld im Außenverhältnis mit dem Gläubiger nach § 765 eingeht[57], während durch den Schuldbeitritt das Valutaverhältnis zwischen Gläubiger und Schuldner durch gesamtschuldnerische (§§ 421 ff) kumulative Übernahme der Verbindlichkeit durch den Sicherungsgeber erweitert wird, die Einstandspflicht also dort im Valutaverhältnis und nicht im Außenverhältnis begründet ist, ohne dass dadurch nennenswerte Unterschiede in den Haftungsrisiken begründet würden[58]. Für die Frage, ob das verbraucherprivatrechtliche Informationsmodell und das Lösungsrecht vom Vertrag walten sollten, kommt es richtigerweise auf die Willenserklärung des Verbrauchers an, mit der er seine Einstandspflicht begründet, wie diese Einstandspflicht auch dogmatisch gestaltet sein mag. Diese verbraucherprivatrechtlich relevante Willenserklärung liegt im Außenverhältnis unter Verbraucher und Darlehensgeber, beim Schuldbeitritt – in Gestalt des Schuldbeitrittsvertrags, Rn 325 aE – ebenso wie bei der Bürgschaft nach § 765. Deshalb erscheint es richtig, Schuldbeitritt und Bürgschaft gleich zu behandeln[59], sodass der Bürgschaftsvertrag entgegen der Sichtweise des BGH[60] der vollen Form aus § 492 bedarf[61] und gem. § 495 widerruflich ist. Wird das Darlehen an den Hauptschuldner ausgezahlt, tritt aber keine Heilung des Schuldbeitrittsvertrags bzw der Bürgschaft nach § 494 Abs. 2 ein, weil ein Schutz des beitretenden oder bürgenden Verbrauchers vor einer Kondiktionslage (Rn 317) hier keine Rolle spielt; bei Missachtung der Form bleibt es vielmehr bei der Nichtigkeit nach §§ 125, 494 Abs. 1[62], sodass der Darlehensgeber ungesichert bleibt.

---

55 BGHZ 133, 71 und 220; 134, 94 mit Anm. *Bülow* JZ 1997, 471; *Artz* VuR 1997, 227.
56 *Kliffmüller* VuR 1992, 138; informativ *Kaiser* JuS 2013, 146 (150).
57 *Bülow* Kreditsicherheiten, Rn 852.
58 So BGH NJW 1997, 2677.
59 *Bülow* NJW 1996, 2889, *Zöllner* WM 2000, 1; *Canaris* AcP 2000, 273, 356.
60 BGHZ 138, 321 mit abl. Anm. *Bülow* ZIP 1998, 1187.
61 BGH NJW 2000, 3497.
62 BGH WM 1997, 158.

Aus der Sicht des **europäischen Sekundärrechts** mag die Anwendung der Verbrau-   **327**
cherkreditrichtlinie resp. der Verbraucherrechterichtlinie auf Sicherungsgeschäfte,
weil nicht im harmonisierten Bereich befindlich[63] (Rn 45), mit dem EuGH[64] zu verneinen sein. Aber das gilt gleichermaßen für Bürgschaft wie Schuldbeitritt. Wo der
harmonisierte Bereich verlassen ist und die Anwendung auf den Schuldbeitritt bejaht
wird, erscheint auch die Anwendung auf die Bürgschaft unerlässlich.

Folgerichtigerweise wäre die verbraucherkreditrechtliche Behandlung von Siche-   **328**
rungsgeschäften nicht auf Personalsicherheiten beschränkt, sondern auch auf **Siche-**
rungsverträge zu erstrecken[65], mit denen sich ein Verbraucher verpflichtet, ein
Grundpfandrecht zu bestellen oder eine Sache zu übereignen oder eine Forderung
zur Sicherung der Verbindlichkeit des Hauptschuldners gegenüber dem Gläubiger
abzutreten.

4. Widerrufsrecht und Bedenkzeit

Aus der Tradition schon von § 1b AbzG heraus, durch Art. 14 VerbrKr-Richtlinie vor-   **329**
gegeben und mit Art. 14 Abs. 6 WohnimmoRiL in Einklang bestimmt § 495 Abs. 1
das Widerrufsrecht nach § 355 (Rn 117). Sein Standort im Gefüge des Darlehensvertrags unterscheidet sich deutlich von Widerrufsrechten in anderen Verbraucherverträgen. Während dort nämlich die Ausübung des Widerrufsrechts mit einer Widerrufsbelehrung verknüpft ist, die außerhalb des Vertragsabschlusstatbestands steht (Rn 143),
gehört bei Darlehensverträgen die Unterrichtung über das Widerrufsrecht zu den
Pflichtangaben im Vertrag nach § 492 Abs. 2 Satz 1, Art. 247 § 6 Abs. 2 EGBGB
(Rn 309). Diese Unterrichtung hat nicht nur Angaben zur Frist und zu den weiteren
Umständen für die Erklärung des Widerrufs nach § 355 Abs. 1 und 2 zu enthalten,
sondern auch zur Rechtsfolge nach § 355 Abs. 3 Satz 1, die in der Rückzahlungsverpflichtung des Verbrauchers und der Zinspflicht nach § 357a Abs. 3 Satz 1 (Rn 201)
liegt (Rn 332), wobei gem. Art. 247 § 6 Abs. 2 Satz 2 EGBGB der Zinsbetrag pro Tag
auszurechnen und anzugeben ist. Die Widerrufsfrist beginnt gem. § 356b Abs. 1 erst,
wenn der Darlehensgeber dem Verbraucher als Darlehensnehmer eine Vertragsurkunde (oder ein gleichgestelltes Dokument) zur Verfügung stellt, die alle Pflichtangaben
(also einschließlich der Widerrufsunterrichtung) ordnungsgemäß (inhaltlich richtig
sowie klar und verständlich, Art. 247 § 6 Abs. 1 Satz 1, Eingangssatz EGBGB) enthält. Dem Darlehensgeber steht es frei, das mit Gesetzlichkeitsfiktion ausgestattete
Muster einer Widerrufsinformation für Allgemein-Verbraucherdarlehensverträge nach
Anlage 7 resp. für Immobiliar-Verbraucherdarlehensverträge nach Anlage 8 zum
EGBGB zu verwenden (Rn 145). Für den Fall einer zwar zur Verfügung gestellten,
aber unvollständigen oder aus sonstigen Gründen insuffizienten[66] Vertragsurkunde ist

---

63 Anders noch der Entwurf der Kommission vom 20.4.2004, KOM (2004) 747 = WM 2005, 1194;
    Bülow/Artz WM 2005, 1153 (1155).
64 NJW 2000, 1323 *„Berliner Kindl"* betr. Vorgängerrichtlinie 87/102/EWG (Rn 44), die das Mindest-
    harmonisierungskonzept verwirklicht.
65 AA BGH WM 1997, 663.
66 Gl.A. MK/*Schürnbrand* § 495 BGB Rn 10.

nach der Vertragsart zu unterscheiden: Bei **Allgemein-Verbraucherdarlehensverträgen** beginnt die Widerrufsfrist aufgrund der Insuffizienz nicht (die fehlerhafte Vertragsurkunde führt zwar nicht zur Nichtigkeit, Rn 315, aber sie hindert den Beginn der Widerrufsfrist). Es gibt auch keinen Erlöschenstatbestand (wie zB für Fernabsatzgeschäfte nach § 356 Abs. 3 Satz 2), sodass es zu einem ewigen Widerrufsrecht – allenfalls bis zur restriktiv zu handhabenden Grenze der Verwirkung (Rn 146) – wird; Gleiches gilt für Fernabsatzgeschäfte über Finanzdienstleistungen nach § 356 Abs. 3 Satz 3 für das Widerrufsrecht aus § 312g Abs. 1 (Rn 437). Fehlende oder fehlerhafte Pflichtangaben können aber im Verfahren von § 492 Abs. 6 nachgeholt werden (Rn 319). Wenn der Verbraucher demgemäß die angepasste Vertragsurkunde nach § 494 Abs. 7 oder die nachgeholten Pflichtangaben auf einem dauerhaften Datenträger nebst Vertragsurkunde erhält, beginnt die Widerrufsfrist für den geheilten Vertrag (§ 356b Abs. 3), die sich gem. § 356b Abs. 2 Satz 2 auf einen Monat verlängert. Bei **Immobiliar-Verbraucherdarlehensverträgen** beginnt die Widerrufsfrist trotz Insuffizienz, wenn die Unterrichtung über das Widerrufsrecht ordnungsgemäß ist und die Unvollständigkeit oder Fehlerhaftigkeit an anderer Stelle liegt. Ist aber die Widerrufsinformation insuffizient, beginnt die Widerrufsfrist gem. § 356b Abs. 2 Satz 2 erst mit Nachholung nach § 492 Abs. 6 (Rn 319 aE). Ohne Nachholung erlischt das Widerrufsrecht ein Jahr und 14 Tage nach Vertragsabschluss (§ 356b Abs. 2 Satz 4).

330   Bei Außergeschäftsraum- oder Fernabsatzgeschäften über Finanzdienstleistungen könnten das Widerrufsrecht aus § 495 und dasjenige aus § 312g Abs. 1 konkurrieren. **Vorrang** hat gem. § 312g Abs. 3 das **verbraucherkreditrechtliche Widerrufsrecht** nach § 495 (Rn 195), gleichermaßen bei Kauf von Investmentanteilen außerhalb von Geschäftsräumen dasjenige von § 305 KAGB (Rn 437).

331   Der Beginn der Widerrufsfrist ist zu unterscheiden von der **Entstehung** des Widerrufsrechts, die in der Abgabe der Vertragserklärung des Verbrauchers, zB auch seines Vertragsangebots, liegt. Er kann demgemäß schon vor Beginn der Widerrufsfrist wirksam widerrufen.

332   Weitere Besonderheiten folgen aus § 357a Abs. 1 und 3 sowie § 495 Abs. 2. Nach § 357a Abs. 3 Satz 5 hat der Darlehensgeber einen Aufwendungsersatzanspruch für Entgelte, die er an öffentliche Stellen erbracht hat und nicht zurückverlangen kann, zB Gebühren eines Einwohnermeldeamts. Nach § 357a Abs. 3 Satz 1 ist die empfangene Valuta nach 30 Tagen zurückzugewähren (es ist etwas anderes bestimmt im Hinblick auf § 355 Abs. 2) und gemäß § 357a Abs. 3 Satz 1 bis zur Rückzahlung mit dem vereinbarten Sollzinssatz zu verzinsen, auch wenn der Verbraucher auf dem Markt günstigere Konditionen hätte erlangen können, Art. 14 Abs. 3 lit. b Satz 1 VerbrKrRiL folgend. Das gilt wiederum nicht und der Markt gibt gemäß § 357a Abs. 3 Sätze 2 und 3 Maß, wenn es sich um ein Immobiliar-Darlehen handelt (ebenso § 346 Abs. 2 Satz 2), für das die Verbraucherkreditrichtlinie nicht gilt.

333   Ausnahmsweise besteht kein Widerrufsrecht in den Fällen von § 495 Abs. 2. Erster Fall ist ein Umschuldungsdarlehen, dem eine Kündigung des Darlehensgebers nach § 498 (Rn 343) hätte vorausgehen können, das der Prozessvermeidung dient und das zu einer realen Minderbelastung des Verbrauchers nach Maßgabe von § 495 Abs. 2

Nr. 1 führt, sekundärrechtliche Grundlage ist Art. 2 Abs. 6 der VerbrKrRiL. § 495 Abs. 2 Nr. 2 betrifft Verträge, die der notariellen Beurkundung nach § 128 bedürfen; im Darlehensrecht gibt es derzeit solche Verträge freilich nicht. Nach § 495 Abs. 2 Nr. 3 sind Überziehungsdarlehen nach §§ 504 Abs. 2, 505 unwiderruflich, wo der Verbraucher ohnehin berechtigt ist, die Überziehung jederzeit zurückzuführen (siehe auch Rn 313a). Für Immobiliar-Darlehen wird das ausgeschlossene Widerrufsrecht durch die Einräumung einer **Bedenkzeit** von sieben Tagen kompensiert, während der die Bindung des Darlehensgebers an sein Angebot bestehen bleibt; es handelt sich um eine Annahmefrist nach § 148. Das Angebot erlischt nach Fristablauf.

5. Besondere Gestaltung des Schuldverhältnisses

Neben Information und Vertragslösung wendet das Gesetz im Verbraucherkreditrecht **334** das Kompensationsmodell besonderer verbraucherprivatrechtlicher Ausgestaltung des Schuldverhältnisses an (Rn 34). Sie bezieht sich auf den Verzug des Verbrauchers, auf Kündigungsrechte sowie auf Besonderheiten bei der Abtretung und im Wertpapierrecht.

a) Verbraucherverzug (§§ 497, 498)

Ohne Vorgabe der Verbraucherkreditrichtlinie und außerhalb von deren harmonisier- **335** tem Bereich gestaltet das Gesetz den Verbraucherverzug in besonderer Weise. Der Verzug setzt einen in der Vergangenheit abgeschlossenen Vertrag voraus, sodass die Kompensation von Paritätsstörungen nicht das Regelungsziel sein kann. Es liegt vielmehr in der Milderung derjenigen Rechtsfolgen, die der Verzug, also die vom Verbraucher zu vertretende (§ 286 Abs. 4) Leistungsstörung, hervorbringt, und damit im Schutz des leistungsschwachen Verbrauchers. Die Vorschriften haben ihren Ursprung teils im früheren Abzahlungsrecht (§ 4 Abs. 2 AbzG, Gesamtfälligkeit), teils in der Diskussion über den „modernen Schuldturm" (Rn 341), die sich ihrerseits auf die Rechtsprechung zum sittenwidrigen Konsumentenkredit (Rn 6, 24) gründet. Mit dem Konzept und der Rechtsfigur des Verbrauchers nach § 13, der nichts mit dem sozial Schwachen zu tun hat (Rn 6), stehen diese Regelungen nicht im Einklang. Sie begünstigen vielmehr in gleicher Weise auch den sozial Starken, der in dieser Frage dem Unternehmer nach § 14, der durch die Sondervorschriften *vice versa* eine nachteilige Rechtsstellung erlangt, nicht nachzustehen braucht und diesem sogar überlegen sein kann.

aa) Verzugszinsen. Der Schuldner, der nach weiterer Maßgabe von § 286 in Ver- **336** zug gerät, schuldet gem. § 288 Abs. 1 Satz 2 Verzugszinsen in Höhe von 5 Prozentpunkten über dem Basiszinssatz, welcher § 247 und der Festsetzung durch die Europäische Zentralbank zu entnehmen ist und im Bundesanzeiger sowie in den Monatsberichten der Deutschen Bundesbank, Statistischer Teil zu VI. 2. nachzulesen ist. Zu verzinsen ist die Hauptschuld; Vertragszinsen sind gem. § 248 Abs. 1 ihrerseits nicht verzinslich (Zinseszinsverbot, gem. § 289 Satz 1 sind hierauf auch keine Verzugszinsen als gesetzliche Zinsen zu entrichten).

337   Von diesen, im Allgemeinen geltenden Grundregeln macht § 497 Abs. 1 Satz 1 zunächst eine Ausnahme **zu Lasten des Verbrauchers**. Referenzbetrag der Zinsen ist
danach nämlich der geschuldete Betrag. Im häufig vorkommenden Fall eines Raten-
darlehens ist geschuldeter Betrag die jeweils fällige Rate. Eine solche Rate setzt sich
zusammen aus einem Tilgungsanteil und einem Zinsanteil, die sich – anders als im
Falle eines sog. Annuitätendarlehens – nicht ändern, also in jeder Rate gleich bleiben[67]. Verzugszinsen sind in Abweichung von § 289 Satz 1 auch auf diesen Zinsanteil zu leisten, gleichermaßen bei einem Annuitätendarlehen, wo die Zinsanteile
gemäß der jeweils noch nicht getilgten Hauptschuld veränderlich sind.

338   Die Verzinsung aufgrund Verzugs stellt eine besondere Art der abstrakten Schadens-
berechnung dar, wie sie für den allgemeineren Fall auch der Regelung von § 252
Satz 2 zu Grunde liegt. Der Schuldner kann gegenüber dem Gläubiger, der den Schaden abstrakt berechnet, im Allgemeinen nicht einwenden, der konkrete Schaden sei
geringer. Der Verbraucher als Verzugsschuldner kann es im Besonderen aber nach
§ 497 Abs. 1 Satz 2, nämlich nachweisen, dass der konkrete Schaden des Darlehensgebers niedriger ist. Auf der anderen Seite ist der Darlehensgeber an den Verzugszinssatz nach § 288 Abs. 1 nicht gebunden und kann gem. §§ 288 Abs. 4, 497 Abs. 1
Satz 2 nachweisen, dass sein wirklich entstandener Schaden höher ist.

339   Hatten die Parteien einen **Immobiliardarlehensvertrag** iSv § 491 Abs. 3 Satz 1 abgeschlossen, beträgt der Zinssatz gem. § 497 Abs. 4 nur 2,5% über dem Basiszins-
satz, was seinen Grund in den Besonderheiten der Refinanzierung im Realkredit-
geschäft hat (Rn 301). Analysiert man die dortigen Gegebenheiten[68], kommt man
allerdings zu dem Ergebnis, dass auch der Satz von 2,5% eher zu hoch liegt, also
dem Realdarlehensgeber mehr zuerkennt, als er durch den Verzug des Verbrauchers
einbüßt.

340   Um die ordnungsgemäße Abrechnung hinsichtlich Sollzinsen einerseits und Verzugszinsen andererseits zu fördern, bestimmt § 497 Abs. 2 Satz 1, dass getrennte Konten
zu führen sind und nicht verrechnet werden darf[69]. Wenn der Verbraucher auch mit
dem geschuldeten Verzugszins in Verzug gerät, gilt insoweit gemäß § 289 Satz 1
ebenfalls das Zinseszinsverbot. Aber auch hinsichtlich dieser nicht gezahlten Verzugszinsen hat der Gläubiger Anspruch auf Ersatz seines Verzugsschadens gemäß
§§ 288 Abs. 4, 289 Satz 2. Der nach Maßgabe von § 252 Satz 2 zu berechnende
Schaden kann bei einer Bank darin liegen, dass sie wegen des vorenthaltenen Betrags
der Verzugszinsen mit einem Dritten einen Darlehensvertrag hätte abschließen und
hierfür die marktüblichen Vertragszinsen verlangen können[70]; letztendlich kommen
auf den Verzugsschuldner dadurch der Sache nach doch Zinseszinsen in Höhe des
Marktzinses zu. Das aber verhindert § 497 Abs. 2 Satz 2. Dieser Schaden kann gegenüber einem Verbraucher nämlich nur bis zum gesetzlichen Zinssatz (§ 246) von

---

67 BGHZ 91, 55 (58) = NJW 1984, 2161.
68 So *Reifner* ZBB 2001, 193 (199), gegenteilig aber *Bruchner* FS Kümpel 2003, S. 65 (73 f).
69 Einzelheiten *Bülow/Artz* Verbraucherkreditrecht, § 497 BGB Rn 59.
70 BGHZ 104, 337 (344); 62, 103.

4% liquidiert werden. Bei den allgemeinen Regeln bleibt es im Falle eines Immobiliardarlehensvertrags (§ 497 Abs. 4 Satz 2).

bb) Tilgungsverrechnung 341

(1) Die Schuldturmproblematik. Der sozial schwache Schuldner, den das Gesetz mit der Regelung von § 497 im Auge hat, kann als Folge des Verzugs in eine Schuldenfalle geraten, die ihren Grund in der Tilgungsverrechnungsregel von § 367 Abs. 1 hat. Diese Vorschrift befasst sich mit einer Teilleistung des Schuldners, also einer zur Tilgung der ganzen Schuld nicht ausreichenden Leistung. Sie kommt namentlich dann vor, wenn der Gläubiger seinen Anspruch tituliert hatte und im Wege der Lohnpfändung nach §§ 850 ff ZPO der jeweils pfändungsfreie Betrag des Arbeitsentgelts an den Gläubiger fließt. Solche Teilleistungen auf die Schuld werden nach § 367 Abs. 1 in der Reihenfolge Kosten – Zinsen – Hauptleistung angerechnet. Im Falle eines Darlehens beginnt dessen Tilgung also erst dann, wenn Zinsen und Kosten bezahlt sind. Wenn der Betrag der Lohnpfändung also gerade ausreicht, um Kosten und Zinsen abzudecken, bleibt der geschuldete Betrag des Darlehens unangetastet und bringt außerdem immer wieder neue Zinsen und Kosten hervor. Es kann deshalb der Fall eintreten, dass der Schuldner Monat für Monat den pfändungsfreien Betrag an den Gläubiger abführt und trotzdem auf dem vollen Darlehensbetrag sitzen bleibt. Das kann bis zum Lebensende des Schuldners gehen (vgl § 212 Abs. 1 Nr. 2 BGB). Man spricht vom „modernen Schuldturm"[71]. Hieraus versucht ihn die Regelung von § 497 Abs. 3 Satz 1 zu befreien[72], indem die Tilgungsreihenfolge Kosten – geschuldeter Betrag – Zinsen bestimmt wird, wenn Verzugsschuldner ein Verbraucher ist. Der Schuldner hat dadurch die Chance, mit Teilzahlungen (die der Gläubiger entgegen § 266 nicht zurückweisen darf, § 497 Abs. 3 Satz 2) nach Begleichung von Kosten den Darlehensbetrag selbst zu tilgen und der Entstehung immer neuer Zinsen entgegenzuwirken. Damit der Darlehensgeber andererseits nicht zusehen muss, dass der stehen bleibende Darlehensbetrag und der Zinsbetrag verjähren, tritt Hemmung nach näherer Maßgabe von § 497 Abs. 3 Satz 3 ein[73]. Letzteres gilt auch für Immobiliardarlehensverträge, wie sich aus § 497 Abs. 4 Satz 2 ergibt.

(2) Anwendungsprobleme im Falle der Titulierung. Das besondere Tilgungsver- 342
rechnungsmodell gilt nach § 497 Abs. 3 Satz 5 nicht, wenn der Verbraucher auf einen Vollstreckungstitel (§§ 704, 794 ZPO) leistet, dessen Hauptforderung auf Zinsen lautet. Voraussetzung ist also, dass die Zinsen nicht lediglich Nebenforderungen sind, also isoliert und nicht zusammen mit der Hauptforderung tituliert worden waren. Der Sinn dieser Regelung liegt darin, Einklang zwischen materiellem Recht und Vollstreckungsrecht herzustellen. Wenn nämlich das Darlehen selbst noch nicht getilgt ist, dürfte aus dem isolierten Zinstitel wegen der in § 497 Abs. 3 Satz 1 bestimmten Tilgungsreihenfolge nicht vollstreckt werden; auf das Darlehen könnte andererseits

---

71 *De With/Noack* ZRP 1984, 1 unter Verweis auf *Rolf Bender* Vors. Richter des 6. Zivilsenats am OLG Stuttgart, der das Problembewusstsein zum sittenwidrigen Konsumentenkredit maßgeblich gefördert hat.
72 *Bülow* WM 1992, 1009.
73 Im Einzelnen *Bülow/Artz* Verbraucherkreditrecht, § 497 BGB Rn 68 ff; BGH NJW 2010, 2940.

nicht vollstreckt werden, weil der Titel allein auf Zinsen lautet. Deshalb bleibt es in diesem Fall bei § 367 Abs. 1[74]. Allerdings sind die Kollisionsprobleme mit der auf isolierte Zinstitel beschränkten Regelung von § 497 Abs. 3 Satz 5 nicht gelöst. Der Gläubiger kann auch den alltäglichen Weg beschritten haben, eine einzige rückständige Rate nebst Verzugszinsen zu titulieren. Hier sind die Zinsen nicht Hauptforderung, sondern Nebenforderung, sodass es bei § 497 Abs. 3 Satz 1 bliebe. Die als Nebenforderung titulierten Zinsen dürften also nicht vollstreckt werden, solange die Hauptforderung, das Darlehen, nicht vollständig getilgt ist. Dies ist wiederum eine Frage, die allenfalls im Erkenntnisverfahren, aber nicht im Vollstreckungsverfahren geklärt werden kann. Vielmehr gilt der vollstreckungsrechtliche Grundsatz, dass nur titelgemäß vollstreckt werden darf[75]. Die richtige Lösung des Konflikts zwischen Vollstreckungsrecht und materiellem Verbraucherprivatrecht dürfte darin liegen, von einem Verbot der Titulierung von Verzugszinsen auszugehen, bis die gesamte Hauptforderung getilgt ist[76], was dogmatische Unzulänglichkeiten nicht beseitigt: So müsste der Gläubiger, um einen solchen Zinstitel zu erlangen, vortragen und gegebenenfalls beweisen, dass die Hauptforderung (der geschuldete Betrag nach § 497 Abs. 1) erloschen ist. Der Gläubiger und nicht der Schuldner trüge also die Beweislast für die rechtsvernichtende Einwendung der Erfüllung nach § 362 BGB[77] (was dem Gläubiger aufgrund seiner Kontounterlagen freilich leicht fiele). Angesichts nicht wegzudiskutierender Realitäten bis hin zur Verelendung von Verbrauchern, die sich in den „modernen Schuldturm" gebracht hatten, erscheint dieser Bruch in der Dogmatik aber hinnehmbar.

343 **cc) Gesamtfälligkeit.** Der Verzug geht oft drohender Insolvenz voraus, die der Darlehensgeber nicht abwarten möchte. Deshalb wird in Darlehensverträgen häufig vereinbart, dass der Darlehensgeber bei Verzug des Darlehensnehmers mit Rückzahlungsraten das Darlehen vorzeitig kündigen kann. Dadurch wird das gesamte Restdarlehen zur Rückzahlung fällig. Dem unternehmerischen Darlehensgeber gewährt das Gesetz durch § 498 ein solches Kündigungsrecht gegenüber einem Verbraucher, sodass es einer Vereinbarung darüber nicht bedarf. Allerdings kann der Darlehensgeber nur unter besonderen, neben den Verzug tretenden Voraussetzungen kündigen, die für Immobiliardarlehensverträge (Rn 301) in modifizierter Form gelten (§ 498 Abs. 2) und natürlich nicht bei Festkrediten (Rn 296a). Die Voraussetzungen richten sich nach der Anzahl der Raten, mit denen der Verbraucher in Verzug ist, nach ihrem Verhältnis zum Gesamtdarlehen und nach vorheriger Erklärung des Darlehensgebers, außerdem nach einem Gesprächsangebot.

344 Für die Kündigung genügt nicht der Verzug mit einer einzigen Rückzahlungsrate und auch nicht mehreren Raten schlechthin, sondern nur der Verzug mit **zwei aufeinan-**

---

74 Hierdurch reagierte der Gesetzgeber auf die brillante Analyse von *J. Braun* DGVZ 1990, 129 und WM 1990, 1359.
75 *Braun* WM 1991, 165 und 1325; *Aleth* Die Geltendmachung und Beitreibung von Verzugszinsen aus Verbraucherkrediten, 1994, insbes. S. 134.
76 *Münzberg* WM 1991, 170, ihm folgend MK/*Schürnbrand* § 497 BGB Rn 42; Erman/*Nietsch* § 497 Rn 51.
77 „Etwas ganz Unerhörtes", *Braun* WM 1991, 1325 (1327).

derfolgenden Raten (§ 498 Abs. 1 Nr. 1 lit a); setzt der Verbraucher also mit jeder zweiten Rate aus, braucht er Gesamtfälligkeit nicht zu fürchten (wohl aber die Verzugsfolgen nach § 497 Abs. 1). Andererseits genügt ein Teilverzug mit den Raten. Die rückständigen Raten müssen zusammen einen Mindestanteil am Gesamtdarlehen ausmachen, der sich nach näherer Maßgabe von § 498 Abs. 1 Satz 1 Nr. 1 lit b nach der Laufzeit richtet (für Immobiliardarlehensverträge nach § 498 Abs. 2). Für die Bezifferung des Gesamtdarlehens gibt der **Nennbetrag** Maß; es handelt sich nicht um den Gesamtbetrag nach Art. 247 § 3 Abs. 2 Satz 1 EGBGB (Rn 309), sondern um den Nettodarlehensbetrag zuzüglich mitfinanzierter Einmalkosten[78], also ohne die Vertrags-(Soll-)zinsen.

Nächste Voraussetzung des Kündigungsrechts ist, dass der Darlehensgeber den **Verbraucher vorgewarnt** hatte. Nach Abs. 1 Nr. 2 hat der Darlehensgeber eine Nachfrist von zwei Wochen[79] zu setzen, verbunden mit der Erklärung, nach fruchtlosem Ablauf die gesamte Restschuld, die in richtiger Höhe anzugeben ist[80], zu fordern; diese Erklärung dürfte wegen ihrer Gestaltungswirkung als Willenserklärung und nicht nur als geschäftsähnliche Handlung, ebenso wie im gleichgelagerten Fall von §§ 281 Abs. 1 Satz 1, 323 Abs. 1, anzusehen sein[81].   **345**

Leistet der Verbraucher den rückständigen Betrag vollständig[82] innerhalb der Nachfrist, ist das Darlehensverhältnis wie vereinbart fortzusetzen. Andernfalls kann der Darlehensgeber die Kündigung erklären, welche die Gesamtfälligkeit auslöst, bei Gesamtschuldnern jedem Einzelnen gegenüber[83]. Nicht Voraussetzung der wirksamen Kündigung ist das Gesprächsangebot nach § 498 Abs. 1 Satz 2. Jedoch kann seine schuldhafte Unterlassung Schadensersatzansprüche aus Pflichtverletzung (§ 280) begründen.   **346**

b) Kündigungsrechte und vorzeitige Erfüllung

Besondere verbraucherkreditrechtliche Kündigungsrechte sind den Regelungen von §§ 499 bis 502 zu entnehmen, hinzu kommen die allgemeinen Vorschriften der §§ 313, 314, 489 und 490 BGB.   **347**

aa) Der Darlehensgeber als **Gläubiger** hat neben dem verzugsbedingten Kündigungsrecht aus § 498 die Möglichkeit, sich gem § 499 Abs. 1 bei unbefristeten Darlehensverträgen ein Kündigungsrecht auszubedingen, das statt der Kündigungsfrist von § 488 Abs. 3 Satz 2 (drei Monate) eine solche von zwei Monaten vorsieht. Außerdem kann er sich nach § 499 Abs. 2 das besondere Leistungsverweigerungsrecht aus sachlichem Grund (zB Finanzierung von Straftaten) ausbedingen; das Leistungsverweigerungsrecht nach § 321 bleibt unberührt. § 499 ist nur eingeschränkt anwendbar bei Überziehungsdarlehen nach §§ 504, 505, und Abs. 1 und 2 gelten nicht für Immobi-   **347a**

---

78 BGH WM 2014, 2261.
79 Nicht lediglich angemessene Frist wie gem. §§ 281, 323 BGB, BGH NJW 2015, 2564 mit Bspr. *Riehm* JuS 2015, 1121; BGH NJW 2016, 3654 Rn 27 mit Bspr. *M. Schwab* JuS 2017, 67.
80 BGH WM 2005, 459; 2007, 440 Rn 23; OLG Karlsruhe VuR 2014, 142.
81 Str., aA MK/*Ernst* § 281 BGB Rn 22.
82 Arg. § 543 Abs. 2 Satz 2; BGH WM 2005, 459.
83 BGHZ 144, 370 und 380.

liardarlehen. Daneben ist der Gläubiger zur Kündigung berechtigt aus wichtigem Grund nach § 314 oder bei Störung der Geschäftsgrundlage nach § 313 Abs. 3 Satz 2 sowie in den Fällen von § 490 Abs. 1 (Verschlechterung der Vermögensverhältnisse des Darlehensnehmers oder der Werthaltigkeit von Sicherheiten[84]). Die Kündigung kann nach näherer Maßgabe von § 499 Abs. 3 nicht auf Mängel der Kreditwürdigkeitsprüfung (Rn 307) gestützt werden.

348 **bb)** Der **Verbraucher** hat, in Vollzug von Art. 16 Abs. 1 VerbrKredit-Richtlinie, gemäß § 500 Abs. 1 bei unbefristeten Verträgen (unbestimmte Laufzeit) abweichend von § 488 Abs. 3 Satz 2 (drei Monate) ein gesetzliches Recht zur fristlosen Kündigung, eine Kündigungsfrist bis zu einem Monat kann vereinbart werden. Gem. § 500 Abs. 2 hat er außerdem – auch bei Verträgen mit bestimmter Laufzeit – das Recht zur **vorzeitigen Erfüllung**. Es kann nämlich vorkommen, dass der Verbraucher am Darlehensvertrag nicht mehr festhalten und das Darlehen früher als bei Vertragsschluss geplant zurückführen möchte, also gerade kein Verbraucherverzug in Rede steht, aber auch kein Widerruf nach § 495 erklärt worden war und wegen Fristablaufs nicht mehr erklärt werden kann. Bei Immobiliar-Verbraucherdarlehensverträgen ist das Recht zur vorzeitigen Erfüllung nach Maßgabe von § 500 Abs. 2 Satz 2 relativiert (berechtigtes Interesse des Darlehensnehmers).

349 Im Falle von Darlehensverträgen mit variablen Konditionen hat jeder Darlehensnehmer, auch wenn er nicht Verbraucher nach § 13 ist, gemäß § 489 Abs. 2 ein gesetzliches Kündigungsrecht mit dreimonatiger Kündigungsfrist. Mit einer solchen Kündigung kann der Darlehensnehmer auf eine Zinserhöhung des Darlehensgebers (vgl § 315) reagieren. In Fällen der Abschnittsfinanzierung (vgl Rn 318) erwächst einem Darlehensnehmer bei deren Ende das Kündigungsrecht aus § 489 Abs. 1 Nr. 1, nach zehn Jahren dasjenige aus § 489 Abs. 1 Nr. 2. Die Kündigungsrechte nach § 489 und nach § 500 Abs. 1 muss der Verbraucher aber auch in tatsächlicher Hinsicht ausüben. Die Verbraucherkündigung wird nämlich gem. § 489 Abs. 3 so behandelt, als sei sie nicht erklärt worden, wenn der Verbraucher die **Valuta** nicht binnen vierzehn Tagen seit Zugang der Kündigungserklärung **zurückzahlt**. Er bleibt andernfalls an den Verbraucherdarlehensvertrag gebunden und schuldet namentlich den Sollzins. Der Verbraucher kann also nicht kündigen und sich wegen seiner Rückzahlungsverpflichtung in Verzug setzen lassen, sodass er den Verzugszinssatz schulden würde (Rn 336).

350 Will der Darlehensnehmer ein grundpfandbelastetes Grundstück anderweitig verwerten, kann er den Darlehensvertrag nach weiterer Maßgabe von § 490 Abs. 2 kündigen[85], außerdem, ebenso wie der Darlehensgeber (Rn 347), nach § 314 oder nach § 313 Abs. 3 Satz 2.

351 **cc)** Rechtsfolgen der vorzeitigen Erfüllung nach § 500 Abs. 2 oder der Kündigung von Darlehensgeber nach §§ 498, 499 oder von Darlehensnehmer nach §§ 489, 490 Abs. 2 oder § 500 Abs. 1 sind die Kostenermäßigung nach § 501 zu Gunsten des Ver-

---

84 OLG Stuttgart ZIP 2017, 1897: keine Exklusivität gegenüber § 498; nicht anwendbar im Falle von: Lohneinbehalts bei Arbeitgeberdarlehen, BAG NJW 2014, 2138 Tz. 20–22; LG Aachen WM 2018, 130 mit Anm. *Bülow* WuB 4/2018.
85 BGH NJW 2004, 1730 mit Anm. *Bülow* LMK 2004, 129.

brauchers und im Falle der vorzeitigen Rückzahlung der Anspruch des Darlehensgebers auf Vorfälligkeitsentschädigung nach § 502, bei Kündigung wegen anderweitiger Verwertung nach § 490 Abs. 2 Satz 3. Eine Kostenermäßigung ergibt sich, wenn der Verbraucher als Darlehensnehmer bereits laufzeitabhängige Kosten (Zinsen, Disagio) für Zeiträume geleistet hatte, die sich auf die Zeit nach dem Ende des Darlehensverhältnisses beziehen. So setzen sich bei einem Ratendarlehen die Raten aus gleichbleibenden Anteilen an Tilgung und Zinsen zusammen, obwohl sich die wirkliche Zinsbelastung mit jeder Tilgung verringert. Am Anfang zahlt der Darlehensnehmer niedrigere, gegen Ende höhere Zinsen, als es der offenen Valuta entspricht. Ergibt die Berechnung, dass der Verbraucher als Darlehensnehmer bereits Zinsen für die Zeit nach dem vorzeitigen Ende geleistet hatte, entsteht ein Erstattungsanspruch, um den der Darlehensrückzahlungsanspruch des Gläubigers nach § 488 Abs. 1 Satz 2 zu kürzen ist. Allerdings kann der Verbraucher eine **Vorfälligkeitsentschädigung** nach § 502 schulden, in der die Kostenermäßigung aufgeht. Diese Entschädigung ist bei Allgemein-Verbraucherdarlehensverträgen gem. § 502 Abs. 3 in der Höhe begrenzt („gedeckelt"), nicht aber bei Immobiliar-Darlehensverträgen, wo der volle sog. Zinsmargenschaden (Differenz zwischen Sollzinsen und Refinanzierungskosten) zuzüglich möglichem Zinsverschlechterungsschaden (Senkung des Zinsniveaus am Markt) liquidiert werden kann[86]. Der Anspruch des Darlehensgebers ist gemäß § 502 Abs. 2 ausgeschlossen in bestimmten Fällen der Versicherungsleistung (zB Forderungsversicherung) oder unzureichenden Angaben über die Berechnung, wie sie gem. Art. 247 § 7 Abs. 1 Nr. 3 resp. Abs. 2 Nr. 1 EGBGB vorgeschrieben sind.

c) Besonderheiten bei der Abtretung (§ 496 Abs. 1)

Forderungen aus Verbraucherdarlehensverträgen sind gemäß § 398 abtretbar mit der Besonderheit, dass der Verbraucher gemäß § 496 Abs. 2 zu unterrichten ist (Rn 313), insoweit die Zession also nicht mehr still ist. Die Forderungen können auch kraft Gesetzes übergehen, zB nach § 774 Abs. 1, wenn ein Bürge für den Verbraucher leistet. Gegenüber dem Zessionar als neuem Gläubiger kann der Schuldner die ihm gegen den Zedenten, also den Darlehensgeber als bisherigem Gläubiger, zustehenden Einwände nach § 404 erheben; nach weiterer Maßgabe von § 406 kann er gegenüber dem Zessionar aufrechnen. Die Regelungen sind dispositiv. Der Schuldner kann darauf durch einseitige Willenserklärung, natürlich auch vertraglich, verzichten. Ist der Schuldner eines Darlehensvertrags aber Verbraucher und der Gläubiger Unternehmer, kann der Verzicht gemäß § 496 Abs. 1 nicht wirksam vereinbart werden. In richtlinienkonformer Auslegung anhand von Art. 22 Abs. 2 VerbrKrRiL dürfte auch ein einseitiger Verzicht des Verbrauchers seine Rechtsstellung gegenüber dem Zessionar nicht schmälern können. Sofern der Schutz des redlichen Schuldners nach §§ 407, 408 nicht ohnehin als zwingend anzusehen ist, dürfte eine analoge Anwendung von § 496 Abs. 1 angezeigt sein.

352

Im Falle einer **cessio legis** zugunsten des für den Verbraucher leistenden Bürgen nach § 774 Abs. 1 kann der Bürge gegenüber dem Gläubiger wirksam auf die Erhebung

353

---

86   Näher *Bülow/Artz* Verbraucherkreditrecht, § 502 BGB Rn 12.

von Einwänden aus dem Recht des Hauptschuldners nach §§ 768 Abs. 1, 770 verzichten, was sogar formularmäßig möglich ist[87]. Der Verbraucher als Hauptschuldner kann die Einreden gem. §§ 412, 404 dennoch gegenüber dem Bürgen, der bei ihm Regress nimmt, erheben. Nach der **ratio legis** von § 496 Abs. 1 kann er sich damit aber auch gegen den Aufwendungsersatzanspruch des Bürgen nach § 670 verteidigen[88].

d) Besonderheiten bei Wechsel- oder Scheckbegebung (§ 496 Abs. 3)

354   Der Verbraucher könnte die Erfüllung seiner Verbindlichkeit auf Darlehensrückzahlung nach § 488 Abs. 1 Satz 2 in der Weise gestalten, dass er Wechsel iSv Art. 1 WG akzeptiert (Art. 25 WG), die in den vereinbarten Rückzahlungszeitpunkten fällig werden (sog. C-Geschäft). Die Wechselbegebung birgt jedoch Gefahren, ua dadurch, dass Einwände gegen die Kausalforderung, hier das Darlehen, präkludiert sein, dh gegenüber einem redlichen Erwerber des Wechsels nicht erhoben werden können (vgl insb. Art. 17 WG). Auf diese Weise könnte verbraucherprivatrechtlicher Schutz wieder ausgehebelt werden. Dem wirkt § 496 Abs. 3, jenseits des harmonisierten Bereichs der Verbraucherkreditrichtlinie[89], entgegen. Nach § 496 Abs. 3 Satz 1 iVm § 134 ist die Verpflichtung des Verbrauchers zur Wechselbegebung unwirksam[90]. Akzeptiert der Verbraucher trotzdem Wechsel, ist die wechselrechtliche Begebung[91] allerdings wirksam, sodass die Präklusion von Einwänden gegenüber einem Erwerber des Wechsels (Indossatar, vgl Art. 14 WG) eintreten kann. Aber der Darlehensgeber hat dem Verbraucher dafür gem. § 496 Abs. 3 Satz 4 Schadensersatz zu leisten. Hat der Darlehensgeber den Wechsel noch in den Händen, kann der Verbraucher gemäß Satz 3 Herausgabe verlangen. Zum Zwecke der Erfüllung darf der Verbraucher dagegen einen Scheck (Art. 1 ScheckG) begeben, nicht jedoch zur Sicherung, also zB vor Fälligkeit einer Rate durch vordatierten Scheck. Auch ein solcher Scheck ist nämlich gem. Art. 28 Abs. 2 ScheckG zahlbar, wenn er vorgelegt wird („bei Sicht"), gleich ob er ein abweichendes Vorlegungsdatum trägt[92]. Vor dieser Gefahr bewahrt § 496 Abs. 3 Satz 2.

e) Immobiliar-Verbraucherdarlehensverträge besonderer Art

354a   **aa) Koppelungs- und Bündelungsgeschäfte (§§ 492a, 492b).**   Koppelungsgeschäft bedeutet, dass der Darlehensgeber den Immobiliar-Verbraucherdarlehensvertrag nur dann abschließt, wenn der Verbraucher auch Finanzprodukte (§ 1 Abs. 11 KWG) oder Finanzdienstleistungen (§ 312 Abs. 5 Satz 1) erwirbt. Das Bündelungsgeschäft kennzeichnet sich dadurch, dass es dem Verbraucher freisteht, Finanzprodukt oder -dienstleistung zu erwerben, selbst wenn sich die Bedingungen des Immobiliar-Darlehens

---

87   BGH WM 2002, 1179.
88   Zutr. MK/*Schürnbrand* § 496 BGB Rn 11; Staudinger/*Kessal-Wulf* § 496 BGB Rn 5; Erman/*Nietsch* § 496 BGB Rn 5.
89   Wohl übersehen von *Welter* in: FS 600 Jahre Leipziger Juristenfakultät, 2009, S. 389 (407); Gegenstand von Art. 10 der *alten* VerbrKrRiL 87/102/EWG.
90   Keine analoge Anwendung auf Schuldanerkenntnis § 781 BGB: BGH NJW 2005, 1576.
91   Hierzu *Zöllner* Wertpapierrecht, 14. Aufl. 1987, § 13 I. 1. und 2.
92   *Bülow* WG, ScheckG, 5, Aufl. 2013, Art. 28 ScheckG Rn 2; Baumbach/*Hefermehl/Casper* 23. Aufl. 2008, Art. 28 ScheckG Rn 2.

ohne den Erwerb für ihn verschlechtern (Art. 4 Nr. 26 und 27, Art. 12 Wohnimmo-RiL). Koppelungsgeschäfte sind gemäß § 492a Abs. 1 Satz 1 BGB unzulässig, Bündelungsgeschäfte gem. Satz 2 erlaubt (ohne dass der Terminus „Bündelungsgeschäfte" im Gesetz auftauchte). Es gibt aber auch erlaubte Koppelungsgeschäfte, die in § 492b abschließend niedergelegt sind. Zunächst darf der Kreditgeber den Abschluss des Darlehensvertrags nach § 492b Abs. 1 Nr. 1 davon abhängig machen, dass ein Zahlungs- oder Sparkonto eröffnet wird, welches mit einer Zweckabrede verbunden ist. Der Zweck liegt in der Ansammlung von Kapital, mit dem der Darlehensrückzahlungsanspruch aus § 488 Abs. 1 Satz 2 erfüllt werden (lit a) oder das als zusätzliche Sicherheit dienen kann (lit c). Nach Nr. 2 können Anlage- und Rentenprodukte mobilisiert werden (zB sog. Riesterrenten), nach Abs. 2 kann der Kreditgeber vom Verbraucher verlangen, dass eine einschlägige Versicherung, zB Restschuldversicherung, abgeschlossen wird. Parteien des Versicherungsvertrags über die erlaubten Koppelungsgeschäfte können der Verbraucher als Darlehensnehmer selbst, aber auch Familienangehörige (§§ 1585, 1590) oder beide sein. Ein verbotenes Koppelungsgeschäft ist nichtig, während der Immobiliar-Verbraucherdarlehensvertrag – abweichend vom Regelungskonzept aus § 139 – wirksam ist („Restgültigkeit"), also vom Kreditgeber ohne die Koppelung zu erfüllen ist, wie § 492a Abs. 2 bestimmt.

bb) Fremdwährungsdarlehen (§ 503). Den Parteien steht es frei, einen Darlehensvertrag nicht auf die Währung abzuschließen, die am Wohnsitz des Darlehensnehmers gilt (Landeswährung), sondern auf eine andere Währung (Fremdwährung). Wenn die Fremdwährung im Verhältnis zur Landeswährung unterbewertet ist, muss der Darlehensnehmer für die Darlehensrückzahlung weniger Mittel in seiner Landeswährung aufbringen als wenn er den Darlehensvertrag in Landeswährung abgeschlossen hätte; hierin liegt eine spekulative Motivation. Es kann aber auch anders kommen und die Fremdwährung bei Fälligkeit der Darlehensrückzahlung überbewertet sein; dann ist die Spekulation danebengegangen. Ist der Darlehensnehmer aber ein Verbraucher, kann er das Risiko mindern, indem er vom Darlehensgeber die Umwandlung in seine Landeswährung verlangen kann, wenn sich die Wechselkurse um mehr als zwanzig Prozent nachteilig ändern. Gemäß Art. 247 § 7 Abs. 2 Nr. 2 EGBGB ist über das Umwandlungsrecht zu informieren; fehlt es daran, ist der Vertrag zwar wirksam (§ 494 Abs. 1, Rn 315), aber der Verbraucher kann das Umwandlungsrecht gemäß § 494 Abs. 6 Satz 3 jederzeit ausüben. Während des Vertragsverhältnisses ist der Verbraucher vom Darlehensgeber über relevante Wechselkursänderungen umfassend gem. § 493 Abs. 4 zu informieren. **354b**

III. Kredit in der Form einer Finanzierungshilfe

1. Systematik und Verweisungstechnik

Der Untertitel 2 mit seinen §§ 506–508 regelt Finanzierungshilfen zwischen einem Unternehmer und einem Verbraucher. Der Begriff der Finanzierungshilfe ist Art. 3 lit. c der VerbrKrRiL und Art. 4 Nr. 3 WohnimmoRiL entnommen und tritt neben das **355**

Darlehen als Unterbegriff des Kredits, der den Oberbegriff darstellt, aber im BGB nicht mehr verwendet wird[93]. Finanzierungshilfen unterteilen sich ihrerseits in Zahlungsaufschübe und sonstige Finanzierungshilfen. Letztere treten in den Formen Finanzierungsleasing und Mietkauf auf (Rn 386, 390), während wichtigster Fall des Zahlungsaufschubs das Teilzahlungsgeschäft nach § 506 Abs. 3 ist. Diese Kategorien sind gem. § 506 Abs. 1 Sätze 1 und 2 zusätzlich zu klassifizieren in solche mit bestimmtem Immobilienbezug und solche ohne diesen Bezug, also in **Allgemein- und Immobiliar-Finanzierungshilfen** (Rn 296a). Diese können Allgemein-Zahlungsaufschübe oder Immobiliar-Zahlungsaufschübe sein und sonstige Allgemein- oder Immobiliar-Finanzierunghilfen (Rn 361a). Welcher Klassifizierung ein Vertrag über eine Finanzierungshilfe angehört, hat Bedeutung für die anzuwendenden Vorschriften. Nur auf Teilzahlungsgeschäfte sind nämlich die Sondervorschriften von §§ 507 und 508 anwendbar, während es für einen Zahlungsaufschub, der nicht zugleich Teilzahlungsgeschäft ist, bei der Verweisungsnorm von § 506 Abs. 1 bleibt (Rn 361), ebenso für sonstige Finanzierungshilfen.

356   Gemeinsam ist allen Vertragsarten über Finanzierungshilfen gemäß § 506 Abs. 4 Satz 1, dass die Ausnahmetatbestände von § 491 Abs. 2 Satz 2, Abs. 3 Satz 2 (Arbeitgeber) und Abs. 4 (Rn 302a bis 302c) auch hierfür gelten, beispielsweise für Bagatell-Teilzahlungsgeschäfte mit einem Barzahlungspreis (§ 506 Abs. 4 Satz 2 und Rn 363) von weniger als 200 € oder Bagatell-Finanzierungsleasingverträge bis zu einem Anschaffungspreis für das Leasinggut von weniger als 200 € (auch bei Unentgeltlichkeit, § 514 Abs. 1). Für solche Verträge gelten keine verbraucherkreditrechtlichen Besonderheiten (anders wiederum bei Unentgeltlichkeit: Die Fälle von § 491 Abs. 2 Satz 2 Nr. 2 ff sind von § 514 Abs. 1, 515 erfasst).

2. Teilzahlungsgeschäfte

357   Die verbraucherprivatrechtlichen imparitätsausgleichenden Instrumente sind Information, Lösung vom Vertrag und besondere Ausgestaltung des Schuldverhältnisses. Das Teilzahlungsgeschäft ist der Sonderfall eines Zahlungsaufschubs, sodass zunächst dieser Begriff zu klären ist.

a) Der verbraucherkreditrechtlich relevante Zahlungsaufschub

358   **aa) Fälligkeitsvereinbarung.** Der Zahlungsaufschub stellt eine besondere Ausgestaltung eines gegenseitigen Vertrags dar, der Kaufvertrag, aber auch Werk-, Dienst-, Geschäftsbesorgungs- oder sonst ein Austauschvertrag sowie ein Gesellschaftsvertrag (siehe Rn 155) sein kann. Die Besonderheit liegt in der Fälligkeit der vom Verbraucher zu erbringenden Gegenleistung für die Leistung des Unternehmers, zB in der Fälligkeit des Kaufpreises für die gelieferte Sache. Im Allgemeinen, nämlich nach der Auslegungsregel von § 271 Abs. 1, kann der Gläubiger – hier der Unternehmer als Verkäufer – die Zahlung des Kaufpreises sofort verlangen, ist allerdings dem Zurückbehaltungsrecht des Verbrauchers nach § 320 Abs. 1 ausgesetzt, solange die

---

93   BT-Drucks. 14/6040, S. 252.

gekaufte Sache nicht geliefert ist. Hat der Unternehmer geliefert, ist sein Anspruch durchsetzbar. Von diesem Regelfall können die Parteien durch Vertrag abweichen und vereinbaren, dass der Kaufpreis erst zu einem späteren Zeitpunkt fällig sein soll. In dieser Vereinbarung liegt der Zahlungsaufschub. Er ist nichts anderes als eine **Stundung** der vom Verbraucher zu erbringenden Leistung. Ist der Unternehmer vorleistungspflichtig, zB bei einem Unterrichtsvertrag nach § 614, ist ein Zahlungsaufschub vereinbart, wenn der Verbraucher die Unterrichtsvergütung noch später als zu dem nach § 614 maßgeblichen Zeitpunkt erbringen darf[94]; Entsprechendes gilt für Werkverträge nach § 641. Keinen Zahlungsaufschub enthält üblicherweise ein Mietvertrag (vgl § 556b Abs. 1) oder ein Versicherungsvertrag hinsichtlich der zu zahlenden Prämie[95]. Wird dem Verbraucher aber die an sich fällige Miete gestundet, liegt hierin ein Zahlungsaufschub.

bb) Entgeltlichkeit. Der Zahlungsaufschub schlechthin löst nicht die Anwendung **359** verbraucherkreditrechtlicher Vorschriften aus. Vielmehr ist weitere Voraussetzung die Entgeltlichkeit des Zahlungsaufschubs, wie § 506 Abs. 1 Satz 1 (mit Ausnahme nach Satz 3, Rn 385b) zu entnehmen ist. Die vom Verbraucher zu erbringende Gegenleistung erhöht sich also um das Entgelt für den Zahlungsaufschub, den Teilzahlungszuschlag. Es kann aber vorkommen, dass der Preis von den Parteien erst noch ausgehandelt wird und es an einem Normalpreis fehlt. In einem solchen Fall kann die Entgeltlichkeit nicht festgestellt werden, sodass der Tatbestand eines Verbraucherkreditgeschäfts nicht gegeben ist. Eine **Vermutung** der Entgeltlichkeit ist schwerlich aufzustellen[96], vielmehr kann aus der Sicht des Unternehmers die Unentgeltlichkeit ein Umstand im wirtschaftlichen Wettbewerb sein, um legitimen Vorsprung vor Mitbewerbern zu erzielen.

Ein **unentgeltlicher Zahlungsaufschub** ist zwar kein Verbraucherkredit im Rechts- **359a** sinne (Rn 297a), aber gem. § 515 iVm. § 514 Abs. 2 widerruflich. Die Verzugsvorschriften von §§ 497 Abs. 1 und 3, 498 sind entsprechend anwendbar[97].

b) Weitere Voraussetzungen des Teilzahlungsgeschäfts

aa) Zahlungsmodalitäten. Ausgangsfall des Teilzahlungsgeschäfts ist nach § 506 **360** Abs. 3, dass der Verbraucher in mehreren Raten zu leisten hat; ein Teilzahlungsgeschäft ist aber auch dann anzunehmen, wenn der Verbraucher eine Anzahlung bei Vertragsschluss und danach den Restpreis oder überhaupt die gesamte Leistung erst zum Stundungszeitpunkt zu erbringen hat[98].

bb) Bestimmtheit der unternehmerischen Leistung. Der Begriff des Teilzahlungs- **361** geschäfts setzt die Lieferung einer durch den Vertrag unter Verbraucher und Unter-

---

94 BGH NJW 1996, 457.
95 BGHZ 196, 150 = NJW 2013, 2195 Rn 13; *Hadding* VersR 2010, 697.
96 So aber MK/*Schürnbrand* § 506 BGB Rn 7, 27.
97 Im Einzelnen *Bülow/Artz* Verbraucherkreditrecht, § 515 BGB Rn 2 ff und *dies.* ZIP 2016, 1204.
98 MK/*Schürnbrand* § 506 BGB Rn 12; Staudinger/*Kessal-Wulf* § 506 BGB Rn 23; PWW/*Kessal-Wulf* § 506 BGB Rn 5; aA Erman/*Nietsch* § 506 BGB Rn 27: Es bleibe bei § 506 Abs. 1.

nehmer bestimmten Sache oder die Erbringung einer bestimmten anderen Leistung voraus. Hierin liegt das entscheidende Abgrenzungsmerkmal zum allgemeinen Fall des Zahlungsaufschubs nach § 506 Abs. 1 (Rn 355). Hat der Unternehmer nicht eine bestimmte Leistung zu erbringen, sondern räumt er dem Verbraucher einen Kreditrahmen ein, innerhalb dessen der Verbraucher beliebig Waren oder Dienstleistungen erwerben oder beanspruchen kann, fehlt es an der Bestimmtheit. Deshalb sind derartige Rahmenverträge des Handels zum laufenden Bezug von Waren zwar Verbraucherkreditgeschäfte, aber keine Teilzahlungsgeschäfte (Rn 385a). Die anwendbaren Vorschriften richten sich in diesem Fall nach § 506 Abs. 1 Satz 1 und nicht nach §§ 507 und 508.

361a Weil das Tatbestandsmerkmal der Lieferung einer Sache eine bewegliche Sache voraussetzt, kommen Immobiliar-Teilzahlungsgeschäfte nicht in Betracht[99], wohl aber, wenngleich selten, ein Immobiliar-Zahlungsaufschub, wenn der Kaufpreis für das Grundstück gestundet ist, zB in Teilzahlungen erbracht werden kann; auch hier ist eine grundpfandrechtliche Besicherung (Rn 301) denkbar.

c) Information

362 Für die vorvertragliche Information nach § 491a und für die Werbephase nach §§ 6a bis 6c PrAngVO gilt Gleiches wie für Darlehensverträge (Rn 305, 306), allerdings im gegebenen Falle (Rn 364) bei Entbehrlichkeit von Barzahlungspreis und effektivem Jahreszins. Auf die Information während des Vertragsverhältnisses sind § 493 (Rn 312) und § 496 Abs. 2 (Rn 313) anwendbar. Die Kreditwürdigkeit (vgl Rn 307) ist nach §§ 505a ff iVm. § 506 Abs. 1 zu überprüfen[100].

363 **aa) Unterrichtung im Vertrag.** Bei einem Teilzahlungsgeschäft bedarf der Vertrag der Schriftform ebenso wie ein Verbraucherdarlehensvertrag, so ist es § 506 Abs. 1 Satz 1 iVm § 492 Abs. 1 und 2 und Art. 10 VerbrKrRiL zu entnehmen (Rn 308). Die Pflichtangaben sind jedoch den Bedürfnissen des Geschäfts angepasst. Einzelheiten finden sich in Art. 247 § 12 EGBGB. Nach § 492 Abs. 2 sind ua anzugeben

- der Barzahlungspreis (Art. 247 § 12 Abs. 1 Satz 2 Nr. 2 lit. a EGBGB), das ist der Preis, den der Verbraucher schulden würde, wenn spätestens bei der Übergabe der Sache der Preis in voller Höhe fällig wäre (so die Legaldefinition in der Altregelung von § 1a Abs. 1 Satz 3 AbzG), also der Preis ohne Stundung;
- der Gesamtbetrag (Teilzahlungspreis, Art. 247 § 12 Abs. 1 Satz 1, § 3 Abs. 1 Nr. 8, Abs. 2 Satz 1 EGBGB), das ist der Betrag aller vom Verbraucher zu erbringenden Leistungen, also der Kreditpreis als Vergleichsgröße;
- Betrag, Zahl und Fälligkeit der einzelnen Teilzahlungen (Art. 247 § 3 Nr. 7 EGBGB; außerdem kann der Verbraucher einen Tilgungsplan verlangen, § 492 Abs. 3 Satz 2 iVm Art. 247 § 14 EGBGB);
- der effektive Jahreszins (Art. 247 § 3 Abs. 1 Nr. 3 EGBGB);

---

99 *Bülow* WM 2015, 1309.
100 Näher *Herresthal* WM 2009, 1174; *Grunewald* in FS Schneider 2011, S. 401; EuGH WM 2014, 1530.

– Versicherungskosten (Art. 247 § 7 Abs. 1 Nr. 2 EGBGB);
– die Vereinbarung eines Eigentumsvorbehalts (§ 449) oder einer anderen zu bestellenden Sicherheit (Art. 247 § 7 Abs. 1 Nr. 2 EGBGB), also der obligatorische Sicherungsvertrag.

Es gibt Unternehmen, die derart auf Teilzahlungsgeschäfte spezialisiert sind, dass sie **364** keine Bargeschäfte betreiben und deshalb auch keinen Barzahlungspreis haben. In diesem Fall ist dieser sowie die Angabe des effektiven Jahreszinses gemäß § 507 Abs. 3 Satz 1 entbehrlich. Auf der anderen Seite scheitert in solchen Geschäftsmodellen die Anwendung von Verbraucherkreditrecht nicht daran, dass von Unentgeltlichkeit mangels Normalpreises (Rn 359) auszugehen sein könnte.

Entbehrlich ist die verbraucherkreditrechtliche Schriftform nach § 507 Abs. 1 Satz 2, **365** wenn das Teilzahlungsgeschäft im **Fernabsatz** zustande kommt (Rn 220) und der Fernabsatzunternehmer die wichtigsten Pflichtangaben rechtzeitig vorher mitteilte. Rechtzeitigkeit heißt Mitteilung unverzüglich nach Vertragsschluss. In diesem Fall genügt die Mitteilung auf einem dauerhaften Datenträger (§ 126b Satz 2).

bb) Rechtsfolgen **366**

(1) Nichtigkeit. Die formwidrige Willenserklärung ist gem. § 125 nichtig. Diese Rechtsfolge wiederholt § 507 Abs. 2 Satz 1 gleichermaßen wie § 494 Abs. 1 (Rn 315). Auf Pflichtangaben, insbesondere den effektiven Jahreszins als Rechengröße, braucht sich der rechtsgeschäftliche Wille aber gar nicht zu beziehen; fehlt eine der Pflichtangaben nach § 507 Abs. 2 Satz 1 iVm Art. 247 §§ 6, 12 und 13 EGBGB, ist das Teilzahlungsgeschäft trotzdem nichtig. Fehlt dagegen die Angabe über zu bestellende Sicherheiten nach Art. 247 § 7 Abs. 1 Nr. 2 EGBGB, ist das Teilzahlungsgeschäft selbst wirksam, nicht aber der obligatorische Sicherungsvertrag mit der Folge, dass der Unternehmer keinen Anspruch auf die Sicherheitenbestellung hat, wie § 506 Abs. 1 Satz 1 iVm § 494 Abs. 6 Satz 2 zu entnehmen ist; eine Betragsgrenze (§ 494 Abs. 6 Satz 3) wie für Verbraucherdarlehensverträge bestimmt das Gesetz für Teilzahlungsgeschäfte nicht, § 507 Abs. 1 Satz 1. Wurde ein Eigentumsvorbehalt nach § 449 Abs. 1 formunwirksam vereinbart, hat der Verbraucher Anspruch auf bedingungslose Übereignung nach § 929. War die gekaufte Sache trotzdem unter der aufschiebenden Bedingung vollständiger Kaufpreiszahlung übereignet worden, bleibt es beim Anspruch auf bedingungslose Übereignung, dh auf Verzicht des Unternehmers auf seinen Eigentumsvorbehalt[101].

(2) Heilung. Um dem Verbraucher eine Kondiktionslage zu ersparen, bei der die **367** Herausgabeansprüche sofort fällig sind, wird das nichtige Teilzahlungsgeschäft geheilt, also gültig, wenn der Unternehmer die Sache dem Verbraucher übergibt oder die Werk- bzw Dienstleistung erbringt. Es kommt darauf an, dass der Verbraucher dadurch erneut seinem Entschluss zum Teilzahlungsgeschäft Ausdruck verleiht[102]. Sollte es trotz Übergabe an der dinglichen Einigung fehlen, kann dennoch Heilung

---

101 Vgl *Bülow* Kreditsicherheiten, Rn 732, 761.
102 BGH NJW 1962, 1632.

eintreten; der Verbraucher hat als Folge dessen Anspruch auf Vollzug der Übereignung. Auch ein Übergabesurrogat durch Verschaffung des mittelbaren Besitzes für den Verbraucher nach §§ 931, 870 oder nach § 930 kann Heilungswirkung haben. Der geheilte Vertrag ist gem. §§ 506 Abs. 1, 495 Abs. 1, 355 widerruflich (Rn 371). Der Beginn der Widerrufsfrist richtet sich in diesem Fall nach dem Verfahren der Nachholung gem. § 492 Abs. 6 (Rn 319).

368 Das Gesetz weist die Last der Formwahrung dem Unternehmer zu. Wird der Vertrag trotz Missachtung der Form durch Heilung wirksam, muss der Unternehmer deshalb gemäß § 507 Abs. 2 Sätze 3 und 4 eine Minderung seiner Ansprüche hinnehmen. Sie richten sich nach der Art der Forminsuffizienz. Sind Gesamtbetrag (Teilzahlungspreis) oder effektiver Jahreszins oder beide nicht angegeben, verringert sich der Teilzahlungszuschlag, das Kreditentgelt (Rn 359), höchstens auf den gesetzlichen Zinssatz nach § 246, also 4% p.a. bezogen auf den Barzahlungspreis (Satz 3). In Niedrigzinsphasen, wo der vereinbarte Zins unter 4% liegt, entfaltet die Regelung keine Bedeutung. Ist der Barzahlungspreis nicht genannt, ist an seiner Stelle der Marktpreis anzusetzen (Satz 4). Das gilt nur im Zweifel; auch der mündlich vereinbarte Preis, der sich vielleicht mit einer unverbindlichen Preisempfehlung des Lieferanten deckt (vgl Art. 4 lit. a EU-VO 330/2010[103]), kann Maß geben[104].

369 **(3) Falsch angegebener effektiver Jahreszins.** Die fehlende Angabe ist von der falschen Angabe zu unterscheiden; diese berührt die Vertragswirksamkeit nicht (Rn 316). Die zu niedrige Angabe des effektiven Jahreszinses, die das Teilzahlungsgeschäft günstiger erscheinen lässt als es ist, führt entsprechend der Regelung für Verbraucherdarlehensverträge (§ 494 Abs. 3, Rn 321) aber zu einer empfindlichen Anspruchsminderung. Gem. § 507 Abs. 2 Satz 5 ist der Gesamtbetrag (Teilzahlungspreis) nämlich um die absolute, nicht nur die relative Differenz zwischen und richtigem und falschem effektiven Jahreszins zu kürzen (beispielsweise ist bei einem effektiven Jahreszins von 18%, der versehentlich mit 8% angegeben wurde, der Teilzahlungspreis um 10% zu kürzen, richtigerweise aber wohl nicht unter den Barzahlungspreis[105]; bei Darlehen bezieht sich die Verminderung auf den Sollzinssatz, Rn 321).

370 **cc) Vollmacht und Blankoerklärung.** Im Falle von Verbraucherkreditverträgen, also auch Teilzahlungsgeschäften, wahrt eine Blankoerklärung des Verbrauchers die Form nicht (näher Rn 324). Die Vollmachtsform aus § 494 Abs. 4 gilt für Teilzahlungsgeschäfte andererseits nicht, wie der Verweisungsnorm von § 506 Abs. 1 Satz 1 zu entnehmen ist. Der Verbraucher kann also gem. § 167 Abs. 2 formlos eine Vollmacht zum Abschluss eines Teilzahlungsgeschäfts erteilen, die ihn nach § 164 Abs. 1 Satz 1 bindet, wenn gegenüber dem Vertreter die Form gewahrt worden war. Allerdings wäre daran zu denken, die Vertragsform nach § 507 Abs. 2 Satz 1 ausnahmsweise auch für die Vollmacht dann anzunehmen, wenn der Vertreter vom Verbraucher nach

---

103 ABlEG 2010 L 102, S. 1.
104 BGH NJW 1979, 758.
105 *Brinkmann* BB 1991, 1947; *Bülow/Artz* Verbraucherkreditrecht, § 507 BGB Rn 35.

Maßgabe von § 166 Abs. 2 weisungsabhängig ist, sodass keine Zurechnung von Umständen aus dem Walten des Vertreters stattfindet[106].

d) Lösung vom Vertrag

aa) Widerrufsrecht. Gem. § 506 Abs. 1 iVm § 495 Abs. 1 hat der Verbraucher das **371** Widerrufsrecht nach § 355 (Rn 113 ff). Es bezieht sich auch auf den nach § 507 Abs. 2 Satz 2 geheilten Vertrag, wobei der Beginn der Widerrufsfrist vom Verfahren der Nachholung gem. § 492 Abs. 6 abhängt (Rn 319). Bei Verwendung der Musterinformation nach Anlage 7 zum EGBGB sind die dort genannten Begrifflichkeiten gemäß Art. 247 § 12 Abs. 1 Satz 5 EGBGB dem Vertragstyp anzupassen, also statt Darlehensgeber zB Verkäufer oder Leasinggeber, um die Gesetzlichkeitsfiktion zu erhalten (Rn 145).

Die Rückabwicklung aufgrund Widerrufs nach § 495 gestaltet sich gem. § 357a **372** Abs. 3 Satz 4 wie folgt:

Durch den Verweis auf § 357a Abs. 2 gilt nach dessen Satz 2 die Vorschrift von § 357 Abs. 5–8 entsprechend (Rücksendungspflicht des Verbrauchers auf seine Kosten, Wertersatz für Wertverlust von Waren, Wertersatz bei Dienstleistungen, Rn 188–194). Im Fall von Fernabsatz- oder Außergeschäftsraumgeschäften über Finanzdienstleistungen gilt dies auch für die Ausnahmetatbestände von § 506 Abs. 4 Satz 1 iVm § 491 Abs. 2 Satz 2 (zB Bagatellgeschäfte), wo das Widerrufsrecht nach § 312g Abs. 1 waltet (Rn 195).

bb) Verbundene Geschäfte. § 506 Abs. 1 verweist auch auf §§ 358 bis 360. Al- **373** lerdings setzt das Verbundgeschäft zwei Verträge, nämlich finanziertes Geschäft und finanzierenden Darlehensvertrag voraus. Das Teilzahlungsgeschäft bildet aber nur einen einzigen Vertrag. Wird andererseits ein Kaufvertrag durch Darlehen finanziert, ist der Kaufvertrag selbst kein Teilzahlungsgeschäft mehr (Rn 148). Der gesetzliche Verweis ist in Bezug auf Teilzahlungsgeschäfte daher obsolet[107] und stellt eine Redaktionsungenauigkeit dar. Die entsprechende Anwendung ist aber immerhin denkbar in bestimmten Konstellationen beim Finanzierungsleasing (Rn 395) sowie beim Mobilfunkgeschäft: Der Kauf des Mobiltelefons, vielleicht zum symbolischen Preis von einem Euro, wird durch den Mobilfunkvertrag finanziert, der die Stelle des Darlehensvertrags in § 358 einnimmt[108].

e) Besondere Gestaltung des Schuldverhältnisses

Das Teilzahlungsgeschäft kennzeichnet sich in verbraucherprivatrechtlicher Sicht **374** auch durch das imparitätsausgleichende Instrument der durch das Gesetz vorgeschriebenen und halbzwingenden (§ 512 Satz 1, s. Rn 33) Ausgestaltung des Schuldverhältnisses, die noch weiter geht als im Falle des Darlehens.

---

106 *Ulmer* BB 2001, 1365 zu BGH NJW 2001, 1931.
107 MK/*Schürnbrand* § 506 BGB Rn 20 und MK/*Habersack* § 358 BGB Rn 16.
108 *Limbach* ZGS 2009, 206 und NJW 2011, 3770; Erman/*Nietsch* § 506 BGB Rn 13; allerdings wird oft die Bagatellgrenze von §§ 506 Abs. 4, 491 Abs. 2 Nr. 1 (Rn 299) greifen, MK/*Schürnbrand* § 506 BGB Rn 30.

375   **aa) Anwendung darlehensrechtlicher Vorschriften.**   Nach § 506 Abs. 1 Satz 1 finden die Vorschriften von §§ 496–498 auf Teilzahlungsgeschäfte entsprechende Anwendung. Gerät der Verbraucher mit Teilzahlungen in Verzug, richten sich die Zinsfolgen also nach § 497 Absätze 1 und 2 (Rn 336). Teilleistungen des Verbrauchers sind nicht nach § 367, sondern nach § 497 Abs. 3 zu verrechnen (Rn 341). Das gilt gem. § 515 iVm. § 514 Abs. 1 auch für unentgeltliche Finanzierungshilfen (Rn 297a). Der Unternehmer kann nach Maßgabe von § 498 Gesamtfälligkeit herbeiführen, also den abgezinsten Gesamtbetrag (Teilzahlungspreis) verlangen, aber im Übrigen am Vertrag festhalten (Rn 343); auch dies gilt bei Unentgeltlichkeit. Tritt der Unternehmer Forderungen aus dem Teilzahlungsgeschäft ab, bleibt Schuldnerschutz nach §§ 404, 406 und wohl auch § 407 unabdingbar nach § 496 Abs. 1 erhalten (Rn 352). Es gilt das Wechsel- und Scheckverbot nach § 496 Abs. 3 (Rn 354) und das Recht zur vorzeitigen Erfüllung nach § 500 Abs. 2 (Rn 383).

376   **bb) Weitergehende Besonderheiten**

(1) Rücktritt des Unternehmers.   Ein Gläubiger kann vom Vertrag gem. § 323 Abs. 1 zurücktreten, wenn der Schuldner in Verzug geraten war (§ 286) und der Gläubiger eine angemessene Nachfrist gesetzt hatte, die erfolglos verstrich. Ist der Gläubiger der Unternehmer eines Teilzahlungsgeschäfts und der Schuldner folglich Verbraucher, ist das Rücktrittsrecht jedoch beschränkt. Der Unternehmer kann nämlich gem. § 508 Satz 1 wegen Zahlungsverzugs nur unter den weiteren Voraussetzungen von § 498 Abs. 1 zurücktreten, also nur, wenn der Verbraucher mit zwei aufeinanderfolgenden Raten in Verzug geraten war und der Rückstand in bestimmter Relation zum Gesamtbetrag (Teilzahlungspreis, nicht Nennbetrag wie bei Darlehen, Rn 344, § 508 Satz 2) stand, wie es in § 498 Abs. 1 Nr. 1 lit b näher beschrieben ist. Außerdem ist die Fälligkeitsstellung der gesamten Restschuld nach näherer Maßgabe von § 498 Abs. 1 Nr. 2 anzukündigen, schließlich soll ein Vergleichsgespräch nach § 498 Abs. 1 Satz 2 angeboten werden. Sind diese Voraussetzungen erfüllt, kann der Unternehmer wirksam den Rücktritt nach § 349 erklären, auch dann, wenn es am Gesprächsangebot fehlte. Das Rückabwicklungsverhältnis zwischen Unternehmer und Verbraucher richtet sich nach §§ 346 ff (nicht etwa nach § 357a), welches einen Ersatzanspruch wegen vergeblicher Aufwendungen in Erwartung des durchzuführenden Vertrags nicht kennt. Der Verbraucher als Verzugsschuldner schuldet gemäß Satz 3 indessen solchen Aufwendungsersatz, zB Porto-, Telekommunikations- oder Reisekosten; der Anspruch des Unternehmers aus § 508 Satz 3 ist der Preis für den Verzug des Verbrauchers. Nach § 346 Abs. 1 schuldet der Verbraucher nicht nur die Herausgabe des empfangenen Vertragsgegenstands, sondern auch der tatsächlich gezogener Nutzungen, zu denen gemäß § 100 die Gebrauchsvorteile gehören (Rn 193); es handelt sich nicht um einen Fall des Wertersatzes nach § 346 Abs. 2 Nr. 1. Die Gebrauchsvorteile werden in der Weise ausgerechnet, dass eine Prognose über die gesamte Nutzungsdauer des Vertragsgegenstands getroffen[109] und in Relation zur tatsächlichen Nutzungsdauer durch den Verbraucher gesetzt wird. Nun wird der Barzahlungspreis durch die prognostizierte Lebensdauer der Sache geteilt und mit der tatsächlichen

---

109   BGHZ 115, 47 = NJW 1991, 2484.

Nutzungsdauer multipliziert: Heraus kommt der Betrag des vom Verbraucher auszu-gleichenden Gebrauchsvorteils. Es kann sein, dass der Verbraucher die Sache über-mäßig abgenutzt hatte; in diesem Fall schuldet er dem Unternehmer gem. § 508 Satz 4 einen Entwertungszuschlag. Die Herausgabe tatsächlich nicht gezogener, aber zu ziehender Nutzungen richtet sich nach § 347.

Vertragsgegenstand kann eine Dienstleistung gewesen sein, die nicht nach § 346 **377** Abs. 1 herausgegeben werden kann, sodass der Verbraucher als Rücktrittsschuldner Wertersatz nach § 346 Abs. 2 Nr. 1 schuldet. Hierfür gibt gem. § 346 Abs. 2 Satz 2, 1. HS die Gegenleistung, also die vereinbarte Vergütung des Unternehmers, Maß. Nach ihr ist der Wert der Dienstleistung für die tatsächliche Nutzungsdauer anzu-setzen.

Der Verbraucher hat gegen den Unternehmer gem. § 346 Abs. 1 Anspruch auf Rück- **378** gewähr geleisteter Raten. Die beiderseitigen Ansprüche sind gem. § 348 Zug um Zug zu erfüllen (anders Rn 187 aE). Soweit sich danach Geldansprüche gegenüberstehen, ist die Aufrechnung nach § 387 gegeben.

(2) Insbesondere: Rücktrittsfiktion. Schon in abzahlungsrechtlicher Tradition ste- **379** hen die durch das tatsächliche Handeln des Unternehmers ausgelösten Rechtsfolgen nach § 508 Satz 5, welche ebenso wie nach der Altvorschrift von § 5 AbzG darin lie-gen, dass der Unternehmer die Sache, die Vertragsgegenstand ist, wieder an sich nimmt, zB – was gelegentlich vorkommt – Vorbehaltsware abholen lässt. Hierin kann die konkludente Erklärung des Rücktritts liegen, der gem. § 449 Abs. 2 Vorausset-zung für den Herausgabeanspruch des Verkäufers ist[110]. Die Rücktrittsfolgen treten aber gerade auch ohne entsprechenden rechtsgeschäftlichen Willen des Unterneh-mers ein, der vielleicht durchaus am Vertrag festhalten möchte. In einem solchen Fall mag man von Rücktrittsfiktion sprechen. Umstritten ist, ob die Rücktrittsfolgen nur unter den weiteren Voraussetzungen von § 498 Abs. 1[111] oder auch ohne sie[112] eintre-ten. Ersteres ist anzunehmen, sodass der Verbraucher anderenfalls Wiedereinräumung des Besitzes verlangen und bis dahin seine Raten gem. § 273 zurückbehalten kann, also insoweit nicht in Verzug gerät.

Die Rücktrittsfolgen treten nicht ein, wenn sich die Parteien in bestimmter Weise ei- **380** nigen. Die rücktrittvermeidende Einigung sieht so aus, dass der Unternehmer, der die Sache wieder an sich genommen hatte, dem Verbraucher den **gewöhnlichen Ver-kaufswert** dieser Sache vergütet (vgl zum Begriff § 813 Abs. 1 Satz 1 ZPO), also den Marktwert für die gebrauchte Sache. Der Verbraucher schuldet nach wie vor den vereinbarten Kaufpreis, von dem dieser gewöhnliche Verkaufswert abzuziehen ist. Die Differenz entspricht dem Wertverlust, der durch die bloße Ingebrauchnahme der Sache, die der Unternehmer natürlich behalten darf, entstand. Mit diesem Verfahren wird die Durchführung der Rückabwicklung nach §§ 346 ff ersetzt. Die **Beweislast**

---

110 *Bülow* Recht der Kreditsicherheiten, Rn 755.
111 *v. Westphalen/Emmerich/v. Rottenburg* § 13 VerbrKrG Rn 57 ff; *Bülow/Artz* Verbraucherkreditrecht, § 508 BGB Rn 31.
112 MK/*Schürnbrand* § 508 BGB Rn 45.

für die Einigung trägt, wer sich darauf beruft, dass die Rücktrittsfiktion nicht eintrat („es sei denn").

381 Es braucht nicht der Unternehmer, der Verkäufer, zu sein, der die Sache wieder an sich nahm. Hatte ein unternehmerischer Darlehensgeber, eine Bank, den Kaufpreis finanziert und bilden Kaufvertrag und Darlehensvertrag zwischen Bank und Verbraucher eine wirtschaftliche Einheit im Sinne von § 358 Abs. 3, handelt es sich um ein **verbundenes Geschäft** (Rn 151). Ist es die Bank, welche die Sache wieder an sich nimmt, wird nach § 508 Satz 6 die Rücktrittsfiktion ausgelöst, wenn nicht eine Vereinbarung über den gewöhnlichen Verkaufswert zwischen Bank und Verbraucher zustande kommt. Die Bank wird durch die Rücknahme der Sache Partei des Rückabwicklungsverhältnisses, auf das § 508 Sätze 3 und 4 anwendbar sind (Rn 376). Der Rücktritt durch die Bank kommt vor allem dann vor, wenn ihr die verkaufte Sache zur Sicherheit übereignet worden war, die sie zum Zwecke der Verwertung abholen ließ.

382 Handelt es sich zwar um ein finanziertes, aber nicht zugleich um ein verbundenes Geschäft im Sinne von § 358 Abs. 3, ist die Regelung von § 508 Satz 6 ihrem Wortlaut nach nicht anwendbar. Das gilt zB dann, wenn die Bank dem Verkäufer den Kaufpreis finanziert, den dieser dem Verbraucher gestundet hatte. Überträgt der Verkäufer sein – typischerweise ausbedungenes – Vorbehaltseigentum an der Sache zur Sicherheit an die Bank und nimmt diese die Sache im gegebenen Falle wieder an sich, ist der Verbraucher des Besitzes und der Nutzung verlustig, aber, solange der Verkäufer als einziger Rücktrittsberechtigter den Rücktritt nicht erklärt, dennoch an den Kaufvertrag gebunden. Das ist genau die Lage, die durch die Rücktrittsfiktion vermieden werden soll. Von den Gesetzesverfassern übersehen, ist dieser Konflikt durch analoge Anwendung von § 508 Satz 5 zu lösen[113].

383 **(3) Vorzeitige Zahlung des Verbrauchers.** Der Verbraucher kann nicht nur in Verzug geraten, sondern er kann im Gegenteil den Entschluss fassen, sich von seinen Verbindlichkeiten vor der Zeit zu lösen, seine Schuld also tilgen, obwohl sie noch nicht fällig ist. Das Recht zur vorzeitigen Erfüllung, ganz oder teilweise, hat der Verbraucher nach §§ 500 Abs. 2, 506 Abs. 1 Satz 1 ebenso wie bei einem Darlehensvertrag (Rn 348).

384 Der Verbraucher zahlt vorzeitig, weil er keinen Bedarf mehr für die Stundung des Kaufpreises, den Zahlungsaufschub (Rn 358) hat, sodass sich auch die Finanzierungskosten verringern. Sie sind im Gesamtbetrag, dem Teilzahlungspreis (Art. 247 § 12 Abs. 1, § 3 Abs. 2 Satz 1 EGBGB) enthalten, der sich nach staffelmäßiger, nicht linearer Berechnung[114] nach Maßgabe von § 501 (Rn 351) vermindert. Die Verminderung ergreift aber nur laufzeitabhängige, nicht jedoch Einmalkosten wie etwa eine Antragsgebühr (Rn 309); solche Kosten (ihre wirksame Vereinbarung unterstellt) bleiben also beim Verbraucher. Eine Vorfälligkeitsentschädigung nach § 502, die an

---

113 MK/*Schürnbrand* § 508 BGB Rn 62.
114 Näher *Bülow/Artz* Verbraucherkreditrecht § 501 Rn 12; *Seckelmann* BB 1996, 965.

den Unternehmer zu leisten wäre, dürfte nicht in Betracht kommen, da der Unternehmer keinen Schaden, vielmehr einen Liquiditätsvorteil hat[115].

Die Kostenermäßigung nach § 501 misst sich an den vereinbarten Zinsen. Sie sind **385** nicht feststellbar bei einem Unternehmer, der nach Maßgabe von § 507 Abs. 3 Satz 1 nur gegen Teilzahlungen liefert oder leistet, also keine Bargeschäfte betreibt und deshalb keinen Barzahlungspreis und keinen effektiven Jahreszins anzugeben braucht (Rn 364). Die Kostenermäßigung nach § 501 bezieht sich in diesem Fall gem. § 507 Abs. 3 Satz 2 auf den gesetzlichen Zinssatz von 4% p.a. (§ 246), der – je nach Marktlage – niedriger als der wirklich kalkulierte Zinssatz sein kann. Eine Vorfälligkeitsentschädigung fällt nach § 507 Abs. 3 Satz 3 nicht an.

3. Zahlungsaufschub, der kein Teilzahlungsgeschäft ist

a) Rahmenverträge des Handels

Mangels Bestimmtheit der unternehmerischen Leistung sind Rahmenverträge des **385a** Handels, aufgrund derer, zB mittels Kundenkarten, der Verbraucher beliebig (und nicht nur bestimmte) Waren einkaufen darf, keine Teilzahlungsgeschäfte (Rn 361), ebenso wenig ein Immobiliar-Ratenkauf (Rn 361a).

b) Stundung einer Forderung

Vereinbaren die Parteien die Stundung einer Forderung, auch einer Darlehensforde- **385b** rung nach § 488 Abs. 1 Satz 2, gegen Entgelt, liegt hierin ein Zahlungsaufschub nach § 506 Abs. 1. Wird die Stundung aber durch Grundpfandrecht oder Reallast gesichert, gilt sie auch dann als Zahlungsaufschub, wenn sie unentgeltlich ist, wie § 506 Abs. 1 Satz 3 bestimmt[116].

4. Finanzierungsleasing

§ 506 Abs. 1 ist nicht nur die allgemeine Verweisungsnorm für einen Zahlungsauf- **386** schub, sondern auch für eine sonstige entgeltliche Finanzierungshilfe. Auf dem gegenwärtigen Markt der Finanzierungsleistungen in diesem Bereich kommt hierfür nur Finanzierungsleasing einschließlich der Spielart Mietkauf vor. Den Begriff Finanzierungsleasing verwendet das Gesetz nicht mehr, setzt ihn aber, namentlich in den Fallkonstellationen von § 506 Abs. 2 (Rn 391) voraus. Zugrundezulegen ist der durch Rechtsprechung und Schrifttum erarbeitete, aber auch vom Steuerrecht beeinflusste Rechtsbegriff.

Denkbar ist eine sonstige Immobiliar-Finanzierungshilfe in Gestalt von Immobilien- **386a** Leasing, das allerdings als Verbrauchergeschäft nicht vorkommt und bei der es typischerweise auch an der Vollamortisation (Rn 389) fehlt[117].

---

115 *Bülow/Artz* Verbraucherkreditrecht § 506 BGB Rn 125.
116 Näher *Bülow/Artz* Verbraucherkreditrecht § 506 BGB Rn 63d; MK/*Schürnbrand* § 506 BGB Rn 7.
117 *Sobotka* BB 1998, 827 zu 1., *in casu* aber bejaht in BGH NJW-RR 2015, 615 Rn 26, 32.

a) Begriff

387 Finanzierungsleasing ist eine eigenständige Finanzierungs- und Investitionsform. Wer ein Wirtschaftsgut erwerben und den Erwerb finanzieren will, kann ein Darlehen aufnehmen und mit der Valuta das Wirtschaftsgut bezahlen, das typischerweise in sein Eigentum übergeht; er kann mit dem Veräußerer auch ein Teilzahlungsgeschäft vereinbaren, der sich das Eigentum nach § 449 vorbehält. Auf diese Weise kann die im Erwerb des Wirtschaftsguts liegende Investition finanziert werden.

388 **aa) Substanzverzehr und Amortisation.** Finanzierungsleasing kennzeichnet sich im Ausgangspunkt dadurch, dass der Leasinggeber dem Leasingnehmer das Wirtschaftsgut zu Gebrauch und Nutzung überlässt und dieser dem Leasinggeber ein Entgelt, nämlich Leasingraten, zahlt, ohne dass sich die Eigentumsverhältnisse am Wirtschaftsgut veränderten. Bleibt es bei diesem Ausgangspunkt, handelt es sich um einen Mietvertrag, der keine Finanzierungshilfe darstellt und keinen Investitionscharakter hat, vielmehr verbraucherkreditrechtlich irrelevant ist, wie Art. 2 Abs. 2 lit. d der Verbraucherkreditlinie zu entnehmen ist. Nach dem Ende des Mietverhältnisses, das auch als **Operating-Leasing** bezeichnet wird, kann der Eigentümer das Wirtschaftsgut wieder an einen anderen Nutzer vermieten.

389 Das Vertragsverhältnis kann aber auch in der Weise ausgestaltet sein, dass der Leasingnehmer das Wirtschaftsgut nicht nur zum vorübergehenden Gebrauch bekommt, sondern dass er nach dem Inhalt des Vertrags die Substanz des Wirtschaftsguts aufbrauchen und aufzehren darf. Am Ende der Laufzeit hat das Wirtschaftsgut allenfalls noch einen Restwert, wäre aber nicht mehr zum Abschluss eines erneuten Finanzierungsleasingvertrags mit einem anderen geeignet. Aus der Sicht des Leasinggebers ist eine Kalkulation in der Weise geboten, dass die Summe der während der gesamten Leasingzeit vom Leasingnehmer geleisteten Raten, zuzüglich eines Restwerts, demjenigen Kaufpreis entspricht, den der Leasinggeber selbst für den Erwerb des Wirtschaftsguts aufwenden musste zuzüglich eines Unternehmergewinns. Auf diese Weise wird der Erwerb des Wirtschaftguts durch den Leasingnehmer amortisiert. Amortisation und Substanzverzehr entsprechen sich. In betriebswirtschaftlicher Sicht hat der Leasingnehmer eine **Investition** getätigt, der Leasinggeber diese Investition finanziert, in vergleichbarer Weise wie im Falle eines Teilzahlungskaufs oder eines durch Darlehen finanzierten Kaufs. Deshalb stellt das Finanzierungsleasinggeschäft unabhängig von einer Erwerbspflicht des Leasingnehmers (Rn 390) eine **Finanzierungshilfe im Sinne von § 506 Abs. 1** dar, wenn der Leasinggeber zugleich Unternehmer nach § 14 und der Leasingnehmer zugleich Verbraucher nach § 13 bzw Existenzgründer nach § 513 ist; hieran hat das Gesetz zur Umsetzung der VerbrKrRil 2008/48/EG, in Kraft seit dem 11.6.2010 (VKrRiLUG, Rn 296), nichts geändert[118]. Natürlich kommt es nicht auf die Bezeichnung an, welche die Parteien dem Vertrag gegeben hatten, sondern auf eine Analyse des Vertragsinhalts nach den Kriterien von Substanzverzehr und Amortisation.

---

118 *Bülow* WM 2014, 1413; Erman/*Nietsch* § 506 BGB Rn 21 aE; aA *Ball* in: FS Tolksdorf 2014, S. 3; MK/*Schürnbrand* § 506 BGB Rn 28 aE.

bb) Die Problematik der Erwerbspflicht. Für diese Qualifikation als Finanzierungs- **390**
leasinggeschäft ist es ohne Bedeutung, ob der Verbraucher, wenn nicht am Beginn
der Laufzeit, so doch zu einem späteren Zeitpunkt, das Eigentum am Wirtschaftsgut
erhält, sei es nach dem Inhalt des Vertrags oder auf Verlangen des Unternehmers als
Leasinggeber. Bei Substanzverzehr und voller Amortisation handelt es sich vielmehr
um Finanzierungsleasing, auch wenn der Leasingnehmer nach dem Inhalt des Vertrags niemals Eigentümer werden soll. Hierin unterscheidet sich die zivilrechtliche
Begriffsbestimmung von der steuerrechtlichen[119]. Eine Spielart des Finanzierungslea-
singgeschäfts liegt im sogenannten **Mietkauf**, wo der Mieter die Option zu Kauf und
Eigentumserwerb hat und die geleistete Miete auf den Kaufpreis angerechnet wird
und ebenfalls Substanzverzehr und Amortisation eintreten[120].

Eine andere Bewertung waltet in der Verbraucherkreditrichtlinie, wo gem. Art. 2 **391**
Abs. 2 lit. d Miet- oder Leasingverträge erfasst sind, die eine Verpflichtung zum Erwerb des Leasingguts durch den Verbraucher *(crédit baille)* vorsehen. Eine Erwerbspflicht setzt allerdings nicht voraus, dass Substanzverzehr und Amortisation eintreten; ist dies nicht der Fall, handelt es sich nicht um eine sonstige Finanzierungshilfe
nach § 506 Abs. 1. Der Richtlinienkonformität wegen bestimmen deshalb § 506
Abs. 2 Nr. 1 und 2, dass derartige Leasingverträge als Finanzierungshilfen gelten,
wenn der Verbraucher zum Erwerb verpflichtet ist oder der Leasinggeber den Erwerb
verlangen kann; man spricht vom Andienungsrecht des Leasinggebers. Obwohl keine
Finanzierungshilfe nach § 506 Abs. 1, ist Verbraucherkreditrecht also dennoch anwendbar und somit Richtlinienkonformität hergestellt. Daraus erklärt sich auch die
unterschiedliche Formulierung in Art. 3 lit. c Verbraucherkreditrichtlinie, die von
sonstigen ähnlichen Finanzierungshilfen – nämlich dem Zahlungsaufschub vergleichbar – handelt, und in § 506 Abs. 1, wo schlicht sonstige Finanzierungshilfen, nämlich
auch ohne Erwerbspflicht, erfasst sind.

Außerhalb des harmonisierten Bereichs der Richtlinie befinden sich Leasingverträge **392**
mit Restwertgarantie nach § 506 Abs. 2 Nr. 3 BGB. Danach hat der Verbraucher bei
Vertragsende für einen festgelegten Wert des Leasinggegenstandes, auch wenn ein
solcher tatsächlich nicht erreicht wird, einzustehen. Auf Substanzverzehr und Amortisation kommt es nicht an. Bei dieser Vertragsart sind das Recht auf vorzeitige Erfüllung nach § 500 Abs. 2 und das Recht auf Vorfälligkeitsentschädigung nach § 502
(Rn 349, 351) ausgeschlossen (§ 506 Abs. 2 Satz 2); es besteht keine Bindung an die
Verbraucherkreditrichtlinie.

b) Anwendbare Vorschriften

Auf Finanzierungsleasingverträge sind die verbraucherkreditrechtlichen Vorschriften, **393**
auch über Widerruf und verbundene Geschäfte, anwendbar, wie § 506 Abs. 1 Satz 1
bestimmt; Besonderheiten gelten, anders als nach früherem Gesetzesstand, nicht
mehr. Deshalb war die besondere Erwähnung von Finanzierungsleasing durch das
Gesetz entbehrlich geworden. Die Anwendbarkeit bezieht sich auch auf die Tatbe-

---

119 Näher *Bülow/Artz* Verbraucherkreditrecht, § 506 BGB Rn 70; BStBl I 1971, S. 264 und 1972, S. 188.
120 Näher *Bülow* in: 10 Jahre Mietrechtsreformgesetz, 2011, S. 86.

stände von § 506 Abs. 2 Nr. 1 und 2 (Rn 391). Einzelheiten der vorvertraglichen Information nach § 491a (vgl Rn 362) und des Vertrags sind Art. 247 § 12 Abs. 1 EGBGB zu entnehmen. Eine Vollmacht des Verbrauchers zum Abschluss eines Finanzierungsleasingvertrags ist nach § 167 Abs. 2 nicht formbedürftig (Rn 324 sowie Rn 370). Ist der Vertrag formnichtig, tritt Heilung nach § 494 ein; der Beginn der Widerrufsfrist für den geheilten Vertrag bedarf des Verfahrens der Nachholung gem. § 492 Abs. 6 (Rn 319, 367). Die Ausnahmetatbestände von § 491 Abs. 2 Satz 2 und Abs. 4 (Rn 302b) beziehen sich gem. § 506 Abs. 4 auch auf Finanzierungsleasingverträge.

394   Der Verbraucher kann den Finanzierungsleasingvertrag nach § 495 **widerrufen**[121]. Die Unterrichtung über das Widerrufsrecht ist Vertragsbestandteil nach Art. 247 § 6 Abs. 2 EGBGB (Rn 329), sodass eine gesonderte Widerrufsbelehrung nicht mitzuteilen ist (Rn 132). Der Verbraucher schuldet Wertersatz für Wertverlust nach § 357 Abs. 7 (Rn 201, 191). Ein Einwendungsverzicht des Leasingnehmers ist gemäß § 496 Abs. 1 unwirksam, für die Begleichung von Leasingraten durch Wechsel oder Scheck gilt § 496 Abs. 3. Gerät der Verbraucher mit Leasingraten in Verzug, richten sich die Rechtsfolgen nach § 497. Der Verbraucherverzug berechtigt den Leasinggeber unter den Voraussetzungen von § 498 zur Kündigung, wobei der nach Abs. 1 Nr. 1 maßgebliche Nennbetrag (Rn 344) in der Summe aller Leasingraten liegt[122]. Vorzeitige Erfüllung, Kostenermäßigung und Vorfälligkeitsentschädigung richten sich nach §§ 500–502 (Rn 351), anders nur bei Leasingverträgen mit Restwertgarantie nach § 506 Abs. 2 Nr. 3 (Rn 392). Nach §505a bis 505e ist die Kreditwürdigkeit des Verbrauchers als potentiellem Leasingnehmer zu bewerten (Rn 307).

395   Obsolet ist meistens auch hier (Rn 373) der Verweis auf die Vorschriften über **verbundene Geschäfte** nach § 358 und den Einwendungsdurchgriff nach § 359 Abs. 1; die Vorschriften gelten ohnehin, wenn ihre Voraussetzungen erfüllt sind. Dies kommt allerdings nur selten in Betracht, weil der Verbraucher anders als etwa beim finanzierten Kauf nach § 358 Abs. 2 nicht zwei Verträge mit verschiedenen unternehmerischen Vertragspartnern, sondern nur einen Vertrag, eben den Finanzierungsleasingvertrag mit dem Leasinggeber, abschließt. Ein verbundenes Geschäft ist aber denkbar im Falle des sog. Bestelleintritts, wo der Verbraucher das Wirtschaftsgut beim Lieferanten kauft und später der Leasinggeber in diesen Kaufvertrag eintritt[123] (das ist allerdings nur anzunehmen, wenn der Leasinggeber neben dem Leasingnehmer – kumulativ– Vertragspartei wird, nicht aber, wenn er anstelle des Leasingnehmers – privativ – in den Kaufvertrag eintritt und wiederum nur ein Vertrag – der Leasingvertrag zwischen Leasinggeber und Verbraucher – übrig bleibt[124]), außerdem dann, wenn der Lieferant als Erfüllungsgehilfe des Leasinggebers tätig wurde, indem er den Abschluss des Finanzierungsleasingvertrags vorbereiten half[125]. In diesen Fällen gibt es

---

121   Hierzu OLG Koblenz NJW 2006, 919.
122   BGHZ 147, 7 = NJW 2001, 1349.
123   BGH NJW 1999, 425.
124   BGH v. 22.1.2014 – VIII ZR 178/13, Tz. 13, NJW 2014, 1519 = WM 2014, 1048 mit Anm. *Bülow* LMK 2014, 357062.
125   *Canaris* ZIP 1993, 401.

keinen Darlehensvertrag als Finanzierungsvertrag, wie ihn § 358 voraussetzt; Finanzierungsvertrag ist vielmehr der Leasingvertrag, auf den die Verbundvorschriften entsprechend anwendbar sind. Gleiches gilt bei einem Leasingvertrag über ein Mobiltelefon (Rn 373). Man mag auch daran denken, einen Einwendungsdurchgriff nach § 359 Abs. 1 bei einer Vertragskonstruktion zu bejahen, in welcher der Leasinggeber Mängelansprüche, die er selbst aus dem Kauf des Wirtschaftsguts beim Lieferanten hat, an den Leasingnehmer abtritt, sodass hierdurch ein Dreipersonenverhältnis unter Leasingnehmer als Zessionar, Leasinggeber als Zedent und Lieferant als Schuldner entsteht[126]. Sollte man dem folgen, könnte der Verbraucher als Leasingnehmer die Zahlung der Leasingraten verweigern, soweit Gewährleistungsansprüche gegenüber dem Lieferanten aus abgetretenem Recht bestehen[127].

IV. Kreditvermittlung

1. Ratio legis

Die Vorschriften der §§ 655a–655e gestalten den Maklervertrag in besonderer ver- **396** braucherprivatrechtlicher Weise, wenn Gegenstand der Vermittlung oder des Nachweises (vgl § 652 Abs. 1) ein Verbraucherdarlehensvertrag oder ein Vertrag über eine entgeltliche Finanzierungshilfe ist[128], der nicht unter einen Ausnahmetatbestand von § 491 Abs. 2 Satz 2 fällt (Rn 302b). Ziel der über Art. 21 VerbrKrRiL hinausgehenden und Art. 15 WohnimmoRiL wahrenden Regelung ist es, den Verbraucher vor einer von ihm vielleicht nicht gebührend zur Kenntnis genommenen Verteuerung des Darlehens zu schützen, die durch die Makelung eintritt. Der Schutz findet durch die halbzwingende (§ 655e Abs. 1 Satz 1; Rn 33) Anwendung des Informationsmodells statt (o. Rn 28). Der Darlehensvermittlungsvertrag ist aber nicht widerruflich. Nur wenn die Vermittlungsprovision durch den Darlehensvertrag mitfinanziert wird, kann ein verbundenes Geschäft nach § 358 Abs. 3 anzunehmen sein, sodass der Widerruf des Darlehensvertrags gem. § 358 Abs. 2 auch den Vermittlungsvertrag erfasst (Rn 158), auch kann über die Provision eine Ratenzahlung gegen Entgelt vereinbart werden, sodass der Vermittlungsvertrag zugleich ein widerrufliches Teilzahlungsgeschäft nach § 506 Abs. 3 ist[129]. Schutzadressat ist, der Tradition des Verbraucherkreditgesetzes gehorchend, gem. § 655e Abs. 2 **auch der Existenzgründer** nach § 512 (Rn 72).

2. Form und Information

Der Darlehensvermittlungsvertrag bedarf gem. § 655b Abs. 1 bei Meidung der Nich- **397** tigkeit (Abs. 2, § 125) der Schriftform; die elektronische Form (§§ 126 Abs. 3, 126a) ist nicht ausgeschlossen. Anzugeben ist nach § 655b Abs. 1 Satz 1 iVm Art. 247 § 13

---

126 „Leasingtypische Abtretungskonstruktion", BGH WM 2006, 495; NJW 2014, 1970 Tz. 9, 12.
127 *Finkenauer/Brand* JZ 2013, 273 (277); *Wieling/Finkenauer* Fälle zum Besonderen Schuldrecht, 7. Aufl. 2012, S. 75/76, 78.
128 Nicht: Versicherungsvertrag (s. Rn 418), BGH NJW 2012, 3718 Tz. 14.
129 BGH NJW 2012, 3428 Tz. 12 mit Anm. *Bülow* LMK 2012, 338473; BGH NJW 2014, 1655 Tz. 20.

Abs. 2 Nr. 1 sowie §§ 13a und 13b EGBGB die Vergütung (Provision, Courtage) des Vermittlers, außerdem eine im gegebenen Falle vom Darlehensgeber zu leistende Vermittlungsvergütung, die schlussendlich, nämlich über die Darlehenskonditionen, doch der Verbraucher als Darlehensnehmer zahlt. Der Darlehensvermittler ist nach § 655a Abs. 2 Satz 2 auch zur vorvertraglichen Information nach § 491a (Rn 306) und zur Information nach Art. 247 § 13 EGBGB sowie § 13a (im Fall der Vermittlung von Allgemein-Verbraucherdarlehen) oder § 13b (Immobiliar-Verbraucherdarlehen) verpflichtet. Ein Kreditvermittler kann zusätzliche Beratungsleistungen anbieten; geht es um die Vermittlung eines Immobiliardarlehens, ist § 511 BGB entsprechend anwendbar (Rn 307a) mit Besonderheiten für gebundene Vermittler nach § 655a Abs. 3 Satz 3. Der Übersichtlichkeit halber müssen Vermittlungsvertrag und Darlehensvertrag in getrennten Urkunden enthalten sein (§ 655b Abs. 1 Satz 2). Der Text des Vermittlungsvertrags ist dem Verbraucher auf einem dauerhaften Datenträger nach § 126b Satz 2 mitzuteilen. Nebenentgelte, zB Reise- oder Schreibkosten oder eine „Wertermittlungsgebühr"[130], dürfen dem Verbraucher gem. § 655d nur in beschränktem Umfang berechnet werden. Bei Nichtigkeit des Vermittlungsvertrags wegen Formverstoßes (§ 655b Abs. 2) hat der Vermittler keinen Provisionsanspruch, bei einem kaufmännischen Vermittler (§§ 1 oder 2 HGB) auch nicht nach § 354 HGB[131]. Der nichtige Vertrag ist nicht heilbar, sondern müsste neu abgeschlossen werden (vgl § 141 BGB: Bestätigung).

3. Erfolgsabhängigkeit der Vergütung

398 Die Mühe des Maklers ist oft umsonst, nämlich wenn es trotz Vermittlung oder Nachweis nicht zum Abschluss des Hauptvertrags zwischen Darlehensgeber und Verbraucher kommt; das entspricht dem Leitbild des Maklervertrags[132], wie es in § 652 Abs. 1 zum Ausdruck kommt. Doch ist diese Bestimmung dispositiv, sodass die Parteien eine erfolgsunabhängige Vergütung vereinbaren können, wenngleich eine Abweichung davon durch Allgemeine Geschäftsbedingungen der Vorschrift von § 307 Abs. 2 Nr. 1 nicht standhält[133]. Durch § 655c Satz 1 ist aber auch eine individualvertragliche Abweichung vom Grundsatz der Erfolgsabhängigkeit ausgeschlossen und kann gemäß § 655e Abs. 1 Satz 1 nicht wirksam vereinbart werden. Ohne wirksamen, auf der Tätigkeit des Vermittlers beruhendem, also ursächlichem Abschluss des vom Verbraucher gewünschten und erfüllten Darlehens- oder Finanzierungshilfevertrags als Hauptvertrag hat der Darlehensvermittler keinen Vergütungsanspruch, wohl aber im Falle der Heilung des vermittelten Vertrags gem. § 494 Abs. 2 Satz 2 bis Abs. 6 (Rn 317). Ist der Darlehensvertrag nichtig, insbesondere nach den Grundsätzen zur Sittenwidrigkeit von Konsumentenratenkrediten gemäß § 138 oder aufgrund erklärter Anfechtung, entsteht kein Provisionsanspruch.

---

130 BGH WM 2012, 1137 Tz. 13, 26.
131 BGH NJW-RR 2005, 1572; *Bülow/Artz* Handelsrecht, 7. Aufl. 2015, Rn 690.
132 BGHZ 99, 374.
133 BGHZ 60, 377.

Weitere Voraussetzung des Anspruchs auf Vergütung ist, dass der vermittelte Dar- **399**
lehensvertrag endgültig und nicht nur schwebend wirksam ist. In Fortführung des
Rechtsgedankens von § 652 Abs. 1 Satz 2, wonach bei bedingt abgeschlossenem
Hauptvertrag der Provisionsanspruch nur entsteht, wenn die Bedingung eintritt, bestimmt Entsprechendes § 655c Satz 1. An der endgültigen Wirksamkeit fehlt es, solange das Widerrufsrecht aus §§ 495, 506 Abs. 1 (Rn 117, 317) noch fortbesteht (im
gegebenen Falle unbefristet nach §§ 356b, 356 Abs. 3 Satz 3, Rn 146). Erst mit dem
Zeitpunkt des ungenutzten Ablaufs der Widerrufsfrist wird der Provisionsanspruch
fällig.

Aber auch wenn der Zustand schwebender Wirksamkeit beendet ist, weil das Wider- **400**
rufsrecht erlosch (Rn 127, 146), braucht der Vermittler noch keinen Provisionsanspruch gegen den Verbraucher zu haben. Der Anspruch entsteht gemäß § 655c Satz 1
vielmehr erst, wenn das Darlehen an den Verbraucher oder vereinbarungsgemäß an
einen Dritten (zB den Verkäufer im verbundenen Geschäft nach § 358 Abs. 3, vgl
Rn 152) geleistet, also tatsächlich ausgezahlt worden ist.

4. Umschuldung

In besonderer Weise nimmt sich das Gesetz der Umschuldungsproblematik an, die **401**
ihrerseits in Zusammenhang mit der Schuldturmproblematik (Rn 341) steht. Es geht
um Folgendes:

Wird ein Kredit notleidend, kann der Verbraucher versuchen, einen neuen Kredit zu **402**
bekommen, mit dem er den alten ablöst und vielleicht darüber hinaus neuen Kredit-
bedarf deckt. Es kann der Fall eintreten und ist Gegenstand höchstrichterlicher Rechtsprechung[134], dass dem Verbraucher keine Erleichterung widerfährt, wenn er den alten Kredit ablöst, sondern dass sich die Kreditkonditionen sogar noch verschlechtern,
was der Verbraucher vor allem dann leicht übersehen kann, wenn die Umschuldung
mit einer Tilgungsstreckung verbunden ist. Als Folge dessen ist der effektive Jahreszins des Ablösungskredits höher als derjenige des abgelösten Kredits. In diesem
Fall hat der Vermittler gem. § 655c Satz 2 keinen Provisionsanspruch, ist also aus
seiner Sicht umsonst tätig geworden.

Die Entstehung des Provisionsanspruchs wird in solchen Fällen allerdings nur dann **403**
gehindert, wenn der Darlehensvermittler den Zweck des Neukredits, nämlich die Ab-
lösung, kennt. In diesem Wissen des Darlehensvermittlers ist die Missbilligung durch
das Gesetz begründet, die darin liegt, dass der Darlehensvermittler keinen Lohn ver-
dient hat.

Berechnungsgrundlage ist der effektive Jahreszins des abzulösenden Altkredits im **404**
Vergleich zu demjenigen des Neukredits. Wie § 655c Satz 2, 2. HS bestimmt, bleiben
für die Ermittlung des effektiven Jahreszinses beim Altkredit Vermittlungskosten außer Betracht (entgegen § 6 Abs. 3 Satz 1 PAngVO), während sie beim Neukredit mit

---

134 BGH WM 1988, 645 mit Komm. *Bülow* EWiR § 138 BGB 13/88, 543.

einzubeziehen sind[135]. Der Vermittler muss sich also um einen günstigeren Neukredit als Ablösungskredit bemühen.

V. Kreditähnliche, längerfristige Verträge

405 Auch wenn der Verbraucher keinen Kredit erhält, sondern sogleich bezahlt, was er vom Unternehmer bekommt, kann die Vertragsmaterie für ihn doch unübersichtlich, für den Unternehmer aber leicht durchschaubar sein, sodass eine Störung von Vertragsparität zu befürchten sein kann. Ausgleichsbedürfnis besteht in gesetzgeberischer Sicht bei Verträgen, durch die der Verbraucher Verpflichtungen eingeht, die erst in der Zukunft liegen und sich dort wiederholen, nämlich im Falle von Ratenlieferungsverträgen nach § 510, von Fernunterrichtsverträgen nach dem FernUSG, ohne dass europäisches Sekundärrecht Umsetzung verlangt hätte, außerdem im Falle von Versicherungsverträgen.

1. Ratenlieferungsverträge (§ 510)

a) Begriff und Anwendungsbereich

406 In der Tradition schon von § 1c AbzG und § 2 VerbrKrG, aber jenseits des harmonisierten Bereichs der Verbraucherkreditrichtlinie, liegt die Anwendung des Vertragslösungsmodells und in beschränktem Umfang des Informationsmodells auf Ratenlieferungsverträge. Sie kennzeichnen sich dadurch, dass sich der Verbraucher gegenüber einem Unternehmer zur Abnahme von Sachen in der Zukunft und für längere Zeit verpflichtet, diese Sachen aber schon bei jeder Lieferung, also ohne Stundung, bezahlt. Es handelt sich um Teillieferungsverträge über zusammengehörende Sachen nach § 510 Abs. 1 Satz 1 Nr. 1, zB eines mehrbändigen Lexikons oder juristischen Großkommentars oder eines Kaffeegeschirrs. Jeder Band oder jede Tasse wird Zug um Zug gegen Lieferung bezahlt. Bei Sukzessivlieferungsverträgen nach Nr. 2 handelt es sich um Sachen gleicher Art, zB bei einem Zeitschriftenabonnement[136]. Einen Auffangtatbestand stellen Verträge über den wiederkehrenden Erwerb oder Bezug von Sachen nach Nr. 3 dar, wo es anders als nach Nr. 2 auf die Regelmäßigkeit nicht ankommt[137]. Anwendungsfelder hierfür sind Bierlieferungsverträge, vorausgesetzt, der Gastwirt ist als Existenzgründer nach § 513 Normadressat (Rn 72) oder Verträge über die unregelmäßige Lieferung von Flüssiggas (während § 510 auf die Lieferung leitungsgebundener Energie nicht anwendbar ist). Nicht anwendbar ist § 510 auch auf Werkverträge wie zB Fertighausverträge[138].

407 Disparitätsausgleichender Regelungen bedarf es gem. § 510 Abs. 3 Satz 1 nur außerhalb der Ausnahmebereiche von § 491 Abs. 2 und 3. Namentlich in Bagatellfällen

---

135 Im Einzelnen *Bülow/Artz* Verbraucherkreditrecht, § 655c BGB Rn 25.
136 Nicht jedoch im Falle sog. Pay-TV, BGH NJW 2003, 1932, aA LG Koblenz VuR 1998, 266.
137 LG Krefeld NJW-RR 2017, 1332 Rn 11.
138 BGH WM 2006, 1264 und 1735 zu II. 1., skept. *Bülow/Artz* Verbraucherkreditrecht, § 510 BGB Rn 10.

eines Vertragsvolumens von weniger als 200 € ist § 510 nicht anwendbar. Dieser Betrag ist nach § 510 Abs. 3 Satz 2 die Summe aller vom Verbraucher bis zum frühestmöglichen Kündigungszeitpunkt zu entrichtenden Teilzahlungen, wobei sich ein Kündigungsrecht aus Vereinbarung ergibt[139].

b) Kompensationsinstrumente

Ratenlieferungsverträge sind gem. § 312g Abs. 1 **widerruflich**, wenn sie zugleich Außergeschäftsraum- oder Fernabsatzverträge sind. Ist dies nicht der Fall, also bei Vertragsschluss im stationären Handel, bestimmt § 510 Abs. 2 die Widerruflichkeit. Der Beginn der Widerrufsfrist ist in diesem Fall durch § 356c Abs. 1 bestimmt, nämlich durch die Erteilung einer Widerrufsbelehrung unter den strengen Maßgaben von Art. 246 Abs. 3 EGBGB (Rn 134). Das Widerrufsrecht erlischt spätestens zwölf Monate und 14 Tage nach Vertragsschluss (§ 356c Abs. 2 Satz 2). Das Widerrufsformular nach Anlage 2 zum EGBGB kann verwendet werden (näher §§ 356c Abs. 2 Satz 1, 356 Abs. 1, Rn 125). **408**

Das **Informationsmodell** liegt zunächst insoweit zugrunde, als der Ratenlieferungsvertrag gem. § 510 Abs. 1 Satz 1 der Schriftform bedarf. Art. 10 Abs. 3 der Richtlinie über den elektronischen Geschäftsverkehr entsprechend ist der Unternehmer von Schriftform bzw elektronischer Form gem. § 510 Abs. 1 Satz 2 befreit, wenn er dem Verbraucher die elektronische Speicherung ermöglicht. Entsprechend § 492 Abs. 3 hat der Unternehmer dem Verbraucher den Vertragsinhalt mitzuteilen, es genügt gemäß § 510 Abs. 1 Satz 3 Textform nach § 126b Satz 1. **409**

2. Fernunterrichtsverträge

a) Normadressaten

Das Fernlehrwesen ist ein wichtiger Bestandteil des modernen Weiterbildungssystems[140]. Aber der Bildungswillige läuft Gefahr, seine eigene Eignung und Fähigkeit zur Teilnahme am Fernunterricht falsch einzuschätzen[141] oder auch die Qualität des Unterrichtsveranstalters und seiner Lehrgänge. Diesen Gefahren begegnet die Privatrechtsordnung bereits seit 1976 in Gestalt des Fernunterrichtsschutzgesetzes (FernUSG) durch Anwendung des Informationsmodells und des Vertragslösungsmodells. Der Schutz vor dem unerwünschten Fernunterrichtsvertrag ist allerdings **kein genuin verbraucherprivatrechtliches Problem**. Parteien eines Fernunterrichtsvertrags sind nämlich nicht notwendigerweise ein Unternehmer und ein Verbraucher. Vielmehr sind Vertragsparteien nach § 2 Abs. 1 FernUSG der Veranstalter von Fernunterricht einerseits und der Teilnehmer am Fernunterricht andererseits. Der Veranstalter wird typischerweise zugleich Unternehmer nach § 14 sein, zwingende Voraussetzung eines Fernunterrichtsvertrags ist dies aber nicht (vgl § 12 FernUSG). Auch der Teilnehmer als Vertragspartei braucht nicht notwendigerweise Verbraucher nach **410**

---

139 Vgl BGH WM 2005, 91; NJW 2003, 3202 zu III.
140 BT-Drucks. 7/4965, S. 1.
141 BT-Drucks. 7/4245, S. 12; BGH NJW 2010, 608 Tz. 17.

§ 13 zu sein; es kann sich zB um einen selbstständigen Rechtsanwalt handeln, der sich im Fernunterricht Buchführungskenntnisse aneignen will. Der Teilnehmer braucht nicht notwendig zugleich Lernender, also Schüler, iSv § 1 Abs. 1 Nr. 1 FernUSG zu sein. Vielmehr kommt als Teilnehmer und Vertragspartei auch ein Arbeitgeber in Betracht, der den Fernunterrichtsvertrag zugunsten seiner Arbeitnehmer als Dritte nach § 328 BGB abschließt. Dieser Arbeitgeber ist anders als gemäß § 13 BGB auch als juristische Person Teilnehmer. Der Schutz des Teilnehmers ist weniger zur Kompensation gestörter Vertragsparität geboten, sondern aus dem Grunde, dass er nicht schon bei Vertragsschluss beurteilen kann, ob der Fernunterricht seinen Vorstellungen genügt. Er kann es vielmehr erst dann, wenn ihm der Veranstalter das Lehrmaterial zusendet. Der Schutz des Teilnehmers dient deshalb auch der Qualitätskontrolle.

b) Form und Information

411 Gem. § 3 Abs. 1 FernUSG bedarf die auf den Abschluss des Fernunterrichtsvertrags gerichtete Willenserklärung des Teilnehmers (nicht des Veranstalters) der Schriftform, die elektronische Form ist nicht ausgeschlossen (§ 126 Abs. 3 BGB). Der Fernunterrichtsvertrag kann zugleich Außergeschäftsraum- oder Fernabsatzgeschäft sein (§§ 312b, 312c BGB); in diesem Fall gelten die Informationspflichten nach § 312d Abs. 1 BGB iVm Art. 246a EGBGB unmittelbar. Kommt der Fernunterrichtsvertrag aber im stationären Handel zustande, erklärt § 3 Abs. 2 FernUSG die entsprechende Anwendung der vorgenannten Bestimmungen. Die danach zu machenden Angaben werden gem. § 312d Abs. 1 Satz 2 BGB Vertragsbestandteil. Nach Art. 246a Abs. 1 Nr. 1 EGBGB sind die wesentlichen Eigenschaften des angebotenen Fernlehrgangs zu nennen; was darunter zu verstehen ist, legt § 3 Abs. 3 FernUSG fest. Dies gilt für den stationären wie für den nicht-stationären Handel.

c) Vertragslösung

412 Der Verbraucher als Teilnehmer kann den Fernunterrichtsvertrag widerrufen und hat ein besonderes Kündigungsrecht.

413 **aa) Widerruf.** Im gegebenen Falle entsteht mit Vertragsabschluss das Widerrufsrecht aus § 312g Abs. 1 BGB. Bei Vertragsschluss im stationären Betrieb eröffnet § 4 Satz 1 FernUSG das Widerrufsrecht unter Verweis auf § 355, wobei es sich um eine **Rechtsgrundverweisung** handeln dürfte. Das Widerrufsrecht entsteht demgemäß nicht für einen Teilnehmer, der nicht zugleich Verbraucher nach § 13 BGB ist (Rn 410). Entsprechend anzuwenden sind gem. § 4 Satz 2 FernUSG die Vorschriften von §§ 356 und 357 BGB. Die Widerrufsfrist von 14 Tagen beginnt gem. § 356 Abs. 3 Satz 1 BGB also nicht, bevor der Teilnehmer die Widerrufsbelehrung nach Art. 246a § 1 Abs. 2 Nr. 1 EGBGB erhalten hatte (Rn 133). Des ungeachtet erlischt es nach zwölf Monaten und 14 Tagen nach Vertragsschluss (§ 356 Abs. 3 Satz 2 BGB, Rn 146). Das Widerrufsformular nach Anlage 2 zum EGBGB kann mobilisiert werden (§ 356 Abs. 1 BGB, Rn 125).

414 Der Teilnehmer kann die Unterrichtsvergütung finanzieren, sei es durch einen zu diesem Zweck geschlossenen Darlehensvertrag oder durch eine mit dem Veranstalter vereinbarte Teilzahlungsabrede. Im ersten Fall gilt gem. § 4 Satz 3 FernUSG die Regelung von § 358 BGB entsprechend (Rn 155), dh der Widerruf des Fernunterrichtsvertrags bringt gem. § 358 Abs. 1 auch den Darlehensvertrag zu Fall, der nicht notwendigerweise ein Verbraucherdarlehensvertrag ist (Rn 157).

Im Falle einer Teilzahlungsabrede ist der Fernunterrichtsvertrag zugleich Teilzahlungsgeschäft nach § 506 Abs. 3 BGB, sodass ua die Pflichtangaben nach § 492 Abs. 2 BGB iVm Art. 247 § 12 EGBGB zu machen sind. Wie § 9 FernUSG bestimmt, ist in diesem Fall § 356b BGB anwendbar. Der Fernunterrichtsvertrag ist zugleich Verbraucherkreditgeschäft und bedarf gem. §§ 492 Abs. 1, 506 Abs. 1 BGB der Schriftform, sodass der Veranstalter dem Teilnehmer eine vollständige Vertragsurkunde zur Verfügung zu stellen hat, die auch über das Widerrufsrecht unterrichtet (Rn 131 und 329). Daraufhin beginnt die Widerrufsfrist. **415**

Hatte der Teilnehmer bereits vor seinem Widerruf Unterrichtsleistungen in Anspruch genommen, schuldet er Wertersatz unter den Voraussetzungen von §§ 4 Satz 2 FernUSG, § 357 Abs. 8 BGB (Rn 194). **416**

bb) Kündigung und Rücktritt. Der Teilnehmer, ob Verbraucher oder nicht (Rn 410), hat ein fristgebundenes Kündigungsrecht nach § 5 FernUSG. Es kommt vor, dass die Parteien jenseits des Fernlehrmaterials die Lieferung beweglicher Sachen vereinbaren, zB bei einem Sprachkurs ein Lexikon in der Fremdsprache. Dieser Teil des gemischten Vertrags (so § 6 FernUSG) bleibt durch die Kündigung unberührt, doch erwächst dem Teilnehmer insoweit ein fristgebundenes Rücktrittsrecht, das nach §§ 346 ff BGB mit Modifikationen in § 6 FernUSG abzuwickeln ist. Im Übrigen kann der Veranstalter bei Verzug des Teilnehmers zurücktreten, wobei §§ 498 und 508 BGB anwendbar sind (§ 6 Abs. 4 Satz 2 FernUSG, Rn 343, 375, 376 ff). **417**

3. Versicherungsverträge

Im Versicherungsvertragsrecht ist es die Kompliziertheit der Vertragsmaterie, die zu ausgleichsheischenden Disparitäten führen kann, außerdem die Längerfristigkeit der Bindung. Ausgleichsinstrumente nach §§ 6–9 VVG sind auch hier Information und Lösung vom Vertrag, außerdem die vorvertragliche Beratung. Allerdings folgt das seit dem 1.1.2008 geltende reformierte VVG[142] als Sonderprivatrecht nicht mehr dem Rollenmodell von § 13 BGB (Rn 7), welches an den privaten Zweck des Rechtsgeschäfts anknüpft. Vielmehr kommt jedermann in den Genuss der Ausgleichsinstrumente, wenn er in der Rolle eines Versicherungsnehmers gegenüber dem Versicherer handelt, sei er natürliche oder juristische Person und verfolge er private, gewerbliche, freiberufliche oder welche Zwecke auch immer; auch insoweit erkennt das Gesetz Kompensationsbedarf. Ausgenommen sind nur Versicherungsverträge über ein Großrisiko iSv Art. 10 Abs. 1 Satz 2 EGVVG (§§ 6 Abs. 6, 7 Abs. 5, 8 Abs. 3 Nr. 4, 210 VVG). Das versicherungsvertragliche Ausgleichsmodell ist also nicht rein verbraucherprivatrechtlicher Natur. **418**

---

142 *Langheid* NJW 2007, 3665, 3745.

a) Vorvertragliche Beratung, Dokumentation und Information

419 Gemäß § 6 Abs. 1 Satz 1 VVG hat das Versicherungsunternehmen, der Versicherer (gleichermaßen Versicherungsvertreter und -makler, §§ 59 ff VVG[143]), die Pflicht, den Versicherungsnehmer im Hinblick auf die in Aussicht genommene Versicherung nach seinen Wünschen und Bedürfnissen zu befragen und aufgrund dessen eine Risiko- und Bedarfsanalyse zu erstellen und zu begründen, beispielsweise über unterschiedliche Tarifsysteme bei der Kraftfahrzeughaftpflichtversicherung. Dies ist gemäß § 6 Abs. 1 Satz 2 VVG zu dokumentieren und dem – zunächst nur potentiellen – Versicherungsnehmer in Textform nach § 126b Satz 1 BGB zu übermitteln (§ 6 Abs. 2 VVG). Aus gegebenem Anlass sind Beratung und Ratschlag auch nach Vertragsschluss zu leisten (§ 6 Abs. 4 VVG). Bei Missachtung dieser Pflicht macht sich der Versicherer gegenüber dem Versicherungsnehmer gemäß § 6 Abs. 5 VVG schadensersatzpflichtig, worin eine sondergesetzliche Ausprägung der **Haftung für Verschulden bei Vertragsschluss** (cic, § 280 Abs. 1 iVm §§ 311 Abs. 2, 241 Abs. 2 BGB) liegt[144].

420 Von diesen Pflichten freigestellt ist der Versicherer in vier Fällen, nämlich

– bei Vertragsschluss im Fernabsatz iSv § 312c BGB (namentlich durch Direktversicherer), wo die Durchführbarkeit an praktische Hindernisse stößt (§ 6 Abs. 6, 2. HS, 2. Var. VVG). Fernabsatzrecht ist gemäß § 312 Abs. 6 BGB im Übrigen weitgehend nicht anwendbar (Rn 347: Versicherung ist Finanzdienstleistung),
– bei Verzicht des Versicherungsnehmers nach Maßgabe von § 6 Abs. 3 VVG[145],
– bei Großrisiken gemäß § 6 Abs. 4 iVm § 210 Abs. 2 VVG und
– bei Vermittlung durch einen Versicherungsmakler, der seinerseits Beratungspflichten unterliegt, §§ 60, 61, 6 Abs. 6, 2. HS, 1. Var. VVG).

421 Nach § 7 VVG sind dem Versicherungsnehmer rechtzeitig vor Abgabe von dessen Vertragserklärung (hierzu auch Rn 423) die Vertragsbestimmungen (*in concreto:* der Formularvertrag) und die Allgemeinen Versicherungsbedingungen in Textform mitzuteilen. Demgemäß kann das sog. **Policenmodell**[146] nicht mehr durchgeführt werden; danach stellte der Versicherungsnehmer den formulargebundenen Antrag auf Abschluss des Versicherungsvertrages (§ 145 BGB) und erhielt die Vertragsbestimmungen und -bedingungen erst zusammen mit der Annahmeerklärung des Versicherers, nämlich der Übersendung der Police, des Versicherungsscheins nach § 3 VVG[147]. Hinzu kommen Informationen nach Maßgabe der VVG-Informationspflichten-Verordnung (VVG-InfoVO, Besonderheiten bei vorläufiger Deckung, Rn 425, § 49 Abs. 1 VVG). Bei telefonischem Vertragsschluss und bei Verzicht des Versicherungs-

---

143 Hierfür war europäisches Sekundärrecht umzusetzen, nämlich die Richtlinie 2002/92/EG v. 9.12.2002 über Versicherungsvermittlung, ABlEG L 9 v. 15.1.2003, S. 3; *Reiff* Versicherungsvermittlung im Umbruch, 2006.
144 *Dörner/Staudinger* WM 2006, 1710 (1711).
145 Zweifelhaft die Richtlinienkonformität im Hinblick auf die Finanzdienstleistungs-Fernabsatzrichtlinie – nachfolgend Rn 437 – und die Richtlinie 2002/92/EG vom 9.12.2002 über Versicherungsvermittlung, *Dörner/Staudinger* WM 2006, 1710 (1712); *Schwintowski* ZRP 2006, 139 (141).
146 BGH NJW 2014, 2723 Tz. 14; 2011, 1213 Tz. 22.
147 *Gaul* VersR 2007, 22.

nehmers sind die Informationen unverzüglich nach Vertragsschluss nachzuholen (§ 7 Abs. 1 Satz 3, 2. Hs VVG[148]). Während der Vertragslaufzeit hat der Versicherungsnehmer gegen den Versicherer gemäß § 7 Abs. 4 VVG Anspruch auf Übermittlung der Vertragsbestimmungen und -bedingungen in einer Urkunde, also nicht lediglich in Textform. Die Sanktion bei Verletzung der Informationspflichten liegt in der Auswirkung auf die Widerrufsfrist nach § 8 Abs. 2 Nr. 1 VVG (Rn 424).

Auf der anderen Seite hat der Versicherungsnehmer dem Versicherer vor Vertragsschluss gefahrerhebliche Umstände anzuzeigen, also Umstände, die für einen denkbaren Versicherungsfall von Bedeutung sind. Bei Verletzung der Anzeigepflicht kann der Versicherer zurücktreten (näher § 19 VVG). **422**

b) Widerufsrecht

aa) Voraussetzungen und Wirkung. Gemäß § 8 Abs. 1 VVG kann der Versicherungsnehmer seine Vertragserklärung innerhalb von 14 Tagen widerrufen, wobei das Gesetz unausgesprochen vom Modell der schwebenden Wirksamkeit ausgeht (Rn 117), also zunächst Versicherungsschutz besteht. Die relativierte Bindung an die eigene Vertragserklärung gestaltet sich bei Versicherungsverträgen typischerweise in anderer dogmatischer Konstruktion als im üblichen Fall nach § 355 BGB. Ausgangspunkt ist das Verfahren des Vertragsabschlusses. Der Versicherer pflegt Antragsformulare bereit zu halten, die er dem am Abschluss eines Versicherungsvertrags interessierten potentiellen Versicherungsnehmer – möglichst zusammen mit der gebotenen Information, Rn 421 – aushändigen kann. Reicht der Interessent den ausgefüllten Antrag an den Versicherer zurück, liegt hierin ein Vertragsantrag des Interessenten nach § 145 BGB, dessen Annahme dem Versicherer freisteht. Die Annahme durch den Versicherer liegt im Allgemeinen in der Übersendung des Versicherungsscheins, die einige Wochen in Anspruch nehmen kann; bis dahin ist der potentielle Versicherungsnehmer an seinen Antrag gebunden (§§ 145, 148 BGB). Diese Bindung kann der Antragsteller gem. § 8 Abs. 1 VVG durch Widerruf in Textform beseitigen. Es handelt sich also anders als im typischen Fall von § 355 BGB um einen Widerruf vor Zustandekommen des Vertrags. Wenn der Versicherer das Vertragsangebot allerdings schon vor Ablauf der vierzehntägigen Widerrufsfrist angenommen hatte und der Versicherungsnehmer nunmehr widerruft, bezieht sich der Widerruf, dem Regelfall von § 355 BGB entsprechend, auf einen bereits zustande gekommenen Vertrag, der bis dahin schwebend wirksam gewesen war. Widerruflich sind auch Verträge, deren Gegenstand die Änderung eines bereits abgeschlossenen Versicherungsvertrags ist[149]. **423**

Der Beginn der Widerrufsfrist ist nicht nur von der Erteilung einer ordnungsgemäßen Widerrufsbelehrung abhängig (§ 8 Abs. 2 Nr. 2 VVG, Rn 143), sondern auch vom Zugang des Versicherungsscheins, der Vertragsbestimmungen und -bedingungen sowie die weiteren Informationen enthält, welche durch Rechtsverordnung vorgeschrieben sind, wobei hierfür das Muster der Anlage zum VVG verwendet werden kann **424**

---

148 BGH NJW 2017, 3387 Rn 17 mit Rez. *Pohlmann* NJW 2017, 3341 und Anm. *Armbrüster* LMK 2017, 394412.
149 BGH NJW 2013, 57 Tz. 8.

(§ 8 Abs. 2 Satz 2, Abs. 5 VVG, ähnlich Anlage 1, 3 und 7 zum EGBGB). Bei Vertragsschluss im elektronischen Geschäftsverkehr hängt der Fristbeginn außerdem von der Informationserteilung nach § 312i Abs. 1 Satz 1 BGB, § 8 Abs. 4 VVG ab. Ähnlich der Regelung von § 361 Abs. 3 BGB (Rn 204) trägt der Versicherer die Beweislast für den Fristbeginn (§ 8 Abs. 2 Satz 2 VVG). Kein Widerrufsrecht besteht gemäß § 8 Abs. 3 VVG bei kurzfristigen Verträgen, in bestimmten Fällen von Pensionskassen, bei Großrisiken, bei vollständiger Erfüllung des Versicherungsvertrags nach Maßgabe von § 8 Abs. 3 Satz 2 VVG (ähnlich § 356 Abs. 4 BGB, Rn 133) und bei vorläufiger Deckung. Hierbei geht es um Folgendes:

425 Solange der Versicherer den Antrag des Versicherungsnehmers noch nicht angenommen hat, besteht kein Versicherungsschutz. Die Parteien können aber vereinbaren, dass der Versicherungsnehmer **vorläufige Deckung** erhält (näher §§ 49 ff VVG), ihm also schon vor Zustandekommen des in Aussicht genommenen Versicherungsvertrags Versicherungsschutz gewährt wird, häufig vorkommend im Hinblick auf die Pflichtversicherung bei der Kraftfahrzeugzulassung als sog. vorläufige Deckungszusage, gemeint ist ein vorläufiger Vertrag[150]. Diese Vereinbarung über die vorläufige Deckung ist gemäß § 8 Abs. 3 Nr. 2 VVG nicht widerruflich. Ist die Vereinbarung allerdings im Fernabsatz nach § 312c BGB zustande gekommen, bleibt es beim Widerrufsrecht (übrigens auch im Fall der Pensionskassen, § 8 Abs. 3 Nr. 3 VVG).

426 Ein Versicherungsvertrag kann mit einem Darlehensvertrag verbunden sein iSv § 358 Abs. 3 BGB, zB ein Vertrag über eine **Restschuldversicherung**, mit der das Risiko von Tod, Arbeitsunfähigkeit oder Arbeitslosigkeit des Darlehensnehmers aufgefangen werden soll. Der Widerruf des Versicherungsvertrages nach § 8 VVG bringt nach § 358 Abs. 1 BGB den Darlehensvertrag zu Fall (Rn 155), der Widerruf des Darlehensvertrages gemäß § 358 Abs. 2 BGB den Versicherungsvertrag[151]. Fehlt es am Verbund, insbesondere dann, wenn die Versicherungsprämie nicht mitfinanziert, sondern vom Versicherungsnehmer aus eigenen Mitteln bezahlt wird und liegt ein zusammenhängender Vertrag nach § 360 Abs. 2 Satz 1 BGB vor, findet eine Widerrufserstreckung nach § 360 Abs. 1 Satz 1 BGB statt (Rn 159). Dagegen ist die unterjährige Prämienzahlung, durch die sich die Gesamtprämie erhöht, kein Zahlungsaufschub nach § 506 BGB[152].

427 Besonderheiten gelten gemäß § 152 VVG für **Lebensversicherungen**. Die Widerrufsfrist beträgt 30 Tage und beginnt mit dem Zugang des Versicherungsscheins, was den wirksamen Abschluss des Versicherungsvertrags – ebenso wie im typischen Fall von § 355 BGB – voraussetzt. Dieses Recht hat in Art. 15 der Richtlinie 60/619/ EWG (sog. 2. Koordinierungsrichtlinie Lebensversicherung) seine sekundärrechtliche Grundlage (s. auch Rn 437). Bei einer **Krankenversicherung** kann Versicherungspflicht nach § 193 Abs. 3 VVG bestehen. Die Wirksamkeit einer Kündigung des

---

150 *Wandt* Versicherungsvertragsrecht, 6. Aufl. 2016, Rn 358.
151 BGH NJW 2010, 531 Tz. 39 mit Anm. *Bülow* LMK 2010, 298835.
152 BGH NJW 2013, 2195; *Hadding* VersR 2010, 697; *Bülow/Artz* VerbrKrR, § 506 BGB Rn 41.

Versicherungsnehmers ist gemäß § 205 Abs. 6 Satz 2 VVG vom Abschluss einer Anschlussversicherung abhängig. Gilt dies auch für den Widerruf nach § 8 VVG[153]?

bb) Rückabwicklung. Die Rückabwicklung nach wirksam erklärtem Widerruf[154] **428** bezieht sich gem. § 9 VVG auf Erstattung der Prämien, die auf die Zeit nach Widerrufszugang entfallen, wenn der Verbraucher vom Versicherer ordnungsgemäß belehrt worden war (ähnlich §§ 357 Abs. 8 Satz 2, 357a Abs. 3 Satz 1, Rn 194, 197). Andernfalls hat der Versicherer zusätzlich die für das erste Jahr des Versicherungsschutzes gezahlten Prämien zu erstatten. Bei Lebensversicherungen ist der Rückkaufswert nebst Überschussanteilen nach Maßgabe von § 169 VVG zu zahlen. Anspruch auf den Rückkaufswert hat der Versicherungsnehmer auch bei mangelnder Belehrung (§ 152 Abs. 2 Satz 2 VVG). Diese Regelungen entfalten keine Sperrwirkung gegenüber Schadensersatzansprüchen des Versicherungsnehmers nach §§ 280 Abs. 1, 241 Abs. 2, 311 Abs. 2 Nr. 1 BGB[155].

c) Gerichtsstand

Die örtliche Zuständigkeit für Klagen aus dem Versicherungsverhältnis bestimmt sich **429** gemäß § 215 VVG nach dem Wohnsitz des Versicherungsnehmers (gegebenenenfalls nach dem Sitz einer juristischen Person als Versicherungsnehmerin)[156]. Auch die internationale Zuständigkeit folgt aus § 215 Abs. 1 VVG[157]. Eine Prorogation (oben Rn 41) für Klagen gegen den Versicherungsnehmer ist gem. §§ 40 Abs. 2 Nr. 2 ZPO, 215 Abs. 1 Satz 2 VVG unzulässig.

VI. Finanzgeschäfte

Mit Geld kann man nicht nur seine Schulden tilgen, sondern man kann und sollte es **430** auch ordentlich verwalten, damit es nicht verloren geht, sondern sich vielleicht sogar vermehrt. Besondere Aufmerksamkeit ist angezeigt, sei der Geldinhaber Unternehmer oder Verbraucher; Störungen von Vertragsparität aus dem Umgang mit Geld als solchem sind nicht, jedenfalls nicht in relevantem Umfang, ersichtlich. Nur in besonderen Geschäftsarten und Vertragsabschlusssituationen besteht Störungsgefahr, nämlich in bestimmten Fällen der Geldanlage und in Fernabsatzsituationen.

---

153 Bejahend LG Berlin NJW-RR 2014, 297; für den Fall einer Kündigung nach § 19 Abs. 6 VVG verneinend LG Dortmund NJW-RR 2014, 2299.
154 Vgl BGH NJW 2013, 57 Tz. 14.
155 BGH NJW 2017, 3387 Rn 34–38.
156 BGH NJW 2017, 2379 Rn 17 gegen LG Stuttgart NJW-RR 2014, 213; LG Hamburg VersR 2013, 482; LG Saarbrücken NJW-RR 2011, 1600; LG Fulda VersR 2010, 481; bei Abtretung nicht für Zessionar: AG Kiel, Beschl. v. 7.9.2010 – 108 C 320/10; keine Revisibilität (§ 545 Abs. 2 ZPO) der erstinstanzlichen Zuständikeit nach § 215 VVG: BGH NJW 2017, 393.
157 BGH NJW 2017, 1967 Rn 13 ff.

1. Zahlungskonto für jedermann

430a Um Geld bewegen zu können, ist ein Zahlungs-(Giro-)Konto hilfreich, ja unentbehrlich. Ob eine Bank ein solches Konto für einen Nutzer eröffnet, ist an sich ihrer Privatautonomie überlassen. Ist es jedoch ein Verbraucher, der das Konto haben will, unterliegt die Bank einem Kontrahierungszwang nach weiterer Maßgabe von § 31 ZahlungskontenG (ZKG)[158]. So kann sich jeder Verbraucher mit einem Konto ausstatten.

2. Geldanlage

431 Sein Geld kann man so gut wie risikolos anlegen, um es zu vermehren, aber das geringe Risiko geht typischerweise mit schmalem Vermehrungseffekt einher, man denke an ein Sparbuch. Bessere Renditen kann man beispielsweise durch Aktienspekulation erzielen, aber auch Gefahr laufen, nicht nur in seinen Renditeerwartungen enttäuscht zu werden, sondern auch noch das eingesetzte Geld zu verlieren. Das ist Spekulationsrisiko. Wo es aber gerade die Privatheit der Geldanlage ist, die eine gebotene Risikoeinschätzung vereitelt, welche der das Geld des Verbrauchers verwaltende Unternehmer indessen hat, ist die Störung von Vertragsparität auszumachen. Ihrer Kompensation gelten die nachfolgenden Vorschriften.

a) Investmentfonds

432 Ein Anleger kann sein Geld dadurch zu vermehren versuchen, dass er sich an einem Investmentvermögen beteiligt, welches eingesammeltes Kapital (so § 1 Abs. 1 Satz 1 KAGB) zum Nutzen der Anleger investiert und möglichst mehrt. Die Geldanlage liegt darin, dass der Anleger Anteile am Investmentvermögen, dem Organismus für gemeinsame Anlagen (OGAW, zB in Wertpapiere nach der OGAW-Richtlinie 2009/65/EG, § 1 Abs. 2 KAGB), geführt von einer Verwaltungsgesellschaft (§ 1 Abs. 14 KAGB), kauft; Entsprechendes gilt für andere Sondervermögen. Über die Anteilscheine ist den Erwerbern vor Vertragsschluss ein Verkaufsprospekt nach § 297 KAGB mit zahlreichen Pflichtangaben zur Verfügung zu stellen; das dadurch verwirklichte **Informationsmodell** ist nicht verbraucherprivatrechtlicher Art, sondern auf jeden, auch gewerblichen Erwerber von Anteilscheinen anzuwenden. Bei unrichtigen Angaben hat der Erwerber Anspruch auf Rücknahme der Anteilscheine (§ 306 KAGB).

433 Verbraucherprivatrechtlicher Natur dagegen ist das **Widerrufsrecht** nach § 305 KAGB, das gerade auch bei richtigem Verkaufsprospekt besteht. Das unverzichtbare (§ 305 Abs. 5 KAGB) Widerrufsrecht haben nur Verbraucher im Sinne von § 13 BGB (§ 305 Abs. 3 Nr. 1 KAGB), Existenzgründer (§ 513 BGB) sind nicht erfasst. Der Verkäufer des Anteilsscheins trägt die Beweislast für die fehlende private Zuordnung (§ 305 Abs. 2 KAGB), entsprechend § 361 Abs. 3 BGB (Rn 147) auch für den Fristbeginn. Im Weiteren knüpft § 305 Abs. 2 KAGB ähnlich § 312b Abs. 1 BGB an si-

---

158 *Bülow/Artz* ZKG (Kommentar), 2017, § 31 Rn 10.

186

tuative Umstände, indem die Willenserklärung des Erwerbers nur dann widerruflich ist, wenn er dazu außerhalb der Geschäftsräume des Verkäufers bestimmt worden war. Ähnlich auch der Regelung von § 312g Abs. 2 Nr. 11 BGB entfällt das Widerrufsrecht bei vorheriger Bestellung des Verkäufers durch den Erwerber (§ 305 Abs. 3 Nr. 2 KAGB). Die Widerrufsfrist beträgt zwei Wochen seit Aushändigung des Verkaufsprospekts und Vertragsabschluss. Bis dahin ist der Vertrag schwebend wirksam (Rn 117). Widerrufsadressat ist die Verwaltungsgesellschaft. Die **Rückabwicklung** nach ausgeübtem Widerruf ist selbstständig durch § 305 Abs. 4 KAGB geregelt.

Investmentanteile sind Finanzinstrumente iSv § 1 Abs. 11 KWG. Wird der Erwerb **434** von Investmentanteilen durch Darlehen finanziert, sodass die Geschäfte nach näherer Maßgabe von § 358 Abs. 3 verbunden sind, findet keine Widerrufserstreckung nach § 358 Abs. 2 statt (oben Rn 155), wie § 358 Abs. 5 bestimmt, und der Einwendungsdurchgriff ist gem. § 359 Abs. 2 ausgeschlossen (Rn 178).

b) Wertpapierdienstleistungen

In Umsetzung der Richtlinie 2004/39/EG über Märkte für Finanzinstrumente vom **435** 21.4.2004 (Markets in Financial Instruments Directive, MiFID und ihre Neukonzeptionierung als **MiFID II**, Richtlinie 2014/65/EU v. 15.5.2014[159]), die als **kapitalmarktrechtliche Verfassung** in Europa bezeichnet werden kann[160], wurde durch § 31a Abs. 3 WpHG die Rechtsfigur des **Privatkunden** eingeführt, den die MiFID in ihrem Artikel 4 Abs. 1 Nr. 13 als **Kleinanleger** bezeichnet. Privatkunden bzw Kleinanleger sind Kunden von Wertpapierdienstleistungsunternehmen (§ 2 Abs. 4 WpHG) neben professionellen Kunden (§ 31a Abs. 2 WpHG) und sog. geeigneten Gegenparteien (§ 31a Abs. 4 WpHG). Je nach Einstufung eines Kunden hat das Wertpapierdienstleistungsunternehmen verschiedenartige Verhaltenspflichten, beispielsweise bei der Pflicht zur bestmöglichen Ausführung von Kundenaufträgen („best execution") gemäß § 33a Abs. 3 WpHG oder hinsichtlich des Umfangs der Anlageberatung (§§ 2 Abs. 3 Nr. 9, 31 Abs. 4 WpHG). Die Einstufung eines Kunden nach der einen oder anderen Art hängt von seinen Erfahrungen, Kenntnissen und seinem Sachverstand bei Anlageentscheidungen ab. Dieses Wissen wird durch das Gesetz nach formalen Kriterien unterstellt, zB ein Unternehmen bestimmten Umfangs nach näherer Maßgabe von § 31a Abs. 4 Nr. 2 WpHG als professioneller Kunde eingestuft, während der Privatkunde/Kleinanleger negativ abgegrenzt wird als Kunde, der kein professioneller Kunde ist (§ 31a Abs. 3 WpHG). Wer nach den formalen Kriterien professioneller Kunde ist, aber das unterstellte Wissen nicht hat, kann gemäß § 31a Abs. 6 WpHG seine Einstufung als Privatkunde mit dem Wertpapierdienstleistungsunternehmen vereinbaren, gleichermaßen eine geeignete Gegenpartei nach § 31b Abs. 1 Satz 2 WpHG. Umgekehrt kann ein Privatkunde gemäß § 31a Abs. 7 WpHG seine Einstufung als professioneller Kunde herbeiführen. Alle Kunden können natürliche oder juristische Personen sein; auf das Motiv ihrer Anlageentscheidung, privat oder gewerblich, kommt es nicht an.

---

159 Umsetzung durch 2. FinanzmarktnovellierungsG (2. FiMaNoG) v. 23.6.2017, BGBl. I, 1693.
160 *Spindler/Kasten* WM 2006, 1749 (1804).

436 Anknüpfungstatbestand in diesem System der Kundeneinstufung ist demgemäß der **Status** des Kunden, der durch sein relevantes, nämlich **anlagebezogenes Wissen** begründet wird, aber nicht durch die Rolle, die er bei dem Anlagegeschäft einnimmt[161]. Der Anknüpfungstatbestand ist deshalb gänzlich verschieden von demjenigen des Verbrauchers nach § 13 BGB (Rn 7, 6). Der Privatkunde (auch wenn er sich als professioneller Kunde einstufen ließ) kann nach Lage des Einzelfalls demgemäß zugleich Verbraucher sein, nämlich wenn er natürliche Person ist und die Anlageentscheidung für sein privates Vermögen trifft (Rn 70). Finanziert ein solcher Privatkunde das Geschäft durch ein Darlehen, sind für den Darlehensvertrag die Vorschriften von §§ 491–505e BGB anwendbar, nicht jedoch das Verbundreglement von §§ 358, 359, wie §§ 358 Abs. 5, 359 Abs. 2 bestimmen (Rn 300). Im Falle einer entgeltlichen Stundung der Provision, die das Wertpapierdienstleistungsunternehmen vom Verbraucher verlangt, ist § 506 Abs. 3 anwendbar (Teilzahlungsgeschäft, Rn 358, 359). Nach Lage des Einzelfalls kann das Anlagegeschäft zugleich Außergeschäftsraum- oder Fernabsatzgeschäft sein[162]. Darüber hinaus wirkt sich die Verbrauchereigenschaft des Privatkunden auf das Anlagegeschäft nicht aus.

3. Finanzdienstleistungen im Fernabsatz

437 Finanzgeschäfte betreffen nicht nur Geldanlagen, sondern auch die Beschaffung von Geld durch Kredit oder die Bewegung, also die Übermittlung von Geld. Aufgrund ihrer immateriellen Beschaffenheit eignen sich solche Geschäfte ganz besonders gut für Transaktionen im Fernabsatz, wie der 5. Erwägungsgrund zur Richtlinie 2002/65/EG über den Fernabsatz von Finanzdienstleistungen an Verbraucher vom 25.9.2002[163] vermerkt, und wurden, um des reibungslosen Funktionierens des Binnenmarkts willen, besonderen Regelungen unterworfen. Finanzdienstleistung ist gemäß § 312 Abs. 5 Satz 1 BGB jede Bankdienstleistung sowie jede Dienstleistung im Zusammenhang mit einer Kreditgewährung, Altersversorgung von Einzelpersonen, Geldanlage oder Zahlung sowie mit einer Versicherung; hierfür gelten jedoch die Sondervorschriften von §§ 7, 8 VVG (§ 312 Abs. 6 BGB, Rn 421, 423). Oft finden Finanzdienstleistungen im Rahmen einer bestehenden Geschäftsverbindung statt. Für den ersten in einer Reihe von Vorgängen gleicher Art (§ 312 Abs. 5 BGB), zB einer Krediteröffnung oder etwa dem Abschluss eines Depotvertrages, hat der Finanzdienstleister umfassende Informationen nach § 312d Abs. 2 BGB iVm Art. 246b §§ 1 und 2 EGBGB mitzuteilen, nicht aber für Folgevorgänge wie zB Überweisungen. Unberührt bleiben die dem Unternehmer obliegenden Pflichten im elektronischen Geschäftsverkehr gem. § 312i BGB. Nach §§ 312g Abs. 1, 355 BGB hat der Verbraucher ein Widerrufsrecht von 14 Tagen. Der Beginn der Widerrufsfrist ist von der Erfüllung der Mitteilungspflichten abhängig; werden sie nicht erfüllt, bleibt das Widerrufsrecht nach § 356 Abs. 3 Sätze 1 und 3 BGB unbefristet bestehen. Es erlischt jedoch gem. § 356 Abs. 4 Satz 2, wenn der Vertrag von beiden Seiten auf ausdrück-

---

161 *Bülow* in FS Nobbe 2009, S. 495; zust. *Buck-Heeb* ZHR 176 (2012), 66 (75).
162 *Armbrüster* ZIP 2006, 406.
163 ABlEG L 271, S. 16 vom 9.10.2002.

lichen Wunsch des Verbrauchers vollständig erfüllt ist, bevor der Verbraucher sein Widerrufsrecht ausübte, ordnungsgemäße Belehrung (Rn 146 sowie Rn 133) vorausgesetzt (ebenso § 8 Abs. 3 Satz 2 VVG, Rn 424). Kein Widerrufsrecht besteht gem. § 312g Abs. 2 Nr. 8 BGB bei spekulativen Geldanlagegeschäften. Es besteht gem. § 312g Abs. 3 BGB auch nicht, wenn die Finanzdienstleitung ein Verbraucherdarlehen (vgl Rn 440) oder eine Finanzierungshilfe nach § 506 BGB ist und deshalb das verbraucherkreditrechtliche Widerrufsrecht nach § 495 BGB eröffnet ist oder im gegebenen Falle dasjenige nach § 305 KAGB (Rn 433). Im Ausnahmetatbestand von §§ 491 Abs. 2, 506 Abs. 4 BGB (zB Bagatellgeschäfte, Rn 302b, 372 sowie Rn 195) scheidet das Widerrufsrecht nach § 495 aus, sodass Raum für die Geltung von § 312g Abs. 1 ist.

Die **Rechtsfolgen des Widerrufs** richten sich nach § 357a Abs. 2 BGB (Rn 196). Bei **438** Kreditgeschäften mit Widerrufsrecht nach § 312g Abs. 1 und Ausschluss von § 495 ist, wie § 357a Abs. 2 Satz 2 zu entnehmen ist, § 357 Abs. 5–8 entsprechend anwendbar (Rn 198), bei digitalen Inhalten gilt Satz 3 (Rn 199), für die Berechnung des Wertersatzes gibt die Gegenleistung Maß (Satz 4, Rn 200). Versicherungsverträge richten sich nach § 9 VVG (Rn 428).

Als Finanzdienstleistung im Zusammenhang mit einer Kreditgewährung kommen **439** auch eine **Bürgschaft** oder ein **Sicherungs-Schuldbeitritt** (Rn 326, 325) in Betracht. Der Verbraucher als Bürge oder Beitretender ist aber nicht Normadressat der Vorschriften über den Fernabsatz von Finanzdienstleistungen, weil Finanzdienstleistungen nach § 312 Abs. 5 Satz 1 BGB nur solche sind, die ein Unternehmer iSv § 14 BGB gegenüber einem Verbraucher nach § 13 erbringt, nicht aber umgekehrt die von einem Verbraucher erbrachte Dienstleistung; der Verbraucher ist an dieser Stelle vielmehr immer nur Dienstberechtigter[164]. Anders als im Abzahlungs- und Verbraucherkreditrecht (Rn 325) gibt es auch keine darüber hinausgehende dogmatische Tradition[165]. Die vom Unternehmer erteilte Bürgschaft, zB eine Bankbürgschaft, ist aber natürlich nicht nach § 355 widerruflich.

Die Richtlinie befasst sich nicht mit der rechtsgeschäftlichen Wirksamkeit des Fern- **440** absatzvertrags, sondern setzt sie voraus (vgl 4. Erwägungsgrund, Satz 2). Ein Verbraucherdarlehensvertrag bedarf der Schriftform, ersatzweise der elektronischen Form gem. §§ 492 Abs. 1 Satz 1, 126 Abs. 3 BGB und kann deshalb durch Briefwechsel (vgl § 312c Abs. 2) oder mittels elektronischer Signatur zustande kommen[166] (vgl Rn 308, 310).

---

164 *Mohrhauser* Der Fernabsatz von Finanzdienstleistungen an Verbraucher, 2006, S. 43; *Drobnig* Sicherungsgeschäfte, in: Wandlungen des Schuldrechts, 2002, S. 153 (157/158); dies verkennt *v. Loewenich* NJW 2014, 1409 (1411 re. Sp.), wie hier *Schürnbrand* WM 2014, 1157 (1159/1160).
165 BGH WM 2016, 970 Rn 29 ff mit Anm. *Schinkels* LMK 2016, 381419.
166 *Dörrie* ZBB 2005, 121 (125 ff).

§ 9 Verbrauchsgüterkauf

I. Verbrauchsgüterkaufrichtlinie und Systematik der Umsetzung in das nationale Recht

441 Seit der Modernisierung des Schuldrechts verfügt das BGB in den §§ 474–479 über spezielle Vorschriften zum Verbrauchsgüterkaufvertrag. Hinter diesen Normen steht die Verbrauchsgüterkaufrichtlinie (1999/44/EG), deren Umsetzung zur grundlegenden Umgestaltung des Schuldrechts im Jahre 2002 führte[1]. Mit Wirkung zum **1.1.2018** ergeben sich zahlreiche Änderungen in diesem Abschnitt, was in erster Linie auf die Reaktion des Gesetzgebers auf eine Entscheidung des EuGH zurückzuführen ist, nach der der Nacherfüllungsanspruch des Verbrauchers als Käufer auch die Kosten des Ausbaus einer mangelhaften und des Einbaus einer Ersatzsache umfasst. Die Bewältigung dieser Gerichtsentscheidung durch den Gesetzgeber hat zu Verschiebungen in den §§ 474 ff geführt, so dass viele seit 2002 bekannte Vorschriften nun überwiegend unverändert an anderem Ort zu finden sind. Um eine Zerfaserung des Kaufrechts zu vermeiden, hat sich der Gesetzgeber seinerzeit, 2002, dazu entschlossen, anders als in vielen Ländern der EU, kein separates Verbrauchsgüterkaufrecht bzw Verbrauchergesetzbuch zu schaffen. Die Kodifikation eines solchen hätte zu einem Nebeneinander mehrerer Kaufrechtsordnungen innerhalb des Bürgerlichen Rechts geführt. Es hätte jeweils eines besonderen Kaufrechts für Verträge zwischen Unternehmern bzw Kaufleuten, für Kaufverträge zwischen Verbrauchern, den Verbrauchsgüterkauf, bei dem nicht etwa zwingend ein verbrauchbares Gut Gegenstand des Vertrages ist, wie es der Begriff nahe legt, sondern ein Unternehmer einem Verbraucher eine bewegliche Sache verkauft (s. die Legaldefinition in § 474 Abs. 1 Satz 1), und schließlich den Fall des sog. umgekehrten Verbrauchsgüterkaufs, in dem ein Unternehmer bei einem Verbraucher Ware kauft, bedurft. Dies wollte der deutsche Gesetzgeber vermeiden, hat die als solche bezeichnete große Lösung gewählt und die Vorgaben der Verbrauchsgüterkaufrichtlinie in das allgemeine Kaufrecht eingearbeitet, so dass dieses als Ganzes nach seiner Reform durch die Wertungen der Richtlinie geprägt ist und dementsprechend grundsätzlich der richtlinienkonformen Auslegung unterliegt. Es ist jedenfalls regelmäßig, wie auch bei § 312b (s. Rn 227), von einer sog. gespaltenen Auslegung abzusehen, bei der nur der Teil einer Regelung im Lichte der Richtlinie zu betrachten ist, der unmittelbar deren Umsetzung dient[2]. Obwohl der VIII. Zivilsenat des BGH in einer grundlegenden Entscheidung zur Frage der Kostentragungspflicht bei **„Ein- und Ausbaufällen"** die richtlinienkonforme Auslegung auf den sachlichen und persönlichen Anwendungsbereich des Verbrauchsgüterkaufrechts beschränkt hat[3], entschied sich der Gesetzgeber dazu, auch hier eine weitgehend einheitliche Regelung für alle Kaufverträge im neuen § 439 Abs. 3 zu erlassen (dazu Rn 466a), die durch einige Besonderheiten für den Verbrauchsgüterkauf ergänzt wird (dazu Rn 521). Auf Initiative des Bayerischen

---

1   Ausführlich *Glöckner* Die Umsetzung der Verbrauchsgüterkaufrichtlinie in Deutschland und ihre Konkretisierung durch die Rechtsprechung, JZ 2007, 652.
2   MK/*St. Lorenz* vor § 474 BGB Rn 4; *Canaris* JZ 2003, 831 (837 f).
3   BGH NJW 2013, 220 *(Granulatfall)*.

Staatsministeriums für Umwelt und Verbraucherschutz sollen einige seit der Schuldrechtsmodernisierung 2002 zu Tage getretene Probleme des Verbrauchsgüterkaufrechts durch gesetzliche Neuregelungen behoben werden. Dabei geht es insbesondere um den Neubeginn der Verjährung und den Nutzungsausfall bei der Nacherfüllung, die Gefahrtragung bei der Nachbesserung und schließlich die Gefahr der Verweisung des Verbrauchers durch den Verkäufer auf die Garantieleistung des Herstellers.

Auch wenn man im Zuge der Schuldrechtsmodernisierung angestrebt hat, einer Zersplitterung des Kaufrechts entgegenzuwirken, ist nun festzustellen, dass zunehmend einzelne Sonderregeln zu Gunsten des Verbrauchers in §§ 474 ff verankert werden (s. dazu Rn 489 ff)[4].   **442**

Die Umsetzung wesentlicher Vorgaben der Richtlinie ist daher im allgemeinen Kaufrecht zu finden. Es dient beispielsweise der Sachmangelbegriff in § 434 der Umsetzung von Art. 2 der Verbrauchsgüterkaufrichtlinie. Das modernisierte Kaufrecht billigt dem Käufer in § 437 Nr. 1 einen Nacherfüllungsanspruch zu, den Art. 3 der Richtlinie fordert. Auch das Verjährungsrecht für Gewährleistungsansprüche in § 438 dient der Umsetzung einer europarechtlichen Vorgabe, Art. 5 der Verbrauchsgüterkaufrichtlinie. Ein weiterer wesentlicher Bestandteil der Schuldrechtsmodernisierung ist schließlich in der Verzahnung des kaufrechtlichen Gewährleistungsrechts mit dem allgemeinen Leistungsstörungsrecht zu sehen.   **443**

II. Das reformierte Kaufrecht im Überblick

Wegen der besonders hohen Prüfungsrelevanz des Kaufrechts im Verlaufe des Studiums und insbesondere im juristischen Staatsexamen erfolgt an dieser Stelle ein kurzer **Überblick** zu den Grundsätzen und Problemen des **reformierten Kaufrechts**, die nur teilweise verbraucherprivatrechtliche Relevanz haben. Dabei liegt ein Schwerpunkt auf den Fragen, zu denen der **VIII. Zivilsenat des BGH** zwischenzeitlich Stellung genommen hat. Anschließend folgt eine Darstellung der besonderen Regelungen des Verbrauchsgüterkaufrechts (Rn 489 ff), zu dem mittlerweile auch schon eine ganze Reihe grundsätzlicher höchstrichterlicher Entscheidungen vorliegen.   **444**

1. Lieferung einer mangelfreien Sache als Hauptleistungspflicht

Nach dem reformierten Kaufrecht ist der Verkäufer gem. § 433 Abs. 1 Satz 2 dazu verpflichtet, dem Käufer das Eigentum an der Sache frei von Sach- und Rechtsmängeln zu verschaffen. Der Verkäufer kann die Hauptleistungspflicht aus dem Kaufvertrag somit nur erfüllen, wenn er ordnungsgemäß leistet[5]. Dies hängt eng zusammen mit dem ebenfalls im Rahmen der Schuldrechtsreform eingeführten Anspruch des Käufers auf Nacherfüllung aus §§ 437 Nr. 1, 439. Leistet der Verkäufer schlecht, so ist der Käufer nicht auf sekundäre Rechtsbehelfe beschränkt, sondern kann die noch-   **445**

---

4   Dazu auch *Bacher* MDR 2014, 629.
5   Zum Zurückweisungsrecht des Käufers auch bei ganz geringfügigem Mangel BGH NJW 2017, 1100.

malige Lieferung bzw die Nachbesserung verlangen. Der Nacherfüllungsanspruch beruht richtigerweise auf dem ursprünglichen Erfüllungsanspruch des Käufers und unterscheidet sich von diesem dadurch, dass dem Käufer ein Wahlrecht zusteht, die Leistungsverweigerung des Verkäufers erleichtert ist (§ 439 Abs. 4) und besondere Verjährungsregeln gelten (§ 438). Darüber hinaus können die Leistungsorte von Erfüllungs- und Nacherfüllungsanspruch unterschiedlich sein (Rn 460) und seit dem 1.1.2018 erfasst der Nacherfüllungsanspruch gem. § 439 Abs. 3 auch die Kosten des „Aus- und Einbaus" (dazu Rn 466a, 521). Man spricht von einem **modifizierten Erfüllungsanspruch**.

2. Sachmangel

a) Systematik der Regelung des Sachmangels in § 434

446 In § 434 erfolgt eine differenzierte Regelung zum Begriff des Sachmangels (s. die vergleichbare Struktur in § 633 Abs. 2; anders jedoch in § 536). Dabei bekennt sich der Gesetzgeber zum sog. subjektiven Fehlerbegriff. Nach der negativ formulierten Vorschrift ist die Sache gem. § 434 Abs. 1 Satz 1 frei von Sachmängeln, wenn sie bei Gefahrübergang die vereinbarte Beschaffenheit hat. Auf die Erheblichkeit des Mangels kommt es nicht an. Auch eine geringfügige negative Beschaffenheitsabweichung stellt einen Sachmangel im Sinne des § 434 dar. Auswirkungen zeitigt die Unerheblichkeit des Mangels indes in Bezug auf die Rechtsbehelfe des Käufers. Wegen eines nur geringfügigen Mangels kann der Käufer weder vom Vertrag zurücktreten (§ 323 Abs. 5 Satz 2), noch Schadensersatz statt der ganzen Leistung verlangen (§ 281 Abs. 1 Satz 3). Es bestehen jedoch der Nacherfüllungsanspruch, das Recht zur Minderung und der sog. kleine Schadensersatzanspruch. Ausgeschlossen sind die Rechte des Käufers wegen eines Mangels gem. § 442, wenn der Käufer den Mangel **bei Vertragsschluss** (anders im Werkvertragsrecht, das auf den Moment der Abnahme abstellt, § 640 Abs. 2) kennt bzw grob fahrlässig nicht erkennt, es sei denn, der Verkäufer hat den Mangel arglistig verschwiegen oder eine Garantie übernommen.

447 Die zwischen den Parteien getroffene **Beschaffenheitsvereinbarung**, zB über die Laufleistung eines Fahrzeugs[6], genießt Vorrang vor den in der Vorschrift nachfolgenden Varianten des Sachmangels. Zu beachten ist allerdings stets, ob es sich im Einzelfall tatsächlich um eine verbindliche Beschaffenheitsvereinbarung handelt oder der Verkäufer allein eine **Wissenserklärung** abgibt, was insbesondere der Fall sein kann, wenn sich der Verkäufer auf Angaben eines anderen oder eines nicht von ihm selbst stammenden Dokuments beruft (zB „laut Fahrzeugbrief" oder „laut Vorbesitzer")[7]. Nach der Rechtsprechung des BGH ist nur in eindeutigen Fällen vom Vorliegen einer Beschaffenheitsvereinbarung auszugehen[8], was vor dem Hintergrund sehr wichtig ist, dass im Falle einer Beschaffenheitsvereinbarung eine gleichzeitige Haftungsbe-

6 BGH NJW 2007, 1346, Tz. 15 mit Anm. *Gutzeit*.
7 Den Stand der Dinge anschaulich zusammenfassend BGH NJW 2016, 3015.
8 Siehe etwa BGH v. 6.12.2017, VIII ZR 219/16 Tz. 25; BGH v. 18.10.17, VIII ZR 32/16 Tz. 16; BGH v. 27.9.2017, VIII ZR 271/16 Tz. 18 sowie NJW 2016, 2874 Tz. 16; ZIP 2017, 2153 Tz. 18.

schränkung grundsätzlich ausgeschlossen ist[9]. Relevanz erfährt die unbeschränkte Möglichkeit der Beschaffenheitsvereinbarung weiterhin im Bereich des zwingend geltenden Verbrauchsgüterkaufrechts (§ 476 Abs. 1; dazu Rn 497 ff). Obgleich dort die Einschränkung der Käuferrechte nicht möglich ist, bleibt es den Parteien im Grunde unbenommen, den Zustand der Sache derart zu beschreiben, dass kein Sachmangel vorliegt. Grenzen sind dem innerhalb des sachlichen und persönlichen Anwendungsbereichs des Verbrauchsgüterkaufrechts (§ 474 Abs. 1) aber zu setzen, wenn der Beschaffenheitsvereinbarung das den Gegenstand des Kaufvertrags beschreibende Element fehlt und Sinn und Zweck der Vereinbarung allein darin liegt, dem Käufer das Haftungsrisiko für verborgene Mängel aufzubürden (zB „Gekauft wie gesehen", „Bastlerauto").

448 Liegt keine Vereinbarung über die Beschaffenheit vor, so ist nach Maßgabe von § 434 Abs. 1 Satz 2 Nr. 1 zunächst zu begutachten, ob die Sache nach dem Vertragsinhalt unter Berücksichtigung der Gesamtumstände[10] einer bestimmten **Verwendung** zugeführt werden soll und sie sich für diese eignet[11]. Insofern kann eine Sache durchaus mangelhaft sein, wenn sie originalverpackt und an sich makellos ist, für den vereinbarten Verwendungszweck aber nicht taugt.

449 Schweigt der Vertrag zu einer bestimmten Verwendung der Sache und ergibt sich auch nichts aus weiteren Umständen, so ist auf den objektiven Fehlerbegriff, dem sich § 434 Abs. 1 Satz 2 Nr. 2 widmet, zurückzugreifen[12]. Umstritten ist, ob die Voraussetzungen des objektiven Mangelbegriffs kumulativ vorliegen müssen, oder ob die Sache bereits als mangelhaft einzuschätzen ist, wenn einer der drei Tatbestände vorliegt. Die übliche Beschaffenheit einer Sache bestimmt sich nach dem Empfängerhorizont eines Durchschnittskäufers. Es kommt entscheidend darauf an, welche Erwartungen ein Käufer berechtigterweise an die Ware stellen darf[13]. Begrenzt werden derartige Käufererwartungen allerdings durch den Stand der Technik[14].

450 Eine Verknüpfung zum Recht des unlauteren Wettbewerbs findet in § 434 Abs. 1 Satz 3 statt. Der Beschaffenheitsvereinbarung sind auch solche Angaben zuzurechnen, die nicht nur der Verkäufer, sondern auch der Hersteller über die Ware gemacht hat. In Betracht zu ziehen sind insbesondere Werbeaussagen des Herstellers. Trifft der Hersteller eine Feststellung über die Eigenschaft der Ware, von deren Vorliegen der Käufer ausgehen darf, muss sich der Verkäufer diese Beschaffenheitsbeschreibung zurechnen lassen, soweit er sie kannte oder zumindest hätte kennen müssen. Anwendbar ist § 434 Abs. 1 Satz 3 auch auf eigene Annoncen des Verkäufers[15].

451 Da die mangelfreie Lieferung die Erfüllung der Hauptleistungspflicht bedingt, bedarf es einer grundsätzlichen Unterscheidung zwischen mangelhafter Leistung und

---

9 BGH NJW 2007, 1346; NJW 2013, 1733 Tz. 15; NJW 2013, 2749 Tz. 19; NJW 2016, 1815 Tz. 9; NJW 2017, 150 Tz. 14; NJW 2017, 3292 Tz. 22.
10 BGH v. 6.12.2017, VIII ZR 219/16.
11 Instruktiv dazu BGH NJW 2017, 2817.
12 Dazu MK/*H.P. Westermann* § 434 BGB Rn 18 ff; zB in BGH NJW 2008, 53 und 1517.
13 BGH NJW 2009, 2807.
14 BGH NJW 2009, 2056.
15 BGH v. 27.9.2017, VIII ZR 271/16 Tz. 21.

Falschlieferung nicht. § 434 Abs. 3 stellt daher die aliud-Lieferung einem Sachmangel gleich. Umstritten ist dabei aber, ob auch die Erbringung eines sog. Identitäts-Aliuds beim Stückkauf als mangelhafte Leistung anzusehen ist oder diese den Regeln des Allgemeinen Schuldrechts unterliegt. Problematisch ist dies insbesondere insoweit, als der Nacherfüllungsanspruch des Käufers, sieht man in der Lieferung eines Identitäts-Aliuds einen Fall der mangelhaften Leistung im Sinne des § 434 Abs. 3, der kurzen Verjährung des § 438 unterläge und sich der Verkäufer uU über § 439 Abs. 3 von der Verpflichtung befreien könnte, die geschuldete Sache zu leisten.

452   Dem Sachmangel ebenfalls gleichgestellt wird die Leistung einer zu geringen Menge. Auch hier ergeben sich bei der Anwendung des kaufrechtlichen Gewährleistungsrechts Probleme daraus, dass bei einer geringfügigen Minuslieferung das Rücktrittsrecht wegen § 323 Abs. 5 Satz 2 ausgeschlossen sein könnte. Überwiegend geht man davon aus, dass der Rücktrittsausschluss hier zu modifizieren ist, der Käufer sich also vom Vertrag lösen kann.

453   Weiterhin widmet sich § 434 Abs. 2 der Montage einer erworbenen Sache. Zunächst führt die **fehlerhafte Montage**, wenn eine solche vom Verkäufer geschuldet ist, zur Mangelhaftigkeit der Sache als solcher.

454   Weiterhin liegt ein Sachmangel vor, wenn einer zur Montage bestimmten Sache eine mangelhafte Montageanleitung beiliegt (sog. **IKEA-Klausel**). Hinsichtlich der Fähigkeiten, derer es für das Verständnis der Montageanleitung bedarf, ist auf einen durchschnittlichen Käufer unter Berücksichtigung der Besonderheiten der Ware abzustellen. Der in dem Fehlen einer brauchbaren Montageanleitung bestehende Mangel soll jedoch nach dem Willen des Gesetzgebers wegfallen, wenn es dem Käufer gelingt, die Sache ordnungsgemäß zu montieren. Diese Regelung ist unter mehreren Gesichtspunkten kritikwürdig. Sie verlagert den für die Mangelhaftigkeit der Kaufsache relevanten auf einen nach dem Gefahrübergang liegenden Zeitpunkt. Zudem wird durch den fehlerfreien Zusammenbau der Sache nicht etwa der ursprünglich bestehende Sachmangel behoben. Der Ware fehlt immer noch eine brauchbare Montageanleitung, die man etwa benötigt, wenn man die Sache, beispielsweise ein Möbelstück nach einem Umzug, nochmals zusammenbauen möchte. Ebenso fehlt dem Käufer die mangelfreie Montageanleitung im Falle des **Weiterverkaufs der Sache an einen Dritten**. Offen ist auch der Inhalt des Nacherfüllungsanspruchs in diesem Fall. Ist der Verkäufer etwa, so er keine hinreichende Montageanleitung leisten kann, zur Bewerkstelligung des Zusammenbaus verpflichtet? Das völlige Fehlen einer geschuldeten Montageanleitung ist indes nicht als Fall des § 434 Abs. 2, sondern als solcher des § 434 Abs. 1 Satz 2 Nr. 2 einzustufen. Die analoge Anwendung des § 434 Abs. 2 auf die Bedienungsanleitung ist umstritten.

b)   BGH-Rechtsprechung zum Sachmangelbegriff

455   Der **VIII. Zivilsenat des BGH** hat mehrfach zum Begriff des Sachmangels Stellung bezogen. Dabei betreffen einige Entscheidungen in erster Linie Inhalt und Reichweite der Regelung zur Beweislastumkehr aus § 477, so dass diese dort ausführlich betrachtet werden (s. Rn 503 ff). Unabhängig davon hatte der BGH sich damit ausein-

anderzusetzen, ob ein als „**Jahreswagen**" verkauftes Auto mangelhaft ist, wenn das Fahrzeug vor der Erstzulassung zwei Jahre lang gestanden hatte[16]. Es geht dabei im Kern um die Auslegung der mit dem Begriff eines Jahreswagens zwischen Parteien erfolgenden Beschaffenheitsvereinbarung. Bei einem Jahreswagen handelt es sich nach der allgemeinen Verkehrsauffassung um ein Gebrauchtfahrzeug aus erster Hand, das von einem Werksangehörigen ein Jahr lang ab der Erstzulassung gefahren worden ist. Zu einem als „fabrikneu" bezeichneten unbenutzten Fahrzeug hatte der BGH bereits festgestellt, dass ein solches nur dann nicht mangelhaft ist, wenn das Modell noch unverändert weitergebaut wird, in Folge von Standzeiten keine Mängel eingetreten und zwischen Herstellung des Wagens und Abschluss des Kaufvertrags nicht mehr als zwölf Monate vergangen sind[17]. Den letztgenannten Grundsatz hat der VIII. Senat auf sog. **Jahreswagen** übertragen. Wer einen Jahreswagen kauft, darf erwarten, dass das Fahrzeug vor der Erstzulassung seit der Herstellung nicht länger als ein Jahr gestanden hat[18]. Die Lagerdauer eines Kraftfahrzeugs hat für seine Wertschätzung erhebliche Bedeutung, da ein natürlicher Altersprozess einsetzt, der nicht von der Ingebrauchnahme abhängt. Anders ist dies beim Verkauf eines **älteren Gebrauchtwagens** zu beurteilen. Hier folgt die Mangelhaftigkeit der Sache nicht unmittelbar aus einer der Übergabe vorangegangenen Standzeit. Vielmehr ist darauf abzustellen, ob in Folge der Standzeit ein Zustand eingetreten ist, den gleichartige Fahrzeuge üblicherweise nicht aufweisen[19]. Wird ein Fahrzeug als „**fabrikneu**" verkauft, darf weiterhin erwartet werden, dass keine Lackschäden vorhanden sind[20]. Geht aus dem Kaufvertrag die Bezeichnung „HU neu" hervor, kann der Käufer davon ausgehen, dass sich das Fahrzeug in einem verkehrssicheren Zustand befindet und die Hauptuntersuchung durchgeführt wurde[21]. Wenn ein Kraftfahrzeug, das kurz zuvor eine so genannte „Oldtimerzulassung" erhalten hat, mit der Klausel „positive Begutachtung nach der StVZO (Oldtimer) im Original" verkauft wird, liegt darin eine Beschaffenheitsvereinbarung, dass sich das Fahrzeug in einem Zustand befindet, der die erteilte positive Begutachtung als Oldtimer rechtfertigt[22]. Zu den Beschaffenheitsmerkmalen eines Kraftfahrzeugs gehört nach Auffassung des BGH auch das Bestehen einer Herstellergarantie[23].

Eine Selbstverständlichkeit hat der BGH in einer im Kern die Problematik der Beweislastumkehr aus § 477 betreffenden Entscheidung festgestellt: Normaler Verschleiß stellt grundsätzlich keinen Sachmangel dar[24]. Bezeichnet der Verkäufer ein Fahrzeug als „fahrbereit", so bezieht sich dies auf den jeweiligen Zeitpunkt und beinhaltet keine Haltbarkeitsgarantie[25]. Unterlassen die Parteien beim Abschluss eines Kaufvertrags über ein gebrauchtes Auto eine Vereinbarung über dessen Unfallschä- **456**

---

16 BGH NJW 2006, 2694 = JuS 2007, 82.
17 BGH NJW 2000, 2018; NJW 2004, 160 mit Bespr. *Roth* NJW 2004, 330; NJW 2005, 1422.
18 BGH NJW 2006, 2694 Rz. 11.
19 BGH NJW 2009, 1588; 2016, 3015.
20 BGH NJW 2013, 1365.
21 BGH NJW 2015, 1669 = JuS 2016, 65 *(Gutzeit)*.
22 BGH NJW 2013, 2749.
23 BGH NJW 2016, 2874 = JuS 2016, 1122 *(Gutzeit)*.
24 BGH NJW 2006, 434 Tz. 16.
25 BGH NJW 2007, 759.

den, so bemisst sich die Mangelfreiheit des Wagens nach § 434 Abs. 1 Satz 2 Nr. 2. Es kommt also darauf an, welche Beschaffenheit bei einem Gebrauchtwagen üblich ist und von dem Käufer erwartet werden kann. Liegen insoweit keine besonderen Umstände vor, kann der Käufer davon ausgehen, dass der Wagen nicht in einen Unfall verwickelt gewesen ist, bei dem mehr als Bagatellschäden eingetreten sind. Liegen über dieses Maß hinausgehende Schäden vor, ist das gebrauchte Kraftfahrzeug nicht unfallfrei und daher nach § 434 Abs. 1 Satz 2 Nr. 2 mangelhaft[26].

457 Existieren für die Sollbeschaffenheit einer Sache Normwerte, so liegt ein Sachmangel wegen des negativen Abweichens von der üblichen Beschaffenheit nicht schon allein darin, dass die verkaufte Sache die objektiv bestimmte Norm nicht in Gänze erfüllt (zB „physiologische Norm" eines Reitpferdes)[27]. Dies gilt bei einem Tier jedenfalls dann, wenn für das Eintreten klinischer Symptome und die damit verbundene Einschränkung der Gebrauchstauglichkeit eine nur geringe Wahrscheinlichkeit besteht. Einen Sachmangel begründet es dabei allein auch nicht, dass der Markt mit Preisnachlässen auf das Abweichen von der optimalen Norm reagiert[28]. Während sich die Sollbeschaffenheit aus § 434 Abs. 1 Satz 2 Nr. 2 nach der objektiv berechtigten Käufererwartung bestimmt, wird diese durch den Stand der Technik begrenzt[29].

3. Rechte und Ansprüche des Käufers bei Mängeln – Verzahnung mit dem allgemeinen Leistungsstörungsrecht

458 In § 437 sind die Rechte und Ansprüche, die der Käufer bei Vorliegen eines Mangels bei Gefahrübergang (§§ 446, 447)[30] geltend machen kann, aufgezählt. § 437 kommt dabei nicht die Funktion einer Anspruchsgrundlage zu, sondern stellt in erster Linie eine Verweisungsnorm dar. Durch die Schuldrechtsmodernisierung wurde jedenfalls vordergründig die Eigenständigkeit des kaufrechtlichen Gewährleistungsrechts aufgegeben und eine Verzahnung mit dem Allgemeinen Schuldrecht vollzogen. Vergegenwärtigt man sich jedoch die Vielzahl von Sonderregeln denen das Kaufrecht unterworfen ist, so lässt sich feststellen, dass neben dem allgemeinen Leistungsstörungsrecht ein besonderes kaufrechtliches Gewährleistungsrecht fortbesteht.

a) Vorrangiger Nacherfüllungsanspruch

459 aa) Systematik. Neu eingeführt wurde durch die Schuldrechtsmodernisierung ein vorrangiger Nacherfüllungsanspruch des Käufers, dessen Regelung sich §§ 437 Nr. 1, 439 widmen. Dieser kann spiegelbildlich auch als Recht zur zweiten Andienung seitens des Verkäufers gesehen werden, wobei Nacherfüllungsanspruch und Recht resp. Obliegenheit zur zweiten Andienung zwar in der Regel, nicht aber zwingend korrelieren. Zum Beispiel kann sich der Verkäufer auf § 275 Abs. 2 berufen, was zur Folge

---

26 BGH NJW 2008, 53 Tz. 18, 20 und NJW 2008, 1517 Tz. 18.
27 Jüngst bestätigt in BGH v. 18.10.17, VIII ZR 32/16 Tz. 24.
28 BGH NJW 2007, 1351 = JuS 2007, 684 mit Bespr. *Kniefert* NJW 2007, 2895.
29 BGH NJW 2009, 2056 und 2807.
30 Zum maßgeblichen Zeitpunkt MK/*H.P. Westermann* § 437 BGB Rn 6 (str.); s. auch *Maultzsch* ZGS 2003, 411.

hat, dass dem Käufer der Anspruch auf Nacherfüllung verloren geht, der Verkäufer hingegen das Recht zur zweiten Andienung behält[31]. Auf der anderen Seite kann der Käufer unter den Voraussetzungen des § 323 Abs. 2 sofort zurücktreten und dem Verkäufer damit das Recht zur zweiten Andienung nehmen, genauso gut aber den ihm zustehenden Nacherfüllungsanspruch geltend machen. Der Vorrang des Nacherfüllungsanspruchs ergibt sich nicht etwa daraus, dass er an erster Stelle der in § 437 genannten Rechte steht, sondern folgt aus der Tatsache, dass die übrigen Behelfe abhängig vom erfolglosen Ablauf einer dem Verkäufer zur Verfügung stehenden Frist zur Nacherfüllung sind[32]. Gegenstand des Nacherfüllungsanspruchs ist gem. § 439 Abs. 1 nach **Wahl des Käufers** die Nachlieferung, also Lieferung einer mangelfreien Sache, oder die Nachbesserung, also vollständige und nachhaltige Beseitigung des Mangels an der bereits gelieferten Sache[33]. Der Käufer übt sein Wahlrecht durch Abgabe einer empfangsbedürftigen Willenserklärung gegenüber dem Verkäufer aus. In dieser muss der Mangel konkret bezeichnet werden[34]. In Folge dessen hat der Käufer dem Verkäufer die Kaufsache zur Überprüfung der erhobenen Mängelrügen – am Erfüllungsort der Nacherfüllung (dazu nachf. Rn 460) – zur Verfügung zu stellen[35]. Da der Nacherfüllungsanspruch die Ausübung des Wahlrechts durch den Käufer erfordert, handelt es sich um einen verhaltenen Anspruch[36]. Zwischen den beiden Möglichkeiten der Nacherfüllung besteht nicht das Verhältnis der Wahlschuld, sondern eines der **elektiven Konkurrenz**. Dies hat zur Folge, dass der Käufer unter dem Vorbehalt von Treu und Glauben nicht an die einmal getroffene Entscheidung für eine Art der Nacherfüllung gebunden ist (**ius variandi**)[37]. Er kann vielmehr zu der anderen Art der Nacherfüllung umschwenken, wenn ihm dies als sinnvoll erscheint. In Betracht kommt etwa die Geltendmachung des Nachlieferungsanspruchs, nachdem die Nachbesserung fehlgeschlagen ist[38]. Dabei darf sich der Käufer jedoch nicht widersprüchlich verhalten. Der Nacherfüllungsanspruch besteht unabhängig von der Erheblichkeit des Mangels. Kosten, die zum Zwecke der Nacherfüllung entstehen, sind nach § 439 Abs. 2 vom Verkäufer zu tragen. Den Anspruch kann der Käufer unmittelbar aus § 439 Abs. 2 herleiten. Es handelt sich um eine Anspruchsgrundlage, die auch Kosten privater Sachverständiger erfasst[39]. Allerdings ist seit dem 1.1.2018 ein entsprechender **Vorschussanspruch** des Käufers auf den Anwendungsbereich des Verbrauchsgüterkaufrechts beschränkt (s. unten Rn 513).

Lebhaft umstritten war die Frage nach dem **Erfüllungsort des Nacherfüllungsanspruchs**. Mit guten Argumenten ging man davon aus, dass sich der Erfüllungsort bei der Nacherfüllung stets am **Belegenheitsort der Sache** befindet und nicht der im   460

---

31 Dieses und weitere Beispiele bei Bamberger/Roth/*Faust* § 439 BGB Rn 2.
32 S. etwa BGH NJW 2006, 1195, Tz. 18; MK/*H.P. Westermann* § 437 BGB Rn 4.
33 BGH NJW 2013, 1365, Tz. 12; MK/*H.P. Westermann* § 439 BGB Rn 4 ff.
34 OLG Köln ZGS 2003, 392 mit Anm. *Mankowski* EWiR 2003, 1125.
35 BGH NJW 2010, 1448; NJW 2013, 1074 mit Bspr. *Gsell* JZ 2013, 423; NJW 2017, 2758 Tz. 21, 29.
36 *Oechsler* Vertragliche Schuldverhältnisse, Rn 139.
37 Bamberger/Roth/*Faust* § 439 BGB Rn 10; *Skamel* ZGS 2006, 457.
38 AA für Wahlschuld: *Oechsler* Vertragliche Schuldverhältnisse, Rn 139.
39 BGH NJW 2011, 2278 Tz. 37; NJW 2014, 2351 mit krit. Bespr. *St. Lorenz* NJW 2014, 2319; NJW 2017, 2758, Tz. 29.

ursprünglichen Vertrag maßgebende Leistungsort Ausschlag gibt[40]. In einer viel beachteten Grundsatzentscheidung hat der BGH zu dieser Frage Stellung bezogen. Danach bestimmt sich der Erfüllungsort bei der Nacherfüllung, soweit keine explizite Vereinbarung in dem Vertrag getroffen wurde, nach den jeweiligen Umständen des Falls. Anzuwenden ist nach Auffassung des BGH die allgemeine Vorschrift des § 269. Folgt aus den Begebenheiten des Falls keine eindeutige Entscheidung, so kommt § 269 Abs. 2 zur Anwendung, wonach der Erfüllungsort am Geschäftssitz des Verkäufers liegt[41]. Verbraucher- und gemeinschaftsprivatrechtlich zielt die an dem Urteil zu übende Kritik vor allem darauf, dass es der Senat unterlassen hat, dem EuGH die Frage zur Vorabentscheidung vorzulegen, ob sich aus Art. 3 der Verbrauchsgüterkaufrichtlinie ergibt, wo der Erfüllungsort des Nacherfüllungsanspruchs liegt und der europäischen Regelung somit mehr Gehalt zukommt als der schlichten Zuweisung der Kostentragungspflicht[42]. Hinzu kommt, dass hinsichtlich des Pflichtenprogramms bei der Nacherfüllung geradezu unerträgliche Rechtsunsicherheit herrscht (s. auch Rn 517).

461 Soweit der Erfüllungsort im Einzelfall am bestimmungsgemäßen Belegenheitsort der Sache liegt, kann der Käufer, der eine bewegliche Sache im Ladengeschäft des Verkäufers erworben hat, im Falle der Mangelhaftigkeit den Verkäufer bitten, die Sache in der Wohnung des Käufers abzuholen und entweder zu reparieren oder durch eine andere zu ersetzen. Begibt sich der Käufer hingegen selbstständig in den Laden des Verkäufers, um ihm die defekte Ware vorzulegen, so hat er bereits den **ersten Schritt in die Selbstvornahme** getätigt und kann keinen Ersatz der dadurch entstehenden Kosten verlangen[43]. Ebenso wenig gelingt es dem Verbraucher wegen der Fehleinschätzung des zutreffenden Leistungsorts im Rahmen der Nacherfüllung, die Voraussetzungen für einen Rücktritt vom Vertrag oder den Schadensersatzanspruch statt der Leistung zu schaffen. Die Rechtsprechung des BGH belastet den Verbraucher daher enorm mit der Gefahr des Irrtums über den zutreffenden Leistungsort im Rahmen der Nacherfüllung[44]. Dies führt zu einem hohen Maß an Rechtsunsicherheit[45]. Die Verpflichtung zur Nacherfüllung ist in den Fällen, in denen der Leistungsort beim Verbraucher liegt, als **Bringschuld** zu qualifizieren. Dies hat wiederum zur Folge, dass bei einem aus einer Gattung zur Nacherfüllung gelieferten Ersatzgegenstand erst am Wohnort des Käufers Individualisierung eintritt und der Käufer in dem Fall, dass die Sache auf dem Transport untergeht, weiterhin Nachlieferung verlangen kann. Der

---

40 Bamberger/Roth/*Faust* § 439 BGB Rn 13; MK/*H.P. Westermann* § 439 BGB Rn 7; *Tiedtke/Schmitt* DStR 2004, 2016 (2018); *St. Lorenz* ZGS 2004, 408; AG Menden NJW 2004, 2171; aA OLG München NJW 2007, 3214 mit Bspr. *Muthorst* ZGS 2007, 370; zum Werkvertragsrecht: *BGH* ZGS 2008, 151; differenzierend *Pils* JuS 2008, 767.

41 BGH NJW 2011, 2278 mit krit. Bspr. *Staudinger/Artz* NJW 2011, 3121; *Faust* JuS 2011, 748; *Gsell* JZ 2011, 988; *Ringe* NJW 2012, 3393; bestätigt in NJW 2017, 2758 Tz. 21.

42 *Faust* JuS 2011, 748; *Staudinger/Artz* NJW 2011, 3121; insoweit weiterhin aA BGH NJW 2017, 2758 Tz. 22 ff.

43 *Faust* JuS 2008, 85; aA *Skamel* ZGS 2006, 227; *Muthorst* ZGS 2007, 370.

44 BGH NJW 2013, 1074 mit zutr. Kritik von *Gsell* JZ 2013, 423; *Cziupka* NJW 2013, 1043.

45 Zutreffend *Hattenhauer* LMK 2013, 344525.

Inhalt des Nacherfüllungsanspruchs kann daher durchaus über den des ursprünglichen Erfüllungsanspruchs hinausgehen[46].

Vorsicht ist allerdings hinsichtlich eines voreilig erklärten Nacherfüllungsbegehrens geboten. Nach einer, allerdings zum **unternehmerischen Verkehr** ergangenen Entscheidung des BGH haftet der Käufer dem Verkäufer auf Schadensersatz, wenn er ein **unberechtigtes Mangelbeseitigungsverfahren** äußert, obwohl er ohne größere Probleme hätte erkennen können, dass kein Sachmangel vorlag[47]. **462**

bb) Probleme des Nacherfüllungsanspruchs. Hinsichtlich des Nacherfüllungsanspruchs sind seit dem Inkrafttreten des neuen Schuldrechts eine Vielzahl von Problemen aufgetreten, über die teilweise intensiv gestritten wird. An erster Stelle ist die Frage zu nennen, ob im Falle einer echten **Stückschuld**, also insbesondere beim Verkauf gebrauchter Sachen, der **Nachlieferungsanspruch** besteht, grundsätzlich ausgeschlossen oder dessen Erfüllung zumindest objektiv unmöglich ist. Der BGH hat zu dieser heftig umstrittenen Problematik ausführlich Stellung bezogen[48]. Dem grundsätzlichen Ausschluss des Nacherfüllungsanspruchs beim Stückkauf erteilt der VIII. Senat eine klare Absage, da eine solche einschränkende Auslegung des § 439 Abs. 1 keine Stütze im Gesetz finde und auch mit dem Willen des Gesetzgebers nicht vereinbar sei. Der Vorrang des Nacherfüllungsanspruchs bestehe daher grundsätzlich auch beim Stückkauf[49]. Maßgeblich ist nach der Auffassung des BGH der im Wege der Auslegung zu ermittelnde hypothetische Wille der Parteien. Es kommt entscheidend darauf an, ob die Kaufsache nach der Vorstellung der Vertragspartner bei Vertragsschluss im Falle ihrer Mangelhaftigkeit durch eine andere, gleichwertige Sache ersetzt werden kann[50]. Dabei sei jedoch wiederum Zurückhaltung geboten, da die Gleichwertigkeit verschiedener gebrauchter Sachen zumeist schwer feststellbar sei und der Streit darüber nahe liege. Bei einem Kaufvertrag über ein gebrauchtes Kraftfahrzeug ist der Senat in einer späteren Entscheidung ohne weitere Begründung von der Unmöglichkeit der Ersatzlieferung ausgegangen[51]. **463**

Steht dem Käufer zwar das Wahlrecht zwischen Nachlieferung und Nachbesserung zu, so kann der Verkäufer nach Maßgabe von § 439 Abs. 4 die gewählte Art der Nacherfüllung verweigern, wenn sie nur unter Aufwendung unverhältnismäßiger Kosten möglich ist[52]. Gilt dies für beide Arten der Nacherfüllung, kann der Verkäufer die Nacherfüllung insgesamt verweigern, § 440. Weitere Fälle des § 440, in denen der Käufer unmittelbar zurücktreten kann, liegen vor, wenn die dem Käufer zustehende Art der Nacherfüllung fehlgeschlagen oder ihm unzumutbar ist, etwa weil Mängel **464**

---

46 AA BGH NJW 2008, 2837 Tz. 18, 23, 25; NJW 2009, 1660 Tz. 22.
47 BGH NJW 2008, 1147 mit Bspr. *Kaiser* S. 1709; JuS 2008, 746 *(Faust)*; JZ 2008, 636 mit Bspr. *Sutschet; Majer* ZGS 2008, 209; gegen eine Übertragung auf den Verbrauchsgüterkauf *Lange/Wiedmann* ZGS 2008, 329.
48 BGH NJW 2006, 2839 = JuS 2006, 1015 mit Bspr. *Roth* NJW 2006, 2953; *Wagner* ZGS 2007, 330; *Kitz* ZGS 2006, 419 sowie abl. Anm. *Faust* JZ 2007, 101.
49 BGH NJW 2006, 2839 Rz. 19.
50 BGH NJW 2006, 2839 Rz. 23.
51 BGH NJW 2008, 53 Tz. 23; s. auch NJW 2007, 1346 Tz. 17 mit Anm. *Gutzeit.*
52 BGH NJW 2015, 468 mit Bspr. *Gutzeit* NJW 2015, 445 und *Looschelders* JA 2015, 230.

gehäuft auftreten[53]. Unter der in § 440 benannten dem Käufer zustehenden Art der Nacherfüllung ist die vom Käufer gewählte und vom Verkäufer nicht zu Recht verweigerte Art der Nacherfüllung zu verstehen[54]. Unzumutbar kann die Art der Nacherfüllung für den Käufer infolge eines zerrütteten Vertrauensverhältnisses zwischen den Parteien sein[55].

465 Darüber hinaus kann die Erfüllung des Nacherfüllungsanspruchs gem. § 275 unmöglich sein, wenn der Mangel weder durch Neulieferung noch durch Nachbesserung behebbar ist. Die Ansprüche des Käufers richten sich dann auf Grund der Verweisung in § 437 Nr. 3 nach dem Unmöglichkeitsrecht (§ 275), wobei es im Hinblick auf die Anspruchsgrundlage entscheidend auf den Zeitpunkt ankommt, zu dem der Mangel eintritt und unbehebbar wird. Besteht schon bei Vertragsschluss ein unbehebbarer Mangel, so kommt § 311a Abs. 2 als selbstständige Anspruchsgrundlage zur Anwendung. Wird der Mangel erst nach dem Vertragsschluss unbehebbar oder entsteht ein solcher Mangel erst nach Abschluss des Vertrages, richtet sich der Anspruch nach §§ 280, 283.

466 Kommt der Verkäufer dem Verlangen nach Lieferung einer mangelfreien Sache nach, so kann er nach § 439 Abs. 5 **Herausgabe der bereits gelieferten mangelhaften Sache** verlangen. Hier ergibt sich zunächst das Problem, dass der Verkäufer uU überhaupt kein Interesse daran hat, die gelieferte mangelhafte Sache wieder zurückzubekommen. Zunächst wird man sagen können, dass sich aus der synallagmatischen Verbindung der Pflichten zur Übereignung der Sache und der Zahlung des Kaufpreises auch eine Nachwirkung auf den Nacherfüllungsanspruch insoweit ergibt, dass der Verkäufer nach § 439 Abs. 5 nicht nur das Recht sondern auch die Pflicht hat, die zunächst gelieferte mangelhafte Sache wieder an sich zu nehmen.

466a Dies führt unmittelbar zu der im Verbraucherprivatrecht lange und intensiv diskutierten Frage, ob der Verkäufer einer mangelhaften Sache, die bestimmungsgemäß in eine andere eingebaut wurde, im Rahmen der Nacherfüllung hinsichtlich des Ausbaus der mangelhaften Ware und des erneuten Einbaus einer mangelfreien Sache in Anspruch genommen werden kann oder alternativ die entsprechenden **Kosten des Aus- und Einbaus** zu tragen hat, ohne dass es auf sein Verschulden ankäme. Zu denken ist klassischerweise an verlegte Fliesen, Parkettstäbe oder Dachziegel, man mag aber auch den Einbau eines Motors in ein Auto in Betracht ziehen. Die **verbraucherprivatrechtliche** Entwicklung zu dieser zentralen Frage, in der schließlich ein Urteil des EuGH[56] die Weichen zur Lösung gestellt hat, findet sich nachgezeichnet in Rn 517 ff. Das Problem wurde bislang intensiv und ausschließlich im Anwendungsbereich des Verbraucherprivatrechts diskutiert, da der BGH für den unternehmerischen Verkehr in einer sehr gründlich begründeten Entscheidung festgestellt hatte,

---

53 Zum sog. „Montagsauto" BGH NJW 2013, 1523.
54 BGH NJW 2007, 504 Tz. 14 f.
55 BGH NJW 2005, 2582: Besondere Konstellation eines persönlichen Verhältnisses zwischen Käufer und gekauftem Dackel.
56 EuGH NJW 2011, 2269.

dass hier ein solcher Anspruch nicht bestehe[57]. Der deutsche Gesetzgeber hat zur Regelung des Problems allerdings nun einen völlig anderen Weg eingeschlagen und die Frage der Kostentragung in „Aus- und Einbaufällen" im allgemeinen Kaufrecht geregelt, so dass es sich seit dem 1.1.2018 weitgehend nicht mehr um eine verbraucherprivatrechtliche Spezialmaterie handelt. Der neue § 437 Abs. 3 BGB hat folgenden Wortlaut:

Hat der Käufer die mangelhafte Sache gemäß ihrer Art und ihrem Verwendungszweck in eine andere Sache eingebaut oder an eine andere Sache angebracht, ist der Verkäufer im Rahmen der Nacherfüllung verpflichtet, dem Käufer die erforderlichen Aufwendungen für das Entfernen der mangelhaften und den Einbau oder das Anbringen der nachgebesserten oder gelieferten mangelfreien Sache zu ersetzen. § 442 Absatz 1 ist mit der Maßgabe anzuwenden, dass für die Kenntnis des Käufers an die Stelle des Vertragsschlusses der Einbau oder das Anbringen der mangelhaften Sache durch den Käufer tritt.

Seit dem 1.1.2018 hat der Käufer daher unabhängig davon, ob es sich bei einer Vertragspartei um einen Unternehmer resp. Verbraucher handelt, einen verschuldensunabhängigen Anspruch auf Ersatz der **Kosten**, die durch den Ausbau der mangelhaften und Einbau einer Ersatzsache entstehen, wenn die Sache bestimmungsgemäß in eine andere eingebaut wurde. Das Gesetz erfasst nun in Folge seiner recht weitgehenden Formulierung sowohl den Einbau beweglicher Sachen als auch das Anbringen solcher, womit etwa Malerarbeiten gemeint sind[58]. Ausgeschlossen ist der Aufwendungsersatzanspruch, wenn der Käufer vor dem Einbau Kenntnis von der Mangelhaftigkeit der zunächst gelieferten Ware erlangt resp. grob fahrlässig den Mangel nicht erkennt. Der Käufer hat dem Verkäufer nach der schließlich Gesetz gewordenen Regelung **nicht** vorab die Möglichkeit einzuräumen, den Aus- und Einbau mit eigenen oder von ihm beauftragten Leuten zu bewältigen[59]. Der Anspruch beschränkt sich vielmehr auf den **Aufwendungsersatz**. Er kann die nachgelieferte Sache auf **Kosten des Verkäufers** einbauen bzw. anbringen. Außerhalb des Verbraucherprivatrechts steht dem Verkäufer allerdings das Verweigerungsrecht nach § 439 Abs. 4 uneingeschränkt, also auch im Falle der sog. **absoluten Unverhältnismäßigkeit**, zu. Schließlich kann ein Käufer, handelt es sich nicht um einen Verbrauchsgüterkauf, hinsichtlich der Kosten des Aus- und Einbaus keinen Vorschuss vom Verkäufer verlangen. Ein entsprechender Anspruch ist nun gem. § 474 Abs. 6 auf den Verbrauchsgüterkauf beschränkt. Zu diesen und weiteren Besonderheiten des Verbrauchsgüterkaufs im Zusammenhang mit den Aus- und Einbaukosten siehe Rn 513, 517 ff.

Im Zusammenhang mit dem Nacherfüllungsanspruch ergeben sich weitere, intensiv diskutierte Probleme, ohne dass diese einen spezifischen verbraucherprivatrechtlichen Bezug hätten. Es fragt sich etwa, ob dem Käufer, der dem Verkäufer die Sache zur Durchführung der Nachbesserung überlassen hat, für die verstreichende Zeit ein **467**

---

[57] BGH NJW 2013, 220; NJW 2014, 2183 mit Bspr. *Witt* NJW 2014, 2156; *St. Lorenz* LMK 2014, 3582 ff.
[58] *Nietsch/Osmanovic* NJW 2018, 1; *Faust* ZfPW 2017, 250.
[59] *Faust* ZfPW 2017, 250.

Anspruch auf Ersatz des Nutzungsausfalls[60] bzw des mangelbedingten Betriebsausfallschadens[61] zusteht, wobei es sich dabei im Kern um Probleme des Schadensersatzrechts handelt. Weiterfresserschäden an der mangelhaften Sache selbst sind im Zuge der Nacherfüllung auszugleichen. Der Verkäufer ist nicht etwa nur dazu verpflichtet, den im Zeitpunkt des Gefahrübergangs vorhandenen Mangel zu beheben. Breitet sich dieser an der Sache selbst im Zeitraum zwischen Gefahrübergang und Geltendmachung des Nacherfüllungsanspruchs aus, trifft den Verkäufer die Beseitigungspflicht, es sei denn, der Käufer war für die Ausweitung des Mangels verantwortlich[62].

468 Nach § 439 Abs. 5 iVm § 346 Abs. 1 steht dem Verkäufer im Falle der Nachlieferung ein Anspruch auf Entschädigung für die zwischenzeitliche Nutzung der zunächst gelieferten mangelhaften Sache zu. Auch diesbezüglich gibt es in § 475 Abs. 3 Satz 1 nun eine Sonderregel für das Verbraucherprivatrecht (s. Rn 514).

469 Intensiv wird und wurde darüber diskutiert, ob der Käufer das Recht hat, einen Sachmangel selbst zu beheben und anschließend jedenfalls insoweit einen Ersatzanspruch gegen den Verkäufer geltend machen kann, als dieser Aufwendungen erspart hat, die durch die Behebung des mangelhaften Zustandes erwachsen wären. Während sowohl das **Mietrecht** als auch das **Werkvertragsrecht** das Recht zur **Selbstvornahme** kennen, sucht man im Kaufrecht eine diesbezügliche Regelung vergeblich. Der BGH hat zu der Problematik mehrfach Stellung bezogen und festgestellt, dass ein Käufer, der eine Beseitigung des Mangels vornimmt, ohne dem Verkäufer eine angemessene Frist zur Nacherfüllung gesetzt zu haben, keinerlei Ansprüche gegen den Verkäufer zustehen[63]. Der Käufer verliert durch die eigenmächtige Vornahme der Mangelbeseitigung nicht nur sein Rücktritts- und Minderungsrecht sowie etwaige Schadensersatzansprüche, sondern kann sich nach Auffassung des BGH auch nicht darauf berufen, gem. **§ 326 Abs. 2** analog von dem Verkäufer die ersparten Nacherfüllungskosten ersetzt zu verlangen[64]. Stellt der Käufer einen Defekt an der erworbenen Sache fest, ohne dass er beurteilen kann, ob es sich dabei um einen Sachmangel handelt, der bereits bei Gefahrübergang vorlag und auf Grund dessen ihm daher Rechte gegen den Verkäufer zustehen, oder die Störung erst später aufgetreten ist, so dass Gewährleistungsansprüche nicht entstehen, obliegt es dem Käufer, dem Verkäufer die Möglichkeit einzuräumen, den etwaigen Mangel festzustellen und zu beseitigen. Behebt der Käufer in einer solchen Situation den Mangel eigenmächtig, ohne dass der Verkäufer die Ware hat überprüfen können, gefährdet bzw vernichtet er seine ihm gegebenen-

---

60 Dazu *Gsell* NJW 2003, 1969; *Gruber* ZGS 2003, 130; *J. Kohler* ZGS 2004, 48.
61 *Grigoleit/Riehm* JuS 2004, 745; *Arnold/Dötsch* BB 2003, 2250.
62 Völlig zutreffend Bamberger/Roth/*Faust* § 439 BGB Rn 15 ff.
63 Grundsätzlich BGH NJW 2005, 1348 = JuS 2005, 749; dazu *Herresthal/Riehm* NJW 2005, 1457; *St. Lorenz* NJW 2005, 1321; *Ulrici* Jura 2005, 612; *Gsell* ZIP 2005, 922; *Dauner-Lieb* ZGS 2005, 169; *Katzenstein* ZGS 205, 305; *Arnold* MDR 2005, 661.
64 BGH NJW 2005, 1348 (1349 f) ausdr. bestätigt in BGH NJW 2005, 3211 (3212) und NJW 2006, 988 Tz. 10, 14; für eine Lösung nach den Grundsätzen der unberechtigten Geschäftsführung ohne Auftrag bzw durch einen bereicherungsrechtlichen Anspruch (Rückgriffskondiktion) *Oechsler* Vertragliche Schuldverhältnisse, Rn 148.

falls zustehenden Rechte gegen den Verkäufer[65]. Nach Fristablauf ist der Käufer allerdings berechtigt, den Mangel selbst zu beseitigen und Kosten im Rahmen eines Schadensersatzanspruchs gemäß §§ 437 Nr. 3, 280 Abs. 1, 3, 281 Abs. 1 Satz 1 geltend zu machen[66].

Schließlich ergeben sich einige Fragen hinsichtlich der Verjährung der Gewährleistungsrechte im Falle der Nachlieferung oder Nachbesserung (dazu Rn 485 ff). **470**

b) Rücktritt und Minderung

Ist eine angemessene Frist zur Nacherfüllung[67] abgelaufen ohne dass der konkret bezeichnete Mangel behoben wurde[68], § 323 Abs. 1, so kann der Käufer von dem Kaufvertrag **zurücktreten**. Es handelt sich um den in § 323 Abs. 1 gesondert geregelten Fall der nicht vertragsgemäßen Leistung. Unzweifelhaft verstößt das Erfordernis, eine **angemessene Frist zur Nacherfüllung zu setzen**, gegen die Vorgaben der Verbrauchsgüterkaufrichtlinie, Art. 3 Abs. 5. Es kommt nur darauf an, dass ein Nacherfüllungsverlangen gestellt wird und eine angemessene Frist abgelaufen ist[69]. Erstaunlich ist insoweit, dass der VIII. Zivilsenat des BGH immer wieder und ohne weitere Begründung feststellt, für den Rücktritt vom Kaufvertrag müsse grundsätzlich die Voraussetzung erfüllt sein, dass der Käufer dem Verkäufer eine angemessene Frist zur Nacherfüllung gem. § 439 gesetzt hat[70]. Jedenfalls hätte es zwischenzeitlich einer Vorlage an den EuGH bedurft[71]. Die Rückabwicklung des Vertrags richtet sich nach Erklärung des Rücktritts nach den §§ 346 ff. Erst durch die Ausübung bindet sich der Käufer an die in dem Rücktritt liegende Gestaltung. Bis dahin kann er weiterhin Nacherfüllung verlangen. Auch nach der Rücktrittserklärung kann der Käufer noch Schadensersatz statt der Leistung, auch bezogen auf den mangelbedingten Nutzungsausfallschaden, verlangen (§ 325)[72]. Eines Fristablaufs bedarf es in den in § 323 Abs. 2 genannten Fällen, etwa wenn sich der Verkäufer standhaft weigert, dem Nacherfüllungsverlangen nachzukommen, nicht[73]. Darüber hinaus enthält § 440 eine besondere Regelung für das Kaufrecht. Sofort zurücktreten kann der Käufer, wenn der Verkäufer beide Arten der Nacherfüllung nach § 439 Abs. 4 zu Recht, also wegen deren Unzumutbarkeit, verweigert[74]. Ebenso, wenn die durch den Käufer ausgewählte Art der Nacherfüllung fehlgeschlagen ist, wovon beim zweiten fehlgeschlagenen Versuch der vom Käufer gewählten Art der Nacherfüllung, die der Verkäufer nicht zu Recht **471**

---

65 BGH NJW 2006, 1195, Tz. 21 mit Bspr. *St. Lorenz* NJW 2006, 1175; zu den Rechtsfolgen *Braun* ZGS 2006, 328 und 2004, 423.
66 BGH NJW 2017, 2758 Tz. 34.
67 Wie setzt man eine Nachfrist richtig? *Mankowski* ZGS 2003, 451.
68 OLG Düsseldorf ZGS 2004, 393.
69 S. etwa *St. Lorenz* NJW 2007, 1 (5).
70 BGH NJW 2011, 2278 Tz. 13; 2010, 1448 Tz. 10; 2009, 2532 Tz. 12.
71 Dazu *Faust* JuS 2011, 748; *Staudinger/Artz* NJW 2011, 3121.
72 Zum Verhältnis von Rücktritts- und Schadensersatzvorschriften BGH NJW 2008, 911, mit Anm. *Gsell*; JZ 2008, 469 mit Bspr. *Faust*; bestätigt durch BGH NJW 2010, 2426.
73 OLG Naumburg NJW 2004, 2022.
74 Näher MK/*H.P. Westermann* § 440 BGB Rn 6.

nach § 439 Abs. 4 verweigert, auszugehen ist[75]. Der Käufer kann auch sofort zurücktreten, wenn ihn der Verkäufer über das Bestehen eines Mangels **arglistig getäuscht** hat[76] oder ernsthafte und belegbare Zweifel an der Zuverlässigkeit des Verkäufers bestehen[77]. Voraussetzung eines Rücktritts nach § 437 Nr. 2 iVm § 323 Abs. 1 ist weiterhin, dass die Nacherfüllung noch möglich ist. Andernfalls ergibt sich das Rücktrittsrecht aus § 326[78]. Lag der unbehebbare Mangel schon bei Vertragsschluss vor, dann ist § 311a einschlägig. Das Verstreichen der Nachfrist beschränkt den Käufer nicht auf die Ausübung des Rücktritts. Der Erfüllungsanspruch bleibt, soweit er nicht unmöglich geworden ist, weiter bestehen. Der Käufer kann also zwar nach Fristablauf zurücktreten, ebenso gut aber auch auf Lieferung dh Erfüllung beharren. Entscheidet sich der Käufer für die Rückabwicklung des Vertrags, steht dem Verkäufer nach § 346 Abs. 1 ein Anspruch auf Nutzungswertersatz zu. Im Falle des Rücktritts konfligiert dieser Anspruch, anders als im Zuge der Nacherfüllung durch Ersatzlieferung (*„Quelle"-Entscheidung*, Rn 514 ff) nicht mit den Vorgaben der Verbrauchsgüterkaufrichtlinie[79].

472 Ausgeschlossen ist der Rücktritt vom Vertrag nach Maßgabe von **§ 323 Abs. 5 Satz 2**, wenn „die Pflichtverletzung unerheblich ist". Umstritten ist, was unter einer **erheblichen Pflichtverletzung** im Falle einer mangelhaften Leistung zu verstehen ist. Zutreffenderweise kann Bezugspunkt der Pflichtverletzung allein die Leistungsverpflichtung des Verkäufers sein. Diese besteht in der Übereignung einer mangelfreien Sache. Verletzt wird diese Leistungspflicht objektiv, wenn die Ware einen Sachmangel aufweist. Zu prüfen ist somit, entsprechend der Rechtslage bei § 281 Abs. 1 Satz 3, ob die objektive Leistungspflicht des Verkäufers erheblich verletzt ist, mit anderen Worten die Ware einen nicht unerheblichen Mangel aufweist[80], der freilich auch in einem Rechtsmangel liegen kann (Bsp.: Eintragung eines Pkw in eine internationale Fahndungsliste)[81]. Abzustellen ist bei der Beurteilung der Erheblichkeit des Mangels auf den Kenntnisstand im Zeitpunkt der Rücktrittserklärung[82]. Obgleich der VIII. Zivilsenat des BGH dies auch so sieht, legt er in besonders gelagerten Fällen andere Maßstäbe an[83]. Es geht darum, ob der Rücktritt des Käufers wegen eines objektiv geringfügigen Mangels auch dann nach § 323 Abs. 5 Satz 2 ausgeschlossen ist, wenn der Verkäufer den Mangel der Sache **arglistig verschwiegen** hat. Nach Auffassung des BGH ist die Pflichtverletzung des Verkäufers auch bei einem geringfügigen Man-

---

75 BGH NJW 2007, 504 Tz. 14; MK/*H.P. Westermann* § 440 BGB Rn 9 ff; s. auch LG Bonn NJW 2004, 74 mit Bspr. *St. Lorenz* NJW 2004, 26; OLG Karlsruhe ZGS 2004, 392.
76 BGH NJW 2008, 1371 mit Bespr. *Artz* ZJS 2008, 315; *Gutzeit* NJW 2008, 3159; *Kulke* ZGS 2008, 169.
77 BGH NJW 2015, 1669; 2016, 3654.
78 MK/*H.P. Westermann* § 437 BGB Rn 9.
79 Zutreffend BGH NJW 2010, 148 Tz. 15.
80 So auch BGH NJW 2005, 3490 (3493); NJW 2007, 504 Tz. 11; NJW 2007, 2111; NJW 2008, 53 Tz. 23; BeckRS 2010, 07414 (Auto in anderer als bestellter Farbe); NJW 2011, 2872 Tz. 19 (Geringfügigkeit bei Höhe der Aufwendungen zur Mangelbeseitigung von rund 1% des Kaufpreises); BeckRS 2014, 11378.
81 BGH NJW 2017, 1666.
82 BGH NJW 2011, 3708 Tz. 9; NJW 2013, 1365 Tz. 18; BeckRS 2014, 11378, Tz. 16.
83 BGH NJW 2006, 1960 mit Bspr. *Looschelders* JR 2007, 309.

gel nicht als unerheblich einzuschätzen, wenn der Verkäufer den Käufer arglistig über das Vorhandensein eines Mangels getäuscht hat. Das Interesse des Verkäufers am Bestand des Vertrags verdiene unter diesen Umständen keinen Schutz[84]. Der vielfach an dieser Entscheidung geübten Kritik ist insbesondere unter dem folgenden Aspekt beizutreten. Ausgangspunkt der Überlegung ist, dass es sich bei dem Begriff der Pflichtverletzung um einen rein objektiven handelt und gerade im Falle der Mangelgewährleistung und des darauf folgenden Rücktritts ein subjektiver Tatbestand des Verschuldens bzw Vertretenmüssens nicht zu berücksichtigen ist. Es kommt allein darauf an, dass die Ware mangelhaft ist. Insoweit kann arglistiges Verhalten für den Grad der Erheblichkeit der Pflichtverletzung keine Rolle spielen[85]. Hinzu kommt, dass man eine arglistige Täuschung bzw ein arglistiges Verschweigen betreffend den Mangel durchaus als vorvertragliche Pflichtverletzung einordnen kann, § 323 Abs. 5 Satz 2 sich aber auf die Pflicht bezieht, eine mangelfreie Ware zu leisten[86]. Des Weiteren geht der VIII. Zivilsenat des BGH davon aus, dass der **Verstoß gegen eine Beschaffenheitsvereinbarung** die Erheblichkeit der Pflichtverletzung indiziert[87].

Offen ist lange geblieben, welche Grenze im Verhältnis zwischen den anzusetzenden Kosten der Mangelbeseitigung und dem Kaufpreis der Sache zu überschreiten ist, so dass von einem nicht mehr unerheblichen Mangel gesprochen werden kann[88]. Es spricht vieles dafür, von der Festlegung einer solchen starren Grenze abzusehen und die Möglichkeit offen zu halten, auch Umstände eines jeden Einzelfalls zu berücksichtigen[89]. In einer Entscheidung aus dem Jahr 2014 hat sich der VIII. Zivilsenat allerdings dazu veranlasst gesehen, der Praxis eine Orientierungshilfe an die Hand zu geben[90]. Dabei bestätigt der Senat zunächst, dass es tatsächlich der umfassenden Interessenabwägung im Einzelfall bedarf[91]. Abzustellen ist jedenfalls bei behebbaren Mängeln auf die Kosten der Mangelbeseitigung und nicht auf das Ausmaß der Funktionsstörung[92]. Zur Grenze der Unerheblichkeit positioniert sich der BGH nun erfreulich deutlich: „Der Senat entscheidet die umstrittene Frage nunmehr dahin, dass bei einem behebbaren Mangel im Rahmen der nach den Umständen des Einzelfalls vorzunehmenden Interessenabwägung von einer Unerheblichkeit der Pflichtverletzung gemäß § 323 Abs. 5 Satz 2 in der Regel dann nicht mehr auszugehen ist, wenn der **Mangelbeseitigungsaufwand mehr als fünf Prozent des Kaufpreises** beträgt. Eine generelle Erhöhung der Erheblichkeitsschwelle über den vorstehend genannten Prozentsatz hinaus ist mit dem durch den Gesetzeswortlaut und durch die Gesetzesmaterialien klar zum Ausdruck gebrachten Willen des Gesetzgebers, dem Sinn und Zweck des § 323 Abs. 5 S. 2 sowie der Systematik der Rechte des Käufers bei Sachmängeln nicht zu vereinbaren"[93].

473

---

84 Krit. zum damit zum Ausdruck gebrachten Strafcharakter *Hey* Jura 2006, 855 (857).
85 *H. Roth* JZ 2006, 1026; *Kulke* ZGS 2006, 415.
86 *St. Lorenz* NJW 2006, 1925.
87 BGH NJW 2013, 1365; NJW-RR 2010, 1289.
88 BGH NJW 2005, 3490 (3493).
89 *St. Lorenz* NJW 2006, 1925.
90 BGH NJW 2014, 3229.
91 Tz. 16.
92 Tz. 17.
93 Tz. 30.

474 Weiterhin ist der Rücktritt nach § 323 Abs. 6 ausgeschlossen, wenn der Käufer allein oder weit überwiegend für den Mangel verantwortlich ist oder er sich im Annahmeverzug befindet. Mit dem Annahmeverzug des Käufers eng verknüpft ist die umstrittene Frage, ob der Käufer ein Zurückweisungsrecht einer mangelhaften, uU nur geringfügig fehlerhaften Sache hat[94].

475 Nach § 323 Abs. 4 kann sich der Käufer bereits vor Eintritt der Fälligkeit der Leistung von dem Vertrag lösen, wenn absehbar ist, dass das Rücktrittsrecht entstehen wird. Der Käufer muss eine mangelhafte Sache, bezüglich derer die Nacherfüllung ausgeschlossen ist, also nicht erst annehmen, um dann zurückzutreten (wohl anders beim Schadensersatz statt der Leistung nach § 281, dazu Rn 478).

476 Für die **Minderung**, §§ 437 Nr. 2, 441, gelten grundsätzlich dieselben Voraussetzungen, die das Rücktrittsrecht bedingen. Dass es auch hier eines Fristablaufs bedarf, ergibt sich aus der Bezugnahme auf den Rücktritt: „Statt zurückzutreten …". Hat der Verkäufer den Käufer über das Bestehen eines behebbaren Mangels arglistig getäuscht, bedarf es einer Fristsetzung nicht[95]. Der Käufer kann sofort den Kaufpreis mindern, ohne dem Verkäufer die Möglichkeit der Nacherfüllung einräumen zu müssen. Nach reformiertem Recht erfolgt die Minderung durch Ausübung eines Gestaltungsrechts in Form der einseitigen, empfangsbedürftigen Willenserklärung. Das Minderungsrecht steht dem Käufer auch bei Vorliegen eines nur **geringfügigen Mangels** zu, da § 323 Abs. 5 Satz 2 nach Maßgabe von § 441 Abs. 1 Satz 2 auf die Minderung keine Anwendung findet. Die Berechnung der Minderung ergibt sich aus der in Abs. 3 Satz 1 zu findenden Formel[96].

477 Weder das Rücktrittsrecht noch das Recht zur Minderung setzen ein Verschulden des Verkäufers voraus.

c) Schadensersatz statt der Leistung und Aufwendungsersatzanspruch

478 Nach § 437 Nr. 3 kann dem Käufer wegen der Mangelhaftigkeit der Sache weiterhin ein Schadensersatzanspruch statt der Leistung zustehen. Dazu muss, entsprechend der Rechtslage beim Rücktritt, eine angemessene Frist zur Nacherfüllung erfolglos abgelaufen sein, was sich aus § 281 Abs. 1 Satz 1 ergibt. Nach der nicht unbestrittenen Auffassung des BGH bedarf es allerdings im Zuge der Fristsetzung der Angabe eines bestimmten Zeitraums oder Termins nicht. Hinreichend sei das Verlangen nach (bzw. Bitten um) sofortiger, unverzüglicher oder umgehender Leistung[97]. Bietet der Verkäufer dem Käufer Mangelbeseitigung innerhalb einer objektiv zu kurz bemessenen Frist an, kann der Käufer diesen Termin als verbindlich ansehen[98]. Eine Fristsetzung kann gem. § 281 Abs. 2 oder § 440 entbehrlich sein, wenn bei einem erkrankten Tier beispielsweise ein ärztlicher Eingriff als Notfallmaßnahme vorzunehmen

---

94 Zum Streitstand MK/*H.P. Westermann* § 437 BGB Rn 18; ausführlich *Jud* JuS 2004, 841.
95 BGH NJW 2008, 1371.
96 Dazu MK/*H.P. Westermann* § 441 BGB Rn 12 ff.
97 BGH NJW 2016, 3654 mit Bspr. *Höpfner* NJW 2016, 3633 = JuS 2017, 67 *(Schwab)*; 2015, 2564; 2009, 3153.
98 BGH NJW 2016, 3654.

ist[99]. Einer Fristsetzung bedarf es auch dann nicht, wenn der Verkäufer die Nacherfüllung ernsthaft und endgültig verweigert[100]. Des Weiteren ist, entsprechend der Rechtslage beim Rücktritt, der Schadensersatzanspruch statt der ganzen Leistung (großer Schadensersatz) ausgeschlossen, wenn die Pflichtverletzung, also der Sachmangel, unerheblich ist (§ 281 Abs. 1 Satz 3). Es bleibt dem Käufer aber der kleine Schadensersatzanspruch, bei dem er die Sache behält und den Erfüllungsschaden liquidiert. Darüber hinaus muss der Verkäufer die Pflichtverletzung gem. § 280 Abs. 1 zu vertreten haben. Hier stellt sich die Frage, worin bei einer mangelhaften Leistung die Pflichtverletzung des Verkäufers liegt. Auszuschließen ist wohl, dass die Pflichtverletzung schlicht in der Lieferung der mangelhaften Sache liegt. Dies hat aber zur Folge, dass unter dem Begriff der Pflichtverletzung in § 281 Abs. 1 Satz 3 und in § 280 Abs. 1 Satz 1 Unterschiedliches zu verstehen ist. Einiges spricht dafür, dass eine den Schadensersatzanspruch auslösende Pflichtverletzung des Verkäufers, der nicht auch Hersteller der Sache ist, nur vorliegt, wenn ihn eine positiv festzustellende **Untersuchungspflicht** trifft. Verletzt er diese, so wird sein Vertretenmüssen nach § 280 Abs. 1 Satz 2 vermutet. Zu beachten ist weiterhin die Übernahme einer Garantie oder eines Beschaffungsrisikos nach § 276 Abs. 1 Satz 1. Eine dem § 323 Abs. 4 entsprechende Regelung fehlt hinsichtlich des Schadensersatzanspruchs. Der Käufer kann nicht bereits vor Fälligkeit der Leistung Schadensersatz verlangen.

Bestand ein erheblicher Mangel bereits bei Vertragsschluss und ist er nicht behebbar, so steht dem Käufer ein Schadensersatzanspruch aus § 311a Abs. 2 zu, der als selbstständige Anspruchsgrundlage einzuordnen ist[101]. Umstritten sind diesbezüglich die subjektiven Voraussetzungen des Schadensersatzanspruchs. Teilweise wird der Verkäufer in Anknüpfung an das vormals geltende Recht mit einer Garantiehaftung belastet. Entsteht ein unbehebbarer Mangel erst nach Abschluss des Vertrags, so kann ein Schadensersatzanspruch aus § 283 iVm § 280 bestehen, auf den § 437 Nr. 3 ebenfalls verweist. **479**

Gerichtet ist der Schadensersatzanspruch statt der Leistung auf das positive Interesse. Handelt es sich bei dem Vertrag um ein für den Käufer unrentables Geschäft, so kann er nach § 284 den **Ersatz vergeblicher Aufwendungen** verlangen. **480**

Die Geltendmachung des Schadensersatzanspruchs und die Ausübung des Rücktritts schließen einander nicht mehr aus, was § 325 ausdrücklich bestimmt. **481**

d) Schadensersatzanspruch aus § 280

Schwierigkeiten bereitet die Abgrenzung zwischen dem Anspruch auf einfachen Schadensersatz aus § 280 und dem auf Schadensersatz statt der Leistung nach §§ 280 Abs. 1, 3, 281 Abs. 1[102]. Vieles spricht dafür, sich diesbezüglich von den althergebrachten Kategorien, wonach zwischen der Befriedigung des Äquivalenz- und des Integritätsinteresses unterschieden wurde, zu trennen. Orientierungshilfe bietet viel- **482**

---

99 BGH NJW 2005, 3211 (3212); LG Essen NJW 2004, 527 mit Bspr. *Augenhofer* ZGS 2004, 385.
100 BGH NJW 2013, 1431 Tz. 36; NJW 2012, 3714.
101 BGH NJW 2005, 2852 (2854).
102 Zu den Schadensarten bei der Pflichtverletzung *St. Lorenz* JuS 2008, 203.

mehr der zentrale Unterschied zwischen den Ansprüchen aus § 280 und §§ 281, 280. Der besteht darin, dass der Anspruch auf Schadensersatz statt der Leistung aus § 281 erst geltend gemacht werden kann, wenn eine angemessene Frist zur Nacherfüllung abgelaufen ist. Ein gangbarer Weg der Abgrenzung liegt daher jedenfalls darin, zu fragen, ob das Eintreten des konkreten Schadens durch die Nacherfüllung im spätestmöglichen Zeitpunkt hätte vermieden werden können[103]. Ist diese Frage zu bejahen, so hat die Fristsetzung einen Sinn. Der Verkäufer hätte durch Leistung das Eintreten des Schadens verhindern können. Es besteht nur ein Anspruch auf Schadensersatz statt der Leistung aus § 281 Abs. 1 iVm § 280. War das Kind hingegen schon in den Brunnen gefallen, bevor die Frist zur Nacherfüllung abgelaufen ist, erweist sich eine Fristsetzung als unsinnig, so dass der Käufer einen einfachen Schadensersatzanspruch nach § 280 Abs. 1 geltend machen kann. Auf diesem Wege lässt sich auch vermeiden, auf die Kategorie des Verzögerungsschadens zurückgreifen zu müssen. Wendet man die Verzugsregeln an, gerät das gesamte System ins Wanken, da freilich in jeder Schlechtleistung eine nicht pünktlich erbrachte mangelfreie Leistung liegt. Typische Fälle des Schadensersatzanspruchs statt der Leistung sind nach dieser Systematisierung im Falle des sog. kleinen Schadensersatzes der mangelbedingte Minderwert der Sache, anfallende Reparaturkosten und der Weiterfresserschaden an der gekauften Sache[104]. Als Gegenstand des Schadensersatzanspruchs statt der ganzen Leistung kommen insbesondere die Kosten des Deckungskaufs in Betracht[105].

483 Hinsichtlich der **fehlenden Nutzungsmöglichkeit** der Sache ist zu unterscheiden. Betrifft der Anspruch einen Zeitpunkt, zu dem die Nacherfüllung noch möglich, die Frist also noch nicht verstrichen war, steht dem Käufer ein einfacher Schadensersatzanspruch aus **§ 280 Abs. 1** zu. Zu nennen sind der Betriebsausfallschaden in diesem Zeitraum, die anfallenden Mietkosten für eine Ersatzsache, entgangener Gewinn durch die fehlende Möglichkeit des Weiterverkaufs in dieser Phase[106]. Betrifft der Anspruch hingegen einen Zeitpunkt, zu dem die Nacherfüllung nicht mehr möglich war, kommt nur Schadensersatz statt der Leistung aus **§ 281 Abs. 1** iVm § 280 in Betracht.

484 Auf einen Schadensersatzanspruch neben der Leistung kann sich der Käufer bei der Lieferung einer mangelhaften Sache jedenfalls berufen, wenn er Einbußen an sonstigen Rechtsgütern zu beklagen hat. Es geht um den Ausgleich sogenannter Mangelfolgeschäden. Es handelt sich um einen einfachen Schadensersatzanspruch aus § 280 Abs. 1. Umstritten ist hierbei, welches Verjährungsreglement Anwendung findet (dazu Rn 486). Darüber hinaus kommt ein einfacher Schadensersatzanspruch aus § 280 Abs. 1 wegen der Verletzung von Nebenpflichten, die leistungsbezogen sein können oder nicht, in Betracht. Umstritten ist die Einordnung des Anspruchs auf Ersatz des mangelbedingten Betriebsausfallschadens als solcher aus § 280 Abs. 1 oder als Fall

---

103 Bamberger/Roth/*Faust* § 439 BGB Rn 60.
104 Zu den damit verbundenen deliktsrechtlichen Problemen *Gsell* NJW 2004, 1913 zu BGH NJW 2004, 1032.
105 Dazu BGH NJW 2013, 2959 mit Bspr. *Nietsch* NJW 2014, 2385.
106 Bamberger/Roth/*Faust* § 439 BGB Rn 59.

des Verzögerungsschadens gem. §§ 280 Abs. 1, 2, 286; vorzugswürdig erscheint eine Einordnung als einfacher Schadensersatzanspruch nach § 280 Abs. 1[107].

e) Verjährung

Die für den Bereich des Verbrauchsgüterkaufrechts wesentliche Verjährungsvor- **485** schrift ist, etwas versteckt, in § 438 Abs. 1 Nr. 3 zu finden. Danach verjähren die in § 437 Nr. 1 und 3 genannten Ansprüche in **zwei Jahren**[108]. Für den Verjährungsbeginn gibt nach Abs. 2 bei beweglichen Sachen die Ablieferung Maß. Es gilt somit, anders als bei § 199, ein objektiver Maßstab. Dies zeitigt Wirkungen insbesondere auf die Entscheidung, welchen Regeln man die Verjährung des Mangelfolgeschadens unterstellt. Da Gestaltungsrechte wie der Rücktritt oder die Minderung der Verjährung nicht unterliegen, bewerkstelligt das Gesetz in § 438 Abs. 4 und 5 einen Gleichlauf über die Regelung des § 218. Der Rücktritt, und damit auch die Erklärung der Minderung, sind unwirksam, wenn der Nacherfüllungsanspruch verjährt wäre. Der Rücktritt ist auch dann ausgeschlossen, wenn der Käufer zwar rechtzeitig einen Nacherfüllungsanspruch wegen eines vermeintlichen Mangels geltend gemacht hatte, die Lösung vom Vertrag allerdings wegen eines tatsächlich bestehenden, nicht aber rechtzeitig im Rahmen der Nacherfüllung bezeichneten Mangels begehrt[109]. Hier hilft dem Käufer auch § 213 nicht weiter. **Rückgewähransprüche** aus dem durch die Erklärung des Rücktritts entstehenden Rückgewährschuldverhältnis unterliegen der allgemeinen dreijährigen Verjährung nach §§ 195, 199[110].

Hinsichtlich des bereits angeschnittenen Problems der Verjährung von Ansprüchen **486** wegen mit dem Mangel verbundener, an anderen Rechtsgütern des Käufers eintretender Schäden (sog. **Mangelfolgeschäden**), hat sich ein veritabler Streit herausgebildet[111]. Dieser ist von großer praktischer Bedeutung, da die Unterscheidung zwischen der Regelverjährung von drei Jahren und der kurzen Verjährung aus § 438 von zwei Jahren nicht etwa nur in der Differenz von einem Jahr liegt, sondern in Folge der subjektiven Anknüpfung der regelmäßigen Verjährung in § 199 bedeutend größere Differenzen auftreten können. Vieles spricht, ohne dass dies hier näher ausgeführt werden soll, dafür, auch den auf den Mangel zurückzuführenden Schadensersatzersatzanspruch wegen der Beeinträchtigung des Integritätsinteresses nach zwei Jahren seit der Ablieferung verjähren zu lassen.

Besondere praktische Relevanz kommt auch dem Problem zu, welche Auswirkung **487** die Befriedigung des Nacherfüllungsanspruchs durch den Verkäufer auf die Verjährung hat. Es fragt sich, wie lange Gewährleistungsrechte hinsichtlich einer zur Nachlieferung geleisteten Sache geltend gemacht werden können. Hier hat man dem Käu-

---

107 So auch BGH NJW 2009, 2674.
108 Zweifel an dessen Vereinbarkeit mit dem GG äußert *Gildeggen* VuR 2017, 203.
109 BGH NJW 2016, 2493 = JuS 2016, 1120 *(Riehm)*.
110 BGH NJW 2007, 674 Tz. 37 ff mit Bspr. *Staudinger* Jura 2007, 772; 2006, 2839 Tz. 25 ff; *Peters* NJW 2008, 119.
111 Dazu etwa *Wagner* JZ 2002, 475; *Gsell* JZ 2002, 1089; *Mansel* NJW 2002, 89; *Arnold* ZGS 2002, 438; *Leenen* JZ 2001, 556; zusammenfassend MK/*H.P. Westermann* § 438 BGB Rn 9 f.

fer ein weiteres Mal die gesamte Gewährleistungsfrist zuzugestehen. Die Verjährung beginnt neu, § 212 BGB[112].

488 Betreffend eines Schadensersatzanspruchs, der in Folge einer fahrlässigen Verletzung von Leben, Körper oder Gesundheit durch den Verkäufer oder im Allgemeinen in Folge groben Verschuldens des Verkäufers entsteht, kann die Verjährung gem. § 309 Nr. 7a und b klauselmäßig nicht auf ein Jahr verkürzt werden. Eine dahingehende, die Verjährung von Käuferansprüchen wegen der Mangelhaftigkeit der Sache betreffende AGB ist im Ganzen und nicht nur im Hinblick auf diese Ansprüche unwirksam, so dass nach § 306 Abs. 2 etwa auch hinsichtlich des Nacherfüllungsanspruchs die gesetzlichen Verjährungsfristen gelten[113].

f) Verkäuferregress

488a Mit der zum 1.1.2018 erfolgten Einführung des neuen § 439 Abs. 3, der die Verpflichtung des Verkäufers zur Kostentragung in **„Aus- und Einbaufällen"** betrifft (s. Rn 466a und 520), wurden die ehemaligen Vorschriften zum Unternehmerregress (§§ 478, 479 aF) aus dem besonderen Verbrauchsgüterkaufrecht in das allgemeine Kaufrecht verlagert. Sitz der Materie sind nun **§§ 445a und 445b**. Hier wird dem Verkäufer einer mangelhaften Sache nun im Allgemeinen der Rückgriff gegen seinen Lieferanten erleichtert, was vormals nur der Fall war, wenn es sich beim Letzten in der Kette um einen Verbrauchsgüterkauf handelte.

488b Die Regelungen des ehemaligen *§ 478* finden sich nun in § 445a[114]. Demnach kann ein Verkäufer gem. § 445a Abs. 1 nun im Allgemeinen von seinem Lieferanten Ersatz der im Zuge der Nacherfüllung zu tragenden Aufwendungen verlangen, wenn die neu hergestellte Kaufsache bereits bei Gefahrübergang vom Lieferanten auf den Verkäufer unter dem Mangel litt. Erfasst sind die Aufwendungen aus § 439 Abs. 2, also etwa Transportkosten im Zuge der Nacherfüllung. Hinzu kommen wiederum Kosten, die nur dann entstehen und durchreichbar sind, wenn es sich beim Verkauf an den Kunden um einen Verbrauchsgüterkauf handelt, § 474 Abs. 4 und 6 (dazu nachf. Rn 521). Hat der Verkäufer die Sache aufgrund der Mangelhaftigkeit zurücknehmen müssen, kann er nach Maßgabe von § 445a Abs. 2 gegenüber dem Lieferanten die Rechte aus § 437, also Rücktritt, Minderung und Schadensersatz, geltend machen, ohne dass zuvor eine Frist zur Nacherfüllung abgelaufen sein müsste. Beide Regelungen finden nach Abs. 3 auch auf vorherige Stufen der Lieferkette Anwendung. § 445a Abs. 4 stellt schließlich fest, dass § 377 HGB zwischen Kaufleuten zu berücksichtigen ist.

488c Die neue Vorschrift des § 445b spiegelt den ehemaligen *§ 479* wider und betrifft die Verjährung von Regressansprüchen des Unternehmers. Für die Verjährung des Rückgriffs hinsichtlich der Aufwendungsersatzansprüche, die der Letztverkäufer zu befriedigen hatte, gibt die Ablieferung an den Käufer Maß. Verjährung tritt gem. § 445b

---

112 MK/*H.P. Westermann* § 438 BGB Rn 41, dort auch zu der Problematik, dass die Verjährung während einer seitens des Käufers gestellten Nachfrist eintritt; *St. Lorenz* NJW 2007, 1 (5); *Menges* JuS 2008, 395; wohl auch *BGH* NJW 2006, 47; aA *Gramer/Thalhofer* ZGS 2006, 251.
113 BGH NJW 2007, 674 Tz. 17 ff.
114 Dazu *Weidt* NJW 2018, 263.

Abs. 1 nach zwei Jahren ein. Hinsichtlich weiterer Ansprüche, die der Verkäufer gegenüber seinem Käufer zu erfüllen hatte, bestimmt Abs. 2 eine Ablaufhemmung von zwei Monaten nach der Erfüllung durch den Verkäufer, die allerdings spätestens fünf Jahre nach Eingang der Ware beim Verkäufer, also Ablieferung durch den Lieferanten endet. Wiederum gelten auch die Verjährungsregelungen für die gesamte Lieferkette, § 445b Abs. 3.

Besonderheiten für den Verbrauchsgüterkauf ergeben sich nach neuem Recht nun noch aus § 478 (neu) und mittelbar aus § 474 Abs. 4 und 6 (dazu unten Rn 531). **488d**

III. Anwendungsbereich des Verbrauchsgüterkaufrechts

Die besonderen Regelungen zum Verbrauchsgüterkauf dienen nach der durch den deutschen Gesetzgeber gewählten Systematik der Richtlinientransformation (s. Rn 441) allein der Ergänzung bzw Modifizierung der allgemeinen Vorschriften in §§ 433–473, die wiederum auch durch die Wertungen der Richtlinie geprägt sind. **489**

Die das allgemeine Kaufrecht modifizierenden Regelungen (§§ 475–479) kommen nach § 474 Abs. 1 Satz 1 zur Anwendung, wenn ein Verbraucher (§ 13) eine **bewegliche Sache** von einem Unternehmer (§ 14) kauft. Es kommt nicht darauf an, ob der Unternehmer in seinem Kerngeschäft tätig wird. Auch der Freiberufler, der seinen betrieblich genutzten PKW verkauft, ist Unternehmer (s. Rn 82). Die Definition des Verbrauchsgüterkaufs ergibt sich somit recht eindeutig aus dem Gesetz. Unberührt bleiben sachlich etwa das Immobiliengeschäft und der Rechtskauf. Einbezogen ist hingegen der Kauf von Standardsoftware, die von der Rechtsprechung als bewegliche Sache eingeschätzt wird, wenn sie auf einem Datenträger abgespeichert wird[115]. Bei Individualsoftware, die selten für Verbraucher hergestellt werden wird, kommt es darauf an, ob man den zu Grunde liegenden Vertrag als Werk- oder Warenlieferungsvertrag[116] ansieht. Im ersten Fall kommen die §§ 475 ff nicht zum Zuge; im zweiten über § 651 Satz 1 sehr wohl (s. Rn 494). Auf bewegliche Sachen, die in Zusammenhang mit einer Immobilie verkauft werden, ohne dass sie wesentliche Bestandteile im Sinne des § 93 sind, finden die §§ 475 ff Anwendung. Bei der Lieferung von Energie ist in Anbetracht des Sachbegriffs zu unterscheiden: Befindet sich Gas oder Wasser in einem Behältnis, kann dieses als bewegliche Sache angesehen werden und unterfällt den §§ 475 ff. Die Vorgaben der Richtlinie überschreitend soll nach dem Willen des Gesetzgebers auch die leistungsgebundene Lieferung von Gas und Wasser erfasst sein[117]. Die Lieferung von Strom und Fernwärme wird hingegen nicht als Verbrauchsgüterkauf gesehen[118]. **490**

---

115 BGHZ 102, 135 (144); 109, 97 (99 ff); MK/*St. Lorenz* § 474 BGB Rn 10; *Reinicke/Tiedtke* Kaufrecht, Rn 722.

116 Zu Recht krit. zur weiteren Verwendung des Begriffs „Werklieferungsvertrag" nach der Reform des Schuldrechts *Mankowski* MDR 2003, 854; *Hagen* JZ 2004, 713, daher: „Warenlieferungsvertrag"; s. auch *Schuhmann* ZGS 2005, 250.

117 BT-Drucks. 14/6857, S. 62.

118 Für eine entsprechende Anwendung auf Strom Erman/*Grunewald* § 474 BGB Rn 5 aE.

491 Persönlich unberührt bleibt sowohl ein Kaufvertrag zwischen zwei Verbrauchern, zB der Verkauf eines gebrauchten Pkw an einen Arbeitskollegen, als auch das sog. umgekehrte Verbrauchergeschäft, bei dem der Verbraucher die vertragstypische Leistung erbringt, also als Verkäufer handelt (s. Rn 60). Probleme des Umgehungstatbestandes können auftreten, wenn Kaufverträge zwischen Verbrauchern durch einen Unternehmer vermittelt werden (sog. Agenturgeschäft, s. dazu Rn 65).

492 Überwiegend erfasst sind vom Verbrauchsgüterkaufrecht indes Verträge über **gebrauchte bewegliche Sachen**, die zwischen einem Unternehmer als Verkäufer und einem Verbraucher als Käufer abgeschlossen werden, wobei § 445a Abs. 1 eine Sonderregel bereithält, nach der ein Rückgriff des Verkäufers nur auf neu hergestellte Sachen anwendbar sind. Nach Maßgabe von § 474 Abs. 2 Satz 2 gelten die Bestimmungen über den Verbrauchsgüterkauf jedoch nicht für gebrauchte Sachen, die in einer öffentlichen Versteigerung verkauft werden, an welcher der Verbraucher persönlich teilnehmen kann. Die Definition des Begriffs der **öffentlichen Versteigerung** in § 383 Abs. 3 findet auch hier Anwendung[119]. Dabei muss der die Auktion leitende öffentlich bestellte Versteigerer nicht zwingend zugleich der Veranstalter der Auktion sein[120]. Internetversteigerungen gebrauchter Sachen genießen folglich den Schutz der Sondervorschriften über den Verbrauchsgüterkauf, da der Verbraucher nicht persönlich anwesend sein kann. Darüber hinaus handelt es sich nicht um öffentliche Versteigerungen im Rechtssinne. Nicht unproblematisch ist die Verwendung des Begriffs der **gebrauchten Sache**. Abzustellen ist wohl richtigerweise darauf, dass es sich um eine Sache handeln muss, die entweder bereits bestimmungsgemäß genutzt worden ist oder allein auf Grund ihres Alters einer Wertminderung unterliegt, zB wegen erheblicher Standzeiten, und nicht mehr als neuwertig angesehen werden kann[121]. Es gilt ein objektiver Maßstab und die Parteien können eine Sache **nicht kraft Vereinbarung** zu einer gebrauchten machen, um die Anwendung bestimmter Reglements zu erreichen[122]. **Tiere** wird man, entgegen der Auffassung des BGH, wegen der mit ihnen verbundenen Besonderheiten im Allgemeinen als gebrauchte Sachen einstufen können[123].

493 In der Literatur in Zweifel gezogen wird die Anwendung der Ausnahme des § 474 Abs. 2 Satz 2 auf die Versteigerung von **Antiquitäten**. Wertvolle alte Möbel zeichneten sich nicht dadurch aus, dass sie gebraucht, sondern dass sie alt und kostbar seien. Dem kann nicht gefolgt werden. Im Interesse der Rechtssicherheit ist darauf abzustellen, ob die gekaufte Sache bereits in Gebrauch genommen wurde oder neu ist.

---

119 BGH BeckRS 2010, 07174 Tz. 12.
120 BGH aaO Tz. 13 ff.
121 BGH NJW 2007, 674 Tz. 33; MK/*St. Lorenz* § 474 BGB Rn 14; zum Einfluss von Standzeiten auf den Wert eines Neuwagens: *BGH* NJW 2004, 160; entsprechend zum Jahreswagen NJW 2006, 2694; zum Vorliegen eines Sachmangels bei Kfz ausf. MK/*H.P. Westermann* § 434 BGB Rn 61–68; *Andrae* NJW 2007, 3457; Importfahrzeug kein Sachmangel: *OLG Hamm* NJW-RR 2003, 1360.
122 BGH NJW 2007, 674 Tz. 33; MK/*St. Lorenz* § 474 BGB Rn 15; aA Bamberger/Roth/*Faust* § 474 BGB Rn 25; § 475 BGB Rn 9.
123 Erman/*Grunewald* § 474 BGB Rn 8; Bamberger/Roth/*Faust* § 474 BGB Rn 27; *Adolphsen* AgrarR 2001, 207; *Brückner/Böhme* MDR 2002, 1406; OLG Düsseldorf ZGS 2004, 271 (273 f); jedoch aA BGH NJW 2007, 674 Tz. 26 ff.

Auf die Qualifikation als Antiquität kann es nicht ankommen. Zum einen müssen Antiquitäten nicht bereits gebraucht sein, etwa alte, wertvolle, aber unbenutzte Bücher. Zum anderen erscheint es nicht möglich, eine rechtsverbindliche Schwelle festzulegen, bei deren Überschreiten eine Sache den Status der Antiquität erwirbt. Ein Mercedes-Benz, Baujahr 1960, müsste jahrelang als Gebrauchtwagen eingeordnet worden sein und erlangte eines Tages die Qualität einer Antiquität, was die Anwendung von § 474 Abs. 2 Satz 2, die jahrelang nicht in Zweifel stand, wieder ausschlösse[124].

Anwendung finden die Vorschriften über den Verbrauchsgüterkauf auch auf den sog. **494** Werklieferungsvertrag. Nach § 651 Satz 1 ist das Kaufrecht auf Verträge anwendbar, welche die Lieferung herzustellender oder zu erzeugender Sachen zum Gegenstand haben, sog. Warenlieferungsvertrag[125]. Ebenso gelten die §§ 474 ff für den Tausch nach § 480. Hier ist jedoch zu beachten, dass nur die Sachleistung des unternehmerisch tätigen Vertragspartners dem Reglement der §§ 474 ff unterstellt wird und der Verbraucher insoweit eine Privilegierung genießt. Nach Maßgabe von § 474 Abs. 1 Satz 2 handelt es sich auch um einen Verbrauchsgüterkauf, wenn der Vertrag neben dem Verkauf eine Dienstleistung enthält[126].

IV. Modifikationen des allgemeinen Kaufrechts

1. Halbzwingende Wirkung und Umgehungsverbot

Eine wichtige, durch die Verbrauchsgüterkaufrichtlinie gebotene Modifikation des **495** allgemeinen Kaufrechts ist in der halbzwingenden Wirkung des überwiegenden Teils der kaufrechtlichen Vorschriften zu sehen. Eröffnet das allgemeine Kaufrecht den Parteien grundsätzlich die Möglichkeit, privatautonom durch individuelle Vereinbarungen oder im Wege der Einbeziehung von Allgemeinen Geschäftsbedingungen von den dort geregelten Normen abzuweichen, so ist dies im Rahmen eines Verbrauchsgüterkaufs nur sehr begrenzt möglich. Gemäß § 476 Abs. 1 kommt den Vorschriften der §§ 433–435, 437 und 439–443, sowie den Vorschriften des Untertitels über den Verbrauchsgüterkauf halbzwingender Charakter zugunsten des Verbrauchers zu. Zu dessen Lasten kann somit nicht im Voraus, das heißt vor Mitteilung eines Mangels an den Unternehmer, von der gesetzlichen Regelung abgewichen werden. Gleiches gilt nach Maßgabe von Abs. 1 Satz 2 allgemeiner verbraucherprivatrechtlicher Dogmatik folgend für ein Umgehungsgeschäft (dazu Rn 33, insb. zum Fall des Agenturgeschäfts Rn 65). Die Mitteilung des Mangels stellt eine geschäftsähnliche Handlung dar, auf die das Recht der Willenserklärung entsprechend anwendbar ist. Erfasst sind nicht nur von der gesetzlichen Regelung abweichende Vereinbarungen zwischen den Parteien des Kaufvertrags, sondern auch solche zwischen dem Verbraucher und ei-

---

124 Im Ergebnis ebenso MK/*St. Lorenz* § 474 BGB Rn 16; *Erman/Grunewald* § 474 BGB Rn 8.
125 Dazu auch *Reinicke/Tiedtke* Kaufrecht, Rn 722; MK/*St. Lorenz* vor § 474 BGB Rn 6; *Mankowski* MDR 2003, 854; *Hagen* JZ 2004, 713; s. zur Abgrenzung BGH NJW 2014, 2183.
126 Krit. dazu *Wendehorst* NJW 2014, 577 (583).

nem Dritten. Zu denken ist etwa an eine Übereinkunft zwischen Hersteller und Verbraucher mit dem Inhalt, dass sich der Verbraucher zunächst an den Hersteller wenden müsse, bevor er den Verkäufer in Anspruch nimmt. Auch auf eine derartige Vereinbarung kann sich der Verkäufer nicht berufen.

495a Als unzulässige Umgehung der Schutzvorschriften zu Gunsten des Verbrauchers ist es insbesondere auch einzuordnen, wenn der als Verbraucher tätig werdende Käufer im Vertragsformular unter der Firma eines Kaufmanns geführt und der Vertrag als „Händlergeschäft" bezeichnet wird[127].

496 Zwingend gilt, abgesehen von der Haftung auf Schadensersatz, der gesamte durch die Schuldrechtsmodernisierung neu gestaltete Katalog der Rechte des Käufers bei Mängeln der Kaufsache. Erfasst ist sowohl der völlige Ausschluss eines Rechts als auch dessen Beschränkung[128]. Der Verkäufer kann sich gegenüber einem Verbraucher somit zB nicht auf eine Klausel in seinen Allgemeinen Geschäftsbedingungen berufen, nach der dem Käufer bei Mangelhaftigkeit der Kaufsache kein Nacherfüllungsanspruch zusteht oder der Käufer erst zurücktreten kann, wenn er dem Verkäufer mehrfach die Möglichkeit der Nachbesserung gegeben hat. Ebenso verstößt die Vereinbarung einer Rügeobliegenheit gegen § 476. Durch die Verzahnung der kaufrechtlichen Gewährleistung mit den Regeln des Allgemeinen Schuldrechts erfasst die zwingende Regelung auch die dort in Bezug genommen Vorschriften, etwa über den Rücktritt. Unberührt bleibt hingegen das Reglement über Leistungsstörungen, die ausschließlich im Allgemeinen Schuldrecht zu finden sind, etwa Unmöglichkeit oder Verzug. Dabei ist jedoch auch zu berücksichtigen, dass hier regelmäßig Ansprüche auf Schadensersatz in Rede stehen, für die § 476 Abs. 1 nach Maßgabe von Abs. 3 ohnehin nicht gilt.

497 Kann der Unternehmer die sich aus dem Vorliegen eines Mangels ergebenden Rechte des Verbrauchers nicht einschränken, so ist es ihm ebenso wenig möglich, sich von seiner Pflicht aus § 433 frei zu zeichnen, das Eigentum an einer mangelfreien Sache übertragen zu müssen. Zu berücksichtigen ist dabei aber, dass es dem Unternehmer unbenommen ist, eine exakte **Vereinbarung** über die **Beschaffenheit** der Kaufsache zu treffen (s. Rn 447 ff), wodurch er seine Haftung für deren Mangelhaftigkeit im Ergebnis einschränken kann. Die Vereinbarung über die Beschaffenheit der Sache wird durch das Verbrauchsgüterkaufrecht nicht der Dispositionsfreiheit der Parteien entzogen. Hier ergeben sich jedoch schwierige **Abgrenzungsfragen** insoweit, als zu klären ist, ob eine Vereinbarung in der Tat als zulässige Beschaffenheitsvereinbarung zu qualifizieren ist oder vielmehr lediglich dazu dient, die zwingenden Käuferrechte einzuschränken oder abzugraben und daher in Wahrheit eine unzulässige Haftungsbeschränkung, also einen Gewährleistungsausschluss darstellt. Taugliches Kriterium kann hier der Aspekt sein, ob dem Verbraucher durch die Gestaltung des Vertrags die Gefahr des Vorliegens eines verborgenen Mangels übertragen werden soll, was einen Verstoß gegen § 476 Abs. 1 darstellte. Insoweit ist an eine noch zulässige Beschaffenheitsvereinbarung der Anspruch zu stellen, dass sie tatsächlich den Zustand der kon-

---

127 BGH NJW 2017, 2758 Tz. 17.
128 BGH NJW 2007, 674; MK/*St. Lorenz* § 475 BGB Rn 8.

kreten Sache beschreibt. Es ist dem Verkäufer daher unbenommen, vor Abschluss des Vertrages auf konkrete Mängel der Sache hinzuweisen, die alsdann zur vereinbarten Beschaffenheit werden. Pauschale Formulierungen, wie **„Gekauft wie besichtigt"** oder „Bastlerauto" tun dies nicht und dienen bei funktioneller Betrachtungsweise lediglich der Überwälzung des Risikos eines verdeckten Mangels auf den Käufer. Dies gilt selbst dann, wenn die Vereinbarung mit einem erheblichen Preisnachlass einhergeht. In der Tat liegt darin ein Einschnitt in die Privatautonomie des Verbrauchers, da er nicht dazu in der Lage ist, ein derartiges Risikogeschäft wirksam abzuschließen.

Bei neu hergestellten Sachen, auch sog. „B-Ware"[129], kann der Unternehmer die Verjährung eines Anspruchs des Verbrauchers nicht auf eine Frist verkürzen, die das gesetzliche Maß von zwei Jahren seit Gefahrübergang unterschreitet.   **498**

Die Regelung des § 476 kennt zwei Lockerungen der halbzwingenden Wirkung. Zum einen erlaubt es § 476 Abs. 2 aE dem Unternehmer, die Verjährungsfrist beim Kauf von gebrauchten Sachen auf ein Jahr zu verkürzen[130], wobei die Vereinbarkeit dieser Regelung mit den Vorgaben der Verbrauchsgüterkaufrichtlinie ernsthaft in Zweifel steht[131]. Rücktritts- und Minderungsrecht des Verbrauchers sind von dieser Regelung über § 438 Abs. 4, 5 erfasst. Weiterhin ist die wichtige Ausnahmeregelung des § 476 Abs. 3 zu beachten: Schadensersatzansprüche können auch gegenüber Verbrauchern individualvertraglich ausgeschlossen werden. Betroffen ist hiervon insbesondere der Anspruch auf Schadensersatz statt der Leistung, der dem Käufer gem. § 437 Nr. 3 iVm § 281 Abs. 1 zusteht. In Betracht kommt aber ebenso der Anspruch des Verbrauchers auf Ersatz eines Mangelfolgeschadens nach § 437 Nr. 3 iVm § 280 Abs. 1. Beabsichtigt der Unternehmer einen klauselmäßigen Ausschluss des Schadensersatzanspruchs, stößt dies oftmals an die Wirksamkeitsgrenzen des § 307 Abs. 2[132]. Umstritten ist, ob auch der in § 437 Abs. 3 geregelte Aufwendungsersatzanspruch von der Ausnahmeregelung des § 476 Abs. 3 erfasst ist. Dafür spricht, dass die Voraussetzungen von Schadensersatz- und Aufwendungsersatzanspruch im Grunde identisch sind und der Gesetzgeber mit der Einführung dieses Anspruchs schlicht dem besonderen Umstand gerecht werden wollte, trotz fehlenden Rentabilitätsinteresses dem Käufer einen Anspruch zubilligen zu können[133].   **499**

Auch von den besonderen Regelungen über den Verbrauchsgüterkauf können die Parteien nicht zu Lasten des Verbrauchers abweichen. So kann etwa nicht zu Gunsten des Unternehmers die besondere Beweislastregelung des § 477 modifiziert werden. Die zwingende Wirkung des § 476 Abs. 1 erfasst auch die Regelungen des § 475. Unzulässig ist es etwa auch, dem Verbraucher aufzuerlegen, einen festgestellten Mangel kurzfristig anzuzeigen, zB binnen zwei Wochen seit Übergabe[134].   **500**

---

129   OLG Hamm K&R 2014, 358.
130   Dazu BGH NJW 2007, 674 Tz. 26 ff.
131   EuGH v. 13.7.2017 (C-133/16) – *Ferenschild*.
132   *Artz* JuS 2002, 528 (530 ff); MK/*St. Lorenz* § 475 BGB Rn 17.
133   Für die Erstreckung der Ausnahme auf den Aufwendungsersatzanspruch MK/*St. Lorenz* § 475 BGB Rn 16; Bamberger/Roth/*Faust* § 475 BGB Rn 21.
134   BGH NJW 2013, 1431 Tz. 46, JuS 2014, 69 *(Schwab)*.

501   Das Vorliegen einer unzulässigen Vereinbarung lässt den Bestand des Kaufvertrags unberührt (§ 139). Der Unternehmer kann sich lediglich nicht auf diese Vereinbarung berufen. Überwiegend geht man davon aus, dass eine geltungserhaltende Reduktion einer gegen § 476 Abs. 1 verstoßenden Vereinbarung auch jenseits der AGB-Kontrolle, also bei einer individualvertraglichen Vereinbarung, nicht möglich ist[135]. Es wird aber auch vertreten, dass eine Reduzierung eines Haftungsausschlusses, etwa die Beschränkung einer umfänglichen Freizeichnung auf die Haftung auf Schadensersatz oder die Reduzierung einer Vereinbarung über die Verjährung auf das zulässige Maß möglich sein soll[136].

502   Nach vorherrschender Auffassung unterliegt die Regelung des **§ 446**, die den Zeitpunkt des Gefahrübergangs zum Gegenstand hat, nicht der zwingenden Wirkung des § 476. Unternehmer und Verbraucher können mit anderen Worten eine Vereinbarung darüber treffen, auf welchen Zeitpunkt hinsichtlich der Mangelfreiheit der Kaufsache abzustellen ist. Der BGH hat dies in einem Fall bestätigt, in dem vereinbart worden war, dass der Käufer die Gefahr bei Vertragsschluss übernimmt, ohne dass es zu einer tatsächlichen Besitzübergabe gekommen wäre[137]. Es ist allerdings zweifelhaft, ob eine Vereinbarung, nach der die Gefahr unabhängig von den tatsächlichen Umständen des Falls bereits mit Abschluss des Kaufvertrages auf den Käufer übergeht, der Prüfung nach § 476 standhält[138]. Auf diesem Wege wäre es jedenfalls möglich, Gewährleistungsansprüche des Käufers weitgehend einzuschränken, wenn nicht sogar auszuschließen.

2. Beweislastumkehr

503   Eine sowohl praktisch als auch für Ausbildung und Examen höchst relevante Modifikation des allgemeinen Kaufrechts ist in der **Beweislastumkehr gem. § 477** zu sehen[139]. Die erhebliche praktische Bedeutung der Vorschrift mag man auch daran ablesen, dass sich der für das Kaufrecht zuständige VIII. Zivilsenat des BGH bereits mehrfach intensiv mit der Regelung auseinanderzusetzen hatte und es seit dem viel diskutierten Grundsatzurteil aus dem Jahre 2004 eine recht ausdifferenzierte Rechtsprechung gibt. Allerdings ist der unter dem Stichwort **„Grundmangel"**[140] bekannt gewordenen, vielfach kritisierten und die Wirkung der Vorschrift erheblich einschränkenden Sichtweise des BGH durch das Urteil des EuGH vom 4.6.2015 der Boden entzogen[141].

504   Tritt ein **Sachmangel** an einer gekauften Sache innerhalb der ersten sechs Monate seit Gefahrübergang auf, so muss der Verbraucher allein darlegen und beweisen, dass

---

135 Palandt/*Weidenkaff* § 475 BGB Rn 5, 8, 13.
136 MK/*St. Lorenz* § 475 BGB Rn 26.
137 BGH NJW 2014, 1086 mit Anm. *Schinkels* LMK 2014, 356879.
138 Zweifel äußert auch *Schinkels* LMK 2014, 356879.
139 Grundlegend *Gsell* JZ 2008, 29; *dies.* JuS 2005, 967; *Witt* ZGS 2007, 386.
140 Dazu ausführlich etwa in der Vorauflage Rn 505 ff.
141 EuGH C-497/13 – Faber – NJW 2015, 2237.

die Sache im Zeitpunkt des Begehrens mangelhaft ist. Insofern erfasst die Vermutungsregelung nicht die Mangelhaftigkeit der Sache, sondern setzt diese voraus[142].

Zu Gunsten des Käufers wird aber widerleglich vermutet, dass der Kaufgegenstand bereits bei Gefahrübergang, das heißt gem. § 446 bei Übergabe der Sache, mit dem Mangel behaftet war. Gelingt es dem Unternehmer demnach nicht, zu beweisen, dass die Ware bei Übergabe mangelfrei war, stehen dem Verbraucher die Ansprüche und Rechte aus § 437 zu. Anknüpfungspunkt der Frist von sechs Monaten ist der Moment, in dem der Mangel auftritt, nicht die Geltendmachung des Anspruchs. Mit anderen Worten kann der Verbraucher auch nach Ablauf der sechs Monate seit Gefahrübergang und vor Ablauf der Gewährleistungsfrist behaupten, der Mangel habe sich innerhalb der Sechsmonatsfrist gezeigt, und sich auf die Vermutung des § 477 berufen. Er muss nicht innerhalb der sechs Monate rügen[143]. Der Fristbeginn knüpft beim Gefahrübergang gem. § 446 an, der regelmäßig mit der Übergabe der Sache stattfindet. Nach Maßgabe von § 446 Satz 3 steht der Übergabe der Annahmeverzug des Käufers gleich. Hier ergibt sich das Problem, dass sich der Käufer, sollte sich herausstellen, dass seine Mängelrüge berechtigt war, nicht in Annahmeverzug befunden haben kann, da die Sache in seinen Augen eben mangelhaft war. Es bedarf daher einer Hypothese dahingehend, dass er in Verzug der Annahme geraten wäre, hätte kein Sachmangel vorgelegen[144]. **505**

Liefert der Verkäufer zum Zwecke der Nacherfüllung eine neue Sache, so setzt der Gefahrübergang der Ersatzsache die Frist des § 477 erneut in Gang[145]. Entsprechendes gilt für die Rückgabe der nachgebesserten Sache an den Käufer in Bezug auf den ausgebesserten Mangel bzw das ausgetauschte Bauteil[146]. Auch die Verjährung nach § 438 beginnt in diesen Fällen neu[147] (s. Rn 487). Die Berechnung der Sechsmonatsfrist aus § 477 erfolgt nach §§ 187 Abs. 1, 188 Abs. 2. **506**

Der Bundesgerichtshof hat seine zu der Reichweite der Beweislastumkehrregelung des § 477 entwickelten Grundsätze in Folge des EuGH-Urteils von 2015 in der darauffolgenden Entscheidung weitestgehend aufgegeben[148]. Im Wege der **richtlinienkonformen Auslegung** passt der Senat seine Sicht der Dinge nun in zweierlei Hinsicht zu Gunsten des Verbrauchers an und verpflichtet sich folgenden Grundsätzen. Danach muss der Käufer nur darlegen und nachweisen, dass die erworbene Sache nicht den Qualitäts-, Leistungs- und Eignungsstandards, die er nach dem Vertrag vernünftigerweise erwarten durfte, entspricht. Der Käufer muss daher im Kern nichts anderes als das Auftreten eines Mangels innerhalb von sechs Monaten nach Lieferung des Guts vortragen[149]. Der Käufer muss weder darlegen oder nachweisen, auf **507**

---

142 BGH NJW 2006, 434 Tz. 21.
143 MK/*St. Lorenz* § 476 BGB Rn 8.
144 MK/*St. Lorenz* § 476 BGB Rn 10; Erman/*Grunewald* § 476 BGB Rn 4; aA Bamberger/Roth/*Faust* § 476 BGB Rn 6, der auf die tatsächliche Übergabe abstellt.
145 MK/*St. Lorenz* § 476 BGB Rn 12; Bamberger/Roth/*Faust* § 476 BGB Rn 21; *Reinking* ZGS 2004, 130.
146 *Reinking* ZGS 2004, 130 (133).
147 MK/*H.P. Westermann* § 438 BGB Rn 41.
148 BGH NJW 2017, 1093 mit Bspr. *Raphael Koch* NJW 2017, 1068; *Hönn* WuB 2017, 349.
149 BGH NJW 2017, 1093 Tz. 35.

welche Ursache der Zustand zurückzuführen ist, noch dass den Verkäufer eine etwaige Verantwortlichkeit für die Mangelhaftigkeit der Ware trifft. § 477 kommt schließlich auch die Vermutungswirkung dahingehend zu, dass ein innerhalb von sechs Monaten seit Gefahrübergang zu Tage tretender Mangel zumindest im Ansatz schon im entscheidenden Moment, dem des Gefahrübergangs, vorgelegen hat[150].

508 Abgesehen von der nun obsolet gewordenen Problematik der Erstreckung der Beweislastumkehr auf den sog. Grundmangel haben den BGH Fälle beschäftigt, in denen fraglich war, ob die Vermutungswirkung mit der Art der Sache oder des Mangels vereinbar ist. Festzustellen ist zunächst, dass allein der Umstand, dass es sich um einen **gebrauchten** Kaufgegenstand handelt, die Anwendbarkeit des § 477 jedenfalls nicht grundsätzlich ausschließt[151]. Man wird hier differenzieren müssen: Auch bei gebrauchten Sachen, etwa einem nur wenige Kilometer gefahrenen Vorführwagen, sind Erfahrungssätze heranzuziehen, die es erlauben, das Vorhandensein eines Mangels bei Gefahrübergang zu vermuten. Andererseits wird es Verträge über alte und gebrauchte Waren geben, bei denen die Vermutung ausscheidet. Der Verbraucher kann sich hingegen auf die Vermutungswirkung berufen, wenn der in Rede stehende Mangel typischerweise jederzeit eintreten kann[152]. Gerade in derartigen Situationen fällt es dem nach allgemeinen Regeln beweisbelasteten Käufer schwer, nachzuweisen, dass der Mangel bereits im Zeitpunkt des Gefahrübergangs vorlag. Wendete man die Regelung zur Beweislastumkehr auf derartige Fälle nicht an, führte dies in der Tat zu einer weitgehenden Aushöhlung des durch die Vorschrift bezweckten verbraucherprivatrechtlichen Schutzes[153]. Weiterhin kommt es bei § 477 nicht darauf an, ob dem Verkäufer der Sachmangel bei Gefahrübergang bekannt war oder er ihn hätte kennen müssen[154]. Zwar liegt § 477 die Annahme zu Grunde, dass der Verkäufer regelmäßig über ungleich bessere Erkenntnismöglichkeiten betreffend den Mangel verfügt. Hier zeigt sich aber in aller Klarheit der typisierende Ansatz des Verbraucherprivatrechts, der nicht voraussetzt, dass im Einzelfall ein Wissensvorsprung des unternehmerisch tätigen Verkäufers besteht[155]. Auf der anderen Seite scheidet die Anwendung der Beweislastumkehr aus, wenn es sich um einen Mangel handelt, der so offensichtlich ist, dass ihn auch ein Käufer als Laie sofort hätte erkennen können bzw müssen[156]. Befinden sich an der Karosserie eines Autos etwa starke Lackschäden oder Verformungen, kann sich der Käufer nach Monaten dem Verkäufer gegenüber unter Hinweis auf § 477 nicht darauf berufen, es bestehe die Vermutung, diese seien schon bei Gefahrübergang vorhanden gewesen. Unanwendbar ist die Beweislastumkehr auch bei verderblichen Waren. Der Anwendung von § 477 steht indes nicht entgegen, dass der Verbraucher die Sache durch einen Dritten montieren bzw einbauen lässt[157]. Ebenso

---

150 BGH NJW 2017, 1093 Tz. 46.
151 BGH NJW 2005, 3490 (3492); BGH NJW 2004, 2299 insoweit zustimmend *St. Lorenz* NJW 2004, 3020.
152 BGH NJW 2005, 3490 (3492); NJW 2006, 2250 Tz. 26; 2007, 2621 Tz. 17.
153 BGH NJW 2006, 2250 Tz. 26.
154 BGH NJW 2007, 2619 Tz. 11.
155 BGH NJW 2007, 2619 Tz. 11; s. auch *St. Lorenz* NJW 2007, 2623.
156 BGH NJW 2005, 3490 (3492); NJW 2006, 1195 Tz. 16; *Witt* NJW 2005, 3468.
157 BGH NJW 2005, 483.

wird man bei einer Teillieferung, die der Verbraucher als Erfüllung der gesamten Schuld angenommen hat, die Regelung des § 477 üblicherweise nicht zur Anwendung kommen lassen können. Etwas anderes kann gelten, wenn sich eine original verpackte Ware als Minderlieferung darstellt[158].

§ 477 findet grundsätzlich auch Anwendung auf den **Tierkauf**[159]. Die Besonderheiten **509** des Kaufgegenstandes als Lebewesen sind jedoch zu berücksichtigen[160]. Es ist allerdings dahingehend zu differenzieren, um welche Krankheit des Tieres es sich handelt. Häufig genanntes Beispiel für einen Mangel, auf den die Vermutung nicht passt, ist die Erkrankung eines gekauften Tieres, bei der zwischen Infektion und Ausbruch erfahrungsgemäß eine geringere Zeit vergeht, als zwischen Gefahrübergang und Krankheitsausbruch liegt. Besteht aber sowohl die Möglichkeit, dass die Infektion eines Tieres bereits ein Jahr zurückliegt, aber auch in den letzten Tagen, also nach Gefahrübergang stattgefunden hat, liegt ein geradezu typischer Fall des § 477 vor, in dem nicht über das Bestehen eines Mangels, sondern nur darüber gestritten wird, ob der Mangel schon bei Übergabe vorlag[161].

Liegen die Voraussetzungen des § 477 vor, führt dies hinsichtlich des sich aus § 437 **510** Nr. 3 ergebenden Schadensersatzanspruchs zu einer außerordentlich günstigen Ausgangslage für den Verbraucher. Zum einen wird zu seinen Gunsten vermutet, dass der Mangel bereits bei Gefahrübergang vorlag. Zum anderen obliegt es gem. § 280 Abs. 1 Satz 2 dem Unternehmer, zu beweisen, dass er die Pflichtverletzung nicht zu vertreten hat. Auf § 477 kann sich der Verbraucher nicht nur berufen, wenn er unmittelbar Gewährleistungsrechte geltend machen möchte. Die Beweislastumkehr steht ihm vielmehr auch in dem Fall zur Seite, dass die Frage der Mangelhaftigkeit einer gekauften Sache bei Gefahrübergang als Voraussetzung eines anderen Anspruchs (zB aus § 812) zu klären ist[162].

3. Modifikationen beim Versendungskauf

Nach Maßgabe von § 475 Abs. 2 findet die Regelung über den Gefahrübergang beim **511** Versendungskauf aus § 447 Abs. 1 auf einen Vertrag, der dem Verbrauchsgüterkaufrecht unterliegt, grundsätzlich keine Anwendung. Somit trägt der Verbraucher als Käufer bei einem Versendungskauf, der im Versandhandel/Fernabsatz oftmals vorliegt, die Preisgefahr nicht bereits mit der Übergabe der Kaufsache an eine Transportperson. Die Gefahr, trotz des zufälligen Untergangs oder der Verschlechterung der Kaufsache den Kaufpreis zahlen zu müssen, besteht somit innerhalb des Anwendungsbereichs des Verbrauchsgüterkaufrechts auch beim Versendungskauf erst, wenn dem Käufer die Sache übergeben wird, § 446, oder Annahmeverzug eintritt (§ 300 Abs. 2). In dieser Konstellation findet gem. § 475 Abs. 3 Satz 2 unzweifelhaft auch § 446 Abs. 2 keine Anwendung. Hinsichtlich des Ausschlusses von § 447 besteht ein

---

158 Bamberger/Roth/*Faust* § 476 BGB Rn 20.
159 BGH NJW 2007, 2619 Tz. 9; NJW 2006, 2250 Tz. 22.
160 BGH NJW 2006, 2250 Tz. 27.
161 BGH NJW 2007, 2619 Tz. 8 ff.
162 BGH NJW 2009, 580.

Meinungsstreit. Teilweise wird behauptet, die Nichtanwendung des § 447 im Verbrauchsgüterkaufrecht habe zur Folge, dass eine Schickschuld sich stets in eine Bringschuld verwandle[163]. Diese Auffassung verkennt aber die Wirkung des § 447, die allein darin besteht, dass sich die Preisgefahr beim Käufer bereits bei der Übergabe der Ware an die Transportperson verwirklicht. Auf die Leistungsgefahr wirkt sich § 447 indes nicht aus. Das Auseinanderfallen von **Leistungsort und Erfolgsort** wird durch § 447 Abs. 1 nicht angeordnet, sondern von diesem vorausgesetzt[164]. Mit anderen Worten beeinflusst die Nichtanwendung des § 447, abgesehen von einer anderweitigen vertraglichen Vereinbarung bei einem Gattungskauf, nicht die Konkretisierung bzw Individualisierung der Sache am Sitz des Verkäufers nach der Vermutungsregel des § 269 Abs. 1[165]. Vielmehr kommt der Verkäufer seinen Pflichten durch die Übergabe an den Transporteur nach. Er bleibt jedoch ohne Geltung des § 447 mit der Preisgefahr belastet, so dass er den Anspruch auf die Gegenleistung verliert, wenn die Sache auf dem Transport untergeht. Es gilt die allgemeine Regel der §§ 326 Abs. 1, 446. Der Käufer trägt die Gegenleistungsgefahr erst ab dem Zeitpunkt der Übergabe bzw im Annahmeverzug. Der Käufer kann im Ergebnis bei Verlust der Sache auf dem Transportweg wegen § 275 Abs. 1 nicht noch einmal Lieferung verlangen, muss aber auch nicht zahlen bzw kann eine bereits erfolgte Zahlung gemäß §§ 326 Abs. 1, Abs. 4, 346 Abs. 1 zurückverlangen. Der Verkäufer muss sich das Verhalten der Transportperson daher auch nicht nach § 278 zurechnen lassen.

512 Eine Ausnahme besteht jedoch gem. § 475 Abs. 2, wenn der Käufer eine bestimmte Transportperson mit der Durchführung betraut hat, ohne dass der Verkäufer diese Person vorher benannt hätte. In diesem Fall kommt § 447 Abs. 1 zur Anwendung. Die Regelung des § 447 Abs. 2 findet nach dem eindeutigen Wortlaut der Regelung auch hier keine Anwendung[166].

4. Anspruch auf Vorschuss

513 Abhängig davon, wo sich der Leistungsort der Nacherfüllung befindet, hat der Verbraucher im Vorfeld Anstrengungen zu unternehmen, den Kaufgegenstand an einen anderen Ort zu bringen (dazu oben Rn 460 ff). In diesem Zusammenhang entstehende Kosten hat der Verkäufer nach § 439 Abs. 2 im Allgemeinen zu tragen. Nach Maßgabe von § 475 Abs. 6 kann ein Verbraucher von einem Unternehmer diesbezüglich einen Vorschuss verlangen. Dem Verbraucher als Käufer ist es vor dem Hintergrund des Unentgeltlichkeitsgebots der Nacherfüllung nicht zuzumuten, mit den Transportkosten in Vorleistung treten zu müssen[167]. Bestünde der Vorschussanspruch nicht, könnte dies den Käufer davon abhalten, den Nacherfüllungsanspruch überhaupt

---

163 *Brüggemeier* WM 2002, 1376 (1386); LG Bad Kreuznach VuR 2003, 80 mit Anm. *Mankowski* EWiR 2003, 351 (352); wohl auch *Emmerich* Schuldrecht Bes. Teil § 6 Rn 2.

164 BGH NJW 2003, 3341 (3342) und JuS 2004, 77 *(Emmerich)*, mit insoweit zust. Rez. *St. Lorenz* JuS 2004, 105 sowie ZGS 2003, 421 und Anm. *Oechsler* LMK 2003, 204 f; so auch *Wertenbruch* JuS 2003, 625 (632); MK/*St. Lorenz* § 474 BGB Rn 42; Erman/*Grunewald* § 475 BGB Rn 3.

165 BGH NJW 2003, 3341 (3342).

166 AA Erman/*Grunewald* § 475 BGB Rn 7; wie hier MK/*St. Lorenz* § 474 BGB Rn 45.

167 BGH NJW 2017, 2758 Tz. 31.

geltend zu machen. Diesem Vorschussanspruch kommt auch eine nicht unerhebliche Bedeutung im Zuge der Kostentragung beim Aus- und Einbau mangelhafter Ware zu (nachf. Rn 521). Insoweit kann es zur Geltendmachung eines Nacherfüllungsanspruchs ausreichend sein, einen nicht ersichtlich unangemessen hohen Transportkostenvorschuss anzufordern, um die Kaufsache zum Verkäufer zu bringen[168].

5. Keine Nutzungsentschädigung bei Ersatzlieferung im Rahmen der Nacherfüllung

Dem EuGH hatte der VIII. Zivilsenat des BGH im August 2006 die Frage zur Vorabentscheidung vorgelegt, ob die einschlägigen Bestimmungen der Verbrauchsgüterkaufrichtlinie dahingehend auszulegen sind, dass sie einer nationalen Regelung im Wege stehen, nach der ein Verbraucher von einem Unternehmer auf Zahlung von Wertersatz für die zwischenzeitliche Nutzung einer mangelhaften Ware in Anspruch genommen werden kann, wenn im Zuge der Nacherfüllung eine Ersatzlieferung erfolgt[169]. Der Wortlaut des ehemals geltenden deutschen Rechts, nach dem das Rücktrittsfolgenrecht der §§ 346 ff durch § 439 Abs. 4 aF ausnahmslos in Bezug genommen wurde, ließ im Grunde keinen Auslegungszweifel zu, weshalb der Senat im Rahmen des Vorlagebeschlusses auch die Auffassung vertrat, ihm seien auf Grund der eindeutigen gesetzlichen Regelung und der in der Begründung zur Schuldrechtsmodernisierung zum Ausdruck gebrachten Intention des Gesetzgebers die Hände gebunden, eine teleologische Reduktion vorzunehmen[170]:

„Eine einschränkende Auslegung des § 439 Abs. 4 BGB dahin, dass die Verweisung auf die Rücktrittsvorschriften nicht auch einen Anspruch des Verkäufers auf Nutzungsvergütung begründet, widerspräche somit dem Wortlaut und dem eindeutig erklärten Willen des Gesetzgebers. Eine solche Auslegung ist unter Berücksichtigung der Bindung der Rechtsprechung an Recht und Gesetz (Art. 20 Abs. 3 GG) nicht zulässig (BVerfGE 71, 81, 105; 95, 64, 93). Die Möglichkeit der Auslegung endet dort, wo sie mit dem Wortlaut und dem klar erkennbaren Willen des Gesetzgebers in Widerspruch treten würde (BVerfGE 18, 97, 111; 98, 17, 45; 101, 312, 319)"[171].

Dies warf zum einen die interessante Frage auf, welche Schlüsse der BGH in dem Fall ziehen würde, dass der EuGH einen Richtlinienverstoß feststellte. Zum anderen wurden in Anbetracht der fehlenden Auslegungsalternativen Zweifel an der Zulässigkeit der Vorlagefrage laut.

Der **EuGH** hat in seiner Entscheidung vom 17.4.2008[172] weder Zweifel an der Zulässigkeit der Vorlage noch an Unvereinbarkeit von *§ 439 Abs. 4 aF* mit der Verbrauchsgüterkaufrichtlinie gelassen. Danach kann der Verkäufer von einem Verbraucher in

514

515

---

168 BGH NJW 2017, 2758 Tz. 19, 29.
169 BGH NJW 2006, 3200.
170 BGH NJW 2006, 3200 Tz. 12 ff.
171 Tz. 15.
172 NJW 2008, 1433 = JuS 2008, 652 *(Faust)* mit Bespr. *Staudinger* ZJS 2008, 309 und *Herresthal* NJW 2008, 2475; s. auch *ders.* WM 2007, 1354.

Folge der Nachlieferung einer mangelfreien Sache keinen Ersatz für die Nutzungsmöglichkeit der mangelhaften Ware verlangen. Die mit großer Spannung erwartete
Schlussentscheidung des **BGH** erging dann am 26.11.2008[173]. Der Senat stellt darin
fest, dass die richtlinienkonforme Auslegung über die Auslegung im engeren Sinne
hinauszugehen habe und dem Gericht die Möglichkeit offen stehe, das geltende Recht
auch **richtlinienkonform fortzubilden**[174]. Voraussetzung sei allerdings die planwidrige Unvollständigkeit des Gesetzes. Während der Senat gerade an der Existenz einer
solchen Lücke des Gesetzes im Rahmen des Vorlagebeschlusses mehr als nur Zweifel
geäußert hatte, sieht er sie nunmehr darin, dass dem Gesetzgeber zu unterstellen sei,
er habe eine richtlinienkonforme Regelung schaffen wollen, was ihm aber planwidrig
misslungen sei[175]. An dieser Stelle stehe dem Gericht das Instrument der richtlinienkonformen Rechtsfortbildung zur Verfügung, von dem der Senat auch Gebrauch mache,
in dem er *§ 439 Abs. 4 aF* insoweit teleologisch reduziere, als im Anwendungsbereich
des Verbrauchsgüterkaufrecht, die *„Vorschrift (...) in solchen Fällen einschränkend
dahingehend anzuwenden (ist), dass die in Bezug genommenen Vorschriften über den
Rücktritt nur für die Rückgewähr der mangelhaften Sache selbst eingreifen, hingegen
nicht zu einem Anspruch des Verkäufers auf Herausgabe der gezogenen Nutzungen
oder auf Wertersatz für die Nutzung der mangelhaften Sache führen"*[176].

516 In Folge des *„Quelle"-Verfahrens* wurde der jetzige § 475 Abs. 3 Satz 1 als weitere
Sondervorschrift des Verbrauchsgüterkaufrechts eingeführt, wonach § 439 Abs. 5 im
Verbrauchsgüterkaufrecht mit der Maßgabe anzuwenden ist, dass Nutzungen nicht
herauszugeben oder durch ihren Wert zu ersetzen sind. Erhält der Käufer als Verbraucher im Zuge der Nacherfüllung eine andere Ware als Ersatz (Nachlieferung), hat
er dem Verkäufer zwar die zunächst geleistete mangelhafte Sache herauszugeben,
nicht aber Ersatz für den Wert der zwischenzeitlichen Nutzung zu leisten.

6. Ersatz von Ein- und Ausbaukosten

517 Mit der Problematik des Ersatzes von Ein- und Ausbaukosten für bestimmungsgemäß
in eine andere Sache eingebaute, mangelhafte Ware hat sich auf Vorlage des BGH[177]
und des Amtsgerichts Schorndorf der EuGH auseinandergesetzt. Dabei ging es im
Grunde um zwei Fragenkomplexe. Zum einen war zu klären, ob Art. 3 der Verbrauchsgüterkaufrichtlinie dahingehend auszulegen ist, dass eine danach geschuldete „unentgeltliche Herstellung des vertragsgemäßen Zustands des Verbrauchsguts durch **Ersatzlieferung"** beinhaltet, die zunächst gelieferte Ware kostenlos für den Verbraucher
zu entfernen, um so dem Gebot gerecht zu werden, dass die Ersatzlieferung **ohne erhebliche Unannehmlichkeiten** für den Verbraucher zu erfolgen hat. Das AG Schorndorf[178] hat dem EuGH darüber hinaus die Frage zur Vorabentscheidung vorgelegt, ob

---

173 BGH NJW 2009, 427.
174 Tz. 21.
175 Tz. 24 f.
176 Tz. 26.
177 BGH NJW 2009, 1660.
178 ZGS 2009, 525.

auch die Kosten des nochmaligen Einbaus einer nachgelieferten mangelfreien Sache vom Verkäufer zu tragen sind. Sollte dem Verbraucher ein derart weitgehender Nacherfüllungsanspruch nach den Vorgaben der Verbrauchsgüterkaufrichtlinie einzuräumen sein, stellt sich die zweite Frage, ob sich der Unternehmer in einem solchen Fall darauf berufen kann, ihm sei der Ausbau der zunächst gelieferten Ware nicht zuzumuten, da dies Kosten verursache, die im Vergleich zum Wert der Sache und der Bedeutung der Vertragswidrigkeit außer Verhältnis stehen. Hier bedarf es der Unterscheidung zwischen der sog. **relativen und der absoluten Unverhältnismäßigkeit**. Während Art. 3 der Verbrauchsgüterkaufrichtlinie dem Unternehmer das Verweigerungsrecht nur im Falle der Unmöglichkeit (Fall 1) und der Unverhältnismäßigkeit zwischen den beiden, alternativ möglichen Arten der Nacherfüllung (Nachlieferung und Nachbesserung, Fall 2, relative Unverhältnismäßigkeit) einräumt, kennt das BGB einen dritten Fall, in dem zwar nicht Unmöglichkeit der Nacherfüllung im herkömmlichen Sinne (§ 275 BGB) vorliegt, die Unzumutbarkeit der allein möglichen Abhilfe sich aber für den Unternehmer aus dem Verhältnis der auf den Unternehmer zukommenden Kosten zum Wert der Sache und der Bedeutung der Vertragswidrigkeit ergibt (absolute Unverhältnismäßigkeit). Hier hatte der EuGH zu klären, ob es mit den Vorgaben der Richtlinie vereinbar ist, dem Unternehmer dieses Verweigerungsrecht einzuräumen. Die Schlussanträge des Generalanwalts *Jan Mazak*[179] kamen zu dem Ergebnis, dass dem Verbraucher ein entsprechend weitgehender Nacherfüllungsanspruch nach der Richtlinie nicht zwingend einzuräumen ist und dem Unternehmer im gegebenen Fall der Weg offen stünde, sich auf die absolute Unverhältnismäßigkeit zu berufen.

Vollkommen anders hat dies der **EuGH**[180] und in Folge dessen der BGH[181] entschieden. Als „Paukenschlag aus Europa[182]" wird gemeinhin das Urteil des EuGH vom 16.6.2011 bezeichnet. Darin stellt der EuGH fest, dass der Verkäufer in dem Falle, dass ein mangelhaftes Verbrauchsgut vor dem Auftreten des Mangels gutgläubig und seinem Verwendungszweck entsprechend eingebaut wurde, im Rahmen der Ersatzlieferung entweder den notwendig werdenden Aus- und Einbau selbst und auf eigene Kosten vorzunehmen oder dem Verbraucher die Kosten zu ersetzen hat, die diesbezüglich anfallen. Diese Verpflichtung trifft den Verkäufer nach der Entscheidung des EuGH völlig unabhängig davon, ob er sich auch im Kaufvertrag verpflichtet hatte, für den Einbau der Ware zu sorgen. Nur so könne gewährleistet werden, dass der Käufer die Nacherfüllung kostenlos erhält. Zum zweiten Problemkomplex bezieht der EuGH den Standpunkt, dass Art. 3 Abs. 3 der Richtlinie nicht vorsieht, dem Verkäufer nach nationalem Recht die Möglichkeit einzuräumen, im Falle der sog. **absoluten Unverhältnismäßigkeit** die Abhilfe zu verweigern. Allerdings bestehe die Möglichkeit, so der EuGH, im nationalen Recht vorzusehen, die Kostenbeteiligung des Verkäufers in einem solchen Fall auf einen „angemessenen Betrag" zu beschränken. Die Entscheidung des EuGH ist überwiegend und zum Teil scharf kritisiert worden. Im Kern be-

518

---

179 NJW 2011, 2269.
180 EuGH NJW 2011, 2269; JuS 2011, 744 *(Faust)*; Bespr. *Pfeiffer* LMK 2011, 321439; *Kaiser* JZ 2011, 978; *Förster* ZIP 2011, 1493; *Staudinger* DAR 2011, 502.
181 BGH NJW 2012, 1073.
182 *St. Lorenz* NJW 2011, 2241.

zieht sich die Kritik darauf, dass der EuGH im Ergebnis einen verschuldensunabhängigen Schadensersatzanspruch im Kaufrecht kreiert habe.

519 Mit seinem Urteil vom 21.12.2011 hat der VIII. Zivilsenat des **BGH**[183] das Verfahren beendet. Der BGH hatte sich nur mit der Frage des Ausbaus der mangelhaften Sache resp. der diesbezüglichen Kostentragungspflicht und der Regelung des *§ 439 Abs. 3 aF* („absolute Unverhältnismäßigkeit") zu befassen. Den „*Fliesenfall"* entschied der BGH dahingehend, dass der gewerblich tätige Verkäufer dem Verbraucher als Käufer gegenüber auch zum Ausbau und Abtransport der zunächst gelieferten und bereits eingebauten mangelhaften Ware verpflichtet ist. Dies sei im Wege der richtlinienkonformen Auslegung von *§ 439 Abs. 1 Alt. 2 aF* zu erreichen, dessen Wortlaut eine solche Auslegung decke. Dem Käufer stehe insoweit kein Wahlrecht dahingehend zu, ob er dem Verkäufer den Ausbau ermöglicht oder diesen selbst vornimmt und den Verkäufer hinsichtlich der Kosten in Anspruch nimmt. Diesbezüglich müsse zunächst dem Verkäufer die Möglichkeit eingeräumt werden, Aus- und Einbau selbst vorzunehmen. Hinsichtlich des Richtlinienverstoßes durch *§ 439 Abs. 3 aF* hat der BGH auf die Grundsätze der „Quelle-Entscheidung" zurückgegriffen und sich des Instruments der richtlinienkonformen Rechtsfortbildung bedient. Der Senat nahm auch hinsichtlich der Problematik der absoluten Unverhältnismäßigkeit eine planwidrige Regelungslücke des Gesetzes an und sprach sich für eine teleologische Reduktion des *§ 439 Abs. 3 aF* im Bereich des Verbrauchsgüterkaufrechts aus. Danach bestehe das Verweigerungsrecht des Verkäufers in dem Fall nicht, dass nur eine der beiden Varianten der Nacherfüllung (Nachlieferung oder Nachbesserung) möglich ist und mit deren Erfüllung erhebliche wirtschaftliche Aufwendungen verbunden sind. Der Verkäufer sei aber befugt, die Kostenerstattung auf ein angemessenes Maß zu beschränken.

520 Auf Grund der durchaus überraschenden Entscheidung des Gesetzgebers, den Anwendungsbereich der zum 1.1.2018 in Kraft getretenen Regelung bezüglich dieser Problematik nicht auf das Verbraucherprivatrecht zu beschränken, handelt es sich allerdings nun im Kern nicht mehr um eine Sondermaterie betreffend Kaufverträge zwischen Unternehmern und Verbrauchern. Der neue § 439 Abs. 3, durch den dem Verkäufer verschuldensunabhängig die Kostenlast von Aus- und Einbau auferlegt wird, gilt für sämtliche Kaufverträge (s. oben Rn 466a). Danach steht dem Käufer gegen den Verkäufer ein Anspruch auf Ersatz der erforderlichen Aufwendungen für den Ausbau der mangelhaften und den Einbau der mangelfreien Sache zu. Dem Verkäufer ist es nicht gestattet, Aus- und Einbau kostenmindernd durch eigenes Personal durchführen zu lassen. Die Frage der vorrangigen Selbstvornahme durch den Verkäufer war im Zuge des Gesetzgebungsverfahrens intensiv diskutiert worden. Seit 1.1.2018 besteht aber nun allein ein Aufwendungsersatzanspruch des Käufers. Der Käufer kann den Austausch der nachgelieferten Ware durch von ihm ausgewähltes Personal durchführen lassen.

521 Es bestehen allerdings nun einige neue **Sonderregelungen** für den Verbrauchsgüterkauf in Bezug auf den Aus- und Einbau. Sie finden sich in den §§ 475 Abs. 4 bis 6.

---

183 BGH NJW 2012, 1073; JuS 2012, 456 *(Faust)*; Anm. *Staudinger* DAR 2012, 228; *Leible/Müller* LMK 2012, 330321; *St. Lorenz* NJW 2011, 2241; *Maultzsch* GPR 2011, 253.

Nur im Falle eines Verbrauchsgüterkaufvertrags hat der Käufer nach Maßgabe von § 475 Abs. 6 einen Anspruch auf Zahlung eines **Vorschusses** hinsichtlich der Aus- und Einbaukosten (s. Rn 513). Der Problematik der sog. **absoluten Unverhältnismäßigkeit** nimmt sich § 475 Abs. 5 an. Danach kann der Verkäufer bei einem Verbrauchsgüterkauf die mögliche Art der Nacherfüllung nicht wegen Unverhältnismäßigkeit der Kosten verweigern, wenn die andere Art der Nacherfüllung ausgeschlossen ist. Eine Neulieferung samt Kostentragung hinsichtlich des Aus- und Einbaus ist somit grundsätzlich nicht ausgeschlossen, wenn eine Reparatur der zunächst gelieferten Ware unmöglich und der Aus- und Wiedereinbau sehr kostenintensiv ist. Allerdings räumt § 475 Abs. 4 Satz 2 dem Verkäufer das Recht ein, die Kosten, also die Aufwendungen aus § 439 Abs. 3, zu deckeln[184]. Hier dürfte nach § 475 Abs. 4 Satz 3 der Wert der Ware eine Orientierungshilfe für die Angemessenheit des zu zahlenden Betrags darstellen. Den beschränkten Betrag kann der Verbraucher nach § 475 Abs. 5 gem. § 440 Satz 1 ohne vorherige Fristsetzung verlangen. Die Einbeziehung des § 439 Abs. 2 in § 475 Abs. 4 Satz 2 erscheint verfehlt, da insoweit eine Deckelung resp. Verweigerung gerade nicht in Betracht kommt.

7. Leistungszeit

§ 475 Abs. 1 bestimmt, dass der Unternehmer als Verkäufer, soweit die Parteien keine frühere Leistungszeit bestimmt haben, nicht sofort, sondern nur unverzüglich zu liefern hat, was bedeutet, dass die Lieferung jedenfalls spätestens dreißig Tage nach Vertragsschluss zu erfolgen hat. „Unverzüglich" unterscheidet sich von „sofort" dadurch, dass die subjektive Komponente der Zumutbarkeit der Leistung Berücksichtigung findet[185]. Dadurch wird der Verbraucher im Vergleich zu § 271 Abs. 1 schlechter gestellt, was der vollharmonisierenden Wirkung der Verbraucherrechterichtlinie geschuldet ist[186]. Der Verkäufer ist nach § 475 Abs. 1 Satz 2 allerdings berechtigt, sofort zu leisten; die Leistung ist sofort erfüllbar. Die Regelung gilt ebenso für die Leistungspflicht des Verbrauchers, also den Zahlungsanspruch des Verkäufers. Beschränkt ist der Anwendungsbereich der Vorschrift allerdings auf die beiderseitigen Hauptleistungspflichten, also Eigentumsverschaffung und Kaufpreiszahlung.

522

8. Garantie

Eine Modifikation des durch die Umsetzung der Verbraucherrechterichtlinie modifizierten § 443[187] enthält schließlich die systematisch schwer einzuordnende Vorschrift des § 479, durch die dem Unternehmer auferlegt wird, eine Garantieerklärung einfach und verständlich abzufassen[188]. Erfasst sind sämtliche in § 443 genannten Garantieerklärungen, also auch solche Dritter. Hier kommt insbesondere die Herstellergarantie in Betracht.

523

---

184 Dazu *Georg* NJW 2018, 199.
185 MK/*St. Lorenz* § 475 BGB Rn 35.
186 Kritisch auch Erman/*Grunewald* § 475 Rn 1; *Kohler* NJW 2014, 2817.
187 Dazu *Picht* NJW 2014, 2609 und JR 2015, 405.
188 Siehe dazu *Haar* VuR 2004, 161; *Fahl/Giedinghagen* ZGS 2004, 344.

a) Transparenz, Information und Schutz vor Irreführung

524 Die Regelung des § 479 dient einmal dem Transparenzgebot und dem Informationsbedürfnis des Verbrauchers. Zum anderen soll sie den Verbraucher vor Irreführung durch den Unternehmer schützen. Gerecht wird der Unternehmer den Anforderungen aus § 479 dadurch, dass er die Garantieerklärung am Maßstab des Empfängerhorizonts des konkret angesprochenen Adressatenkreises hinreichend verständlich formuliert. Im Einzelnen muss die Garantieerklärung nach Maßgabe von § 479 Abs. 1 Nr. 1 einen Hinweis auf die dem Verbraucher zustehenden gesetzlichen Rechte enthalten und klarstellen, dass diese durch die Garantie nicht eingeschränkt werden. Hintergrund dieser Regelung ist ein häufig anzutreffendes Szenario. Der Unternehmer gewährt eine Garantie, die der gesetzlichen Regelung entspricht und vermittelt damit den Eindruck, zusätzliche Rechte einzuräumen. Exemplarisch sei die Vereinbarung der zweijährigen Gewährleistungsfrist genannt. Das Einräumen einer solchen Garantie ist unzulässig[189]. Ein weiterer Problemfall besteht in der Einräumung einer Herstellergarantie, wodurch der Eindruck vermittelt wird, der Verbraucher müsse sich vorrangig an den Hersteller halten und könne erst nach dessen Inanspruchnahme an den Unternehmer als Vertragspartner herantreten. Jeweils wird der Unternehmer verpflichtet, auf die bestehenden gesetzlichen Rechte hinzuweisen. Dem genügt der Unternehmer dadurch, dass er die dem Verbraucher gesetzlich eingeräumten Rechte benennt und darüber informiert, dass in dem Garantieversprechen eine weitere Leistung liegt[190]. Dagegen ist der Unternehmer, wenn er eine Garantie einräumt, nicht dazu verpflichtet, den Verbraucher über die Einzelheiten der bestehenden gesetzlichen Rechte aufzuklären. Eine derartige Aufklärungspflicht besteht im Allgemeinen nicht und erwächst ebenso wenig aus § 479.

525 Der Transparenz und dem Schutz vor Irreführung dient auch § 479 Abs. 1 Nr. 2, wonach der Unternehmer verpflichtet wird, dem Verbraucher exakt darzulegen, worin das Garantieversprechen besteht. Nach Maßgabe von Abs. 2 hat der Verbraucher einen Anspruch darauf, dass ihm die Garantie in Textform (§ 126b) mitgeteilt wird.

b) Rechtsfolge

526 Problematisch an der Norm ist, dass sie es unterlässt, ihrer Missachtung Sanktionen aufzuerlegen. § 479 bestimmt mit anderen Worten nicht die Rechtsfolge, welche die Abfassung einer unverständlichen oder komplizierten Garantieerklärung nach sich zieht. Von vornherein ausscheiden muss die Folge der Unwirksamkeit der Garantieerklärung, da sich dadurch der Verbraucherschutz gegen den geschützten Adressatenkreis wendete: Der Verbraucher ginge der – wenn auch intransparent formulierten, ihn jedoch gleichwohl bereichernden – Garantie verlustig[191].

527 Ist die Garantie intransparent bzw mehrdeutig abgefasst, so hat man die Erklärung verbraucherfreundlichst auszulegen[192].

---

189 Zutreffend Bamberger/Roth/*Faust* § 477 BGB Rn 8.
190 MK/*St. Lorenz* § 477 BGB Rn 6; Bamberger/Roth/*Faust* § 477 BGB Rn 7.
191 So auch MK/*St. Lorenz* § 477 BGB Rn 10; HK/*Saenger* § 477 BGB Rn 4.
192 MK/*St. Lorenz* § 477 BGB Rn 11.

Es fragt sich aber, ob dem Verbraucher nicht nur ein Anspruch auf die verständliche **528** Abfassung der Garantie, sondern darüber hinaus weitergehende, insbesondere **Schadensersatzansprüche**, bei einem Verstoß des Unternehmers gegen das Gebot des § 479 zustehen. Den Gesetzesmaterialien zu § 479 ist zu entnehmen, dass ein solcher Schadensersatzanspruch des Verbrauchers durchaus in Betracht komme und in „Extremfällen" sogar zur Rückabwicklung des Vertrages führen könne[193]. Überwiegend hält man indes das Entstehen von Schadensersatzansprüchen aufgrund eines Verstoßes des Unternehmers gegen § 479 für ausgeschlossen bzw sehr fernliegend. Andere Stimmen in der Literatur halten das Erwachsen von Schadensersatzansprüchen auf Seiten des Verbrauchers für denkbar. Deren Grundlage müsste dann in der Verletzung von gegenüber dem Verbraucher bestehenden Schutz- und Aufklärungspflichten zu suchen sein. Fraglich ist jedoch, welcher Schaden dem Verbraucher entstehen könnte. Vorstellbar ist, dass ein Verbraucher aufgrund einer intransparenten Garantie die fristgerechte Geltendmachung gesetzlicher Ansprüche und Rechte unterlässt. Der Verbraucher wäre dann so zu stellen, wie er stehen würde, hätte er nicht irrig auf die missverständlich formulierte Garantie vertraut; er kann also bereits verjährte Ansprüche geltend machen. Zu erwägen ist aber, ob diese Rechtsfolge tatsächlich im Gewand eines Schadensersatzanspruchs zu erreichen ist, oder nicht vielmehr die Berufung des Unternehmers auf die Verjährung als rechtsmissbräuchlich einzustufen ist. Vieles spricht dafür, dass ein Verstoß eines Unternehmers gegen § 479 mangels kausal entstehenden Schadens auf Käuferseite regelmäßig nicht zur Schadensersatzpflicht des Verkäufers führt. Dagegen wird dem Verbraucher teilweise sogar die Möglichkeit der Auflösung des Vertrags im Rahmen des Schadensersatzanspruchs aus § 280 Abs. 1 zugestanden. Hier stellt sich wiederum die Frage der Kausalität: Die Rückabwicklung des Vertrags kann der Verbraucher nur verlangen, wenn er den Vertrag bei verständlich formulierter Garantieerklärung nicht abgeschlossen hätte, was man nur schwerlich wird bejahen können. Im Kern geht es dabei um die viel diskutierte Frage, ob eine vorvertragliche Nebenpflichtverletzung nach §§ 241 Abs. 2, 311 Abs. 2 zur Lösung des Vertrags berechtigen kann[194] (Rn 283).

Einigkeit herrscht dagegen darüber, dass ein Unternehmer, der gegenüber Verbrauchern unverständliche Garantieerklärungen abgibt, von Konkurrenten oder Verbraucherschutzverbänden unlauterkeitsrechtlich auf Unterlassung in Anspruch genommen werden kann; womöglich hätte die Regelung des § 479 einen besseren Standort im UWG gefunden. **529**

9. Öffentliche Versteigerungen

Nach § 475 Abs. 3 Satz 2 findet für den Pfandverkauf neuer Sachen § 445 gegenüber **530** dem Verbraucher keine Anwendung. Es gelten die allgemeinen Gewährleistungsregelungen ohne Haftungsbegrenzung zu Gunsten des Verkäufers.

---

[193] BT-Drucks. 14/6040, S. 247.
[194] *Grigoleit* Vorvertragliche Informationshaftung, 1997; *Kersting* JZ 2008, 714; MK/*St. Lorenz* § 477 BGB Rn 13.

V. Besondere Regelungen zum Verkäuferregress

531 Seit dem 1.1.2018 haben die Regelungen zum Verkäuferregress ihren Charakter als verbraucherprivatrechtliche Sondermaterie verloren und sind nun im allgemeinen Kaufrecht in den §§ 445a und 445b zu finden (dazu oben Rn 488a). Einige Besonderheiten bleiben aber für den Verbrauchsgüterkauf erhalten. Inhaltlich sind die Regelungen seit der Schuldrechtsmodernisierung bekannt. Es bedurfte wegen der Neukonzeption allerdings einer angepassten Formulierung.

532 So ordnet § 478 Abs. 1 die Wirkung der **Beweislastumkehr** nach § 477 auch im Rahmen des Unternehmerregresses an. Handelt es sich bei dem letzten Kaufvertrag einer Lieferkette um einen Verbrauchsgüterkauf, so kann sich der Unternehmer gegenüber seinem Lieferanten auf die Privilegierung aus § 477 berufen. Die Sechsmonatsfrist beginnt allerdings mit der Übergabe an den Verbraucher im letzten Vertrag. Erfasst sind die Rechte und Ansprüche des Unternehmers gegenüber seinem Lieferanten aus § 445a Abs. 1 und 2, also der Aufwendungsersatzanspruch betreffend die Gewährleistung gegenüber dem Verbraucher (Abs. 1) und die eigenen Gewährleistungsansprüche des Letztverkäufers gegenüber seinem Lieferanten.

533 Nach Maßgabe von § 478 Abs. 2 kommt den Regelungen zum Gewährleistungsrecht zwischen den beiden Unternehmern **halbzwingende Wirkung** zu, wenn es sich bei dem letzten Vertrag um einen Verbrauchsgüterkauf handelt. Jedenfalls gilt dies insoweit, als dem Unternehmer als Rückgriffsgläubiger kein gleichwertiger Ausgleich eingeräumt wird.

§ 10 Verbraucherbauvertrag

I. Neuer Vertragstyp im BGB

534 Seit dem 1.1.2018 verfügt das BGB über Regelungen zum Bauvertrag, §§ 650a ff, die durch Sonderregelungen für den Verbraucherbauvertrag ergänzt werden, § 650i bis n bzw. o, um dem besonderen Schutzbedürfnis von Verbrauchern bei Abschluss und Durchführung von Bauverträgen größeren Umfangs gerecht zu werden[1]. Die Konzeption der neuen Regelungen ähnelt der des Kaufrechts, in dem die allgemeinen Vorschriften den besonderen Normen zum Verbraucherprivatrecht vorangestellt sind.

535 Einen unionsrechtlichen Hintergrund für diese neuen Vorschriften gibt es nicht, wobei sich der Gesetzgeber hinsichtlich der besonderen Pflichten, die der Unternehmer dem Verbraucher gegenüber zu wahren hat, an der Verbraucherrechterichtlinie (2011/83) orientiert hat, die Verträge über den Bau von neuen Gebäuden und erhebliche Umbaumaßnahmen an solchen ausdrücklich von ihrem Anwendungsbereich aus-

---

1 BT-Drucks. 18/8486, S. 61 ff.

geschlossen hat[2]. Die entsprechende Schutzlücke soll durch die Neuregelung geschlossen werden.

II. Verbraucherbauvertrag

Legal definiert wird der Verbraucherbauvertrag in § 650i Abs. 1. Danach geht es um Verträge, durch die ein Unternehmer von einem Verbraucher zum Bau eines neuen Gebäudes oder zu erheblichen Umbaumaßnahmen an einem bestehenden Gebäude verpflichtet wird.   **536**

Hinsichtlich des **persönlichen Anwendungsbereichs** kommen die allgemeinen Regelungen der §§ 13 und 14 zur Anwendung (s. oben Rn 54 ff).   **537**

Während der allgemeine Bauvertrag iSd § 650a sachlich weiter geht - er umfasst die Herstellung, die Wiederherstellung, die Beseitigung oder den Umbau eines Bauwerks, einer Außenanlage oder eines Teils davon sowie nach § 650a Abs. 2 wesentliche Instandhaltungsmaßnahmen - finden die Sondervorschriften der §§ 650i ff nur Anwendung auf den **Neubau eines Gebäudes** oder **erhebliche Umbaumaßnahmen an einem bestehenden Gebäude**. Es geht also um solche Bauverträge, die eine Relevanz für den Verbraucher haben, die dem klassischen Immobiliengeschäft vergleichbar ist[3]. Dabei müssen Umbaumaßnahmen einen Umfang erreichen, der eher dem Bau eines Gebäudes als einfacher Renovierungsarbeiten ähnelt.   **538**

III. Instrumentarien des Verbraucherprivatrechts

Das Verbraucherbauvertragsrecht ordnet im Wesentlichen die klassischen Instrumentarien des Verbraucherprivatrechts an, nämlich Informationspflichten, Formgebot, Widerrufsrecht und halbzwingende Wirkung. Hinzu kommen einige den Besonderheiten des Bauvertrags geschuldete Sonderregelungen, in erster Linie § 650m.   **539**

1. Informationspflichten

Das Gesetz ordnet im Zusammenhang mit einem Verbraucherbauvertrag an mehreren Stellen die Information des Verbrauchers durch den Unternehmer an.   **540**

a) Vorvertragliche Information – Baubeschreibung

Art. 249 EGBGB enthält in §§ 1 und 2 Regelungen zur vorvertraglichen Information des Verbrauchers in Gestalt einer Baubeschreibung. Diese Baubeschreibung ist dem Verbraucher gem. § 650j iVm Art. 249 § 1 EGBGB in **Textform** zur Verfügung zu stellen, wenn nicht ausnahmsweise der Verbraucher oder ein von ihm beauftragter Dritter wesentliche Planungsvorgaben hinsichtlich des Bauprojekts gemacht haben.   **541**

---

2   BT-Drucks. 18/8486, S. 61.
3   BT-Drucks. 18/8486, S. 61.

Die Information hat **rechtzeitig** vor Abgabe der den Abschluss des Bauvertrags betreffenden Willenserklärung des Verbrauchers zu erfolgen. Die Rechtzeitigkeit wird dadurch gewahrt, dass es dem Verbraucher ermöglicht wird, sich noch in Ruhe mit den darin enthaltenen Informationen auseinander zu setzen und ggf. Rat einzuholen. Wegen der vergleichbaren Interessenlage bietet sich eine Orientierung an den zu § 491a entwickelten Grundsätzen an (oben Rn 306)[4].

542 Die **Baubeschreibung** muss nach Art. 249 § 2 Abs. 1 EGBGB die wesentlichen Eigenschaften des Bauwerks enthalten und nach § 2 Abs. 2 verbindliche Angaben zum Fertigstellungszeitpunkt resp. zur Dauer der Maßnahme machen. § 2 Abs. 1 enthält darüber hinaus einen Katalog von Pflichtangaben der Baubeschreibung:

1. Allgemeine Beschreibung des herzustellenden Gebäudes oder der vorzunehmenden Umbauten, gegebenenfalls Haustyp und Bauweise,
2. Art und Umfang der angebotenen Leistungen, gegebenenfalls der Planung und der Bauleitung, der Arbeiten am Grundstück und der Baustelleneinrichtung sowie der Ausbaustufe,
3. Gebäudedaten, Pläne mit Raum- und Flächenangaben sowie Ansichten, Grundrisse und Schnitte,
4. gegebenenfalls Angaben zum Energie-, zum Brandschutz- und zum Schallschutzstandard sowie zur Bauphysik,
5. Angaben zur Beschreibung der Baukonstruktionen aller wesentlichen Gewerke,
6. gegebenenfalls Beschreibung des Innenausbaus,
7. gegebenenfalls Beschreibung der gebäudetechnischen Anlagen,
8. Angaben zu Qualitätsmerkmalen, denen das Gebäude oder der Umbau genügen muss,
9. gegebenenfalls Beschreibung der Sanitärobjekte, der Armaturen, der Elektroanlage, der Installationen, der Informationstechnologie und der Außenanlagen.

543 Verstöße gegen die Baubeschreibungspflicht führen zu Schadensersatzansprüchen des Verbrauchers nach allgemeinen Grundsätzen, §§ 311 Abs. 2, 241 Abs. 2, 280 Abs. 1[5].

b) Information zwischen Vertragsabschluss und Baubeginn

544 Der Verbraucher ist vielfach auf die Unterstützung des Unternehmers angewiesen, wenn er Behörden gegenüber Unterlagen, die den Bau betreffen, vorzulegen hat. Diesbezüglich ordnet § 650n Abs. 1 an, dass der Unternehmer dem Verbraucher entsprechende Planungsunterlagen rechtzeitig vor Baubeginn herauszugeben hat. Diese Pflicht trifft den Unternehmer nicht, wenn sich der Verbraucher oder ein von ihm beauftragter Dritter um die Planung gekümmert hat.

545 Oftmals wird der Verbraucher entsprechende Unterlagen auch zur Sicherstellung der notwendigen Finanzierung der Maßnahme benötigen. Deshalb ordnet § 650n Abs. 3

---

4 Ausführlich *Bülow/Artz* Verbraucherkreditrecht, § 491a BGB Rn 13.
5 Langen/Berger/Dauner-Lieb/*Rückert* § 650j BGB Rn 10 ff; Dammert/Lenkeit/Oberhauser/Pause/ Stretz/*Stretz* § 650j BGB Rn 126 ff.

an, dass der Unternehmer dem Verbraucher notwendige Informationen auch in solchen Fällen rechtzeitig zur Verfügung stellen muss, damit er sie einem Kreditinstitut im Vorfeld des Abschlusses eines Darlehensvertrags oder etwa zur Beantragung von Fördermitteln vorlegen kann.

2. Vertragsform und -inhalt

Der Verbraucherbauvertrag bedarf nach Maßgabe von § 650i Abs. 2 der **Textform**. Wird die Form nicht gewahrt, ergeben sich die Rechtsfolgen aus den allgemeinen Vorschriften, also §§ 125, 126b BGB.   **546**

§ 650k enthält Vorgaben zu den **inhaltlichen Angaben**, die der Verbraucherbauvertrag **zwingend** zu enthalten hat. Zunächst sind nach § 650k Abs. 1 die Informationen, die bereits vorvertraglich in der **Baubeschreibung** zu machen waren (vorst. Rn 539), in das Vertragsformular aufzunehmen. Dies jedenfalls, soweit die Parteien ihre Pläne nicht zwischenzeitlich geändert haben.   **547**

Zweifel bei der Auslegung des Vertrags hinsichtlich der Leistungspflichten gehen – vergleichbar der Wirkung von § 305c Abs. 2 – gem. § 650k Abs. 2 Satz 2 zu Lasten des Unternehmers. Der Verbraucherbauvertrag ist unter Berücksichtigung sämtlicher vertragsbegleitender Umstände, insbesondere des Komfort- und Qualitätsstandards nach der übrigen Leistungsbeschreibung, auszulegen, sollte die Baubeschreibung nicht vollständig oder hinsichtlich bestimmter Aspekte unklar sein. Dies bestimmt § 650k Abs. 2 Satz 1. Zu berücksichtigen sind etwa „erläuternde oder konkretisierende Erklärungen der Vertragsparteien, die konkreten Verhältnisse des Bauwerks und seines Umfeldes, der qualitative Zuschnitt, der architektonische Anspruch und die Zweckbestimmung des Bauwerks"[6].   **548**

Schließlich muss der Verbraucherbauvertrag verbindliche Angaben zum **Zeitpunkt der Fertigstellung** des Baus oder, wenn dieser Zeitpunkt zum Zeitpunkt des Abschlusses des Vertrags nicht angegeben werden kann, zur Dauer der Bauausführung enthalten. Enthält der Vertrag diese Angaben nicht, werden die vorvertraglich in der Baubeschreibung übermittelten Angaben zum Zeitpunkt der Fertigstellung des Werks oder zur Dauer der Bauausführung Inhalt des Vertrags.   **549**

Kommt es beim Bau zu erheblichen Verzögerungen, kann zu Gunsten des Verbrauchers das Sonderkündigungsrecht aus § 648a einschlägig sein. Zuvor kann sich der Verbraucher auf die allgemeinen Folgen des Verzugs (§§ 280, 286) berufen[7].   **550**

3. Widerrufsrecht

Als klassisches Instrument des Verbraucherschutzes bei komplexen Verträgen billigt § 650l dem Verbraucher ein Widerrufsrecht zu, über das der Verbraucher nach Art. 249 § 3 EGBGB zu belehren ist. Die besonderen Rechtsfolgen des Widerrufs   **551**

---

6 BT-Drucks. 18/8486, S. 62.
7 Dazu Langen/Berger/Dauner-Lieb/*Rückert* § 650k BGB Rn 36 ff.

finden sich in § 357d, die Vorschriften zur Ausgestaltung des Rechts in § 356e (Einzelheiten zum Widerrufsrecht werden oben in § 6 erläutert, Rn 113 ff).

552 Hinzuweisen ist allerdings auch an dieser Stelle darauf, dass es der Gesetzgeber offenbar versäumt hat, das Konkurrenzverhältnis des Widerrufsrechts aus § 650l zu den übrigen Widerrufsrechten des Verbraucherprivatrechts zu klären. Dies wirkt sich besonders misslich hinsichtlich des Verbraucherdarlehensrechts aus, da Bauverträge regelmäßig der Kreditfinanzierung bedürfen und das Widerrufsrecht aus § 495 ganz eigenen Regeln folgt.

4. Deckelung von Abschlagszahlungen und Sicherungen

553 Bei Bauvorhaben werden oftmals zwischenzeitlich Abschlagszahlungen verlangt. § 650m schützt den Verbraucher in zweifacher Hinsicht. Einmal bezüglich der Höhe der Abschlagszahlungen und zum anderen hinsichtlich der Absicherung seiner Zahlungen. Es ist darauf hinzuweisen, dass die Regelungen des § 650m abgesehen von Abs. 4 nicht halbzwingend zu Gunsten des Verbrauchers gelten.

554 Zunächst begrenzt § 650m Abs. 1 die Höhe der zulässigen **Abschlagszahlungen**. Soweit der Unternehmer Abschlagszahlungen nach § 632a verlangt, darf der Gesamtbetrag der Abschlagszahlungen 90 Prozent der vereinbarten Gesamtvergütung einschließlich der Vergütung für Nachtragsleistungen nach § 650c nicht übersteigen. Dadurch soll der fachlich unkundige Verbraucher vor **verdeckten Vorleistungen** geschützt werden[8]. Der restliche Betrag der vereinbarten Vergütung wird dann mit der Abnahme des Baus fällig.

555 Der Sicherung von Abschlagszahlungen widmen sich die Abs. 2 bis 3 des § 650m. Der Unternehmer wird verpflichtet, dem Verbraucher bei der ersten Abschlagszahlung eine Sicherheit für die rechtzeitige Herstellung des Werks ohne wesentliche Mängel in Höhe von 5 Prozent der vereinbarten Gesamtvergütung zu leisten. Falls sich der Vergütungsanspruch infolge einer Anordnung des Verbrauchers nach den §§ 650b und 650c, also geänderter Wünsche des Verbrauchers, oder infolge sonstiger Änderungen oder Ergänzungen des Vertrags um mehr als 10 Prozent erhöht, ist dem Verbraucher bei der nächsten Abschlagszahlung eine weitere Sicherheit in Höhe von 5 Prozent des zusätzlichen Vergütungsanspruchs zu leisten. Die Sicherheitsleistung kann auf Wunsch des Unternehmers auch in der Art und Weise erbracht werden, dass der Verbraucher die Abschlagszahlungen bis zu dem Gesamtbetrag der geschuldeten Sicherheit einbehält.

556 Der Unternehmer ist nicht verpflichtet, dem Verbraucher die zu bestellenden Sicherheiten nach Abs. 2 in Geld zu leisten. Es kann nach Maßgabe von § 650m Abs. 3 dem Verbraucher auch eine Garantie oder ein sonstiges Zahlungsversprechen eines Kreditinstituts oder Kreditversicherers geleistet werden.

---

8 BT-Drucks. 18/8486, S. 64.

Die Regelungen zur Deckelung der Abschlagszahlung und zur Sicherheitsbestellung   **557**
zu Gunsten des Verbrauchers haben zwar keine halbzwingende Wirkung, können
allerdings gem. **§ 309 Nr. 15** nicht klauselmäßig abbedungen werden.

Schließlich begrenzt § 650m Abs. 4 auch die Höhe der **Sicherheitsleistung**, die der   **558**
Verbraucher hinsichtlich des **Vergütungsanspruchs** des Unternehmers zu zahlen
verpflichtet werden kann. Wenn der Unternehmer Abschlagszahlungen nach § 632a
verlangt oder man sich über solche einigt, ist eine Vereinbarung unwirksam, die den
Verbraucher zu einer Sicherheitsleistung für die vereinbarte Vergütung verpflichtet,
die den Betrag der nächsten Abschlagszahlung oder 20 Prozent der vereinbarten
gesamten Vergütung übersteigt.

5. Informationspflichten nach Fertigstellung und bei Abnahme

Vergleichbar der Pflichten zwischen Vertragsabschluss und Baubeginn hat sich der   **559**
Verbraucher auch nach Abschluss der Baumaßnahme an die zuständigen Behörden
resp. etwa seinen Darlehensnehmer (§ 650n Abs. 3) zu wenden, um die ordnungsgemäße Durchführung des Baus nachzuweisen. Da der Verbraucher auch in diesem
Moment Unterlagen des Unternehmers benötigt, verpflichtet ihn § 650n Abs. 2 spätestens mit der Fertigstellung des Werks diejenigen Unterlagen zu erstellen und dem
Verbraucher herauszugeben, die dieser benötigt, um gegenüber Behörden den Nachweis führen zu können, dass die Leistung unter Einhaltung der einschlägigen öffent-
lich-rechtlichen Vorschriften ausgeführt worden ist.

Eine weitere Besonderheit für den Verbraucherbauvertrag findet sich im allgemeinen   **560**
Werkvertragsrecht bezüglich der Abnahme des Werks. Während nach § 640 Abs. 2
Satz 1 ein Werk im Allgemeinen auch dann als abgenommen gilt, wenn der Unternehmer dem Besteller nach Fertigstellung des Werks eine angemessene Frist zur
Abnahme gesetzt hat und der Besteller die Abnahme nicht innerhalb dieser Frist unter Angabe mindestens eines Mangels verweigert hat, erfährt der Verbraucher als Besteller eine Privilegierung. Die vorbenannten Rechtsfolgen treten nur dann ein, wenn
der Unternehmer den Besteller zusammen mit der Aufforderung zur Abnahme auf die
Folgen einer nicht erklärten oder ohne Angabe von Mängeln verweigerten Abnahme
hingewiesen hat. Ein solcher Hinweis muss in Textform erfolgen.

6. Unabdingbarkeit

Der allgemeinen Systematik verbraucherprivatrechtlicher Sondervorschriften folgend   **561**
ordnet § 650o an, dass zu Lasten des Verbrauchers nicht von den Vorschriften zum
Verbraucherbauvertrag abgewichen werden resp. deren Wirkung durch eine Umgehung verhindert werden darf. Einbezogen in die halbzwingende Wirkung ist auch die
Vorschrift zur Abnahme des Werks in § 640 Abs. 2 Satz 2.

Nicht umfassend zwingend gilt hingegen die Regelung zu Abschlagszahlungen und   **562**
zur Absicherung des Vergütungsanspruchs aus § 650m. Hier wirkt allerdings § 309
Nr. 15.

§ 11 Freizeitbezogene Geschäfte

I. Teilzeitwohnrechte und ähnliche Verträge

1. Hintergrund der Regelung

563 Der Erwerb eines zeitweisen Nutzungsrechts an einer Immobilie, sog. Time-Sharing[1], ist in den 90er Jahren des vergangenen Jahrhunderts in Mode gekommen. Insbesondere in Ferienregionen Südeuropas erwarben Bürger der Union ein jährlich wiederkehrendes Wohnrecht an einem Haus oder einer Wohnung. Auf die zunehmende wirtschaftliche Relevanz von Time-Sharing-Verträgen reagierte die EG durch den Erlass der Richtlinie zum Schutz der Erwerber im Hinblick auf bestimmte Aspekte von Verträgen über den Erwerb von Teilnutzungsrechten an Immobilien (94/47/EG) vom 26.10.1994. Durch die sog. Time-Sharing-Richtlinie sollte ausdrücklich weder eine Regelung über die Zulässigkeit von Verträgen über Teilzeitwohnrechte noch über deren Rechtsgrundlagen getroffen werden (4. Erwgrd.). Vielmehr war es Ziel der Richtlinie, das Funktionieren des Binnenmarktes dadurch zu gewährleisten, dass eine **minimale Grundlage** von gemeinsamen Vorschriften für derartige Verträge geschaffen wird, die in sämtlichen Mitgliedstaaten einzuhalten sind. Diese grundsätzlichen Regelungen betreffen nach Art. 1 der Richtlinie zum einen die **Information des Verbrauchers** und zum anderen das Verfahren und die Einzelheiten des **Rücktrittsrechts**. Der deutsche Gesetzgeber hat am 20.12.1996 das Teilzeitwohnrechtegesetz erlassen[2], dessen Vorschriften im Zuge der Schuldrechtsmodernisierung überwiegend in den §§ 481–487 aufgingen.

564 Da hinreichender Schutz durch die Umsetzung der Richtlinie 94/47/EG nicht erreicht wurde, hat das Europäische Parlament der Kommission empfohlen, die Richtlinie zu überarbeiten[3]. Vom 14.1.2009 stammt die neue vollharmonisierende Richtlinie 2008/122/EG über den Schutz der Verbraucher im Hinblick auf bestimmte Aspekte von Teilzeitnutzungsverträgen, Verträgen über langfristige Urlaubsprodukte sowie Wiederverkaufs- und Tauschverträgen. Die zweite, nun vollharmonisierende Timesharing-Richtlinie wurde in das deutsche Recht umgesetzt durch das Gesetz zur Modernisierung der Regelungen über Teilzeit-Wohnrechteverträge, Verträge über langfristige Urlaubsprodukte sowie Vermittlungsverträge und Tauschsystemverträge vom 17. Januar 2011[4].

565 Durch die Umsetzung der Verbraucherrechterichtlinie wurden auch hier, dem neuen Konzept folgend, die Einzelheiten zum Widerrufsrecht in die §§ 355 ff verschoben. Einschlägig sind insoweit §§ 356a und 357b.

---

1 Siehe zur Begriffsvielfalt in Europa Staudin*er/Martin*ek Vor §§ 481–487 BGB Rn 2; zum Timesharing im engeren und weiteren Sinne ebenda Rn 3.
2 Dazu *Martinek* NJW 1997, 1393; Zur Gesetzgebungsgeschichte *ders.* in: Staudinger Vor §§ 481–487 BGB Rn 1.
3 S. dazu NJW 2002, 3604.
4 Ein Überblick zu den Neuregelungen findet sich bei *Franzen* NZM 2011, 217.

2. Sachlicher Anwendungsbereich

a) Teilzeitwohnrechte

Das Teilzeitwohnrecht kann in unterschiedlicher rechtlicher Konstruktion eingeräumt werden[5]. Zu unterscheiden sind rein schuldrechtliche von dinglichen Nutzungsrechten. Im Falle eines nur obligatorisch eingeräumten Wohnrechts folgt dieses unmittelbar aus dem schuldrechtlichen Vertrag. Dieser wird oftmals ein typengemischter Vertrag sein, der Elemente eines Mietvertrags und dienst-, werk- sowie geschäftsbesorgungsvertragliche Bestandteile enthält[6]. Keinesfalls liegt bei dieser rein schuldrechtlichen Konstruktion ein Rechtskauf vor[7]. Das anzuwendende schuldrechtliche Reglement, etwa hinsichtlich besonderer Leistungsstörungen oder der Beendigung des Vertrags, bestimmt sich nach dem Vertragstyp, dem die betreffende Leistung im Schwerpunkt entspricht[8]. Dies wird regelmäßig der Mietvertrag sein[9]. **566**

Ist das Teilzeitwohnrecht **dinglich** ausgestaltet, liegt diesem regelmäßig ein Kaufvertrag über ein Recht gem. §§ 453, 433 zu Grunde[10]. Hinsichtlich der dinglichen Einräumung kommen wiederum unterschiedliche Modelle in Betracht, wobei stets der **sachenrechtliche Typenzwang** zu beachten ist. Zu nennen sind etwa das Miteigentum an einer ganzen Immobilie, ein Bruchteils-Wohneigentum an einer Wohneinheit oder ein Dauerwohnrecht nach § 31 WEG, dem die größte praktische Relevanz zukommt. Das dingliche Nutzungsrecht kann von einem Treuhänder verwaltet werden. Schließlich kann eine Ausgestaltung in Form der **Mitgliedschaft** in einem **Verein**[11] oder des Erwerbs eines **Gesellschaftsanteils** vorliegen[12]. **567**

Unabhängig von der rechtlichen Ausgestaltung im Einzelfall bestimmt § 481, bei welchen Verträgen die besonderen, aus der Richtlinie stammenden Pflichten des Teilzeitwohnrechtevertragsrechts zu beachten sind. **568**

Es muss sich um einen Vertrag handeln, bei dem der Unternehmer dem Verbraucher gegen **Zahlung eines Gesamtpreises** ein periodisch wiederkehrendes **Nutzungsrecht** einräumt. Während nach früher geltendem Recht die Auffassung vertreten wurde, dieser Gesamtpreis habe unbedingt in einer Einmalzahlung zu bestehen, ist dies nach Umsetzung der neuen Richtlinie nicht mehr haltbar. Die zu Grunde liegende Richtlinie geht schlicht davon aus, dass der Verbraucher ein Entgelt zu zahlen hat. Dieses Entgelt kann freilich auch periodisch zu zahlen sein, so dass es sich angeboten **569**

---

5 Ausf. zu den rechtlichen Ausgestaltungsformen Staudinger/*Martinek* Vor §§ 481–487 BGB Rn 9–29.
6 MK/*Franzen* § 481 BGB Rn 5.
7 Zutreffend Staudinger/*Martinek* Vor §§ 481–487 BGB Rn 12; MK/*Franzen* § 481 BGB Rn 3; aA Palandt/*Weidenkaff* Vor § 481 BGB Rn 5; Jauernig/*Chr. Berger* § 481 BGB Rn 4.
8 MK/*Franzen* § 481 BGB Rn 7.
9 Staudinger/*Martinek* Vor §§ 481–487 BGB Rn 12.
10 MK/*Franzen* § 481 BGB Rn 25.
11 BGH NJW-RR 2010, 712.
12 Zu den einzelnen Modellen: MK/*Franzen* § 481 BGB Rn 9–19; Erman/*Saenger* § 481 BGB Rn 5–14; Staudinger/*Martinek* Vor §§ 481–487 BGB Rn 16–29; HK-BGB/*Staudinger* § 481 BGB Rn 3; *Reinkenhof* Jura 1998, 561; *Oetker/Maultzsch* Vertragliche Schuldverhältnisse, S. 200 ff; zur dinglichen Rechtslage *Tonner/Tonner* WM 1998, 313.

hätte, bei der Umsetzung der Richtlinie auf den Begriff des Gesamtpreises zu verzichten. Insofern ist eine richtlinienkonforme Auslegung des § 481 angezeigt[13].

570 Das Nutzungsrecht kann an einem **Wohngebäude** oder einer **Wohnung** sowie nach dem neu eingeführten Abs. 3 auch an einer beweglichen Übernachtungsunterkunft, also etwa an einem Hausboot, Wohnmobil oder Wohnwagen eingeräumt werden[14].

571 Während nach früherem Recht Verbraucherschutz nur gewährt wurde, wenn das Nutzungsrecht für die Dauer von mindestens drei Jahren verschafft oder zu verschaffen versprochen wurde, genügt nun eine Mindestlaufzeit von **einem Jahr**. Dabei sind sämtliche Verlängerungsoptionen des Vertrags einzubeziehen, was einer Umgehungstrategie des Unternehmers Vorschub leisten soll. Die einzelnen Nutzungsintervalle müssen keine Mindestnutzungsdauer mehr umfassen, es reichen auch kurze, tageweise Aufenthalte[15].

572 Wird das Nutzungsrecht rein schuldrechtlich ausgestaltet, erfolgt die Verschaffung bereits durch den Abschluss des Vertrags. Dinglichen Nutzungsrechten liegt regelmäßig ein schuldrechtlicher Vertrag zu Grunde, durch den die Verschaffung versprochen, also nur ein Anspruch auf Einräumung des Nutzungsrechts begründet wird[16]. Gegenstand der §§ 481 ff ist im zweiten Fall nur das zugrundeliegende Verpflichtungsgeschäft. Der sachliche Anwendungsbereich ist nun nicht mehr beschränkt auf das Timesharing im engeren Sinne, das nur Immobilien betraf, sondern erfasst nach Abs. 3 neben Wohnungen nun auch Wohnmobile oder Boote. Das Nutzungsrecht kann gemäß Abs. 2 auch so ausgestaltet sein, dass es sich nicht auf ein bestimmtes Haus, Appartement oder mobiles Domizil bezieht, sondern der Verbraucher jeweils zwischen verschiedenen Objekten wählen kann. Man spricht von flexiblem Timesharing[17].

573 Der Verbraucher muss nach dem Wortlaut des Gesetzes verpflichtet sein, einen **Gesamtpreis** für die eingeräumte Nutzung zu zahlen, die für einen bestimmten oder zu bestimmenden Jahresabschnitt für die Dauer von mehr als einem Jahr verbindlich eingeräumt worden sein muss[18]. Nach richtlinienkonformer Auslegung muss der Verbraucher allerdings nicht dazu verpflichtet sein, seine Leistung für die gesamte Laufzeit des Vertrags, in der das Recht periodisch wiederkehrt, auf einen Schlag zu erbringen. Auch wenn lediglich eine sukzessive, zB vierteljährliche Zahlungsverpflichtung besteht, greift das Reglement der §§ 481 ff ein. Die Gegenleistung kann kreditiert werden (zur Konkurrenz der Widerrufsrechte aus § 485 und § 495 s. Rn 592). Der Qualifikation als Teilzeitwohnrechtevertrag schadet es nicht, wenn Verwaltungs- und Nebenkosten bezüglich des jeweiligen Nutzungszeitraums zu entrichten sind. Die Nutzung des Raumes musste nach früherem Recht dem Wohnen oder der Erholung

---

13 So auch *Franzen* NZM 2011, 218 (219).
14 *Meier* ZfIR 2014, 799 (801).
15 *Franzen* NZM 2011, 217 (218).
16 Staudinger/*Martinek* § 481 BGB Rn 3.
17 Erman/*Saenger* § 481 BGB Rn 9; Staudinger/*Martinek* Vor §§ 481–487 BGB Rn 7.
18 HK-BGB/*Staudinger* § 481 BGB Rn 3.

des Verbrauchers oder eines Dritten dienen. Auch hier hat eine Erweiterung des sachlichen Anwendungsbereichs stattgefunden. Es reicht aus, wenn der Raum zu **Übernachtungszwecken** genutzt wird.

b) Vertrag über ein langfristiges Urlaubsprodukt

In § 481a findet sich eine neue, der Umsetzung der zweiten Richtlinie dienende Vorschrift. Gegenstand sind Verträge über langfristige Urlaubsprodukte. Es geht hierbei darum, Umgehungspraktiken zu bekämpfen, die darin liegen, Verbrauchern nicht ein Teilzeitwohnrecht sondern einen dauerhaften Rabatt einzuräumen. Betroffen sind sog. **Reise-Rabatt-Clubs**[19], bei denen der **Hauptzweck** des Vertrags darin besteht, dem Verbraucher Preisnachlässe einzuräumen. Nicht erfasst sind daher einfache Treueprogramme von Hotels oder ähnliches[20]. Auch hier muss die Vertragsdauer inklusive Verlängerungsoptionen ein Jahr überschreiten. Wiederum ist der Begriff des Gesamtpreises richtlinienkonform als Entgelt zu verstehen. 574

Gegenstand des Rabatts können sämtliche Unterkünfte sein. Abgesehen von der Anwendung sämtlicher verbraucherprivatrechtlicher Instrumentarien, die für Teilzeitwohnrechteverträge im engeren Sinne gelten, enthält § **486a** eine nur für langfristige Urlaubsprodukte einschlägige Norm (dazu Rn 595). 575

c) Vermittlung

Der Vermittlungsvertrag ist ein Unterfall des Maklervertrages. Die Einbeziehung des Vermittlungsvertrags in § 481b Abs. 1 hat den Hintergrund, dass Erwerber eines Teilzeitwohnrechts (Ersterwerber) oftmals das Bedürfnis haben, das Recht weiter zu veräußern, sich mangels Marktkenntnis oder -zugangs aber der Hilfe eines professionellen Anbieters von Teilzeitwohnrechten bedient. Dort, wo die §§ 482 ff auf den Vermittlungsvertrag verweisen, finden die Schutzvorschriften auf diesen Anwendung. 576

d) Tauschsystem

Bei der Mitgliedschaft in einem Tauschsystem geht es darum, dass der Unternehmer sich dazu verpflichtet, den Tausch von Teilzeitwohnrechten zu vermitteln bzw zu organisieren. Durch Zahlung eines bestimmten Entgelts erhält der Verbraucher etwa Zugang zu einem Tauschpool, in dem er sein Teilzeitnutzungsrecht mit anderen tauschen kann. Der Unterschied zum Vermittlungsvertrag besteht darin, dass der Tauschsystemvertrag nicht das gesamte Recht betrifft, sondern nur einzelne konkrete Nutzungen. Kommt es tatsächlich zum Tausch, wird ein weiterer Vertrag abgeschlossen[21]. Dieser zweite Vertrag ist nicht Gegenstand des § 481b Abs. 2. 577

---

19 *Franzen* NZM 2011, 217 (219).
20 HK-BGB/*Staudinger* § 481a BGB Rn 2; *Franzen* NZM 2011, 217 (219).
21 *Franzen* NZM 2011, 217 (222).

3.   Verbraucherprivatrechtliches Instrumentarium

578   Das Funktionieren des Binnenmarktes soll bei Teilzeitwohnrechteverträgen durch das Eingreifen verschiedener verbraucherprivatrechtlicher Instrumentarien gewährleistet werden.

a)   Vorvertragliche Information

579   Während nach früherem Recht eine Prospektpflicht bestand[22], hat der Unternehmer nun rechtzeitig vorvertragliche Informationspflichten nach § 482 Abs. 1 zu wahren. Rechtzeitig meint, dass dem Verbraucher ausreichend Zeit gewährt werden muss, um sich mit dem Informationsmaterial vertraut machen zu können. Die Bewerbung von Verträgen des Titels über Teilzeit-Wohnrechteverträge unterliegt gemäß § 482 Abs. 2 nicht den Informationspflichten, allerdings muss aus der Werbung hervorgehen, dass vorvertragliche Informationen erhältlich sind und wo diese bereitgehalten werden. Die Informationen müssen nun nicht mehr in körperlicher Papierform ausgehändigt werden, sondern können sich auch auf einem dauerhaften Datenträger befinden.

580   Der notwendige Inhalt der vorvertraglichen Informationen eines Teilzeitwohnrechtevertrags bzw eines Vertrags über ein langfristiges Urlaubsprodukt usw ergibt sich aus Art. 242 § 1 EGBGB iVm dessen Anhängen I-IV.

b)   Schriftform

581   Nach Maßgabe von § 484 sind Verträge über die Einräumung eines Teilzeitwohnrechts und ähnliche Rechte, soweit nicht aus anderen Gründen strengere Vorschriften gelten, insbesondere die notarielle Beurkundung aus § 311b Abs. 1, schriftlich abzuschließen. Die elektronische Form genügt diesem Schriftformerfordernis nach neuem Recht. Das Schriftformerfordernis dient der Warnung und Information des Verbrauchers. Dem Verbraucher ist nach § 484 Abs. 3 S. 1 eine Vertragsurkunde oder eine Abschrift derselben auszuhändigen. Die Aushändigung der Urkunde bedingt auch den Beginn der Widerrufsfrist nach § 356a Abs. 1 S. 1 (dazu ausführlich Rn 131, 140 ff).

582   Zum Inhalt des Vertrags gehören nach Maßgabe von § 484 Abs. 2 S. 1 die zur Verfügung gestellten vorvertraglichen Informationen. Änderungen des Informationsinhalts sind nur unter den in § 484 Abs. 2 Satz 2 bis 4 zu findenden Voraussetzungen möglich.

583   Schließlich muss der Unternehmer dem Verbraucher eine Vertragsurkunde oder eine Abschrift derselben überlassen, § 484 Abs. 3 Satz 1.

c)   Sprache

584   §§ 484 Abs. 3 S. 2 und 483 werden dem Umstand, dass Wohnrechte häufig an Ferienimmobilien im Ausland erworben werden, gerecht. Der Vertrag ist nach Maßgabe von § 483 Abs. 1 Satz 1 grundsätzlich in der bzw einer durch den Verbraucher gewählten

---

22   Zur Abschaffung der Prospektpflicht *Franzen* NZM 2011, 217 (222).

Amtssprache des EU-Mitgliedstaates resp. EWR-Vertragsstaats, in dem der Verbraucher seinen Wohnsitz hat, zu schließen. Die Regelung des S. 1 gilt nur für Verbraucher, die ihren Wohnsitz in einem EU – Mitgliedsstaat bzw einem EUR – Vertragsstaat haben. Auf die Staatsangehörigkeit des Verbrauchers kommt es dagegen nicht an[23]. Wohnt der Verbraucher in einem fremden Mitgliedstaat, gehört er also einem anderen EU – Mitgliedsstaat an, kann er den Vertragsabschluss in seiner Muttersprache fordern (S. 2). Die Belegenheit des Objekts spielt dabei keine Rolle (zu den Rechtsfolgen eines Verstoßes gegen das Sprachgebot, § 483 Abs. 3 – Nichtigkeit – Rn 586). Diese Sprachregelung gilt, modifiziert im Hinblick auf die Rechtsfolgen, auch für die vorvertragliche Information und die Widerrufsbelehrung, was § 483 Abs. 1 Satz 3 bestimmt.

Weiterhin hat der Unternehmer dem Verbraucher nach § 484 Abs. 3 S. 2 in dem Fall, dass der Vertrag in einer anderen Sprache geschlossen wird, als derjenigen des Staates, in dem sich das Wohngebäude befindet, eine **beglaubigte Übersetzung** des Vertrages zu überreichen, wodurch die Durchführung des Vertrags abgesichert werden soll. Ein Verstoß gegen Abs. 3 S. 2 zieht indes nicht die Nichtigkeit des Vertrags nach sich[24]. Eine dahingehende Pflicht entfällt nach Maßgabe von Abs. 3 S. 3 beim sog. flexiblen Timesharing, bei dem die einzelnen Wohnobjekte, zwischen denen der Verbraucher zur Ausübung seines Nutzungsrechts auswählen kann, in verschiedenen Staaten liegen. 585

d) Rechtsfolge von Verstößen

Ein Verstoß gegen das Schriftformerfordernis aus § 484 Abs. 1 führt grundsätzlich zur **Nichtigkeit** nach Maßgabe von § 125 Satz 1[25]. Die Möglichkeit der Heilung kennt das Gesetz nicht. Ein Verstoß gegen das Gebot zum Ausweis der Pflichtangaben nach §§ 484 Abs. 2, 482 Abs. 1 führt indes nicht zur Nichtigkeit des Vertrags, sondern wirkt sich nach Maßgabe von § 356a Abs. 2 Satz 1 auf den Beginn der Widerrufsfrist aus (dazu Rn 132 ff). Hingegen führt ein Verstoß gegen die Sprachregelungen aus § 483 Abs. 1 Sätze 1 und 2 sowie Abs. 2 gem. § 483 Abs. 3 wiederum zur **Nichtigkeit** des Vertrags. 586

e) Widerrufsrecht

Der Verbraucher verfügt nach Maßgabe von § 485 bei einem Teilzeitwohnrechtevertrag resp. einem ähnlichen, gleichgestellten Geschäft über ein Widerrufsrecht nach Maßgabe von § 355, dessen Grund sowohl in der Komplexität des Vertragsgegenstands als auch in der Gefahr der Überrumpelung durch den Gebrauch in diesem Bereich anzutreffender, als unseriös einzustufender Vertriebspraktiken liegt[26]. 587

Hier bestehen einige Besonderheiten, die nun überwiegend in **§ 356a** geregelt sind.

---

23 Staudinger/*Martinek* § 483 BGB Rn 2.
24 HK-BGB/*Staudinger* § 484 BGB Rn 10; MK/*Franzen* § 484 BGB Rn 18.
25 HK-BGB/*Staudinger* § 484 BGB Rn 3; zur Sprachregelung *Freitag* IPRax 1999, 142.
26 MK/*Franzen* § 485 BGB Rn 3; kritisch zur Kürze der regelmäßigen Widerrufsfrist Staudinger/ *Martinek* § 485 BGB Rn 16 ff.

588 Zunächst statuiert § **482a** die Pflicht zur Widerrufsbelehrung, die in Textform zu erfolgen hat und den Hinweis auf das Anzahlungsverbot aus § 486 einschließt. Einzelheiten zur Belehrung finden sich nun in Art. 242 § 2 EGBGB. Der Verbraucher hat den Erhalt nach Maßgabe von § 482a Satz 2 schriftlich zu bestätigen, was es dem Unternehmer erleichtert, die erfolgte Belehrung nachzuweisen.

589 Die einzelnen Rahmenbedingungen zum Widerrufsrecht ergeben sich nunmehr aus § 356a. Danach gibt für den Beginn der Widerrufsfrist von 14 Tagen zunächst der Vertragsschluss bzw der Abschluss eines Vorvertrages Maß. Soweit der Unternehmer dem Verbraucher die Vertragsurkunde bzw eine entsprechende Abschrift erst später zur Verfügung stellt, verlagert sich der Zeitpunkt auf diesen. Ebenso bedingt die vollständige, fehlerfreie vorvertragliche Information in der korrekten Sprache das Ingangsetzen der Widerrufsfrist. Mangelt es an einer ordnungsgemäßen Widerrufsbelehrung nach § 482a, so wird die Widerrufsfrist nicht in Gang gesetzt. Nicht unproblematisch erschien, dass die Erklärung des Widerrufs nach der Neufassung des § 355 Abs. 1 auch mündlich erfolgen kann. Art. 7 der zu Grunde liegenden und voll harmonisierenden Time-Sharing-Richtlinie bestimmt ausdrücklich, dass der Widerruf in Papierform oder – in die Denkweise des deutschen Rechts übertragen – in Textform zu erfolgen hat[27]. Insoweit war eine richtlinienkonforme Auslegung von § 355 Abs. 1 Satz 2 geboten. Der Widerruf hat in Textform zu erfolgen. Dies stellt der neu gefasste § 356a Abs. 1 nun klar.

590 **Erlöschen** kann das Widerrufsrecht trotz mangelnder oder mangelhafter Information in zwei Konstellationen. Liegt eine ordnungsgemäße Widerrufsbelehrung vor, wurden aber die vorvertraglichen Informationen nicht fehlerfrei erteilt, erlischt das Widerrufsrecht gem. § 356a Abs. 2 Satz 2 spätestens drei Monate und 14 Tage nach dem an sich maßgeblichen Zeitpunkt. Fehlt es an einer ordnungsgemäßen Widerrufsbelehrung, so erlischt das Widerrufsrecht spätestens nach zwölf Monaten und 14 Tagen nach dem entsprechenden Zeitpunkt aus Abs. 1.

591 Die **Rechtsfolgen** des Widerrufs ergeben sich nun aus § 357b. Danach hat der Verbraucher weder Kosten noch eine Vergütung zu leisten, Abs. 1. Erleidet die Unterkunft durch die Nutzung des Verbrauchers einen Wertverlust, so hat der Verbraucher nach dem Wortlaut des Gesetzes dafür nur aufzukommen, wenn die Nutzung über den bestimmungsgemäßen Gebrauch hinausging. Auch hier besteht womöglich ein Konflikt zu der zu Grunde liegenden Richtlinie. In Art. 8 Abs. 2 heißt es: „Macht der Verbraucher von seinem Widerrufsrecht Gebrauch, so hat der Verbraucher keine Kosten zu tragen und muss nicht für den Wert der Leistung aufkommen, die vor dem Widerruf möglicherweise erbracht worden ist." Insofern erscheint es mit der Richtlinie unvereinbar, dass der Verbraucher nach § 357 b Abs. 2 verschuldensunabhängig für den Wertverlust aufkommen muss[28].

592 Tritt das Widerrufsrecht aus § 485 in **Konkurrenz** zu anderen verbraucherprivatrechtlichen Widerrufsrechten, so gilt Folgendes: Erfolgt der Vertragsabschluss in ei-

---

27 Darauf hat *Meier* ZfIR 2014, 799 (802) zutreffend hingewiesen.
28 *Meier* ZfIR 2014, 799 (804).

ner **Haustürsituation** oder **im Fernabsatz**, so trifft § 312 Abs. 2 Nr. 6 eine eindeutige Kollisionsregelung. Das Widerrufsrecht aus § 312g tritt hinter dasjenige aus § 485 zurück. Weiterhin kann der Fall vorliegen, dass ein Vertrag nach § 481 **kreditfinanziert** wird, so dass eine Konkurrenz zum verbraucherkreditrechtlichen Widerrufsrecht aus § 495 entsteht. Eine entsprechende gesetzliche Regelung zum Konkurrenzverhältnis fehlt. Hier sind zwei Fälle zu unterscheiden. Die Finanzierung kann durch einen selbstständigen Darlehensvertrag erfolgen, der mit dem Teilzeitwohnrechtevertrag ein verbundenes Geschäft iSd § 358 bildet. Hier hat der Verbraucher die Wahl, welches Widerrufsrecht er ausübt, was sich dann auf den jeweils anderen Vertrag erstreckt[29]. Andererseits kann der Vertrag nach § 481 selbst eine entgeltliche Stundungsabrede enthalten (Finanzierungshilfe iSd § 506). Hier müssen die Voraussetzungen der beiden Widerrufsrechte kumulativ vorliegen[30]. Man mag sich auch auf den Standpunkt stellen, dass sie nebeneinander bestehen[31].

f) Anzahlungsverbot

Eine besondere Regelung zum Schutze des Verbrauchers, deren Grundlage in Art. 6 der Timesharing-Richtlinie zu finden ist, enthält § 486. Danach darf der Unternehmer Anzahlungen des Verbrauchers erst nach Ablauf der Widerrufsfrist fordern oder entgegennehmen. Es besteht ein **absolutes Anzahlungsverbot**. Damit sollte u.a. verhindert werden, dass der Verbraucher nach Ausübung seines Widerrufs die bereits gezahlte Vergütung uU im Ausland gerichtlich geltend machen muss (jedenfalls unter Geltung des EuGVÜ, s. Rn 596). Hat der Verbraucher bereits eine beträchtliche Anzahlung geleistet, könnte ihn dies weiterhin von der Ausübung des Widerrufsrechts abhalten, da er befürchtet, sowohl der Nutzungsmöglichkeit als auch der Anzahlung verlustig zu gehen[32].   **593**

Hier war durch die Modernisierung des Schuldrechts und die spätere Änderung des § 355 Abs. 3 im Zuge des OLGVertrÄndG eine erhebliche Veränderung der Rechtslage eingetreten. Nach § 7 TzWrG betrug der Zeitraum, für den das Anzahlungsverbot gilt, zehn Tage. Bis zur Umsetzung der zweiten Timesharing-Richtlinie konnte der Fall eintreten, dass der Unternehmer dauerhaft, womöglich jahrelang keine Zahlungen entgegennehmen durfte, weil es an einer wirksamen Widerrufsbelehrung mangelte. Dies wurde nun wieder dadurch abgeschwächt, dass das Widerrufsrecht spätestens nach gut einem Jahr erlischt, § 356 Abs. 3 Satz 2. Die Begleichung des gesamten Kaufpreises durch den Verbraucher steht einer Anzahlung iSd Vorschrift gleich[33]. Erfasst sind weiterhin Zahlungen an einen Dritten, etwa einen Treuhänder[34]. Nimmt der Unternehmer gleichwohl Zahlungen entgegen, so ist er selbst zur sofortigen Rückzahlung an den Verbraucher verpflichtet, wenn der Verbraucher an dem Vertrag fest-   **594**

---

29 *Bülow/Artz* Verbraucherkreditrecht § 495 Rn 44.
30 *Bülow/Artz* Verbraucherkreditrecht § 495 Rn 44.
31 MK/*Franzen* § 485 Rn 7.
32 Staudinger/*Martinek* § 486 BGB Rn 2.
33 MK/*Franzen* § 486 BGB Rn 4.
34 MK/*Franzen* § 486 BGB Rn 6; *Erman/Saenger* § 486 BGB Rn 3 (str.).

halten möchte[35]. Wenig diskutiert wird indes, auf welche Anspruchsgrundlage sich der Verbraucher in einer solchen Situation berufen kann. Teilweise hält man eine Kondiktion für möglich, nennt aber den Fall des § 812 nicht[36]. Womöglich liegt hier ein originärer Anwendungsfall des § 817 Satz 1 vor. Die Rechtsprechung hat in der Vorgängervorschrift ein Schutzgesetz iSd § 823 Abs. 2 gesehen und dem Verbraucher die Rückzahlung im Gewande eines Schadensersatzanspruchs zuerkannt[37]. Darüber hinaus werden dem Verbraucher Schadensersatzansprüche aus § 311 Abs. 2 iVm § 281[38] oder aus § 280 Abs. 1[39] zuerkannt. Vertreten wird auch, § 486 Absatz 1 selbst als Anspruchsgrundlage anzusehen[40]. Angesichts der neuen Rechtslage, durch die der Geltungszeitraum des Anzahlungsverbots erheblich erweitert wurde, besteht Anlass zu der Vermutung, dass der rechtstatsächlich festgestellte Befund, das Anzahlungsverbot werde schlicht ignoriert[41], einer Wandlung unterworfen ist.

595 Neu eingeführt wurde durch die Umsetzung der Timesharing-Richtlinie II die Regelung des § 486a. Es handelt sich um ein spezielles Instrument des Verbraucherschutzes bei Verträgen über ein langfristiges Urlaubsprodukt im Sinne des § 481a. Der Unternehmer ist danach verpflichtet, dem Verbraucher einen **Ratenzahlungsplan** (Art. 242 § 1 Abs. 2 EGBGB) vorzulegen, an den er sich zwingend zu halten hat. Darüber hinaus bedarf es einer ausdrücklichen und rechtzeitigen Zahlungsaufforderung durch den Unternehmer. Abs. 2 billigt dem Verbraucher ein **Kündigungsrecht** zu[42].

4. Internationaler Gerichtsstand und IPR

596 Nach der Brüssel Ia-VO kann sich der Verbraucher auch hinsichtlich eines Rechtsstreits, der einen Teilzeitwohnrechtevertrag zum Gegenstand hat, auf den Verbrauchergerichtsstand des Art. 17 berufen[43] Kollisionsrechtlich gibt Art. 46b Abs. 4 EGBGB Maß[44].

II. Pauschalreisen

597 Das Informationsmodell und das Modell der besonderen Ausgestaltung des Schuldverhältnisses (1. Teil, Rn 25 ff) werden im Reisevertragsrecht nach §§ 651a ff, Art. 238 EGBGB, BGB-InfoVO verwendet. Sekundärrechtliche Grundlage ist die Richtlinie 90/314/EWG vom 13.6.1990 über Pauschalreisen (ABlEG L 158/59 vom 23.6.1990). Seit dem 25.11.2015 existiert eine neue Richtlinie über Pauschalreisen und verbunde-

---

35 Palandt/*Weidenkaff* § 486 BGB Rn 5; HK-BGB/*Staudinger* § 486 BGB Rn 6; *Hildenbrand* NJW 1998, 2940, 2941; MK/*Franzen* § 486 BGB Rn 15 weist auf die „dolo-petit"-Einrede hin.
36 HK-BGB/*Staudinger* § 486 BGB Rn 6; *Hildenbrand* NJW 1998, 2940, 2941.
37 OLG Frankfurt a.M. NJW 1999, 296; LG Hanau NJW 1998, 2983.
38 Palandt/*Weidenkaff* § 486 BGB Rn 7.
39 *Oetker/Maultzsch* Vertragliche Schuldverhältnisse, S. 203.
40 Erman/*Saenger* § 486 BGB Rn 4.
41 So *Hildenbrand* NJW 1998, 2940, 2941.
42 Dazu *Franzen* NZM 2011, 217 (220).
43 MK/*Franzen* Vor § 481 Rn 25–27; Thomas/Putzo/*Hüßtege* Art. 17 EuGVVO Rn 9.
44 Dazu *Leible/Leitner* IPRax 2013, 37; *Franzen* NZM 2011, 217 (224).

ne Reiseleistungen, 2015/2302/EU (ABlEU L 326/1 vom 11.12.2015), durch welche die Richtlinie aus dem Jahr 1990 aufgehoben wurde und die bis zum 1.1.2018 in das nationale Recht umgesetzt werden musste. Dies geschah durch das dritte Gesetz zur Änderung reiserechtlicher Vorschriften vom 17.7.2017[45]. Die entsprechenden Vorschriften finden gem. Art. 7 des Gesetzes ab dem 1.7.2018 Anwendung[46]. Parteien des Reisevertrags sind auch nach dem neuen Recht gem. § 651a Abs. 1 der Reiseveranstalter und der Reisende. Diesen Reisenden definiert die neue Richtlinie in Art. 3 Nr. 6 als „jede Person, die auf der Grundlage dieser Richtlinie einen Vertrag schließen möchte oder die zu einer Reise auf der Grundlage eines im Rahmen dieser Richtlinie geschlossenen Vertrags berechtigt ist". Demgemäß handelt es sich beim Pauschalreiserecht trotz seiner nicht zu bezweifelnden sachlichen Nähe nicht um eine Materie des Verbraucherprivatrechts. Reisender im Sinne des § 651a Abs. 1 ist auch der freiberufliche Arzt, der zum Zweck der Teilnahme an einem Kongress in südlichen Gefilden seine Unterbringung durch Buchung einer Pauschalreise sichert oder der Arbeitgeber, der zugunsten seiner Arbeitnehmer als Dritte nach § 328 die Reise bucht oder der selbstständige Rechtsanwalt, der für seinen angestellten Kollegen zum Zwecke der Teilnahme an einem Fortbildungskurs bucht. Pauschalreiserecht ist deshalb nicht verbraucherprivatrechtlicher Natur, sondern Teil des im Allgemeinen geltenden Besonderen Schuldrechts und dort zu erörtern

§ 12 Gütertransportrecht

I. Disparität durch Vertragsfreiheit im Handelsrecht

Ein Verbraucher kann vor der Notwendigkeit stehen, ein schweres Gut zu versenden, zB ein Oldtimerauto, es vielleicht eine Zeit lang einzulagern, oder er kann umziehen wollen. Transport- und Lagerunternehmer, die meistens zugleich Kaufleute nach §§ 1, 2 oder 6 HGB sind, können ihm helfen: Der Verbraucher kann mit einem Frachtführer einen Frachtvertrag zur Versendung des Guts nach § 407 HGB abschließen oder einen Spediteur beauftragen, die Versendung des Guts zu besorgen, sodass es zum Abschluss eines Speditionsvertrags nach § 453 HGB kommt, er kann einen Umzugsvertrag gem. § 451 HGB abschließen. Die Lagerung des Guts bei einem gewerblichen Lagerhalter ist Gegenstand eines Lagervertrags nach § 467 HGB. Die handelsrechtlichen Vorschriften über die genannten Verträge kennzeichnen sich ua durch ein ausgewogenes Haftungssystem, das namentlich auch die Interessen der Vertragspartner, die Verbraucher sind, wahrt. Aber gerade das Handelsrecht ist es, das von Vertragsfreiheit geprägt ist. Das gilt auch für die Vorschriften über die Haftung;

598

---

45 BGBl I 2017, 2394.
46 Zur neuen Richtlinie bereits *Führich* NJW 2016, 1204; *Staudinger* RRa 2015, 281; *Tonner* EuZW 2016, 95.

diese Vorschriften sind dispositiv. Eine selbstverantwortliche Disposition setzt allerdings die Kenntnis dieses gesetzlichen Haftungssystems und die Fähigkeit ihrer Handhabung voraus, von der auszugehen ist, wenn beide Parteien Kaufleute oder doch Unternehmer sind; das Gegenteil ist anzunehmen, wenn Vertragspartner des Kaufmanns eine natürliche Person ist, die als Verbraucher nach § 13 BGB zu privatem Zweck handelt. Es entsteht also eine augenfällige Ungleichgewichtslage, die der Kompensation durch das Gesetz bedarf.

II. Kompensationsinstrumente

599 Das Gleichgewicht wird hergestellt durch teilweise Relativierung von Vertragsfreiheit und durch besondere Gestaltung des Schuldverhältnisses.

1. Zwingendes Recht

600 Die Haftung des **Frachtführers** kennzeichnet sich ua durch die Haftung für den Verlust oder die Beschädigung des Gutes nach dem System von §§ 425–438 HGB, durch eine verschuldensunabhängige Haftung im Falle von § 422 Abs. 3 HGB (Nachnahme), durch die Verantwortung für Schäden durch den Verlust von Begleitpapieren nach § 413 Abs. 2, den Sondertatbestand der mangelnden Vorlage des Frachtbriefs nach § 418 Abs. 6 und durch den Sondertatbestand der mangelnden Rückgabe des Ladescheins (ein den Anspruch auf Herausgabe des Frachtguts verbriefendes Wertpapier) nach § 445 Abs. 3 HGB. Der Vertragspartner des Frachtführers, der Absender (§ 407 Abs. 2 HGB), haftet seinerseits dem Frachtführer gem. § 414 HGB für bestimmte Vertragsverletzungen, auch wenn ihn kein Verschulden trifft. Ist der Absender aber ein Verbraucher, haftet er gem. § 414 Abs. 3 HGB nur verschuldensabhängig. Auf der anderen Seite sind die Vorschriften über die Haftung des Frachtführers dispositiv, nämlich gemäß § 449 HGB abweichender Individualvereinbarung zugänglich (also nicht: AGB, § 449 Abs. 1 Satz 1 HGB). Jedoch endet die Dispositivität gemäß § 449 Abs. 3 HGB, wenn der Absender ein Verbraucher ist: Von den Haftungsvorschriften kann im Allgemeinen nicht zum Nachteil des Verbrauchers abgewichen werden (im Besonderen nur bei Frachtverträgen über Briefbeförderung). Es waltet also das Modell der halbzwingenden Geltung (Rn 33). Gleiches gilt für die Haftung des Frachtführers, der mit einem Verbraucher einen Umzugsvertrag abgeschlossen hatte, nach § 451h Abs. 1 HGB.

601 Die – an sich dispositive – Haftung des **Spediteurs** ist nach Maßgabe von §§ 461 Abs. 1, 462 und 463 HGB der Haftung des Frachtführers in vielen Punkten nachgebildet. Ist Vertragspartner des Spediteurs, der Versender nach § 453 Abs. 2 HGB, zugleich Verbraucher iSv § 13 BGB, sind diese Vorschriften gemäß § 466 Abs. 4 HGB wiederum halbzwingend. Außerdem haftet der Verbraucher bei Verletzung seiner Verpackungs- und Kennzeichnungspflichten dem Spediteur gemäß § 455 Abs. 3 HGB nur verschuldensabhängig (Rn 602a). Lagert der Verbraucher das Gut bei einem gewerblichen **Lagerhalter** ein, haftet ihm der Lagerhalter gem. § 475e Abs. 4

HGB für den Schaden, der daraus entsteht, dass der Lagerhalter das Gut herausgibt, ohne sich den Lagerschein (wie der Ladeschein, Rn 600, ein Wertpapier, § 475c HGB) zurückgeben zu lassen. Auch diese Vorschrift ist ebenso wie § 475a HGB (Verjährung) gem. § 475h HGB halbzwingend[1].

Die halbzwingenden Vorschriften sind auch anzuwenden, wenn die Verträge nach Art. 3, 4 Rom-I-VO ausländischem Recht unterworfen sind und Übernahme- und Ablieferungsort im Inland liegen, wie §§ 449 Abs. 3, 451h Abs. 3 und 466 Abs. 5 HGB bestimmen. Es liegt kein Binnensachverhalt iSv Art. 3 Abs. 3 Rom-I-VO vor (Rn 620), weil ein ausländischer Unternehmer beteiligt ist[2]. Die Anwendung von Art. 6 Rom-I-VO (Rn 623) kommt nicht in Betracht, weil diese Vorschrift nach ihrem Abs. 4 lit. b auf Güterbeförderungsverträge nicht anwendbar ist. **602**

2. Besondere Ausgestaltung des Schuldverhältnisses

Der Versender (§ 453 Abs. 2 HGB) hat gegenüber den Spediteur gem. § 455 Abs. 1 HGB Verpackungs-, Kennzeichnungs- und Mitteilungspflichten und haftet gemäß § 455 Abs. 2 verschuldensunabhängig. Ist der Versender jedoch Verbraucher, haftet er gemäß § 455 Abs. 3 für Schäden und Aufwendungen nur, soweit ihn ein Verschulden trifft (Rn 601). Entsprechendes bestimmt das Gesetz für den Absender im Frachtgeschäft (Rn 600) nach § 414 Abs. 3 HGB. **602a**

Durch den Lagervertrag wird der unternehmerische Einlagerer nicht nur gem. § 467 Abs. 2 HGB verpflichtet, die vereinbarte Vergütung zu zahlen, sondern ihn treffen gem. § 468 Abs. 1 HGB weitere Pflichten, nämlich zur Verpackung und Kennzeichnung und zu bestimmten qualifizierten Mitteilungen bei gefährlichem Gut. Bei Verstoß haftet der Einlagerer dem Lagerhalter verschuldensunabhängig auf Schadens- und Aufwendungsersatz. Ist Einlagerer aber ein Verbraucher, hat nicht er, sondern der Lagerhalter die Pflicht zur Verpackung und Kennzeichnung. Über die Gefährlichkeit des Guts hat der Verbraucher nur allgemein zu unterrichten; auf die Unterrichtungspflicht muss ihn der Lagerhalter hinweisen, außerdem auf einschlägige Verwaltungsvorschriften (§ 468 Abs. 2 Satz 2 HGB). Wegen Verletzung der danach beim Verbraucher als Einlagerer verbleibenden Pflichten haftet dieser gemäß § 468 Abs. 4 HGB nur verschuldensabhängig. Außerdem hat der Lagerhalter dem Einlagerer gem. § 472 Abs. 1 Satz 2 HGB auf die Möglichkeit hinzuweisen, das Gut zu versichern. Verletzt der Lagerhalter seine Pflicht gegenüber dem Verbraucher als Einlagerer, haftet er nach § 280 Abs. 1 BGB[3]. **603**

---

1 *Brandner/Kummer* FS Helm 2001, S. 12 (24); *Bülow/Artz* Handelsrecht, 7. Aufl. 2015, Rn 684a.
2 *Staudinger* IPRax 2001, 183.
3 *Bülow/Artz* Handelsrecht, 7. Aufl. 2015, Rn 676.

4. Teil

Varia

§ 13 Einbeziehung Allgemeiner Geschäftsbedingungen

I. AGB-Recht, Verbraucherprivatrecht und Klauselrichtlinie

604 Das Recht der Allgemeinen Geschäftsbedingungen stellt keine originäre verbraucher-privatrechtliche Rechtsmaterie dar. **Normadressaten** des § 305 sind nicht Unternehmer und Verbraucher, sondern der **Verwender** Allgemeiner Geschäftsbedingungen und die **andere Vertragspartei**. Diese beiden können zwar die persönlichen Voraussetzungen, die eine verbraucherprivatrechtliche Sonderbehandlung rechtfertigen, erfüllen, was auch häufig der Fall ist, ebenso gut werden Allgemeine Geschäftsbedingungen aber im unternehmerischen Verkehr oder auch beim Vertragsschluss zwischen Privatpersonen gestellt. Betrachtet man die wirtschaftliche Relevanz der Verwendung Allgemeiner Geschäftsbedingungen, so liegt der Schwerpunkt unzweifelhaft im unternehmerischen Geschäftsverkehr. Der Einbeziehung Allgemeiner Geschäftsbedingungen gegenüber Verbrauchern kommt hingegen geringere Bedeutung zu. Das Recht der Allgemeinen Geschäftsbedingungen kann daher, wie vielfach übersehen wird, nicht als Verbraucherschutzrecht bezeichnet werden und sollte auch nicht zwanglos unter einer entsprechenden Überschrift dargestellt werden[1].

605 Systematisch wirken sich verbraucherprivatrechtliche Wertungen im Rahmen des Rechts der Allgemeinen Geschäftsbedingungen im Wege der Modifikation einzelner Regelungen und der Erweiterung des sachlichen Anwendungsbereichs aus. Zurück zu führen sind diese Abweichungen von den allgemeinen Regeln auf die Umsetzung der Richtlinie 93/13/EWG des Rates über missbräuchliche Klauseln in Verbraucherverträgen vom 5.4.1993, welche durch die Verbraucherrechterichtlinie nur marginalen Änderungen unterworfen wurde. Überwiegend genügte das AGB-Gesetz bereits den Vorgaben der Klauselrichtlinie. Teilweise bedurfte es indes der Umsetzung in das nationale Recht, die zunächst in Gestalt des § 24a AGBG vollzogen wurde und sich nach der Reform des Schuldrechts in § 310 Abs. 3 wiederfindet[2]. Erst durch die Umsetzung der Klauselrichtlinie hat der Verbraucherschutz als tragender Gedanke Einzug in das AGB-Recht gehalten, wobei nicht zu verkennen ist, dass das AGBG bereits vor der Einführung des § 24a auch dem Schutz des Verbrauchers diente. Zum einen besteht die Sonderbehandlung von Verbrauchern darin, dass der AGB-rechtliche Schutz auf Vertragsbedingungen erstreckt wird, die nach herkömmlichem Verständnis nicht als Allgemeine Geschäftsbedingungen anzusehen sind[3]. Weiterhin sind Besonderheiten bei der Inhaltskontrolle zu berücksichtigen, für die im Übrigen

---

1 So aber etwa *Bork* Allg. Teil Rn 1738-42 sowie offenbar auch *Meyer* WM 2014, 980 ff.
2 *Ulmer/Schäfer* in Ulmer/Brandner/Hensen § 310 Rn 36; Wolf/Lindacher/*Pfeiffer* § 310 Abs. 3 Rn 1.
3 Eingehend dazu BGH NJW 2008, 2250 Tz. 20 ff.

§§ 307–309 ohne Einschränkung gelten, was nach Maßgabe von § 310 Abs. 1 gegenüber Unternehmern nicht der Fall ist.

Das AGB-Recht erfasst Verbrauchern gegenüber sowohl von Dritten formulierte als auch nur zur einmaligen Verwendung formulierte Vertragsbedingungen. Die besonderen Umstände des konkreten Vertragsschlusses sind bei der **Inhaltskontrolle** zu berücksichtigen. Da die Modifikationen des AGB-Rechts auf die Umsetzung der Klauselrichtlinie zurück zu führen sind, ist bei der Beurteilung von Zweifelsfragen stets die **richtlinienkonforme Auslegung** im Auge zu behalten, wobei diese auch dort geboten ist, wo es an einer gesonderten Umsetzung der Richtlinie mangelt, da das AGBG deren Vorgaben bereits genügte[4]. Alleine die verbraucherprivatrechtlichen Spezifika der Gestaltung rechtsgeschäftlicher Schuldverhältnisse durch Allgemeine Geschäftsbedingungen sind Gegenstand der folgenden Ausführungen. **606**

II. Verbraucherprivatrechtliche Besonderheiten des AGB-Rechts

1. Persönlicher und sachlicher Anwendungsbereich

Wie bereits vorstehend dargestellt, richtet sich das Recht der Allgemeinen Geschäftsbedingungen in **persönlicher** Hinsicht an den Verwender der vorformulierten Bedingungen und die andere Vertragspartei. § 310 Abs. 3 bestimmt, dass für Verträge zwischen einem Unternehmer und einem Verbraucher besondere Regelungen gelten. Damit nimmt das AGB-Recht Bezug auf die §§ 13 und 14. Diese wiederum setzen den Abschluss eines Rechtsgeschäfts voraus. Der Verweis auf die Begriffe des Unternehmers und des Verbrauchers im Allgemeinen Teil des BGB bereitet keine Schwierigkeiten, wenn beispielsweise die Inhaltskontrolle von in einen konkreten, bereits abgeschlossenen Vertrag einbezogenen Bestimmungen in Frage steht. Einer Erweiterung des persönlichen Anwendungsbereichs bedarf es aber bei der abstrakten Überprüfung vorformulierter Klauseln. Nach § 1 UKlaG kann der Verwender von Allgemeinen Geschäftsbedingungen, die gegen §§ 307–309 verstoßen, auf Unterlassung in Anspruch genommen werden. Dieser Unterlassungsanspruch, den die in § 3 UKlaG genannten berechtigten Stellen geltend machen können, setzt kein konkretes Vertragsverhältnis voraus, kann aber im Interesse des Verbrauchers geltend gemacht werden. Insoweit ist der Verweis auf §§ 13, 14 dahingehend zu verstehen, dass eine Überprüfung der AGB hinsichtlich eines fiktiven Vertragsschlusses zwischen dem Unternehmer als Verwender und einem Verbraucher als Kunden zu erfolgen hat[5]. **607**

Der **sachliche** Anwendungsbereich des § 310 Abs. 3 ist weit gefasst. Die Vorschrift begnügt sich mit der Verwendung des Vertragsbegriffs und schränkt den Gegenstand des Vertrages nicht weiter ein, obwohl die Klauselrichtlinie in Art. 4 und den Erwägungsgründen von Verträgen über Waren oder Dienstleistungen spricht, so dass auch Sicherungsgeschäfte und Verträge über Immobilien erfasst sind. Auch einseitige **608**

---

4 Palandt/*Grüneberg* § 310 BGB Rn 23 ff.
5 Palandt/*Grüneberg* § 310 BGB Rn 10; HK/*Schulte-Nölke* § 310 BGB Rn 5; zur Problematik der Anwendung des § 310 auf die Verwendung von AGB durch einen Verbraucher s.o. 2. Teil, 1. Abschnitt. A.

Rechtsgeschäfte werden nach allgemeinen Grundsätzen des AGB-Rechts entsprechend erfasst. Die Ausweitung ist auf Grundlage des Prinzips der Mindestharmonisierung, das in Art. 8 der Richtlinie verankert ist, zulässig.

2. Vermutung Allgemeiner Geschäftsbedingungen

a) Drittbedingungen

609 Der Klauselrichtlinie liegt ein von der Systematik des deutschen AGB-Rechts abweichendes Verständnis einer zu begutachtenden Vertragsklausel zu Grunde. Nach Maßgabe von § 305 Abs. 1 müssen Allgemeine Geschäftsbedingungen zum einen für eine Vielzahl von Fällen **vorformuliert** und zum anderen **vom Verwender gestellt** worden sein[6]. Anders sieht dies Art. 3 der Richtlinie. Danach kommt es allein darauf an, dass eine Vertragsklausel **nicht im Einzelnen ausgehandelt**, das heißt im Voraus abgefasst wurde und der Verbraucher keinen Einfluss auf ihren Inhalt nehmen konnte (Art. 3 Abs. 1 und Abs. 2 Satz 1)[7]. Das nationale Recht der Allgemeinen Geschäftsbedingungen war somit insofern an die Vorgaben der Richtlinie anzupassen, als auch standardisierte Verträge, die nicht vom Verwender, sondern von einem Dritten gestaltet wurden und daher von dem ursprünglichen Schutzzweck des AGB-Rechts vor einseitiger Inanspruchnahme von Vertragsgestaltungsfreiheit seitens des Verwenders nicht erfasst waren, bei einem Vertragsschluss mit einem Verbraucher als Allgemeine Geschäftsbedingungen anzusehen sind[8]. Dies erfolgt, in sprachlich wenig klarer Art und Weise, durch die Regelung des § 310 Abs. 3 Nr. 1, wonach Allgemeine Geschäftsbedingungen als vom Unternehmer gestellt gelten, es sei denn, der Verbraucher hat sie in den Vertrag eingebracht. Anknüpfungspunkt des nationalen Gesetzgebers ist daher der Begriff des Stellens Allgemeiner Geschäftsbedingungen. Liegen einem Vertrag zwischen einem Unternehmer und einem Verbraucher somit vorformulierte Bedingungen zu Grunde, so ist zunächst davon auszugehen, dass diese seitens des Unternehmers in den Vertrag eingebracht, also gestellt wurden. Der Unternehmer muss gegebenenfalls beweisen, dass nicht er, sondern der Verbraucher die Vertragsbedingungen vorgelegt hat. Ein typischer Fall der dem Unternehmer zuzurechnenden Verwendung von Drittbedingungen ist etwa die Nutzung eines durch einen Notar oder Makler vorgelegten Vertragsformulars[9]. Die Fiktion des § 310 Abs. 3 Nr. 1 erfasst indes nur das Tatbestandsmerkmal des Stellens. Daraus folgt, dass Standardverträge jedenfalls nach Nr. 1 dem Unternehmer nur dann zugerechnet werden, wenn der Dritte diese für eine Vielzahl von Fällen vorformuliert hat, sie mit anderen Wor-

---

6 Siehe den hoch interessanten Fall eines zwischen zwei Verbrauchern geschlossenen Vertrags, der mangels „Stellens" nicht der Klauselkontrolle unterliegt, BGH NJW 2010, 1131; JuS 2010, 538 *(Faust)*.

7 Zur Abgrenzung von AGB und Individualabrede BGH NJW 2005, 2543 mit Bspr. *Gottschalk* NJW 2005, 2493.

8 Zur Beeinträchtigung der materiellen Vertragsfreiheit durch die Verwendung von AGB *Canaris* AcP 200 (2000), 273, 321 ff.

9 Dazu *Althammer* MittBayNot 2014, 297 ff.

ten, abgesehen vom Merkmal des Stellens, den Anforderungen des § 305 Abs. 1 genügen[10].

Ihre Grenze findet die Erweiterung des sachlichen Anwendungsbereichs der AGB-Kontrolle darin, dass der Verbraucher selbst den Standardvertrag zum Gegenstand der Verhandlungen macht. Zu denken ist etwa an einen Mustervertrag für einen Wohnraummietvertrag oder einen vorformulierten Kaufvertrag über ein Auto, den der Verbraucher dem Unternehmer vorlegt (zB ADAC-Mustervertrag). Bitten sowohl Unternehmer als auch Verbraucher den Dritten, einen vorformulierten Vertragsentwurf vorzulegen, findet § 310 Abs. 3 Nr. 1 Anwendung[11]. **610**

Hatte der Verbraucher die tatsächliche Möglichkeit, auf die Aushandlung der Vertragsbedingungen Einfluss zu nehmen, so ist weder die Klauselrichtlinie, noch § 310 Abs. 3 Nr. 1 anwendbar. Dies bestimmt § 310 Abs. 3 Nr. 1 nicht ausdrücklich, ergibt sich aber daraus, dass Drittbedingungen zu Allgemeinen Geschäftsbedingungen erklärt werden und § 305 Abs. 1 Satz 2 eine entsprechende Regelung enthält. Auch für die Aushandlung der Bedingungen im Einzelfall trägt der Unternehmer die Beweislast. **611**

b) Fiktion des Stellens eigener Allgemeiner Geschäftsbedingungen

Neben der Einbeziehung von Drittbedingungen bewirkt § 310 Abs. 3 Nr. 1 auch die unwiderlegliche Fiktion des Stellens eigener AGB[12], was exemplarisch an einem vom VIII. Zivilsenat des BGH entschiedenen Fall dargestellt werden soll[13]. Ein Möbelhaus verwandte ein Formular, das mit „Auftragsbestätigung und Rechnung" überschrieben war. Bei 15% aller Vertragsabschlüsse wurde durch Mitarbeiter des Unternehmers unter der Rubrik „Zahlung am:" eine handschriftliche Ergänzung des Inhalts „Restzahlung vor Lieferung" vorgenommen. Die Wirksamkeit eben dieser handschriftlichen Ergänzung unter Berücksichtigung AGB-rechtlicher Maßstäbe, war Gegenstand des Verfahrens. Der BGH stellt klar, dass AGB nicht zwingend schriftlich vorformuliert sein müssen, sondern auch im Gedächtnis des Verwenders vorhanden sein und alsdann in einer Vielzahl von Fällen, nicht zwingend bei allen Verträgen, eingesetzt werden können. Geschieht dies, spricht die Vermutung des § 310 Abs. 3 Satz 1 dafür, dass es sich bei den handschriftlich verfassten Ergänzungen um vom Verwender gestellte AGB handelt. Dabei obliegt es dem Verbraucher, zu beweisen, dass der Unternehmer (bzw seine Mitarbeiter), die handschriftliche Ergänzung in einer Vielzahl von Fällen vorgenommen hat[14]. **612**

---

10 BGH NJW 1999, 2180, 2181; *Ulmer/Schäfer* in Ulmer/Brandner/Hensen § 310 Rn 71; Wolf/Lindacher/*Pfeiffer* § 310 Abs. 3 Rn 11.
11 *Ulmer/Schäfer* in Ulmer/Brandner/Hensen § 310 Rn 76.
12 *Neideck* JA 2011, 492, 498.
13 BGH NJW 1999, 2180.
14 BGH NJW 2008, 2250 Tz. 14; *Bork* Allg. Teil, Rn 1756.

3. Einmalbedingungen

613 Neben dem Tatbestandsmerkmal des Stellens von AGB verlangt § 305 Abs. 1 die Vorformulierung für eine Vielzahl von Fällen, was wiederum die Vorgaben der Richtlinie einengt, die in Art. 3 Abs. 2 lediglich die Abfassung der Bedingungen im Voraus fordert. Hier erfolgt die Umsetzung der Klauselrichtlinie in § 310 Abs. 3 Nr. 2 dadurch, dass die wesentlichen Vorschriften der Inhaltskontrolle, §§ 305c Abs. 2, 306 und 307–309 sowie § 29a EGBGB auch dann für anwendbar erklärt werden, wenn eine seitens des Unternehmers, oder eines Dritten[15] vorformulierte Vertragsbedingung nur für eben diesen Vertrag mit dem Verbraucher bestimmt ist und somit unzweifelhaft nicht als AGB anzusehen wäre[16]. Anders als in § 310 Abs. 3 Nr. 1 erklärt Nr. 2 Einmalbedingungen daher auch nicht zu Allgemeinen Geschäftsbedingungen, sondern lediglich die vorstehend genannten Vorschriften für anwendbar. Die Einbeziehung von vorformulierten Einzelverträgen in die AGB-Kontrolle stellt einen erheblichen Einbruch in die Dogmatik des Rechts der Allgemeinen Geschäftsbedingungen dar, da gerade in der Abfassung für eine Vielzahl von Fällen die spezifische Abweichung vom privatautonom ausgehandelten Vertrag zu sehen ist.

614 Da Einmalbedingungen keine AGB iSd § 305 Abs. 1 sind, findet das UKlaG auf diese keine Anwendung und bedarf es in Nr. 2 einer separaten Regelung dafür, dass die Möglichkeit der Einflussnahme seitens des Verbrauchers die Anwendung des AGB-Rechts ausschließt. Umstritten ist, ob das Merkmal, aufgrund der Vorformulierung auf den Inhalt der Bedingung keinen Einfluss mehr nehmen zu können (§ 310 Abs. 3 Nr. 2 aE), mit dem Begriff des Aushandelns in § 305 Abs. 1 Satz 3 gleichzusetzen ist[17], oder geringere Anforderungen an die Einflussmöglichkeit des Verbrauchers stellt, welchen Genüge getan ist, wenn dem Verbraucher signalisiert wird, dass auf Änderungswünsche seinerseits eingegangen wird. Jedenfalls trägt der Verbraucher nach allgemeinen Grundsätzen die Darlegungs- und Beweislast dafür, dass es sich um vorformulierte Bedingungen handelt und ihm der Unternehmer nicht die Möglichkeit eingeräumt hat, die Formulierung zu beeinflussen[18].

4. Besonderheiten der Inhaltskontrolle

615 Einen erheblichen Eingriff in die Dogmatik des Rechts der Allgemeinen Geschäftsbedingungen bringt auch § 310 Abs. 3 Nr. 3 mit sich. Danach sind bei der Anwendung der Generalklausel von § 307 Abs. 1 und 2 auf Verbraucherverträge neben, nicht etwa anstelle der abstrakt generellen Kontrolle auch die den konkreten Vertragsschluss begleitenden Umstände zu berücksichtigen. Sowohl das AGB-Recht, als auch das Konzept der Kompensation gestörter Vertragsparität gehen grundsätzlich von der

---

15 Palandt/*Grüneberg* § 310 BGB Rn 12; *Jauernig* § 310 BGB Rn 8; Wolf/Lindacher/*Pfeiffer* § 310 Abs. 3 Rn 13.

16 *Graf v. Westphalen* NJW 2013, 961, 965.

17 **Dafür:** Palandt/*Grüneberg* § 310 BGB Rn 12; **aA** *Ulmer/Schäfer* in Ulmer/Brandner/Hensen § 310 Rn 85.

18 *Ulmer/Schäfer* in Ulmer/Brandner/Hensen § 310 Rn 86.

typisierbaren Betrachtungsweise aus. Dieses System wird aufgrund der Vorgabe von Art. 4 Abs. 1 der Klauselrichtlinie aufgebrochen. Die zu berücksichtigenden Umstände können, etwa wegen Besonderheiten der Vertragsabschlusssituation, geeignet sein, den Zweifel an der Wirksamkeit einer Klausel nach Maßgabe von §§ 307 ff zu verstärken. Denkbar ist aber auch, dass die besondere Sachkunde des betroffenen Verbrauchers eben diese Zweifel ausräumt[19].

Auch im Verbraucherprivatrecht gilt der Grundsatz des § 307 Abs. 3 Satz 1, wonach Leistungsbestimmungen, abgesehen vom Transparenzgebot, der Inhaltskontrolle entzogen sind[20]. Der XI. Zivilsenat des BGH hat nun in einer viel beachteten Entscheidung festgestellt, dass allerdings Klauseln über einmalige Bearbeitungsentgelte in Verbraucherkreditverträgen der richterlichen Inhaltskontrolle unterliegen und im Verkehr mit Verbrauchern gemäß § 307 Abs. 1 Satz 1, Abs. 2 Nr. 1 BGB unwirksam sind[21]. **616**

5. Das Transparenzgebot

Dem Recht der Allgemeinen Geschäftsbedingungen immanent ist das Transparenzgebot, das auch Art. 5 der Klauselrichtlinie enthält. Da unter Geltung des AGBG an der Wirkung des Transparenzgebots kein Zweifel bestand, sah man zunächst von einer ausdrücklichen Umsetzung des Art. 5 in das nationale Recht ab[22]. Im Zuge der Schuldrechtsmodernisierung hat der Gesetzgeber das Gebot zur klaren und verständlichen Formulierung von AGB in Gestalt des § 307 Abs. 1 Satz 2 in Gesetzesform gegossen[23]. Die Regelung dient somit zwar der Umsetzung der Klauselrichtlinie, beansprucht aber für den gesamten persönlichen und sachlichen Anwendungsbereich des AGB-Rechts Wirkung und ist daher keine primär verbraucherprivatrechtliche Norm. **617**

In § 310 Abs. 3 Nr. 2 fehlt ein Verweis auf § 305c Abs. 1, der die Behandlung von überraschenden Klauseln zum Gegenstand hat. Man wird die Regelung bzgl. überraschender Klauseln auf vorformulierte Einzelverträge anzuwenden haben, wobei das Ausbleiben des Verweises insoweit verwundert, als das Problem schon vor der Modernisierung des Schuldrechts lebhaft diskutiert wurde[24]. **618**

---

19 *Fuchs* in Ulmer/Brandner/Hensen § 307 Rn 407; Wolf/Lindacher/*Pfeiffer* § 310 Abs. 3 Rn 41.
20 Jüngst EuGH v. 26.2.2015 – C-143/13 (Volksbank Romania), WM 2016, 14.
21 BGH ZIP 2014, 1266 = JuS 2015, 168 *(Schwab)*; entsprechend zu Preisanpassungsklauseln in Erdgassonderverträgen BGH NJW 2015, 3228.
22 *Artz* JuS 2002, 528 (529).
23 EuGH NJW 2001, 2244 mit Anm. *Leible* EuZW 2001, 438; *Fuchs* in Ulmer/Brandner/Hensen § 307 Rn 396; zur Notwendigkeit der Umsetzung: Staudinger WM 1999, 1546.
24 *Ulmer/Schäfer* in Ulmer/Brandner/Hensen § 310 Rn 91; zutr. krit. zu den Möglichkeiten der richtlinienkonformen Auslegung *Staudinger* WM 1999, 1546, 1551.

§ 14 Verbraucherbezogenes Internationales Privatrecht

619 Gemäß Art. 3 Abs. 1 Satz 1 Rom-I-VO 593/2008 vom 17.6.2008[1] unterliegt ein Vertrag dem von den Parteien gewählten Recht. Die Parteien könnten sich demgemäß der Anwendung deutscher verbraucherprivatrechtlicher Normen entledigen, indem sie eine Rechtsordnung wählen, die solche Normen nicht enthält. Der Grundsatz der freien Rechtswahl unterliegt jedoch Schranken, bei deren Geltung es bei der Anwendung deutschen Verbraucherprivatrechts bleibt. Diese Schranken liegen in Art. 3 Abs. 3, Art. 6 und 9 Rom-I-VO sowie in Art. 46b EGBGB.

I. Binnensachverhalt (Art. 3 Abs. 3 Rom-I-VO)

620 Ist der dem Vertrag zugrunde liegende Sachverhalt im Zeitpunkt der Rechtswahl nur mit einem Staat verbunden, bleiben gemäß Art. 3 Abs. 3 Rom-I-VO zwingende Bestimmungen dieses Staats trotz Rechtswahl verbindlich. Die Parteien eines in Deutschland abgeschlossenen Verbraucherkreditgeschäfts etwa können also zwar das Recht eines beliebigen Staates wählen, sind aber ohne Rücksicht auf das daraus folgende Vertragsstatut an die Normen des deutschen Verbraucherkreditrechts, die nach Maßgabe von § 512 Satz 1 halbzwingend sind, gebunden. Insbesondere kann auf diese Weise nicht das Widerrufsrecht des Verbrauchers aus § 495 ausgeschlossen werden. In derartigen Binnensachverhalten kann also nur dispositives Recht abbedungen werden[2]. Entsprechendes gilt gem. Art. 3 Abs. 4 für Binnenmarktsachverhalte, bei denen Bezüge ausschließlich zu Mitgliedstaaten der EU bestehen.

II. Verbraucherverträge (Art. 6 Rom-I-VO)

1. Günstigkeitsprinzip

621 Auch wenn es an einem Binnensachverhalt fehlt, zB eine Unternehmerleistung vom Ausland her an einen Inländer in Deutschland erbracht wird, können zwingende Bestimmungen zum Schutz von Verbrauchern, die in seinem Aufenthaltsstaat gelten, gemäß Art. 6 Rom-I-VO trotz einer Rechtswahl verbindlich bleiben. Sofern die persönlichen, sachlichen und situativen Voraussetzungen von Art. 6 erfüllt sind, bleibt es allerdings nur dann bei der Verbindlichkeit deutschen Verbraucherprivatrechts, wenn dem Verbraucher der dadurch gewährte Schutz durch die Rechtswahl entzogen würde. Erlangt der Verbraucher durch das gewählte Recht also gleichen Schutz, gibt allein die Rechtswahl Maß, und deutsches Recht ist nicht anwendbar[3]. Innerhalb der

---

1 AblEU L 177/6 v. 4.7.2008.
2 *v. Hoffmann/Thorn* Internationales Privatrecht, 10. Aufl. 2014, § 10 Rn 29; s. auch Rn 602.
3 BGH GRUR 2013, 421 mit Bspr. *Rauscher/Pabst* NJW 2013, 3692 (3696); *v. Hoffmann/Thorn* aaO, Rn 71.

EU bleibt es demgemäß im Allgemeinen bei dem gewählten Recht, das die Umsetzung einer verbraucherprivatrechtlichen Richtlinie der EG enthält. Anderes kann eintreten, wenn das nationale Recht von einer Option Gebrauch gemacht hatte oder wenn bei einer vollharmonisierenden Richtlinie (wie zB der Verbraucherkreditrichtlinie, Rn 296) im Recht des Mitgliedstaats Regelungen getroffen wurden, die jenseits des harmonisierten Bereichs liegen (Rn 45). Dies ist beispielsweise für Immobiliardarlehensverträge der Fall (Rn 301), soweit sie sich gem. § 491 Abs. 3 Nr. 1 auch auf Grundstücke erstrecken, die keine Wohnimmobilien sind (Rn 301), oder für unentgeltliche Kredite (§ 514, Rn 297a). Wo das gewählte Recht hinter dieser Regelung zurückbleibt, ist das deutsche Recht in diesem Punkt anwendbar, während kraft Rechtswahl im Übrigen das ausländische Recht gilt. Im Falle einer Rechtswahl durch Allgemeine Geschäftsbedingung ist der Verwender und Unternehmer verpflichtet, den Verbraucher über die Fortgeltung von Regelungen des Aufenthaltsstaats zu unterrichten.[4]

2. Anwendungsvoraussetzungen

Die Voraussetzungen für die Anwendung des im Aufenthaltsstaat einer der Vertragsparteien geltenden Rechts sind nach Art. 6 Rom-I-VO folgende: **622**

Die begünstigte Partei ist **Verbraucher**, wobei der Begriff enger als nach § 13 BGB **623** gezogen ist, weil Arbeitnehmer nicht erfasst sind, ebenso wenig Existenzgründer nach § 512[5] (Rn 67, 72); dagegen setzt Art. 6 Rom-I-VO ebenso wie im deutschen Recht die **Unternehmereigenschaft** des Verkäufers voraus (Rn 10). In sachlicher Hinsicht erstreckt sich Art. 6 Rom-I-VO auf alle **Verbraucherverträge**, zB auch auf Kreditverträge. Gem. Art. 6 Abs. 4 lit. b sind ausgenommen Beförderungsverträge, nicht aber solche zu ihrer Finanzierung[6], Verträge über ausschließlich im Ausland zu erbringende Dienstleistungen (lit. a)[7] und andere Verträge. Darüber hinaus setzt Art. 6 Abs. 1 einen Inlandsbezug voraus, nämlich gemäß lit a die Ausübung der Unternehmertätigkeit im fraglichen Staat (zB Deutschland) oder die Ausrichtung auf diesen Staat gem. lit b (zB Werbung)[8]. **Unerheblich** ist, wo der Verbraucher seine Vertragserklärung abgegeben hatte. Die zivilprozessuale, aber nicht völlig deckungsgleiche[9] Entsprechung betreffend die internationale Zuständigkeit findet sich in Art. 17 EuGVVO[10] resp. im *Lugano-Übereinkommen*[11].

---

4 EuGH NJW 2016, 2727 = ZIP 2016, 2133 mit Komm. *Ferdinand* EWiR 2017, 75.
5 *Sachse* Der Verbrauchervertrag im Internationalen Privat- und Prozessrecht, 2006, S. 93/94.
6 BGHZ 123, 380 (387).
7 *Staudinger/Frensing-Deutschmann* JuS 2015, 1192 (1197).
8 Internet: EuGH WM 2014, 222; BGH WM 2013, 1234; AnwKomm (NK)/*Leible*, 2014, Art. 6 Rom-I-VO Rn 53 ff.
9 Bei Verträgen mit doppeltem Zweck (Rn 62) genügt bloßes Überwiegen (vgl § 13 BGB) nicht, EuGH NJW 2005, 653 Rn 41, 42 – *Gruber* –; *Bülow* WM 2014, 1 (3) und *Bülow/Artz* VerbrKreditR, Einf. Rn 48, 49.
10 Brüssel Ia-VO 1215/2012, ab 10.1.2015, Überblick *Bülow/Artz* Verbraucherkreditrecht, 4. Teil Rn 44–53.
11 BGH ZIP 2011, 1381.

III. Zwingende Vorschriften (Art. 9 Rom-I-VO)

624   Bestimmungen des deutschen Rechts, die den Sachverhalt zwingend regeln, bleiben gemäß Art. 9 Rom-I-VO von einer Rechtswahlvereinbarung unberührt, sind also auch ohne Binnensachverhalt nach Art. 3 Abs. 3 und ohne die besonderen Voraussetzungen für Verbraucherverträge nach Art. 6 anwendbar. Sonderprivatrechtliche Bestimmungen im weiteren Sinne (Rn 21) sind allerdings nicht jedwede zwingende inländische Normen, sondern nur solche von grundlegender Bedeutung, die – zumindest auch – Gemeinwohlinteressen verfolgen. Umstritten ist gewesen[12], ob hierzu auch und gerade verbraucherprivatrechtliche Normen zählen, zB betreffend Haustürgeschäfte[13] oder Verbraucherkreditgeschäfte[14]. Die Frage erübrigt sich seit Geltung der Rom-I-VO (17.12.2009), wonach alle Verbraucherverträge bereits nach Art. 6 (Rn 623) erfasst sind.

IV. Gemeinschaftskollisionsrecht (Art. 46b EGBGB)

625   Sonderanknüpfungen gelten für vier Richtlinien der EU, nämlich die **AGB-Richtlinie** (Rn 605), die **Verbrauchsgüterkaufrichtlinie** (Rn 441), die **Finanzdienstleistungen-Fernabsatzrichtlinie** (Rn 437) und die **Verbraucherkreditrichtlinie** (Rn 297), so Art. 46b Abs. 3 EGBGB. Trotz Wahl des Rechts eines Drittstaats[15], dh nicht eines Mitgliedstaats der EU (resp. des EWR), bleiben Bestimmungen, mit denen die Richtlinien umgesetzt wurden, verbindlich, allerdings nur, wenn der Vertrag einen engen Zusammenhang mit dem Gebiet eines Mitgliedstaats aufweist. Dies ist nach Art. 46b Abs. 2 EGBGB insbesondere dann der Fall, wenn sich Angebot, Werbung oder ähnliche geschäftliche Tätigkeiten in dem Mitgliedstaat entfalten und der andere Teil, also der Verbraucher, seinen gewöhnlichen Aufenthalt in diesem Mitgliedstaat hat. Bei Teilzeitwohnrechteverträgen kommt eine weitere Anknüpfung hinzu, nämlich gem. Art. 46b Abs. 4 EGBGB die Belegenheit des Gebäudes in einem Mitgliedstaat; Letzteres gilt sogar dann, wenn überhaupt keine Rechtswahl getroffen worden war[16]. Art. 46b EGBGB begründet keine Sonderanknüpfung für Normen eines Mitgliedstaats, die über den Mindeststandard oder den harmonisierten Bereich einer Richtlinie hinausgehen, zB Finanzierungsleasingverträge mit Restwertgarantie nach § 506 Abs. 2 Nr. 3 BGB (Rn 392); in diesen Fällen kann Art. 6 Rom-I-VO anwendbar sein (Rn 621).

---

12   Abl. BGH NJW 2006 mit Anm. *Thamm* JZ 2006, 676; *Mankowski* DZWIR 1996, 273.
13   Bejahend *v. Hoffmann* IPRax 1989, 261; offen noch BGHZ 135, 125 (135/136) und AnwKomm (NK)/*Leible*, 1. Aufl. 2005, Art. 34 EGBGB Rn 29.
14   *Bülow* EuZW 1993, 435.
15   AnwKomm (NK)/*Leible*, 3. Aufl. 2015, Art. 46b EGBGB Rn 39.
16   *v. Hoffmann/Thorn* IPR, § 10, Rn 73c.

V. Transportverträge

Die halbzwingenden Vorschriften des Gütertransportrechts gelten auch, wenn im Übrigen gemäß Art. 3, 4 Rom-I-VO ausländisches Recht anwendbar ist (Rn 602). **626**

VI. Produkthaftung

Nach Art. 5 Rom-II-VO 864/2007 betreffend außervertragliche Schuldverhältnisse[17] gilt eine modifizierte, gestufte Tatortregel gegenüber Art. 4[18] (Rn 659). **627**

VII. Anhang: UN-Kaufrecht

Grenzüberschreitende Kaufgeschäfte können der **CISG** (Convention on the International Sale of Goods der Vereinten Nationen, Wiener oder UN-Kaufrecht) unterliegen, wenn die Vertragsparteien Staaten angehören, die ihrerseits Vertragsstaaten der CISG sind – wie Deutschland –, oder kraft Rechtswahlvereinbarung gem. Art. 3 Rom-I-VO, Art. 1 Abs. 1 lit. b CISG. Die CISG **verdrängt** nationale Kaufrechte. Sie ist aber **nicht anwendbar** auf den Kauf von Sachen für den privaten Gebrauch oder den Gebrauch in der Familie oder im Haushalt (Art. 2 lit. a CISG). Insoweit gibt es keine Überschneidung mit Verbraucherprivatrecht, in Frage wären Teilzahlungsgeschäfte nach § 506 Abs. 3 BGB und finanzierte Geschäfte nach § 358 BGB gekommen. Jedoch ist die CISG nur ausgeschlossen, wenn der Verkäufer wusste oder wissen musste, wofür die gekaufte Sache bestimmt ist. Andernfalls können CISG und Verbraucherkreditrecht demgemäß zusammentreffen[19], was folgende Konsequenzen hat: Internationale Kaufverträge sind nach Art. 11 CISG formfrei mit der Folge, dass die Form nach §§ 492 Abs. 1, 506 Abs. 1 im Allgemeinen nicht einzuhalten ist. Im Falle der Geltung des UN-Kaufrechts kraft Rechtswahlvereinbarung kann es aber durch Anwendung von Art. 6 Rom-I-VO (Rn 621) beim Formzwang bleiben[20]. Was den Widerruf betrifft, so schließt Art. 4 CISG sog. **nationale Rechtsbehelfe** aus, zu denen aber nach lit. a Gültigkeitsbestimmungen nicht zählen; insoweit bleibt es also bei der Rechtsordnung des Käufers. Zu solchen Gültigkeitsbestimmungen zählt auch das Widerrufsrecht nach §§ 506 Abs. 1, 495, dessen Ausübung die schwebende Wirksamkeit des Kaufvertrags beendet. Ein internationaler Kaufvertrag, der wegen mangelnder Kenntnis des Verkäufers zugleich Teilzahlungsgeschäft nach § 506 Abs. 3 ist, kann also zwar formfrei abgeschlossen werden, ist aber widerruflich[21]. **628**

---

17 ABlEG L 199 v. 31.7.2007, S. 40.
18 *Junker* NJW 2007, 3675 (3678).
19 Soergel/*Pfeiffer* § 13 BGB Rn 10.
20 MK/*H.P. Westermann* Art. 2 CISG Rn 3.
21 *Bülow/Artz* Verbraucherkreditrecht, 3. Teil: Int. VerbrKrR, Rn 25.

§ 15 Wettbewerbsrechtliche Sondervorschriften

629 Im Zuge der Umsetzung der Verbraucherrechterichtlinie wurde auch § 241a BGB Änderungen unterworfen – insbesondere ist der Begriff der **„Ware"** eingeführt worden[1]. Seit der Umsetzung der Fernabsatzrichtlinie verfügt das BGB über lauterkeitsrechtliche Sondervorschriften, die dem Verbraucher zu Gute kommen. Mit dem Begriff des **Unlauterkeitsrechts** wird der Teilbereich des Wettbewerbsrechts bezeichnet, der den Schutz vor unlauterem Wettbewerb, der insbesondere aus Regelungen des UWG erwächst, betrifft. Zum einen bestimmt § 241a, dass durch die Lieferung unbestellter Waren oder die Erbringung sonstiger unbestellter Leistungen kein Anspruch gegen den Verbraucher begründet wird. Zum anderen nimmt sich § 661a der Problematik von Gewinnzusagen an. Danach hat der Unternehmer, der einem Verbraucher eine Gewinnzusage oder ähnliches sendet, den Preis zu leisten. § 241a, nicht aber § 661a, hat einen europarechtlichen Hintergrund.

I. Persönlicher Anwendungsbereich – Verwendung des Begriffspaars Unternehmer/Verbraucher

630 Eine seitens des Gesetzgebers offenbar übersehene Friktion bringt die Verwendung der in §§ 13 und 14 legaldefinierten Begriffe des **Unternehmers** und des **Verbrauchers** in §§ 241a, 661a mit sich. Dort, in §§ 13, 14, erfolgt die rollentypische Beschreibung von Unternehmer und Verbraucher in Bezug auf den Abschluss eines Rechtsgeschäfts, was mit der in §§ 241a, 661a geregelten Materie nicht in Einklang zu bringen ist. Der Gesetzgeber hat auch es auch im Zuge der Reform des UWG 2015 versäumt, den wettbewerbsrechtlichen Verbraucherbegriff zu korrigieren[2].

631 Im sachlichen Anwendungsbereich des § 241a liegt der Lieferung einer unbestellten Ware bzw der Erbringung einer unbestellten sonstigen Leistung gerade kein Rechtsgeschäft zu Grunde. Daher hätte sich die Verwendung des Begriffspaars Unternehmer und Verbraucher in § 241a an sich verboten, sie ist jedenfalls ergänzungsbedürftig. Es liegt zunächst nahe, §§ 13 und 14 analog auf den in § 241a geregelten Fall anzuwenden. Mag dies bezüglich der Person des Unternehmers noch gelingen, indem man den professionellen Hintergrund der Zusendung einer Ware bzw Erbringung einer Dienstleistung mit dem ebenso motivierten Abschluss eines Rechtsgeschäfts gleichsetzt, fällt die entsprechende Anwendung beim Verbraucherbegriff schwer. Zu bedenken ist, dass der Empfänger einer unbestellten Ware überhaupt nicht tätig wird. Insofern bedarf es, zumindest bei Personen, die auch selbstständig beruflich oder gewerblich tätig sind und bei Sachen, die sowohl gewerblich als auch privat genutzt werden können, einer zweistufigen Hypothese: Zu welchem Zweck hätte die betreffende Person, den Abschluss eines Rechtsgeschäfts vorausgesetzt, dieses abgeschlossen? Gewiss stößt man an die Grenzen der Möglichkeiten der Analogie, legt man die

---

1 BT-Drucks. 17/12637, S. 44 f.
2 Zweites Gesetz zur Änderung des UWG vom 2.12.2015, dazu *Köhler* NJW 2016, 593 (598).

Zweckbestimmung eines Rechtsgeschäfts aus, an dessen Abschluss die betreffende Person nicht einmal gedacht hat. Teilweise wird in Erwägung gezogen, der Lieferadresse entscheidungserheblichen Gehalt zukommen zu lassen, was indes nicht richtig sein kann[3]. Es geht um die Ergründung der fiktiven Zweckbestimmung des Empfängers. Diese kann nicht dadurch beeinflusst werden, an welche Anschrift jemand unaufgefordert eine Ware sendet. Der Absender hat keinen Einfluss auf die fiktive Verbrauchereigenschaft des Empfängers. Andernfalls trüge der selbstständige Rechtsanwalt die Beweislast dafür, dass er die Kaffeemaschine, die an seine Kanzleiadresse gesandt wird, überwiegend in seiner Wohnung nutzen möchte[4]. Letztlich erscheint sich kein anderer Weg zu eröffnen, als die mutmaßliche Zweckbestimmung zu ergründen, will man die Vorschrift des § 241a nicht für unanwendbar erklären. Es ist daher zu prüfen, ob eine fiktive Bestellung dem privaten oder gewerblichen bzw. selbstständig-beruflichen Bereich des Empfängers zuzuordnen wäre[5].

Ähnlich verhält es sich im Anwendungsbereich des § 661a[6]. Das Entstehen des gesetzlichen Anspruchs aus § 661a ist auf das Verhältnis zwischen einem Unternehmer und einem Verbraucher beschränkt und das Begriffspaar Unternehmer/Verbraucher wird aufgenommen, ohne dass die Vorschrift ein Rechtsgeschäft zum Gegenstand hätte. Dem Empfänger hier eine bestimmte Zweckrichtung seines Handelns im Sinne des § 13 zu unterstellen, fällt besonders schwer, da es gerade **keiner Handlung** des Adressaten, die man qualifizieren könnte, bedarf, wodurch sich im Übrigen der Anspruch aus § 661a von der Auslobung nach § 657 unterscheidet[7]. Im Ergebnis wird man auch hier nicht vermeiden können, eine gewagte Hypothese des Inhalts anzustellen, zu welchem Zweck der Empfänger die Gewinnzusage entgegengenommen hätte, soweit dies rechtlich möglich wäre, will man nicht auch § 661a für schlechterdings nicht subsumierbar erklären[8]. Der EuGH, welcher sich mit dem Verbrauchergerichtsstand bei Gewinnzusagen auseinander zu setzen hatte[9], problematisiert die hier dargestellte Frage nicht[10].

632

---

3 So aber *Berger* JuS 2001, 649 (651).
4 AA offenbar *Berger* JuS 2001, 649 (651), der die Beweislastverteilung zu Lasten des Verbrauchers verkennt.
5 *Staudinger/Olzen* § 241a BGB Rn 21 f; Palandt/*Grüneberg* § 241a BGB Rn 2; HK-BGB/*Schulze* § 241a BGB Rn 2; MK/*Finkenauer* § 241a BGB Rn 8; Soergel/*Pfeiffer* § 13 BGB Rn 26; *Hau* NJW 2001, 2863 (2864).
6 Zum Unternehmerbegriff: BGH NJW 2004, 3039.
7 Palandt/*Sprau* § 661a BGB Rn 1.
8 Zutreffend LG Wuppertal NJW-RR 2002, 1275 (1276): § 661a BGB läuft ins Leere; an der unternehmerischen Tätigkeit des Versenders bei „isolierten" Gewinnzusagen zweifelnd *Schneider* BB 2002, 1653 (1655).
9 NJW 2002, 2697, dazu Rn 648.
10 Ebenso wenig BGH NJW 2003, 426 zu II. 2. b. bb.: „*Die Klägerin, die unstreitig Verbraucherin im vorgeschriebenen Sinn war, ...*"; OLG Dresden IPRax 2002, 421 (424) zu 2. b; OLG Koblenz MDR 2002, 1359; OLG Nürnberg NJW 2002, 3637 (3639) zu 2. f, das darüber hinaus den europäischen und nicht den deutschen Verbraucherbegriff, der die abhängig-berufliche Zweckbestimmung erfasst, anwendet; s. auch *Wagner/Potsch* Jura 2008, 401 (402).

II. Unbestellte Leistungen nach § 241a

1. Entstehungsgeschichte des § 241a

633 Die Regelung des § 241a dient der Umsetzung von Art. 27 der Verbraucherrechterichtlinie und verfolgt das Ziel, den Verbraucher vor belästigenden und unlauteren Vertriebsmethoden ("Anreißen") zu schützen[11]. Der Verbraucher soll davor geschützt werden, durch den aufgedrängten Besitz an einer Sache in eine Zwangslage zu geraten, die ihn entweder zum Abschluss eines Vertrages bewegt, oder aber zumindest zu der Entscheidung veranlasst, die zugesandte Ware zu verwahren, zurückzusenden oder zu entsorgen. Unionsrechtlich gefordert wird durch Art. 27 lediglich eine Freistellung des Verbrauchers von Ansprüchen auf eine Gegenleistung. Da dies bereits vor der Einführung des § 241a der ganz hL in Deutschland entsprach, wurden Zweifel am Umsetzungsbedarf von Art. 9 Fernabsatzrichtlinie in das nationale Recht laut[12]. Fraglich und im Ergebnis zu verneinen ist indes, ob ein Rückgriff auf die im Schrifttum hA tatsächlich eine ausdrückliche Umsetzung der Richtlinie in ein Gesetz ersetzen kann[13]. Vor diesem Hintergrund ist auch der neu gefasste § 241a Abs. zu sehen, der Art. 25 Verbraucherrechterichtlinie umsetzt und den halbzwingenden Charakter der Vorschrift betont.

Auf zum Teil heftige Kritik ist auch die systematische Stellung des § 241a zwischen zwei Grundsatznormen des Schuldrechts gestoßen[14].

2. Sachlicher Anwendungsbereich des § 241a

634 Neben dem persönlichen wirft auch der sachliche Anwendungsbereich des § 241a eine Reihe von Problemen auf. Nach Maßgabe von Art. 2 Nr. 3 Verbraucherrechterichtlinie setzt § 241a Abs. 1 den Begriff der „Ware" in Form einer **Legaldefinition** um. Methodisch knüpft die Legaldefinition an den Begriff der Sache nach § 90 an und schränkt diesen nach den Richtlinienvorgaben ein. Während § 241a BGB aF allein auf den Begriff der Sache abstellte und daher weiter gefasst war, sind nunmehr Gegenstände, die aus der Zwangsvollstreckung oder anderen gerichtlichen Maßnahmen stammen, vom Anwendungsbereich ausgenommen. Ein Umsetzungsdefizit ergibt sich jedoch hinsichtlich der Lieferung von **„Strom"**, der neben Wasser und Gas nach der Richtlinie als Ware gilt. Während sich Wasser und Gas in der hier maßgeblichen leitungsgebundenen Form aufgrund ihrer Beherrschbarkeit unter den Sachbegriff subsumieren lassen[15], ist Strom nach deutschem Recht keine Sache iSd

---

11 Zum unlauterkeitsrechtlichen Hintergrund Köhler/Bornkamm/*Köhler* § 7 UWG Rn 82 ff; eingehend zur Entstehungsgeschichte des § 241a BGB: HKK/*Dorn* § 241a BGB Rn 12 ff.
12 *Berger* JuS 2001, 649 (650); *St. Lorenz* JuS 2000, 833 (841); vgl zur früheren unlauterkeits- und bürgerlich-rechtlichen Lage *Sosnitza* BB 2000, 2317 (2318); *Casper* ZIP 2000, 1602 (1603).
13 *EuGH* NJW 2001, 2244.
14 S. insbesondere *Flume* ZIP 2000, 1427 (1428): „wahrhaft ungeheuerlich"; *Hensen* ZIP 2000, 1151; Jauernig/*Mansel* § 241a BGB Rn 1: *„ein gesetzgeberischer Missgriff"*; MK/*Finkenauer* § 241a BGB Rn 1, 5.
15 Staudinger/*Stieper* § 90 BGB Rn 20 ff.

§ 90[16], Allein die Vorschriften **über bewegliche Sachen** werden nach hM in bestimmten Situationen, wie zB der Lieferung elektrischer Energie, angewendet[17], weshalb dieser als erweiterndes Merkmal in § 241a hätte aufgeführt werden müssen. Die Gesetzesbegründung offenbart, dass der Gesetzgeber die Erwähnung von Strom für überflüssig hielt, weil der althergebrachte Warenbegriff des BGB auch Strom erfasste[18]. Nach Aufstellung eines **neuen Warenbegriffs unter Bezugnahme auf § 90** handelt es sich hierbei jedoch um einen unzulässigen Zirkelschluss.

Die Regelung knüpft daran an, dass Waren unbestellt geliefert oder sonstige Leistungen unbestellt erbracht werden. Die Verbraucherrechterichtlinie und der nationale Gesetzgeber haben dabei den Fall vor Augen, dass ein Unternehmer einem Verbraucher seine Ware aufdrängen möchte, in dem er in Vorleistung tritt und darauf hofft, dass der Verbraucher sich gezwungen fühlt, zu bezahlen, zumindest aber in verantwortlicher Weise mit der Sache umzugehen. Das Merkmal der „Lieferung" setzt voraus, dass die Sache in den Herrschaftsbereich des Verbrauchers gelangt[19]. Die Ankündigung der entgeltlichen Lieferung einer unbestellten, aber als bestellt dargestellten Ware, führt daher nicht die Rechtsfolgen des § 241a herbei, stellt aber eine unzulässige geschäftliche Handlung gem. § 3 Abs. 3 iVm Anlage Nr. 29 UWG sowie eine unzumutbare Belästigung nach § 7 Abs. 1 Satz 1 UWG dar[20]. Bei dem Verhalten des Unternehmers kann es nicht darauf ankommen, ob es im Rahmen eines diesbezüglich professionell eingerichteten Vertriebssystems oder nur gelegentlich geschieht[21]. Indes erfasst die recht weit gefasste Vorschrift des § 241a nach ihrem Wortlaut auch Fälle, die mit diesem Hintergrund nicht korrespondieren. Hier bedarf es einer an Sinn und Zweck der Vorschrift orientierten einschränkenden Auslegung. Zum einen betrifft § 241a nicht die Fälle der Geschäftsführung ohne Auftrag, obwohl auch ein derartiger Dienst unbestellt ist[22]. Ebenso wenig anwendbar ist die Regelung des § 241a auf die Lieferung eines Identitäts-Aliuds, das nach geltendem Schuldrecht gem. § 434 Abs. 3, 1. Alt. einem Sachmangel gleichsteht. Erhält der Verbraucher an Stelle einer bestellten eine ähnliche andere Sache, so liegt der Warenlieferung ein Kaufvertrag zu Grunde, was den Fall der aliud-Lieferung entscheidend von dem des typischen Anwendungsfalls des § 241a Abs. 1 unterscheidet. Bestellt eine Studentin bei *Amazon* die Neuauflage des *Palandt* und erhält zur vereinbarten Lieferzeit diejenige des *Jauernig*, so tritt keinesfalls die Rechtsfolge des § 241a Abs. 1 ein. Regelmäßig wird § 241a Abs. 2 einschlägig sein, da der Verbraucher bei Anwendung der im Verkehr erforderlichen Sorgfalt erkennen kann, dass sich die Lieferung auf die erfolgte Bestellung bezieht. Aber auch andernfalls kann sich der Verbraucher hinsichtlich der Ansprüche des Unternehmers nicht darauf berufen, den gelieferten

635

---

16 MK/*Stresemann* § 90 Rn 24; Staudinger/*Stieper* § 90 BGB Rn 9.
17 MK/*Stresemann* § 90 Rn 24.
18 BT-Drucks. 17/12637, S. 44.
19 MK/*Finkenauer* § 241a Rn 11.
20 BGH WM 2012, 225 ff.
21 AA *Berger* JuS, 2001, 649 (652).
22 S. dazu *Hau* NJW 2001, 2863.

Kommentar nicht bestellt zu haben, wenn der Lieferung ein Vertrag zu Grunde lag, da dies Sinn und Zweck der Regelung eindeutig widerspricht[23].

Entsprechend unanwendbar ist § 241a, wenn die Lieferung auf Grund einer nichtigen oder schwebend unwirksamen Bestellung erfolgt[24].

3. Ausschluss vertraglicher Ansprüche

636 Der Verbraucher wird durch § 241a Abs. 1 vor der Inanspruchnahme durch den Unternehmer in Folge der Lieferung bzw Leistungserbringung geschützt. Solange der Verbraucher keine ausdrückliche oder konkludente Willenserklärung zur **Annahme eines Angebots** seitens des Unternehmers abgegeben hat, kommt kein Vertrag zustande. Sowohl Erfüllungsansprüche seitens des Unternehmers als auch schuldrechtliche Sekundäransprüche scheiden daher aus. Dies ist freilich nicht Folge der Regelung des § 241a Abs. 1, sondern ergibt sich vielmehr aus den **allgemeinen Grundsätzen des Vertragsrechts**. Man mag § 241a Abs. 1 daher auch als eine die bestehende Rechtslage bestätigende oder klarstellende Vorschrift begreifen, was wiederum deren Sinnhaftigkeit in Frage stellt[25]. Jedoch wirkt sich die Regelung hinsichtlich der Anforderungen, die an eine konkludente Annahme des Angebots seitens des Verbrauchers zu stellen sind, aus. Es fragt sich, ob etwa die bestimmungsgemäße Ingebrauchnahme der zugesendeten Sache als konkludente Annahmeerklärung im Sinne des § 151 Satz 1 zu qualifizieren ist. Nach allgemeinen Grundsätzen des Vertragsrechts spräche alles dafür. Unterstellte man dem Verbraucher indes auch im sachlichen Anwendungsbereich des § 241a einen dahingehenden Willen, nähme man ihm den Schutz, der ihm auch durch die zugrunde liegende EG-Richtlinie gerade zukommen soll. Vertragliche Ansprüche entstehen daher bei unerwünscht zugesandten Waren bzw erbrachten Leistungen nicht bereits, wenn der Verbraucher die Leistung im weiteren Sinne in Anspruch nimmt, sondern erst durch die ausdrückliche oder konkludente Annahme durch den Verbraucher; § 241a verdrängt nach zutreffender Auffassung somit § 151 Satz 1. Von einer konkludenten Willenserklärung des Empfängers kann im Geltungsbereich des § 241a nur gesprochen werden, wenn sie nicht in einer üblichen Ge- oder Verbrauchshandlung, sondern in einer separaten Annahmehandlung liegt. In Betracht zu ziehen ist insbesondere die konkludente Annahme durch Zahlung[26].

---

23 Irrig aA *Wrase/Müller-Helle* NJW 2002, 2537, die dem Verbraucher bei Zusendung des qualitativ gleichwertigen Mobiltelefons der Marke X an Stelle des **bestellten** Modells Y einen Nachlieferungsanspruch bzgl des Modells X aus § 439 Abs. 1, 2. Alt. BGB zubilligen, ohne dass er wegen der Anwendbarkeit von § 241a Abs. 1 BGB das Modell Y zurückgeben muss. Ebenfalls soll der Verbraucher zurücktreten können, ohne zur Rückgabe des gelieferten Telefons verpflichtet zu sein; aA Palandt/ *Grüneberg* § 241a BGB Rn 5; wie hier *Lorenz/Riehm* Rn 492, Fn 80; *Lettl* JuS 2002, 866 (871); *St. Lorenz* JuS 2003, 36 (40).
24 *Casper* ZIP 2000, 1602 (1605).
25 So HK-BGB/*Schulze* § 241a BGB Rn 5.
26 So auch MK/*Finkenauer* § 241a BGB Rn 12–15; HKK/*Dorn* § 241a BGB Rn 19; Palandt/*Grüneberg* § 241a BGB Rn 6; *Leipold* BGB I, § 14 Rn 25 f; *Schwarz* NJW 2001, 1449 (1451); *Sosnitza* BB 2000, 2317 (2323); *Jacobs* JR 2004, 490 (492); aA *Riehm* Jura 2000, 505 (511 f); *Berger* JuS 2001, 649 (654); *Casper* ZIP 2000, 1602 (1607); *Jayme/Schulze* JuS 2001, 878 (881 f).

4. Ausschluss gesetzlicher Ansprüche

Auch gesetzliche Ansprüche werden von § 241a Abs. 1 erfasst, was sich unweigerlich **637** aus einem Umkehrschluss aus Abs. 2 ergibt. Angesichts der Frage, wie weit der Ausschluss gesetzlicher Ansprüche des Unternehmers durch § 241a geht, zeigt sich, welche Folgen die systemwidrige Einfügung einer unlauterkeitsrechtlichen Vorschrift in das allgemeine Schuldrecht nach sich zieht. Keinesfalls kann der Unternehmer den Verbraucher aus § 823 Abs. 1 in Anspruch nehmen, wenn die unaufgefordert zugesandte Sache beim Empfänger Schaden nimmt. Der Unternehmer gibt seinen Herrschaftswillen an der Sache freiwillig auf und setzt sein Eigentum Gefahren aus, bei deren Verwirklichung der Schaden nicht auf einen anderen abgewälzt werden kann[27].

Höchst problematisch und heftig umstritten ist aber, ob auch **gesetzliche Herausga-** **638** **beansprüche** des Unternehmers durch § 241a ausgeschlossen werden. Den § 241a zu Grunde liegenden Gesetzgebungsmaterialien ist ein dahin gehender Wille des Gesetzgebers zu entnehmen[28]. Dem Unternehmer stehen Herausgabeansprüche aus §§ 985, 812 nicht zu[29]. Nimmt man dies ernst, und der Respekt vor dem eindeutigen Willen des Gesetzgebers legt dies nahe, führt der Anspruchsausschluss zu schwerlich erklärbaren dogmatischen Brüchen. Der Unternehmer übersendet dem Verbraucher eine Ware, die dieser nicht bestellt hat. Der Zusendung mangelt es nicht nur an einer schuldrechtlichen Grundlage, einem Rechtsgrund, es liegt ebenso wenig ein Angebot des Unternehmers bezüglich der dinglichen Einigung über den Eigentumsübergang im Sinne des § 929 S. 1 vor, das unabhängig von der Bereitschaft des Verbrauchers, den Kaufpreis zu zahlen, bestünde. Das Angebot des Unternehmers auf Übereignung steht somit unter der aufschiebenden Bedingung des Abschlusses eines Kaufvertrages. Weiterhin kann dem Verbraucher, der die Sache behält, nicht ohne weiteres unterstellt werden, allein durch die Annahme einer Warensendung auch die Pflichten des Eigentums, etwa Kosten einer Entsorgung, auf sich nehmen zu wollen[30]. Der absendende Unternehmer wollte das Eigentum auch nicht gem. § 959 aufgeben[31]. Der **Unternehmer** bleibt somit **Eigentümer** der Sache. Diese befindet sich jedoch nun im Besitz des Verbrauchers; der Unternehmer verliert mangels wirksamen Besitzmittlungsverhältnisses sogar den mittelbaren Besitz an der Sache. Erfasst § 241a auch den Anspruch auf Herausgabe aus der Vindikation und § 812, führt dies im Ergebnis zum dauerhaften Auseinanderfallen von Eigentum und Besitz.

Ein Folgeproblem ergibt sich alsdann bei der Weitergabe der unbestellt zugesandten **639** Sache an einen Dritten. Ein gutgläubiger Dritter erwirbt zweifellos gem. §§ 929 S. 1, 932 Eigentum, so dass der Herausgabeanspruch des Unternehmers gegen diesen ins

---

27 Für einen deliktischen Schadensersatzanspruch des Unternehmers gegen den Verbraucher bei Beschädigung der Sache durch einen Dritten: *Jacobs* JR 2004, 490; aA *Mitsch* ZIP 2005, 1017.

28 BT-Drucks. 14/2658, S. 46.

29 Ausführlich rechtfertigend *Sosnitza* BB 2000, 2317 (2319 ff); weiterhin MK/*Finkenauer* § 241a BGB Rn 29 f; *Riehm* Jura 2000, 505 (512); *St. Lorenz* JuS 2000, 833 (841); *Berger* JuS 2001, 649 (653).

30 Für einen gesetzlichen Eigentumsübergang: *Riehm* Jura 2000, 505, 512; dagegen *Sosnitza* BB 2000, 2317 (2322).

31 S. *Schwarz* NJW 2001, 1449 (1451) auch zur Möglichkeit der späteren Dereliktion durch den Unternehmer; *Jacobs* JR 2004, 490 (492).

Leere geht. Betrifft § 241a in einem solchen Fall auch den Anspruch des Unternehmers als früherem Eigentümer gegen den verfügenden Verbraucher auf Herausgabe des Erlangten aus § 816 Abs. 1 Satz 1? Oder ist der Verbraucher vielleicht gar **nicht** „**Nichtberechtigter" iSd § 816**, sondern zur Verfügung befugt[32]? Es stellt sich hier im Grunde die Frage, ob der bereicherungsrechtliche Anspruch auf das Erlangte noch unter den Begriff der Gegenleistung des Art. 9 der Fernabsatzrichtlinie zu fassen ist, oder dessen Entstehen nicht mehr Folge der wettbewerbswidrigen Warenzusendung, sondern eines autonomen Verhaltens des Verbrauchers ist, das nicht schutzwürdig ist. Wie ist andererseits das Verhältnis des Unternehmers zum unmittelbar besitzenden Dritten zu beurteilen, der bösgläubig ist bzw unentgeltlich erwirbt? Es stellt sich die Frage, ob dem Besitzer gegenüber, der Kenntnis von der unbestellten Zusendung hatte und deshalb nicht gutgläubig Eigentum erwirbt, der an sich durch § 241a ausgeschlossene Anspruch aus § 985 wieder auflebt, oder der Ausschluss auch diesen Anspruch erfasst. Vergleichbar stellt sich das Problem hinsichtlich des gutgläubig Beschenkten, demgegenüber der ehemalige Eigentümer an sich aus § 816 Abs. 1 Satz 2 vorgehen kann[33]. Vermietet oder verleiht der Verbraucher die Sache, sieht sich, soweit man ein Eingreifen des § 241a gegenüber Dritten ablehnt, der unmittelbare Besitzer Herausgabeansprüchen des Unternehmers als Eigentümer und des Verbrauchers als mittelbarem Besitzer ausgesetzt. Lehnt man wiederum ein durch § 241a vermitteltes Recht zum Besitz im Sinne des § 986 ab[34], so gerät der besitzende Dritte in die Gefahr, sich hinsichtlich des einen nicht erfüllbaren Anspruchs auf Herausgabe der Sache schadensersatzpflichtig zu machen[35].

640 In der Literatur wird in Anbetracht der weder unlauterkeitsrechtlich noch gemeinschaftsrechtlich angezeigten Sanktion und der sachenrechtlich nicht hinnehmbaren Folge des **dauerhaften Auseinanderfallens von Eigentum und Besitz** sowie der damit einher gehenden Entwertung des Eigentums der Ausschluss der Ansprüche aus §§ 985, 812 teilweise abgelehnt. Insbesondere werden verfassungsrechtliche Bedenken geltend gemacht[36]. Jedoch ergeben sich auch bei Aussparung der Herausgabeansprüche aus dem sachlichen Anwendungsbereich des § 241a erhebliche Folgeprobleme. Es fragt sich etwa, ob dem Unternehmer nur **§ 985** oder auch die folgenden Ansprüche aus dem **Eigentümer-Besitzer-Verhältnis** erhalten bleiben. Begeht der Verbraucher einen Fremdbesitzerexzess, wenn er die unbestellt zugesandte Ware mutwillig zerstört? Ebenso wäre auch hier zu klären, ob der Unternehmer als früherer Eigentümer, dem der Anspruch aus § 985 zustand, Zahlung des erlangten Verkaufs-

32 Eingehend und sehr lesenswert HKK/*Dorn* § 241a BGB Rn 21 ff; für eine Herausgabepflicht des verfügenden Verbrauchers *Berger* JuS 2001, 649 (653); dagegen *Sosnitza* BB 2000, 2317 (2322 f); *Schwarz* NJW 2001, 1449 (1453).

33 Ansprüche gegen Dritte bejahend *Schwarz* NJW 2001, 1449 (1452); *Berger* JuS 2001, 649 (653); HK-BGB/*Schulze* § 241a BGB Rn 9.

34 Ein solches bejahend *Wieling* Sachenrecht, § 12, I. 3a; *J. Wilhelm* Sachenrecht, Rn 1199; *Sosnitza* BB 2000, 2317 (2323).

35 *Schwarz* NJW 2001, 1449 (1454).

36 So namentlich von *Wieling* Sachenrecht, § 12, I. 3a.; s. auch *J. Wilhelm* Sachenrecht, Rn 1199; HK-BGB/*Schulze* § 241a BGB Rn 7; *Schwarz* NJW 2001, 1449 (1454); *Deckers* NJW 2001, 1474; Bedenken äußern auch *Riehm* Jura 2000, 505 (512) und *Berger* JuS 2001, 649 (651); im Wege der teleologischen Reduktion *Casper* ZIP 2000, 1602 (1606).

erlöses aus § 816 Abs. 1 Satz 1 zusteht, oder vielmehr nach der Verfügung § 241a wieder greift, da die verfassungsrechtlich bedenkliche Lage des dauerhaften Auseinanderfallens von Eigentum und Besitz auf Grund des Zusammenfallens beim Erwerber wieder aufgehoben wurde.

Es zeigt sich, dass die extensive Umsetzung von Art. 27 der Verbraucherrechtericht-   **641** linie und die Integration der Regelung in das Allgemeine Schuldrecht zu dogmatischen Verwerfungen führt, die ohne systematische Brüche nicht zu beheben sind[37].

III. Gewinnzusagen nach § 661a

1. Hintergrund und Wirkung der Regelung

Mit der Regelung des § 661a sollen den Verbraucher belästigende, wettbewerbswid-   **642** rige Geschäftspraktiken unterbunden werden, die darin bestehen, dass ihm, oftmals in einem mit „vertraulich" oder „persönliche Unterlagen" beschrifteten Umschlag mitgeteilt wird, er habe einen Preis gewonnen, ohne dass der Verbraucher an einem Gewinnspiel teilgenommen hätte, dieses Versprechen alsdann jedoch nicht eingelöst wird, bzw ein Anspruch in Wirklichkeit nicht bestand[38]. Darüber hinaus stellten sich dem Verbraucher regelmäßig, häufig, weil der Absender nicht ladungsfähig festzustellen war, unüberwindliche Probleme, den versprochenen Gewinn auf dem Klagewege geltend zu machen[39]. Die Regelung versucht, derartige Marketingmethoden dadurch einzudämmen, dass sie dem Verbraucher einen gesetzlichen Anspruch auf die Leistung des Gewinns durch den Unternehmer zubilligt; es entsteht ein gesetzliches Schuldverhältnis[40]. Allein durch den Zugang der Mitteilung beim Verbraucher und unabhängig von einem Handeln des Verbrauchers entsteht die einklagbare einseitige schuldrechtliche Verpflichtung des Unternehmers. Anders als bei der Auslobung muss der Verbraucher den Gewinn nicht einmal annehmen. Er kann ihn vielmehr nach Belieben einklagen oder darauf verzichten. In der Zusendung der Gewinnzusage ist eine geschäftsähnliche Handlung bzw ein **einseitiges Rechtsgeschäft** zu sehen[41]. Rechtstatsächlich ist die Gewinnzusage oftmals mit der Aufforderung verbunden, Waren beim Unternehmer zu bestellen, wozu der Verbraucher angesichts des angeblich gewonnenen Preises geneigt sein kann, ohne dass der angebliche Gewinn ausweislich des Schreibens von einer Warenbestellung abhängig gemacht wird. Wird unter diesen Voraussetzungen ein Kaufvertrag geschlossen und handelt es sich um

---

37 S. zu den strafrechtlichen Problemlagen *Reichling* JuS 2009, 111; *Riehm* Jura 2000, 505 (512); *Matzky* NStZ 2002, 458; zur Verfassungsmäßigkeit BGH NJW 2003, 3620.

38 *St. Lorenz* NJW 2000, 3305 (3306); *Schneider* BB 2002, 1653; *Wagner/Potsch* Jura 2006, 401.

39 Zum richtigen Klagegegner OLG Düsseldorf NJW-RR 2002, 1632; AG Rudolfstadt NJW-RR 2002, 1631.

40 *St. Lorenz* NJW 2000, 3305 (3307); *Schneider* BB 2002, 1653 (1656).

41 BGH NJW-RR 2008, 1006 Tz. 9; NJW 2003, 426 zu II. 2. b. aa. mit Rez. *Leible* NJW 2003, 407; Zur dogmatischen Einordnung sowie zu den Folgen für die Anfechtbarkeit von Gewinnzusagen durch den Versender ausführlich *Stieper* NJW 2013, 2849 ff.

einen Geldpreis, so kann der Verbraucher die **Aufrechnung** seiner aus § 661a erwachsenden Forderung gegen die Kaufpreisforderung des Unternehmers erklären[42].

2. Anwendungsbereich

643 Nach § 661a entsteht der Anspruch des Verbrauchers, wenn der Unternehmer die Gewinnzusage an diesen sendet und durch die Gestaltung der Zusage oder einer vergleichbaren Mitteilung den Eindruck erweckt, der Verbraucher habe einen Preis gewonnen. Es ergeben sich dabei im Grunde zwei Fragen der Abgrenzung. Zum einen ist zu klären, welche Anforderungen an die **Ernsthaftigkeit** der Gewinnzusage zu stellen sind, mit anderen Worten nach welchem Maßstab die **Auslegung** der Mitteilung zu erfolgen hat. Zum anderen fragt sich, inwiefern die Gewinnzusage **individualisiert**, also dem Verbraucher persönlich zugesandt werden muss. Dabei ist nicht zu verkennen, dass die beiden Problemkreise nicht unabhängig voneinander zu betrachten sind, der Grad der Individualisierung die Glaubwürdigkeit der Gewinnzusage vielmehr unmittelbar beeinflussen kann.

644 Unproblematisch wächst dem Verbraucher ein **Anspruch auf die Erfüllung** der Gewinnzusage, die sich auf verschiedenartige Leistungen beziehen kann, etwa Geld, eine Reise, ein Auto, zu, wenn er eine **an ihn adressierte** Sendung auf dem Postweg erhält, aus der sich der Gegenstand des Gewinns eindeutig ergibt. Zu bejahen ist der Anspruch des Verbrauchers regelmäßig auch, wenn die Sendung nicht mit Namen und Adresse des konkreten Verbrauchers versehen ist, sondern ohne entsprechende Angaben in den Briefkasten des Verbrauchers gelangt. Die nächste Stufe der fehlenden Individualisierung ist erreicht, wenn die Gewinnzusage nicht an einzelne Haushalte gesendet wird, sondern einem noch weiteren, **unbestimmten Adressatenkreis** zugänglich gemacht wird. Zu denken ist beispielsweise an die Beilage einer Tageszeitung. Hier wird man wohl davon ausgehen müssen, dass weder das Merkmal des Zusendens erfüllt ist, noch der Verbraucher ernsthaft davon ausgehen kann, persönlich einen Preis gewonnen zu haben[43]. Im Zweifelsfall sind an den Grad der Ernsthaftigkeit keine hohen Anforderungen zu stellen, da sich der Unternehmer freiwillig in die Gefahr begibt, den Anspruch aus § 661a entstehen zu lassen.

645 Die Mitteilung durch den Unternehmer muss unter Zuhilfenahme von § 133 nach dem objektiven Empfängerhorizont, also aus der Sicht eines durchschnittlichen Verbrauchers, geeignet sein, bei diesem den Eindruck zu erzeugen, er habe bereits einen Preis gewonnen. Aufgrund des generalpräventiven Zwecks der Vorschrift kommt es nicht darauf an, ob der konkrete Verbraucher tatsächlich an den Gewinn geglaubt hat, was dieser ansonsten beweisen müsste[44]. Auch hier wird man keine zu hohen Anforderungen an die Konkretisierung des Gewinns stellen dürfen. Es reicht aus, wenn der Verbraucher anhand der Informationen erkennen kann, worin der Preis in groben Zü-

---

42 *Schneider* BB 2002, 1653 hält § 661a BGB für verfassungswidrig.
43 Palandt/*Sprau* § 661a BGB Rn 2.
44 OLG Koblenz MDR 2002, 1359: *„Information über Guthaben"*; Jauernig/*Mansel* § 661a BGB Rn 4; HK-BGB/*Schulze* § 661a BGB Rn 2; *St. Lorenz* NJW 2000, 3305 (3306); *Schneider* BB 2002, 1653 (1654); *Leible* IPRax 2003, 28 (30).

gen besteht. Notwendig ist es etwa nicht, dass die konkrete Reiseroute der zugedach-
ten Kreuzfahrt aus dem Schreiben hervorgeht. Es reicht aus, dass dem Verbraucher
der Eindruck vermittelt wird, eine Schiffsreise gewonnen zu haben. Ebenso wenig
bedarf es der exakten Beschreibung des gewonnenen Computers oder des Modells
eines abgebildeten Autos. Als „**Sender**" im Sinne des § 661a ist derjenige Unternehmer anzusehen, den ein durchschnittlicher Verbraucher als solchen auffasst. Dabei ist
es unschädlich, dass der Unternehmer unter falschem Namen auftritt[45]. Werden Ge-
winnmitteilungen im Namen nicht existierender Firmen unter Angabe eines Post-
fachs versandt, so gilt nach einer aktuellen Entscheidung des *OLG Oldenburg*[46] auch
der **Geschäftspartner des Postfachbetreibers als „Sender"**, sofern dieser Adressen
beibringt sowie die Gewinnzusagen eintütet und versendet. Der gesetzliche Vertreter
einer GmbH haftet für die Erfüllung einer von der Gesellschaft versandten Gewinnzusage nicht persönlich[47].

Umstritten ist, ob die Gewinnzusage mit einem Spielelement verbunden sein muss. **646**
Eine dahingehende Einschränkung ist der Regelung nicht zu entnehmen und wegen
der in diesem Bereich vollkommen zu vernachlässigenden Schutzbedürftigkeit des
sich derartiger Methoden befleißigenden Unternehmers auch nicht geboten. Die
Sanktionierung der Ausnutzung von Spielleidenschaft ist nicht Gegenstand der Regelung. Daher kommt § 661a auch in den Fällen zur Anwendung, dass der Unternehmer
dem Verbraucher die Übergabe eines wertvollen Warenpakets auf einer Ausflugsfahrt
verspricht, ohne dass der Verbraucher an einem Gewinnspiel teilnehmen müsste[48].

Weist der Unternehmer in graphisch untergeordneter Form, zB im **Kleingedruckten** **647**
in blass-grauer Schrift, darauf hin, dass der Gewinn unverbindlich ist, schließt dies
den Anspruch aus § 661a nicht aus[49].

3. Gerichtsstand

Gewinnzusagen erreichen den Verbraucher häufig aus dem Ausland, offenbar insbe- **648**
sondere aus den Niederlanden und Belgien. Es stellt sich dann die Frage, welches
Gericht für die Klage des Verbrauchers aus seinem Anspruch aus § 661a zuständig
ist. Grundsätzlich gibt der Gerichtsstand des Beklagten Maß; sowohl natürliche Personen, die ihren Wohnsitz im Hoheitsgebiet eines Mitgliedstaates haben, als auch
Gesellschaften und juristische Personen, die ebenda ihren Sitz haben, sind grundsätzlich vor den Gerichten dieses Staates zu verklagen. Dies ergab sich aus Art. 2
Abs. 1 iVm Art. 53 Abs. 1 Satz 1 EuGVÜ und folgt nun aus Art. 2 Abs. 1 iVm Art. 63
Abs. 1a) der sog. Brüssel Ia-VO (s. Rn 38). Es kann dem Verbraucher aber zugute-
kommen, dass ein besonderer Gerichtsstand besteht. Ein solcher ergibt sich aus der

---

45 BGH NJW 2006, 2548 Tz. 32; NJW-RR 2005, 1365; NJW 2005, 827; 2004, 3555.
46 Urt. v. 27.6.2014, 11 U 23/11.
47 BGH NJW 2004, 3039.
48 Zutreffend und sehr lesenswert, auch zur Etymologie des Wortes „Preis", AG Bremen NJW-RR 2002,
   417; aA *Schneider* BB 2002, 1653 (1654).
49 OLG Hamm Urt. v. 25.11.2002, 8 U 65/02; OLG Koblenz MDR 2002, 1359; LG Braunschweig IPRax
   2002, 213; zum Lesen der „Spielregeln" bedarf es häufig einer Lupe: *Leible* IPRax 2003, 28.

autonom, dh nach den Grundsätzen des Internationalen Verfahrensrechts zu erfolgenden Qualifikation des geltend gemachten Anspruchs[50].

649 Der EuGH hat in seiner Entscheidung vom 11.7.2002 auf die Vorlagefrage des ÖstOGH, die in den zeitlichen Anwendungsbereich des EuGVÜ (bis 28.2.2002) fällt, festgestellt, dass unter bestimmten Voraussetzungen der **Verbrauchergerichtsstand** des Art. 13 Abs. 1 Nr. 3 EuGVÜ gegeben sein kann[51]. Nach Auffassung des EuGH stellt eine Klage aus einem § 661a entsprechenden Anspruch auf Herausgabe eines scheinbar gewonnenen Preises eine Klage aus einem Verbrauchervertrag dar, wenn der Verbraucher an seinem Wohnsitz eine oder mehrere an sich persönlich adressierte Zusendungen eines gewerblichen Verkäufers erhalten hat, die zur Bestellung von Waren des Unternehmers führen sollten, und der Verbraucher in dem Vertragsstaat, in dem er seinen Wohnsitz hat, tatsächlich eine solche Bestellung aufgegeben hat. Entscheidend stellt der EuGH darauf ab, dass zwischen dem gesetzlichen Anspruch und dem zwischen den Parteien tatsächlich geschlossenem Vertrag eine untrennbare Verbindung besteht (Akzessorietät) und sich der Gerichtsstand aus Art. 13 EuGVÜ, der an sich nur vertragliche Ansprüche zum Gegenstand hat, auf diesen gesetzlichen Anspruch erstreckt[52].

650 Mit der Entscheidung des EuGH ist somit für den vorstehend umrissenen Anwendungsbereich des § 661a die Frage des internationalen Gerichtsstandes geklärt, ohne dass es zu einer Qualifikation des Anspruchs durch das Gericht gekommen wäre[53]. Auf die nun geltende sog. Brüssel Ia-VO (auch EuGVO oder EuGVVO, in Kraft getreten am 10.1.2015), die auch die örtliche Zuständigkeit regelt, dort Art. 17–19, lässt sich die Entscheidung unproblematisch übertragen. Anknüpfungspunkt des besonderen, von Art. 2 der VO abweichenden Gerichtsstands ist der zwischen den Parteien geschlossene Vertrag. Art. 17 Brüssel Ia-VO erweitert den sachlichen Anwendungsbereich des Verbrauchergerichtsstandes sogar insoweit, als nicht mehr, wie in Art. 13 Abs. 1 Nr. 3 EuGVÜ notwendig ist, dass dem Vertragsschluss ein ausdrückliches Angebot des Unternehmers oder eine Werbung im Staat des Wohnsitzes des Verbrauchers vorausgeht und der Verbraucher in diesem Staat seine Rechtshandlungen vornimmt. Art. 17 Abs. 1c der Brüssel Ia-VO stellt nunmehr darauf ab, dass der Unternehmer seine Tätigkeit auf irgendeinem Wege auf den Wohnsitzstaat des Verbrauchers ausrichtet. Anwendbar ist Art. 17 demnach auch, wenn der Verbraucher seine Willenserklärung nicht im Mitgliedstaat, in dem er seinen Wohnsitz hat, abgibt[54]. Auch hinsichtlich der Art des Vertrages nimmt Art. 17 Abs. 1c eine Erweiterung vor, da die Beschränkung auf bestimmte Vertragstypen, insb. der Erbringung einer Dienstleistung oder die Lieferung einer beweglichen Sache weggefallen ist[55]. Kommt es so-

---

50 S. *Gsell* IPRax 2002, 484.
51 EuGH NJW 2002, 2697 *(Gabriel)* mit Anm. *Fetsch* RIW 2002, 936; *Leible* IPRax 2003, 28; dazu auch *Wagner/Potsch* Jura 2006, 401 (404).
52 Tz. 54; s. auch OLG Nürnberg NJW 2002, 3637 mit Anm. *Leible* IPRax, 2003, 28; krit. zum Gedanken der Akzessorietät *Fetsch* RIW 2002, 936 (943).
53 Zutr. *Leible* IPRax 2003, 28 (31 f).
54 S. dazu *v. Hoffmann* Internationales Privatrecht, § 3, Rn 236 ff.
55 Insoweit überholt LG Braunschweig IPRax 2002, 213.

mit zum Abschluss eines Vertrages, so kann sich der Verbraucher auf den Gerichtsstand des Art. 17 Brüssel Ia-VO berufen.

Nicht unmittelbar übertragen lassen sich die Grundsätze der *Gabriel*-Entscheidung **651** des EuGH auf die Fälle, in denen der Verbraucher eine sog. **isolierte Gewinnmitteilung** erhält, bei der die Auszahlung des Preises nicht von der Vornahme einer Bestellung, also dem Abschluss eines Vertrags, abhängig gemacht wird. Doch auch diesbezüglich hat der EuGH mittlerweile in einem weiteren Urteil zum Geltungsbereich des EuGVÜ festgestellt, dass es sich bei der Klage des Verbrauchers auf Auszahlung eines solchen Gewinns um eine Klage aus einem Vertrag iSd. Art. 5 Nr. 1 EuGVÜ handelt. Dabei schade es nicht, dass die Zuteilung des Preises nicht von einer Warenbestellung abhängig gemacht werde und der Verbraucher tatsächlich keine Warenbestellung aus einem ebenfalls zugesandten Katalog aufgegeben habe. Entscheidend komme es für die Qualifikation als Klage aus einem Vertrag darauf an, dass sich der Unternehmer dem Verbraucher gegenüber **freiwillig** zur Leistung verpflichtet habe[56]. Nach geltendem Recht ist insoweit der **Verbrauchergerichtstand des Art. 17 Abs. 1c der Brüssel Ia-VO** eröffnet[57].

Zu denken wäre weiterhin wegen des wettbewerbswidrigen Verhaltens des Unternehmers an den Gerichtsstand der unerlaubten Handlung, soweit man eine solche nicht **652** nur Konkurrenten gegenüber (horizontal), sondern auch im Verhältnis zum Verbraucher anerkennt und § 661a einen dementsprechenden Zweck zuschreibt[58].

Nachdem der III. Zivilsenat des BGH in seiner bemerkenswerten Entscheidung vom **653** 28.11.2002[59] die Frage, ob sich der Verbrauchergerichtstand bei der isolierten Gewinnzusage aus einer Anknüpfung an die Vertragsanbahnung ergibt oder der Gerichtsstand der unerlaubten Handlung einschlägig ist, noch ausdrücklich offengelassen hat, da eine auf eine Gewinnzusage aus § 661a gestützte Klage jedenfalls entweder dem internationalen Gerichtsstand für Verbrauchersachen oder demjenigen der unerlaubten Handlung zuzuordnen sei, hat er sich nun in Folge der *Engler*-Entscheidung des EuGH eindeutig **für die rechtsgeschäftliche und gegen eine deliktische Anknüpfung** entschieden. Es handelt sich auch bei der isolierten Gewinnmitteilung um eine **Klage aus einem Vertrag**[60].

---

56 EuGH NJW 2005, 811 Tz. 51 *(Engler)* mit Bspr. *Mörsdorf-Schulte* JZ 2005, 770; *St. Lorenz/Unberath* IPRax 2005, 219; eingehend auch *Wagner/Potsch* Jura 2006, 401 (405).

57 *St. Lorenz/Unberath* IPRax 2005, 219 (222); *C. Schäfer* JZ 2006, 522; *Rauscher/Staudinger* Europäisches Zivilprozessrecht, Bearbeitung 2015, Art. 17 Brüssel Ia-VO Rn 9.

58 Art. 7 Nr. 2 Brüssel Ia-VO, dagegen BGH NJW-RR 2008, 1006 Tz. 9; *St. Lorenz* IPRax 2002, 192 (194 f) sowie OLG Nürnberg NJW 2002, 3637 (3639) zu 3. a, darauf abstellend, dass § 661a kein Schadensersatzanspruch ist; dafür hingegen noch BGH NJW 2003, 426 zu 2. c; OLG Dresden IPRax 2002, 421 (423) zu 2. b; *Staudinger* JZ 2003, 852; *Leible* IPRax 2003, 28 (33); *Fetsch* RIW 2002, 936 (938, 942), siehe zu Art. 5 Nr. 1 *v. Hoffmann/Thorn* Internationales Privatrecht, § 3, Rn 227 ff.

59 NJW 2003, 426 mit Bspr. *Staudinger* JZ 2003, 852; *Piekenbrock/Schulze* IPRax 2003, 328; *C. Schäfer* JZ 2005, 981.

60 BGH NJW 2006, 230 mit Bspr. *C. Schäfer* JZ 2006, 522 und *Blobel/Rösler* JR 2006, 441.

§ 16 Produkthaftung

I. Das gesetzgeberische Regelungsbedürfnis

654 Die an das Rechtsgeschäft knüpfende Bestimmung des Verbraucherbegriffs nach § 13 BGB versagt notwendigerweise in deliktischen Tatbeständen[1]. Der Verbraucher als Person, die vor Delikten geschützt werden soll, kann deshalb nur sein, wer in seinem privaten Bereich Schäden erleidet, die aus gesetzgeberischer Sicht durch das allgemeine Deliktsrecht nicht in hinreichender Weise ausgeglichen werden. Nennen wir diesen Verletzten den deliktsrechtlichen Verbraucher (Rn 16). Ausgangspunkt ist, dass ein erweitertes Ausgleichsbedürfnis für Schäden, die auf deliktischen Tatbeständen beruhen, über den Grundbestand von § 823 Abs. 1 hinaus als allgemeines, nicht lediglich verbraucherspezifisches Problem erkannt wurde. Es gilt für Schäden, die durch industrielle Produkte ausgelöst werden und deren Ausgleich oft scheitert, weil der **Geschädigte nicht den Verschuldensbeweis** führen kann. Dem trägt das Produkthaftungsgesetz Rechnung, das eine Schadensersatzhaftung begründet, wenn durch den Fehler eines Produkts jemand getötet wird oder sein Körper oder seine Gesundheit verletzt werden. Anspruch auf Schadensersatz hat danach jeder, der in diesen Rechtsgütern verletzt bzw mittelbar geschädigt wurde (Unterhaltsberechtigter bei Tötung nach §§ 7 Abs. 2, 9 ProdHaftG), gleich ob er Unternehmer oder Privatperson ist und bei welcher Gelegenheit die Rechtsgutverletzung eintrat, bei Berufs- oder Gewerbeausübung oder im Privatbereich. Insoweit ist die Produkthaftung, gleichermaßen die auf § 823 Abs. 1 beruhende Produzentenhaftung[2], kein verbraucherprivatrechtlicher, sondern ein **allgemein-privatrechtlicher Regelungsbereich**[3].

II. Die verbraucherprivatrechtliche Komponente

1. Persönlicher Anwendungsbereich

655 Nur der **deliktsrechtliche Verbraucher** (nicht der Verbraucher iSv § 13 BGB)[4] ist gemäß § 1 Abs. 1 Satz 2 ProdHaftG Normadressat, wenn durch den Fehler eines Produkts eine Sache beschädigt wurde. Den deliktsrechtlichen Unternehmer mag man in der Regelung von § 1 Abs. 2 Nr. 3 ProdHaftG erkennen, wonach die Ersatzpflicht des Herstellers ausgeschlossen ist, wenn er das fehlerhafte Produkt

– weder für den Verkauf oder eine andere Form des Vertriebs mit wirtschaftlichem Zweck hergestellt,

– noch im Rahmen seiner beruflichen Tätigkeit hergestellt oder vertrieben hat.

---

1   So nunmehr auch Palandt/*Sprau* § 1 ProdHaftG Rn 7; *Fuchs/Baumgärtner* Ansprüche aus Produzentenhaftung und Produkthaftung, JuS 2011, 1057.
2   Hierzu etwa BGH NJW 1994, 517; 1999, 208; 2009, 1080.
3   So auch *Hönn* Festgabe Bülow 2007, S. 37 (53).
4   OLG Saarbrücken NJW-RR 2013, 271.

Nichtkommerzielle Herstellung einerseits und Herstellung außerhalb der beruflichen **656** Tätigkeit andererseits (der Bäcker tischlert in seiner Freizeit ein Möbelstück[5]), also der Privatbereich, die Herstellung zum Eigenbedarf oder auch zum Verschenken, lösen **keine Produkthaftung** aus. § 1 Abs. 2 Nr. 3 ProdHaftG übernimmt die Formulierung von Art. 7 lit. c der – vollharmonisierenden[6] – Richtlinie zur Angleichung der Rechts- und Verwaltungsvorschriften der Mitgliedstaaten über die Haftung für fehlerhafte Produkte 85/374/EWG vom 25.7.1985 (ABlEG L 210, S. 29 vom 7.8.1985, **Produkthaftungsrichtlinie**, Rn 44).

2. Sachlicher Anwendungsbereich

Der verschuldensunabhängige Schadensersatzanspruch besteht gemäß § 1 Abs. 1 **657** Satz 2 ProdHaftG zunächst nur, wenn eine **andere Sache** als das fehlerhafte Produkt beschädigt wurde und wenn im Übrigen diese andere Sache ihrer Art nach gewöhnlich für den **privaten Ge- oder Verbrauch** bestimmt und hierzu von dem Geschädigten hauptsächlich verwendet worden ist; diese Vorschrift entspricht der Formulierung aus Art. 9 lit. b i und ii der Produkthaftungsrichtlinie. Produkt kann auch Elektrizität sein, dessen Fehler in übermäßiger Überspannung liegt und bezüglich dessen Schäden an Elektrogeräten entstehen[7].

Die Beschränkung des Schadensersatzanspruchs auf eine andere Sache als das fehler- **658** hafte Produkt schließt den Ausgleich sog. **Weiterfresserschäden**[8] (s. auch Rn 467) aus[9]. Die Beschädigung einer solchen anderen Sache begründet einen Schadensersatzanspruch nur, wenn zwei Kriterien, objektiver und subjektiver Art, erfüllt sind. Das **objektive Kriterium** liegt in der **Zweckbestimmung** der Sache für den **Privatbereich**, zB im Fall eines Küchengeräts. Eine schwere Maschine für Erdbewegungen hat eine solche Zweckbestimmung nicht, auch wenn sie vom deliktischen Verbraucher benutzt wird, um seinem Hobby zu frönen[10]. Maß gibt die **Verkehrsanschauung**, wofür solche Sachen gewöhnlich bestimmt sind, nicht aber eine Herstellerbezeichnung, sodass es im Allgemeinen nicht darauf ankommt, dass der Hersteller sein Produkt „Profi-Gerät"[11] nennt. Auch auf die subjektive Einschätzung des geschädigten Verbrauchers kommt es nicht an[12]. Handelt es sich danach um eine privatzweckbestimmte Sache, ist ein Anspruch nur begründet, wenn die Sache hierzu vom

---

5 *Taschner/Frietsch* Produkthaftungsgesetz und EG-Produkthaftungsrichtlinie, 2. Aufl. 1990, Art. 7 Richtlinie Rn 21.
6 Hierzu EuGH EuZW 2009, 501; nicht zum harmonisierten Bereich gehört die Haftung eines Dienstleisters (zB Krankenhaus), der fehlerhafte Produkte eines Herstellers verwendet, EuGH v. 21.12.2011 – C-495/10.
7 BGH NJW 2014, 2106 = WM 2014, 1243 mit Rez. *Oechsler* NJW 2014, 2080.
8 BGHZ 67, 359 = NJW 1977, 379 – *Schwimmerschalter*.
9 *Fuchs* Deliktsrecht, 7. Aufl. 2009, S. 239; *Fuchs/Baumgärtner* JuS 2011, 1057 (1062).
10 *Taschner/Frietsch* Art. 9 Richtlinie Rn 11.
11 BT-Drucks. 11/2447, S. 13.
12 Staudinger/*Oechsler* § 1 ProdHaftG Rn 29

Geschädigten auch *hauptsächlich*[13] verwendet worden ist (**subjektive Komponente**). Der elektrische Wasserkocher, den die Büroangestellten zur Kaffeebereitung verwenden, begründet also keinen Produkthaftungsanspruch, ebenso wenig eine Schreibmaschine der Art, wie sie gewöhnlich für private Zwecke verwendet wird, die aber ein Rechtsanwalt in seiner Kanzlei einsetzt[14]. Bei einer Mischnutzung kommt es auf die hauptsächliche Verwendung an. Das Auto des Handelsvertreters, das bei einem Sonntagsausflug durch ein anderes fehlerhaftes Produkt beschädigt wird, dürfte hauptsächlich beruflich verwendet werden, sodass ein Anspruch ausschiede[15]. Umgekehrt würde der Anspruch bei einem nur gelegentlich für Dienstfahrten benutzten Auto zu bejahen sein[16], gemäß § 11 ProdHaftG gemindert um eine Selbstbeteiligung von 500 € (insoweit käme nur ein Ausgleich nach § 823 Abs. 1 in Betracht[17]). Steht der hauptsächliche Gebrauch danach fest, spielt es keine Rolle, ob die beschädigte Sache gerade im Zeitpunkt der Schädigung privat genutzt wurde[18]. Für die im Produkthaftungsrecht besonders bedeutsame Beweislastverteilung (§ 1 Abs. 4 ProdHaftG, Art. 4 ProdHaftRil[19]) gilt insoweit nichts Besonderes, dh der deliktische Verbraucher trägt die Beweislast für die von ihm behauptete private Verwendung[20].

III. IPR

659 In grenzüberschreitenden Fällen gilt für die Produkthaftung die modifizierte Tatortregel von Art. 5 Rom-II-VO (Rn 627)[21] mit Ausweichklausel für einen Staat mit enger Verbindung aufgrund Vertrags, Art. 5 Abs. 2 Satz 2 Rom-II-VO. Für die internationale Zuständigkeit des angerufenen Gerichts (Rn 40) kommt es gem. Art. 5 Nr. 3 EuGVVO auf den Herstellungsort des Produkts an[22].

---

13 Dieses Tatbestandsmerkmal dürfte nicht mit dem Begriff „überwiegend" in § 13 BGB übereinstimmen, weil „überwiegend" nicht etwa nebensächlich bedeutet, sondern auch bei hälftiger Zweckbestimmung gegeben sein kann, siehe VerbrKrRiL Ewägungsgrund 17 und WohnimmRiL Erw.12; *Bülow/Artz* VerbrKrR, Einf. Rn 48.
14 BT-Drucks. 11/2447, S. 13.
15 *Taschner/Frietsch* aaO, Rn 13.
16 OLG Stuttgart ZWE 2010, 38 für überwiegend privat genutztes Gebäude.
17 *Looschelders* JR 2003, 309.
18 Staudinger/*Oechsler* § 1 ProdHaftG Rn 30.
19 Hierzu EuGH NJW 2017, 2739.
20 Staudinger/*Oechsler* § 1 ProdHaftG Rn 31.
21 Palandt/*Thorn* Art. 5 Rom-II-VO Rn 12; *Lehmann/Duczek* JuS 2012, 681, 788 (791).
22 EuGH NJW 2014, 1166, Tz. 27, im Übrigen EuGH NJW 2016, 2167 Rn 28 mit Anm. *M.F. Müller*.

§ 17 Alternative Streitbeilegung in Verbrauchersachen

Rechtsstreitigkeiten eines Verbrauchers gegen einen Unternehmer drehen sich oft um **660** geringe Streitwerte. Hat der Verbraucher zB ein Produkt für einen geringen Betrag online erworben und gerät nun mit dem Unternehmer in Streit über die Vertragsgemäßheit des Produkts, mag es angesichts der Geringwertigkeit des Streitgegenstands unattraktiv sein, ein gerichtliches Verfahren anzustrengen[1]. Für den Verbraucher lohnt es sich finanziell nicht, einen Rechtsanwalt einzuschalten oder er hat trotz internationalprivatrechtlicher und prozessrechtlicher Privilegien Angst davor, ein evtl. im Ausland ansässiges Unternehmen gerichtlich zu belangen[2]. Womöglich sind ihm seine Privilegien gar nicht bekannt. Im Zweifel lässt der Verbraucher die Sache dann auf sich beruhen und macht von den ihm zustehenden verbraucherschützenden Rechten keinen Gebrauch. Um das zu verhindern hat sich die EU das Ziel gesetzt, dem Verbraucher einfache Mechanismen zur Verfügung zu stellen, mit denen er bei Streitigkeiten aus Verbraucherverträgen dem Unternehmer gegenüber seine Rechte geltend machen kann, ohne ein gerichtliches Verfahren anstrengen zu müssen. Ihm soll die Möglichkeit eingeräumt werden, sich bei einer neutralen Streitbeilegungsstelle beschweren zu können.

Diesem Vorhaben schlägt jedoch auch Kritik entgegen[3]. Man schaffe eine „Schlich- **661** tungsfalle"[4] abseits der Justiz oder eine „Zwei-Klassen-Justiz"[5]. Probleme werden vor allem im Hinblick auf die Gewährleistung der Einhaltung des zwingenden Verbraucherrechts gesehen[6].

I. Europäischer Hintergrund

Zur Schaffung eines wirksamen Rahmens alternativer Streitbeilegungsmöglichkei- **662** ten erließ man auf Sekundärrechtsebene zum einen eine Verordnung über die Online-Beilegung verbraucherrechtlicher Streitigkeiten[7]. Sie gilt unmittelbar in den Mitgliedstaaten und setzt sich als zentrales Ziel die Schaffung einer gesamteuropäischen Homepage mittels derer ein unkompliziertes **Online-Verfahren** zur alternativen

---

1 Dazu *Lederer* CR 2015, 380 (381); *Greger* ZZP 2015 137 (139); *Hirsch* ZKM 2015, 141 (142).
2 *Neumann* jM 2015, 316 (317); *Gössl* NJW 2016, 838; zu den Problemen grenzüberschreitender Verbraucherschlichtung *Gössl* RIW 2016, 473.
3 Einen Überblick über die rechtspolitische Debatte geben *Roder/Röthemeyer/Braun* Verbraucherstreitbeilegungsgesetz, S. 12 f.
4 *Eidenmüller/Engel* ZIP 2013, 1704 (1707 f); *dies.* ZZP 2015, 149 (156); kritisch auch *Roth* JZ 2013, 637; *Engel* NJW 2015, 1633 (1635).
5 *Meller-Hannich/Höland/Krausbeck* ZEuP 2014, 8 (38); *Roth* JZ 2013, 637 (642).
6 *Eidenmüller/Engel* ZZP 2015, 149 (152); *Engel* NJW 2015, 1633 (1635); vgl auch *Gsell* ZZP 2015, 189 (192); zum Verhältnis zu anderen alternativen Streitbeilegungsverfahren *Gössl* NJW 2016, 838 (840).
7 VO (EU) Nr. 524/2013 des Europäischen Parlaments und des Rates vom 21.5.2013, ABlEU L 165 v. 18.6.2013, S. 1.

Streitbeilegung zur Verfügung gestellt wird[8]. Hinzu tritt die mindestharmonisierende Richtlinie über die alternative Beilegung verbraucherrechtlicher Streitigkeiten[9]. Sie soll eine „unabhängige, unparteiische, transparente, effektive, schnelle und faire" Alternative zum Gerichtsverfahren schaffen (Art. 1 RL), die dennoch rechtliche Standards einhält[10]. Dabei lässt sie den Mitgliedstaaten einen sehr weiten Spielraum bzgl der Gestaltung der Schlichtungsstellen und der vor ihnen zu führenden Verfahren.

663 Die beiden europäischen Rechtsakte stehen derart im Zusammenhang zueinander, dass die Richtlinie die Einrichtung von Streitbeilegungsstellen regelt und die Grundsätze des vor diesen Stellen durchzuführenden Verfahrens aufstellt. Die Verordnung vernetzt die national eingerichteten Stellen, indem sie ein einfaches Online-Verfahren zur Initiierung und Durchführung einer Streitbeilegung schafft[11]. Die Plattform ist Kommunikationsmittel zwischen dem Verbraucher, der nationalen Verbraucherschlichtungsstelle und dem Unternehmer.

II. Umsetzung

664 Zur Umsetzung der Richtlinie wurde ein eigenes Gesetz über die alternative Streitbeilegung in Verbraucherangelegenheiten (VSBG) erlassen[12]. Das Gesetz enthält in vielen Punkten nur die Rahmenbedingungen und überlässt den Schlichtungsstellen selbst die Regelung konkreter Punkte, etwa der Beschränkung ihrer Zuständigkeit oder die Regelung des Verfahrens für die vor ihnen geführten Streitigkeiten.

1. Schlichtungsstellen

665 Wo und wie die Mitgliedstaaten Verbraucherschlichtungsstellen einrichten, überlässt die Richtlinie weitestgehend den Mitgliedstaaten selbst. Die Richtlinie fordert jedoch die Einrichtung einer nationalen zentralen Anlaufstelle für die Verbraucherschlichtung. Diese entscheidet über die Anerkennung privater Schlichtungsstellen (vgl § 27 Abs. 1 VSBG) und führt eine Liste mit allen anerkannten nationalen Verbraucherschlichtungsstellen. Die Liste wird sowohl online veröffentlicht, als auch regelmäßig an die Kommission übermittelt. Die zentrale Schlichtungsstelle hilft den Verbrauchern bei der Suche nach der zuständigen Schlichtungsstelle, wenn sich diese in einem anderen Mitgliedstaat befinden sollte (§ 40 Abs. 1 Nr. 1 VSBG)[13] und erstattet der Kommission alle vier Jahre einen Verbraucherschlichtungsbericht (§ 35 VSBG). Gem. § 32 VSBG fungiert in Deutschland grundsätzlich das Bundesamt für Justiz in Bonn als zentrale Anlaufstelle für Verbraucherschlichtung. Tatsächlich ist das Bundesamt für Justiz aber nur Anerkennungsstelle iSv § 27 VSBG. Die weiteren Auf-

---

8 http://europa.eu/youreurope/citizens/consumers/consumers-dispute-resolution/index_de.htm.
9 Richtlinie 2013/11/EU des Europäischen Parlaments und des Rates vom 21.5.2013, ABlEU L 165 v. 18.6.2013, S. 63; kritisch zur Kompetenz *Engel* NJW 2015, 1633 (1634).
10 Kritisch zum Verhältnis zum Zivilprozess *Engel* NJW 2015, 1633 (1634 f).
11 *Kotzur* VuR 2015, 243 (245); *Lederer* CR 2015, 380 (382); *Engel* NJW 2015, 1633 (1634).
12 BGBl. I, 254.
13 Zu den Unzulänglichkeiten der Regelungen für grenzüberschreitende Fälle s. *Kotzur* VuR 2015, 243.

gaben aus § 40 Abs. 1 VSBG hat es an das Europäische Verbraucherzentrum Deutschland übertragen[14].

a) Private und behördliche Schlichtungsstellen

Verbraucherschlichtungsstellen können sowohl in privater, als auch in behördlicher **666** Form organisiert sein. § 39 VSBG stellt in der deutschen Richtlinienumsetzung klar, dass die nationalen Verbraucherschlichtungsstellen Stellen für alternative Streitbeilegung iSd Verordnung über die Online Beilegung verbraucherrechtlicher Streitigkeiten sind. Sie sind jedoch keine Gerichte, die zur Vorlage an den EuGH nach dem Verfahren des Art. 267 AEUV berechtigt sind[15]. Handelt es sich um eine private Schlichtungsstelle, muss diese von einem eingetragenen Verein getragen werden, der die Neutralität der Schlichtung gewährleistet (§ 3 VSBG). Außerdem muss sie nach dem Verfahren der §§ 24 ff VSBG vom Bundesamt für Justiz oder der zuständigen Anerkennungsstelle eines anderen Mitgliedstaates als Verbraucherschlichtungsstelle (§ 2 VSBG)[16] anerkannt worden sein[17]. Für behördliche Schlichtungsstellen gelten die Regelungen des VSBG gem. § 28 nur eingeschränkt, da sie durch die Anbindung an eine staatliche Stelle ohnehin staatlicher Kontrolle unterliegen[18]. Sie sollen jedoch nur subsidiär tätig werden, um eine breitflächige Absicherung mit Schlichtungsstellen zu gewährleisten. Die Zuständigkeit bereits bestehender spezialisierter Schlichtungsstellen, etwa im Finanz-, Energie- oder Handwerksbereich, soll grundsätzlich nicht unterlaufen werden. Sinn und Zweck der Verbraucherschlichtungsstellen ist es lediglich, ein flächendeckendes Schlichtungsangebot zu gewährleisten. Dazu können auf Länderebene sog. „Universalschlichtungsstellen" eingerichtet werden (§§ 29 ff VSBG). Zunächst wird die Schlichtungspraxis jedoch von dem neu gegründeten „Zentrum für Verbraucherschlichtung e.V." in Kehl geprägt[19]. Um die künftige Verbraucherschlichtung sinnvoll zu gestalten, soll die bundesweit tätige Schlichtungsstelle in Kehl zunächst bis Ende 2019 gefördert werden. Auf der Grundlage der gewonnenen Erkenntnisse sollen dann ab 2020 die vorgenannten Länderschlichtungsstellen eingerichtet werden (vgl § 43 VSBG).

b) Zuständigkeit

Grundsätzlich sind die Schlichtungsstellen für sämtliche Streitigkeiten aus bzw über **667** das Bestehen von Verbraucherverträgen iSv § 310 Abs. 3 zuständig, wenn der Unternehmer in Deutschland niedergelassen ist. Ausgenommen sind arbeitsrechtliche Streitigkeiten. Die Schlichtungsstellen nennen sich dann „Allgemeine Verbraucherschlichtungsstellen". Gem. § 4 Abs. 2–4 VSBG kann die Schlichtungsstelle jedoch in der sich selbst gegebenen Verfahrensordnung ihre sachliche und örtliche Zuständig-

---

14 https://www.evz.de/de/startseite/.
15 Vgl grundlegend zu Schiedsgerichten EuGH NJW 1982, 1207.
16 Dazu *Gössl* NJW 2016, 838.
17 Bereits bestehende Schlichtungsstellen können weiter betrieben werden, sofern sie den Anforderungen des VSBG entsprechen, vgl *Hirsch* NJW 2013, 2088 (2089); *Conen/Gramlich* NJ 2014, 489 (496); *Hakenberg* EWS 2014, 181 (191).
18 S. dazu *Holzner* GewArch 2015, 350 (351 f).
19 www.verbraucher-schlichter.de.

keit begrenzen und so die Qualität der Entscheidungen fördernde Spezialisierung ermöglichen[20].

2. Die Person des Streitmittlers

668 Die Verbraucherschlichtungsstellen können mit einem oder mehreren Streitmittlern besetzt sein. § 6 Abs. 1 VSBG definiert den Streitmittler als Person, die mit der außergerichtlichen Streitbeilegung betraut und für die unparteiische und faire Verfahrensführung verantwortlich ist. Sie muss rechtliche Kenntnisse, insbesondere im Verbraucherrecht vorweisen und die Befähigung zum Richteramt besitzen oder zertifizierter Mediator sein[21]. Außerdem fordert das Gesetz, dass die Person die Fähigkeiten besitzt, die zur Vermittlung und Beilegung von Streitigkeiten notwendig sind. Abgesehen von den rechtlichen Kenntnissen muss der Streitmittler in der Lage sein, die für die Parteien sinnvollste einvernehmliche Lösung zu erarbeiten. Er ist unabhängig und weisungsungebunden (§ 7 Abs. 1 VSBG). Um seine Neutralität zu gewährleisten, darf er während einer Karenzzeit von drei Jahren vor seiner Tätigkeit als Streitmittler gem. § 6 Abs. 3 VSBG nicht für ein Unternehmen oder einen Verband gearbeitet haben, die sich der alternativen Streitbeilegung verpflichtet haben[22]. Sämtliche Umstände, die die Unparteilichkeit beeinträchtigen könnten muss der Streitmittler unverzüglich offen legen. Wie und für welche Zeit der Streitmittler in seine Position bestellt wird, legen die Verfahrensordnungen der Schlichtungsstellen fest. § 8 Abs. 1 VSBG schreibt jedoch eine Mindestdauer von drei Jahren vor. Im Hinblick auf die geführten Streitbeilegungsverfahren ist der Streitmittler gem. § 22 VSBG zur Verschwiegenheit verpflichtet.

3. Verfahren

a) Freiwilligkeit des Verfahrens

669 Das Streitbeilegungsverfahren ist grundsätzlich ein freiwilliges Verfahren[23]. Der Unternehmer kann selbst entscheiden, ob er sich dem Verfahren verpflichtet oder nicht (vgl § 36 Abs. 1 Nr. 1 VSBG)[24]. Über seine Entscheidung, muss er dem Verbraucher schon vor Vertragsschluss Auskunft geben (Rn 670). Das Verfahren wird auf Antrag des Verbrauchers eingeleitet. Nimmt er seinen Antrag zurück oder erklärt der Unter-

---

20 Vgl etwa die Regelungen in der „Verfahrensordnung der Allgemeinen Verbraucherschlichtungsstelle des Zentrums für Schlichtung e.V.".
21 Der erste Entwurf des VSBG forderte eine Befähigung zum Richteramt oder die Stellung als zertifizierter Mediator nicht, das kritisierten viele Stimmen in der Literatur, vgl *Eidenmüller/Engel* RiW 2013, 1704 (1707); *Holzner* GewArch 2015, 350; *Klaes* MMR 2015, 299 (301); *Kotzur* VuR 2015, 243 (247); ausführlich *Gsell* ZZP 2015, 189 (209 ff).
22 *Holzner* GewArch 2015, 350 f.
23 Zu den Ausnahmen s. *Roder/Röthemeyer/Braun* Verbraucherstreitbeilegungsgesetz, S. 69, 131 f; kritisch zum Verhältnis zu anderen Streitbeilegungsverfahren *Conen/Gramlich* NJ 2014, 494 (500); *Trossen* SchiedsVZ 2015, 187.
24 Die Richtlinie überlässt es den Mitgliedstaaten, ob sie Unternehmer zur Teilnahme an der Verbraucherstreitbeilegung verpflichten, vgl Art. 1 S. 2; dazu *Hirsch* NJW 2013, 2088 (2090); *Conen/Gramlich* NJ 2014, 494 (499); kritisch auch *Eidenmüller/Engels* ZZP 2015, 149 (154).

nehmer (uU konkludent), dass er am Streitbeilegungsverfahren nicht teilnimmt (§ 15 VSBG), beendet der Streitmittler das Verfahren. Auch der Verbraucher kann nicht dazu verpflichtet werden, an der Streitbeilegung teilzunehmen. Deswegen erklärt § 309 Nr. 14 dahingehende AGB für unwirksam[25].

b) Informationspflichten

Jeder Unternehmer, der eine Website unterhält oder AGB verwendet, muss darin Auskunft darüber geben, ob er sich der alternativen Verbraucherstreitbeilegung unterwirft oder nicht (§ 36 Abs. 1 Nr. 1 VSBG). So soll der Verbraucher bereits bevor er eine vertragliche Beziehung zum Unternehmer eingeht wissen, ob sein potenzieller Vertragspartner im Streitfall bereit ist, sich einem Streitbeilegungsverfahren zu unterwerfen. Dies kann auch dem Unternehmer Vorteile bringen, weil die Verpflichtung zur Teilnahme an der Verbraucherstreitbeilegung dem Kunden das Finden einvernehmlicher Lösungen in Aussicht stellen und dem Unternehmer eine kundenfreundliche Reputation verschaffen kann[26]. Unterlässt der Unternehmer die Information, kann dies eine vorvertragliche Pflichtverletzung darstellen oder wettbewerbsrechtliche Konsequenzen nach § 3 Abs. 1 iVm § 4 Nr. 1 UWG nach sich ziehen[27]. Kann eine Streitigkeit zwischen Unternehmer und Verbraucher nicht einvernehmlich durch private Kommunikation beigelegt werden, muss der Unternehmer den Verbraucher über eine zuständige Schlichtungsstelle informieren (§ 37 VSBG). Aus Art. 14 der Verordnung über die Online-Beilegung verbraucherrechtlicher Streitigkeiten folgt für den Unternehmer außerdem noch die Pflicht, einen Link zur europäischen Online-Plattform einzustellen[28]. 670

Auch für die Schlichtungsstellen schreibt das VSBG iVm der VSBG-Informationsverordnung[29] detailliert vor, welche Informationen auf der obligatorischen Website der Schlichtungsstelle bereitgehalten werden müssen. Hierbei handelt es sich unter anderem um Kontaktdaten, Informationen über die Streitmittler, die Tätigkeitsbereiche der Schlichtungsstelle und die durchschnittliche Verfahrensdauer. 670a

c) Verfahrensordnung

Die Verbraucherschlichtungsstellen geben sich zwar selbst eine Verfahrensordnung (§ 5 Abs. 1 VSBG), diese muss aber den im VSBG enthaltenen Anforderungen und allgemeinen verfahrensrechtlichen Grundsätzen entsprechen[30]. Diese betreffen etwa die Bestellung des Streitmittlers (§ 8 VSBG), die Information des Verbrauchers durch die Streitbeilegungsstelle (§ 10 VSBG), die Verfahrenssprache (§ 12 VSBG) oder die Gewährung rechtlichen Gehörs (§ 17 VSBG). Eine anwaltliche Vertretung ist mög- 671

---

25 Dazu *Gössl* NJW 2016, 838 (839).
26 *Klaes* MMR 2015, 299 (302); *Gössl* NJW 2016, 838 (839); kritisch *Greger* ZZP 2015 137 (142 f).
27 *Lederer* CR 2015, 380 (383); *Gössl* NJW 2016, 838 (839); zu weiteren möglichen Konsequenzen *Greger* ZZP 2015 137 (143 f).
28 *Föhlisch/Löwer* VuR 2016, 443 (444); *Vierkötter* K&R 2017, 217.
29 Verordnung über Informations- und Berichtspflichten nach dem Verbraucherstreitbeilegungsgesetz, vom 28.2.2016, BGBl. I, 326.
30 Vgl *Holzner* GewArch 2015, 350; *Gössl* NJW 2016, 838 (840).

lich, jedoch nicht zwingend (§ 13 VSBG). Die Verfahrensordnung sowie die Kontaktdaten der Schlichtungsstelle müssen online verfügbar sein. Das Verfahren kann sowohl nach dem Vorbild der Mediation ausgestaltet werden, sodass der Streitmittler bei der Entscheidungsfindung der Parteien behilflich ist, als auch nach dem Ideal der Schlichtung, bei dem der Streitmittler einen Lösungsvorschlag unterbreitet[31]. Ein einheitliches harmonisiertes Streitbeilegungsverfahren wird es demnach nicht geben. Dem Verbraucher darf jedoch keine verbindliche Entscheidung auferlegt werden gegen die ihm der Weg gerichtlicher Klärung seines Anliegens verwehrt wird (§ 5 Abs. 2 VSBG)[32]. Um zu verhindern, dass der Verbraucher, der ohne anwaltliche Vertretung evtl. nicht überblickt, ob die Lösung der alternativen Streitbeilegung ihm vorteilhaft ist, von einer gerichtlichen Überprüfung absieht, muss er hinreichend über gerichtliche Überprüfungsmechanismen informiert werden[33].

672 Das Verfahren wird ausschließlich auf Antrag eines Verbrauchers eingeleitet (§ 4 Abs. 1 VSBG). Der Antrag muss in Textform gestellt werden (§ 11 Abs. 1 VSBG). Der Verbraucher kann dazu die europäische Online-Plattform nutzen, die Beschwerdeformulare bereithält. Voraussetzung ist jedoch, dass er streitige Ansprüche zuvor dem Unternehmer gegenüber geltend gemacht hat und keine sonstigen Ablehnungsgründe vorliegen. Hierzu sieht § 14 Abs. 1 VSBG zwingende Gründe vor. § 14 Abs. 2 VSBG enthält weitere fakultative Ablehnungsgründe, die die Schlichtungsstellen in ihren Verfahrensordnungen vorsehen können. Das Verfahren ist für den Verbraucher kostenlos, es sei denn, es erweist sich als rechtsmissbräuchlich. Dann kann eine Gebühr iHv höchstens 30 € erhoben werden (§ 23 Abs. 1 VSBG). Es soll grundsätzlich nicht länger als 90 Tage ab dem Eingang der vollständigen Beschwerdeakte andauern (§ 20 Abs. 2 VSBG).

673 Die Verbraucherschlichtungsstelle muss gem. § 34 VSBG einen jährlichen Bericht über ihre Tätigkeiten veröffentlichen, damit die Transparenz ihrer Tätigkeit gewährleistet ist. Aus diesen Berichten stellt die zentrale Anlaufstelle wiederum alle vier Jahre einen Verbraucherschlichtungsbericht zusammen (§ 35 VSBG, s. Rn 663).

---

31 Vgl *Kotzur* VuR 2015, 243 (250 f); zur Unterscheidung der verschiedenen Streitbeilegungsmethoden *Trossen* SchiedsVZ 2015, 187 (189).
32 Art. 2 Abs. 4 der Richtlinie überlässt den Mitgliedstaaten die Option, ob sie den Verbraucherschlichtungsstellen die Befugnis verleihen, bindende Entscheidungen zu treffen; dazu *Hirsch* NJW 2013, 2088 (2092).
33 Kritisch *Gsell* ZZP 2015, 189 (196 f).

Sachverzeichnis

Die Angaben beziehen sich auf die Randnummern.

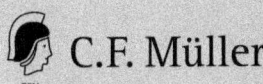

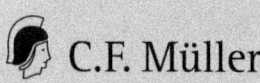